Mercure De France, Volume 38...

Anonymous

Nabu Public Domain Reprints:

You are holding a reproduction of an original work published before 1923 that is in the public domain in the United States of America, and possibly other countries. You may freely copy and distribute this work as no entity (individual or corporate) has a copyright on the body of the work. This book may contain prior copyright references, and library stamps (as most of these works were scanned from library copies). These have been scanned and retained as part of the historical artifact.

This book may have occasional imperfections such as missing or blurred pages, poor pictures, errant marks, etc. that were either part of the original artifact, or were introduced by the scanning process. We believe this work is culturally important, and despite the imperfections, have elected to bring it back into print as part of our continuing commitment to the preservation of printed works worldwide. We appreciate your understanding of the imperfections in the preservation process, and hope you enjoy this valuable book.

MERCURE
DE
FRANCE,
JOURNAL LITTÉRAIRE ET POLITIQUE.

TOME TRENTE-HUITIÈME.

VIRES ACQUIRIT EUNDO.

A PARIS,

Chez ARTHUS-BERTRAND, Libraire, rue Haute-feuille, N° 23, acquéreur du fonds de M. *Buisson* et de celui de Mme Ve *Desaint*.

1809.

DE L'IMPRIMERIE DE D. COLAS, rue du Vieux-Colombier, N° 26, faubourg Saint-Germain.

MERCURE DE FRANCE.

N° CCCCXXIV. — *Samedi 2 Septembre* 1809.

POÉSIE.

ÉPITRE A M. FRAMERY,

SUR LA GRAMMAIRE.

Tu veux donc, Framery, que nouveau Despautère,
Rimant de notre Langue un Code élémentaire,
J'exerce en vain ma Muse à cacher sous des fleurs
Ces fâcheux rudimens, sources de tant de pleurs !
5. Eh ! dans ce sol ingrat quelles fleurs pourraient naître ?
Tout art a son jargon, difficile à connaître :
Celui de la Grammaire a sur-tout peu d'appas,
Ses maîtres sont nombreux et ne s'accordent pas,
Si ce n'est qu'à l'envi ces Docteurs apocryphes
10. Pour promulguer leurs Lois forgent des Logogriphes.
En prose même à peine on peut les énoncer ;
Comment les mettre en vers ? Et dois-tu m'y forcer
Toi, dont pour l'harmonie avec justice on vante
Le sentiment exquis et l'oreille savante ?
15. Si je remplis tes vœux, tu plaindras ton erreur,
Et ton sens musical frémira de terreur.

Je t'obéis pourtant. J'ai toujours de l'enfance
Contre tous ses fléaux entrepris la défense.
Tu sais bien qu'autrefois un système insensé
20. Pour la pousser à bout inventa l'A. B. C.
De ce vieil Alphabet j'ai montré le délire (1) :

---

(1) Voyez la *Méthode de Lecture*, publiée par l'auteur, lorsqu'il était Ministre de l'intérieur. (In-8° chez Didot l'aîné, an VII.)

A 2

Et désormais sans peine on peut apprendre à lire (2).
La Grammaire offre encore à cet âge léger
Un fardeau trop pesant que l'on peut alléger.
25. Hélas! je me souviens des angoisses amères
Que me causaient jadis deux funestes Grammaires.
On me faisait chercher dans Bistac, dans Restaut (3)
Ce que sans leur fatras j'aurais su bien plutôt.
Dieux! quel affreux tourment! N'y pouvant rien comprendre,
30. Par cœur, en enrageant, forcé de les apprendre,
J'en avais la cervelle et l'esprit tout perclus.

De l'ennuyeux Restaut quoiqu'on ne parle plus,
Par la grammaire encor toute étude commence,
Et l'on donne à cet art une étendue immense ;
35. Mais de si grands efforts sont-ils donc bien placés ?
Tous les mots existaient avant d'être classés.
L'esprit humain d'abord en tout sens s'industrie ;
Il trouve la pratique avant la théorie ;
Celle-ci vient ensuite et démontre en effet
40. Que ce qu'on devait faire est tout ce qu'on a fait.
Pourquoi donc renverser l'ordre de la nature,
Et mettre des enfans l'esprit à la torture?
La Grammaire suppose un cerveau très-profond
Et qui de la logique a pénétré le fond.
45. Consultez Dumarsais, et Domergue, et Beauzée :
Voyez par Condillac la langue analysée!
Que de raisonnemens déliés et subtils
Dont on veut qu'un enfant débrouille tous les fils !
Faites plus, avant tout, s'il faut que l'on s'engage
50. Au labyrinthe obscur des sources du langage,
Prenez donc Aristote, et, son livre à la main,
Dans ces vastes détours frayez-vous un chemin.
La doctrine des mots fut par lui définie ;
Ce fut un des efforts de ce puissant génie,
55. Des lettres et des arts premier législateur :

---

(2) Les vues de l'auteur ont été réalisées, depuis cet ouvrage, par plusieurs instituteurs habiles, et sur-tout par M. Pain, ancien imprimeur, à Paris.

(3) Le Rudiment latin de Bistac, et la Grammaire française de Restaut, ouvrages qui avaient de la vogue il y a cinquante ans.

Mais peut-on d'un enfant vouloir faire un docteur ?
Sa mère et sa nourrice, objets de ses caresses,
Sont dans l'art de parler ses premières maîtresses.
Il peut même en jouant dans ces premiers propos,
60. Apprendre à distinguer les lettres et les mots.
Les lettres font les mots ; les mots forment les phrases ;
Et le discours entier repose sur ces bases.
L'usage apprend le reste, et l'usage a voulu
Régner sur le langage en monarque absolu.
65. Une métaphysique à l'usage contraire
Aspire à détrôner ce despote arbitraire ;
Mais le tyran tient bon et dans l'art de parler
Lui seul donne des lois qu'on n'ose violer.

A l'usage, il faut joindre un bon choix de lectures,
70. De tout esprit bien fait solides nourritures ;
Du barreau de Paris suivre les orateurs ;
Du théâtre français entendre les acteurs,
Et sur-tout fréquenter la bonne compagnie.
Bientôt de notre langue on connait le génie.
75. Ce langage brillant, toujours clair, toujours pur,
Ne souffre rien de louche et n'admet rien d'obscur.
Le discours nettement doit peindre la pensée ;
Cette règle chez nous ne peut être blessée.
Notre langue timide et marchant pas à pas,
80. De l'ordre naturel emprunte le compas.
Si l'on ne doit parler que pour se faire entendre,
A cette palme au moins c'est à nous de prétendre ;
Point de tours ambigus, forcés, embarrassans!
Français ! votre Grammaire est celle du bon sens.

85. Mais il ne suffit pas de nos langues vivantes,
On doit s'initier dans les langues savantes,
Et même, sans vouloir devenir un Varron,
Il faut voir face à face Homère et Cicéron.
Les classiques fameux méritent cet hommage.
90. Dans les traductions chercher leur faible image,
C'est juger sur parole, et voir par d'autres yeux
Ce que, vu par les siens, chacun jugerait mieux :
De ces grands monumens l'étude est nécessaire ;
La Grammaire y prépare. Oui, mais quelle Grammaire ?
95. Quel fantôme à sa place a régné trop long-tems ?

Sur les bancs de l'École on pâlissait vingt ans,
Pour ignorer sa langue et savoir mal les autres.
Erreurs de nos aïeux, ne soyez plus les nôtres !
Il est un nœud commun qui, dans tout l'Univers,
100. Rapproche des humains les langages divers.
Un nombre assez petit de lois fondamentales
Sert de fil conducteur à travers ces dédales.
Mais pourrai-je exprimer, de l'aveu d'Apollon,
Ces détails si nouveaux pour le sacré vallon ?
105. Suivrai-je, Framery, cette étrange carrière ?
Allons, je ne veux pas regarder en arrière :
La Muse quelquefois à l'audace applaudit :
Disons donc ce qu'en vers on n'a pas encor dit.

D'un grand nombre de mots toute langue est formée.
110. Tous ces mots pris en bloc figurent une armée
Qu'en désordre jamais on ne peut diriger ;
La tactique en bataille a soin de la ranger.
L'armée, en se formant, couvre une vaste plaine.
Allez de rang en rang ! vous discernez sans peine
115. Les chefs et les soldats, les hommes, les coursiers,
Et les simples goujats, et les grands officiers.
Chaque grade à son poste, et chacun dans sa bande
Doit répondre à l'appel de celui qui commande.
Par la Grammaire ainsi les mots disciplinés
120. Manœuvrent dans les rangs qui leur sont assignés.

Dénombre-moi, Clio, cette docte milice,
Entre neuf légions partageant sa police (4).

Les NOMS, parmi les mots, tiennent les premiers rangs,
Et l'article nous peint leurs sexes différents.
125. En habit d'homme on voit une immense cohorte ;
Mais en robe de femme une autre est aussi forte.
D'autres, chez les Latins, ont un manteau douteux,
Qui n'est ni l'un, ni l'autre, et tient de tous les deux.
Désigner les objets est leur emploi suprême.
130. Tantôt le nom remplit ce devoir par lui-même ;

---

(4) Quelques traits de cette Épître sont imités d'un poëme latin sur l'*Origine de la parole*, par feu M. Chivot, professeur de l'ancien collége de Montaigu.

Il délègue tantôt toutes ses fonctions
A ses ambassadeurs, appelés les PRONOMS.

Des brillans ADJECTIFS les troupes bigarrées
Du nom prennent le sexe et portent les livrées,
135. Fidèles écuyers, l'œil sur leur général,
Et de l'accompagner attendant le signal.

Voilà les qualités, les genres, les substances ;
Mais entr'elles s'il faut lier leurs circonstances,
Le VERBE vient juger ; le verbe vient agir,
140. Souffrir, exécuter, et dépendre, ou régir.
Il embrasse à la fois dans sa riche structure
L'existence passée, ou présente, ou future ;
Le verbe *être* s'applique à tous les cas donnés
Et de ce verbe seul tous les autres sont nés.

145. Les ADVERBES, toujours gardant leur caractère,
Forment autour du verbe une troupe légère,
Qui le suit au besoin et l'escorte en tout lieu,
Pour augmenter sa force, ou modérer son feu.

Je vois à ses côtés, non pas sans quelque trouble,
150. Paraître un mot métis et dont la forme est double.
On n'a pas constaté par titres bien suivis
Si des verbes il est ou le père, ou le fils.
Sa physionomie, et l'éclat dont il brille
Avec les adjectifs offre un air de famille ;
155. Tenant au verbe aussi par un autre côté,
Du nom de PARTICIPE on l'a fort bien doté.

Un soldat plus léger de tous côtés voltige,
Placé devant les mots, les conduit, les mitige ;
La PRÉPOSITION fait ce rôle important,
160. Tient lieu des cas latins et sert à chaque instant.
Deux de ces mots si courts (5), par un docte artifice,
Du langage français soutiennent l'édifice ;
Signes clairs et certains, qui montrent sans écart
Le but auquel on tend, et le point d'où l'on part.

165. O toi, de la nature expression naïve,

---

(5) Les prépositions A et DE, qui, suivant d'Olivet, soutiennent tout l'édifice de notre langue.

Dans un corps si petit tu n'en es pas moins vive,
Brusque INTERJECTION, qu'un premier mouvement
Presque toujours arrache involontairement !
Dans la douleur soudain ton accent se déploie,
170. Frémit dans la colère, éclate dans la joie.

Enfin, chaque escadron à son poste est rendu,
Les rangs sont assignés ; mais tout est confondu,
Si, faute de concert, on peut rompre l'ensemble,
Et si chaque soldat s'égare où bon lui semble.
175. C'est la CONJONCTION dont les heureux accords
De tous ces corps armés ne forment qu'un seul corps.
Elle comble l'espace, elle remplit les vides,
Rend tous les mouvemens uniformes, rapides ;
Et ces neuf légions sous un même drapeau
180. Vont offrir, en marchant, le coup-d'œil le plus beau.

L'assemblage des mots doit lier les idées ;
Ils affectent entr'eux des places décidées,
Et suivent constamment un ordre, dont la loi
Peut doubler leur valeur par l'art de leur emploi.
185. Cet ordre est différent dans les langues diverses ;
La nôtre est régulière et d'autres sont inverses.
La syntaxe combine avec de grands apprêts
De cet arrangement les mystères secrets.
Et c'est ici sur-tout que nos régens bizarres
190. Asservissaient l'enfance à des règles barbares.
Le tems qu'elle y perdait fut un impôt pour eux.

Pour toi, Wandelaincourt (6), tu fus plus généreux,
Et dans l'art d'enseigner ta longue expérience
De la syntaxe abstraite abrégea la science.

195. Tu distingues d'abord avec simplicité

---

(6) M. Hubert Wandelaincourt, ancien principal de collége, auteur d'un Cours d'Education et sur-tout d'une *Méthode latine*, où l'on réduit à sept questions toutes les règles nécessaires pour apprendre promptement les vrais principes de cette langue. — A Paris, chez Ancelle, rue de la Harpe, n° 44.
Cette méthode abrège de plus de la moitié le tems des études du latin, en même tems que les élèves apprennent cette langue dans les livres mêmes où on leur enseigne les sciences.

Des propositions le nombre limité ;
Sans rechercher des mots empruntés du grimoire,
On peut du principal discerner l'accessoire,
Reconnaître les sens complets ou suspendus,
200. Et les termes formels, ou les sous-entendus.

Sur chaque phrase ensuite une méthode claire,
Fixe sept questions que l'enfant doit se faire.
Le SUJET de la phrase est rendu par un nom.
Un verbe, du sujet exprime L'ACTION.
205. Le verbe a son régime, et le sens qu'il renferme
Doit de cette action manifester le TERME.
Par d'autres mots sont peints ces attributs constans,
La QUALITÉ, le LIEU, la MANIÈRE et le TEMS.

Avec ces sept flambeaux, le discours s'illumine ;
210. La raison de l'élève, à leur clarté, chemine,
S'interroge elle-même, avance en s'éclairant,
S'étonne des progrès qu'elle fait en courant,
Et peut voir, en vingt mois d'études fortunées,
Des auteurs qui jadis exigeaient dix années..
215. Ces auteurs sont choisis. Leurs traits intéressans
Ne chargent point l'esprit de sons vides de sens.
En traduisant les mots, l'élève apprend les choses ;
Plus d'épine, et le fruit est caché sous les roses.
Je le sais, je l'ai vu (7). Quarante ans de succès
220. Ont de ce mode heureux couronné les essais.
Sage Wandelaincourt, ah ! si tous les bons pères
Connaissaient ta méthode et ses effets prospères,
Sans doute ils voudraient tous à leurs chers nourrissons
Rendre l'étude aimable en suivant tes leçons.
225. Tu n'as point de prôneurs, n'ayant point eu d'intrigue ;
Mais je brave l'envie et méprise la brigue ;
Et si mon faible accent pouvait être entendu,
On te rendrait enfin l'hommage qui t'est dû.

―――――――――

(7) L'auteur, en parcourant la sénatorerie de Dijon, a été frappé des progrès étonnans que la méthode de M. Wandelaincourt a fait faire aux pensionnaires de M. Pacaud, instituteur à Arnay-le-Duc.

Cette méthode admirable, et trop peu répandue, est aussi suivie à Paris, dans une pension tenue par M. Collin d'Ambly, rue de Picpus, n° 8.

On saurait qu'avant toi, la foule studieuse
230. Trouvait avec raison la Grammaire odieuse;
Qu'elle a pu, grâce à toi, docte Wandelaincourt,
Arriver au savoir par un chemin plus court.
Des énigmes du Sphinx l'enfance délivrée
Ne court plus le danger d'en être dévorée,
235. Le seul maillot du corps par Rousseau fut proscrit ;
Mais par toi fut brisé le maillot de l'esprit.
Pour la jeunesse enfin ma muse te rend grâces,
Et je proclame en toi le bienfaiteur des classes.

C'est ainsi, Framery, que par toi provoqué,
240. Malgré les maux aigus dont je suis attaqué,
J'essayais de charmer la goutte et l'insomnie
En tirant quelques sons du luth de Polymnie
Sur un sujet nouveau qui semblait à jamais
Défier les efforts de tout rimeur français.
245. Il est bien mal-aisé, sur un ton didactique
D'unir la poésie et la dialectique.
On conte qu'autrefois un pédant singulier, (8)
Voulant que sa doctrine eût un air cavalier,
Pour peindre la Grammaire, eut recours à la danse :
250. Les Verbes et les Mots figuraient en cadence ;
Prétérit et Futur, Supin et Gérondif,
Sautaient d'un pas léger ou bien d'un pas tardif.
Des Verbes composés on distinguait le groupe
Aux Prépositions qu'ils portaient tous en croupe.
255. De ce ballet grotesque on a ri bien souvent ;
Ai-je été plus discret, quoiqu'un peu moins savant ?
Ferai-je enfin goûter au critique implacable
D'une Grammaire en vers la tâche impraticable ?
Aux rêves d'un malade on doit tout pardonner :
260. Mais t'excusera-t-on d'avoir pu l'ordonner ?

Je chantais ; cependant, de ses grottes profondes
Soudain l'Ister a vu dominer sur ses ondes
Ce grand NAPOLÉON, prodige de nos jours,
Et que ses ennemis agrandissent toujours.
265. C'est lui seul que devrait célébrer le Parnasse ;

---

(8) Un jésuite fit danser ce ballet à Turin, devant la cour de Savoie.

Mais quelle muse, hélas! pourrait suivre sa trace?
Dans son rapide essor, il réduit à la fois
L'Autriche à la raison et Pégase aux abois.
Ce grand nom que sans cesse il faut qu'elle répète,
270. A de la Renommée épuisé la trompette;
Mais si l'haleine manque à qui veut le chanter,
Le chérir après tout, vaut mieux que le vanter.
Espérons son retour. La paix qu'il nous rapporte
Du temple de Janus va condamner la porte,
275. Et partout des Français l'aigle prédominant
Sous son aile, en repos, tiendra le continent.

FRANÇOIS DE NEUFCHATEAU.

ENIGME.

Je suis, ami lecteur, un canal fort étroit;
Je prends toujours mes eaux en un certain endroit
Où personne avec moi ne s'avise de boire,
Et qu'à bon droit je puis appeler l'onde noire.
Trois frères à la fois me guidant à leur gré,
Dirigent tous mes pas dans un sens figuré;
Je parcours avec eux ou plus ou moins d'espace;
Toujours de mon passage on aperçoit la trace;
Je mouille les sentiers où l'on me fait courir,
Et tout mon exercice est d'aller et venir.

S........

LOGOGRIPHE.

AIR : *Du pas redoublé.*

Avec ma tête, avec mon cœur,
   Aux camps je fais tapage;
Du soldat j'excite l'ardeur
   Au milieu du carnage.
Sans tête, sans cœur, les mortels
   Redoutent ma puissance,
Partout je trouve des autels,
   Et sur-tout dans la France.

A.... H......

CHARADE.

On chante mon premier,
On sème mon dernier,
Et l'on craint mon entier.

Mots de l'Enigme, du Logogriphe et de la Charade insérés dans le dernier Numéro.

Le mot de l'Enigme du dernier Numéro est *Drapeau*.

Celui du Logogriphe est *Trêve*, dans lequel on trouve, *rêve* et *Eve*.

Celui de la Charade est *Havre-sac*.

SCIENCES ET ARTS.

SUR QUELQUES EXPÉRIENCES PHYSIOLOGIQUES.

Dans le *Mercure* du 27 mai dernier (N° 410, article Variétés), nous avons dit quelques mots des expériences que MM. Delille et Magendie venaient de faire, pour découvrir quelle est sur l'économie animale l'action de l'extrait de l'upas-tieuté, de la noix vomique, et de la fève de Saint-Ignace. Il résulte, comme on l'a vu, de ces expériences, que, par quelque voie qu'on l'introduise, même à très-petite dose, dans l'intérieur des animaux, cet extrait porte uniquement son action sur la moelle épinière, et produit dans les parties que cette moelle anime, des convulsions violentes, qui s'arrêtent tout à coup, puis reprennent avec une intensité effrayante, et, après quelques alternatives de trouble et de repos, se terminent par la mort. C'est avec l'extrait de l'upas-tieuté que les sauvages de Bornéo et de Java empoisonnent l'extrémité de leurs flèches; d'où il suit que ceux d'entr'eux qui sont blessés à la guerre, meurent dans d'horribles convulsions. Voilà ce que démontrent les expériences de M. Magendie; car les animaux sur lesquels elles ont été faites, sont tellement rapprochés de l'homme par leur organisation, que ce qui est vrai d'eux l'est nécessairement de lui.

Si l'on demandait de quelle utilité sont ces expériences, nous pourrions répondre comme Fontenelle l'a fait dans la préface de ses Éloges, que l'observation la plus stérile en apparence, mène souvent à de grands résultats; de sorte que jamais, dans aucune science, un fait n'est indifférent, pourvu qu'il soit bien constaté. Supposé donc que celui que nous rappelons aujourd'hui à l'attention de nos lecteurs soit aussi exact qu'il paraît l'être par le détail des expériences, il nous semble que, quelles qu'en soient les conséquences pour l'avenir, on en peut tirer du moins les conclusions suivantes. La première, qui est de pure théorie, c'est que l'action de l'upas se concentrant sur la moelle de l'épine, et ne troublant qu'indirectement les fonctions du cerveau, il doit exister entre ces deux portions du système nerveux, une indépendance qu'on ne découvre point dans leurs dispositions matérielles. Ce sont en effet de part et d'autre des fibres de même substance, douées à l'intérieur de la même organisation et parfaitement continues entr'elles. Ici donc l'upas fait plus que le scalpel ne peut faire. Ces expériences sont, en quelque sorte, des dissections très-fines et très-profondes, que la plus habile main ne saurait imiter. Les maladies elles-mêmes sont des expériences faites en grand par la nature, laquelle choisit à son gré ses agens, et les applique où elle veut, et comme elle veut. La seconde conclusion, qui est pratique, c'est que l'action de l'upas, comme celle de certains médicamens, est absolument spécifique. Ce poison paraît exciter puissamment la moelle épinière ; d'où il suit qu'outre le parti qu'on en pourrait tirer dans les maladies où cette excitation deviendrait nécessaire, si l'on découvrait dans quelques autres poisons une propriété délétère entièrement opposée, on en pourrait contrebalancer l'influence par celle de l'upas ; de même qu'on détruit l'action de tel ou tel miasme par l'action du soufre, du quinquina et du mercure. Pourquoi, par exemple, la médecine n'aurait-elle pas un jour le secret de neutraliser le virus de la rage, comme elle a neutralisé celui de la petite-vérole ?

Quoi qu'il en soit de ces considérations, qu'on nous pardonnera de reproduire aujourd'hui, les expériences de M. Magendie méritaient d'être encouragées et suivies. Il n'était pas possible qu'elles ne conduisissent à quelque résultat singulier. L'action de l'upas étant toujours la même en quelque lieu qu'on l'appliquât, une difficulté se présentait naturellement à l'esprit. C'était de savoir si ce poison, pour agir, devait parcourir les voies ordinaires de l'absorption, où s'il était conduit par des chemins plus courts jusqu'à la moelle épinière. En d'autres termes, y a-t-il dans l'économie vivante plusieurs espèces d'absorption, ou n'en existe-t-il qu'une seule ? Voilà ce qu'il s'agissait de déterminer. C'est une question qui depuis long-tems partage les médecins, et sur laquelle les dernières expériences de M. Magendie sont presque décisives. Mais avant d'entrer dans le détail de ces expériences, peut-être est-il à propos d'expliquer à nos lecteurs ce qu'on entend par absorption.

A prendre ce mot dans le sens le plus général, l'absorption est cette action par laquelle deux substances ou deux corps s'attirent et se reçoivent mutuellement, de manière que les molécules infiniment atténuées de l'un s'insinuent et se cachent entre les molécules de l'autre. On ne parle point ici des phénomènes de combinaison qui peuvent résulter de cet intime mélange entre des molécules hétérogènes. On doit remarquer seulement que la matière absorbante est toujours plus fixe que la matière absorbée; et qu'après l'absorption, le poids de la première est augmenté de tout le poids de la seconde.

Maintenant, que de telles actions se passent entre tous les corps de la nature, c'est ce que démontrent les exemples les plus familiers : et pour nous en tenir à ce qui nous est personnel, il est certain que l'action d'absorber est en nous une fonction permanente. Plongés dans un milieu très-rare, nous sommes sans cesse pénétrés par lui. Nous nous en approprions et les molécules, et les matières très-diverses et très-divisées qu'il peut tenir en dissolution. Les alimens que nous portons au-dedans de nous, liquefiés, fondus par nos propres sucs, traversent réellement toute notre substance pour en réparer la ruine. Enfin, à raison de tous nos mouvemens intérieurs, nos parties solides et liquides, se transformant sans cesse les unes dans les autres, sont perpétuellement déposées, reprises, et charriées d'un lieu à l'autre par l'absorption : sans que, de tant d'actes contraires, un seul nuise à la liberté de tout le reste; car dans notre admirable et frêle machine, l'harmonie semble naître de la discorde. Voilà ce qui se passe dans nous et dans tous les animaux, sur-tout dans les animaux des classes supérieures.

L'absorption est donc un fait général, qui repose sur des milliers de preuves. Mais quels sont dans les corps les instrumens de cette action? Il paraît que dans les corps bruts, et même dans les végétaux, l'absorption est l'effet d'une simple attraction moléculaire, c'est-à-dire d'une attraction qui agit à des distances infiniment petites. On peut s'en former une idée très-nette par l'ascension des liquides dans les tuyaux capillaires. Mais dans les animaux dont on vient de parler, il y a quelque chose de plus. La nature leur a donné pour l'absorption des organes tout particuliers. Que l'on se représente une multitude innombrable de petits canaux membraneux, transparens, cylindriques, dont le calibre varie, à raison des valvules dont ils sont munis dans leur intérieur; naissant de tous les points de l'économie, par des radicules d'une petitesse qui surpasse tout ce qu'on peut imaginer; communiquant entre eux par des myriades de branches latérales; se repliant à l'infini sur eux-mêmes dans certaines régions du corps, pour y former les glandes; enfin., aboutissant tous et de partout à un réservoir commun, qui se dégorge dans deux veines très-voisines du cœur; qu'on se peigne, s'il se peut, à l'esprit, ce réseau merveilleux de vaisseaux d'un tissu si délicat, d'un dessin si vaste, si compliqué, et dont les mailles se dégagent de la pleine substance de toutes nos parties ; et l'on aura, ce semble, une image fidèle de ce qu'on appelle dans les animaux, et spécialement dans l'homme, *vaisseaux lymphatiques, système absorbant.*

Le nom qu'on a donné à ces organes est tiré, comme on le voit, de la fonction qui leur est assignée ; et rien n'est mieux prouvé que la réalité et la nécessité de cette fonction. Mais n'y a-t-il en nous d'absorption que celle que ce système exécute, comme J. Hunter a prétendu l'établir en principe? Si cela était, n'est-il pas visible, d'après la structure et la disposition des vaisseaux lymphatiques, que toute absorption se ferait toujours dans une direction déterminée, c'est-à-dire, de la circonférence vers le centre ; et des extrémités jusqu'au cœur? D'un autre côté, ces vaisseaux ont proportionnellement peu de vitalité. Leur action est lente, et leur labyrinthe infini. Or, à tout moment, il se fait en nous des absorptions qui suivent des directions absolument inverses, et qui ont quelquefois une vitesse étonnante. Cela se voit sur-tout dans les maladies, dans les fluxions et les métastases qui se font dans tous les sens possibles, et souvent avec la rapidité de l'éclair. Cela est encore prouvé par la promptitude et la facilité avec laquelle des médicamens, des particules odorantes, des matières colorées, et certains poisons pénètrent jusqu'à tel ou tel organe, contre les lois nécessaires de l'absorption par les vaisseaux lymphatiques.

Ces objections, fondées sur une foule de faits irrécusables, ont tenu dans l'indécision les esprits les plus éclairés. Haller, Meckel, Bichat partageaient sur cette question les doutes de Ruysch et de Boërhaave, et n'osaient adopter l'opinion tranchante de J. Hunter. Les expériences que Darwin a publiées dans ces derniers tems suffiraient peut-être pour justifier cette sage réserve. Elles sont confirmées par celles dont M. Magendie vient de rendre compte à l'Institut, et dont il nous reste à parler.

Ces expériences, qui ont été faites en grande partie sur des chiens vivans, sont de deux espèces. Nous n'en citerons que les plus importantes. Les premières consistent à prendre une anse d'intestins ; à la séparer du reste du canal
intestinal

SEPTEMBRE 1809.

intestinal par des incisions et des ligatures ; à l'isoler autant qu'il se peut, des vaisseaux lymphatiques et de la plupart des vaisseaux sanguins, de manière qu'elle ne tienne plus à l'animal que par une artère et une veine, que l'on dépouille même de leurs tuniques cellulaires, afin de détruire toute communication lymphatique. Cela fait, on porte dans l'intérieur de cette anse une petite quantité d'upas en dissolution. Au bout de six minutes, l'action de ce poison éclate par les convulsions ordinaires, et l'animal meurt, comme si l'anse d'intestins eût été dans son état naturel.

Les secondes expériences se font de deux manières. On prend d'abord un animal que l'on a soin d'assoupir par l'opium, afin de lui épargner des douleurs inutiles, et de prévenir des accidens étrangers à l'objet de la recherche. On sépare la cuisse du reste du corps, en respectant toutefois l'intégrité de l'artère et de la veine crurales, dont on enlève également la tunique extérieure. Après cela, on enfonce dans la patte quelques grains d'extrait d'upas. Les convulsions se manifestent dans le reste du corps avant la quatrième minute, et l'animal expire avant la dixième.

Le second procédé consiste à préparer les choses comme il vient d'être dit; puis à introduire dans l'artère et dans la veine un tuyau de plume, sur lequel on les assujétit l'une et l'autre par une double ligature, et à les couper circulairement entre ces deux liens. Cette fois, la cuisse ne tient à l'animal que par une double colonne de sang artériel et veineux, l'un venant du cœur, l'autre y retournant. L'upas introduit alors dans la patte n'en agit pas avec moins de promptitude et d'énergie. Au bout d'environ quatre minutes, il arrive au corps de l'animal, et y développe les accidens accoutumés.

De ces expériences, et sur-tout de la dernière, on peut, selon nous, conclure l'une de ces deux choses : ou l'upas introduit dans la patte, et dissous dans un peu de sang, est pompé avec ce sang par les radicules des veines; et alors les veines absorbent comme les vaisseaux lymphatiques : ou bien, des capillaires lymphatiques imperceptibles, et disséminés partout, s'emparent de l'upas au moment où il est déposé, et par des communications toujours ouvertes, le versent directement dans les plus petites veines : ce qui est dire la même chose d'une autre manière ; car pour la difficulté qu'il s'agit de résoudre, ces deux conclusions rentrent évidemment l'une dans l'autre. Au fait, les ré-

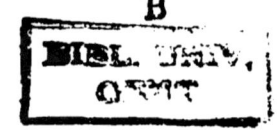

B

sultats de ces expériences peuvent bien confirmer l'opinion de Mascagni, savoir : que les filamens les plus déliés du tissu cellulaire sont autant de vaisseaux lymphatiques, (or, nos parties ne sont presque que du tissu cellulaire); mais certainement ils ne peuvent se concilier avec la proposition trop absolue de J. Hunter. Il serait bien singulier qu'on en vînt à reconnaître que la simple porosité à laquelle les corps des animaux participent comme tous les corps de la nature, fût dans les uns comme dans les autres, une cause et un instrument d'absorption; et que la fonction essentielle des vaisseaux absorbans proprement dit, fût de composer la lymphe, dont ils puisent d'ailleurs partout les matériaux.

Le mémoire de M. Magendie est terminé par le détail de quelques expériences non moins curieuses. Il est évident par ce qu'on vient de lire, qu'un animal n'est tué par l'upas, que parce que son sang est infecté de ce poison. Il serait naturel de croire que ce sang empoisonné, porté dans les vaisseaux d'un autre animal, lui donnerait la mort. C'est ce qui est démenti par les faits. M. Magendie a tenté beaucoup d'essais pour faire passer, par la transfusion, l'action de l'upas d'un animal à un autre; et il n'en est résulté que les accidens inséparables de ces sortes d'opérations. L'upas n'a été mortel que pour les animaux qui l'avaient reçu pour le transmettre. Du reste, ces expériences sont analogues, en quelque chose, à celles que l'abbé Fontana fit en Italie, il y a plus d'un demi-siècle, sur le venin de la vipère.

LITTÉRATURE ET BEAUX-ARTS.

HARANGUES DE CICÉRON CONTRE VERRÈS, INTITULÉES DES STATUES ET DES SUPPLICES. Traduction nouvelle, avec des notes grammaticales, historiques et critiques; par M. TRUFFER, ancien professeur de l'Université, puis des Écoles centrales de Paris, et professeur actuel au Lycée Charlemagne. — A Paris, chez *Charles Barrois*, place du Carrousel; *Firmin Didot*, rue de Thionville; *Lenormant*, rue des Prêtres-St-Germain-l'Auxerrois. — Deux vol. in-12, ornés d'un portrait de Cicéron. Prix 6 fr. et 7 fr. 60 cent. franc de port.

DE tous les auteurs latins, Cicéron est peut-être le plus difficile à traduire; je veux dire celui dont les qualités distinctives peuvent le moins aisément passer dans notre langue. Salluste et Tacite, par exemple, sont quelquefois obscurs : ils ont des phrases d'une concision énigmatique et mystérieuse, dont le vrai sens a long-tems échappé à tous les efforts faits pour le découvrir; mais enfin ces difficultés sont à peu près aplanies par la foule des commentateurs et des interprètes, et un traducteur nouveau n'a plus guère d'autre soin que de chercher des tours vifs et énergiques, qui soient la répétition fidèle ou l'exacte compensation des tours de son original. Or notre langue, dans son état actuel, avec les tournures rapides, elliptiques et piquantes dont la prose de La Bruyère, de Montesquieu et de quelques autres l'a enrichie, offre des ressources suffisantes à quiconque veut imiter le style coupé, serré et sentencieux de Salluste ou de Tacite; et de récens traducteurs de l'un et de l'autre, enchérissant sur le mérite de leurs devanciers, viennent de se signaler par des efforts très-heureux, qui pourraient bien ne pas être surpassés. Il en est tout autrement de Cicéron. Si l'on en excepte quelques passages de ses Traités philosophiques et de ses Lettres, passages d'une intelligence peu facile, les uns à cause de l'obscurité essentielle de la matière, les autres à cause de l'ignorance où nous sommes d'une foule de circonstances de tems, de lieux et de personnes, Cicéron est partout d'une grande clarté, parce qu'il s'entendait fort bien lui-même, et que, maître passé dans l'art de la parole, il savait que la principale règle de cet art est de se faire entendre des autres. Ce ne sont donc point des prodiges de sagacité qu'il exige de la part d'un traducteur; c'est par ses qualités naturelles, simples et faciles qu'il fera le désespoir de tous ceux qui entreprendront de reproduire ses ouvrages dans notre langue. A quelques égards, les traductions peuvent se comparer aux portraits; les unes comme les autres seront d'autant plus faciles à faire, que le modèle, soit dans la forme, soit dans la disposition de ses traits, offrira plus de ces singularités voisines des défauts, qui caractérisent fortement une physionomie. Dans les deux arts, la régularité, la proportion et l'harmonie seront toujours ce qui donnera le plus de peine à rendre avec succès, d'abord parce que ce sont des beautés peu vulgaires, dont il faut avoir un sentiment juste et fin pour pouvoir les exprimer, ensuite parce que l'effet doux et paisible qui doit en résulter, est tout près de la froideur et de la monotonie. Ce qui distingue le style de Cicéron, ce n'est point la force de la pensée et la vigueur de l'expression : on sait que Brutus reprochait à son éloquence de manquer de reins, d'être ce qu'il appelait *elumbis*; mais sa diction est abondante sans prolixité, ornée et fleurie sans recherche; sa phrase bien ordonnée se déroule sans lenteur et sans effort, et s'arrondit, en se terminant, par une suite de paroles nombreuses et cadencées, qui laisse pour ainsi dire dans l'oreille un agréable retentissement. Ce choix des sons, il le portait jusqu'à l'affectation, j'ai presque dit jusqu'au ridicule; il n'a point de pages où l'on ne trouve deux ou trois phrases terminées par le fameux *esse videatur*. Comment reproduire cette harmonie du style de Cicéron, dans un idiôme dont les sons maigres et rudes, quoiqu'un peu adoucis par suite de cette délicatesse étudiée, qui nous tient lieu d'une délicatesse naturelle d'organes, se ressentent toujours si fort de leur origine septentrionale et barbare? Comment sur-tout égaler, dans ce même idiôme; né pauvre et appauvri encore par les effets d'un dédain ridicule, cette heureuse abondance des Latins, qui fut un des caractères les plus sensibles de leur éloquence dans le beau siècle de leur littérature, et à laquelle ils ne renoncèrent que lorsqu'ils eurent perdu leur goût avec leur liberté, c'est-à-dire, lorsque leurs hommes de génie, privés des triomphes de la tribune politique où cette qualité charmait les oreilles du peuple-roi, furent réduits à consigner leurs pensées dans des écrits dont le style quelquefois en paraissait être le voile plutôt que l'expression? Cette abondance que nous pouvons à peine exprimer d'une seule manière, tant elle est étrangère à notre langue, les Latins l'exprimaient peut-être de six ou huit manières différentes; et l'idée en était tellement liée à l'idée d'éloquence, que Cicéron, voulant quelque part désigner un bon orateur, ne le qualifie pas autrement que *vir copiosus ad dicendum.* Cependant de même que du tems de Ronsard, notre poésie avait fait de vains et ridicules efforts pour imiter les inversions, les mots composés et jusqu'à la prosodie de la poésie grecque et latine, notre prose, du tems de Balzac, essaya de se modeler sur les développemens nombreux et arrondis de la prose romaine. Mais notre idiôme, si j'ose m'exprimer ainsi, avait l'haleine trop courte pour soutenir de si longues périodes; il revint à son naturel qui est la brièveté, comme le prouve l'accourcissement de presque tous les mots qu'il a empruntés aux langues anciennes; ses phrases se renfermèrent habituellement dans des limites étroites; et, au lieu d'être enchaînées entre elles par des conjonctions qui en marquassent le rapport et l'action réciproque, elles furent placées à la suite les unes des autres, n'ayant point de liaison exprimée et ne se tenant que par le fil secret du raisonnement. Une conséquence nécessaire de tout ceci, c'est qu'il devint plus difficile de reproduire dans une traduction les formes du style de Cicéron, et en même tems plus aisé d'y transporter la manière des autres écrivains de l'antiquité, qui procèdent par phrases concises et détachées.

Nous n'en avons pas moins en français une traduction presque complète de Cicéron, ouvrage d'un assez grand nombre de mains différentes. Ses Traités sur l'art oratoire et sur la législation ont été traduits par des écrivains à qui ce travail n'a point fait un nom. L'abbé d'Olivet et le président Bouhier ont traduit conjointement ses *Catilinaires* et deux de ses Traités philosophiques en hommes qui savaient très-bien le latin et le français, mais avec trop de froideur et de sécheresse. L'abbé Mongault s'est illustré par sa traduction des *Lettres à Atticus*, traduction vraiment fidèle, où la liberté du style n'est qu'une plus grande exactitude, puisque c'est la qualité qui convient le mieux au genre épistolaire. L'abbé Prévost, de cette plume rapide et exercée qui a composé et traduit tant de romans, a traduit aussi les *Lettres* improprement appelées *familières*; et son travail, quoique portant de trop nombreuses marques de précipitation, n'en a pas moins joui jusqu'ici d'une assez grande estime pour que personne n'ait encore essayé de le faire oublier. Les *Oraisons* ou Harangues judiciaires ont été moins heureuses, et cela tient peut-être à ce qu'étant d'un intérêt moins général, plus renfermé dans les tems et dans les lieux que les ouvrages sur la philosophie, la rhétorique et la législation, et même que les *Lettres*, qui sont l'histoire très-curieuse d'une époque très-mémorable, elles ont moins tenté le zèle des écrivains en état de les bien traduire. Villefore, l'abbé Auger et deux autres traducteurs plus récens ont seulement frayé la route, et ont réservé à ceux qui les y suivront toute la gloire d'en atteindre le but. On assure qu'un orateur fameux de notre Assemblée Constituante, qui s'était déjà honoré par un chef-d'œuvre d'éloquence et de piété filiale, a pris l'engagement de fournir en entier cette carrière. Son talent prouvé ne permet pas que nous nous bornions à former des vœux pour le succès de son entreprise, et nous pouvons même concevoir plus que des espérances. En attendant qu'il les réalise, un nouveau concurrent se présente avec des titres bien propres à inspirer la confiance. Ce concurrent est M. Truffer, professeur distingué de l'ancienne et de la nouvelle Université. Parmi les sept *Verrines* ou Harangues contre Verrès, il a choisi les deux dernières, regardées généralement comme des chefs-d'œuvres. L'une a pour objet les vols de statues, de tableaux, de vases et d'autres objets précieux que Verrès a commis dans la Sicile; l'autre les supplices qu'il y a fait subir à des citoyens romains.

Des sept Verrines, les deux premières seulement furent prononcées. Verrès, tout fort qu'il était de son or, de l'éloquence d'Hortensius et de la partialité des patriciens, ne put résister à la masse écrasante de faits avérés dont Cicéron l'accabla dès le début de la plaidoirie : il n'osa point attendre le jugement, et se punit lui-même par l'exil. On raconte qu'il y fut assez misérable pour ne pouvoir se passer de quelques secours que la générosité de Cicéron lui fit tenir. Il n'avait cependant point eu le courage de se défaire des belles statues et des beaux vases de Corinthe qui lui avaient fait commettre tant de violences et de bassesses, puisque le refus qu'il fit de les céder à Marc-Antoine devint la cause de sa mort. L'accusé et l'accusateur périrent par les mêmes mains. Cicéron composa et publia dans la suite les cinq dernières harangues, sans autre but que de laisser à la postérité un monument de son habileté dans le genre de l'accusation, et un modèle de la manière dont ce genre doit être traité et suivi dans toutes ses parties. Dans la sixième Verrine, dans celle qui a pour titre *de Signis* (sur les Statues), la grande difficulté consistait à diversifier le récit d'une infinité de rapines qui ayant toutes le même objet et étant presque toutes accompagnées des mêmes circonstances, n'auraient offert, dans la bouche d'un orateur vulgaire, qu'une longue et insipide énumération de larcins à peu près semblables. On ne peut se faire d'avance une idée de la variété, du mouvement et de la vie que Cicéron a eu l'art de donner à cette masse uniforme et pour ainsi dire inerte. Il apostrophe, tantôt les juges, tantôt Verrès, tantôt les dieux et les déesses, dont ce préteur insatiable a pillé les temples et enlevé les images. Ici c'est un simple récit, là un tableau animé, ailleurs une véritable action dramatique. Rien de plus énergique, de plus véhément, dans son apparente tranquillité, que l'exorde de cette belle harangue. Je vais le transcrire en entier tel que l'a traduit M. Truffer. « Je viens maintenant à ce que

» Verrès appelle son goût; ce que ses amis nomment
» sa maladie, sa fureur; les Siciliens, ses brigandages :
» quant à moi, je ne sais de quelle expression me servir.
» Je vais, citoyens, vous exposer la chose; jugez-la par
» ce qu'elle est en elle-même, sans vous arrêter au nom.
» Je vous en donnerai d'abord une idée générale, et
» peut-être qu'ensuite vous ne vous tourmenterez pas à
» la définir.

» Je dis que dans la Sicile entière, cette province si riche,
» si ancienne, qui renferme tant de villes, tant de familles
» opulentes, il ne s'est pas trouvé un seul vase d'argent,
» de Corinthe ou de Délos, pas une pierre précieuse (1),
» pas un ouvrage en or ou en ivoire, pas une statue de
» bronze, de marbre ou de toute autre matière, pas une
» tapisserie, pas un tableau qu'il n'ait fait passer sous
» ses yeux et soigneusement examiné, s'appropriant tout
» ce qui pouvait lui plaire (2).

» Cette proposition vous étonne : je vous supplie d'en
» bien peser les termes. Ce n'est point une exagération
» faite à dessein pour grossir mes charges contre l'accu-
» sé (3). Quand je dis qu'il n'a rien laissé, sachez,
» citoyens, que je parle simplement et non comme accu-
» sateur (4). Je m'expliquerai plus clairement encore. Je

---

(1) Le latin porte : *ullam gemmam aut margaritam*, pas une pierre précieuse ou une perle. J'ignore pourquoi le traducteur a omis *margaritam*. L'intention de Cicéron est de ne rien laisser échapper dans son énumération. Il le dit plus bas : *complector omnia*.

(2) *S'appropriant tout ce qui pouvait lui plaire.* Ce participe rend la fin de la phrase lourde et trainante. Cicéron emploie trois verbes au même tems : *conquisierit, inspexerit...abstulerit. Quin conquisierit*, n'est pas rendu par *qu'il n'ait fait passer sous ses yeux.* Il a fallu que Verrès, avant d'examiner ces objets, en fit la recherche, la perquisition, et c'est ce qu'exprime le verbe *conquirere.*

(3) Cicéron dit : Ce n'est pas pour amplifier mon discours ou mon accusation, que je comprends ainsi tous les objets possibles dans l'énumération de ses vols : *Non verbi neque criminis augendi causâ complector omnia.* Le traducteur n'a point rendu *verbi augendi causâ.*

(4) Littéralement : Sachez que je parle latin, et non *accusatoi-*

» soutiens que de tout ce qui a frappé ses yeux, excité
» ses désirs, soit dans les maisons, soit même dans les
» villes, soit dans les places publiques, soit dans les
» temples, chez les citoyens romains comme chez les
» Siciliens, et dans toute l'étendue de la province, il n'a
» rien épargné, sans distinction de public, de particulier,
» de sacré, de profane.

» Par où puis-je mieux commencer que par une ville
» qui a été pour vous l'objet d'une prédilection toute
» particulière (Messine)? Où trouver des preuves moins
» suspectes que parmi ceux qui sont ici vos apologistes?
» Car si vos chers amis les Mamertins n'ont pu se mettre
» à l'abri des plus détestables larcins, on concevra faci-
» lement par-là comment vous avez traité ceux qui vous
» haïssent, qui vous accusent et qui demandent la pu-
» nition de tous vos forfaits. »

Cette traduction, où le latin est bien entendu et rendu en bon français, prouve mieux que tous mes discours l'excessive difficulté de traduire Cicéron. Il y a dans l'original une phrase où sont compris, avec une admirable précision, tous les genres de vols que l'on peut commettre et tous les lieux où ils peuvent être commis. Verrès n'a rien pu faire qui ne soit renfermé dans cette phrase, et tout ce qu'elle renferme, il l'a fait. Je demande la permission de la citer : *Nihil in œdibus cujusquam, ne in oppidis quidem : nihil in locis communibus, ne in fanis quidem : nihil apud Siculum, nihil apud civem romanum; denique nihil istum quod ad oculos animumque acciderit, neque privati, neque publici, neque profani, neque sacri, totâ in Siciliâ reliquisse.* Où est, dans le français, ce terrible *nihil* cinq fois répété; cette énergique symétrie des deux premiers membres *ne in oppidis quidem..... ne in fanis quidem*? Enfin, où est l'effet pittoresque de ce verbe *reliquisse*, qui, rejeté à la fin de la phrase, nous fait voir Verrès enlevant, pour ainsi dire, d'un seul coup de main tous les objets dont nous

---

rement. Ce *latiné loqui* répond à peu près à cette phrase usitée parmi nous : je vous parle français; le mot *simplement* n'en rend guère bien l'idée. *Positivement* aurait peut-être mieux convenu.

venons de lire l'effrayante énumération ? Quelques-unes de ces beautés pouvaient être conservées, ou du moins compensées ; mais il en est certainement dont il fallait faire l'entier sacrifice à la timidité de notre construction et à cette fausse délicatesse qui bannit de notre phrase le retour trop fréquent des mêmes expressions et des mêmes formes.

Cicéron n'était pas seulement un très-beau génie : c'était aussi un très-bel esprit : de plus, il avait pour la raillerie vive et mordante un goût qui l'entraînait quelquefois jusqu'au jeu de mots et à l'équivoque. Il est donc en général imprudent de vouloir enchérir sur ses plaisanteries ; quand elles sont fines et délicates, c'est assez d'en conserver le sel, sans chercher à le rendre plus piquant ; lorsqu'elles dégénèrent en pointes ou en allusions froides, il est bon de les supprimer, et heureusement on y est presque toujours forcé. Dans l'un et dans l'autre cas, M. Truffer en a usé avec la discrétion la plus sage et la plus éclairée : il est pourtant un passage où l'on pourrait l'accuser d'avoir excédé la mesure. Les Mamertins, seul peuple de toute la Sicile que Verrès eût un peu épargné, parce qu'il avait besoin d'eux pour le recélement et le transport de ses vols, les Mamertins avaient envoyé à Rome une députation chargée de le défendre ; et à la tête de cette députation se trouvait un citoyen nommé Héjus, à qui le préteur avait pris de fort belles statues et d'autres objets précieux. Cicéron ayant interrogé publiquement Héjus sur ce fait, il ne put s'empêcher de déclarer naïvement la chose comme elle était ; et Cicéron, dans sa harangue, ne manqua pas de se prévaloir beaucoup de cette déposition involontaire. Il rappelle comment de fort belles tapisseries furent volées à Héjus par Verrès. « Il m'est impossible, citoyens, dit-il, d'expliquer
» plus clairement la chose qu'Héjus lui-même ne l'a fait
» devant vous. Lorsque je lui demandai si quelqu'autre de
» ses effets n'était pas tombé dans les mains de Verrès,
» il déclara qu'il en avait reçu l'ordre de lui faire tenir ses
» tapisseries à Agrigente. Interrogé s'il les avait envoyées,
» il répondit, ce qui était indispensable, qu'il n'avait pas
» manqué d'obéir au préteur, qu'il les avait envoyées.

» Interrogé si elles étaient arrivées au lieu prescrit, il
» assura que oui. Interrogé enfin si elles étaient revenues,
» il dit *qu'il les attendait encore*. Cette réponse fit rire le
» peuple, en excitant un murmure parmi vous ». Héjus
ne répondit point qu'*il les attendait encore*; cette réponse
a un air de reproche et d'épigramme, qui ne s'accorde
point avec les ménagemens que lui prescrivait son rôle
d'apologiste. Interrogé si les tapisseries étaient revenues,
il répondit simplement qu'*elles n'étaient point encore revenues*, *negavit adhuc revertisse*. En général il fallait peut-
être conserver dans tout ce morceau les propres formules
de l'interrogatoire, telles que Cicéron les a rapportées,
et ne point s'embarrasser des répétitions de mots qui sont
en usage dans la rédaction de ces actes. Ce sont-là, je le
sens, des observations extrêmement minutieuses; mais,
outre que je n'en ai pas de beaucoup plus graves à faire,
elles me paraissent signaler assez bien quelle espèce de
reproche on peut avoir à faire au nouveau traducteur,
lorsque d'ailleurs on n'a que des éloges à lui donner pour
la manière libre et animée dont il a rendu son auteur.
Personne n'a mieux conçu ni mieux exprimé les obligations essentielles que le titre de traducteur impose.
« Quant à la physionomie, dit-il, qui proprement est
» l'âme, et comme la vie d'un tableau, j'ai désiré surtout de la faire passer de l'original à ma copie. J'ai
» fait, de cette étude, le premier objet de mes soins et
» ma constante application. Je me suis dit : si l'orateur
» était français, comment exprimerait-il telle pensée,
» tel sentiment? Je n'ai rien négligé pour deviner cet
» important secret; et j'ai cru quelquefois avoir réussi.
» Mais aujourd'hui je n'ose plus m'en flatter. La ré-
» flexion sévère affaiblit ou détruit en moi le charme
» séducteur. Je ne dois, en effet, parler que de mes
» efforts ; c'est au lecteur instruit à juger le reste. » Je
crains pourtant que M. Truffer ne se soit un peu exagéré
l'importance et les difficultés de sa mission, lorsqu'en
un autre endroit de sa préface il dit qu'un traducteur
« doit être nombreux, facile, varié, harmonieux,
» riche de pensées et d'expressions avec Cicéron ». *Riche
de pensées* est un peu trop fort; en fait de *pensées*,

Cicéron fait à lui seul tous les frais ; c'est assez que son traducteur sache entendre et exprimer celles qu'il fournit. M. Truffer s'est généralement bien acquitté de cette tâche. Sa traduction est faite suivant un bon systême : elle tient le juste milieu entre ces paraphrases négligées où l'auteur original est affaibli et comme noyé dans un déluge de paroles, et ces versions pénibles, où il est torturé et pour ainsi dire estropié par les efforts maladroits de son interprète. De ces deux manières, également vicieuses, la première fut long-tems à l'usage de nos traducteurs en prose et en vers, avant que des écrivains distingués, concevant tout ce qu'une bonne traduction pouvait exiger de talent et rapporter de gloire, eussent fixé par leurs préceptes et sur-tout par leur exemple les véritables règles de l'art de traduire ; mais comme nul état n'est stable et qu'un genre arrivé à sa perfection doit nécessairement dégénérer, nous en sommes venus, en vers comme en prose, à un excès de fidélité très-infidèle, qui s'attache à la lettre plutôt qu'à l'esprit et à l'effet, dont tout le secret consiste à jeter les mots de notre langue dans des moules qui ne sont pas faits pour elle, et dont tout le résultat est de parler latin avec des paroles françaises ; si ce n'est pas plutôt ne parler ni français ni latin. AUGER.

Les Métamorphoses d'Ovide, traduction nouvelle, avec le texte latin; suivie de l'explication des Fables, et des notes géographiques, historiques, critiques, etc., par M. G. T. Villenave. — Quatre vol. in-4° et in-8°, avec 140 fig. gravées par les plus célèbres artistes de la capitale, d'après les dessins de MM. Lebarbier, Monsiau et Moreau. — A Paris, de l'imprimerie de *P. Didot* l'aîné. Chez *F. Gay*, libraire éditeur, rue de la Harpe, n° 83, au bureau de la Bible. — On souscrit encore à Paris pour cet ouvrage chez *Gillé*, fondeur-imprimeur, rue Saint-Jean-de-Beauvais, n° 18; *Arthus-Bertrand*, libraire, rue Hautefeuille, n° 23; *Gide*, libraire, rue Christine n° 5; *Treuttel* et *Würtz*, libraires, rue de Lille, n° 17, et chez les principaux libraires de l'Europe. — XVIIIe *livraison*, composée de douze feuilles de texte et de notes, et de six figures représentant *Hippomène et Atalante; la mort d'Adonis; Orphée déchiré par les Bacchantes; Silène enchaîné par des pâtres de Phrygie; le jugement de Midas; Ceyx et Alcyone.* — Prix, in-8°, papier raisin, 8 fr.; papier vélin, 16 fr.; in-4°, papier fort, 16 fr.; avec fig. avant la lettre, 20 fr.; papier raisin vélin, fig. avant la lettre, 28 fr.; papier nom de Jésus vélin, 32 fr; *idem*, avec les épreuves à l'eau-forte, 40 fr.; *idem*, sur vélin, 200 fr.

Cette entreprise, recommandable à tous égards, se continue avec un courage dont on doit savoir beaucoup de gré à ceux qui l'ont formée. Le nouveau traducteur des *Métamorphoses*, M. Villenave, n'avait pas seulement à vaincre la difficulté que présentait ce travail, il fallait qu'il pût s'associer un libraire-éditeur, à qui le luxe de l'art typographique fût assez peu indifférent pour qu'il ne craignît pas de faire et de soutenir, dans des circonstances si peu favorables, les frais considérables que l'exécution exige. Cette exécution avance. La livraison que nous annonçons, plus que double, pour le texte et les notes, de la plupart des livraisons précédentes, termine le troisième volume (1). Il ne reste plus à publier que six livraisons: elles formeront le quatrième et dernier volume, et compléteront cette belle édition d'Ovide, qui méritait et qui a reçu l'accueil le plus favorable des amis des lettres et des arts.

Sous le rapport des arts, peu d'éditions pouvaient être plus dignes de cet accueil. Le nom des trois dessinateurs qui l'ont embellie garantit le goût, l'expression, et les détails ingénieux de leurs dessins : ils ont été en général très-bien secondés par les graveurs, qui sont en assez

---

(1) La XVIIe livraison, qui n'a point été annoncée dans ce Journal, était composée de quatre feuilles et demie de texte et de notes, et de six figures représentant *la Mort d'Eurydice; la descente d'Orphée aux Enfers; l'Enlèvement de Ganimède; Pygmalion et sa statue; la Naissance d'Adonis; Vénus et Adonis.*

grand nombre et assez égaux en talens, pour que la suite des planches offre beaucoup de variété sans disparates. Enfin M. Pierre Didot l'aîné, comme le dit très-bien le traducteur, « a donné à l'impression les mêmes soins qui rendent si recommandables les superbes éditions sorties de ses presses »; mais c'est du traducteur lui-même que nous devons principalement nous occuper.

Il paraît trop instruit dans la langue latine, et il était environné de trop de secours, pour que l'on pût craindre qu'il ne saisît pas dans les endroits les plus douteux le vrai sens de son auteur, dont le texte en général présente peu d'embarras et d'obscurité; mais il avait à éviter les défauts de tous les traducteurs en prose qui l'ont précédé, la prolixité, la faiblesse, l'absence d'harmonie et de poésie de style. On voit qu'il s'y est appliqué : généralement parlant il y a réussi; mais pour éviter un excès, il est quelquefois tombé dans un autre. Sa prose n'est pas exempte de tours et d'inversions que la prose française n'admet pas; quelquefois aussi pour lui donner un caractère poétique, il ne s'est pas contenté de la modeler sur la poésie latine, il s'est encore aidé de la poésie française, en empruntant des expressions et des membres entiers de phrases à une traduction en vers justement estimée. C'est ce qu'une citation de quelque étendue fera sentir. Elle fera connaître en même tems le mérite qui distingue la nouvelle traduction des autres traductions en prose. J'ai choisi le commencement du XIe livre, qui contient le récit terrible et touchant de la mort d'Orphée déchiré par les Bacchantes, parce qu'il offre, dans l'un des beaux morceaux d'Ovide, un objet intéressant de comparaison avec un des chefs-d'œuvres de Virgile.

« Tandis qu'autour de lui, par le charme de ses vers, Orphée entraîne les hôtes des forêts, et les forêts et les rochers, les Ménades qu'agitent les fureurs de Bacchus et qui portent en écharpe la dépouille des tigres et des léopards aperçoivent du haut d'une colline le chantre de la Thrace, *des sons divins de sa lyre accompagnant sa voix*. Une d'elles, dont les cheveux épars flottent abandonnés aux vents, s'écrie : Le voilà, le voilà celui qui nous méprise! et soudain son thyrse va frapper la tête du prêtre d'Apollon. Mais enveloppé de pampre et de verdure, le thyrse n'y fait qu'une empreinte légère sans la blesser. Une autre lance un dur caillou qui fend les airs ; mais vaincu par les sons de la lyre tombe aux pieds du poëte ; et semble implorer le pardon de cette indigne offense. Cependant le trouble augmente ; la fureur des Ménades est poussée à l'excès. La terrible Erynnis les échauffe. Sans doute les chants d'Orphée auraient émoussé tous les traits ; mais leurs cris, et leurs flûtes, et leur tymbales, et le bruit qu'elles font en frappant dans leurs mains, et les hurlemens affreux dont elles remplissent les airs, étouffent les sons de la lyre : la voix d'Orphée n'est plus entendue, et les rochers du Rhodope sont teints de son sang.

» D'abord, dans leur fureur, les Bacchantes ont chassé ces oiseaux sans nombre, ces serpens, et ces hôtes des forêts *qu'en cercle autour du poëte la lyre avait rangés.* Alors elles portent sur lui leurs mains criminelles. Tel l'oiseau de Pallas, si par hasard il erre à la lumière du jour, voit les oiseaux se réunir contre lui et le poursuivre dans les plaines de l'air, etc. Après l'avoir frappé de leurs thyrses, de branches arrachées aux arbres, de toutes les armes qui se présentent à leur fureur, elles saisissent les instrumens du labourrage que des agriculteurs effrayés abandonnent ; » elles arrachent aux bœufs mêmes leurs cornes menaçantes, et reviennent *de l'interprête des Dieux achever les destins.* Il leur tendait des mains désarmées. Ses prières les irritent (2). Pour la première fois les sons de sa voix ont perdu leur pouvoir. Ces femmes sacrilèges consomment leur crime ; il expire, et son âme, grands Dieux ! s'exhale à travers cette bouche dont les accens étaient entendus par les rochers, et qui apprivoisaient les hôtes sauvages des forêts.

» Chantre divin, les oiseaux instruits par tes chants, les monstres des déserts, les rochers du Rhodope, les bois qui te suivaient, tout pleure ta mort. Les arbres en deuil se

---

(2) J'avoue que je ne sais pas ce qui a pu, dans le texte, dicter cette phrase de la traduction : *ses prières les irritent* ; car je ne puis supposer que ce soit *irrita dicentem* : la méprise serait trop forte.

dépouillent de leur feuillage. *De leurs pleurs les fleuves se grossissent.* Les Nayades, les Dryades couvertes de voiles funèbres, gémissent les cheveux épars. Ses membres sont dispersés. Hébre glacé, tu reçois dans ton sein et sa tête et sa lyre. O prodige! et sa tête et sa lire roulant sur les flots murmurent je ne sais quels sons lugubres et quels sanglots plaintifs, et la rive attendrie répond à ces tristes accens. »

Cette traduction est en général soignée et fidèle. Mais pour y indiquer les inversions contraires au génie de notre langue, je n'ai eu besoin que de les mettre en italique. Quatre fois, dans si peu d'espace, la même faute (car il faut dire franchement que c'est une véritable faute dans la prose française), prouvent que c'est dans le traducteur une sorte de système. Il n'en pouvait guère adopter un moins favorable à l'élégance et à la pureté du style.

Il n'est pas plus difficile de montrer qu'il a eu souvent sous les yeux, en travaillant, les vers de M. de St.-Ange. Il n'était pas naturel de commencer par cette expression que le texte ne dicte pas, et par cette inversion presque aussi dure que les précédentes : « *Tandis qu'autour de lui*, par le charme de ses vers, Orphée entraîne les hôtes des forêts, et les forêts et les rochers, *les Menades*, etc.» Le traducteur en vers avait dit :

Tandis qu'autour d'Orphée, attirés par sa voix,
S'assemblent les lions, les rochers et les bois,
Les Menades, etc.

On aperçoit déjà des signes de la présence de la traduction en vers : ils vont être encore plus sensibles.

Soudain le thyrse d'une des Bacchantes va frapper la tête du prêtre d'Apollon. «Mais *enveloppé de pampre et de verdure*, le thyrse n'y fait qu'une empreinte légère, sans la blesser.» Le traducteur en vers avait dit :

Le thyrse, *enveloppé de pampre et de verdure*,
Amolli sur son front porte un coup sans blessure.

Foliis præsuta du texte latin ne demandait dans le français que ces mots, *enveloppé de feuilles*.

« Une autre lance *un dur caillou* qui fend les airs;
mais

mais vaincu par les sons de sa lyre, tombe aux pieds du poëte et semble implorer le pardon de cette *indigne offense.* »

> *Un dur caillou*, qu'une autre a lancé dans les airs,
> Cède au chantre divin, vaincu par ses concerts;
> Et la pierre à ses pieds tombe et roule en cadence,
> Et semble s'excuser *de son indigne offense.*

J'avoue que je ne suis point content de ces quatre vers; mais notre versification est si gênante! Je ne vois point qu'ils rendent cette image si vive du latin, où l'on ne peut reprendre qu'une recherche trop commune dans Ovide, mais ingénieuse et poétique, comme ses images le sont toujours.

> *Alterius telum lapis est : qui missus, in ipso*
> *Aëre concentu victus vocisque Lyræque est;*
> *Ac veluti supplex pro tam furialibus ausis,*
> *Ante pedes jacuit.*

J'avoue encore que cette circonstance ajoutée de la pierre qui *roule en cadence*, au troisième vers français, me paraît petite et même fausse, puisqu'elle contredit l'intention suppliante que le poëte latin prête à cette pierre et le mot *jacuit* dont il se sert : je ne retrouve ni dans la prose, ni dans les vers cette pierre vaincue dans l'air même par l'accord de la voix et de la lyre; et je vois que dans l'une comme dans l'autre traduction, cette pierre ne s'excuse, ne demande pardon que *de son indigne offense*, tandis que dans Ovide, elle demande en suppliant pardon pour *de si furieux attentats*, ce qui s'étend à tous les excès auxquels se portent les Bacchantes. Libre comme on l'est dans la prose, on pouvait dire : « Une autre s'arme d'un caillou, et le lance; mais dans l'air même il est vaincu par cet accord du chant et de la lyre, et tombe aux pieds d'Orphée, comme pour demander grâce de tant de fureurs. »

Ces vers de M. de Saint-Ange,

> *Tel l'oiseau de Pallas voit* mille oiseaux divers
> L'attaquer à grands cris dans la lice des airs,

ont rendu un mauvais service à M. Villenave : il a mis

aussi lui : « *Tel l'oiseau de Pallas*, si par hasard il erre à la lumière du jour, *voit* les oiseaux se réunir contre lui et le poursuivre dans les plaines de l'air. » Il est vrai qu'il a rendu une circonstance essentielle que le poëte français avait négligée, *si quando luce vagantem*, mais tous deux ont fait la faute de transporter l'action, objet de la comparaison, à l'oiseau de Pallas, au lieu de la faire porter sur les oiseaux qui le poursuivent ; chose importante dans les comparaisons, et si importante dans celle-ci que par ce seul changement, l'esprit, au lieu de comparer les Bacchantes à cette foule d'oiseaux acharnés sur un seul, est amené à comparer Orphée à un oiseau de nuit. D'ailleurs quelle longue phrase pour ne rendre qu'un vers et demi ! Et pourquoi cet *oiseau de Pallas*, au lieu de l'*oiseau de la nuit* ?

Et coëunt ut aves, si quando luce vagantem
Noctis avem cernunt.

« Elles s'assemblent, comme les oiseaux, quand ils voient l'oiseau de la nuit errant à la clarté du jour. » Cela serait simple, littéral, et suffisamment poétique.

Abrégeons ces critiques, qui paraîtront peut-être minutieuses, et finissons par une observation d'un autre genre, sur des trois vers qui terminent ce morceau d'Ovide. Ici les deux traducteurs diffèrent entièrement. Ils avaient tous deux à lutter contre une beauté de style généralement sentie, mais bien difficile à rendre. Ovide lui-même, en peignant la tête d'Orphée jetée dans le fleuve de l'Hèbre, avait eu à lutter contre ces beaux vers de Virgile :

Eurydicen vox ipsa et frigida lingua....
Ah ! miseram Eurydicen animâ fugiente vocabat.

Cette répétition du nom d'Euridice retentit dans toutes les ames : Ovide en a cherché l'équivalent dans la répétition touchante du mot *flebile* qui revient trois fois en deux vers, dans l'idée de précipiter aussi la lyre d'Orphée qui se plaint ainsi que sa voix, dans ces tristes échos du rivage qui redisent leurs sons plaintifs.

Et (mirum) medio dum labitur amne

Flebile nescio quid queritur lyra, flebile lingua
Murmurat exanimis, respondent flebile ripæ.

C'est ce que le nouveau traducteur paraît avoir trop désespéré de rendre : il a même évité comme exprès cette répétition du mot *plaintif* qu'il fallait essayer de conserver, ou remplacer par quelque chose d'à peu près semblable. Il a pour ainsi dire affecté de substituer à cette répétition dont l'intention et l'effet sont si sensibles, trois expressions tout à fait différentes. » Et sa lyre et sa tête roulant sur les flots, murmurent je ne sais quels *sons lugubres* et quels *sanglots plaintifs*, et la rive attendrie répond à ces *tristes accents*. » Le traducteur en vers a osé davantage : il a dit, et il était difficile de mieux dire :

Sa lyre sur les flots soupire en sons *plaintifs*;
Sa bouche sur les flots, en sanglots fugitifs,
Se plaint comme sa lyre; et le fleuve et la rive
Répondent aux soupirs de sa bouche *plaintive*.

Je n'y trouve à redire que la répétition de *sur les flots*, qui ne contribue en rien à l'effet, et qui produit dans le second vers, avec *sanglots*, une consonnance désagréable. Je ne sais si ce défaut ne serait pas facile à corriger, si l'on ne pourrait pas en même tems rendre les mots *lingua exanimis*, que M. de Saint-Ange a omis, et si par la répétition de la syllabe conjonctive *et* au second vers, on n'ajouterait pas encore au mouvement de toute la phrase.

Sa lyre sur les flots soupire en sons plaintifs;
Et sa langue glacée (4) en sanglots fugitifs
Se plaint comme sa lyre; et le fleuve et la rive
Répondent aux soupirs de sa bouche plaintive.

Mais je reviens au traducteur en prose. J'espère qu'il ne verra dans toutes ces observations que le désir de l'engager à prendre encore quelques soins de plus dans les quatre livres qui lui restent à publier d'une version déjà très-soignée. Ce n'est même ni le travail, ni le talent qui y manquent; mais il me semble qu'il est, relativement aux

---

(4) Ou bien, *et sa bouche expirante*, etc.

tours propres à notre langue, et sur-tout aux inversions, dans une erreur, dont il est toujours tems de revenir : et que l'estime très-méritée qu'il paraît avoir pour la traduction en vers des *Métamorphoses*, l'a aussi trompé sur l'usage qu'il en pouvait faire et les secours qu'il en pouvait tirer. Du reste, il y a dans toute sa traduction, comme dans le morceau que j'ai cité, une teinte générale d'élégance, d'harmonie et de goût poétique que ces taches légères ne peuvent effacer ; elles n'empêchent pas qu'on ne relise avec plaisir dans cette belle édition le poëme le plus séduisant que les anciens nous aient laissé, rendu plus poétiquement qu'il ne l'avait encore été en prose, et avec une fidélité qui ne doit laisser de doute sur le sens d'aucun passage important du texte.

S'il y reste encore quelques obscurités, non quant au sens littéral, mais quant à l'explication des fables, et aux détails géographiques ou historiques, les notes qui accompagnent chaque livre de la traduction sont destinées à les éclaircir. Elles annoncent un littérateur instruit et un homme de goût, qui connaît les sources de l'érudition et qui sait y choisir. M. Villenave a très-bien rempli l'objet qu'il s'était proposé dans ce commentaire, et qu'il énonce ainsi dans l'avertissement placé à la tête de son premier volume : « On a cru devoir rapporter les fables que le poëte ne fait connaître qu'en partie : on a cru qu'il serait utile de réunir dans un même ouvrage un corps complet de mythologie ; de faire connaître les diverses traditions, d'en donner l'explication historique, physique, astronomique et morale ; d'étendre le travail si intéressant de l'abbé Banier ; d'y ajouter des notes géographiques sur les lieux dont parle Ovide, et qui sont le théâtre de ses *Métamorphoses*. »

Cet avertissement a paru dans la 9e livraison, avec une nouvelle *Vie d'Ovide*, dont il me reste à parler. C'est la partie du travail de M. de Villenave qui lui appartient le plus en propre : elle lui fait beaucoup d'honneur. Il y a rangé dans un très-bon ordre des matériaux fournis, pour la plupart, par Ovide lui-même, qui, réduit dans son long exil, à parler de lui, de sa vie, de ses mœurs, de ses penchans, de ses goûts, a donné sur tous ces objets des détails qu'il ne faut que savoir recueillir. Dans cette *Vie*, qui est d'ailleurs écrite avec intérêt et dans un très-bon style, on prend une idée juste du caractère de ce poëte aimable, de ce facile et beau génie, de cet homme sensible dont tous les goûts étaient délicats, tous les sentimens doux; Romain, non du tems de la république, mais tel qu'il y en eut trop peu sous le nouvel empire; amolli et non dépravé, faible dans le malheur, mais bon comme il l'avait été dans la prospérité, et donnant à sa femme, à ses amis, à sa patrie, et non à ses plaisirs, les regrets qui remplissent les poésies écrites du lieu de son exil.

La cause de cette longue et irrévocable punition d'un crime que le coupable avoue souvent, mais qu'il ne spécifie jamais, est devenue le sujet de beaucoup d'incertitudes, de discussions et de dissertations savantes. On a long-tems cru sans trop d'examen ce qu'Auguste lui-même avait voulu faire croire, et pris pour le vrai motif de l'exil d'Ovide ce qui n'en fut que le prétexte, la licence qui ne règne en effet que trop dans ses vers. Ceux qui ont voulu pénétrer plus avant ont pensé les uns qu'Ovide avait contribué aux déréglemens de Julie, fille d'Auguste, les autres qu'il avait vu l'empereur se livrant avec elle à d'autres tendresses qu'à celles d'un père; Tiraboschi, dans son *Histoire de la Littérature italienne* (5), mécontent de ces raisons, en a tiré une autre de tous les passages où Ovide parle du crime dont il portait si cruellement la peine. Il a pensé que la principale cause, si ce n'était la seule, de l'exil d'Ovide, fut d'avoir surpris à l'improviste Julie, non la fille, mais la petite-fille d'Auguste, commettant une de ces actions déshonnêtes pour lesquelles elle fut aussi exilée par son ayeul. Il a si bien profité des textes d'Ovide qu'il emploie, si bien réfuté tous les auteurs qui ont donné une explication différente de la sienne, si bien appuyé cette explication sur tout ce qui peut la rendre vraisemblable, que n'en connaissant pas de meilleure, je l'ai présentée autrefois comme la plus

---

(5) Tome Ier, *page* 154 *et suivantes*, première édition de Modène.

satisfaisante dans la *Décade philosophique* (6), où je traduisis par extrait sa longue et savante dissertation.

Cette opinion, très-plausible, a entraîné M. de Saint-Ange, qui l'a adoptée dans la préface de la dernière édition de ses *Métamorphoses* en vers. M. Villenave en avance une toute nouvelle dans sa *Vie d'Ovide*; et j'avoue qu'elle me paraît encore avoir beaucoup plus de probabilité.

« C'est à cette époque, dit-il, (après qu'Auguste eut éprouvé de vifs chagrins domestiques, et après la destruction de trois de ses légions en Germanie), qu'effrayé de Tibère, tourmenté par Livie, affaibli par l'âge, livré à des pratiques superstitieuses, sans conseils et sans amis, aigri, défiant et malheureux, ayant vu périr la moitié de sa famille, et réduit à proscrire l'autre, Auguste chassa de Rome, où il ne devait plus rentrer, le plus proche héritier du trône des Césars (7). C'est à cette même époque que fut exilée Julie, sœur d'Agrippa, qui devait mourir dans son exil : c'est enfin à cette époque qu'Ovide fut relégué sur les bords du Pont-Euxin, qui devaient être son dernier asile et son tombeau. Il n'est guère permis de douter que le poëte n'ait été victime de quelque intrigue de cour. Protégé ou amant de Julie (8), avait-il embrassé les intérêts d'Agrippa, fils de cette Julie? avait-il osé défendre ses droits auprès d'Auguste dans un de ces momens où les souverains, se souvenant qu'ils sont hommes, épanchent leurs chagrins devant les familiers de leurs palais? n'avait-il pas été témoin, non de quelque inceste de l'Empereur, mais de quelque retour secret vers le légitime héritier de l'Empire, ou de quelque scène violente et honteuse entre Tibère, Auguste et Livie? n'est-ce point là ce qu'il avait vu, ce qu'il ne pouvait révéler, puisque c'était un secret de l'État, ce qui ne lui fut jamais pardonné? Et cette conjecture n'est-elle pas plus vraisemblable que toutes celles qui ont été imagi-

---

(6) N° 15 de l'an IX (1809).

(7) Agrippa.

(8) Fille d'Auguste.

nées pour expliquer la disgrâce de l'ingénieux auteur de *l'Art d'aimer*?

« On sait qu'Auguste éprouva quelquefois des remords d'avoir écarté son petit-fils du trône pour y faire monter l'étranger qu'il avait adopté; on sait qu'il voulut le rappeler de son exil; Plutarque et Tacite l'attestent. Tacite nous représente Auguste accompagné du seul Fabius-Maximus, son confident, et l'ami le plus cher d'Ovide, visitant le malheureux Agrippa dans l'île de Planasie, où il était relegué, pleurant avec son petit-fils, lui prodiguant les témoignages touchans de l'affection d'un père.... Maxime osa confier ce secret important à son épouse; et celle-ci eut l'imprudence de le révéler à Livie. Maxime se donna la mort, et Ovide s'accusa d'en être la cause (9); circonstance remarquable, et qui aurait dû ne pas échapper à ceux qui ont voulu expliquer les causes de l'exil d'Ovide. Maxime fut indiscret; Ovide l'avait été sans doute: tous les deux furent punis. Cependant Auguste allait pardonner; il allait rappeler Ovide et son petit-fils, et sa fille peut-être : Auguste mourut subitement à Nole; Tibère fut proclamé empereur, Agrippa tué par un centurion, et Julie, sa mère, privée d'alimens, périt du long supplice de la faim : dès-lors l'exil d'Ovide et celui de Julie, sœur d'Agrippa, ne durent avoir d'autre terme que la mort. »

L'auteur donne à cette conjecture des développemens tirés de l'*Histoire de la famille d'Auguste*, de l'état où elle était alors, de toutes les circonstances qui peuvent lui prêter de la consistance et de la force, et qu'on ne peut lire sans intérêt, je dirai même sans persuasion dans son ouvrage. Enfin, après avoir rappelé sous quels prétextes faux ou légers les deux Julies, Agrippa et Ovide furent exilés sans retour, il résume ainsi son opinion : «Mais il fallait que Tibère régnât; il fallait perdre la famille d'Auguste; il fallait comprimer ses partisans par la terreur. On chercha des prétextes, on aggrava des fautes, on supposa des crimes; et l'on en commit. L'héritier des Césars fut assassiné, la fille d'Auguste mourut de faim,

(9) *Ex Ponto*, l. IV, Ép. 6.

sa petite-fille de misère, Ovide de chagrin; dans quatre exils différens, mais qui paraissent avoir eu une même cause, et dont le terme fut marqué par la mort des quatre victimes de la haine d'une femme dont l'ambition devait être si fatale à la famille d'Auguste et au repos du monde. »

Cette citation suffit pour faire connaître, sur ce sujet intéressant, une opinion que je crois nouvelle, et pour donner une juste idée de la manière dont l'auteur pense et dont il écrit, quand il pense et écrit d'après lui-même.

GINGUENÉ.

CLÉMENCE ET ISIDORE ou *Tableau et Histoire de quelques Familles et de quelques Sociétés;* par Mme ****. — Deux vol. in-12. — Prix, 3 fr. et 4 fr. franc de port. Chez *Léopold Collin*, libraire, rue Gilles-Cœur, n° 4.

Nous avons parlé dernièrement d'un roman agréable, *Lydie*, composé par Mme Simons-Candeille. Nous annonçons aujourd'hui, avec un égal intérêt, un autre ouvrage du même genre, dont l'auteur, quoiqu'il nous soit inconnu, paraît être aussi une femme d'esprit. Le roman de *Clémence et Isidore* se fait remarquer, comme le premier, par des observations fines et délicates sur les mœurs de la société, et par une grâce dans le style, qu'un homme même exercé dans l'art d'écrire, pourrait difficilement donner à ses ouvrages. Nous savons peindre à grands traits des caractères saillans et prononcés; mais il n'appartient guère qu'aux femmes d'apercevoir et de saisir toutes les légères nuances qui échappent à notre vue, et de trouver des couleurs pour les exprimer. Elles excellent sur-tout à peindre ces sentimens doux et purs dont la nature a placé la source dans le cœur, et qui font du bonheur domestique la plus réelle des félicités humaines. C'est aussi sur des sujets de ce genre que l'auteur de *Clémence et Isidore* a exercé sa plume agréable et légère.

On ne trouvera point dans ce roman de ces caractères monstrueux à force de scélératesse ou de vertu, ni de ces situations forcées et impossibles, conçues par une imagination en délire. Rien ne sort ici des règles de la vraisemblance. C'est la peinture ingénieuse et fidèle des mœurs d'une ville de province et de l'intérieur d'une famille. Cette famille intéressante possède tout ce qu'il faut pour être heureuse ; mais l'orgueil d'une belle-mère, et le caractère inquiet et jaloux d'un mari, parviennent à en éloigner le bonheur.

L'auteur a mis en opposition avec des êtres bons et vertueux, un de ces chevaliers d'insdustrie, trop communs dans le monde, qui, à l'aide d'un vernis d'éducation et de quelques talens frivoles, s'introduisent dans les sociétés, et fondent leur existence sur le déshonneur ou la ruine des familles.

On ne reprochera donc point à l'auteur l'extravagance de ses conceptions. Mais aussi cette juste crainte d'outrer la vérité, l'a fait tomber dans un défaut contraire ; on trouvera qu'il n'a point assez fortement crayonné ses caractères. Il aurait pu, sans manquer de goût, imaginer une intrigue moins simple et se livrer à un peu plus de hardiesse dans le choix et le nombre des situations.

Au surplus, cet ouvrage, plein de charmans détails, sera lu avec intérêt par toutes les personnes qui aiment à trouver dans ces sortes de fictions, la morale ornée d'un style agréable et facile. H. D.

LITTÉRATURE ÉTRANGÈRE

LITTÉRATURE ALLEMANDE.

Charakterische züge zur Geschichte der Verirrungen des menschlichen Geistes. — Leipzig, 1809.

TRAITS CARACTÉRISTIQUES POUR SERVIR A L'HISTOIRE DES ÉGAREMENS DE L'ESPRIT HUMAIN. — *Leipsick*, 1809.

ON conçoit facilement qu'en donnant à ce texte toute l'extension dont il serait susceptible, l'auteur aurait pu embrasser une grande partie des annales de l'espèce humaine, puisque malheureusement l'histoire des vicissitudes qu'elle a subies est, à peu près, l'histoire des passions de ceux qui l'ont gouvernée, et souvent même l'affligeant tableau des égaremens de nations tout entières. Mais l'ouvrage que nous annonçons se borne à retracer l'aveuglement ou le délire des individus qui se sont écartés du premier instinct de tout être créé, savoir l'amour de soi et le sentiment de sa conservation, jusqu'à se livrer volontairement aux douleurs physiques les plus cruelles, enfin jusqu'à chercher une affreuse jouissance dans les apprêts et les angoisses de la mort même.

Parmi les traits plus ou moins extraordinaires, contenus dans ce recueil, nous avons retrouvé une anecdote dont un de nos journaux avait fait quelque mention à l'époque où l'événement eut lieu. Les détails presqu'incompréhensibles qui ont été publiés depuis ce tems, auraient déterminé, sans doute, bien des lecteurs à ranger ce fait au nombre des fables, s'il n'était attesté par les autorités les moins récusables.

Mathieu *Lovat*, surnommé *Casale*, né dans le district de Bellune, exerçait à Venise la profession de cordonnier. Cet homme se faisait remarquer dans son quartier par une dévotion exagérée, sans que rien dans sa conduite, néanmoins, pût faire soupçonner en lui quelque dérangement d'esprit. Ce ne fut qu'après avoir atteint sa 45° année qu'il commit la première action qui fixa sur lui l'attention publique. En proie au plus ardent fanatisme, mais conservant toujours les apparences d'une tranquillité imperturbable, il se servit d'un des instrumens de son métier pour se faire une opération qui l'eût, jadis, rendu propre au sacerdoce de Cybèle. Il se guérit lui-même, et sa santé n'en parut nullement altérée.

Deux ans après, en 1805, Mathieu Lovat, toujours de plus en plus livré à la mysticité, se persuada qu'il ne pouvait rien faire de plus agréable au ciel que de mourir de la mort du Christ. Tous ses soins furent employés, en conséquence, à se procurer du bois convenable pour fabriquer une croix; il fit provision de clous, de cordes, et n'oublia pas même la couronne d'épines. Enfin, tous ses préparatifs étant terminés, le 19 juillet, il commença par s'enfoncer cette couronne dans la peau du crâne, avec une telle violence que le sang inondait son visage; puis il procéda de la manière la plus horriblement ingénieuse à faire entrer dans ses pieds et ses mains quatre grands clous dont l'un avait plus d'un pied de longueur; ensuite il s'attacha à la croix avec une ceinture qu'il avait disposée à cet effet; pour n'omettre aucun des détails de la passion, il eut soin de se faire une profonde blessure dans le côté. Chacune des cruautés exercées par cet homme contre son propre corps, prouve qu'il avait fait de son supplice l'objet des plus longues et des plus sérieuses combinaisons.

Lorsque Lovat se crut en état d'offrir aux yeux du public ce spectacle édifiant, il se lança par sa fenêtre à l'aide d'une machine armée de poulies et de contre-poids; il était suspendu dans un filet, à peu près comme la nacelle d'un aérostat. On courut à son secours, et malgré ses supplications, on le détacha de sa croix. Il fut porté à l'hôpital, et de là à *Santo-Sérvolo*, hospice destiné spécialement aux aliénés; et, chose presqu'aussi incroyable que le reste de cette aventure, il y vécut encore près de dix mois.

Le docteur César Ruggieri, professeur de chirurgie à Venise, a écrit lui-même la relation des faits qu'il tenait de la bouche même de Lovat; et il n'a pas négligé d'observer que, son fanatisme religieux à part, cet homme jouissait de toute la plénitude de son bon sens.

Voici une seconde anecdote qui révèle également de quelles étranges impressions le cerveau humain est susceptible : elle n'est pas moins bien attestée que la première.

Il y avait, en 1703, garnison prussienne à Liége. Un caporal du régiment du prince Albert de Brandebourg, tourmenté par les remords d'un crime secret qu'il avait commis dans sa jeunesse, prit la résolution d'expier son forfait par les tourmens d'un supplice volontaire. En conséquence il pria son camarade de lit de le couper tout vif par morceaux. Celui-ci se refusa d'abord avec horreur à cette affreuse proposition; mais sur les instances réitérées du caporal, il lui promit enfin de remplir ses vœux.

Le 17 mars, au soir, le caporal va trouver le charpentier du régiment et lui demande une hache, au nom de son capitaine : on la lui donne, et il revient à son logement. Il étend une couverture sur le plancher, et dresse un billot qu'il va prendre dans une cuisine. Ces dispositions faites, il appelle son camarade, se déshabille, fait sa prière à haute voix, puis pose tranquillement sa main droite sur le billot. Un coup de hache la lui abat; un second fait tomber le bras tout entier; la main et le bras gauche sont traités de même; le pied droit et la jambe droite sont coupés immédiatement après. Le malheureux n'avait pas encore poussé un seul cri, un seul gémissement.

Mais il ne pouvait plus se mouvoir, pour poser lui-même son pied gauche sur le billot ; il pria son camarade, ou son bourreau, de lui rendre ce service, en le conjurant de hâter l'exécution, parce qu'il sentait que sa mort s'approchait, et qu'il lui serait extrêmement doux de pouvoir achever son expiation pendant qu'il lui restait encore de la vie et du sentiment. Tout à coup une blanchisseuse du régiment entra dans la chambre que ces deux hommes n'avaient seulement pas pris la précaution de fermer. A la vue des membres épars et du sang qui ruisselle, cette femme jette des cris affreux. Des soldats montent : l'exécuteur leur expose le fait ; ses camarades trouvent le cas très-embarrassant, et lui conseillent, au reste, de prendre la fuite la plus prompte. Le malheureux, presqu'aussi insensé que sa victime, répond qu'il n'a rien fait qu'accomplir les plus vifs désirs de son ami, et il se laisse arrêter sans faire paraître la moindre inquiétude.

Le conseil de guerre s'assemble : l'accusé produisit en sa faveur le témoignage de la blanchisseuse, qui déposa effectivement que l'infortuné caporal, avant d'expirer, lui avait protesté qu'il mourait content et joyeux dans ce supplice volontaire, pour l'acquit de sa conscience. Le conseil de guerre, pour toute grâce, commua la peine ; au lieu d'être rompu vif, le coupable fut décapité.

Toutes les histoires contenues dans ce Recueil ne sont pas aussi tragiques ; mais celles qui le sont le moins ne prouvent encore que trop la vérité de l'épigraphe de l'auteur :

O vanas hominum mentes ! ô pectora cœca !

L. S.

LITTÉRATURE ANGLAISE.

Les Anglais ont comme nous trois espèces de Journaux : les uns sont spécialement et uniquement consacrés à la politique ; les autres à la littérature, et les troisièmes aux sciences et aux arts. Des personnes fort éloignées par goût et par caractère de cette honteuse anglomanie contre laquelle on ne peut s'élever avec trop d'amertume, ont cependant observé comme un point de fait dont il est facile de se convaincre, que depuis quelques années les Journaux littéraires anglais sont mieux faits que les nôtres. L'un d'eux, *l'Edinburg Review*, me semble avoir très-judicieusement assigné la cause de cette supériorité dont les Anglais eux-mêmes se vantent comme d'une chose nouvelle.

« La critique littéraire (y est-il dit) dont les Français
» nous ont offert les premiers et les meilleurs modèles, a
» perdu toute espèce d'autorité dans son pays natal, depuis
» que les Journaux quotidiens en ont envahi le privilège.
» Réduit à quelques lignes d'un feuilleton pour rendre
» compte de l'ouvrage le plus important, pressé par le
» tems, par l'espace, par l'esprit de parti (qui s'est réfugié
» dans la littérature), le Journaliste, dispensé de toute
» analyse, de toutes citations, se borne à porter un juge-
» ment qu'on a prévu d'avance sur le nom de l'auteur ou
» sur le titre de l'ouvrage. »

Les ouvrages périodiques consacrés aux sciences et à la littérature, ne paraissent en Angleterre que tous les mois. On n'y rend compte, pour l'ordinaire, que des livres qui se recommandent à l'estime publique par un mérite quelconque. L'étendue accordée à chaque article permet de faire connaître un ouvrage dans toutes ses parties, de l'exposer sous toutes ses faces et d'en extraire des fragmens assez considérables pour motiver le jugement que l'on croit devoir en porter. Les *Revues anglaises* se distinguent encore par un grand nombre d'articles originaux sur divers points d'histoire, de littérature et de morale, que les écrivains les plus distingués s'empressent d'y faire insérer, à l'exemple de Swift, de Prior et d'Adisson. Plusieurs de ces articles sont traduits ou imités du français ; mais c'est un aveu dont les écrivains anglais ont coutume de se dispenser. Usant avec eux de la même liberté, mais non de la même réticence, nous avons recueilli dans leurs Journaux quelques fragmens littéraires, que nous nous proposons de mettre successivement sous les yeux de nos lecteurs, en nous permettant néanmoins de rectifier, d'étendre ou d'abréger le texte original toutes les fois que nous croirons pouvoir le faire avec avantage. Le suivant offre un aperçu rapide qui n'est pas sans intérêt.

Bibliothèques.

La passion pour ces vastes dépôts de livres, que l'on peut regarder comme les archives de l'esprit humain, est né chez tous les peuples en même tems que l'amour des lettres. La première Bibliothèque publique, fondée en Egypte, y fut placée sous la garde des Dieux, dont les statues ornaient ce temple, consacré tout à la fois à la religion et à la littérature. Sur le frontispice on lisait cette inscription aussi connue qu'elle mérite de l'être : *Animi pabulum* (nourriture de l'âme).

Les Ptolomées fondèrent la fameuse Bibliothèque d'Alexandrie, que Démétrius de Phalère enrichit d'une immense collection de livres rassemblés à grands frais et avec choix, chez toutes les nations du monde.

On assure qu'un des Ptolomées (Ptolomée *Évergète*), refusa aux Athéniens pressés par la famine un secours de grains qu'ils sollicitaient, jusqu'à ce qu'ils lui eussent livré les manuscrits originaux des *Œuvres d'Eschiles, de Sophocle et d'Euripide*, dont il leur fit délivrer des copies authentiques.

C'est à Pisistrate, tyran d'Athènes que Valère-Maxime fait honneur de l'établissement de la première Bibliothèque publique chez les Grecs; et Cicéron assure que c'est à ce même Pisistrate que nous avons l'obligation d'avoir rassemblé en un corps d'ouvrage les Œuvres d'Homère.

Les Romains, après six siècles de conquêtes, se trouvèrent en possession de la plus grande partie des richesses littéraires des nations qu'ils avaient soumises. Paul-Emile, après la défaite de Persée, roi de Macédoine, rapporta à Rome une quantité considérable de manuscrits grecs, dont il fit hommage au peuple romain : Sylla suivit son exemple ; après le siège d'Athènes il enleva du temple d'Apollon la précieuse collection de livres qu'il contenait. Transportée à Rome elle y servit à l'établissement de la première Bibliothèque publique. Le don d'une Bibliothèque était chez les Romains la plus honorable récompense qu'un citoyen pût recevoir : aussi le sénat, voulant donner à la famille de Régulus le plus haut témoignage d'estime et de reconnaissance, la mit en possession de tous les livres que l'on trouva dans Carthage lorsque Scipion s'en fut rendu maître.

L'histoire nous a conservé les noms illustres de quelques Romains qui se signalèrent par le choix et la magnificence de leurs Bibliothèques. Asinius Pollio, Crassus, César, Cicéron, Lucullus, à tant d'autres titres à la renommée, voulurent joindre celui d'amis, de protecteurs des lettres : ce dernier, dit Plutarque, possédait une Bibliothèque superbe, dont les galeries, les cabinets et les jardins étaient ouverts à tous ceux qui se présentaient. Jules-César, à qui cette riche succession était échue, se proposait d'en faire un monument national ; et déjà même avait choisi le savant

Varro pour mettre à la tête de cet établissement public, lorsque les poignards de Brutus et de ses adhérens, en arrachant la vie à ce grand homme, firent évanouir ce noble projet.

Les Empereurs en donnant leur nom aux Bibliothèques qu'ils fondèrent crurent avec raison en augmenter la splendeur. Auguste compléta la magnificence d'un de ces monumens appelés *Thermes*, où l'art et la nature avaient rassemblé toutes leurs richesses, en y ajoutant une bibliothèque qu'il appela du nom de sa sœur *Octavie*. Les successeurs d'Auguste se montrèrent jaloux du même honneur; et Tibère, l'odieux Tibère lui-même, fonda une Bibliothèque impériale, principalement composée d'ouvrages politiques, dans laquelle il rassembla les archives de l'Empire: Trajan la réunit à la bibliothèque *Ulpiane*, appelée ainsi du nom de famille de ce prince.

Le P. Tiraboschi, dans son *Histoire de la Littérature italienne*, affirme que la première Bibliothèque publique en Italie, fut fondée vers l'an 1420 par Nicholas Niccoli, fils d'un simple marchand et marchand lui-même dans sa jeunesse, lequel immédiatement après la mort de son père, quitta les affaires pour l'étude, et consacra sa fortune entière aux progrès des lettres. En mourant il légua sa Bibliothèque à ses concitoyens; mais ses biens ne suffisant pas à l'acquit de ses dettes, cette donation eût été infructueuse, si l'illustre Cosme de Médicis n'en eût assuré l'effet. Le pape Nicolas V jeta les fondemens de la Bibliothèque du Vatican. Celle de Venise est due à l'amour du cardinal Bessarion pour sa patrie, et l'inestimable Bibliothèque d'Oxford est un monument éternel de la munificence de sir Thomas Bodley.

La passion pour les livres et l'étude a sur toutes les autres l'avantage qu'elle se suffit à elle-même, qu'elle s'accroît par l'habitude et s'enrichit en quelque sorte de toutes les pertes que l'âge nous fait éprouver. Combien d'exemples de l'enthousiasme où cette passion peut s'élever! Sans remonter jusqu'au tems de Cicéron, dont tout le monde connaît la fameuse oraison pour le poëte Archias; nous citerons Richard de Bury, évêque de Durham, chancelier d'Angleterre en 1341, dont l'amour pour ses livres était tel qu'il composa sur ce sujet un ouvrage intitulé *Philobiblion*, que l'on admire encore aujourd'hui comme un tribut honorable payé aux lettres dans un siècle non lettré. Henri Rantzau, gentilhomme danois, fondateur de la grande Bibliothèque de Copenhague, a consigné dans ces vers charmans la preuve de son goût pour les livres, et des avantages qu'il sut en tirer.

Salvete, aureoli mei libelli;
Meæ deliciæ, mei lepores,
Quàm vos sæpe oculis juvat videre,
Et tritos manibus tenere nostris,
Tot vos eximii, tot eruditi,
Prisci lumina sæculi et recentis,
Confecere viri, suasque vobis
Ausi credere lucubrationes;
Et sperare decus perenne scriptis;
Neque hæc irrita spes fefellit illos.

(Cette faible traduction peut en donner une idée à ceux de nos lecteurs à qui la langue latine n'est point familière.)

Salut à mes livres chéris,
Mes délices et ma richesse !
De vous seuls toujours plus épris,
Je vous revois avec ivresse :
C'est à vos feuillets généreux
Que tant de grands esprits, de sages
(Lumières des premiers âges)
Ont confié leurs noms fameux :
Fidèles aux vœux de la gloire
Vous assurez à leur mémoire
Des respects immortels comme eux.

La ville d'Augsbourg a consacré par un monument public sa reconnaissance envers Ulric Fuggers, qui lui légua sa riche Bibliothèque. Le célèbre Wolff, qui mit à contribution les richesses qu'elle renfermait, en a fait en vers grecs une description plus pompeuse qu'élégante, dans laquelle il compare cette Bibliothèque *à un ciel littéraire, où l'on compte autant de livres que d'étoiles au firmament.*

(La Bibliothèque impériale de France est sans aucune comparaison la plus riche et la plus magnifique qui ait jamais existé; le plus léger aperçu de son histoire nous entraînerait beaucoup au-delà des bornes où nous sommes forcés de nous restreindre, et n'apprendrait rien à des lecteurs français qui peuvent consulter à ce sujet l'excellent article de Diderot, inséré dans l'Encyclopédie: il suffira de dire que cette Bibliothèque immense se compose aujourd'hui
de

SEPTEMBRE 1809.

de plus de 300 mille volumes, de 90,000 manuscrits, de 85,000 médailles, de 1,500,000 estampes, et de 7,000 généalogies.)
Jouy.

VARIÉTÉS.
CHRONIQUE DE PARIS.

Un mélodrame froidement accueilli à l'*Ambigu-Comique*, une petite comédie écoutée avec beaucoup de patience au *Vaudeville*, le retour de Talma à Paris, la rentrée de Mme Branchu au *Grand-Opéra*, celle de Mme Duret à l'*Opéra-Comique*, le début de deux actrices aux *Français* et de Mlle Landier à *Faydeau*; voilà à peu près ce qui compose nos nouveautés dramatiques.

Le mélodrame a pour titre, l'*Enlèvement* ou *Léonore de Wolmar*. Cette Léonore est une jeune et belle Espagnole promise à un comte Léon, qu'elle aime beaucoup. Son père est un homme depuis long-tems retiré de la cour et vivant dans ses terres en philosophe. Un duc de *Floresca*, gouverneur de Tolède, entend vanter la beauté de *Léonore* et forme aussitôt le projet d'en faire une duchesse, gouvernante de Tolède; mais le père et la fille refusent obstinément d'entrer dans ses vues. Que faire dans ce cas? se consoler et chercher une autre femme. C'est assez l'avis de *Floresca*; mais les grands ont toujours auprès d'eux quelques conseillers pervers pour dénaturer leurs bonnes intentions et les porter au mal. Un vil flatteur, nommé *Don Pedre*, témoin des chagrins de son maître, parvient à lui persuader que *Léonore* n'aime point *Léon*, que c'est une victime sacrifiée aux caprices de son père; qu'elle sera charmée d'être enlevée. *Floresca* saisit cette idée avec empressement et charge son cher *Don Pedre* de tous les détails du rapt. L'entreprise réussit à souhait; mais Volmar et Léon accourent et réclament, l'un sa fille, l'autre son amante. *Floresca* reconnaît bientôt qu'on l'a trompé; et comme il a le cœur naturellement droit et l'âme bonne, il rend Léonore à sa famille et chasse Don Pèdre, en se rappelant ces vers de Racine :

Détestables flatteurs, présent le plus funeste
Que puisse faire aux rois la colère céleste.

L'auteur de cet ouvrage mérite de justes reproches. Il a négligé ou méconnu les beautés principales et les premiers ressorts du genre : point de ballets, point de combats,

D

point de marches militaires, nulle pompe dans le spectacle, nul jeu de machines et de décorations ; rien enfin de ce qui fait la gloire et l'appui du mélodrame. Aussi l'auditoire lui a-t-il donné une bonne leçon en lui témoignant beaucoup d'indifférence.

— La pièce du *Vaudeville* a pour titre, *Madame de Mazarin chez Saint-Evremond* ; car depuis quelque tems, toutes les pièces de ce genre se passent en visites que se rendent très-régulièrement les personnages les plus célèbres des deux derniers siècles. L'auteur de cet ouvrage est un jeune homme qui paraît encore fort novice. Ses acteurs pensent peu et parlent beaucoup ; son Saint-Evremond a tous les travers des mauvais poëtes ; il se loue lui-même avec une complaisance admirable ; il ne tourne pas un couplet sans parler de la gloire qui l'attend et de l'admiration que la postérité lui réserve. Malheureusement ses couplets sont très-mauvais, et sa prose ne vaut pas mieux que ses vers. Ce n'est pas là le Saint-Evremond que nous connaissons.

Après lui le personnage principal est un jeune secrétaire qui convoite ardemment la main d'une jolie personne que Mme de Mazarin a élevée. L'auteur lui a donné pour concurrent un vieil usurier hollandais qui prête de l'argent à Mme de Mazarin, et s'enrichit à force de friponneries. Le secrétaire l'épie, le surprend en flagrant délit, le démasque en présence de la duchesse, et parvient à obtenir la main de sa belle Sophie. Tout cela se passe dans le cabinet de Saint-Evremond : et voilà ce qui justifie le titre de la pièce ; mais il n'est pas si aisé de justifier l'auteur. Nulle connaissance de l'art, des scènes isolées et décousues, nul esprit dans le dialogue, nul sel dans les couplets, nul intérêt dans les situations ; c'est une composition souverainement froide et ennuyeuse.

— La rentrée de Talma et celle de Mme Branchu ont produit tout l'effet qu'on en devait attendre. La salle était pleine à l'Opéra et aux Français. Les deux virtuoses ont été accueillis au bruit des plus vives acclamations. Talma a joué le rôle de *Manlius* ; c'est un de ceux où ses talens se déploient avec plus de profondeur et d'énergie. Il ne laisse rien à désirer dans la scène de la lettre ; sa démarche, ses traits, sa voix, tout est admirable. Il paraît difficile de porter plus loin l'art de l'imitation. Le mérite et la réputation de cet acteur s'accroissent tous les jours. Il a courageusement réformé les défauts de sa déclamation ; il a donné à son jeu plus de justesse et de régularité, à son style plus de mesure et de dignité; il s'est attaché à suivre plus fidèlement les mouvemens de la période poétique; il a su enfin réprimer la fougue d'une imagination ardente et impétueuse, et régler son jeu sur les lois du goût.

— Mme Branchu est la première cantatrice de notre Opéra. Elle réunit à un rare degré le talent musical et le talent dramatique; elle surprend, étonne et ravit par les beaux effets de sa voix : elle frappe, touche, attendrit par la vérité de son jeu, la chaleur et l'énergie de son âme. C'est le plus beau présent que le Conservatoire ait fait à l'Académie impériale de Musique. Le soin de sa santé la tenait depuis quelque tems éloignée du théâtre. Elle y a reparu dans le rôle de *Didon*; et jamais elle ne s'est montrée plus grande cantatrice et plus habile actrice.

— Mme Duret n'a pas eu un auditoire aussi nombreux que Talma et Mme Branchu; car la pièce dans laquelle elle a reparu (*les Femmes vengées*) n'est que d'un médiocre intérêt : mais elle a charmé tous ceux qui l'ont entendu. Nulle voix n'est plus fraîche, plus pure, plus capable de tous les développemens de l'art musical. Sa méthode annonce la meilleure école. Elle est, comme Mme Branchu, élève de notre Orphée moderne, c'est-à-dire de M. Garat.

— Les deux débutantes du Théâtre français sont d'un genre fort différent : l'une se destine aux fonctions de soubrette, et paraît appelée à s'y faire une brillante réputation. Elle est élève de Michot, l'acteur le plus franc, le plus gai, le plus naturel de notre théâtre. La nature l'a douée de ses dons les plus précieux. Elle est jolie et bien faite; sa voix a de l'étendue et du charme. Sa figure est pleine d'expression; son jeu spirituel et animé. Elle a débuté dans le rôle de *Dorine* du *Tartuffe* : c'est un des plus difficiles de son emploi; mais ces difficultés ont disparu devant son talent facile et agréable. On peut lui reprocher quelques imitations trop exactes de Mlle de Vienne, et des effets de voix qui tendent à en altérer la belle qualité; d'ailleurs elle a fait le plus grand plaisir. Elle se nomme Mlle d'Artaux.

La nouvelle tragédienne s'appelle Mlle *Fontanier*. Elle se présente pour l'emploi de Mlle Georges dont l'évasion laisse une place vacante; mais elle n'est pas riche d'autant de charmes. Elle est assez grande, d'une taille déliée, d'une figure douée d'intelligence et d'esprit; elle a fait preuve de talent dans plusieurs passages du rôle d'Hermione de la tragédie d'Andromaque, et sur-tout dans la belle scène de l'ironie. D'ailleurs sa voix est faible et ses moyens physiques ne paraissent pas répondre à l'étendue de ses moyens intellectuels. On assure qu'elle a reçu une éducation très-soignée, et qu'elle n'est pas même étrangère aux beautés de la langue de Virgile et d'Ovide. Ces avantages sont précieux pour son art, mais ils ne suffisent pas. Il faut attendre un second début pour la juger. Car la justice oblige de dire qu'une extrême frayeur lui a dérobé une partie de ses facultés, et que la consternation semblait empreinte dans toute sa personne.

— Mlle Landier qui a débuté à l'Opéra-Comique est aussi très-timide; c'est même la défiance de ses propres forces qui l'a déterminée à reculer l'époque où elle se proposait de faire le premier essai de ses talens. Elle est grande, bien faite et belle, et avec un peu plus d'embonpoint on pourrait la regarder comme une beauté parfaite. Sa voix dont la qualité est brillante et agréable, a beaucoup d'étendue, de flexibilité et de légèreté. Sa méthode annonce du goût, une étude sage et raisonnée; mais son jeu est presque nul. Elle a paru successivement dans les rôles de *Kesy* du *Calife de Bagdad*, et d'*Armentine* dans *Une Folie*.

— L'aéronaute Garnerin était parti de Tivoli le 19 de ce mois à dix heures du soir; le lendemain matin, il était descendu à quelques lieues d'Aix-la-Chapelle, bien éveillé et bien portant. Un prétendu professeur de mathématiques nommé *Schnimack* a trouvé plaisant de le faire mourir d'apoplexie, et de sa propre autorité l'a déclaré frappé d'un coup de sang, et si bien asphyxié qu'il ne restait plus qu'à le faire passer du séjour des cieux dans celui des enfers. Sa lettre insérée dans les journaux a produit tout l'effet qu'on en attendait. Garnerin a été réputé mort; et la justice a procédé, dit-on, à l'apposition des scellés chez lui; il s'est même trouvé un panégiriste tout prêt pour faire son oraison funèbre dans un de nos journaux. On a vanté son génie et pleuré son désastre; lorsque tout à coup Garnerin est sorti de sa tombe et s'est montré glorieux au peuple d'Aix-la-Chapelle. On apprend même que pour satisfaire la curiosité publique, il se fait voir lui et son ballon pour la modique rétribution de 17 sôls......

— Bien des personnes ne savent peut être pas qu'il existe à Paris une académie *celtique*, comme il existe un dépôt de moutarde *celtique*. Cette académie fondée il y a à peu près deux années, se charge de nous entretenir, instruire et informer de tout ce qui concerne nos bons aïeux les

Gaulois, de leurs mœurs, de leurs usages, des monumens qui intéressent leur histoire. Elle publie ses Mémoires par numéros qui paraissent tous les mois. Nous lui devons déjà un grand nombre de savantes dissertations sur plusieurs points très-importans, tels, par exemple, que les œufs de Pâques, les poissons d'avril, le mardi-gras et le dimanche des brandons ; elle s'est aussi chargée de nétoyer, éclaircir, débrouiller notre calendrier et d'en *dénicher* tous les saints qui s'y sont glissés sans titres et autorisation suffisante. Nous savons aujourd'hui, grâces à ses doctes recherches, que Bacchus et S. Hubert ne font qu'un même saint ; que S. Michel, S. Georges, S. Romain, S. Marcel et S. Clément nous représentent évidemment Persée et le cheval Pégase ; que Ste Marguerite n'est elle-même que la déesse Proserpine ou Médée déguisée sous un nom plus aimable, pour surprendre et tromper la foi des gens crédules. La preuve de ce fait est évidente : d'abord on représente cette sainte les pieds appuyés sur un dragon ; or, le nom de Proserpine dérive incontestablement de deux mots latins *præ serpens*, qui veut dire *devant, avant ou sur le serpent* : donc Ste Marguerite est Proserpine. D'ailleurs les astronomes en braquant leurs lorgnettes sur la couronne boréale, ont remarqué dans cette constellation une étoile qu'on appelle *Margarita* ; donc Ste Marguerite a quelque chose de commun avec cette étoile. Mais la couronne boréale s'unit au signe de la Vierge et ce signe précède le Serpent ; donc voilà encore le *præ serpens*, la *Proserpine* des anciens, la Marguerite des modernes.

Quant à *Médée*, la chose n'est pas moins démontrée : tout le monde ne sait-il pas que le char de cette illustre magicienne était traîné par des dragons ou serpens. Or, toute personne qui se fait traîner dans un char, est incontestablement au-dessus de ses coursiers ; donc on peut dire de Médée, qu'elle est *præ-serpens, avant les serpens, au-dessus des serpens* ; donc elle est *Proserpine* ; donc Ste Marguerite ressemble à Proserpine, ressemble à Médée, ressemble à une sorcière. L'argument est infaillible. Voilà ce que les doctes membres de l'académie celtique nous ont appris dans les premiers numéros de leurs mémoires. Mais le tome troisième qui vient de paraître, n'est pas moins instructif. Un des savans académiciens, en lisant l'histoire de Charlemagne, a remarqué que ce prince avait détruit, renversé, proscrit le culte et les autels d'une divinité saxonne qu'on nommait *Magada*, et dont la ville de Magdebourg a tiré son nom. L'analogie des mots l'a frapé. Il en a vu une évidente entre *Magada* et *Magdalena* (Ste Madelaine), puisqu'en retranchant un *a* après le *g*, et en ajoutant *lena* après l'*a*, on fait indubitablement de *Magada Magdalena*. D'un autre côté *Magad* en langue saxonne signifie *Vierge* et *Maegdlein* en allemand signifie jeune fille, ce qui se rapproche beaucoup de vierge ; mais entre *Maegdlein* et *Madelaine*, quel est l'œil voilé, louche, obtus, qui ne découvre pas la ressemblance parfaite ; il est donc incontestable que la déesse chassée de son temple par Charlemagne, était Ste Madelaine, ou plutôt que Ste Madelaine fêtée dans nos calendriers, est la vierge *Magada* chômée par les Saxons. Il est vrai que Marie-Madelaine ne passe pas dans l'évangile pour un modèle de vertu, qu'elle est même plus célèbre pour ses péchés et le pardon qu'elle eut le bonheur d'obtenir, que pour son innocence virginale ; mais avant d'avoir été pécheresse, elle avait eu cette précieuse innocence ; et cela ne suffit-il pas pour justifier les savantes conjectures de l'auteur du Mémoire ? Prions Dieu que l'académie celtique poursuive le cours de ses recherches érudites. Que de belles choses elle est destinée à nous apprendre !

SALGUES.

— Le Tivoli de Paris, qui ne ressemble en rien à l'*Udum Tibur* dont parle souvent Horace, est de tous les jardins de ce genre, le seul où l'on donne encore des fêtes publiques. Les autres sont redevenus ce qu'ils étaient autrefois. Du *Hameau de Chantilly* on a fait un des palais du souverain ; *Idalie* s'est transformée en une *Villa* délicieuse, que M. de Choiseuil embellit chaque jour de quelques fragmens antiques de la Grèce ; *Bagatelle, Mousseaux, Mon Plaisir* ont subi des changemens à peu près semblables.

D'où vient que de tant d'établissemens de cette espèce, il n'en existe plus qu'un seul, et qui encore a beaucoup perdu de son ancienne splendeur ? S'il était permis dans un sujet aussi frivole de rechercher une cause sérieuse, on la trouverait dans le rétablissement de l'ordre social. A la suite de nos troubles révolutionnaires, avant que les liens de la société fussent entièrement resserrés, le besoin de se voir, de se rassembler, conduisait la foule dans ces lieux de réunion ; mais, à mesure que chacun dans sa classe, a pu trouver des amis, a pu former et conserver des liaisons, les réunions particulières ont recommencé, et les jardins publics ont perdu insensiblement de leur attrait.

Aussi Tivoli, qui, il y a quelques années, était le rendez-vous de la meilleure compagnie, n'est plus guères fréquenté que par des grisettes et des courtisannes. Toutefois il existe encore dans le nombre des *habitués*, un mélange assez bizarre. En divisant le jardin par compartimens, on trouverait dans chaque un monde d'une espèce différente. Près de l'orchestre et dans le carré de la danse sont les marchandes de modes, les ouvrières de tout genre parées de leurs plus brillans atours ; les bons marchands de la rue S'.-Denis, les habitans du Marais qui ont le courage d'abandonner leur quartier une fois par semaine, et aussi les provinciaux depuis peu arrivés à Paris, entourent le spectacle d'Olivier ou se tiennent près des tréteaux pour voir Forioso et sa troupe ; enfin dans la grande allée (car il ne faut point parler de ce qui se passe dans les bosquets écartés) se promènent ou sont assises les courtisannes et les femmes du grand air qui daignent encore visiter Tivoli. Ce n'est qu'au moment où le feu d'artifice paraît embraser l'atmosphère que tout le monde se réunit dans le même lieu, ou bien encore lorsque M. Garnerin s'élève dans un ballon pour entreprendre ses rapides et dangereux voyages.

Mais que deviendront tant et de si magiques amusemens, si, comme on l'assure, Tivoli est vendu à une personne d'un rang illustre, et si le public ne doit plus en avoir la jouissance que pendant le reste de la belle saison. Le réunira-t-on avec la même affluence dans tout autre lieu ? On dit que les administrateurs de Tivoli donneront l'année prochaine leurs fêtes au Port-à-Langlais (1). Déjà ils ont voulu éprouver leurs habitués. Lundi dernier, il y a eu dans ce nouveau séjour une *fête foraine* très-brillante. Tous les abonnés y ont été transportés aux frais de l'administration dans le coche, dans des batelets et même dans des voitures. Mais malgré cet excès de zèle et de générosité on a trouvé la course un peu longue, les chemins mauvais, et le jardin petit. Tivoli sera long-tems, malgré son aridité, l'objet des regrets de tous ceux qui ont l'habitude de le fréquenter depuis dix ans.

----

(1) Le Port-à-Langlais est un petit hameau sur le bord de la Seine, à deux lieues environ de Paris, et un peu au-dessus d'Ivry. Son nom vient, à ce qu'on croit, de ce qu'il dépendait, il y a plusieurs siècles, du seigneur d'Ivry, lequel se nommait Langlois.

POLITIQUE.

Trois points principaux occupent sans relâche et sans distraction l'attention publique, Altembourg, Anvers et Madrid : on ne sait rien, absolument rien du premier : les Anglais ne font rien pour qu'on reçoive du second des nouvelles importantes, et ces mêmes Anglais se sont éloignés du troisième avec plus de rapidité qu'ils ne s'en étaient approchés. Ce peu de mots est toute la substance et le véritable sommaire des détails que nous allons mettre sous les yeux du lecteur.

L'armistice a été pour l'armée française le signal du repos : réunie dans ses camps, elle s'y est délassée de ses énormes fatigues, et a joui du fruit de ses victoires. Un sort égal ne pouvait être réservé à l'armée autrichienne : à peine garantie des entreprises de son ennemi, elle a dû songer à réparer son désordre, à réunir ses masses défaites et indisciplinées : elle a sur-tout souffert de l'incertitude du cabinet, de l'indécision, et des divisions des généraux ; ses positions ont successivement été changées, et aux fatigues de sa pénible et sanglante retraite, on a fait suivre celles de sa réorganisation ; de Bohême en Hongrie, et de Hongrie en Bohême, les mouvemens ont été continuels. Il en est résulté ce qu'il était facile de prévoir, un mécontentement général, un découragement inexprimable, une grande division entre les milices et les troupes de ligne, des provocations et des duels entre les officiers hongrois et ceux autrichiens, une grande disette de vivres, et par conséquent une énorme désertion d'hommes venant au camp français demander du repos et du pain.

La retraite de l'archiduc Charles, résultat si évident des mécontentemens qu'il a essuyés, et de ceux qu'il a fait éprouver aux autres en témoignant si hautement les siens, est aujourd'hui attribuée à l'état de sa santé. Les médecins, disent quelques feuilles allemandes, ne répondent plus de ses jours, s'il continuait à se livrer aux fatigues de la guerre. Il est difficile de croire à cette version nouvelle ; et nous voyons bien plus clairement la cause de cette retraite dans l'état de l'armée que dans l'état de la santé de son chef. Lui-même n'a-t-il pas, dans son ordre du jour, fait entrevoir ses motifs de retraite : y parle-t-il d'autre chose que de l'affliction profonde où l'a jeté l'état des affaires. Quoi qu'il en soit, ce prince est en ce moment retiré à Teschen auprès du duc d'Albert.

L'archiduc Jean est chargé de l'énorme tâche que le généralissime autrichien a jugé lui-même au-dessus de ses forces. Il a concentré l'armée sur Prague, s'efforçant de la grossir de tout ce que les levées faites en Bohême, par les moyens les plus violens, peuvent lui donner d'hommes arrachés à leurs foyers. Soldats, argent, fournitures, travaux, le gouvernement autrichien exige tout avec une excessive rigueur. La Bohême affamée, ruinée par le séjour de ses propres défenseurs, offre le spectacle le plus déplorable; l'avenir le plus sinistre se présente à ses yeux : on n'a rien pu lui cacher des désastres de Wagram ; les effets en ont paru tout entiers à ses yeux, et ont porté dans toutes les âmes le désespoir et le découragement : la misère et la disette font le reste. La Hongrie n'a point répondu aux appels fréquens faits à sa noblesse ; une levée ordonnée en Transylvanie ne laisse espérer ses secours que dans quelques mois.

Cependant dans tous les camps français, dans la capitale de l'Autriche rendue à la tranquillité, à la sécurité, abondamment pourvue de vivres, où le commerce a repris de l'activité, où la domination française a rétabli en partie le crédit, dans toutes les autres villes de la monarchie occupées par le vainqueur, c'est-à-dire, à Lintz, à Gratz, à Klagenfurth, à Laybach, à Saltzbourg, à Trieste, à Bremen, à Cracovie, à Lemberg, à Raab, à Œdembourg, à Presbourg, comme dans tous les Etats de la Confédération du Rhin, comme dans toutes les villes de France, la fête de l'Empereur des Français a été célébrée avec une solemnité digne de son objet. Les Français saluaient dans leurs hommages leur Souverain et leur appui, les soldats leur chef ceint de tant de couronnes immortelles, les rois confédérés leur puissant allié, les troupes rhénanes celui qui a combattu seul à leur tête, a cru à leur fidélité, a récompensé leur courage ; enfin, l'Allemagne entière le protecteur de son indépendance et le défenseur de ses droits contre l'ancienne tyrannie de la maison d'Autriche.

Le Monarque a répondu à cet élan de la reconnaissance par de nouveaux bienfaits. Après avoir élevé à d'éminentes dignités ceux dont les services dans le cabinet et dans les camps ont été si éminens et si utiles, sa sollicitude s'est étendue sur les victimes de la guerre. Voici les termes de l'acte dû à la munificence impériale :

« Tous généraux, officiers et soldats, de quelque arme qu'ils soient, qui, aux batailles de Tann, d'Abensberg, d'Eckmühl, de Ratisbonne, d'Essling et de Wagram, auraient perdu un membre, et seraient vivans aujourd'hui 15 août, seront compris de la manière suivante dans les classes des dotations accordées par S. M. pour récompense des services qui lui ont été rendus ; savoir :

» Les lieutenans, sous-lieutenans, sergens et soldats, dans la sixième classe, 500 francs de rente ;

» Les capitaines et chefs de bataillon ou d'escadron, dans la cinquième classe, 2,000 fr. de rente,

» Et les généraux, colonels et majors, dans la quatrième classe, 4,000 fr. ;

» Les enfans que S. M. a adoptés, en conséquence de son décret du 16 frimaire an 14, seront portés ; savoir :

» Ceux dont les pères morts étaient soldats, dans la sixième classe ; et ceux dont les pères morts étaient officiers, dans la cinquième classe.

» S. M., voulant traiter favorablement les familles des généraux, officiers et soldats morts sur le champ de bataille dans la présente guerre, a autorisé son conseil du sceau des titres à lui proposer pour ceux qui n'auraient pas laissé d'enfans mâles, la transmission des titres et dotations qui leur auraient été accordés de leur vivant, au premier mâle né de leur fille aînée, et s'ils n'avaient pas laissé de fille, au premier fils né de leurs frères et actuellement existans.

» MM. les chefs d'état-major s'empresseront de faire dresser des états sur lesquels seront inscrits les noms, prénoms, âges, grades, lieu de naissance des militaires désignés ci-dessus. Ces états seront visés par les inspecteurs aux revues. »

Un autre acte a suivi de près celui que l'on vient de lire ; il est dicté par le même sentiment, c'est encore un témoignage de satisfaction et de gratitude : cet acte attestera aux races futures quelle fut la conduite généreuse et fidèle de la Nation pendant les dernières guerres qu'elle a soutenues ; il anticipe en quelque sorte sur le même témoignage que les circonstances actuelles ne pourront manquer de mériter. Il est déjà la récompense des belles actions qu'il fera naître : c'est le propre de tout ce qui parle noblement à l'imagination des peuples chez qui le sentiment de l'honneur et de la gloire est le premier des besoins et le plus impérieux des devoirs ; voici cet acte :

Napoléon, empereur des Français, roi d'Italie, protecteur de la confédération du Rhin ;

Voulant constater, par un monument durable, la satisfaction que nous avons éprouvée de la conduite de notre Grande-Armée et de nos peuples pendant les campagnes de Jéna et de la Vistule, nous avons décrété et décrétons ce qui suit :

Art. Ier. Il sera élevé sur le terre-plein du Pont-Neuf un obélisque en granit de Cherbourg de 180 pieds d'élévation, avec cette inscription : *L'Empereur Napoléon au Peuple Français.*

II. Sur les différens côtés de cet obélisque seront représentés tous les faits qui ont honoré la France pendant ces deux campagnes.

III. Notre directeur-général des Musées sera chargé de l'exécution de ce monument, et notre ministre de l'intérieur nous en présentera les projet et devis avant le 1er janvier 1810, et les travaux devront en être terminés en 1814 pour tout délai.

IV. Les frais de ce monument seront affectés sur des fonds spéciaux et particuliers.

Ainsi, sur la place même où jadis les citoyens venaient honorer la mémoire et saluer la statue de notre Henri. (pour nous servir de la belle épithète consacrée dans un des bulletins de la Grande-Armée), il s'élèvera un monument où le nom de Napoléon reconnaissant se trouvera joint à celui du Peuple Français victorieux et fidèle. Ainsi, dans les fastes d'une nation puissante et généreuse, les souvenirs glorieux se succèdent sans s'effacer, et s'ennoblissent en se rapprochant.

A Madrid aussi la fête de l'Empereur a été célébrée d'une manière bien brillante, et signalée par une circonstance bien glorieuse. Le roi Joseph, de retour des champs de bataille de Talavera et d'Almonacid, est descendu de cheval pour monter aux marches de l'autel, et pour rendre au Dieu des armées de solemnelles actions de grâces ! ainsi ont été célébrées à la fois par un heureux et digne rapprochement, et la naissance de S. M., et les victoires qui ont sauvé la capitale de l'Espagne de l'attaque combinée de toutes les forces ennemies. La contenance de Madrid pendant ces grands événemens a été ferme et calme : les plus sages mesures de précaution avaient été prises ; elles ont été rendues inutiles par le bon esprit des habitans, au milieu desquels le roi et sa garde sont rentrés suivis d'un nombre immense de prisonniers anglais recommandés par le marquis de Welesley à la générosité française. Voici les dernières notes officielles publiées sur les brillans résultats de la marche du roi hors de sa capitale.

« Pendant que les Anglais, après avoir laissé leurs alliés exposés à toutes les conséquences d'une poursuite, se mettaient à l'abri des événemens, les Espagnols crurent pouvoir couvrir leur retraite en prenant poste au pont de l'Arzobispo; le cinquième corps a passé le Tage, partie au gué, partie sur le pont, a tout culbuté, et s'est emparé de 30 pièces de canon, avec leurs caissons; le maréchal duc de Trévise, après avoir vu fuir devant lui l'armée ennemie, s'est contenté de la faire suivre, et a envoyé après elle des partis qui ramènent à chaque instant des traînards, des déserteurs, des prisonniers. Des déserteurs hanovriens avaient laissé, le 8, l'armée anglaise à dix lieues du Portugal, se retirant sur Badajoz. Cette armée laissait partout des bagages, de l'artillerie et des malades, et le bruit généralement répandu, était qu'elle se hâtait de retourner à Lisbonne pour s'y embarquer. En attendant, elle pillait tout sur son passage, et les paysans irrités ne manquaient pas de massacrer tous ceux qui tombaient entre leurs mains.

» Pendant que ces événemens se passaient sur les rives du Tage, le 4ᵉ corps, revenu à Tolède, avait débouché le même jour par le pont de cette ville, tandis que la division Milhaud forçait le même jour le passage du gué à Anover-del-Tajo, qui était défendu par 6 bataillons et 6 escadrons ennemis; la cavalerie ennemie fut culbutée, et l'infanterie sabrée. Le 10, les troupes du 4ᵉ corps et la réserve se réunirent à Dambroca; le général Venegas réunit le même jour son armée, forte de 30,000 hommes, à Almonacid. Le 11, le roi ordonna d'attaquer cette armée. Trois heures de combat ont suffi pour la chasser d'une forte position, la mettre en déroute complète, lui prendre la plus grande partie de son artillerie, et lui faire éprouver les plus fortes pertes; 4000 morts sont restés sur le champ de bataille, et on en a pris environ 4000; 35 bouches à feu, 100 caissons, 200 voitures sont tombés en notre pouvoir. Plusieurs drapeaux sont au nombre de nos trophées, et un nombre infini de blessés augmentent encore la perte de l'ennemi, qui, ne pouvant se réunir, s'est enfui dans une dispersion totale par toutes les routes qui se sont présentées, et n'a plus offert aux troupes envoyées à sa poursuite, que des fuyards éparpillés, sans ordre, et privés de tous les moyens de faire la plus petite résistance. »

Les Anglais devant l'Escaut, sont dans le même état, et dans la même position, il n'en est pas de même d'Anvers et des braves qui défendent cette place importante : tout est changé pour eux : l'infatigable activité du prince de Ponte-Corvo a tout vu, tout ordonné ; des milliers de bras ont à l'instant exécuté ses ordres : les Anglais en ont donné le tems, et il est possible aujourd'hui d'assurer que leur attaque soit sur terre, soit en remontant le fleuve, serait infructueuse. On ne peut se rendre compte des motifs de leur inaction, et de l'incertitude de leurs mouvemens. Si comme il n'est pas possible d'en douter, Flessingue détruite plutôt que prise, et son général hors de combat, ont été rendus aux Anglais, comment la seconde partie de leurs plan, est-elle si lente à s'exécuter ? Serait-il vrai que des divisions ont éclaté à bord de leurs escadres, que l'éternelle rivalité de leurs troupes de terre et de mer a entravé leurs opérations ; qu'on a été obligé de référer au cabinet anglais, et qu'il y a eu des mutations parmi les généraux même chargés du commandement en chef de l'expédition ? Pendant qu'ils délibèrent, nous agissons ; pendant qu'ils lancent quelques bombes inutiles sur le fort Frédéric, le premier qui arme le fleuve, nous achevons de rendre inexpugnable le fort Lillo, celui qui le croise, les deux côtés des rives et les batteries qui les défendent. Ces obstacles imprévus ont étonné l'ennemi, et peut-être ne faut-il pas aller chercher la cause de ce retardement ailleurs que dans l'énergie de nos troupes et l'ensemble de nos moyens de défense. Les troupes françaises ont reçu une organisation telle que les circonstances l'exigeaient ; elles forment dès à présent une armée considérable, disponible, très-susceptible de manœuvrer. Indépendamment de ce qui est réuni à Anvers pour la défense de la place, sous le commandement du prince de Ponte-Corvo, un corps d'observation formé par le duc de Conegliano s'est avancé à Gand ; le maréchal duc de Valmy se trouve à Wesel, à la tête d'un second corps, prêt à se porter où l'ennemi fera une attaque sérieuse ; le maréchal duc d'Istrie commande un troisième corps à Lille. Les forces hollandaises se sont réunies pour la défense de leur propre territoire, sous le commandement de leur roi ; et des frontières de Saxe vient de leur arriver et de se réunir à elles cette division victorieuse à Stralsund, aguerrie et éprouvée que ramenait à marches forcées le lieutenant-général Gratien : il est suivi des troupes westphaliennes, que l'embarquement du duc de Brunswick a rendues disponibles, et de celles que le duché de Berg s'occupait à former. Ainsi, sur toute l'étendue de la côte, depuis le Texel jusqu'à Boulogne, les Anglais ont vainement cherché un point d'attaque, un point qui ne leur présentât pas les obstacles les plus difficiles : déjà ils ont perdu un grand nombre d'hommes, déjà les maladies règnent sur leurs vaisseaux; l'opinion s'accrédite qu'ils font de vaines démonstrations sur Anvers, et que le véritable objet de leur entreprise est aujourd'hui le territoire Batave ; ils y trouveront encore les Français animés par un mouvement national, qui seul devrait faire renoncer l'ennemi à ses folles espérances. Qu'il se garde en effet de confondre avec les levées forcées de malheureux sans instruction, sans organisation et sans discipline, les soldats que certains départemens envoient contre lui. Ce n'est point une tourbe inexpérimentée, inhabile ; ce sont des bataillons commandés par des chefs qui ont fait leurs preuves, dans les rangs desquels se sont placés une foule d'officiers que le péril a arrachés à la retraite qu'ils avaient obtenue ; les rangs même sont formés en très-grande partie d'hommes qui ont fait la guerre, et qui, retirés après leurs longs travaux, avaient échangé leurs armes contre leurs instrumens aratoires, mais qui n'ont oublié de ces armes ni l'emploi, ni l'usage glorieux. Des départemens du Nord, de la Meuse, de la Moselle, des Ardennes, ce ne sont point des recrues inhabiles qui marchent sur l'Escaut, ce sont des vétérans qui rentrent un moment dans la carrière. Leur équipement est complet, leur armement éprouvé ; leur tenue tout à fait militaire : aussi, en les passant en revue, le Prince a-t-il témoigné plus d'une fois sa satisfaction. On assure que, prévoyant le cas où quelques hommes auraient des raisons pressantes pour regretter le sacrifice momentané que les circonstances leur imposent, le Prince s'adressant aux troupes devant le front de leur ligne, leur a déclaré ne vouloir que des hommes de bonne volonté. *Nous le sommes tous*, a été la réponse de la ligne entière ; *nous voulons voir les Anglais!* Il est à remarquer que cette harangue toute française a, lors de la première invasion de la Belgique, précédé le mouvement général des troupes réunies pour y pénétrer : alors, comme aujourd'hui, personne ne voulut retourner en arrière, la Belgique fut alors conquise; aujourd'hui l'Escaut sera délivré.

Ce dévouement militaire, qui n'étonnera jamais ceux qui connaissent le peuple français, et qui ne sera jamais vainement provoqué par la voix du Souverain, est dignement secondé par les efforts vraiment patriotiques des administrations et de toutes les classes de citoyens. Tous ne peuvent servir; mais tous ont une sorte de sacrifices à faire, une espèce de tributs à offrir. De riches propriétaires consacrent leurs récoltes, offrent leurs moyens de transport, souscrivent pour des fournitures considérables et assurent ainsi dans un moment où tout presse le service des approvisionnemens, celui des troupes, des convois et des hôpitaux; d'autres propriétaires dotent les volontaires des secours nécessaires, assurent à leurs familles des moyens d'existence provisoire, ou des pensions s'ils avaient une perte à regretter ou des infirmes à soutenir. Nous désirerions pouvoir signaler à la reconnaissance publique les noms de ces généreux citoyens; mais ils sont en grand nombre, et les faire connaître exactement comme moyen de récompense et d'émulation, sera sans doute une dette de l'administration que nous nous empresserons d'acquitter après elle.

Paris ne pouvait être en première ligne dans ce mouvement militaire, dont nous apprendrons bientôt les heureux effets; il y a contribué de toutes les forces qui étaient disponibles dans la capitale, son contingent est prêt, et il veille aujourd'hui lui-même à sa propre sûreté; les corps-de-garde sont tous occupés par la garde nationale, dont la formation a été achevée avec une célérité dont s'étonneront ceux qui connaissent quels obstacles de localité présente à cet égard, malgré les meilleures dispositions possibles, une ville immense, peuplée d'habitans nombreux, mais presqu'inconnus les uns aux autres.

Une garde à cheval, d'une très-belle tenue, a été formée, habillée, équipée, montée en très-peu de jours; elle manœuvre tous les matins, et obtiendra sans doute dans un regard de S. M. la plus belle récompense du zèle qui la fera se porter au-devant d'elle au moment du retour si impatiemment attendu.

ANNONCES.

Les Éditeurs de la *Collection des auteurs classiques, latins et grecs*, format in-8°, publiée aux Deux-Ponts et continuée à Strasbourg, ont l'honneur d'annoncer que par suite d'une convention faite avec MM. Treuttel et Würtz, libraires à Paris et à Strasbourg, ils ont abandonné à cette maison de commerce la vente exclusive de leurs éditions.   EXTER et EMBSER.

Ces éditions d'auteurs classiques, grecs et latins, dont la collection (la plus riche qui existe), se compose déjà de 175 volumes d'un égal format in-8°, sont avantageusement connues par un texte pur et une impression correcte et soignée : leur prix, très-modique, les met à la portée de toutes les fortunes, et les rend sur-tout recommandables pour les établissemens d'instruction publique.

Les auteurs classiques publiés jusqu'à ce jour, et qui se vendent aussi séparément de la collection, sont :

AUTEURS LATINS.

	fr.	c.
Ammianus Marcellinus : 2 vol., papier sans colle,	4	»
———— Papier collé,	5	»
L. Apuleius : 2 vol., papier sans colle,	3	60
———— Papier collé,	4	50
D. Magni Ausonii Opera : papier sans colle,	2	»
———— Papier collé,	2	50
C. Jul. Cæsar. Edit. secunda : 2 vol., papier collé,	7	»
Catullus, Tibullus, Propertius, cum Galli fragmentis et Pervigilio Veneris. Ed. sec. : papier sans colle,	2	50
———— Papier collé,	3	»
A. Corn. Celsi de Medicina libri. Nova editio, ex rec. et cum notis Leon. Targae : 2 vol., papier collé,	14	40
M. Tullii Ciceronis Opera, cum Indicibus locupletissimis et Clave lanitatis : 13 vol., papier sans colle,	35	»
———— Papier collé,	42	»
Cl. Claudiani Opera : papier collé,	2	50
Q. Curtius Rufus : 2 vol., Editio. sec., papier collé,	4	50
C. Valerii Flacci Argonauticon libri, papier sans colle,	2	»
———— Papier collé,	2	50
L. Ann. Florus, et L. Ampelius, papier sans colle,	1	80
———— Papier collé,	2	25

(*La suite au N° prochain.*)

MERCURE DE FRANCE.

N° CCCCXXV. — Samedi 9 Septembre 180.

POÉSIE.

IMITATION DE LA XIIIe ODE D'HORACE, LIVRE Ier.

QUAND le pasteur du mont Ida,
De son hôte trompé redoutant la colère,
Trainait de mers en mers la fille de Léda,
    Le prix de sa flamme adultère ;
De son antre profond s'élevant sur les flots,
Nérée impose aux vents un pénible silence,
Et prédit à Pâris, troublé par sa présence,
    Les plus longs, les plus cruels maux.

    Sous quels auspices malheureux
N'écoutant, insensé, que l'ardeur qui t'entraîne,
Sur les bords phrygiens, victimes de tes feux,
    Conduis-tu la perfide Hélène ?
Bientôt les Grecs, unis pour rompre tes liens,
D'un époux outragé partageant la querelle,
Viendront, le fer en main, réclamer l'infidèle,
    Et renverser les murs troyens.

    Quels flots d'une noire sueur
Inondent ces coursiers, ces chefs presque sans vie ?
Quels jours, hélas ! quels jours de carnage et d'horreur
    Tu prépares à ta patrie !
Déjà je vois Pallas, sur son char s'élançant,
Couvrir son front d'un casque et s'armer de l'égide ;
Déjà son cœur s'excite à la haine homicide,
    Et de fureur est palpitant.

    C'est vainement, lâche Pâris,
Que, comptant sur l'appui d'une faible déesse,

E

Tu soignes de ton teint les roses et les lis,
    Frivoles dons de la jeunesse ;
Qu'avec un art nouveau tu boucles tes cheveux ;
Qu'aux sons efféminés que ton luth fait entendre
Ta voix, douce et flexible, au gré d'un sexe tendre,
    Mêle ses accords amoureux.

    Envain au fond de ton palais,
Loin du bruit des combats cherchant une retraite,
Tu cours, d'un pas hâté, te dérober aux traits
    Que te lance un archer de Crète ;
En vain tu fuis les Grecs à ta perte obstinés,
Ces blonds cheveux, l'honneur de ton front adultère,
Hélas ! trop tard encor, dans des flots de poussière
    Honteusement seront traînés.

    Vois-tu le vieux roi de Pylos,
Nestor en qui les ans respectent la vaillance ?
Vois-tu le destructeur des murs où régna Tros,
    Ulysse qui vers toi s'élance ?
L'intrépide Teucer, le brave Sthénélus,
Sthénélus tour à tour dans les champs de Bellone,
Industrieux cocher, guerrier que rien n'étonne,
    Te pressent de leurs glaives nus.

    Mérion vole sur leurs pas :
De son père Tydée effaçant le courage,
Diomède te cherche au milieu des combats
    Et veut t'immoler à sa rage.
A leur farouche aspect, tremblant, glacé d'effroi,
Tu fuis d'un pied léger, et respirant à peine,
Au mépris des sermens que ton épouse Hélène
    A naguère reçus de toi.

    Ainsi s'échappant de frayeur
Fuit un timide cerf, quand de son noir repaire
Accourt, pour l'égorger, un lion en fureur,
    Pressé d'une soif sanguinaire.
Le tendre et vert gazon pour lui n'a plus d'appas,
Le cristal des ruisseaux n'a plus rien qui l'attire ;
Dans son pressant danger il ne veut, ne désire
    Que se dérober au trépas.

    Le long courroux de ce héros
Que rend fier et bouillant sa céleste origine,

Dans un repos nuisible enchainant ses vaisseaux,
    Des Troyens suspend la ruine :
Mais bientôt les Destins aux Grecs les livreront;
Et bientôt d'Ilion gémisssante et captive
Les remparts, dévorés par une flamme active,
    Avec fracas s'écrouleront.

DEMORE, sous-inspecteur de marine,
des Académies de Lyon et de Marseille.

DIEU, L'HONNEUR, ET L'AMOUR.

ROMANCE.

Las! il a donc fui sans retour
Ce tems de la chevalerie,
Où servir Dieu, l'Honneur, l'Amour,
Était tout l'emploi de la vie.
Fidèle à de si douces lois,
Tandis que chacun les oublie,
Je les suis toutes à la fois
En aimant la seule Amélie.

Porter les fers d'une beauté
A la flottante chevelure,
Aux yeux noirs, pleins de volupté,
A la bouche vermeille et pure;
D'une beauté, qu'un Troubadour
Pour sa noble dame eût choisie...
Si c'est là vivre pour l'Amour,
C'est vivre aussi pour Amélie.

Rester fidèle à son serment,
Montrer toujours un cœur sincère;
Loyal ami, loyal amant,
Ce qu'on obtient savoir le taire;
Être malheureux du malheur
Qui viendrait affliger sa mie...
Si c'est là vivre pour l'honneur,
C'est vivre aussi pour Amélie.

N'idolâtrer qu'un seul objet,
Et l'implorer dans ses souffrances,
Se plaire à lui dire en secret

Ses craintes et ses espérances ;
Le voir en tout tems, en tout lieu,
L'aimer d'une amour infinie...
Si c'est là vivre pour son Dieu,
C'est vivre aussi pour Amélie.

LORRANDO.

RÉFLEXIONS SUR LA VIE.

IMITATION DE MÉTASTASE.

Perché bramar la vita?

Eh ! pourquoi désirer la vie ?
Nous offre-t-elle le bonheur ?
Toute condition de misère est remplie
Et tout âge l'est de douleur.
Enfans, une menace, un regard nous fait peur ;
Dans la fougueuse et bouillante jeunesse
Nous sommes les jouets de l'amour et du sort.
Sous le fardeau des ans la tremblante vieillesse
Par des regrets se prépare à la mort.
Pour achever notre supplice
L'ardente ambition, la cruelle avarice,
Nous causent tour à tour les maux les plus cuisans.
Avec leur propre cœur les méchans sont en guerre,
Les bons sont en butte aux méchans.
Un songe, un vain prestige, une ombre mensongère,
Tel est l'objet de nos tourmens.
Et lorsque la raison, qui trop tard nous éclaire,
Vient nous faire rougir de nos égaremens,
La mort ferme aussitôt nos yeux à la lumière.

AUG. DE LABOUISSE.

A MADAME B. P. B.

De grâce et de beauté rare et charmant modèle,
Je vois sur vous se fixer tous les yeux ;
Vos rivales en vain se disputent nos vœux,
Vous subjuguez la vanité rebelle,
La sévère raison, le dépit envieux,
Et jamais le plaisir ne vous est infidèle.

SEPTEMBRE 1809.

Fière de tant d'attraits toujours victorieux,
   De leur pouvoir vous rendez grâce aux Dieux....
Ah! leur main fut pour vous généreuse et cruelle!
   Craignez leur perfide faveur:
Pour plaire et pour briller ces Dieux vous ont formée;
   Mais ils réservent le bonheur
Pour la femme sensible et dans soi renfermée,
   Qui fuyant un éclat trompeur,
Aime, et d'un seul mortel désire d'être aimée.

A.

ENIGME.

Lecteur, je ne suis pas d'une telle origine
   Qu'on doive l'appeler divine;
Mais je puis affirmer, sans trop de vanité,
   Qu'elle est de toute antiquité.
   Souviens-toi bien de la grande arche,
   Et de Noé le patriarche.
   Je possède beaucoup d'enfans;
   Les uns sont noirs, les autres blancs;
   Pour eux ma tendresse est extrême;
Quelque nombreux qu'ils soient je les nourris moi-même;
   Dans les jours d'été les plus chauds
   Je les porte tous sur mon dos.
Après m'avoir séparé de leur père,
   L'un après l'autre, arrachés à leur mère,
   Tous mes enfans sont dévorés
Par des tyrans de leur sang altérés.

S........

LOGOGRIPHE.

Neuf pieds forment mon tout: supputez chacun d'eux;
   Pour en faire un il en faut deux:
   Ajoutez le troisième,
Et ce tiers est uni. Passez jusqu'au septième,
Je deviens vaste, immense, ancien, même éternel
Au dire de plusieurs. Allez jusqu'au neuvième,
   Et je deviens universel.

S........

CHARADE ÉNIGMATICO-LOGOGRIPHE.

Entier, je tiens un rang parmi les Dieux ;
Entier, je suis un violent remède
Auquel grand nombre de maux cède :
Entier, je suis, sinon un livre précieux,
Du moins un livret tel qu'un lecteur curieux,
Sans regretter ni son tems ni sa peine,
Par-ci, par-là jette les yeux
Une heure ou deux de la semaine.
D'une vaste et liquide plaine
Ma première moitié te présente le nom ;
A tous maux ma seconde offre la guérison.

S....... .

Mots de l'Énigme, du Logogriphe et de la Charade *insérés dans le dernier Numéro.*

Le mot de l'Énigme du dernier Numéro est *Plume à écrire.*

Celui du Logogriphe est *Tambour*; dans lequel on trouve, *Amour.*

Celui de la Charade est *Mi-graine.*

SCIENCES ET ARTS.

Essai sur la géographie minéralogique des environs de Paris ; par MM. G. Cuvier et Alex. Brongniart.

Lorsque par la pensée on parcourt notre globe, l'esprit est justement étonné de la quantité d'êtres divers dont la nature l'a paré et enrichi. Des végétaux et des animaux sans nombre, de toutes les dimensions et de toutes les formes couvrent la surface de la terre. Tous les climats et toutes les régions en contiennent des espèces particulières : celles des montagnes diffèrent de celles des plaines ; celles du Nord ne sont point semblables aux espèces du Midi. Les oiseaux ont été destinés à vivre dans les airs ; les cétacés, les poissons, les mollusques, au fond des eaux. Chaque partie d'une plante nourrit un insecte ; chaque petite inégalité du sol recele un reptile. Partout la vie se montre, partout elle se renouvelle, ou plutôt, semblable à la puissance qui retient les élémens de la matière et qui tracé aux mondes les routes qu'ils doivent parcourir ; jamais elle ne cesse d'agir. Si nous descendons des différens règnes de la nature aux êtres particuliers qui les composent, les sujets d'admiration, au lieu de diminuer, semblent au contraire ne faire que s'accroître. Un seul des objets de l'immense tableau dont nous venons d'esquisser légèrement quelques traits, un quadrupède, un reptile, une plante, offriraient assez de faits importans pour remplir la vie entière de plusieurs bons observateurs. Cependant les hommes qui se livrent à l'étude de la nature, semblent s'en partager à regret les richesses, et craindre de n'en jamais posséder assez. On veut être le premier à tout voir, comme si cela suffisait pour tout connaître.

Au reste, cette noble ambition d'apprendre ajoute sans cesse au dépôt des connaissances acquises. Ainsi rendons hommage aux hommes généreux qui s'expatrient, qui affrontant tous les périls, pour rechercher des objets nouveaux, pour observer les plus imposans aspects de la nature : mais soyons justes et reconnaissans envers les esprits lumineux qui pénètrent jusqu'au sein de la terre, pour nous révéler ses mystères, et qui en rapportent un nombre presqu'infini de productions que l'on foulait aux pieds sans en soupçonner l'existence.

Le travail que nous annonçons est de cet ordre : il agrandit encore d'une manière effrayante, pour les hommes studieux, le tableau déjà si vaste de la nature.

Désormais il ne suffira plus pour la science des plantes, et sur-tout pour celle des animaux, de vérifier ou d'approfondir ce qui a déjà été vu dans les contrées qui nous sont connues. La plus grande partie de l'Asie et de l'Amérique, presque toute l'Afrique et les terres australes, le plus grand nombre des productions des mers ne restent plus seulement à découvrir : il faudra désormais chercher encore les animaux ou les plantes de deux ou trois autres mondes ensevelis dans les entrailles de celui que nous habitons.

Il n'y a pas très-long-tems qu'on s'est aperçu que la mer a dû recouvrir autrefois nos continents. Les nombreuses couches de coquilles qu'on rencontre sur presque toute la surface de la terre ont naturellement fait naître cette idée, qui, comme toutes les idées nouvelles, a soulevé beaucoup d'esprits, fort sages d'ailleurs. On connaît la discussion qui s'est élevée sur ce sujet entre Buffon et Voltaire.

On n'ignorait pas non plus qu'il existait dans certaines contrées, voisines des poles, des débris d'animaux, dont les analogues ne se trouvent plus aujourd'hui que dans les pays les plus chauds ; qu'en Sibérie, par exemple, on avait découvert des os d'éléphans et de rhinocéros. Mais tous ces faits vagues et sans liaisons, comme toutes les connaissances imparfaites, nuisaient à la science au lieu de la servir. C'est à la découverte des os fossiles qu'on a dû la *gigantologie*, la *gigantomachie*, et cent autres ouvrages qui n'ont guère gagné à être plus modernes que des titres plus raisonnables.

Pour tirer un parti utile de ces observations et de celles qui leur ressemblent, il fallait avoir, ce qu'il est rare de posséder, une connaissance profonde et détaillée de toutes les productions de la nature. Il aurait été à peu près superflu de se borner à comparer entre eux ces débris fossiles d'animaux ou de plantes, à les décrire et à les ranger dans un ordre plus ou moins arbitraire, comme on l'a fait pour tant d'autres objets d'histoire naturelle. Il était sur-tout nécessaire d'établir leurs rapports avec les substances dans lesquelles ils sont enfouis, et de les comparer avec les mêmes parties des êtres qui vivent actuellement. Ces travaux seuls pouvaient donner les moyens d'arriver à quelques-uns de ces résultats généraux, dont l'esprit humain est avide, qui nous éclairent et nous guident dans nos recherches, et sans lesquels il n'existe véritablement aucune science. Ils conduisaient à juger si ces fossiles proviennent ou non des espèces connues, s'ils appartiennent à un monde semblable au nôtre, ou peuplé d'êtres différens, quels sont enfin les révolutions que notre globe, ou du moins quelques-uns de ses points ont éprouvées.

C'est aussi à ces résultats importans que MM. Cuvier et Brongniart sont arrivés, autant toutefois qu'on pouvait l'espérer de l'espace assez étroit dans lequel ils ont restreint leurs recherches. Les bornes qu'ils se sont prescrites ne renfermaient qu'une petite partie du bassin de la Seine, et peuvent être représentées, à peu près, par une ligne qui naîtrait au midi, à Nemours, s'élèverait au nord-ouest en passant par Fontainebleau, La Ferté-Alais, Palaiseau, Meudon, Marly et Mante, pour revenir au nord par Gisors, et à l'est, au sud et au sud-ouest, par Compiègne, Soissons, La Ferté-sous-Jouare, Provins et Nemours.

Ce terrain, au reste, n'a point été choisi par hasard, ni son étendue déterminée d'une manière arbitraire. La multiplicité des substances qu'il renferme devait lui acquérir la préférence sur un grand nombre d'autres lieux qui, en offrant des observations beaucoup moins nombreuses, n'auraient pas conduit à des résultats aussi étendus. Il est d'ailleurs circonscrit d'une manière fort naturelle ; au midi, à l'est et au nord par la craie ; au sud-ouest par le vaste plateau sableux de la Brie.

Au reste, pour obtenir les faits que contient ce Mémoire dans l'ordre où ils sont représentés, il n'a pas fallu seulement examiner une excavation qui aurait commencé à la partie la plus élevée du terrain, et qui se serait terminée à la craie ; outre qu'il n'en existe point de semblables, ces bancs de craie, de marne, de plâtre, de sable, ne sont point horizontaux ; souvent ils sont interrompus, séparés, coupés, renversés de mille manières différentes, et ce n'est qu'à force d'abstractions, de mesures et de calculs, qu'on parvient à établir leurs rapports et à reconnaître l'ordre véritable dans lequel ils ont été déposés.

Il serait difficile d'arrêter sa pensée sur ce travail, dont nous ne croyons point encore devoir rapporter les détails, sans être étonné des résultats importans et des vues nouvelles qu'il offre.

« On se représente d'abord, disent nos auteurs, une
» mer qui dépose sur son fond une masse immense de
» craie et des mollusques d'espèces particulières (dont
» on ne retrouve plus les analogues). Cette précipitation
» de craie et de coquilles qui l'accompagnent cesse
» tout à coup. Des couches d'une toute autre nature lui
» succèdent, et il ne se dépose plus que de l'argile et du
» sable sans aucun corps organisé. Une autre mer
» revient : celle-ci nourrit une prodigieuse quantité de
» mollusques testacés, tous différens de ceux de la
» craie. Elle forme sur son fond des bancs puissans,
» composés en grande partie des enveloppes testacées
» de ces mollusques ; mais peu à peu cette production
» de coquilles diminue et cesse aussi tout à fait. Alors
» le sol se couvre d'eau douce ; il se forme des couches
» alternativement de gypse et de marne qui enveloppent
» et les débris des animaux que nourrissaient ces lacs et
» les ossemens de ceux qui vivaient sur leurs bords,
» (tous animaux inconnus aujourd'hui).

» La mer revient une troisième fois et produit quel-
» ques espèces de coquilles bivalves et turbinées ; mais
» bientôt cette mer ne donne plus naissance qu'à des
» huîtres.... Les productions de la seconde mer infé-
» rieure reparaissent, et on trouve au sommet de Mont-
» Martre les mêmes coquilles qu'on a trouvées à Grignon

» et dans le fond des carrières de Chantilly et de Meu-
» don. »

Enfin les substances supérieures à toutes les autres sont de nouveau déposées par les eaux douces ; mais on y rencontre, avec des coquilles analogues à celles qu'on voit encore dans nos rivières, des ossemens d'éléphans et d'antilopes, tous animaux qui n'existent point aujourd'hui dans nos contrées.

Voilà donc des monumens authentiques et des preuves irrécusables d'un monde antérieur à celui que nous habitons, et d'un ordre de choses, entièrement différent de celui que nous voyons aujourd'hui. Une grande partie des animaux marins qui vivaient alors ne se retrouvent plus actuellement ; et les animaux terrestres qui peuplaient les continens de ces siècles anciens n'existent plus que dans leurs débris. Si dans des couches moins profondes nous trouvons d'autres débris, ils appartiennent à des espèces qu'on ne rencontre maintenant que dans les contrées les plus chaudes d'entre les tropiques. Mais la vie ne se montrait pas seulement sous d'autres formes ; toutes les forces de la matière semblent avoir été différentes alors de ce qu'elles sont de nos jours. Aucun des phénomènes naturels ne peut nous faire concevoir comment se sont formées ces couches immenses de chaux, de glaise, de plâtre, de silex, évidemment déposées par les eaux, qui ne les dissolvent point, ou ne les dissolvent qu'avec peine, et qui ne produisent plus rien de semblable sous nos yeux. Excepté quelques atterrissemens de marne ou de sable, nous ne voyons plus aucun dépôt se former. Il semble que sous ce rapport, comme sous plusieurs autres, les agens que la nature employait alors soient épuisés, et qu'un équilibre plus parfait soit établi. Mais une chose plus remarquable encore, c'est qu'on n'a jamais rien trouvé parmi ces débris d'animaux terrestres ou marins, qui annonçât la présence de l'espèce humaine. Ou l'homme n'existait pas encore, ou il ne s'est répandu sur la terre qu'avec une lenteur extrême. Pour qu'une contrée nouvellement abandonnée par les eaux se repeuplât de plantes, de quadrupèdes herbivores et carnassiers, tels qu'on les a trouvés enfouis dans les plâtres, il a dû s'écouler de siècles nombreux, à en juger du moins par ce que nous voyons aujourd'hui.

On sent jusqu'où ces premières recherches et ces premières conséquences pourraient déjà conduire; mais les limites qui nous sont fixées ne nous permettent pas de nous étendre davantage. Nous nous bornerons à remarquer, en terminant, que ce travail a donné lieu à une carte détaillée du terrain qui a été observé, et des coupes des endroits principaux où les observations ont été faites; qu'il offre un exemple parfait de ce que doit être la géographie minéralogique; qu'il ouvre une carrière aussi nouvelle qu'étendue et donne désormais à la géologie une marche sûre, en montrant tout le vide des hypothèses dont on l'avait surchargée jusqu'à présent.

Tels sont les résultats principaux de ce travail; nous rendrons compte des détails lorsqu'ils seront publiés.

Frédéric Cuvier.

GÉOGRAPHIE ÉLÉMENTAIRE, A L'USAGE DES JEUNES GENS DE L'UN ET DE L'AUTRE SEXE, contenant la position, l'étendue, la population, les revenus, les forces, l'histoire, la constitution, les mœurs, les religions, l'industrie, les produits agricoles et commerciaux des diverses nations de la terre, dans laquelle on a indiqué la nature des roches qui existent dans chaque pays, les arbres qui y croissent, les animaux sauvages qui y vivent, les animaux privés qu'on y élève; précédée d'un traité de la sphère, etc., etc. Enrichie de dix cartes, sur six desquelles sont représentées les formes les plus variées que l'on ait observées parmi les hommes, les principaux animaux indigènes qui existent sur chaque partie de la terre, ainsi que les grands arbres qui y croissent; par J. H. Hassenfratz. *Cinquième édition.* Deux vol. in-8°. — Prix, 10 fr. 50 c., et 13 fr. franc de port. — A Paris, à la librairie économique, ancien

Collége d'Harcourt, rue de la Harpe, n° 94; et chez *Arthus-Bertrand*, libraire, rue Hautefeuille, n° 23.

> Il ne faut pas juger des gens sur l'apparence :
> Le conseil en est bon, mais il n'est pas nouveau.

Si l'on ne devait juger des livres que sur le titre, celui-ci serait indubitablement le traité de géographie le plus complet, le plus intéressant, le plus instructif que l'on ait jamais publié. L'auteur n'a rien omis de ce qui pouvait piquer la curiosité ou attirer l'attention. Malheureusement la critique ne s'en rapporte point au titre. C'est l'intérieur des ouvrages qu'elle étudie, qu'elle discute :

> L'âne n'en sait juger que par ce qu'il en voit ;
> Le renard, au contraire, à fond les examine,
> Les retourne en tous sens.....

Cet office du renard est assez difficile, quelquefois même il est pénible à remplir ; du moins quand on veut l'exercer avec justice : par exemple, à propos de cette nouvelle géographie, l'auteur, M. Hassenfratz, professe la physique dans un des premiers établissemens d'instruction qui existe en Europe. L'importante fonction qu'il exerce, la réputation méritée des savans auxquels il est associé, tout doit faire présumer favorablement de son ouvrage. Peut-être beaucoup de personnes s'empresseraient de l'acheter sur le titre. Eh bien ! ces personnes n'auraient qu'une compilation faite sans aucune méthode ; elles n'y trouveraient que quelques notions imparfaites et tronquées sur les nombreux objets qui les auront frappées dans l'annonce. Enfin, comme l'exécution des cartes est encore au-dessous du texte, il s'ensuit qu'au total elles auraient acheté un livre qui ne peut leur servir absolument à rien. Maintenant, si telle est la vérité, la critique doit la dire sans acception de l'auteur, ni des places qu'il occupe dans les sciences, ni de sa préface, ni de sa dédicace, où l'on ôte à jamais le droit de blâmer rien ; mais tout en s'acquittant de ce devoir on peut le remplir à regret.

La première chose qui frappe dans cette cinquième édition, c'est ce nom de *cinquième* qu'on lui donne. Cependant nous pouvons affirmer que les précédentes ont réellement existé. Si, malgré cela, on pouvait encore douter de ce prodigieux succès, la comparaison de la quatrième édition avec la cinquième suffirait pour attester leur différence. Ainsi, en parlant du calendrier républicain, M. Hassenfratz disait en l'an VIII : « La dénomination des mois présente à l'esprit des résultats qui ont lieu chez une grande partie des nations européennes »; au lieu qu'il dit en 1809 : « La dénomination des mois présentait à l'esprit des résultats qui, loin d'être applicables à toutes les nations de la terre, ne l'étaient pas même à toutes les parties de l'Empire français » : il réfute de même dans un ordre exactement parallèle toutes les autres raisons qu'il avait alors imaginées en faveur du nouveau Calendrier; de sorte que ce rapprochement produit une sorte de conversation de l'auteur contre lui-même, comme le montre le tableau suivant :

4.me édition, en l'an VIII, page 18.	5.me édition, en 1809. page 16.
Les raisins sont mûrs et les vendanges peuvent être faites dans le mois de vendémiaire.	Les vendanges sont finies en fructidor dans quelques cantons, et ne sont pas encore commencées les premiers jours de brumaire dans d'autres.
Dans le mois de brumaire les jours sont obscurcis par des brouillards.	Les brumes n'ont lieu que pour quelques parties de l'Empire, dans d'autres le ciel est serein.
C'est au moment où le soleil arrive près du tropique du capricorne que commencent les frimas.	Dans les départemens méridionaux on connait peu les frimas.
L'eau congelée tombe en forme de neige dans le mois de nivôse.	La neige ne tombe que sur une partie du sol de l'Empire.
Les pluies abondent dans le mois de pluviôse.	L'Égypte et les pays dans lesquels il ne pleut pas ne peuvent avoir de pluviôse.
Les vents soufflent avec force lorsque le soleil se rapproche de l'équateur, en ventôse.	Les vents varient sur chaque partie de la France.
La fleuraison qui a fait célébrer	La fleuraison est déjà passée

le mois de mai se développe en floréal.

Les prairies naturelles sont fauchées en prairial.

Les grains sont coupés et la moisson est faite en messidor.

Enfin le plus grand nombre des fruits est récolté en fructidor.

dans la partie méridionale de l'Empire, que la germination n'est pas encore commencée dans la partie septentrionale.

Les prés se fauchent et la moisson se fait à des époques différentes pour chaque pays.

Les fruits sont récoltés dans plusieurs départemens avant qu'il soient mûrs dans d'autres.

Ce que l'on vient de lire suffit pour montrer qu'il y a de grandes différences entre la quatrième édition et la cinquième. En examinant celle-ci, on est d'abord étonné d'y trouver un nombre de cartons considérable (1), qui sont tous relatifs aux changemens politiques survenus depuis l'année 1803. On ne peut pas dire qu'ils ont été nécessités par des erreurs involontaires qui se seraient glissées dans l'impression du texte, car alors ils seraient évidemment imprimés avec le même caractère, comme cela se fait toujours; au lieu qu'ils le sont avec un caractère différent. Le premier est plus usé; le second plus neuf; l'italique sur-tout est facile à distinguer. D'ailleurs l'époque de l'impression primitive est indiquée par l'auteur même; car dans la *page 23*, il dit *au présent* : Que les Français commencent l'année au 1er vendémiaire; et dans un carton placé *page 25*, il dit que cela avait lieu ainsi du tems de la République; et c'est là qu'il explique si bien les motifs qui ont fait supprimer ce Calendrier. La découverte de la planète Junon, qui fut faite en 1802, se trouve dans le texte; celle de Vesta, faite en 1807, n'est nulle part. On peut répéter l'expérience, elle ne manquera jamais. De là il résulte évidemment que l'ouvrage entier était depuis long-tems et entièrement imprimé lorsqu'on a mis les cartons; et cette

---

(1) En termes d'imprimerie, on appelle *cartons* des feuillets séparés que l'on substitue à d'autres feuillets d'un livre. On les colle sur la marge de ces feuillets, qu'on n'enlève pas et qui n'est point imprimée. A ce signe il est facile de les reconnaître.

circonstance aurait pu faire soupçonner ici quelque artifice du libraire, si nous n'avions pas d'ailleurs des preuves que les autres éditions étaient essentiellement différentes.

L'auteur a voulu prévenir ce soupçon dans le carton qui contient la Préface : « L'édition que nous publions actuellement, dit-il, était destinée à paraître il y a plus de quatre ans; mais les victoires nombreuses de nos armées, les troubles semés sur le continent par la puissance qui veut dominer les mers et s'emparer du sceptre de Neptune ayant introduit des changemens successifs dans les relations politiques et les limites de chaque puissance européenne, nous avons été contrains d'en suspendre l'impression. Aujourd'hui que le besoin d'une *Géographie élémentaire* se fait vivement sentir, nous nous sommes déterminés, malgré l'état de guerre dans lequel l'Autriche vient d'entraîner la France, à terminer cet ouvrage et à le livrer au public qui nous en saura sans doute quelque gré ». Fort bien ! mais pour que ceci fût exact, il ne faudrait pas que l'ouvrage entier, jusqu'à l'avant-dernière page, fût imprimé d'un même caractère et d'un caractère différent des cartons ; car par là il est bien évident que l'impression n'était pas seulement *commencée* il y a quatre ans, mais qu'elle était entièrement finie, sauf les cartons qu'on y a insérés depuis, pour la mettre au courant des événemens politiques.

Au reste, ces mutations tardives ne font aucun tort au fond de l'ouvrage; seulement elles y introduisent un désordre, une incohérence inévitables. Par exemple, le département de Tarn et Garonne ayant été créé depuis l'impression du texte, on a fait un carton pour le remettre à son rang alphabétique, et l'on a imprimé ce carton en *petit-texte*, pour y faire tenir aussi le département du Tarn qui occupait seul le même feuillet. Mais comme le nouveau département a été formé aux dépens de deux autres qui étaient déjà imprimés, on y a renvoyé pour la description des villes principales, et jusqu'à celle de Montauban, son chef-lieu. Il y a même des villes importantes qui se sont perdues dans ce bouleversement général ;

néral ; telles sont Berg-op-Zoom et Flessingue. Pour Berg-op-Zoom, il paraît qu'il n'y a pas eu assez de place pour le faire entrer dans la Hollande qui est un carton ; et quant à Flessingue, cette ville, jadis hollandaise, maintenant cédée à la France, ne pouvait pas se trouver dans le carton de la Hollande, ni se réunir à l'ancien texte dans un département français.

Quant à tout ce que l'auteur annonce sur l'histoire, la constitution, les mœurs, les religions, l'industrie, etc., il n'y a guère dans son livre que ce qui se trouve partout ailleurs, même dans la *Géographie de Crozat*. Pour la population, on a déjà remarqué combien ses résultats diffèrent de ceux des autres géographes ; mais comme ceux-ci ne sont pas non plus d'accord entre eux, il est difficile de dire qui a tort et qui a raison. Pourtant n'est-ce pas trop exagérer que de dire, comme M. Hassenfratz, que Lima a 160,000 habitans, lorsqu'elle n'en a réellement que 60,000. A la vérité, par compensation il ne donne à la capitale de la Nouvelle-Espagne que 15,000 habitans, au lieu de 137,000 qu'elle a réellement d'après le *Voyage de M. de Humboldt*. Si l'on s'en rapporte à l'autorité de M. Hassenfratz, Santa-Fé de Bogota n'est point la capitale de la côte ferme ; il transporte ce droit à Carthagène, et il ne dit pas un mot de Santa-Fé, quoique ce soit une ville de 70,000 habitans. Son influence s'étend même sur la nature physique : la hauteur où commencent les neiges éternelles, qui sous l'équateur avait été jusqu'ici de 2,500 toises, se rabaisse sous sa plume jusqu'à n'avoir plus que 1,800 pieds au-dessus du niveau de la mer (2).

Relativement à l'industrie, ce qu'il y a de plus neuf dans l'ouvrage de M. Hassenfratz, c'est une *Table alphabétique des objets manufacturés en France, avec l'indication des villes où l'on peut se les procurer*. Cette *Table*, pour laquelle l'auteur a dû tirer de grands secours de l'*Almanach des Gourmands*, indique jusqu'aux villes où l'on élève *de la volaille*, quoique l'on ne puisse guère regarder la volaille comme un objet manufacturé.

---

(2) Tome II., page 183.

F

On sait que dans les *Géographies élémentaires destinées à l'instruction de la jeunesse*, c'est un usage immémorial d'assigner le caractère de chaque nation par une phrase générale dont le sens s'accommode comme il peut avec les cas particuliers. M. Hassenfratz a été fidèle à cet usage; il nous apprend qu'en Danemarck, les femmes sont bonnes et ménagères, et que les Hongrois sont assez beaux hommes. Pour les Anglais, ils sont hauts, fiers et cruels; cependant, pour les distinguer des barbares d'Afrique, M. le professeur Hassenfratz aurait pu ajouter que l'Angleterre est la patrie de Newton. Au reste, l'auteur s'est quelquefois borné à consulter l'expérience de ceux qui avaient parlé avant lui. Par exemple, Crozat avait dit des Hollandais, qu'ils sont bons, laborieux, sensés, sérieux, politiques, habiles dans le commerce et la navigation. M. Hassenfratz dit aussi que les Hollandais sont bons, sensés, sérieux, laborieux, économes, bons marins et bons politiques; cela paraît assez d'accord: mais M. Hassenfratz ajoute que la religion dominante en Hollande est la *prétendue* réformée. Crozat, moins scrupuleux, dit simplement que c'est la presbytérienne calviniste.

La partie théorique où l'auteur donne un abrégé de la sphère n'est pas moins curieuse que le reste. Suivant lui le solstice arrive quand le soleil est perpendiculaire au tropique, et l'équinoxe quand il est perpendiculaire à l'équateur. Le soleil perpendiculaire ! l'auteur a voulu dire vertical. On voit *pag.* 20 que *les étoiles polaires* sont situées dans l'axe de rotation de la terre; elles ont le plus petit mouvement diurne, et les étoiles *zodiacales* le plus grand : l'auteur a voulu dire les étoiles équatoriales. On voit aussi *pag.* 7 que l'atmosphère est une masse d'air qui a huit myriamètres de hauteur, et qui est entraînée dans le mouvement de rotation de la terre, avec une vitesse *à peu près* égale à celle du globe : cet à peu près renferme une erreur de physique, ou plutôt de mécanique assez forte. Mais *pag.* 20 on apprend que les planètes sont *des espèces d'étoiles* qui ont un mouvement régulier que l'on peut soumettre au calcul. Comment un professeur, qui a fait un livre sur la physique céleste, peut-il dire que les planètes sont des espèces d'étoiles, tandis que les unes brillent de leur lumière propre, et les autres d'une lumière réfléchie, qui leur est envoyée par le soleil? autre erreur de physique. On sait que les queues des comètes sont constamment tournées du côté opposé au soleil. Rien n'est plus facile à concevoir, si, comme tout l'annonce, ces queues sont formées de vapeurs élevées par l'excessive chaleur du soleil, et, qui nageant dans l'atmosphère de cet astre ou éprouvant l'impulsion des rayons condensés de la lumière, s'élèvent au-dessus du noyau de la comète par un excès de légèreté spécifique. Mais si la chose est ainsi dans la nature, il en est tout autrement dans les planches de la nouvelle géographie, et la queue des comètes, semblable à une flamme ondoyante, est toujours tournée vers le soleil avant et après le périhélie. Il est vrai que ces petites erreurs sont compensées par d'autres avantages. M. Hassenfratz, très-fort sur les étymologies grecques et latines, ne manque pas de remarquer en note que longitude vient de *longitudo*, latitude de *latitudo*, orient de *oriens*, et occident de *occidens*. Cet abrégé de la sphère est de formation primitive; car il y est dit que les deux solstices *arrivent* le 1er nivose et le 1er messidor; ce qui prouve que M. Hassenfratz n'avait pas encore imaginé à cette époque les objections décisives qu'il élève douze pages plus loin, dans un carton, contre le Calendrier de la République.

Mais ce qu'il est impossible de se figurer, à moins de l'avoir vu, ce sont les six cartes géographiques annoncées comme offrant avec la description des pays celle des races d'hommes, des arbres, et des animaux indigènes. Certainement ces cartes ne valent pas celles que l'on trouve sur les écrans. Ces dernières ne sont pas si grossièrement, si inexactement dessinées. Par exemple, on sait que le Don et le Volga se rapprochent beaucoup dans une certaine partie de leur cours; ce qui avait fait naître le projet de les joindre par un canal, au moyen duquel on communiquerait de l'Europe dans l'Inde par une navigation intérieure. Dans la géographie de M. Hassenfratz, ce projet est exécuté sans frais; car le Volga et le Don se touchent au milieu d'une chaîne de montagnes, et par la perfection de la gravure, ils ont l'air de se couper à angles droits. Dans la carte d'Europe, la largeur du Pas-de-Calais n'est pas moindre que celle de Paris à Dijon. Quant aux races d'hommes, l'Asiatique est représenté par une figure qui ressemble assez bien à un singe; il est sous un cocotier. L'Africain est un petit Nègre; il est sous quelque chose qui ressemble assez mal à un arbre à côté duquel on a écrit acacia. L'habitant de la mer du Sud est un sauvage aux crins hérissés, qui tient un arc et des flèches; à côté de lui est un arbre que l'auteur appelle l'arbre à pain, et dont le feuillage ressemble exactement à des mains d'hommes. Enfin l'Européen est représenté par un homme tout nu, près d'un chêne, tenant une épée dont il appuie la pointe sur son pied. Telle est, aux yeux de M. le professeur, l'image de la civilisation. Chacune de ces planches contient en outre trois ou quatre mauvaises figures d'oiseaux ou de quadrupèdes dessinées sans aucune échelle, et sans aucune proportions de parties. Voilà les nouveautés que M. Hassenfratz a eu si grand soin d'annoncer comme enrichissant son ouvrage.

De tout cela il faut conclure que si le besoin d'une géographie élémentaire se faisait *vivement* sentir avant la publication du livre de M. Hassenfratz, comme il a cru devoir nous en prévenir, ce besoin se fera sentir encore aussi vivement après.

BIOT.

RICHARD CONVERTI, ou *Entretiens de quelques cultivateurs sur les questions les plus importantes relatives au Code Rural; sur les bois, leur régime et leur administration.*

In medio virtus solet consistere recti.

Rien n'est beau que le vrai, le vrai seul est utile.

A Paris, chez *D. Colas*, imprimeur-libraire, rue du Vieux-Colombier, n° ⬛ — in-12. 1809.

Les vices et les défectuosités qui régnaient dans nos anciennes lois rurales, avaient fait sentir depuis long-tems la nécessité d'un code basé sur des principes plus simples, plus justes, plus libéraux, et moins contraires au perfectionnement et aux progrès de l'agriculture. Mais le système de législation adopté depuis la révolution française a détruit la plus grande partie des entraves qui enchaînaient l'industrie, et empêchaient notre agriculture de prendre le degré de développement dont elle est susceptible. La France essentiellement agricole, et si heureusement favorisée par la nature, n'a besoin que de bonnes lois rurales pour surpasser les autres nations par l'abondance et la richesse de ses produits territoriaux. Cette vérité est démontrée jusqu'à l'évidence par l'extension et le perfectionnement que l'agriculture française a reçu depuis vingt ans. Mais si une partie des obstacles a été renversée, il en reste cependant encore de très-préjudiciables, et des circonstances de trouble et de désordre en ont fait naître d'autres non moins funestes. Parmi ces derniers il suffira de citer ici la violation des propriétés qui dans tout gouvernement tarit les sources de la reproduction. Les habitans des campagnes avaient déjà, avant la révolution, peu de respect pour les propriétés d'autrui; mais ils ont paru méconnaître totalement, pendant les époques orageuses de cette grande crise politique, le droit sacré et exclusif que tout individu doit avoir sur ce qui lui appartient, et ce droit sans lequel il ne peut exister ni sûreté, ni industrie, ni abondance; droit enfin dont l'oubli arrête toute espèce d'amélioration, et produit un ordre de chose non moins funeste au public qu'aux particuliers.

C'est pour réprimer ce désordre social, ainsi que d'autres abus plus ou moins funestes, c'est pour maintenir les principes d'ordre et de justice que le gouvernement a cru nécessaire de donner aux campagnes un nouveau code rural. Il a nommé des commissaires pour le rédiger en forme de projet, et il a fait imprimer le résultat de leur travail, pour le livrer à la discussion publique. En conséquence il a été répandu dans les départemens; il a même été présenté à l'examen de la Société d'Agriculture du département de la Seine; le gouvernement a voulu enfin s'éclairer de toutes les lumières qui peuvent contribuer au perfectionnement d'un code, dont la sagesse doit avoir une si grande influence sur la prospérité nationale.

L'auteur, dont nous annonçons l'ouvrage, semble avoir voulu répondre à cette invitation, et s'être proposé de payer sa dette. S'il offre le tribut de ses lumières et de son expérience, il a choisi la forme du dialogue comme mieux adaptée au sujet, comme plus propre à énoncer une opinion, et à présenter les objections qui peuvent la combattre. Ses idées sont présentées avec clarté, ses observations sont faites avec justesse; et quoiqu'il eût pu supprimer quelques détails minutieux, approfondir des parties plus essentielles, nous croyons cependant que son ouvrage est utile pour les personnes qui cherchent à s'éclairer sur le sujet important des lois rurales.

On imagine bien que le dialogue doit être d'un ton familier, puisque les interlocuteurs sont de simples paysans. Du reste, le célèbre Franklin a prouvé qu'on pouvait renfermer beaucoup de sens et même d'esprit dans ce genre d'écrire. L'auteur des *Entretiens* dont nous rendons compte s'est borné au simple langage villageois. C'est dans ce style que *Thomas* et son voisin *Richard* discutent s'il est bon de laisser glaner, grapiller, rateler, arracher le chaume chez soi et faire de l'herbe sans permission ni surveillance. Ils concluent à la négative, et nous nous rangeons à cet avis. Nous croyons que le code rural devrait avoir une peine contre ceux qui se permettent de *faire de l'herbe* dans les champs et dans les bois sans la permission des propriétaires. Cet abus généralement répandu donne occasion au vol, entretient la fainéantise, et produit des dégradations.

L'auteur paraît croire que les clôtures ne sont importantes que dans certaines circonstances, qu'elles sont inutiles et même nuisibles dans d'autres. Il est cependant reconnu en principe par tous les bons agriculteurs que la culture ne peut point atteindre le degré de perfection dont elle est susceptible dans un pays, quel que soit la nature du sol, si les propriétés ne sont pas entourées de haies, de fossés ou de murailles.

Le partage des communaux n'est pas moins important aux progrès de l'agriculture que la réunion des propriétés par le moyen des échanges ; l'auteur pense, avec raison, que la France devrait adopter le système des *échanges forcés* mis en pratique par plusieurs autres nations. On ne peut douter en effet de la bonté de ce système lorsqu'on considère les résultats sensibles qu'il a produits sur divers points de l'Europe. Nous croyons aussi que le partage des communaux devrait être également forcé, sauf un petit nombre d'exceptions. Ce qui a eu lieu à ce sujet en France, en Angleterre et ailleurs, en a démontré les avantages. Mais en permettant ce partage avec des conditions difficiles à obtenir, ainsi qu'il arrive en Angleterre, on pose une barrière insurmontable à son exécution. Le partage des communaux est considéré unanimement en Angleterre comme une des opérations les plus influentes sur les progrès de l'agriculture, et l'augmentation des produits ; il ne s'en effectue cependant qu'un très-petit nombre ; et le sol même de l'Angleterre présente encore de vastes portions en bruyères ou en pâturages stériles, par la raison que l'intérêt de quelques particuliers puissans s'oppose à ce qu'elles soient rendues productives par ce moyen, et qu'on est obligé de faire d'énormes dépenses pour obtenir un acte du parlement.

Nous invitons les lecteurs à parcourir les observations disséminées dans cet ouvrage, et sur-tout celles qui concernent les livrets des domestiques et des ouvriers, le cours des eaux, les chemins vicinaux, le régime et l'administration des bois. LASTEYRIE.

LITTÉRATURE ET BEAUX-ARTS.

Exposé de la Méthode élémentaire de H. Pestalozzi; suivi d'une Notice sur cet homme célèbre, son institut et ses principaux collaborateurs ; par Dan. Alex. Chavannes, membre du Grand-Conseil et de la Société d'Émulation du canton de Vaud. *Nouvelle édition.* — Un vol. in-8°. — A Paris, chez *J. J. Paschoud*, libr., quai des Augustins, n° 11. — 1809.

(PREMIER EXTRAIT.)

Il y a peu de personnes qui n'aient entendu parler de la méthode ingénieuse de Pestalozzi, et des succès vraiment merveilleux qu'a déjà obtenus cet homme respectable dans l'application qu'il en a faite à l'éducation de la première enfance. C'est sur-tout le soulagement des pauvres habitans des campagnes qu'il a eu en vue dans tout le cours de ses travaux ; et son noble désintéressement, la persévérance avec laquelle il a marché vers un but si utile, ne font pas moins d'honneur à son caractère, que la sagacité des moyens qu'il a employés pour y parvenir n'en fait à son esprit. M. Chavannes entreprit le premier, il y a environ trois ans, de nous faire connaître les intéressans travaux de son compatriote, qui n'a rien publié qu'en allemand. La notice sur Pestalozzi, sur sa méthode et sur son institut, imprimé en 1805, inspira parmi nous le plus vif intérêt à tous ceux qui savent attacher du prix aux idées saines et utiles. On ne peut donc que savoir beaucoup de gré à l'auteur du soin qu'il a pris de publier une nouvelle édition de cette notice, plus développée, et augmentée des vues nouvelles, du tableau des améliorations et des perfectionnemens que Pestalozzi et ses collaborateurs ont pu donner à leur entreprise, dans les trois années qui se sont écoulées depuis que la première édition de cette brochure a paru.

En considérant le degré de perfection où sont portés

la plupart de nos arts, on a lieu sans doute d'être étonné que celui qui semblerait devoir être le plus facile, qui du moins est le plus habituellement pratiqué et le plus indispensable, je veux dire l'art d'instruire l'enfance, soit encore si imparfait, qu'on doive regarder comme un bienfait inappréciable l'invention d'une méthode raisonnable et sûre pour cet objet. Mais si d'ailleurs on réfléchit qu'une pareille méthode ne peut être le résultat que d'une observation générale et attentive de nos facultés intellectuelles, et que ce ne peut être que long-tems après qu'un grand nombre de connaissances ou de sciences particulières, plus ou moins immédiatement applicables aux besoins de la société, ont été créées et perfectionnées, qu'il peut être permis à l'homme de porter un œil attentif et observateur sur les procédés de son intelligence considérée comme une faculté générale et qui embrasse tous ses moyens de connaître et d'agir en vertu de ses connaissances ; on s'étonne moins que l'art de transmettre les idées, et d'en diriger la marche ou le développement progressif, ne fasse pour ainsi dire que de naître.

Le célèbre Pestalozzi a fait faire à cet art un pas très-remarquable : j'ignore ce qu'il a pu devoir à l'étude directe des ouvrages de Locke, de Condillac, de Charles Bonnet, de J. J. Rousseau, etc. Je ne sais pas même s'il a jamais lu ce que ces illustres philosophes ont écrit sur ce qui faisait l'objet habituel et presque exclusif de ses méditations, mais je n'en suis pas moins convaincu qu'il a puisé, soit sciemment, soit à son insu, les vues qui ont dirigé sa marche et qui l'ont assurée dans la masse des idées saines qui se trouvaient répandues dans le monde sur cette matière à l'époque où il a commencé à s'en occuper.

En effet, la nécessité de commencer avec les enfans par les idées sensibles les plus simples et les plus à leur portée pour les conduire par une marche lente, mais sûre, à des idées intellectuelles très-composées ; le soin extrême qu'il faut avoir de ne franchir aucune idée intermédiaire sans s'être assuré que l'enfant peut la suppléer par lui-même et la supplée en effet ; l'habitude qu'on ne saurait lui faire contracter trop tôt d'analyser tous les objets qui frappent ses sens, c'est-à-dire, d'en considérer les diverses parties chacune à part et dans un ordre régulier et déterminé pour se faire une idée nette et complète de l'ensemble et de ses détails ; l'importance des notions premières et fondamentales sur lesquelles on ne saurait trop insister ni revenir trop souvent, puisque c'est sur elles que repose tout l'édifice de nos connaissances, et que chaque degré de perfection qu'elles acquièrent n'est presque qu'une transformation de ces notions fondamentales, chaque pas que nous faisons dans la science n'est guère qu'un nouvel aspect sous lequel nous les envisageons ; l'utilité incontestable ou plutôt l'indispensable nécessité d'attacher à chaque objet ou à chaque partie distincte d'un objet un signe clair et précis qui la distingue encore mieux et qui la mette, en quelque sorte à notre disposition, ce qui consiste à déterminer avec le plus de justesse qu'il est possible l'emploi et les acceptions des mots, voilà ce que les philosophes que j'ai cités précédemment, et tous les écrivains qui ont marché sur leurs traces et qui ont traité les mêmes sujets qu'eux, ou des sujets analogues, ont expressément recommandé ; telles sont les vérités fondamentales qu'on peut extraire des écrits de Locke, de J. J. Rousseau, et sur-tout de Condillac par rapport à l'objet particulier qui nous occupe en ce moment.

Mais, comme l'a très-bien observé Pascal, si toutes les vérités sont dans le monde, on manque le plus souvent à les appliquer, et c'est ici que l'application et assurément le point essentiel. D'ailleurs, quoique les principes fondamentaux d'un art ou d'une science quelconque aient été déjà trouvés par un ou plusieurs hommes de génie, tant qu'ils n'en ont pas fait une application directe et méthodique, on peut dire que l'art n'existe pas ; et celui qui le premier se trouve conduit par une suite d'expériences, ou même, si l'on veut, de tâtonnemens à réunir les principes épars dans leur véritable ordre de déduction, et à en faire une application vraiment utile et sûre, a encore une assez belle part de gloire, puisqu'on peut, jusqu'à un certain point, le regarder comme le véritable créateur de l'art.

C'est à cette sorte de gloire que Pestalozzi paraît avoir aspiré, et ses efforts pour l'obtenir ont été couronnés par le succès. Le désir de servir utilement la classe utile et trop dédaignée des habitans de la campagne semble avoir été la passion dominante de toute sa vie; c'est dans la vue de satisfaire ce penchant, qui ne peut être que celui d'une âme forte et généreuse, qu'on le vit dès sa jeunesse embrasser la profession d'avocat, puis celle d'agriculteur, puis enfin celle d'instituteur, à laquelle son génie semblait l'appeler plus spécialement.

Mais ce n'est qu'après avoir échoué plus d'une fois dans ses entreprises, après avoir vaincu une foule d'obstacles de différens genres qu'il est parvenu à former enfin ces intéressans établissemens qui attestent aujourd'hui sa haute capacité, et qui long-tems après lui feront bénir sa mémoire.

Voici comment il parle lui-même de sa première tentative et du peu de succès qu'elle eut : « Je vécus pendant » des années, dit-il, au milieu d'un cercle de plus de » cinquante enfans dont les parens étaient dans la plus » profonde misère. Je partageai dans ma pauvreté mon » pain avec eux; je vécus moi-même comme un men- » diant, pour apprendre à des mendians à vivre en » hommes...... Mon plan échoua; mais au milieu des » efforts inexprimables que j'avais faits, j'avais appris des » vérités innombrables, et je ne fus jamais plus fortement » convaincu de la bonté de mon projet que lorsque je me » vis forcé d'y renoncer. »

Il semble que ce soit le privilége des idées grandes et généreuses d'inspirer à ceux qui en sont une fois pénétrés un courage à l'épreuve de tous les revers. Ruiné en quelque sorte par la chûte de son premier établissement, Pestalozzi n'en suit pas avec moins d'ardeur l'objet de ses méditations, et en attendant qu'il ait pu trouver l'occasion et les moyens de former quelque nouvelle entreprise, il publie divers ouvrages où il expose ses vues et ses idées sur l'éducation. D'abord une espèce de roman populaire intitulé *Léonard* et *Gertrude*, qui fit une grande sensation; puis *Christophe* et *Else*, ou entretiens de la soirée sur Léonard et Gertrude; puis une feuille helvétique, destinée aux habitans de la campagne. Enfin il donna, en 1797, une première esquisse de sa méthode sous ce titre : *Mes Recherches sur la marche de la nature dans le développement de l'homme.*

Les vues neuves et intéressantes répandues dans ces divers ouvrages attirèrent l'attention des hommes éclairés: des membres du Gouvernement s'intéressèrent au sort et aux projets de leur auteur; l'un d'eux même engagea Pestalozzi à se mettre à la tête d'une école dans un pays qui venait d'être dévasté par la guerre. Le dénuement absolu où il allait se trouver de toutes les ressources nécessaires pour former un pareil établissement, la nécessité de pourvoir seul aux besoins de toute espèce dont il allait être assiégé dans une maison qui n'était pas même réparée, au milieu des maladies qui désolaient cette contrée, rien ne put arrêter l'ardeur de son zèle. On ne lira pas sans intérêt les détails qu'il donne sur sa position à cette époque, dans une lettre adressée à son ami Gessner, dont nous avons déjà cité un passage :

« Je serais descendu dans le plus profond des abîmes, dit-il, pour m'approcher de mon but, et j'y réussis en effet..... Les enfans s'élevèrent insensiblement jusques à quatre-vingt, tous d'âges inégaux, et tous, un très-petit nombre excepté, absolument ignorans : quelle tâche! j'osai cependant l'entreprendre; et bientôt ceux qui vinrent me voir furent étonnés de l'effet que je produisais... C'était le résultat d'une idée simple, mais dont je ne pouvais pas me rendre raison. Ce n'était que le pressentiment de l'art que je cherchais; je ne savais pas précisément ce que je faisais, mais je savais ce que je voulais... mourir ou arriver à mon but....

» L'ignorance absolue où j'étais de la marche que je devais suivre me força à m'arrêter long-tems sur mes premiers pas; et cela me conduisit à juger par expérience du haut degré auquel les forces intellectuelles de l'enfant peuvent s'élever, lorsqu'on a soin de le retenir sur les points élémentaires jusqu'à ce qu'il se les soit entièrement rendus propres. Je sentis, comme je ne l'avais jamais fait, la liaison étroite qui existe dans chaque branche de connaissances entre ses points élémentaires et son ensemble, et je vis de même les lacunes innombrables que la négligence et le désordre à cet égard doivent nécessairement produire. Les effets de l'attention que j'apportai à donner à l'enseignement de mes points élémentaires la plus grande perfection possible surpassèrent mon attente. Je vis se développer rapidement chez mes enfans un sentiment intime de forces qui jusqu'alors leur avaient été inconnues..... Ils avaient la conscience de ce dont ils étaient capables; et bientôt les difficultés et les dégoûts des écoles ordinaires s'évanouirent, etc. »

Les détails dans lesquels nous venons d'entrer sur la personne de Pestalozzi et sur ses premières tentatives nous ont paru, indépendamment de l'intérêt qu'ils peuvent avoir en eux-mêmes, propres à répandre quelque jour sur l'exposé de sa méthode, que nous ne pouvons donner que d'une manière assez incomplète, parce que l'ouvrage que nous analysons ne nous fournit pas sur plusieurs points essentiels tous les développemens que nous aurions désirés. Nous ajouterons seulement, pour terminer ce récit abrégé des travaux de Pestalozzi, qu'il fut forcé par les événemens de la guerre d'abandonner encore l'établissement de Stantz, dans le canton d'Underwald, celui-là même dont nous venons de parler, au moment où il commençait à prospérer; que malgré les dégoûts qu'on chercha à lui donner, et les persécutions qu'on lui fit éprouver, aidé enfin de la protection d'un Gouvernement éclairé, il parvint à former les deux établissemens qui existent aujourd'hui, l'un à Buchsée, village à deux lieues de Berne, et l'autre à Yverdun, jolie ville du canton de Vaud, et où l'on pratique avec le plus grand succès sa méthode d'enseignement, dont nous allons essayer de donner quelque idée.

Qu'on se rappelle que c'est principalement le développement des forces intellectuelles de l'enfance et l'instruction de la jeunesse de la classe pauvre que Pestalozzi a eu en vue, et l'on concevra d'abord que pour l'un de ces deux objets, ses travaux, s'ils ont eu d'heureux résultats, ne peuvent manquer de devenir un avantage inappréciable pour toutes les classes de la société, puisque dans toutes le premier développement de l'intelligence est à peu près abandonné au hasard des circonstances; mais si de plus l'instruction qu'il donne à la jeunesse est fondée sur les mêmes principes que celle qu'il donne à l'enfance, si les moyens qu'il emploie pour accroître la masse des connaissances de l'une se déduisent immédiatement de ceux qu'il a employés pour donner à l'autre ses premières notions ; si enfin ces connaissances sont celles dont l'application est indispensablement nécessaire dans tous les états et dans toutes les situations de la vie; n'est-il pas évident que cette seconde partie des travaux de l'habile instituteur pourra fort bien convenir à la jeunesse de tout état et de toute condition? Or, voici comment il procède d'abord pour l'enfance :

L'enfant, du moment où il commence à vivre, reçoit une multitude infinie d'impressions de tout ce qui l'environne ; et c'est ainsi qu'il apprend à faire usage de ses divers organes, qu'il acquiert, sans s'en douter et presque sans le vouloir, un grand nombre de connaissances diverses. Il parvient à connaître en très-peu de tems la plus grande partie des objets qui sont communément à sa portée, leurs différentes parties, leurs qualités ou propriétés et leurs noms. Le premier pas que fait Pestalozzi dans la vue d'aider à ce développement nécessaire et spontané de l'intelligence, c'est de le régulariser en quelque sorte, de coordonner et de fixer par une observation plus régulière et plus attentive cette multitude d'idées et de notions que l'enfant est forcé d'acquérir ; et pour y parvenir, c'est aux mères des enfans ou à celles qui leur en tiennent lieu que l'instituteur s'adresse. Il a composé pour elles un petit traité, où il leur apprend à présenter aux enfans un sujet d'observation déterminé qui puisse arrêter leur attention et leur donner les premiers principes d'une analyse régulière et détaillée des objets.

Le premier qu'il choisit est le *corps humain*, celui de tous les objets qui se présente le plus naturellement, et dont l'observation peut être répétée avec le plus de facilité; il offre aux mères sur cette matière une suite de dix exercices dont l'intérêt augmente progressivement. L'enfant apprend à connaître et à nommer les diverses parties de son corps avec leurs divisions et sous-divisions dans le plus grand détail; celles qui sont simples, doubles, quadruples, etc.; leur connexion entre elles, les particularités ou qualités propres à chacune d'elles; les différentes parties qui ont des qualités semblables; leurs fonctions ou usages particuliers, etc.: et ainsi jusqu'au dixième exercice, où l'enfant s'essaie à rassembler tout ce qu'il a appris sur chaque partie de son corps, et en fait ainsi la description la plus complète qu'il est possible d'en faire avec les connaissances qu'il a.

L'auteur travaille, dit-on, à donner encore plus d'étendue et un plus haut degré d'utilité à ce *Manuel des Mères*; il doit y indiquer les procédés convenables pour développer chez l'enfant la faculté de distinguer les divers sons et articulations du langage et de les produire; la manière de lui apprendre à nommer les objets qui se présentent à lui, leurs parties les plus remarquables, leurs propriétés les plus sensibles; les actions diverses qu'il fait ou qu'il voit faire, etc., tout cela dans un ordre naturel et approprié à l'intelligence naissante de cet âge, en joignant toujours l'image nette et précise de la chose au mot qu'elle exprime, puisque les leçons doivent toujours être faites en présence des objets.

J'abrège ici beaucoup les détails qu'on pourra lire avec autant d'utilité que d'intérêt dans l'ouvrage de M. Chavannes; et l'on applaudira sans doute à la justesse des réflexions qu'il fait sur les avantages que doit avoir dans la pratique de l'éducation ce *Manuel des Mères*. « La plus grande difficulté, dit-il, celle qui arrête à chaque instant ceux qui sont appelés à enseigner des jeunes gens, est la peine qu'ils ont à s'en faire entendre. Les choses même les plus simples exigent des définitions pénibles, et qui souvent encore deviennent inintelligibles pour l'élève, qui n'a aucune idée juste de la vraie acception des termes dans lesquels elles sont conçues.

Le *Manuel des Mères*, en familiarisant de bonne heure l'enfant avec une foule d'objets et d'opérations diverses, soit de la nature, soit de l'art, gravera en même tems dans sa tête les véritables signes du langage qui les rappellent. L'instituteur qui recevra l'enfant ainsi préparé aura donc une base sur laquelle il pourra s'appuyer avec confiance. En un mot, comme le dit fort bien M. Chavannes, le *Manuel des Mères* est destiné à montrer aux parens comment ils doivent enseigner à leurs enfans, à voir avec réflexion et avec ordre les objets qui les entourent, et à s'exprimer sur ce qu'ils voient d'une manière bien claire. »

Telle est l'idée abrégée qu'on peut se faire de la première partie de la méthode de Pestalozzi, partie d'autant plus intéressante qu'elle remplit, à ce qu'il nous semble, une lacune très-sensible et fort importante dans l'éducation des enfans de tous les pays et de toutes les conditions. En effet, si, comme cela paraît assez probable, la somme des idées que nous acquérons depuis les premiers jours de notre naissance jusqu'à l'âge de sept à huit ans égale, ou surpasse même celle des idées réellement nouvelles et originales que nous acquérons dans tout le reste de notre vie quelque longue qu'elle soit; si c'est principalement par le secours des mots que notre faculté de penser et de raisonner se développe et se fortifie; ou plutôt, si, comme on ne saurait en douter, les mots nous sont absolument nécessaires pour penser et pour raisonner : combien ne doit-on pas priser une méthode qui, sans fatiguer l'enfant, sans lui faire faire autre chose que ce qu'il fait de lui-même tous les jours et à chaque instant, lui donne une quantité prodigieuse d'idées nettes et précises, et lui fait acquérir en même tems la faculté de les exprimer par les termes les plus convenables et les plus justes? Il ne cherche qu'à voir, à toucher, à exercer tous ses sens; pourquoi ne l'aiderait-on pas à bien faire ce qu'il est si empressé de faire? pourquoi ne pas le seconder dans l'acquisition de facultés dont un heureux instinct lui révèle si impérieusement le besoin? pourquoi enfin, à cette quantité trop considérable de mots mal déterminés, inutiles, ou qui même ont souvent un plus grand inconvénient, et qui pourtant se gravent dans sa mémoire avec tant de facilité et malheureusement d'une manière trop durable, ne tenterait-on pas de substituer les mots qui sont les signes d'une foule d'idées ou de notions qu'il lui sera sans cesse utile ou nécessaire de combiner pour lui-même ou de communiquer aux autres ?

Cette idée de Pestalozzi est simple ; la méthode qui en est le résultat l'est également : on ne l'en trouvera sans doute pas moins précieuse, et son auteur n'en mériterait pas moins notre reconnaissance quand le service qu'il rend à la première enfance se bornerait là ; mais le principe dont il est parti est aussi fécond qu'il est simple ; et les deux autres parties de sa méthode, qui ne sont pour ainsi dire qu'une émanation de ce principe, n'offrent pas une utilité moins étendue, ni moins évidente.

THUROT.

(*La suite au Numéro prochain.*)

VOYAGE EN ESPAGNE DU CHEVALIER DE SAINT-GERVAIS, officier français, et les divers événemens de son voyage ; par M. DE LANTIER, ancien chevalier de Saint-Louis, avec de jolies planches gravées en taille-douce, et le portrait de l'auteur.

Famam sequere aut sibi convenientia finge.

Deux vol. in-8°. — A Paris, chez *Arthus-Bertrand*, libraire, rue Hautefeuille, n° 23.

PUISQUE le public, malgré les réclamations de tous les hommes de goût, accueille les *romans historiques*, il doit accorder la même faveur aux *voyages romanesques*. Les uns comme les autres donnent, il est vrai, aux lecteurs peu instruits, des idées très-inexactes ; mais ils amusent quelquefois, ils intéressent plus que la vérité. Là, on trompe sur les faits, sur les hommes ; ici, sur les pays, les usages et les mœurs des peuples. Mais depuis Homère jusqu'au Tasse et à l'Arioste, les poëtes ont-ils fait autre chose ? La seule différence c'est que les poëtes emploient un style plein d'images, un langage cadencé, harmonieux, tandis que nos romanciers *historiens* et nos *voyageurs* romanciers écrivent souvent en très-méchante

G

prose. Toujours est-il certain que c'est par les fables que l'on plait à la multitude :

L'homme est de feu pour le mensonge.

Grâces donc pour M. de Lantier, écrivain aimable et spirituel, s'il a osé publier le *Voyage en Espagne du chevalier Saint-Gervais*, roman si jamais il en fût, sous un titre qui promet un ouvrage d'un tout autre genre ; il a voulu des lecteurs....

Il s'en présentera ; gardez-vous d'en douter.

C'est une véritable *Odyssée* que ce roman-là. Cependant le chevalier de Saint-Gervais ne parcourt pas autant de pays que le héros d'Homère : on ne peut pas dire de lui,

Mores multorum vidit et urbes.

Il ne va que de Perpignan à Cordoue ; mais, comme dans l'*Odyssée*, une femme est l'objet de son voyage ; et, comme Ulysse aussi, mille incidens divers le retardent dans sa route. Le héros grec fut plus heureux que le chevalier français : l'un retrouva sa femme fidèle ; l'autre n'arrive que pour apprendre le mariage de la maîtresse qu'il venait épouser.

Personne ne se doute qu'il soit très-difficile d'aller de Perpignan à Cordoue ; eh bien ! lisez le Voyage du chevalier de Saint-Gervais, et vous apprendrez que vous courez risque d'être jeté dans les cachots de l'Inquisition dès la première ville d'Espagne ; et cela si vous refusez seulement à un moine quelque argent pour le luminaire d'une Madone : vous apprendrez encore qu'un peu plus loin, si vous recevez une bague ou le moindre bijou d'une jeune Espagnole, il faudra absolument l'épouser ou languir dans une prison, ensuite vous battre avec son frère, si elle en a un. En revanche, vous trouverez peut-être dans la prison, comme il advint au chevalier de Saint-Gervais, quelque poëte jovial, insouciant, demi-philosophe, une espèce de Figaro enfin qui fera de charmantes romances, les jouera sans cesse sur la guitare, qui ne vous quittera plus de toute la route, qui se déguisera de tems en tems en moine pour avoir accès chez les dévotes, et vous procurer, à leurs dépens, bon souper et bon gîte. Peut-être rencontrerez-vous aussi, toujours comme le chevalier de Saint-Gervais, dans quelque caverne écartée, quelque bon ermite, qui aura tué l'amant de sa femme, et vous contera, durant toute la nuit, sa douloureuse histoire..... Mais si je voulais citer, même sommairement, toutes les autres aventures du chevalier dans son voyage, il me faudrait tout le loisir dont il jouissait, quoiqu'il fût amoureux ; alors on ne serait plus surpris qu'il ait employé cinq à six mois au moins pour exécuter un voyage de cent cinquante lieues au plus. Certes sa maîtresse paraîtra sans doute excusable de s'être pourvue, en l'attendant, d'un mari plus actif.

Les aventures tristes ou heureuses de notre chevalier ne l'occupent point assez pour l'empêcher de décrire, chemin faisant, les villes et des sites les plus remarquables. Il est vrai qu'il répète, dans un autre style, ce qu'ont dit tous les voyageurs ; il ne fait guère qu'un extrait de tous les Itinéraires d'Espagne. Mais il y ajoute quelquefois des réflexions plaisantes, originales ; il est presque toujours léger, brillant, enfin un véritable Français du dernier siècle.

Il trace aussi les portraits d'un grand nombre d'Espagnols ; mais on dirait que ces portraits n'ont point été faits sur des originaux ; qu'ils ne sont que les copies de ceux que l'on voit figurer dans nos anciennes comédies ou dans les *Nouvelles de Cervantes.* C'est, par exemple, un comte de Pacheco, qui, en toute occasion, raconte, comme les héros de l'*Iliade*, toute l'histoire de ses ancêtres ; mais qui, bien que superstitieux à l'excès et presque toujours ridicule, a de la noblesse et de la générosité ; c'est un certain don Polycarpe, gardien d'un couvent d'Hyéronimites à Grenade, dont la manie, comme celle de certain archevêque bien connu depuis *Gil-Blas*, est que tout le monde écoute et admire ses homélies ; enfin, ce sont des duègnes qui servent les amours des jeunes gens ; ce sont de langoureux amans qui chantent des romances sous le balcon de leurs maîtresses ; ce sont des moines qui font les plus vilains métiers, ayant toujours le nom de la Vierge à la bouche, etc.

Mais le personnage dont j'ai parlé plus haut, le poëte don Manuël du Toboso, est plus singulier, plus nouveau que les autres; il ne me paraît pas être d'origine espagnole. En cherchant bien, on pourrait en trouver le modèle dans quelque comédie ou roman français.

Au reste, je serais tenté de croire que le chevalier de Saint-Gervais n'a songé à écrire son voyage que bien des années après son retour d'Espagne; que, dans l'intervalle, il a voyagé en Italie : en effet, il décrit des usages qui appartiennent beaucoup plus à ce dernier pays qu'à l'autre. Il y a plus : quoique la belle Séraphine, de Cordoue, lui eût parfaitement appris l'espagnol, et qu'il affecte de répéter à tout moment, tantôt des proverbes, tantôt des vers qu'il donne pour espagnols, ce sont presque toujours des vers et des proverbes italiens qu'il se trouve avoir cités. Il est vrai que l'italien de ces citations est presque méconnaissable; il fourmille de fautes grossières, de barbarismes.

On demandera peut-être quel a été le but du chevalier de Saint-Gervais en publiant son *Voyage*. Est-ce de faire connaître, en y joignant l'attrait des fables, un pays qui, dans ce moment, fixe plus que jamais l'attention de toute la France? L'intention serait louable; mais, je le répète, il ne faut pas s'attendre à puiser beaucoup d'instruction dans les deux gros volumes du Chevalier. Dans un dialogue entre le comte d'Avila, noble Espagnol, et le chevalier de Saint-Gervais, on trouve à peu près le résumé de tout ce que l'on apprendra dans l'ouvrage. C'est pour cela que je vais citer ce morceau. Le comte dit au chevalier :

« Comment trouvez-vous ma nation ? — J'en pense trop de bien pour n'être pas véridique. Elle est brave, spirituelle, généreuse; vous avez le climat le plus beau, le sol le plus fertile de l'Europe, des vins excellens. — Et des chemins ? — Très-mauvais. — Et des auberges? — Détestables. — Et des moines? — Trop nombreux, trop riches; à quelques exceptions près, fort ignorans. — Et la religion? — Défigurée par la superstition. — Et nos dames? — Très-jolies, très-séduisantes; mais je les crois plus voluptueuses que sensibles, plus jalouses par orgueil que par tendresse, plus fidèles à l'amour qu'à l'hymen ; il y a peu d'Artémise parmi elles ; hardies dans leurs intrigues, elles dédaignent les voiles du mystère, dont les dames françaises s'enveloppent avec tant d'adresse et de décence. Vos femmes ont beaucoup d'esprit, d'imagination ; mais ce sont des fleurs qui n'ont pas tout l'éclat et le parfum qu'elles devraient avoir, faute de culture : elles sont courbées sous le joug des préjugés et des prêtres. Pardon, si je m'exprime avec tant de franchise. — Loin d'improuver votre critique, je vous fournirai de nouveaux traits, j'ajouterai que l'unique occupation de nos dames consiste dans leurs *cortejos* : voici quelle est, à très-peu près, l'habitude de leur vie. Elles se lèvent tard, gaspillent le reste de la matinée avec leurs cameristes, ou vont à l'église dire leurs chapelets, ou réciter des prières qu'elles murmurent par habitude et sans attention ; ensuite elles dînent sobrement, dorment l'après-dînée, et s'habillent le soir pour aller à la promenade ; et en hiver, dans une société où, autour d'un brasier, elles s'entretiennent de leurs affaires domestiques, et de leur prochain. Mais que pensez-vous de nos gens de lettres ? — Que la nature et votre soleil ont tout fait pour eux ; mais ce sont des plantes que les mauvaises herbes empêchent de prospérer, la superstition et le saint-office. — Et quel est votre avis sur l'inquisition ? — Je voudrais qu'on la traitât comme le lion de la fable, auquel on persuada que, pour plaire à sa maîtresse, il fallait se laisser rogner les griffes et les dents. — Pour persuader aux inquisiteurs cette petite opération, il faudrait une armée de cent mille hommes... etc. »

Il n'est presque personne qui, sans avoir parcouru l'Espagne, n'eût pu parler ainsi de la nation espagnole. N'a-t-on pas lu à peu près tout cela dans les mille et un *Voyages en Espagne*, et même dans les *Géographies*? Telle est l'idée que se forment de l'Espagne les ignorans comme les gens instruits. Le Chevalier a donc bien fait de ne pas prendre pour épigraphe ce vers si souvent répété à la tête des livres :

Indocti discant, et ament meminisse periti!

Encore un mot sur les défauts que j'ai cru apercevoir dans l'ouvrage ; mais ce sera le dernier.

Les répétitions d'idées, de phrases même, y frappent le lecteur le moins attentif. Il faut que le chevalier de

Saint-Gervais n'ait pas eu le tems de relire son livre. Un autre reproche à lui faire, c'est qu'il se jette à tout moment dans de longues discussions métaphysiques, politiques, et sur-tout théologiques. Je conviendrai qu'il ne parle jamais sérieusement, même sur ces matières : mais ces dissertations, quoiqu'assez plaisantes, n'en font pas moins longueur ; et l'on sent trop que le chevalier s'était sans doute donné pour tâche de faire deux volumes.—Pour raconter l'histoire de cette belle princesse de Babylone qui parcourut cent fois plus de pays que le chevalier de Saint-Gervais, il n'a fallu à Voltaire qu'un petit volume de soixante pages au plus. Oh! que M. de Saint-Gervais aurait bien fait d'imiter la concision de Voltaire!

Il ne faudrait pas croire d'après ce que j'ai dit jusqu'à présent, que l'ouvrage ne mérite pas d'être lu, qu'il n'aura point de succès. Il contient trop d'historiettes intéressantes, tantôt gaies, tantôt mélancoliques, pour ne pas piquer et soutenir la curiosité. Le style, quelquefois maniéré, est rapide, brillant, spirituel, épigrammatique. On reconnaît presque partout l'auteur du *Voyage d'Antenor*. Il n'y a pas autant de verve, d'imagination et d'intérêt que dans *Antenor*; il y a plus de franche gaieté : enfin, si je ne le recommande pas comme un *Voyage* instructif, je puis l'annoncer comme un roman dont la lecture est amusante.

Deux charmantes gravures ornent l'ouvrage. Beau dessin, finesse d'expression, on y trouve tout réuni. L'une représente le Chevalier devant le tribunal de l'inquisition ; il est difficile de mieux rendre des figures de moines espagnols : dans l'autre, on voit le Chevalier qui réconcilie deux époux; car j'ai oublié de dire que le Chevalier, au lieu de troubler la paix des ménages, se plaît à ramener, cinq ou six fois pendant sa route, des filles séduites auprès de leurs pères, des époux jaloux et cruels auprès de leurs femmes abandonnées. Ce n'est pas toujours là le rôle des chevaliers français en pays étranger.

A. D.

VARIÉTÉS.

CHRONIQUE DE PARIS.

La résurrection subite de l'aéronaute Garnerin a mis en défaut la sagacité d'un grand nombre de savans. Nous avons déjà dit qu'un Bossuet moderne s'était hâté de faire son oraison funèbre dans un de nos Journaux. Un docteur en médecine s'est aussi empressé de publier une profonde dissertation sur la mort du navigateur aérien. Il n'a rien laissé à désirer sur les causes et les circonstances de ce funeste accident. Il a expliqué la manière dont le ballon avait parcouru les airs, dont il était descendu après la perte de son conducteur. Il a prouvé que le nouvel Icare avait dû périr d'apoplexie, comme on l'a en effet annoncé ; il a même exprimé le regret qu'on ne l'eût pas ouvert et disséqué pour les progrès de la physiologie, et la satisfaction des savans.

1°. Garnerin a dû mourir, parce que s'étant élevé très-rapidement, le refoulement de la colonne d'air a dû l'étouffer.

2°. Il a dû mourir d'apoplexie, parce que dans les hautes régions où il s'est élevé, l'air est nécessairement condensé ou raréfié, chaud ou froid. S'il est condensé, les poumons ont été comprimés outre mesure, le sang a reflué vers la tête, et les vaisseaux cérébraux de M. Garnerin ont éprouvé une dilacération considérable ; de sorte que cette partie doit être maintenant en fort mauvais état chez lui. Si l'air est raréfié, la colonne d'air ayant cessé d'exercer une pression suffisante le sang s'est porté rapidement du centre à la circonférence, et il en est résulté l'hémorragie, l'hémiplégie et l'apoplexie qui est le terme de la vie.

Ainsi, de toute façon, M. Garnerin a dû mourir ; et s'il n'est pas mort, il faut le tenir pour tel, attendu la sûreté des principes et la dialectique rigoureuse du docteur. Il est constant néanmoins que le Dédale moderne refuse obstinément d'acquiescer à la sentence. Déjà même il est de retour à Paris, et pour montrer combien il brave l'hémiplégie, l'apoplexie et l'hémorragie, il se dispose à faire, la semaine prochaine, un nouveau voyage dans les airs. N'est-ce pas se jouer bien cruellement des arrêts de la faculté ?

Tandis qu'on se désabuse ainsi sur le trépas prétendu de M. Garnerin, on s'éclaire aussi sur la véritable origine des Albinos qu'on montre depuis quelques mois à Paris. Ils ne viennent ni de l'Inde, ni du Darien, ni du Congo, ni de Falaise, comme on l'avait dit, mais de la Bourgogne. Un de nos journaux nous assure qu'ils sont nés dans un village à deux lieues de la petite ville de Cosne ; qu'ils sont frère et sœur ; que leur mère est une pauvre femme veuve, à qui il reste un troisième enfant *Albinos* comme les deux premiers. Elle a consenti, moyennant une rétribution, à les envoyer à Paris. On ajoute qu'ils ont un oncle qui exerce la profession de charron dans un de nos faubourgs. Ainsi voilà toutes les merveilles de leur grand voyage détruites.

Près du lieu où l'on fait voir ces débiles créatures on montre aussi un enfant extraordinaire. Il a dix ans, mais il est plus fort et plus grand qu'on ne l'est ordinairement à cet âge. Dans toute la partie postérieure de son corps, à partir du cou et des épaules jusqu'à l'origine des cuisses, sa peau est d'un brun-noirâtre, quoique très-blanche dans les autres endroits ; elle est épaisse, chargée de mucosités, de poils denses, mais doux, soyeux et de couleur blonde. Cette partie est habituellement beaucoup plus chaude que le reste du corps. Les épaules de l'enfant sont en outre remarquables par la facilité avec laquelle elles se meuvent ; il les rejette en arrière et les éloigne si fortement de la poitrine qu'elles paraissent former comme deux ailes. Cette disposition n'est pas très-rare et se rencontre quelquefois chez les personnes atteintes de marasme. La mère de cet enfant assure qu'il est né sur les bords du Gange ; et comme il faut toujours relever les choses par un peu de merveilleux, elle ajoute qu'étant grosse de six semaines, elle fut poursuivie par une troupe de noirs qui lui troublèrent tellement l'imagination qu'il en est résulté un enfant noir comme eux et blanc comme elle. On trouve dans les *Œuvres de Buffon* plusieurs exemples de pareils phénomènes.

— Le retour des longues soirées va rendre bientôt à nos théâtres toute leur activité : les acteurs absens s'empressent de rentrer. Les célèbres écuyers Franconi eux-mêmes, qui ont parcouru les départemens pour y faire admirer la vigueur, la grâce et la légèreté de leurs évolutions, se disposent à reparaître dans la capitale. En attendant, on ajoute au

Cirque Olympique de nouveaux ornemens, l'on agrandit et l'on améliore la salle; et l'on nous promet pour la prochaine représentation une pantomine qui surpassera, dit-on, toutes celles que nous connaissons.

— On nous annonce au théâtre de la Gaieté, un nouveau mélodrame dont le sujet est national. Il a pour titre *Marguerite d'Anjou*. C'est l'ouvrage d'un des auteurs les plus célèbres et les plus heureux dans ce genre.

— On doit jouer aujourd'hui à l'Odéon une pièce en cinq actes, intitulée *le Fils par hasard*. On rendra compte dans ce Journal de son succès ou de sa chûte.

— La scène française est menacée de perdre encore un de ses plus illustres sujets. La maladie de Dugazon a pris tout à coup un caractère qui fait craindre pour la lucidité de ses idées. Ce n'est plus ce favori de Thalie d'une originalité si vive, d'une verve si piquante et si enjouée, dont la présence seule inspirait la gaieté. Aujourd'hui entouré de canards hupés, de poulets d'Inde, de perroquets, d'écureuils, c'est dans ce cercle innocent qu'il renferme toutes ses pensées. Les choux de son jardin forment son auditoire et au lieu des applaudissemens du public, toute son ambition se borne à entendre le gloussement de ses poulets, et les cris de ses oies. Un baquet rempli d'eau de son puits, lui sert de bassin dans son jardin, et deux cannetons lui représentent les cygnes des Tuileries. Il fuit la société, il s'enveloppe dans la tristesse et la mélancolie; tout annonce enfin que la muse de la comédie ne le reconnaît plus pour son interprète. C'est un excellent acteur de moins; un acteur d'un talent rare, naturel, et vraiment comique. On ne voit point encore qui pourra nous le rendre. SALGUES.

CONSERVATOIRE DE MUSIQUE.

DISTRIBUTION DES PRIX.

IL viendra peut-être un tems où, sans s'exposer aux injures de quelques personnes et aux éloges de quelques autres, il sera permis de faire observer que c'est de l'époque la plus désastreuse de la révolution que date en France la fondation de deux établissemens également utiles et honorables: je veux parler de l'Ecole Polytechnique et du Conservatoire de Musique. Les succès de la première sont attestés par de si grands et de si nombreux exemples, qu'ils ont dès long-tems fermé la bouche aux partisans les plus exclusifs des pratiques anciennes. Quels moyens, en effet, de nier les progrès de l'enseignement dans une Ecole dont plusieurs élèves, au sortir des bancs, ont pris leur place à côté des plus grands professeurs?

Avec des droits relativement égaux à l'estime publique, il n'est pas surprenant que le Conservatoire de Musique ne parvienne pas aussi facilement à imposer silence à ses détracteurs; il est plus facile de critiquer l'ouvrage d'un musicien que celui d'un astronome, d'attaquer le talent d'un chanteur que celui d'un géomètre. Le but des sciences exactes est la vérité, dont le privilège est de saisir à la fois tous les esprits: celui des beaux-arts est l'imitation, qui, n'étant point susceptible d'une démonstration rigoureuse, peut devenir, du moins pendant quelque tems, l'objet des jugemens les plus contradictoires.

Tandis que des ennemis obscurs, et néanmoins très-actifs, cherchent par toute sorte de moyens à jeter de la défaveur sur le Conservatoire de Musique, auquel ils proposent très-sérieusement de substituer les gothiques écoles de cathédrale, l'administration de ce bel établissement se contente d'opposer à leurs efforts, l'éclat et le nombre de ses succès.

Deux concours publics ont été ouverts cette année au Conservatoire; l'un pour le prix de musique vocale et instrumentale, et l'autre pour le prix de déclamation. Plusieurs élèves ont été jugés dignes de concourir.

Artibus ingenuis quæsita est gloria multis. (OVID.)

Concours de chant.

Mme Boulanger a obtenu le premier prix. Une voix pure, juste et flexible à un très-haut degré, lui ont mérité cet honneur. L'émotion très-vive qu'elle paraissait éprouver et l'extrême chaleur ont nui sans doute à l'éclat et au développement de ses sons; mais tout porte à croire que, plus rassurée, et dans des circonstances moins défavorables, elle brillera par les qualités mêmes qu'on pourrait lui contester sur cette première épreuve. C'est principalement à la grâce, à l'expression de son chant qu'on a pu reconnaître l'excellent mode d'enseignement du professeur qui la dirige. Doué d'un goût exquis, et, si l'on peut s'exprimer ainsi, d'un instinct musical qui ne le trompe jamais, il n'appartient qu'à lui d'ajouter en chantant des beautés nouvelles à celles des grands maîtres dont il se rend l'interprète. L'inspiration qui le guide n'est pas moins sûre que leur génie, et le trait qu'il improvise est quelquefois le motif le plus heureux du morceau qu'il exécute. S'agit-il d'enseigner? M. Garat, pénétré de ce principe que la musique doit peindre avec des sons, s'attache à développer simultanément dans ses élèves le talent qui exécute et l'expression qui colore. C'est aux leçons de cet habile professeur que le premier de nos théâtres lyriques est redevable de quelques-uns de ses sujets les plus distingués, au nombre desquels on se plaît à citer Mlle Hymn et Mme Branchu, qui, seule après vingt ans, a pu faire oublier Mme Saint-Huberty.

Mme Boulanger a débuté par une scène italienne de Nicolini; on eût pu croire à l'entendre que cette jeune cantatrice sortait de l'école brillante où se sont formées les Catalani, les Strina, les Grassini. Ce morceau fini, et pour ainsi dire sans reprendre haleine, elle a chanté la belle scène d'*Alceste* : *Ah! malgré moi*, etc., avec la dignité, le *grandioso* qui caractérisent cette admirable production : il nous a semblé cependant que l'allegro, *O ciel, quel supplice!* etc., avait été pris d'un mouvement trop vif : il perd alors de son énergie et ne laisse pas le moyen d'étendre le son sur ce cri déchirant : *M'arrache et me déchire le cœur*.

Mlle Porte, après avoir chanté avec précision et justesse un air du *Concert interrompu*, a obtenu le second prix du chant. Quelques amateurs ont paru regretter qu'elle ne partageât pas le premier, mais il est présumable qu'ils ont confondu quelquefois le plaisir de la voir avec le plaisir de l'entendre. En effet, cette jeune personne réunit à un talent très-aimable une figure plus aimable encore; elle est très-jeune et promet beaucoup : elle méritait des encouragemens et les a obtenus.

Concours instrumental.

Dix ou douze sonates de piano ont été exécutées à la file. Les élèves qui se sont succédés méritaient presque tous d'être entendus; mais il fallait du courage pour les écouter. Cet instrument, utile pour l'accompagnement et les démonstrations harmoniques, doit offrir moins de difficultés que les autres, si l'on en juge par la prodigieuse quantité de personnes très-habiles à le manier que l'on rencontre, même hors de l'enceinte du Conservatoire.

Le premier prix de piano a été obtenu par M. Lambert, élève de M. Pradhere.

Le premier prix de violon a été partagé entre M. Fontanne, élève de M. Kreutzer, et M. Sauzai, élève du même professeur.

Le premier prix de cor a été remporté par M. Mengal, élève de M. Frédéric Duvernois.

Le premier prix de flûte, par M. Advier, élève de M. Wandelyck.

Concours de déclamation.

L'institution du Conservatoire a pour objet principal de former des élèves pour les théâtres d'une nation qui heureusement persiste à croire (quelques efforts que l'on fasse pour l'en dissuader) que l'art du comédien ne doit dans aucun cas être sacrifié à celui du chanteur. Une classe de déclamation devait donc trouver sa place dans un semblable établissement : le concours qu'elle vient d'ouvrir pour la première fois surpasse toutes les espérances que le peu de tems écoulé depuis sa création permettait d'en concevoir, et fait le plus grand honneur aux habiles professeurs qui la dirigent (1).

Mlle *Maillard*, que ses débuts au Théâtre Français ont déjà signalée comme un sujet de la plus brillante espérance, a obtenu le premier prix de tragédie. Le monologue d'*Hermione*, au cinquième acte d'*Andromaque*, et l'admirable scène qui le suit, réunissent à la fois tous les genres de difficultés : combats de l'amour et de la jalousie, hésitation, crainte, attendrissement, fureur graduée dans toutes ses nuances et portée enfin jusqu'au délire, telle est la variété des sentimens que l'actrice doit faire passer sous les yeux et dans l'âme des spectateurs ; Mlle Maillard a rempli cette tâche si difficile avec un talent auquel on ne saurait donner trop d'éloges. Que cette jeune et intéressante actrice ne s'arrête pas aux obstacles qui hérissent la carrière où elle est entrée, à ceux même qu'on aura soin de semer sous ses pas ; qu'elle se livre hardiment aux inspirations de la nature que toutes les combinaisons de l'art ne parviennent jamais à remplacer, et nous osons lui promettre que son nom sera cité un jour parmi ceux des plus illustres favoris de Melpomène.

M. *Dumilâtre*, qui a obtenu le second prix de tragédie,

---

(1) MM. Talma, Monvel, Lafond, Baptiste aîné et Dugazon.

a dit avec dignité le grand couplet de *Mithridate* : *Approchez, mes enfans*, etc.

Mlle *Boiseroise*, dans quelques scènes du rôle d'*Agrippine*, a montré des intentions fortes, une expression juste : son attitude est ferme, son regard éminemment tragique ; mais elle use trop fréquemment de ce dernier moyen ; semblable en cela à telle ou telle actrice qui rit à tout propos pour avoir occasion de montrer ses dents. Mlle Boiseroise a eu le premier accessit.

M. *Drapeau* n'a eu que le second accessit. Nous ne nous rappelons pas, cependant, avoir jamais vu jouer le rôle d'*Égisthe*, dans la tragédie de *Mérope*, avec un talent aussi vrai, une expression aussi touchante, et sur-tout avec un naturel plus exquis.

Le premier prix de la comédie a été remporté par M. *Salpêtre* : il a montré des intentions très-comiques et une gaîté franche dans les rôles de *Figaro* et dans celui de *Labranche* de *Crispin rival* ; mais nous craignons que ses moyens physiques ne trahissent ses heureuses dispositions.

Mlle *Minette-Ménestrier*, actuellement au théâtre du Vaudeville, s'est acquittée du rôle de *Dorine*, dans le *Tartuffe*, de manière à assigner sa place sur un plus grand théâtre. Un jeu piquant, une physionomie mobile et spirituelle, beaucoup de naturel et de gaîté, que faut-il de plus dans l'emploi auquel cette jeune personne paraît se destiner ? Elle a obtenu le second prix.

On a paru étonné que Mme *Dacosta* n'ait eu que le premier accessit : peut-être le jury a-t-il cru que le talent de cette actrice, formé sous tous les rapports et depuis long-tems apprécié par le public, n'avait dès-lors plus besoin d'encouragement.

Nous ne terminerons pas cet article sans payer au directeur du Conservatoire de Musique un juste tribut d'éloges. Nous nous plaisons à rappeler à nos lecteurs que celui auquel le Gouvernement a confié la direction de ce bel établissement en a le premier conçu le projet, et qu'il est parvenu, à force de zèle, de travaux et de persévérance, à en réaliser l'exécution à une époque où tout, excepté le mal, se faisait au péril de la vie.   JOUY.

SPECTACLES. — *Opéra*. — Grâces soient rendues à une actrice excellente, à une cantatrice digne d'apprécier et d'exécuter un chef-d'œuvre, c'est-à-dire à Mme Branchu !

Didon nous est rendue ! et après un éclatant hommage offert à Gluck par la remise d'*Orphée*, voilà un signe de souvenir, de reconnaissance et d'estime à son illustre rival. *Didon* n'a eu la réputation d'un opéra languissant et froid que lorsqu'on n'a pas eu un talent de premier ordre pour le principal rôle. Ce serait peu que d'y entendre une voix admirable, il faut que cette voix soit expressive, touchante et dramatique comme la composition elle-même.

Ce ne serait pas assez d'y avoir une bonne actrice, le musicien aurait trop à se plaindre; il faut deux talens réunis dans un de ces sujets rares que nos plus riches théâtres ne possèdent que de loin en loin. Aussi ce n'est pas dans l'ordre exact des tems que Mme Branchu succède à Madame Saint-Huberti; c'est dans l'ordre de talent qu'elle la remplace, et cette manière de prendre date est bien glorieuse pour elle. Mme Saint-Huberti fut publiquement couronnée dans *Didon*: il suffira sans doute à Mme Branchu qu'on rapproche cette circonstance de son éloge, comme son nom de celui de notre plus grande actrice lyrique. Elle a aussi reparu dans la *Vestale*, dans cet ouvrage qui fut jugé le premier jour par acclamation, et l'est aujourd'hui sans retour comme un de ceux qui offrent au plus haut degré toutes les parties qui constituent ce grand et magnifique ensemble, cette réunion de tous les arts, ce concours de tous les talens que nous désignons sous le titre d'opéra. Mlle Hymn avait joué avec succès le rôle classique de *Julia*, et son essai a été très-heureux; mais en reprenant ce rôle, Mme Branchu rentre véritablement dans son domaine. Molière disait que les bonnes scènes qu'il trouvait quelque part lui appartenaient; partout où Madame Branchu trouvera un rôle passionné que le compositeur aura écrit d'inspiration, et qu'il faudra rendre avec âme, elle peut dire aussi, *ce rôle est à moi!* Elle l'a dit de *Didon* et de la *Vestale*, et personne n'est tenté désormais de lui en contester la propriété.

Théâtre-Français. (1) — Deux chefs-d'œuvres et deux débuts ont deux jours de suite attiré la foule au Théâtre-Français. Vendredi dernier (26 août), on a donné le

---

(1) Une méprise a empêché cet article de paraître dans le dernier Numéro; mais quoique ce retard lui ait fait perdre une partie de son intérêt, nous avons pensé qu'il en avait encore assez pour être communiqué à nos lecteurs. (*Note des Rédacteurs.*)

Tartuffe, où Mlle Dartaud a débuté par le rôle de Dorine ; samedi le rôle d'Herminie dans *Andromaque* a été rempli pour la première fois par Mlle Fontanier. Nous nous occuperons d'abord de la dernière, attendu que Melpomène a toujours eu le pas sur sa sœur.

Mlle Fontanier est d'une taille avantageuse ; sa physionomie pourra devenir expressive : sa voix n'a rien qui choque dans la déclamation ordinaire, mais elle devient grêle et désagréable lorsqu'elle veut la forcer. Elle multiplie beaucoup trop ses gestes qui n'ont pas toujours assez de dignité. On l'annonce comme n'ayant jamais paru sur aucun théâtre ; et son extrême embarras, sa frayeur même en entrant sur la scène, suffirait pour le faire croire, quand même on n'en aurait pas d'autres preuves dans son peu d'habitude des planches, dans sa mal-adresse à gouverner certaines parties de son costume grec. Ces petits inconvéniens ont dû nuire beaucoup à ce premier début. Le public cependant l'a d'abord encouragée par des applaudissemens redoublés ; elle a paru reprendre courage, et peut-être se serait-elle peu à peu rendue maîtresse de tous ses moyens, si les soins qu'elle donnait à ranger sa robe traînante n'eussent distrait son attention et celle des spectateurs d'une manière qui ne pouvait lui être avantageuse. On a paru lui donner à entendre plus d'une fois qu'elle aurait dû achever cette partie de son éducation théâtrale avant de se montrer en public. Heureusement elle a très-bien dit, au quatrième acte, la tirade de l'ironie ; les applaudissemens se sont renouvelés, et elle a achevé son rôle sans exciter de nouveaux murmures.

Nous ne jugerons point la débutante sur cette représentation. Nous ne lui donnerons même point de conseils. C'est sur-tout sa *diction* qui aurait besoin d'être corrigée ; mais nous n'osons nous flatter qu'elle nous écoutât. Ses défauts sont ceux des acteurs dont elle était entourée. Il semblait à les entendre qu'ils eussent conspiré contre le sens et les intentions de Racine, et qu'à l'exemple des commentateurs du seizième siècle, ils eussent résolu de réformer la ponctuation de leur auteur. Ils placent sans nécessité de longs repos aux hémistiches, ils coupent les vers en trois et en quatre, selon qu'ils veulent faire ressortir tel ou tel mot. Dans les fureurs d'Oreste, au lieu de lier ensemble ces trois vers :

J'étais né pour servir d'exemple à ta colère ;

Pour être du malheur un modèle accompli :
Eh bien ! je meurs content, et mon sort est rempli.

Lafond s'arrête après le second, et fait une assez longue pause ; puis il lie le troisième avec le suivant :

Où sont ces deux amans ? pour couronner ma joie, etc.

comme si celui-ci n'était pas évidemment la première explosion du délire qui succède à l'abattement dont le vers qui précède marque le dernier degré ! Dans la scène V du premier acte, Mlle Volnais ponctue ainsi le premier vers d'Andromaque qu'Hermione vient de rebuter :

Quel mépris ! la cruelle ajoute à ses refus....

ce qui fait une interruption de la réponse de Cléone

Je croirais ses conseils, et je verrais Pyrrhus....

comme si Racine n'avait pas su placer un point d'exclamation, et qu'il fît un meilleur effet après ces deux premiers mots qu'à la fin de la phrase ! Cette actrice intéressante et qui mérite des conseils, glace par la manie de tout jouer cette belle tirade du troisième acte :

Dois-je oublier Hector privé de funérailles, etc.

Elle veut tout peindre par les inflexions de sa voix et par ses gestes, les *cris des vainqueurs* et ceux des *mourans*, la *nuit cruelle*, qui perdit Troie, Hector *traîné* autour de ses murs, et jusqu'à Priam *embrassant* l'autel où Pyrrhus l'immole ! On croirait entendre réciter dans quelque Athénée un fragment de poëme descriptif. Cette attention à tout faire valoir, cette extrême lenteur de débit, sont un véritable contre-sens dans la situation. Andromaque ne cherche qu'à accumuler sous les yeux de Cléone tous les souvenirs qui élèvent une barrière entre elle et Pyrrhus. Elle peint parce qu'elle parle le langage de la poésie, mais elle ne songe point à peindre ; elle n'en a pas le tems : les formes de l'interrogation, de la répétition qui règnent dans tout ce passage : *Dois-je oublier ? songe, figure-toi, peins-toi*, prouvent assez que le débit doit en être rapide. L'indignation veut entraîner et ne demande point à être applaudie ; aussitôt que ce désir perce, l'actrice est reconnue, le personnage disparaît ; et si de nos jours le public se laisse surprendre trop souvent au faux brillant de cette manière, il en est le premier puni ; car il échange contre le vain plaisir de témoigner son approbation à un acteur, les délicieuses émotions que le poëte lui eût procurées....... Mais brisons sur ce sujet, il nous entraînerait au-delà des bornes de cet article, où doit encore trouver place le début de Mlle Dartaud.

Il a été plus heureux que celui dont nous venons de rendre compte. Mlle Dartaud s'est présentée dans le rôle de Dorine avec toutes les qualités que demande son emploi. Elle est jeune, grande, bien faite, quoiqu'avec un peu d'embonpoint, elle a de la rondeur et de la liberté dans les manières, de la franchise dans le débit; sa figure est agréable et riante; ses gestes sont naturels; sa voix a paru quelquefois un peu forte; mais dans le rôle de Dorine ce n'était point un inconvénient. Dorine, il est vrai, n'est point une servante, mais ce n'est pas non plus une soubrette de bon ton, c'est, comme dit Mme Pernelle :

...... Une fille suivante,
Un peu trop forte en gueule et fort impertinente ;

et il n'est pas mal qu'elle ait le verbe un peu haut. Au reste, Mlle Dartaud n'a encore mis que fort peu du sien dans ce rôle : elle l'a joué d'imitation ; mais elle a bien choisi ses modèles. Mlle Devienne est celui qu'elle a le plus constamment rappelé. Commencer ainsi, c'est beaucoup promettre. Le public en a jugé de même, et a prouvé qu'il acceptait la promesse en encourageant la débutante à la tenir ; c'est du moins ainsi qu'il faut expliquer la courtoisie avec laquelle on l'a redemandée après la chute du rideau.

Nous ne parlerons point aujourd'hui de la manière dont la pièce en général a été jouée ; quoique Grandménil soit toujours excellent dans le rôle d'Orgon, il y aurait encore trop à dire ; et pour nous servir des expressions de Dorine elle-même, bien des gens trouveront peut-être que nous n'avons déjà que trop *contrôlé*.

AUX RÉDACTEURS DU MERCURE DE FRANCE.

Poitiers, 28 août 1809.

Messieurs, comment se fait-il que d'anciennes erreurs, parce qu'elles ont été accréditées par des écrivains qui d'ailleurs méritent de l'estime, se reproduisent de tems en tems, quoique déjà démenties plusieurs fois par d'autres écrivains, auxquels on ne peut refuser sa confiance ? Telle est celle qui admet encore des *syrènes*, des *néréides*, des

H

tritons, des *hommes marins*. On ne peut lire qu'avec beaucoup d'intérêt ce que M. Salgues vient d'écrire dans le *Mercure de France* du 5 de ce mois, n° 420, sur une fable de cette sorte, attestée récemment, comme une vérité, sur les côtes septentrionales de l'Ecosse. Eh bien ! Messieurs, une pareille fable, qui venait d'une autre côte moins éloignée de nous, a été annoncée dans le même journal il y a un peu moins de cinquante ans, et ne fut contredite qu'environ treize ans après, dans un autre journal, par celui-même qui croyait y avoir donné lieu. Il déposa sa rétractation dans une *feuille de province* que je rédigeais alors, et que l'on voulait bien, même à Paris, distinguer parmi toutes les *feuilles* du même genre. S'il n'était pas contraire à votre plan, de revenir aussi promptement sur un même sujet que vous regardez peut-être comme suffisamment traité par M. Salgues, ne jugeriez-vous point à propos, Messieurs, d'ajouter à ses recherches curieuses, les observations faites dans le même esprit, il y a trente-cinq ans, par un autre homme de lettres, quoique déjà publiées dans une *feuille de province ?* Vous savez combien peu il reste de ces *feuilles*, même après quelques semaines. Sous ce rapport, le nouvel article que je vous propose sera regardé comme inédit par la presque universalité des lecteurs du *Mercure*, où, plus répandu, plus connu, il sera aussi plus facilement et plus long-tems retrouvé. Le correspondant qui me l'avait fourni est feu M. Dorion, mort il y a trente ans, médecin à *Saint-Gilles-sur-Vic*, petit port du ci-devant Bas-Poitou, sa patrie. Je lui ai dû beaucoup d'autres articles également intéressans ; et il me reste encore quelques-uns de ses manuscrits qui prouvent son goût pour les connaissances utiles. Voici, Messieurs, celle de ses lettres que je vous ai promise, et qui fut insérée dans mes *Affiches du Poitou* du 14 avril 1774 :

« En relisant, monsieur, une de vos feuilles de l'année dernière, où il est question de la petite île de la *Crosnière*, située entre la ville de Beauvoir qui est sur le continent, et le bourg de Barbâtre en l'île de Noirmoutiers, je me suis rappelé qu'en 1761, on parla beaucoup dans cette contrée d'un prétendu *homme marin*, que l'on disait avoir été aperçu à la côte de Noirmoutiers. J'en fis moi-même une sorte de relation, seulement sur les rapports qui me furent faits dans les premiers momens où cette nouvelle curieuse fut répandue, et je la communiquai même à quelques amis. Cette relation donna lieu à un mémoire que je fus fort étonné de voir dans le *Mercure* du mois de novembre de la même année, page 205. Je dis que ma relation put donner lieu à ce mémoire, parce que j'y trouvai précisément une phrase latine de M. Linæus, dont je l'avais apostillée. Cette relation faite sur des ouï-dires qui ne venaient même que de personnes du peuple, telles que des pêcheurs, n'aurait pas dû être présentée au public comme le récit d'un fait constaté ; mais si j'ai donné lieu à une erreur, je dois chercher à la détruire, ayant même fait peu de tems après les démarches nécessaires pour m'assurer des circonstances de cette singulière aventure. On y citait en témoignage un chirurgien qui m'a juré ne s'être point transporté sur les lieux, comme on l'annonçait, et qu'on lui avait seulement montré une des nageoires de ce prétendu *homme marin* qui, vraisemblablement, n'était et ne pouvait être qu'un poisson extraordinaire.

» Dès ce tems-là, je ne croyais point aux *hommes marins*, quoi qu'en disent des voyageurs et même des naturalistes estimables et justement estimés d'ailleurs. On ajoutait beaucoup dans le public, et c'est l'usage, aux détails contenus dans la relation imprimée. Les uns avaient vu à ce monstre une tête de vache, d'autres une tête humaine. Quelque tems après on répandit une pareille historiette calquée sur la première. Un particulier affirma avoir vu sur la même côte, un poisson à figure humaine, qui avait le visage appuyé sur une de ses mains. Il courut chercher des témoins pour jouir de ce spectacle ; le poisson merveilleux avait disparu, et on traita cet homme de visionnaire ; mais il raconta son aventure ailleurs, et il persuada quelques personnes : vous connaissez la crédulité du peuple. Le fait passa pour constant dans la contrée, d'où il se répandit au loin et fut également cru ; chaque habitant du lieu prétendit avoir vu l'*homme marin*. L'ingénieuse fable de l'*Homme accouché d'un œuf*, les contes de la *Dent d'or*, de l'*Éléphant dans la Lune*, etc. sont de même nature que cette vision. L'imagination saisie dans ces circonstances, par le souvenir des vieux contes populaires de ce genre, croit voir réellement les objets qu'elle se feint, ou dont on lui retrace l'image. Plusieurs savans mêmes n'ont pu se défendre de cette faiblesse. Les phocas, les morses, les veaux marins, les lamentins ont suivant M. de Buffon, donné l'idée des *tritons*, des *néréides*, des *syrènes*, des *hommes marins*. Les poëtes, premiers auteurs de ces fables, ont été copiés par les peintres. On a cru de cette manière, un grand nombre d'absurdités. La mer a été supposée peuplée d'êtres semblables à ceux de toute espèce qui habitent la terre. Les historiens et les naturalistes n'ont jamais bien su, par exemple, ce qu'ils devaient entendre par *syrènes*. Le fameux *Claude Nicaise* a prétendu que c'étaient des oiseaux, et non pas des poissons; d'autres, suivant Pline, avaient donné ce nom à des insectes ailés, du genre des abeilles. M. Pluche en fait des *ibis*, symboles égyptiens représentés par le *sistre*, instrument de musique. M. Savary, médecin de Paris et de la marine à Brest, nous a donné, en 1765, dans le tome 22 du *Journal de Médecine*, la description d'un poisson qu'il appelle *diable de mer*, et qui avait aussi été pris pour un *homme marin*. J'ai vu chez les religieux de l'*abbaye blanche*, en l'île de Noirmoutiers, un poisson hideux, ayant auprès de la queue deux courtes nageoires imitant assez bien les ailes d'une chauve-souris, une gueule énorme ayant trois rangs de dents serrées et pointues, et la tête ressemblante à celle d'un crapaud. Sa largeur était celle d'une raie ordinaire. Sa queue était arrondie comme celle du *lubin* ou *merlu*, poisson que tous les marins connaissent.

» C'est apparemment un poisson de cette espèce, mais plus gros, que nos visionnaires de la Crosnière ont pris pour un *homme marin*, dans l'effroi que son aspect a pu leur causer; et c'est apparemment un semblable poisson que M. Savary a appelé *diable de mer*.

» Au surplus, cela m'a donné lieu de rechercher les matériaux d'un mémoire que j'ai commencé autrefois, sur les *monstres marins*, à l'occasion de celui dont je viens de vous entretenir, et dont je pourrai vous donner connaissance, après que j'aurai fait celui que vous m'avez demandé sur la *côte maritime du Bas-Poitou*. Je vous occupe aujourd'hui de ce prétendu *homme marin* aperçu en 1761, parce qu'il s'agit de détruire une erreur consacrée en quelque sorte par l'impression dans ces tems éclairés, et que cette erreur tient à l'histoire des préjugés du peuple de cette contrée, objet moral qui entre aussi dans le plan de votre feuille. »

En vous soumettant, Messieurs, pour l'insérer dans votre estimable Journal, si vous pensez qu'il le mérite, le morceau que vous venez de lire, je me propose de vous en soumettre d'autres, soit neufs, soit peu connus, de différens genres, tous destinés pour votre article *Variétés*, et où j'espère que vous trouverez quelque intérêt. Vous vous souvenez peut-être que l'on a bien voulu autrefois m'accorder la même faveur dans la *Décade* ou *Revue philosophique*, que remplace si utilement pour tous les amis des sciences, des lettres et des arts, le *Mercure de France*, qui présente à la fois à ses lecteurs la plus solide et la plus agréable instruction.

J'ai l'honneur, Messieurs, de vous saluer.

JOURNEAU DESLOGES.

POLITIQUE.

Le parlement anglais n'est point assemblé dans ce moment; il ne se réunira qu'au mois de novembre, et c'est un malheur pour les lecteurs avides des débats des deux chambres. Le champ est beau pour les orateurs de l'opposition : on croit déjà les entendre demander compte aux ministres, et de l'imprudente marche de lord Wellesley en Espagne, et des inconcevables lenteurs de lord Chatam devant l'Escaut : Eh quoi! diront-ils, le non succès de nos armes est donc à la fois sur les deux points que nous menacions, ici l'effet de la témérité, là le résultat de la faiblesse : sur le Tage les Français, inconsidérément attaqués, ont réuni leurs forces; et, avec une célérité qui n'appartient qu'à eux, ils se sont portés sur les derrières de l'armée qui les attaquait, pendant que de front cette armée était écrasée : sur l'Escaut, au contraire, au lieu d'un coup de main qui pouvait être dangereux pour l'ennemi surpris, on a fait une guerre régulière, qui, occupant toutes nos forces sur un point, a permis aux Français de signaler de nouveau les incalculables ressources de leur beau pays; à leurs vétérans de donner de nouvelles preuves de courage; à leurs jeunes conscrits de faire leurs premières armes; à leurs gardes nationales de se former en huit jours et d'entrer de suite en ligne sous les ordres d'un prince qui les en juge dignes; enfin aux anciens Flamands de se serrer plus étroitement encore, de se lier plus intimement aux Français leurs défenseurs naturels contre l'invasion ennemie et toutes les calamités qui en sont la suite. L'accusation du ministre anglais, s'il s'est trompé dans ses moyens d'attaque, ou celle du général s'il n'a pas mis toute l'activité nécessaire à exécuter les ordres du ministre, est tout entière dans une plaisanterie des Anversois, qui jouant à la fois sur le mot et la prononciation du nom du général anglais, lui donnent, à la manière française, une qualification éternellement mémorative de ses exploits. Ils nomment le lord *Chatam* le lord *J'attends*, comme nous avons donné les noms de Rivoli ou de Castiglione aux illustres capitaines qui s'y sont immortalisés. Le titre est légitimement acquis; et si les fils du noble lord y trouvent une juste récompense de la conduite de leur père, ils sont bien les maîtres d'accueillir ce précieux héritage, et de transmettre cet honorable majorat à leur dernière postérité.

L'ordre du jour, donné le 30 août à Anvers par le prince de Ponte-Corvo, indiquait déjà les mouvemens rétrogrades des Anglais ; mouvemens qu'on avait pu prévoir dès le moment où des forces imposantes avaient couvert l'Escaut. Voici cet ordre dont les termes importent à l'honneur de l'armée si rapidement formée sous les ordres du prince, à laquelle sa présence inspira sur-le-champ tant de confiance, imprima un mouvement si régulier, et donna dès le premier jour une si imposante direction.

« Soldats !

» Il y a dix jours qu'une expédition formidable s'était réunie à Batz ; l'ennemi ne cachait point ses projets... Six cents voiles et 40,000 hommes menaçaient Anvers, sa flotte, ses chantiers, et tous les travaux conçus par le génie du grand Napoléon.

» Peu certain de vous vaincre avec les armes ordinaires, il combinait contre vous mille instrumens de destruction.

» Vous êtes accourus ! Dès que je vous ai vu 15,000, je vous ai placés au poste d'honneur. L'ennemi a vainement attaqué le *Vieux-Doel* et *Frédéric-Henri* !.... Trompé dans ses espérances, il part aujourd'hui, et croit trouver sur d'autres rives plus de facilité dans ses entreprises.

» Vous allez cantonner dans les villages : si l'ennemi reparaît, vous retournerez dans ces marais que votre patience a déjà illustrés ; vous y reporterez cette même ardeur, ce même zèle pour le service de l'Empereur : vingt mille de vos camarades, qui arrivent de toutes parts, s'y trouveront avec vous ; et s'il le faut enfin, la marine, qui a déjà tant fait dans cette circonstance, répondra à l'ennemi avec ces mêmes armes dont le funeste usage doit retomber sur lui.

» Soldats ! vous avez peu combattu ; mais les avantages que vous avez remportés sont incalculables : les rives de l'Escaut attesteront aux siècles à venir que des forces gigantesques peuvent échouer contre l'activité, le dévouement et la valeur. »

Une dépêche télégraphique a bientôt confirmé la retraite que cet ordre du jour annonçait : les Anglais ont évacué le fort de Batz dont l'occupation leur avait été si facile, toutes leurs voiles sont descendues sur Flessingue, et de là on a vu de nombreux bâtimens de transport se diriger vers les côtes d'Angleterre ; en passant devant celles d'Ostende et de

Dunkerque, ils ont pu remarquer que tout était disposé pour les bien recevoir, et qu'en leur supposant le dessein d'inquiéter, ou la Hollande, ou la Normandie, ou d'autres points plus éloignés, ils trouveraient les vastes et rapides moyens de résistance qui ont été créés partout avec une activité si patriotique. Quels que soient leurs projets ultérieurs, les Anglais ne sont plus à craindre ; descendre ne leur est plus possible nulle part ; et bientôt la saison qui s'avance, leur interdira même la faculté d'inquiéter nos côtes par des croisières et de renouveler le vain appareil de leur blocus : tel aura été le résultat d'une expédition immense, véritablement gigantesque, dont le succès même n'eût pas justifié le but en le comparant aux dépenses qu'elle a occasionnées, aux pertes qui en ont été la suite. Tout donne lieu de croire qu'elle avait pour objet spécial de forcer l'Escaut, d'attaquer et de détruire la flotte française, d'incendier Anvers, ses chantiers et ses magasins ; pour un coup de main de cette nature, les Anglais avaient bien disposé tous les moyens incendiaires imaginables, sauf à laisser à leur Congrève tout l'honneur ou toute la honte d'un tel succès : mais ils n'avaient pas en même tems réuni d'autres moyens bien plus nécessaires dans une véritable expédition de flibustiers, l'audace, la témérité, la célérité, l'ensemble, la liberté des mouvemens, l'indépendance, l'unité des chefs. Un siége meurtrier pour eux, dans une île désormais meurtrière pour leur garnison, les a long-tems occupés : il n'ont rien voulu tenter sans être assurés d'une possession, désormais inutile, qu'ils ne peuvent garder, ou dont au premier moment on apprendra que les Français se sont rendus maîtres : pendant que leurs vaisseaux croisant devant l'Escaut, couvraient ce siége inutile, ils laissaient le tems de se relever, de s'approvisionner, de se garnir de troupes à ces forts devenus bientôt redoutables, que dans un premier moment on eût pu attaquer peut-être avec avantage : le fleuve s'est couvert de bâtimens armés ; les côtes se sont hérissées de redoutes ; des camps ont paru tout à coup sur les deux rives du fleuve : enfin, il faut le dire, des moyens extraordinaires justifiés par la nécessité des représailles, attendaient pour y répondre les premiers effets des armes infernales apportées par les Anglais, et peut être les nôtres eussent été plus sûres que les leurs. Pénétrer à Anvers au travers de cette double haie de feux, et de ce double rempart de baïonnettes, a bientôt paru impraticable; et la première tentative de l'expédition est devenue son seul et unique résultat.

Voilà ce dont lord Chatam aura à rendre compte au ministre, et le ministre au parlement. Si l'on juge de l'état des esprits au moment de l'expédition, et du peu de confiance qu'elle inspirait, quel ne sera pas le mouvement de l'opinion en apprenant que tant de forces ont été vainement déployées; que quarante mille Anglais et soixante vaisseaux de ligne ont seulement réussi par leur apparition, à rendre nos côtes inexpugnables; que l'armée française qui en Allemagne se repose sous ses armes, sur la foi de l'armistice, et l'espoir de la paix, n'a pas été un moment distraite de sa destination glorieuse; qu'une armée auxiliaire s'est levée comme par enchantement; qu'en l'absence du chef auguste de l'Etat, sa vigilance et sa fermeté ont présidé à son conseil; qu'au même jour toutes les autorités ont annoncé aux citoyens qu'il y avait des Anglais à combattre, et que le même jour des colonnes étaient déjà en mouvement; que d'un grand nombre de départemens des divisions considérables sont sorties armées et équipées, que des sacrifices immenses de toutes natures ont été faits volontairement pour les besoins multipliés de cette nouvelle armée; qu'enfin en France la force nationale n'est pas plus qu'autrefois un vain épouvantail, et l'esprit public un vain mot; que l'une est plus que jamais l'aliment et le soutien de l'armée, que l'autre s'est confondue dans les sentimens d'attachement et de fidélité dus au monarque, et n'a acquis de cette alliance que plus de consistance, d'union et d'énergie: Il est vrai de le dire, si le parlement vote une adresse en réponse au discours émané du trône, et des remercîmens aux chefs de l'expédition, sans doute ce sera pour avoir fait connaître à l'Angleterre la situation véritable de la France; et détruit en un jour des illusions, fruit des rapports mensongers de dix années.

Au moment où les Anglais se retiraient, l'armée de l'Escaut avait pris toutes les positions indiquées par son illustre chef et reçu une organisation régulière. Quatre grandes divisions d'infanterie et une de cavalerie le composent. Le maréchal prince de Ponte-Corvo est à Anvers; le général sénateur Rampon, qui a le commandement de l'aile droite, a aussi son quartier-général à Anvers. La première division de droite est sous les ordres du général Chambarlac; la seconde aux ordres du général Dallemagne; la troisième de droite est commandée par le général Desbeaux; la quatrième, sur la gauche, l'est par le général Charbonnier; la cavalerie est commandée par le général Klein; le général Saint-Laurent est à la tête de l'artillerie; le colonel Decaux commande le génie. Le corps d'observation dit de l'île de Cadzand est sous les ordres du maréchal duc de Conegliano. Le maréchal duc d'Istrie est à Lille, et le duc de Valmy à Wesel, formant sur ces deux points de nombreuses réserves des corps qui affluent, soit en descendant le Rhin et la Meuse, soit en se rendant des départemens du centre vers ceux du Nord. Le général sénateur Vanbois est à Ostende, mis en état de siége; toutes les places de la côte ont également été mises sous des commandemens qui répondent de leur sûreté et de l'instruction rapide de leurs garnisons.

En Espagne, les Anglais paraissent avoir en toute hâte regagné les frontières du Portugal, abandonnant à leurs propres forces, et les corps insurgés dont ils se plaignent, et des chefs deux fois rebellés, qui, pour marcher, consultent, comme Cuesta, le calendrier, et n'obéissent pas à l'ordre de se battre le dimanche. Tandis que Blake se justifie de ses revers devant la junte de Séville, en flétrissant les lâches qui ont refusé de le seconder, Vellesley avoue lui-même les pertes considérables qu'il a faites à Talavera et dans ces journées successives où le roi Joseph a repoussé loin de sa capitale les efforts de ses ennemis coalisés, efforts qu'on peut espérer de ne plus voir se renouveler. Le jour même qu'attaquant vivement Venegas à Almonacid, Sébastiani se rejetait vaincu et sans artillerie dans la Sierra-Morena, le sixième corps, commandé par le maréchal Ney, duc d'Elchingen, liait ses opérations à celles de l'armée victorieuse pour tourner l'ennemi par les marches les plus hardies, les plus pénibles, achever sa défaite par des attaques inattendues, et se signaler par l'occupation de Salamanque. Voici la note officielle publiée sur ces mouvemens importans :

« Le sixième corps, commandé par le maréchal duc d'Elchingen, s'était mis en marche le 12 août, de Placencia, pour se porter sur Salamanque. En arrivant près d'Oliva, l'on apprit que l'ennemi occupait en force Alden-Nueva del Camino, et principalement les hauteurs et le Col de Banos. L'avant-garde, aux ordres du général Lorcet, rencontra en effet l'ennemi à Alden-Nueva. L'attaque et le succès furent également rapides; la position fut emportée, et le 3ᵉ des hussards exécuta une très-belle charge, où l'ennemi fut culbuté. Il se rallia par petits pelotons à son corps principal sur les hauteurs de Banos. Le général Wilson les occupait avec quatre bataillons espagnols, deux bataillons portugais, et 1,000 hommes venus de Ciudad-Rodrigo; en tout 4 à 5,000 hommes, dans une position presque inexpugnable, où il avait ajouté aux difficultés du terrain, en fermant tous les sentiers par lesquels on pouvait arriver à lui par des abattis, de profondes coupures et des blocs de rochers; aussitôt que les échelons du corps d'armée eurent serré sur Banos, on marcha à l'ennemi. Le soldat oublia dans ce moment l'extrême fatigue qu'une marche de neuf lieues, par une chaleur excessive, lui avait fait éprouver. Les 50° et 59° régimens s'avancèrent avec la plus grande audace, et se rendirent maîtres des hauteurs. Le général Wilson rallia ses troupes, et essaya même de prendre l'offensive; mais cette tentative lui fut extrêmement funeste. L'avant-garde s'était réunie, et il s'engagea un combat à la baïonnette, où l'ennemi fut écrasé. Les hussards et les chasseurs achevèrent de le mettre dans la plus affreuse déroute. Il fut poursuivi jusqu'au-delà de Monte-Mayor et de la Calzada. Tout ce petit corps d'armée, qui a laissé douze cents hommes sur le champ de bataille, a infiniment souffert: nos dragons ont combattu à pied en plusieurs endroits et se sont distingués; l'artillerie a aussi très-bien fait. Un soldat du 59° régiment a pris un drapeau; les prisonniers ont rapporté que les autres avaient été brisés et jetés dans les précipices. Notre perte a été peu considérable. Le 6° corps, en poursuivant sa marche, a chassé quelques petits corps ennemis qui se sont enfuis dans les montagnes.

» Il y avait à Salamanque 1,400 fantassins et 400 cavaliers aux ordres du général Castrofuerte, qui commença sa retraite vers Ciudad-Rodrigo dès qu'il eut appris que le Col de Banos avait été forcé. Le 6° corps est arrivé le 14 à Salamanque, dont les habitans et sur-tout l'évêque se sont très-bien conduits; tous se sont empressés de pourvoir aux besoins de l'armée. »

Aussi, quand les Anglais lisent dans leurs papiers publics qu'ils attendent des nouvelles d'Espagne, qu'ils croient que Veleslley n'a pas jugé à propos de s'avancer davantage à la poursuite d'une armée plus forte que la sienne; le *Moniteur*, dans des notes concises, leur conseille avec raison d'attendre quelques courriers pour être instruits du sort de leur armée : «Votre impatience sera » bientôt satisfaite, est-il dit dans ces notes; vous appren-

»drez que la moitié de votre armée est perdue, que ses dé-
»bris ont regagné en toute hâte le Portugal, laissant entre
»nos mains 6,000 malades et blessés, ses équipages et
»trente-cinq pièces de canon. Le roi d'Espagne a ôté au
»général Vélesley l'embarras de savoir s'il l'arrêterait ou
»s'il marcherait en avant. Le roi a été à lui, et sous ses
»yeux a détruit, après l'armée anglaise, celle de Cuesta et
»celle d'Andalousie, commandée par Vénégas; quant à
»l'armée française, elle n'était pas double, elle était quin-
»tuple de celle des Anglais; et tandis que lord Vélesley
»s'engageait à Talavera avec une imprudence et une igno-
»rance inouies dans l'histoire des guerres de toutes les na-
»tions, les corps du duc de Dalmatie, du duc d'Elchingen,
»venus de la Galice à cet effet, et du duc de Trévise, for-
»mant soixante mille hommes, le tournaient par ses der-
»rières, indépendamment des 1er et 4e corps, de la réserve
»et de la maison du roi, qui avaient suffi pour les battre.

» Les Anglais ne veulent pas comprendre que les affaires
»d'Autriche n'ont pas obligé à retirer d'Espagne un seul
»soldat, excepté sa garde, et qu'il y a en Espagne trois
»fois plus de monde qu'il n'en faut pour battre les armées
»anglaises qui pourraient s'y présenter. »

Voilà un texte bien clair que les journaux anglais et les
orateurs parlementaires pourront commenter à loisir, en
ajoutant que si on n'a pas retiré un soldat d'Espagne pour
les affaires d'Autriche, on n'en a pas retiré un d'Allemagne
pour les affaires de l'Escaut, et que ces deux circonstances
notoires, évidentes, rapprochées l'une de l'autre, donnent
une idée plus exacte des forces de l'Empire français et de
la direction qui leur est assignée, que tous les rapports
adressés au ministère anglais par ses ambassadeurs, ses généraux ou ses agens, si constamment trompés sur notre état
politique et militaire.

En rentrant dans sa capitale, le roi Joseph a songé à
assurer le fruit de ses brillantes victoires par des actes d'administration qui caractérisent une prudente sévérité; divers
décrets, émanés de son conseil, ont puni l'ingratitude, la
violation des sermens et établi une ligne de démarcation
entre ses sujets fidèles et ceux qui n'avaient fait que promettre de l'être.

Un premier décret supprime les titres de noblesse et dis-
tinctions honorifiques, et ne les maintient qu'en faveur de
ceux qui les auront reçus de nouveau, confirmés par des

actes spéciaux, dus à la munificence de S. M., et témoignages de sa satisfaction.

Un autre décret, fondé sur ce que tous les ménagemens gardés jusqu'à ce jour à l'égard des ordres religieux n'ont fait que les enhardir à être les provocateurs de la révolte, supprime tous les ordres réguliers monastiques mendians, et même ceux non astreints à des vœux qui existent en Espagne. Ces individus devront sortir de leurs couvens dans quinze jours, et prendre l'habit ecclésiastique séculier : ils toucheront sur la caisse de la province la pension déterminée par un décret précédent. Tous les biens et revenus desdits ordres font dès à présent partie du domaine de l'État. Les pensions seront payées à domicile. Les écoles pieuses sont maintenues, ainsi que les institutions de bienfaisance et de charité, qui recevront par l'effet de ces dispositions les améliorations qui leur étaient nécessaires. Ce décret important, que les vœux de l'Espagne hâtaient depuis long-tems, et qui même aujourd'hui était plus désiré que les circonstances ne pourraient le faire croire, reçoit la plus prompte exécution, non-seulement sans opposition réelle, disent les lettres de Madrid, mais même sans opposition d'opinion. Il paraît qu'il s'agissait ici d'une idole déjà bien usée par le tems, et qu'il suffisait de toucher pour la faire tomber en poussière. Après le bienfait de la loi de l'Empereur, qui a supprimé l'inquisition et les droits féodaux, l'Espagne n'en pouvait recevoir un plus signalé que celui de la destruction de ses innombrables moines, dont l'inutilité, la paresse et les vices influaient d'une manière si sensible sur les habitudes et les mœurs de la nation.

Un autre décret a mis en vente les biens des individus restés parmi les insurgés, malgré les appels et les proclamations qui leur ont été adressés, et l'avis qui leur a été donné par le séquestre ; une partie du produit de ces biens devra être employée en faveur des personnes qui, attachées au pouvoir légitime, ont souffert pour sa cause dans leurs personnes ou dans leurs biens. Enfin, un autre décret réserve, comme cela est partout d'usage, la cocarde au militaire seul, et l'interdit à toute autre classe de citoyens.

Les Anglais ont décidément abandonné les forts des îles qu'ils avaient occupés devant Naples. S. M. a passé dans ces îles, et elle y a ordonné tous les travaux nécessaires à la défense des garnisons qui y sont rétablies. Le passage dans le golfe de Naples est entièrement libre, et on a jugé bon d'en prévenir le commerce. Du reste Naples n'a été occupé dans ces derniers jours que d'une nouvelle éruption du Vésuve, spectacle pour elle plutôt que sujet de terreur. Cette éruption était très-belle, dit-on, s'il est possible de donner ce nom à un phénomène dont en effet l'horreur est magnifique. L'anniversaire de la naissance de S. M. le roi a été célébrée avec beaucoup de pompe, et cette élégance qu'une cour française sait en tous lieux unir à la magnificence : le roi a passé des revues où les troupes ont présenté la tenue la plus riche; sa garde était sur-tout d'un éclat auquel rien ne cède : des visites à Portici, et au riche Muséum que les débris de l'antiquité y ont formé; puis à l'exposition des productions de l'industrie moderne occupèrent une partie de la journée, dont le soir fut consacré à des jeux, et des réjouissances de toute espèce. Les Calabres sont purgées de brigands : dix-huit mille habitans y sont enrégimentés, et font sur les côtes un service régulier, contre lequel viennent échouer toutes les tentatives des Anglais, des Siciliens, et de leurs émissaires.

L'importance des événemens nous a tenus constamment fixés sur les points qui nous intéressent le plus, et nous ne pouvons parler que succinctement de ce qui se passe dans le Nord. L'empereur de Russie a fait un voyage en Finlande, où S. M. a présidé à la clôture des Etats : elle est retournée à Pétersbourg comblée des bénédictions des habitans. On continue d'espérer que les trois cours du Nord seront bientôt unies et d'accord pour assurer l'intégrité de leur territoire, et l'indépendance de leur pavillon contre la tyrannie anglaise, et que la Baltique ne leur offrira plus d'asile. On ajoute que les troupes russes en Gallicie se mettent en mouvement et se portent sur les frontières ottomanes, où les Serviens et les Turcs se sont livrés des combats assez sérieux. Cependant l'insurrection Gallicienne a pris une organisation régulière au nom de l'Empereur Napoléon, et sous les ordres du prince qui a chassé les Autrichiens de ce pays. La Saxe et la Westphalie depuis l'armistice jouissent d'une tranquillité parfaite : on y lève avec facilité un assez grand nombre d'hommes destinés à porter au complet les cadres de l'armée des deux souverains revenus chacun dans leur capitale. Les troupes westphaliennes s'étendent vers les Anséatiques : le huitième corps, sous les ordres du maréchal duc d'Abrantès, reste dans ses positions sur les frontière de la Bohême.

Il règne quelqu'incertitude sur la position des corps qui ont été chargés d'effectuer le désarmement du Tirol, et la désignation des chefs. M. le maréchal duc de Dantzick est allé à Vienne, pendant que le général Beaumont se rendait à Munich : les troupes confédérées et françaises ont occupé tous les points principaux, et les routes sont couvertes des chariots qui conduisent dans les magasins bavarois les armes remises par les insurgés. Le Voralberg sur-tout et le pays de Salzbourg paraissent ne plus donner lieu à la moindre inquiétude. On donne comme certain que le maréchal Macdonald, qui a reçu de la munificence impériale le titre de duc de Tarente, est chargé du commandement général dans le Tirol ; le général Baraguey-d'Hilliers a celui de la Carniole, de la Carinthie et de l'Istrie ; son quartier-général est à Leybach : il y a fait solennellement proclamer les dispositions du décret rendu par S. M., relativement aux Landewers autrichiens, et à leur rentrée dans leurs foyers.

Quant à Vienne, qu'un de nos journaux les plus estimés appelle aujourd'hui l'ancienne capitale de l'Autriche, en annonçant que l'Empereur Napoléon vient de la quitter pour aller passer la revue de divers corps de sa grande armée, elle a reçu pendant le séjour de S. M. tous les témoignages de sa bienveillance et de son entière confiance : on croit que le jour de sa fête S. M. s'est promenée *incognito* dans la ville. Diverses mesures de police ont garanti les habitans des suites funestes des manœuvres de l'agiotage, et des acaparemens : les vivres y ont été constamment tenus dans une grande abondance ; le pain y a été distribué dans une qualité jusqu'alors inconnue aux Viennois. La librairie a reçu plus d'extension par l'introduction des ouvrages étrangers ou la publication des nationaux. La classe ouvrière a ici plus d'occupation que jamais, et a beaucoup gagné d'argent avec les Français. Enfin, les spectacles de la cour à Schœnbrunn ont toujours attiré un nombreux concours ; les femmes les plus distinguées de la ville s'y sont montrées assidues, et y ont été, par les ordres de S. M., l'objet des attentions les plus délicates : Vienne enfin a vu s'opérer les changemens qui sont toujours la suite du séjour prolongé de nos armées partout où elles se sont établies ; Vienne est devenue presque française, tant y sont appréciés, pendant les loisirs de la trêve, les caractères, les habitudes, les mœurs et le ton de ces mêmes hommes, dont les autres qualités ont brillé d'un si vif éclat pendant la guerre.

Les nouvelles d'Altenbourg se bornent à ceci : M. de

Champagny a donné une fête brillante. Des achats considérables de pierreries ont été faits pour l'empereur François dont la résidence est à Comorn: on regarde ces détails comme d'heureux présages. De son côté l'Empereur Napoléon doit être parti pour Braun en Moravie; il doit y passer les revues du corps commandé par le maréchal duc de Rivoli, qui dans cette mémorable campagne a été élevé à une haute dignité, et a reçu le titre de prince d'Ekmuhl. On présume qu'ensuite S. M. se rendra en Hongrie pour y voir le corps d'armée du prince Vice-Roi. Personne à Vienne ne s'étonne de ces démonstrations de la surveillance active de S. M.; c'est pour elle une habitude de tous les jours et de tous les momens que de présider dans son cabinet à l'organisation et à la direction de son armée, et d'aller elle même visiter, jusques dans ses plus petits détails, tout ce qui tient au service, et au bien-être du soldat. Le voir passer des revues dans cette circonstance n'a donc eu pour Vienne rien d'alarmant, ni de nouveau : c'est ainsi que doivent être remplis par un souverain qui est un grand capitaine, et les loisirs d'un armistice, et les intervalles naturels qu'éprouvent les travaux de ses négociateurs.

A Paris, l'opinion de Vienne et sa sécurité sont à ce point établies, que les fonds publics ont singulièrement haussé dans ces derniers jours; l'assurance de la paix prochaine, plus encore que la retraite des Anglais, y a contribué. Quant à la garde nationale, l'organisation des cadres est complétée; les bourgeois montent personnellement la garde à tour de rôle. L'armement et l'équipement des bataillons volontaires se poursuit avec activité : les officiers volontaires seront passés en revue samedi prochain.

Les chevaux-légers sont formés; ils manœuvrent tous les jours; leur uniforme est simple, mais élégant : c'est celui des chasseurs à cheval de l'armée.

ANNONCES.

Suite de la collection des auteurs classiques, latins et grecs, du fonds de MM. Treuttel et Würtz, libraires à Paris et à Strasbourg.

AUTEURS LATINS.

	fr.	c.
Sex. Julii Frontini Opera, papier sans colle,	1	80
—— Papier collé,	2	25

	fr.	c.
Aul. Gellius : 2 vol., papier sans colle	4	»
—— Papier collé	5	»
Q. Horatius Flaccus. Editio sec., papier sans colle	2	75
—— Papier collé	3	25
Justinii Historiæ Philippicæ, Edit. sec., papier collé	4	»
L. Coelii Lactantii Firmiani Opera : 2 vol., pap. sans colle	4	50
—— Papier collé	5	50
T. Livii Historiarum libri, cum integris Jo. Freinshemii supplementis ; 13 vol., papier sans colle	34	»
—— Papier collé	40	»
M. Annæi Lucani Pharsalia. Editio sec., papier sans colle	4	25
—— Papier collé	4	75
T. Lucretii Cari de rerum natura libri sex. Editio sec., papier sans colle	5	»
—— Papier collé	5	75
Aur. Theodosii Macrobii Opera : 2 vol., pap. sans colle	4	50
—— Papier collé	5	50
M. Valerius Martialis : 2 vol., pap. sans colle	3	75
—— Papier collé	4	50
Pomp. Melæ de situ orbis libri III, cum not. litter. et Indice copiosissimo. Accedunt Sex. Rufi Avieni Descriptio orbis terræ et ora maritima ; Prisciani Periegesis ; Rutilii Itinerarium et Vibius Sequester, pap. sans colle	6	50
—— Papier collé	7	50
Cornelius Nepos. Editio secunda., pap. sans colle	2	»
—— Papier collé	2	50
P. Ovidii Nasonis Opera : 3 vol., Editio sec. (*sous presse*).		
A. Persii Flacci et Dec. Jun. Juvenalis Satiræ. Accedunt C. Lucilii fragmenta. pap. sans colle	2	25
—— Papier collé	2	75
Petronii Arbitri Satyricon. Accedunt veterum Poëtarum Catalecta. pap. sans colle	1	80
—— Papier collé	2	25
Phædri Fabulæ. Accedunt Publii Syri Sententiæ, Aviani et Anonymi veteris Fabulæ. pap. collé	2	25
M. Accii Plauti Comoediæ, novissimè recognitæ et emendatæ à Rich. Franc. Phil. Brunck. : 3 vol., pap. collé	12	60
—— Papier fin	20	»
C. Plinii Secundi Historia naturalis libri : 5 vol., p. collé	12	50

(*La suite au N° prochain.*)

MERCURE DE FRANCE.

N° CCCCXXVI. — Samedi 16 Septembre 1809.

POÉSIE.

ÉLÉGIE.

A mon amour ma maîtresse est ravie ;
Mes yeux éteints sont inondés de pleurs,
Mon cœur brisé succombe à ses douleurs.
Sans elle, hélas ! que m'importe la vie ?
Bonheur, espoir, les Dieux m'ont tout ôté.
Chaque jour rend sa perte plus amère :
Douces erreurs dont je fus enchanté,
Vous avez fui comme une ombre légère,
Et l'Amour seul dans mon âme est resté.

Hôte tardif de mon lit solitaire,
Quand le sommeil ferme enfin ma paupière,
Des maux du jour mon esprit agité,
Les reproduit dans un pénible songe ;
Et le réveil ne m'arrache au mensonge
Que pour m'offrir l'affreuse vérité.

A ma mémoire en vain tout la rappelle ;
Loin d'adoucir mes regrets superflus,
Le souvenir d'un bonheur qui n'est plus
Irrite encor ma tristesse mortelle.

Quel ennemi, jaloux de mon bonheur,
A de mes feux dévoilé le mystère ?
De nos plaisirs quel obscur délateur
Fixa sur nous l'œil rigoureux d'un père ?
Dieu des amans, si toujours dans mon cœur
Je t'honorai par un culte fidèle,
Entends mes vœux, sers ma juste fureur,
Fils de Vénus, son crime est ta querelle.

Qu'il souffre un jour tous les maux qu'il m'a faits...
Que dis-je ? ô ciel ! au prix de son injure,
Ils seraient doux les tourmens que j'endure,
Je suis aimé,... qu'il ne la soit jamais ;
Que sans espoir consumé de sa flamme,
La Jalousie et ses tourmens honteux,
Le vil Soupçon, tyran cruel de l'âme,
Troublent ses sens, empoisonnent ses feux ;
Triste jouet d'un aveugle délire,
Que s'abusant par un charme fatal,
Une coquette en ses piéges l'attire
Pour l'immoler au bonheur d'un rival.

L'EAU.

AIR : *du Vaudeville de la Soirée orageuse.*

DANS des vers dignes de Phébus,
De l'Eau vous ôsâtes médire ;
Sans vouloir dépriser Bacchus,
Aujourd'hui c'est l'Eau qui m'inspire.
La vigne m'offre un jus divin,
Puisse Dieu conserver sa souche !
Amis, quand vous chantiez le vin,
L'Eau m'en est venue à la bouche !

Je m'en vais donc célébrer l'Eau,
Dussé-je vous mettre en colère ;
Car Vénus est fille de l'Eau,
Si du plaisir Bacchus est père....
Mais déjà je suis tout en Eau,
A peine entré dans la carrière :
J'ai peur, en voulant chanter l'Eau,
De ne faire que de *l'Eau claire.*

Il est certains religieux,
A bon droit vantés à Cythère,
Et qui, dans leur calme pieux,
Composent une Eau salutaire :
Pour rendre à de jeunes appas
Et leur fraîcheur et tous leurs charmes,
On prétend que rien ici-bas
Ne peut remplacer *l'Eau des Carmes.*

Vivre entre les arts et les jeux,
Voilà le talent des vrais sages :
Sur le front du mortel heureux
Le tems grave moins ses outrages.
Occupons bien nos courts loisirs,
Que pour nous tout soit jouissance;
Se préparer des souvenirs ;
C'est boire de *l'Eau de Jouvence*.

Puisse à nos aimables banquets
L'amitié souvent nous conduire,
Et puissent de jolis couplets
Augmenter notre heureux délire !
Rions, chantons, aimons, buvons,
Chassons l'ennui de notre gîte,
Et, le plus tard que nous pourrons,
Allons boire *l'Eau du Cocyte*.

     V. VIAL.

IMITATION DE MARTIAL.

Barbara pyramidum.
     De spect. Ép. I.

BABYLONE, Memphis, qu'on ne me vante plus
Ces merveilles de l'art, ces hautes pyramides,
Ces murailles, ces tours, ces remparts si solides,
Ces superbes jardins dans les airs suspendus;
Ce tombeau qu'érigea la douleur conjugale,
Le temple de Diane et les autels d'Ammon :
En grandeur, en beauté, nul monument n'égale
Ceux qu'élève à Paris le grand NAPOLÉON.

     KÉRIVALANT.

ENIGME.

JEUNE et belle, autrefois fidèle messagère
D'une divinité que la fable révère,
On me voyait toujours présider au trépas
De ce sexe enchanteur doué de mille appas ;
A peine la lumière allait être ravie
A ce sexe qui fait le charme de la vie,

J'accourais, et tranchant la trame de ses jours,
Des plaisirs et des maux je suspendais le cours.
Des plus riches couleurs composant ma parure,
Aux beaux jours du printems j'embellis la nature.
Mais son sort a changé, je n'arme plus mes mains
De ce fatal ciseau redouté des humains;
Ma vie est aujourd'hui d'une courte durée,
Et si je brille encor dans la voûte azurée,
Toujours un même instant me vit naître et mourir,
Où l'espace d'un jour suffit pour me flétrir.

     A.... H......

LOGOGRIPHE.

Entière je me trouve au fond de ton gousset,
Plus je suis pleine et plus ton âme est satisfaite;
 Coupe-moi la queue et la tête,
Je danse dans la rue, ou fuis dans la forêt.

     S........

CHARADE.

C'est au moyen de mon entier
Que mon second fait mon premier.

     A.... H......

Mots de l'Énigme, du Logogriphe et de la Charade insérés dans le dernier Numéro.

Le mot de l'Énigme du dernier Numéro est *Grappe de raisin*.

Celui du Logogriphe est *Universel*, dans lequel on trouve, *sel*, *uni*, et *Univers*.

Celui de la Charade énigmatico-logogriphe est *Mercure*, dans lequel on trouve, *mer* et *cure*.

SCIENCES ET ARTS.

AFRICAN SCENERY AND ANIMALS, etc., etc.
Scènes pittoresques et animaux d'Afrique; par M. Samuel Daniell. *Deux livraisons.*

Une des premières obligations de celui qui se livre à l'étude de l'histoire naturelle, consiste à caractériser exactement les objets de ses recherches ; il est nécessaire que ceux qui s'occuperont des mêmes travaux que lui, puissent reconnaître les siens sans équivoque et sans incertitude ; autrement la plupart des observations deviendraient inutiles. Un seul homme ne peut apprécier toutes les qualités d'un être, tous les organes, toutes les facultés d'un animal. S'il n'était pas à portée de juger quels ont été les travaux qui l'ont précédé, il s'exposerait à les entreprendre de nouveau, et la science ne ferait aucun progrès. Ce n'est qu'à force de comparaisons qu'on parvient à obtenir quelques lumières sur toutes les questions qui tiennent à l'organisation et à la vie, et leur nombre, ainsi que celui des résultats qu'elles donnent, serait infiniment moindre s'il n'était pas possible de réunir et de rapprocher les unes des autres les observations de tous les savans.

C'est parce que les naturalistes anciens ne sentaient pas la nécessité de caractériser les objets dont ils parlaient, que les ouvrages d'Aristote, de Pline et de tant d'autres, sont presque inintelligibles aujourd'hui pour nous. Ce genre de travail n'est au reste point facile à faire. Les modernes qui en ont senti le besoin ont imaginé pour cela des méthodes, des systèmes qui peuvent bien être utiles dans quelques cas, mais qui seront toujours insuffisans dans un très-grand nombre d'autres. Les descriptions elles-mêmes, quelque détaillées qu'elles soient, ne suffisent pas toujours pour distinguer les êtres les uns des autres. Les animaux diffèrent souvent entre eux par des nuances si légères, et notre langue a si peu de mots pour exprimer les idées simples, que malgré la plus grande attention, il reste quelquefois encore des doutes sur l'exactitude des résultats auxquels ces descriptions ont pu conduire. Des dessins seuls peuvent suppléer à leur insuffisance et à celle des méthodes ; aussi sont-ils indispensables à l'histoire naturelle. Une collection de peintures exactes pourrait dans cette science remplacer beaucoup de livres. Les principaux naturalistes ont toujours accompagné de figures leurs descriptions d'animaux, et sous ce rapport la France l'emporte de beaucoup sur les autres nations. Il n'a jamais rien paru de comparable pour l'exactitude et le nombre, aux planches qui accompagnent le texte de l'histoire naturelle de Buffon. Malheureusement les spéculations de la librairie peuvent difficilement s'accorder avec celles des sciences. La publication des ouvrages qui contiennent des figures, exige des avances considérables, et les amateurs d'histoire naturelle ont rarement le pouvoir de dédommager ceux qui les ont faites.

Ces considérations doivent engager à favoriser un autre genre d'ouvrage qui, sans être le produit des sciences, peut néanmoins leur être très-utile et contribuer aux progrès de leurs travaux : ce sont les dessins d'histoire naturelle considérés uniquement comme peinture. L'ouvrage que nous annonçons est de ce nombre. Les deux premières livraisons, les seules que nous connaissions, consistent dans trente gravures enluminées, accompagnées d'un texte explicatif. Elles représentent quelques-uns des sites principaux des contrées qui environnent le Cap de Bonne-Espérance ; des scènes pittoresques relatives aux mœurs des différens habitans de cette partie de l'Afrique, leurs portraits, et les animaux sauvages qui s'y trouvent. En général, les vues sont choisies avec esprit et représentées avec goût. On se fait, en les voyant, une idée assez claire de l'aspect du pays, des habitations des Européens, des crals des Hottentots ou des Bochismans, de l'intérieur des huttes de ces peuples grossiers, de leur industrie, de leurs appareils de voyage, et sur-tout de leur constitution physique et de leur physionomie. Les animaux sont dessinés avec pureté ; cependant on serait en droit d'exiger plus de soin dans l'application des couleurs qui n'a point été faite par impression, mais à la main. Néanmoins, malgré quelques défauts, cet ouvrage peut figurer avantageusement dans la collection des riches amateurs. Aussi a-t-il été publié dans un pays où les entreprises de ce genre sont toujours sûres d'être soutenues, et de ne point trouver d'obstacles dans les calculs économiques des acquéreurs.

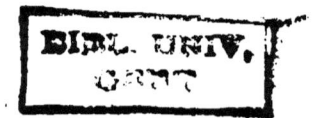

On a publié en France quelques ouvrages semblables à celui-ci. On connaît ceux de M. Barraband sur les oiseaux, et ceux de M. Redouté sur les plantes. Nous n'en connaissons que deux sur les quadrupèdes. Celui des singes, d'Audebert, et la ménagerie du Muséum d'histoire naturelle. Mais les figures du premier ont presque toutes été faites sur des animaux empaillés, et donnent par conséquent une très-fausse idée de ce qu'elles doivent représenter. A cet égard, l'ouvrage de M. Samuel Daniell est très-supérieur à celui d'Audebert. Les dix figures de quadrupèdes qui y sont représentées, ont été faites sur la nature vivante; on le reconnaît aisément aux attitudes dans lesquelles le peintre s'est complu à les dessiner. Il s'est sur-tout attaché à donner, par leur situation et leurs mouvemens, une idée de leurs mœurs. On voit les gazelles courant dans de vastes plaines; les boucs sont représentés gravissant le sommet des rochers escarpés; les éléphans sont au milieu des forêts, les rhinocéros et les hippopotames au fond des contrées marécageuses. La ménagerie du Muséum d'histoire naturelle, publiée par MM. Lacépède, Cuvier et Geoffroy, pourrait être seule opposée avec quelque avantage aux figures de M. Daniell, du moins pour ce qui concerne les animaux. Dans l'ouvrage français, les dessins ont, pour la plupart, été faits par Maréchal, que les naturalistes regrettent depuis long-tems, et qui, comme peintre d'animaux, peut encore être placé à la tête du plus grand nombre de ceux qui sont entrés dans cette carrière. Tous ces dessins d'ailleurs ont été pris sur l'animal vivant, avec une fidélité qu'on ne pouvait attendre que d'un homme comme maréchal, qui joignait à l'art de peindre, des connaissances très-étendues en histoire naturelle. Mais malgré sa perfection et son utilité, malgré les noms des savans qui s'étaient chargés du texte et la modicité de son prix, cet ouvrage n'a pu aller au-delà de huit à dix livraisons, et les libraires qui l'avaient entrepris, n'ont pas retiré la moitié de leurs avances.

Le texte joint aux dessins qui font le sujet de cet article, ne peut être considéré que comme un très-léger accessoire ; il consiste simplement dans une explication succincte et une description très-abrégée des objets que ces dessins représentent ; aussi, son peu d'étendue, doit faire regarder l'ouvrage auquel il est attaché, beaucoup moins, comme un livre, que comme une collection de gravures enluminées.

Les sources principales où l'histoire naturelle puise ses connaissances sur les contrées éloignées, sont les voyages : Kolb, Sparmann, Gordon, Thuneberg, Barrow, nous ont déjà fait connaître un nombre considérable des productions de l'Afrique méridionale. Les ouvrages d'Allamant et de Wosmaer où l'on trouve les descriptions et les figures des animaux de la ménagerie du prince d'Orange, pour la plupart venus du Cap de Bonne-Espérance, ont aussi beaucoup étendu nos connaissances sur les animaux de ce pays. Mais les recherches et les découvertes de ces savans, quoique nombreuses, en laissent encore beaucoup à faire, et dans les dix planches de quadrupèdes que contient l'ouvrage de M. Samuel Daniell, on en trouve trois qui représentent des animaux entièrement inconnus des naturalistes, avant lui ; une gazelle qui a quelques rapports avec la jolie gazelle qui nous vient ordinairement des côtes de Barbarie ; un sanglier dont la tête est plus monstrueuse encore, par ses formes, que celle du sanglier d'Ethiopie ; et un bouc aussi beau par l'élégance de ses proportions que par les couleurs de son pélage.

C'est ainsi que toutes les connaissances humaines se prêtent des secours mutuels. Si le peintre a souvent aidé le naturaliste à rendre plus intelligibles ses observations, le naturaliste a souvé aidé le peintre à rendre plus vrais ses ouvrages (1).   FRÉDÉRIC CUVIER.

(1) La Bibliothèque de l'Institut possède un bel exemplaire de l'ouvrage dont on rend compte dans cet article.

LITTÉRATURE ET BEAUX-ARTS.

Exposé de la Méthode élémentaire de H. Pestalozzi; suivi d'une Notice sur cet homme célèbre, son institut et ses principaux collaborateurs ; par Dan. Alex. Chavannes, membre du Grand-Conseil et de la Société d'Émulation du canton de Vaud. *Nouvelle édition.* — Un vol. in-8°. — A Paris, chez *J. J. Paschoud*, libr., quai des Augustins, n° 11. — 1809.

(DEUXIÈME EXTRAIT.)

« Entre les idées que nous avons dans l'esprit, il y en
»a qui peuvent être immédiatement comparées par elles-
»mêmes, l'une avec l'autre, comme l'observe Locke, et
»l'esprit est capable d'apercevoir le rapport qui existe
»entre ces idées aussi clairement qu'il voit qu'il les a en
»lui-même. Cette espèce de connaissance qu'on peut
»appeler *connaissance intuitive* (ou *intuition*), est la plus
»claire et la plus certaine dont la faiblesse humaine soit
»capable. Elle agit d'une manière irrésistible, dit encore
»le même philosophe; semblable à l'éclat d'un beau jour,
»elle se fait voir comme par force dès que l'esprit tourne
»la vue vers elle; et sans lui permettre d'hésiter, de dou-
»ter, ou d'entrer dans aucun examen, elle le pénètre
»aussitôt de sa lumière. » C'est cette intuition, si bien définie par Locke (1), que Pestalozzi a prise pour base de
sa méthode. Rapportant à trois points fondamentaux ce
qui constitue la connaissance que nous pouvons avoir
sur les objets, *le nom*, *le nombre* et *la forme*; il en fait
sortir les trois différentes branches de sa méthode, qui

---

(1) Dans le Dictionnaire de l'Académie française (cinquième édition), on ne trouve sur le mot *intuition* que cette seule définition : *il se dit de la vision claire et certaine que les bienheureux ont de Dieu.* Cet article, probablement très-orthodoxe, mais aussi très-insuffisant, sera sans doute réformé dans l'édition du Dictionnaire de notre langue, que la seconde classe de l'Institut prépare en ce moment.

comprend, 1° la dénomination et la considération des principaux objets de la nature et de l'art, avec l'intuition des rapports qu'ils ont, soit entr'eux, soit avec leurs diverses parties : c'est ce que nous avons expliqué dans notre précédent extrait, en faisant connaître le livre de Pestalozzi intitulé, *Manuel des Mères*; 2° *l'instruction intuitive du rapport des nombres*; et 3° *l'instruction intuitive du rapport des formes ou des dimensions*. Ce sont les deux dernières parties qui nous restent à faire connaître.

Fidèle à son principe de fonder toutes les notions abstraites sur des idées sensibles, Pestalozzi veut que, pour donner à l'enfant les premières idées de nombre et de quantité, la mère ou l'instituteur arrêtent son attention non-seulement sur les parties de son corps qui peuvent être réunies et former des quantités, telles que les doigts, les ongles, les jointures, mais qu'ils aient même recours à d'autres objets sensibles, comme des jetons, des pierres, des noix, etc., en attachant les noms *un*, *deux*, *trois*, etc., à ces objets, afin que l'enfant les voyant varier sans cesse, tandis que les noms restent les mêmes, il en vienne de lui-même à séparer l'idée du nombre de celle de la chose, et par-là à s'élever à la notion abstraite de la quantité, ou au sentiment net et précis du *plus* ou du *moins*, indépendamment de l'espèce des objets qu'il a sous les yeux.

Ce premier pas fait, il commence avec l'enfant ce qu'il appelle l'instruction intuitive (ou sensible) du rapport des nombres. Il y procède à l'aide de trois tableaux, dont le premier présente dix unités isolées, puis dix assemblages de deux, de trois, etc. jusqu'à dix unités; et les différens exercices que l'on fait faire à l'enfant sur ce tableau le familiarisent avec les idées des rapports des nombres entiers entr'eux, en lui donnant à chaque fois la conviction intime et le sentiment irrésistible de la réalité du rapport aperçu et prononcé. Le second tableau produit de même pour résultat la connaissance des rapports infiniment variés des fractions quelconques de l'unité avec un nombre donné d'unités. Enfin, par la pratique de tous les exercices que l'on fait faire à l'élève sur le troisième tableau, il acquiert également la connaissance intuitive des rapports des fractions avec d'autres fractions; en sorte que d'abord par la seule inspection d'un tableau dont la construction est d'une extrême simplicité, il est en état de résoudre des questions de nombre fort compliquées, et que bientôt même il parvient à les résoudre sans le secours d'aucun tableau. « C'est ainsi, dit M. Chavannes, que j'ai vu plusieurs élèves établir *de tête*, et presque en un instant, le rapport de sommes dictées au hasard et exprimées en monnaies différentes ; par exemple, en florins d'Empire et en livres tournois, et le réduire à ses moindres termes, jusques à des fractions de deniers. »

Sans doute ces calculs peuvent devenir excessivement difficiles, ou même tout à fait impraticables, au moins pour les enfans qui ne sont pas doués d'une sagacité et d'une force de tête peu communes, lorsque les conditions du problème sont fort compliquées et qu'on propose d'opérer sur des nombres un peu considérables. Aussi ces opérations faites de mémoire ne sont-elles pas le but principal de la méthode, bien qu'elle en rende l'exécution plus facile que ne le fait la pratique ordinaire de l'arithmétique. « Dans le système de Pestalozzi, dit encore l'écrivain que nous analysons, l'instruction intuitive du rapport des nombres doit s'élever par trois degrés bien distincts : 1° le calcul intuitif proprement dit, ou la marche des tableaux; 2° la force de penser et de combiner, qui en résulte, appliquée aux objets réels ; 3° les chiffres employés comme moyen de soulagement. » En effet, il est facile de concevoir que les opérations faites avec les chiffres n'étant qu'une traduction abrégée des combinaisons que l'élève fait à l'aide de ses tableaux, qui seulement ont le mérite de lui faire toucher, en quelque sorte au doigt et à l'œil, la vérité incontestable des rapports qu'il a occasion de considérer, il saisit avec une extrême facilité toutes les règles qui dirigent l'emploi de ce nouveau moyen, et que la seule chose qui présente aux commençans quelque difficulté dans l'arithmétique ordinaire, c'est-à-dire la démonstration des principes sur lesquels sont fondées les transformations qu'on fait subir aux nombres dans le cours des diverses opérations, devient pour l'élève formé par la méthode de Pestalozzi une véritable affaire d'*intuition*. Cette réflexion seule suffit, à ce qu'il nous semble, pour constater la supériorité et les précieux avantages de cette méthode sur toutes celles qu'on a employées jusqu'ici pour le même objet.

La faculté de combiner à l'instant et de mémoire les rapports plus ou moins nombreux, plus ou moins compliqués des quantités est encore entretenue et augmentée chez les élèves de Pestalozzi par la pratique de la troisième partie de sa méthode, qu'il désigne sous le nom d'*instruction intuitive du rapport des formes ou des dimensions*, et dont il a voulu faire, comme il le dit lui-même, un moyen artificiel pour exercer l'œil de l'enfant à saisir les formes et à déterminer les dimensions des objets que l'intuition simple lui a fait connaître, et pour former sa main à les tracer. Ainsi elle comprend trois objets : d'abord la connaissance analytique et raisonnée des formes diverses sous lesquelles les corps peuvent se présenter, puis la manière d'apprécier leurs dimensions ou les rapports numériques de ces dimensions, puis enfin le procédé à l'aide duquel on accoutume les enfans à les représenter avec autant de justesse que de fidélité. Mais de ces trois objets, l'estimable écrivain à qui l'on doit tant de détails curieux sur la méthode de Pestalozzi, n'a traité avec quelque étendue que celui qui est relatif à la connaissance des dimensions, et dans lequel la manière de procéder se rapproche beaucoup de celle que je viens d'exposer au sujet de la théorie des opérations sur les nombres.

Soit que M. Chavannes n'ait pas eu le loisir de donner à cette partie intéressante de son travail tout le développement dont elle était susceptible, et qui était nécessaire pour en faire mieux ressortir le mérite et l'utilité, soit qu'ayant saisi lui-même avec facilité des procédés dont la simplicité l'a vivement frappé, parce qu'il les avait sous les yeux, il n'ait pas assez considéré que des lecteurs pour qui toutes ces idées sont nouvelles, et qui sont privés de tous les moyens d'obtenir les éclaircissemens dont ils auraient besoin, auraient beaucoup de peine à se faire une idée nette de la marche de Pestalozzi dans la pratique de cette instruction intuitive du rapport des formes, il est certain qu'elle ne nous a pas semblé exposée avec assez de méthode et de clarté; et ici nous avons un véritable regret de nous voir réduits à ne présenter que le résultat où la méthode de l'ingénieux instituteur est maintenant parvenue sous ce rapport.

« Quant à l'art de tracer exactement les lignes et les courbes, dit M. Chavannes, *la méthode* tend essentiellement à former l'œil et la main de l'élève, et à l'amener à faire sans règle, sans compas, sans rapporteur, des figures très-compliquées et pour lesquelles on a jugé jusqu'à présent ces divers instrumens indispensables. Tous ceux qui ont vu l'institut de Berthoud ont aussi vu les élèves de Pestalozzi tracer sur leurs ardoises des figures régulières de toute espèce, inscrites dans des carrés, dans des triangles, dans des cercles, avec la plus grande propreté et à l'épreuve du compas; imiter fidèlement les contours et tous les traits des cartes géographiques, et même les réduire à une plus grande ou moindre échelle. »

Il serait superflu d'insister sur l'extrême importance d'un pareil résultat. Qui ne voit en effet combien ce genre d'éducation donné à la classe destinée à peupler les ateliers des arts de toute espèce, à pratiquer les différens métiers où l'adresse de la main et la justesse du coup-d'œil sont si nécessaires, doit faciliter le travail de ceux qui s'y livreront après avoir été ainsi exercés? Combien ces études et ces travaux préliminaires épargneront à l'apprentif de dégoûts et de peines, combien même ils peuvent à la longue contribuer au perfectionnement des produits de l'industrie dans tous les genres! Ajoutez à cela que le procédé méthodique par lequel on fait acquérir aux élèves la facilité d'exécuter toutes sortes d'opérations graphiques, par la liaison qu'il a avec les autres branches d'enseignement dont nous avons déjà parlé, exerce et fortifie de plus en plus en eux l'habitude de l'analyse et du raisonnement, et même la faculté de s'exprimer avec justesse et avec netteté sur tous les détails des opérations qui leur sont devenues familières; car c'est encore un des points essentiels du système de Pestalozzi; jamais le maître ne fait pratiquer à l'élève aucune opération de la main ou de l'intelligence sans lui apprendre en même tems à énoncer et cette opération elle-même, et tous ses détails, dans le langage le plus correct.

Nous ne nous arrêterons pas sur les applications que Pestalozzi et ses dignes collaborateurs ont faites des principes généraux de leur méthode à divers objets d'instruction plus particulière, comme les langues allemande et française, la géographie, les premiers élémens de la botanique et de l'histoire naturelle. Quelques-unes de ces branches d'enseignement, au jugement même de ces hommes aussi modestes qu'éclairés, ne sont pas encore portées au degré de perfection où ils croient pouvoir les faire parvenir. Le procédé que l'un d'eux, M. Tobler, a imaginé pour apprendre à lire à une certaine quantité d'enfans à la fois, nous a paru ingénieux et tout à fait conforme à l'esprit de la méthode qui préside aux autres parties de l'enseignement; car c'est encore, à ce qu'il nous semble, une vue très-importante du système d'instruction de Pestalozzi, que d'avoir senti combien il est avantageux d'occuper tous les enfans d'une même classe dans le même instant; et sur-tout d'avoir trouvé le moyen de s'assurer qu'ils s'occupent réellement de l'objet qu'on leur propose; ce seul point bien constaté donne à l'institution dans laquelle il se rencontre une supériorité immense sur toute autre qui a négligé un pareil avantage. En effet, si, dans toutes nos écoles publiques, on obtient si peu de résultats satisfaisans, c'est en grande partie parce que sur un nombre quelconque d'enfans que l'on instruit ensemble, il n'y a presque jamais que celui auquel l'instituteur s'adresse qui donne quelqu'attention à ses leçons, tandis que tous les autres sont livrés à la dissipation ou à l'indolence, si naturelle à leur âge; et ce n'est ni la faute des élèves, ni même, à proprement parler, celle des instituteurs, mais celle des mauvaises méthodes. Rendez l'attention possible en la rendant facile et agréable, trouvez le moyen d'exciter insensiblement les facultés intellectuelles de l'enfant, en n'exigeant qu'un exercice modéré de ses facultés physiques, bannissez, autant qu'il est possible, la contrainte et le dégoût, et vous serez étonné des succès que vous obtiendrez par cette voie.

Dans quelque genre que ce soit, la véritable habileté ne consiste pas à atteindre quelquefois le but, mais à ne le manquer que rarement ; or, si l'on juge sur ce principe la plupart de nos écoles publiques, où sur cent élèves appliqués aux mêmes objets d'études, il y en a peut-être plus de quatre-vingt qui n'en sortent que très-médiocrement instruits des sciences qu'ils devraient y apprendre, on se convaincra qu'apparemment nos méthodes d'enseignement sont fort imparfaites ; et si, comme on ne saurait en douter d'après une foule de témoignages authentiques et respectables, Pestalozzi obtient chaque jour des résultats tout contraires, il faut en conclure que nécessairement sa méthode a une supériorité réelle et incontestable sur les méthodes ordinaires.

Cet homme respectable, en créant sa méthode, qui consiste proprement dans le *Manuel des Mères* et dans ce qu'il appelle l'instruction intuitive du rapport des nombres et des formes, n'avait d'abord eu pour but que de donner, dans l'éducation domestique de l'enfance, une base à l'instruction publique ; il ne s'était proposé que de préparer en quelque sorte les enfans à profiter avec plus de succès de l'enseignement qu'ils recevraient dans les écoles où ils étaient destinés à entrer plus tard. La nécessité où il se trouva de rassembler une certaine quantité d'élèves pour pratiquer par lui-même le mode d'instruction qu'il avait imaginé, et pour tenter les nombreuses expériences qui étaient nécessaires au développement de son système, a fait voir que ce système pouvait s'appliquer avec encore plus de succès à des instituts où pensionats publics, et agrandit ainsi la sphère du bien qu'il est destiné à produire. En faisant donc connaître l'institut de Pestalozzi tel qu'il existe aujourd'hui, nous achèverons de donner à nos lecteurs une idée plus complète de sa méthode et des avantages qui en résultent sous quelques rapports dont nous n'avons pas encore eu occasion de parler.

On a vu précédemment que l'établissement formé d'abord à Berthoud par Pestalozzi est maintenant divisé en deux instituts, dont l'un est fixé à Buchsée et l'autre à Yverdun; mais tous deux sont dirigés par les mêmes principes et suivant les mêmes vues, à quelques nuances près qui résultent de la différence des localités. A la tête de l'un et de l'autre sont des hommes qu'un amour ardent de l'humanité et le zèle le plus pur pour le progrès des lumières a dès long-tems attachés au fondateur de ces utiles établissemens, qui, ayant d'abord été occupés du projet de perfectionner ou de créer même les moyens propres à répandre l'instruction dans la classe pauvre, saisirent avidement l'occasion que Pestalozzi leur offrait de réaliser leurs vues philantropiques et se dévouèrent avec lui aux travaux de tout genre qu'exigeait le développement et le perfectionnement de son système; tels sont MM. Buss et Barraud, qui dirigent le pensionnat d'Yverdun; MM. Tobler et de Muralt, qui se sont chargés de celui de Buchsée; tandis que l'illustre fondateur, aidé de deux autres de ses collaborateurs, MM. Krusi et Niederer, s'occupe des travaux littéraires et de la composition des livres élémentaires qui contribueront à fixer l'usage et à assurer le succès de sa méthode. Les détails que M. Chavannes a donnés sur le caractère et la personne de chacun des instituteurs associés à Pestalozzi sont pleins d'intérêt et très-propres à appeler sur ces hommes estimables la confiance et la considération qu'inspirent toujours les lumières et les talens unis aux vertus. « La confiance qu'ils ont dans la sûreté de leur méthode leur inspire, dit notre auteur, une sorte d'enthousiasme philantropique qui se répand sur toutes leurs actions, sur toutes leurs paroles; ils regardent leurs élèves comme leurs enfans, ils cherchent à les captiver par tous les moyens possibles; et se regardant à leur tour comme les instrumens de la plus belle des entreprises, l'amélioration de l'instruction publique, ils vivent entr'eux dans la plus parfaite union et se soutiennent mutuellement dans leurs travaux. »

Les élèves de chaque institut sont divisés en différentes classes selon leur capacité. Ils n'ont jamais de livres entre les mains, excepté dans le moment des exercices de lecture, et ne travaillent qu'avec le maître. Celui-ci, debout devant le tableau, prononce distinctement en allemand et en français les divers détails des opérations qu'il exige des écoliers, qui tous répètent après lui et avec une sorte de cadence chacune de ses expressions. Ce mode d'instruction pourrait avoir des inconvéniens si les élèves étaient en trop grand nombre; mais comme il y a plusieurs sous-maîtres, et que les élèves les plus avancés en font encore souvent l'office, les réunions appelées à une même leçon ne sont guère de plus de douze écoliers à la fois, ce qui rend la surveillance facile. Ainsi, tous ces enfans sont occupés en même tems d'une manière qui les intéresse sans les fatiguer. « Qu'on les suive en effet, dit encore M. Chavannes, d'aussi près qu'on voudra, on les trouvera aussi attentifs à leurs leçons du soir qu'ils l'ont été à celles du matin. Un nouvel attrait les y ramène toujours, c'est celui du sentiment intime qu'ils ont de leurs progrès et le peu de peine que leur donne une marche qui est calculée sur le développement insensible et gradué de leurs forces intellectuelles. »

On vient de voir comment ces sages instituteurs sont parvenus à s'assurer que le tems consacré aux études et aux leçons par leurs élèves est utilement employé et l'est tout entier. Ils n'ont pas porté moins de sagacité et de bon esprit dans la combinaison des moyens de rendre également utile et profitable, pour la jeunesse qui leur est confiée, le tems des récréations, les heures de délassement qu'il est nécessaire d'entre-mêler aux travaux sérieux et aux exercices d'instruction. « Pour cet objet, disent-ils dans un *Prospectus* raisonné qu'ils ont publié depuis peu en allemand, nous avons adopté une suite d'exercices propres à développer progressivement le corps. Cette suite part des mouvemens les plus simples et les plus faciles, et s'élève à des mouvemens toujours plus variés et plus composés; elle doit amener l'enfant à pouvoir dans tous les cas se servir aisément et sûrement de ses membres avec la liberté et l'agilité la plus entière. Dans tout ce qui tient à la gymnastique, nous veillons à ce que les succès que nos élèves peuvent obtenir ne servent pas d'aliment à la vanité et à la présomption...... Après le développement du corps, ajoutent-ils, rien ne

K

contribue plus à donner une aptitude générale pour toute vocation quelconque que les travaux mécaniques : nous rassemblerons pour cela une provision d'outils de tout genre dont nos élèves apprendront à se servir; nous y joindrons les élémens de la mécanique. » Enfin, indépendamment de la nourriture saine et convenable, du libre et fréquent exercice en plein air, une extrême attention à la propreté, à la bonne tenue et à la grâce dans tous les mouvemens, des directions sur les moyens que les élèves devront employer eux-mêmes pour conserver leur santé et leurs forces, font partie du régime diététique adopté par ces hommes estimables dans leurs pensionnats.

Quiconque a eu occasion d'observer ce qu'est la jeunesse dans nos maisons d'éducation, soit dans ce qu'on appelle le tems des classes, soit dans celui des récréations, combien sur-tout dans ces momens de relâche, abandonnés presqu'à eux-mêmes, les enfans prennent d'habitudes vicieuses dans les manières et dans le langage, quelle funeste influence les individus d'un caractère violent, emporté, exercent dans ces momens sur la masse de leurs condisciples, appréciera sans doute les vues saines de Pestalozzi et de ses collaborateurs à cet égard, et fera des vœux pour qu'une réforme du même genre puisse aussi s'établir quelque jour dans nos écoles. L'effet avantageux qu'elle aurait sur les mœurs et sur la raison des élèves est presqu'incalculable; et indépendamment des soins tout particuliers que l'on donne à l'instruction morale et religieuse dans les deux établissemens de Buchsée et d'Yverdun, je ne balance point à attribuer à ce sage et judicieux emploi de tous les momens de la journée, la modestie, la douceur, la docilité et l'affection touchante pour leurs maîtres, qui, suivant M. Chavannes, caractérisent si généralement les élèves de ces deux écoles.

Une circonstance que nous ne devons pas omettre en terminant cet extrait d'un ouvrage sur lequel nous ne saurions trop appeler l'attention de tous les hommes qui s'intéressent au bonheur de leurs semblables et aux moyens d'améliorer la destinée des individus de toutes les classes, c'est la réunion du grand établissement d'agriculture formé par M. Fellemberg dans sa terre d'Hofvill, avec l'école de Buchsée qui en est voisine. Ce généreux citoyen, si digne par la grandeur et la noblesse de ses vues d'apprécier celles de Pestalozzi, dont il était depuis long-tems l'ami, vit avec joie l'établissement de l'institut de Buchsée, et n'hésita pas à se charger d'en prendre la direction sous le rapport économique. « La liaison déjà très-intime de ces deux établissemens, dit encore le *Prospectus* que nous venons de citer, par l'unité de but, l'étendue et la nature des moyens déjà rassemblés, l'est devenue d'une manière absolue. Nos élèves jouiront de tout ce qui peut les initier dans les diverses branches de l'agriculture, prés, champs, forêts; dans les opérations de commerce et de change, la tenue des livres d'après les meilleurs procédés connus, etc...... Dans ce qui tient à l'agriculture, on ne se bornera pas aux seules parties de détail, on s'attachera encore à donner ces idées générales pour saisir un grand ensemble;.... et nous espérons par-là remplir une lacune qui nous a souvent fait rencontrer les plus grandes difficultés dans le cours de notre pratique. »

Quel que soit le sort reservé à ces beaux et utiles établissemens dus aux efforts combinés de deux hommes éminemment remarquables par la réunion si rare des plus nobles passions de l'âme et d'une haute capacité d'esprit, et quand même la prospérité dont ils jouissent aujourd'hui serait, contre toute probabilité, arrêtée dans son cours, il resterait toujours à Pestalozzi d'avoir saisi le premier un ensemble de vérités aussi simples que fécondes sur un des points qui intéressent le plus l'humanité et qui peuvent le plus essentiellement contribuer à développer ces germes de perfectibilité que chaque homme apporte en naissant, et qui trop souvent sont dénaturés, ou même entièrement étouffés par les mauvaises institutions. THUROT.

un talent plus vrai, plus fort, un goût plus sûr et plus flexible que s'il n'eût pris que les seules modernes pour guides. A Dieu ne plaise que je veuille rabaisser les maîtres de notre langue, et détourner la jeunesse de les lire assiduement! mais eux-mêmes formés à l'école d'Homère, de Sophocle et de Virgile, nous invitent à suivre leur exemple. D'ailleurs la plus belle copie de l'Apollon du Belvédère peut-elle donner jamais les mêmes inspirations que l'original? non sans doute. En outre qu'on ne pense pas qu'il ne reste après Boileau, Racine, Molière et La Fontaine aucune moisson à faire dans les écrits de l'antiquité. Voltaire et son Œdipe ont réfuté d'avance cette erreur. D'autres peuvent glaner encore après lui dans ce champ fertile que ses prédécesseurs n'avaient pas épuisé, et qu'il abandonna trop tôt peut-être pour sa véritable gloire. Prenons un exemple entre plusieurs qui s'offriraient à l'appui de notre opinion sur les nouveaux fruits que nous fait espérer l'étude des anciens. On ne saurait nier que nous n'ayions perfectionné le système théâtral des Grecs. Nos pièces sont mieux conduites, nos caractères mieux tracés, nos incidens plus heureux, nos dénouemens moins prévus. Mais qui oserait se flatter d'avoir égalé jusqu'ici la vérité de leur dialogue? sommes-nous aussi près du langage de la nature? avons-nous leur brûlante énergie dans la peinture des passions? leur pathétique dans celle des premières affections du cœur humain? Quant a moi, je l'avoue, je ne puis relire Euripide sans demeurer confondu de la variété, de l'abondance de sentimens tragiques que ce grand poëte fait jaillir d'une seule situation. Combien de traits naïfs, touchans ou sublimes que notre Racine lui-même n'a pas osé transporter sur notre scène, et qui réussiraient aujourd'hui presqu'infailliblement! Suivons donc assiduement le conseil de Boileau; c'est celui de la raison. Mais je sens qu'emporté par une idée accessoire, je m'écarterais du fond de mon sujet: je m'empresse d'y rentrer, en essayant de caractériser le talent de Salluste.

Il ne nous reste de cet auteur que deux morceaux d'histoire assez courts; cependant ils ont suffi pour immortaliser son nom, et lui assurer un rang que Tite-

TRADUCTIONS NOUVELLES DE SALLUSTE.

Trois traductions de Salluste viennent de paraître ; l'une long-tems méditée par un célèbre interprète de Tacite (1), et publiée après lui par le jeune et laborieux héritier de son nom et de ses travaux ; l'autre le fruit des loisirs studieux d'un magistrat (2), sans doute modeste, puisqu'avec un talent réel, il n'avait encore rien mis au jour ; la troisième enfin due à un écrivain (3) qui, dans un âge ordinairement livré aux folles passions, se consacre avec ardeur à l'enseignement public, et trouve encore du temps pour des travaux qui ont heureusement commencé sa réputation. Cet empressement de trois hommes de mérite à traduire Salluste est à la fois un nouvel éloge de son ouvrage, et un indice presque certain de l'insuffisance des efforts que l'on avait faits jusqu'ici pour en rendre les beautés ; il offre sur-tout une preuve éclatante de la faveur marquée que les anciens reprennent parmi nous depuis quelques années. Je ne trouve pas de termes pour exprimer assez fortement combien cette disposition des esprits me paraît heureuse. J'y vois la source d'une nouvelle gloire littéraire pour la France. Je sais que les lumières ont fait et font encore chaque jour de nouveaux progrès en Europe ; j'oserai même dire que nos terribles catastrophes ont beaucoup avancé la maturité de la raison humaine ; et malheur à l'écrivain qui serait désormais en arrière des idées de son siècle ! Mais je crois qu'un homme favorisé des dons de la nature, qui joindrait l'instruction variée que l'on peut acquérir aujourd'hui à une connaissance approfondie des écrivains de l'antiquité rapporterait de leur commerce

(1) M. Dureau-Delamalle, père, enlevé l'année dernière aux lettres et à l'amitié.

(2) M. Lebrun, juge à la Cour d'appel.

(3) M. Mollevaut (auteur d'une traduction de Tibulle, très-estimée), professeur au Lycée de Nanci, correspondant de l'Institut, de la Société royale de Gottingue, etc. Deux vol. in-18. Prix, 4 fr. A Paris, chez Amand Kœnig, quai des Augustins.

Live, César et le profond Tacite ont peine à lui disputer. Cette prééminence est fondée sur une réunion bien rare des plus grandes qualités. Les ouvrages de Salluste ont l'intérêt d'une histoire générale et l'attrait des mémoires particuliers, parce que le sujet est grand, vu de haut, et que l'écrivain, ayant pratiqué presque tous les acteurs qu'il met en scène, les fait connaître comme s'il nous eût donné leur vie privée. Tacite, cet implacable ennemi de la tyrannie, semblable au vautour de la fable, fouille incessamment dans le cœur des Nérons, des Tibères, des Domitiens, et pour y découvrir ce qu'il appelle si bien *abditos principis sensus*, ne laisse pas une fibre qu'il n'ait explorée. Mais comme cela arrive même aux hommes supérieurs, qui joignent au talent de l'observation une imagination vive et brillante, après avoir tout reconnu, quelquefois il se livre à son génie, et ajoute des traits à la vérité : peut-être en est-il plus grand moraliste. Son mérite est sur-tout d'exceller à représenter le vice et le crime sous les plus affreuses couleurs. Salluste peint à grands traits, d'une manière rapide et fière, et cependant ses portraits sont d'une ressemblance si parfaite, qu'en voyant agir les modèles on sent que le peintre a tout donné à la fidélité et n'a rien accordé à l'invention. Salluste dut à sa position, à la force de son caractère, à ses vices même, des avantages qui ont aussi contribué aux succès de sa périlleuse entreprise (*arduum*). Initié de très-bonne heure dans les secrets des factions, jeté au milieu d'un sénat corrompu, mais qui donnait encore la loi à l'univers, il eut toutes les occasions d'étudier les affaires, la marche du gouvernement, les causes de la décadence des empires. Ambitieux, ami des richesses, des voluptés, il avait éprouvé toutes les passions ardentes dont ses contemporains étaient dévorés, et puisa dans son propre cœur ces réflexions si profondes sur leur fatale influence. Mais les reproches même de la conscience auraient dû corrompre la vérité dans la bouche d'un historien qui pouvait souvent se dire, en parlant des désordres de son tems : *Et quorum pars magna*. Une disgrâce éclatante, en l'écartant de la route de l'ambition, en le délivrant de tous les préjugés, de toutes les servitudes imposés à l'homme enrôlé sous les bannières d'un parti, l'élévation de son esprit, et enfin l'amour d'une véritable gloire le rendirent impartial. Voilà bien des motifs pour expliquer l'estime que Salluste a obtenue : la beauté de son talent comme écrivain justifie encore mieux les honorables suffrages que vingt siècles se sont accordés à lui donner.

On remarque dans Salluste le mérite d'une composition sage et bien liée. On lui a cependant reproché les deux digressions qui commencent ses ouvrages. Celle qu'il a mise en tête de la conjuration de Catilina est surtout un hors-d'œuvre bien étonnant. Je ne conçois pas comment Scaliger, qui a voulu la justifier, ne s'est pas au moins demandé à lui-même, comment un écrivain aussi avare de mots et de répétitions que Salluste avait pu consacrer plusieurs pages à une distinction fort commune entre l'esprit et le corps. En outre, si l'on veut admettre le reste de la digression qui traite des mœurs de Rome, on avouera du moins qu'elle ne devait pas commencer par le portrait de Catilina. Il fallait, au contraire, qu'il fût précédé du tableau rapide et animé des anciennes vertus de la République, de leur affligeante décadence, et enfin de l'effroyable corruption introduite par Sylla dans les armées et dans Rome elle-même. Alors on nous aurait montré s'élevant, du sein de cette corruption, avec tous ses vices et ses funestes talens ce furieux, dont l'exemple du dictateur alluma l'ambition insensée.

Salluste est un penseur; il a un sens admirable : il ne dit que ce qui est nécessaire, et court toujours à l'événement. Aussi Quintilien lui a donné cette louange : *Immortalem Salustii velocitatem*. Son style est nerveux, serré, précis, pittoresque, mais jamais haché, maigre et sautillant comme celui de Sénèque. On a condamné, dit-on, la hardiesse de ses transitions. J'avoue qu'en relisant, avec toute l'attention dont je suis capable, ce grand écrivain, j'ai été frappé, au contraire, de la suite de ses idées, de l'enchaînement de son style, de la liaison de ses phrases entr'elles. Je l'ai comparé à Tacite et à Cicéron lui-même, et je n'ai pas trouvé qu'il leur fût inférieur sous ce rapport; mais il est vrai de dire qu'à force de précision, il offre quelquefois des obscurités, des passages un peu brusques, des rapprochemens forcés dans le cours d'une même phrase. Un mérite qui m'a encore singulièrement frappé dans Salluste, c'est malgré sa précision beaucoup d'élégance et d'harmonie; il est dans son genre aussi attentif que Cicéron à flatter les oreilles délicates. Rien n'égale aussi la véhémence de cet auteur, la vivacité de ses tours, la variété de ses expressions, son habileté à mettre toujours en avant la pensée principale qu'il veut exprimer. C'est même souvent par ce moyen qu'il se ménage des transitions extrêmement heureuses.

Tel est l'écrivain qui a excité, presque dans le même tems, l'émulation de trois nouveaux traducteurs. Ce choix leur fait honneur. Il n'y a que des hommes d'un esprit solide, d'une raison éclairée qui aient pu prendre un attachement véritable pour un écrivain aussi grave que Salluste; mais on ne peut leur dissimuler, et chacun d'eux doit avoir appris à ses dépens, que l'entreprise de le traduire était de la plus haute difficulté. Je ne m'amuserai point à développer cette vérité, qui est d'ailleurs sentie par tout le monde; je préfère à cette discussion inutile un exposé rapide des qualités et des défauts que j'ai cru reconnaître généralement dans la manière de chacun des traducteurs; je ferai succéder à cet aperçu des fragmens de leur ouvrage comparés à l'original, et quelques réflexions qui serviront à motiver mon opinion.

M. Dureau-de-la-Malle, exercé par une lutte continuelle avec le plus grand peintre de l'antiquité, accoutumé à pénétrer très-avant dans la pensée de son auteur, a une parfaite intelligence de celle de Salluste. Il a été fidèle aux tours et aux mouvemens de l'original; il n'a pas négligé ces transitions fréquentes et essentielles, qui ne consistent la plupart du tems que dans un mot, et faute duquel cependant toute la beauté du sens pourrait disparaître. Il a fait attention à la chûte harmonieuse des phrases de Salluste. L'expression propre lui est familière; il paraît sur-tout avoir cherché à rendre les hardiesses de style, les expressions figurées. Mais cette louable ambition l'a entraîné à des bizarreries, et quelquefois à méconnaître le génie de notre langue ; il a encore été égaré, ce me semble, par une idée qui pouvait devenir la source d'une foule de beautés, si le goût le plus sûr eût présidé à l'exécution. Convaincu que le style familier, populaire même avait chez nous une énergie particulière, il a voulu l'employer pour reproduire la vigueur de Salluste. L'exemple de Bossuet était sans doute une autorité imposante ; mais dans ses négligences et ses familiarités mêmes, ce sublime orateur n'est jamais commun, trivial, défauts dont tout le talent de M. Dureau n'a pas pu le préserver. Il a oublié fréquemment qu'il écrivait dans une langue dédaigneuse qui n'aime point à se mésallier, et repousse le mélange des tons dans les sujets graves et nobles.

Le second concurrent, M. Lebrun, n'a pas aussi bien connu le génie particulier de son auteur, imité sa manière précise, son style plein et rapide. Souvent il donne à la phrase coupée de Salluste la rondeur de la période cicéronienne. Cette espèce d'infidélité est le vice général de son ouvrage. Il énerve encore l'expression par la recherche d'une élégance continuelle, qualité qu'il possède à un degré remarquable, ainsi que l'harmonie et le choix heureux de l'expression. On peut le louer d'avoir, comme son prédécesseur, conservé les transitions de Salluste, l'ordre de ses idées, la place même de ses mots, quand elle a été évidemment choisie à dessein. Malheureusement il alonge sans nécessité chacun des membres de ses phrases, et manque entièrement du mouvement, de la hardiesse, de l'entraînante rapidité du modèle.

M. Mollevaut, plus jeune que ses rivaux, ne peut avoir encore toute la maturité nécessaire au traducteur de l'un des plus graves historiens de l'antiquité. Quoiqu'il ait évidemment étudié son auteur avec beaucoup d'attention, on dirait qu'il l'a rendu phrase par phrase, sans embrasser, sans suivre toutes les pensées qui composent l'ensemble de chaque morceau. Il n'a point assez senti que Salluste avait éminemment ces deux qualités tant vantées par Horace : *Juncturam et seriem*. Aussi partout les liaisons, la finesse des transitions manquent à son style ; aussi telle phrase qui est dans l'original une conséquence de ce qui précède, paraît-elle dans la traduction une réflexion isolée qui a perdu même la clarté du sens. Il fait trop souvent ressembler Salluste à Sénèque. Un défaut plus étonnant dans M. Mollevaut, dont les vers ont en général de l'harmonie, c'est l'absence de cette qualité si précieuse, soit en poésie, soit en prose. Les phrases de Salluste sont terminées par des mots sonores qui remplissent agréablement l'oreille; celles de M. Mollevaut par des expressions sourdes, brièves et dépourvues de nombre. On désire aussi quelquefois chez lui la propriété des termes, particulièrement dans les détails relatifs à l'art militaire. Ses deux concurrens, et notamment M. Lebrun, se font remarquer par ce genre de mérite. Voilà bien des fautes sans doute, mais elles sont rachetées par de grands avantages.

D'abord il faut dire que le nouvel athlète s'est imposé une fidélité absolue. Ce système, le seul qui puisse enfanter des traductions vraiment utiles, des traductions qui servent à enrichir la langue de l'interprète d'une foule d'expressions, de pensées et d'images nouvelles, était aussi le seul que l'on dût adopter avec Salluste. Cet auteur a parmi les Latins une physionomie particulière. Comme celui de tous les penseurs, son style, plein de choses et économe de mots, a des formes originales, et sur-tout une précision étonnante. S'il peint, par exemple, l'ambition de Marius, de César et de Catilina, c'est avec des nuances variées qui montrent les différens caractères de la même passion dans le cœur de ces trois personnages qui en furent également possédés. Ce talent ne l'abandonne jamais; partout son style est l'image fidèle d'une pensée réfléchie, arrêtée, et qu'on ne peut rendre par des expressions vagues ou des à peu près. Il faut connaître et respecter sa pensée; il faut, autant que le permet la différence des idiômes, s'exprimer comme lui, ou renoncer à le traduire. M. Mollevaut, qui peut trouver les conseils de l'expérience et de l'amitié dans sa famille, s'est bien pénétré de ces vérités et les a mises en pratique : il leur doit son succès. Nerveux, serré, rapide, concis quelquefois à l'excès, il donne au lecteur une idée vraie de l'original. Ce n'est pas qu'il ne lui arrive aussi d'être un peu servile et de refuser au génie de notre langue ce qu'il demande, ce qu'il exige absolument de tout écrivain et plus encore d'un traducteur, je veux dire l'aisance et la grâce. Ses phrases incidentes pourraient être plus heureusement placées, sentir un peu moins l'esclavage et la contrainte; mais on ne peut pas assez répéter combien le judicieux parti de la fidélité a enfanté de beautés réelles sous la plume de M. Mollevaut. Il a des passages entiers où presque toute la vigueur de Salluste respire dans la version : aussi ne douté-je point qu'il ne parvienne à laisser au jour un ouvrage vraiment estimé des connaisseurs, s'il veut retoucher sa traduction à loisir. Je ne lui dissimulerai pas que, toutes choses compensées, il a dans M. Lebrun un antagoniste redoutable, que M. Dureau-de-la-Malle offre beaucoup d'excellens morceaux; enfin, qu'il ne peut espérer un triomphe complet qu'en méditant avec une attention extrême le travail de ses deux rivaux, en leur rendant dans son cœur une justice qui l'éclairera sur ses propres fautes, enflammera son zèle, et lui fera sentir tous les efforts qui lui restent à faire; mais après avoir émis mon opinion sur ces trois traducteurs, il me reste maintenant à la justifier par des citations et à mettre le lecteur, juge suprême des auteurs et des critiques, à même de casser ou de confirmer mon arrêt, qui n'est pas du tout un arrêt en dernier ressort. P.-F. Tissot.

(*La suite au Numéro prochain.*)

~~~~~~~~~~~~~~~~

Le Chevalier d'industrie, comédie en cinq actes et en vers, par M. Alexandre Duval, représentée, pour la première fois, sur le Théâtre Français, par les comédiens ordinaires de l'Empereur, le jeudi 13 avril 1809. — Prix, 1 fr. 50 c. — A Paris, chez *Vente*, libraire, boulevard des Italiens, N° 7, près la rue Favart.

L'auteur a eu beaucoup de succès plus vifs, plus éclatans, plus promptement décidés que celui du *Che-*

valier d'industrie; mais il n'avait peut-être point encore fait d'ouvrage où le véritable talent dramatique fût plus fortement empreint. C'était un personnage neuf au théâtre qu'un Chevalier d'industrie. Nos anciens comiques y avaient souvent mis de ces aigrefins subalternes qui possédant, pour tout bien, pour tout mérite, une jolie figure, des manières indécemment aisées et un grand fonds d'impertinence, grugeaient de vieilles folles dont ils ne prenaient pas même la peine de paraître amoureux, et finissaient quelquefois par s'en faire épouser. Mais ces êtres assez vils étaient employés comme moyen de comique, et non point comme objet de censure et texte de leçon morale. Le poëte ne voulait qu'égayer le public aux dépens de ces amoureuses surannées ou de ces bourgeoises sottement infatuées de la qualité, qui voulaient avoir, à quelque prix que ce fût, les unes un joli homme, les autres un homme de la cour ou soi-disant tel. Il n'avait point en vue de prémunir les honnêtes femmes contre la séduction de ces petits aventuriers, trop dénués d'agrémens réels pour faire sur leur cœur une impression dangereuse. Le véritable Chevalier d'industrie, celui qui restait à peindre et dont l'image utile aux mœurs pouvait singulièrement honorer le talent de l'artiste, était cet homme doué de tous les avantages de la figure et de l'esprit, ayant long-tems lutté contre la misère et la honte, et vaincu souvent l'une et l'autre à force d'adresse et d'impudence, affermi dans sa vile audace jusqu'à proférer tout haut les noms d'honneur et de probité, dévorant en silence tous les affronts sans éclat dont la vengeance serait sans utilité, sachant assez bien feindre le sentiment pour toucher le cœur d'une femme tendre déjà frappée de ses dehors brillans, parvenant enfin à lui donner un nom flétri en échange d'une immense fortune, et toutes les peines de l'âme pour prix de toutes les jouissances de la vie. Voilà le personnage que M. Duval a mis sur la scène, et dont les modèles ne sont pas rares dans le monde.

> On en trouve partout et sur-tout à Paris.
> Ils ont beaucoup de noms, sont de tous les pays;
> Toujours Français à Londre, Anglais en Italie.

Avec des airs polis, un ton de courtoisie,
Ils arrivent chez vous; là ces joueurs heureux,
Sans même les savoir, gagnent à tous les jeux.
Ils se montrent jaloux de l'honneur des familles,
Courtisent les mamans plus que les jeunes filles,
Et, dépensant par an plus de vingt mille écus,
Des revenus d'autrui forment leurs revenus.

S^t.-Remi (c'est le nom du Chevalier d'industrie) aspire à la main de Mme Franval, très-riche veuve d'environ quarante ans. C'était un des écueils du sujet que le rôle de Mme Franval; il pouvait aisément tomber dans un genre de ridicule qu'aujourd'hui l'on accueillerait peut-être mal au théâtre, celui d'une femme qui, lasse d'un long veuvage et brûlant de réparer tant de nuits perdues, se jette à la tête du premier beau jeune homme qui la cajole. Il y a bien quelque chose de cela au fond du rôle; mais aucune expression ne l'en fait sortir, et le spectateur ne peut que le conjecturer. Cette délicatesse, nécessaire du côté du public actuel, ne l'était pas moins relativement aux autres personnages de la pièce, parmi lesquels figure Adèle, fille de Mme Franval. Celle-ci qui probablement se dissimule à elle-même la partie secrète des motifs qui la font agir, ne paraît aux yeux de tous qu'éblouie par les agrémens supérieurs, et abusée par les feintes qualités de S^t.-Remi; et la précipitation qu'on remarque, en pareil cas, dans ces femmes vieillissantes qui n'ont plus beaucoup de tems à perdre ni d'occasions à manquer, semble être en elle l'effet tout naturel des contrariétés injustes en apparence que son frère Dumont lui fait éprouver. Le rôle de l'intrigant lui-même s'en trouve relevé, et le ton général de l'ouvrage en devient plus décent et plus noble.

Le personnage d'un frère qui sauve sa sœur du piége que l'on tendait à son inexpérience ou à sa faiblesse, avait déjà figuré assez souvent sur la scène; et la comédie des *Deux Précepteurs* en offre un qui, par sa brusquerie, a plus de rapports que tous les autres avec le Dumont de M. Duval. Mais un trait fort heureux distingue ce dernier; c'est cette maladresse, cette gaucherie d'un homme de bien qui, combattant à découvert contre un fripon armé de toutes pièces, a continuellement le dessous, voit tourner contre lui-même tous les coups qu'il veut porter à son habile adversaire, et se donne en apparence tous les torts d'un persécuteur injuste autant qu'acharné. Cela est bien observé, bien senti, cela est pris dans la nature même, et il en résulte une scène du plus grand effet, celle où Dumont, à bout de voie et réfléchissant enfin sur la nature des vœux et des espérances de S^t.-Remi, se détermine à lui offrir, en échange d'une renonciation écrite, une somme de cent mille écus, qui, d'abord acceptée après un peu d'hésitation, est ensuite repoussée avec toute l'indignation de l'honneur offensé, parce que l'apparition inopinée de Mme Franval n'a pas laissé le tems de consommer le marché. Cette scène a paru traitée en maître, et seule elle aurait presque suffi pour décider le succès de l'ouvrage.

Le rôle du jeune Belman appartient trop peut-être au drame romanesque. Cet amour d'avant-scène, né entre Adèle et lui, à travers les vitres et sans aucune communication, a pu sembler un peu étrange ; et l'on a pu surtout trouver invraisemblable que ce jeune homme ne fût pas reconnu par Dumont qui lui avait servi de père et l'avait élevé avant de l'envoyer en Angleterre pour se former au commerce. Mais son repentir touchant, le courage qu'il oppose aux menaces de S^t.-Remi, et bien plus encore à ses offres pernicieuses, enfin cette faveur publique qui s'attache aux gens honnêtes conspirant la perte d'un odieux intrigant, n'ont pas permis à la raison de juger bien sévèrement les convenances dramatiques d'un personnage à qui l'âme devait de douces émotions.

C'est une chose généralement reconnue que le talent de M. Duval pour construire une pièce, préparer et établir des situations et amener ses personnages sur la scène au moment précis où leur présence doit y produire le plus d'effet. Ce talent ne lui a point manqué dans la comédie du *Chevalier d'industrie*; et toutefois c'est du côté du plan qu'elle a paru d'abord mériter quelques reproches. Lorsqu'elle fut représentée pour la première fois, l'intervalle d'une nuit séparait le quatrième et le cinquième acte. Mme Franval, qui s'était retirée dans la ferme résolution de donner le lendemain matin sa main à S^t.-Remi, reparaissait dans cet état d'hésitation et de crainte si naturel à l'approche d'un événement qui doit décider du bonheur ou du malheur de la vie. L'agitation de la journée ne lui avait pas permis de considérer attentivement toute l'horreur des imputations faites à S^t.-Remi, d'autant que ces coups portés avec une ardeur imprudente, avaient été parés avec une heureuse dextérité, et qu'enfin elle-même avait été trop durement attaquée pour ne pas faire cause commune avec l'intrigant dont elle était éprise ; mais la nuit qui, dit-on, porte conseil, avait refroidi son humeur, et lui avait fait envisager plus nettement tous les dangers dont on la menaçait. Sa fille venait fortifier cette heureuse disposition, en faisant parler sa tendresse et ses alarmes ; mais moins timide envers S^t.-Remi qui s'était venu mêler à l'entretien, elle lui adressait quelques mots assez durs qui, trop vivement sentis par sa mère, parurent déroger au respect filial et excitèrent quelques marques légères de désapprobation. L'auteur docile a supprimé la nuit d'intervalle et les trois premières scènes qui la suivaient ; et pour remplir cette lacune, il a porté au commencement du cinquième acte la scène des cent mille écus offerts, qui, autant que je puis m'en souvenir, se trouvait aux deux tiers du quatrième. Il en est nécessairement résulté que ce quatrième acte est un peu vide, puisqu'il n'y est plus question que d'une première démarche infructueuse faite par Belman pour se procurer des témoignages contre S^t.-Remi. Cette opération faite dans le vif se ressent de la précipitation que l'auteur a été forcé d'y mettre. Il pouvait, je crois, apaiser les scrupules du parterre à moins de frais et sans altérer autant la constitution de sa pièce. Je l'engage à s'en occuper pour la reprise.

Le dialogue est énergique, animé, rapide, exempt de tirades ambitieuses, et semé d'une foule de traits heureux de situation et de caractère. Le style en est bon ; mais à la scène plutôt qu'à la lecture, parce que tous les mouvemens en sont justes, et que les expressions ne le sont pas autant. La gêne du vers s'y fait quelquefois sentir à la tournure difficile et peu naturelle que l'auteur donne aux phrases de pure conversation; sa diction est à la fois plus pure et plus libre, lorsqu'elle s'élève aux pensées fortes et profondes. Les meilleurs écrivains ne désavoueraient pas cette tirade où S^t.-Remi lui-même peint les tourmens attachés à l'existence d'un intrigant:

>Sous un abord riant, il cache les ennuis;
>A tromper, à trahir, il consume ses nuits;
>Sa vie est un travail, ce travail est de feindre,
>De flatter, de mentir, de désirer, de craindre,
>De concevoir un plan, de chercher un projet
>Dont *la honte* est pour lui l'inévitable effet.
>Pauvre, il doit dans le monde affecter l'opulence,
>Et sous un tissu d'or cacher son indigence;
>Il s'empare d'un rang qui lui fut refusé;
>Il se bat pour l'honneur, quand il est méprisé;
>Il n'a point de parens, d'amis, ni de patrie;
>Et *la honte* l'attend au terme de sa vie.

Ce vers:

>Il se bat pour l'honneur, quand il est méprisé.

est un trait que sans façon l'on appellerait sublime, s'il était d'un auteur mort; mais il est convenu qu'en fait de vérités, l'on n'en peut dire que de dures à un auteur vivant.

AUGER.

LA REVANCHE, comédie en trois actes, en prose, par M. M.***, représentée, pour la première fois, sur le Théâtre Français, par les comédiens ordinaires de S. M. l'Empereur et Roi, le 15 juillet 1809.

Par pari referre non est injuria.

Prix, 1 fr. 50 c. — A Paris, chez *Vente*, libraire, boulevard des Italiens, N° 7, près la rue Favart.

LES *quiproquo*, les mal-entendus, les doubles ententes, les travestissemens, les personnages qui se donnent ou que l'on prend pour d'autres, sont une source intarissable où la comédie d'intrigue a toujours puisé et puisera long-tems encore. Le public jouit, avec un plaisir d'enfant, de toutes ces méprises dont il semble qu'il ait seul le secret. Nous éprouvons au moins autant de satisfaction

faction à voir des dupes, que nous ressentons de dépit à l'être nous-mêmes. Plus les personnages ont d'importance, plus l'erreur dans laquelle ils jettent les autres ou se trouvent eux-mêmes, est piquante pour le spectateur qui ne craint point de la partager. Il n'y a donc pas moins de bonheur dans le sujet de la *Revanche*, que d'habileté dans la manière dont il est traité. Un jeune roi qui veut être aimé pour lui-même, fait, sous l'habit et le nom d'un simple chevalier, sa cour à la fille d'un grand seigneur de son royaume, depuis long-tems retiré dans ses terres. Débusqué de ce premier travestissement qui lui devient défavorable, il est comme jeté, malgré lui, dans un autre, et le voilà qui joue le personnage du duc de Kalitz, promis en mariage à celle qu'il aime. Cependant le véritable duc survient, trouve son nom pris, et ne voit rien de plus juste et de plus gai à la fois que de prendre à son tour le nom du monarque. Celui-ci, jeune et vraiment aimable, se prête de fort bonne grâce à la plaisanterie. Les deux rivaux, ainsi transposés, se font une guerre franche et loyale. Le duc, armé de ses agrémens personnels que relève encore l'éclat de sa couronne d'emprunt, succombe noblement sous son prince, dont la délicatesse est d'autant plus flattée, qu'alors il ne peut point douter que la belle Eliska ne préfère en lui l'homme aimable au roi puissant. Il se trouve être en même tems l'un et l'autre : il n'est pas certain qu'il en plaise davantage à Eliska; mais ce qui est bien sûr, c'est qu'un gendre roi est beaucoup plus qu'un autre du goût du beau-père; personnage fort comique, dont la philosophie, née du peu d'accueil qu'on lui fit anciennement à la cour, ne tient pas contre l'espoir d'y avoir un rang et d'y briller. Ce personnage, en qui un léger travers d'opinion n'entraine point nécessairement le ridicule des manières, comme semble l'avoir cru l'estimable acteur qui le joue, est d'une bonhomie charmante qui n'a rien de commun avec la facilité imbécille de beaucoup d'autres pères de comédie.

On sent qu'il fallait une main bien sûre et bien légère pour tracer toutes ces scènes piquantes où le monarque remplacé par le duc de Kalitz, le remplace lui-

L

même en qualité de capitaine des gardes. Les rois aiment quelquefois à rire; et c'est alors un droit d'une espèce nouvelle qu'ils croient pouvoir lever sur leurs sujets : mais rarement souffrent-ils que ceux-ci usent de représailles ; s'ils le permettent, c'est à condition que tout l'avantage du jeu restera de leur côté, ou bientôt le jeu cessera de leur plaire. Si le jeune roi de Pologne Boleslas paraît de si bonne composition à cet égard, tout l'honneur en revient à l'habile courtisan qui fait sa partie, et il a raison de dire : « Je suis fort content de mon » représentant; il a beaucoup d'esprit et de mesure. » Le public, au moins aussi juste, ne manque jamais de faire de cette phrase une application flatteuse à l'acteur qui joue le rôle, et sur-tout aux auteurs qui l'ont écrit. J'ai entendu demander pourquoi les auteurs d'un aussi joli ouvrage avaient gardé l'anonyme. C'est sans doute parce qu'ils sont deux, et que depuis Bruyeis et Palaprat on n'a point d'exemple aux Français d'une pareille association. C'est au théâtre de la rue de Chartres ou à celui de Brunet seulement qu'il est permis de se réunir, pour le travail et pour la gloire, deux, trois et quatre auteurs; l'un des coryphées de ces deux théâtres en a, dit-on, donné pour raison qu'un vaudeville est trois ou quatre fois plus difficile à faire qu'une tragédie ou une comédie.

AUGER.

POÉSIE SACRÉE.

Il n'est pas de poésie plus riche et plus ornée que la poésie sacrée, et il n'en n'est pas qui soit quelquefois plus dépourvue d'ornemens : il semble que ce soit pour elle que Boileau ait fait ces deux vers :

> Soyez vif et pressé dans vos narrations ;
> Soyez riche et pompeux dans vos descriptions.

En effet rien n'est plus rapide et plus simple que cette poésie lorsqu'elle raconte, et rien n'est plus riche lorsqu'elle décrit. Mais ce qu'elle a de particulier, c'est que, sublime dans la pompe de son style, elle l'est encore plus dans sa simplicité. Éloquente avec les prophètes, étonne par l'audace de ses ellipses, par ses changemens rapides de tems, de genres et de personnes; elle se précipite avec une espèce de fureur inspirée qui peint les violentes affections de l'âme, et elle pénètre pour ainsi dire dans les derniers replis du cœur. Ses expressions tumultueuses courent en foule, sans ordre, et même sans liens. De là ces exclamations subites, et ces interrogations fréquentes qui interpellent jusqu'aux choses inanimées; mais cette même poésie, simple avec les historiens, comme dans la Genèse, n'est pas moins admirable par la magnificence des choses qu'elle exprime dans les termes les plus communs, et quelquefois même les plus bas; car, alors, elle saisit l'esprit du lecteur d'autant plus puissamment, qu'elle ne lui présente aucun faste de mots qui annonce le projet de surprendre son admiration. Des exemples pris dans le livre de la Genèse et dans les Prophéties rendront ces observations plus sensibles. Le législateur des Hébreux dit, en parlant de la création : *Au commencement Dieu créa la terre et le ciel.* Certes, voilà de bien petites paroles pour exprimer un acte aussi grand que celui de la formation du Monde. La poésie ordinaire n'eût pas manqué d'employer toute la pompe des expressions pour répondre à la magnificence d'un pareil sujet. Mais Moïse, se considérant comme l'organe de Dieu, en parle comme Dieu lui-même en eût parlé, c'est-à-dire comme d'une chose simple, et qui n'avait besoin, pour être faite, que de la volonté de celui qui peut tout.

Le roi-Prophète, au contraire, voulant faire admirer les merveilles de la création, s'exprime d'une manière bien différente ! Dans l'extase de son admiration il s'écrie :

(1) Dieu s'est environné de gloire et de puissance ;

Oui, Dieu s'est emparé de son empire immense ;

Il s'est armé de force, a montré son pouvoir.

Et, dans un autre endroit il dit, avec le même enthousiasme :

(2) O mon âme ! bénis ce Dieu, dont la grandeur,

---

(1) *Dominus regnavit : decorem indutus est. Indutus est Dominus fortitudinem, et præcinxit se.* Ps. 92.

(2) *Benedic, anima mea, Domino ; Domine, Deus meus, magnificatus es vehementer. Gloriam et decorem induisti, amictus lumine sicut vestimento.* Ps. 103.

Il ne serait pas nécessaire sans doute d'avertir que tous les mer-

Par ses œuvres, a fait éclater sa splendeur.
Dieu ! tu t'es entouré d'un manteau de lumière,
Et tu l'as déployé sur la nature entière.

Monsieur Rollin, citant ce passage dans son Traité des Études, y joint un très-beau commentaire : « Ne semble-t-il pas, dit ce grand rhéteur, que tout d'un coup le roi des siècles s'est revêtu de magnificence et de gloire, et qu'en sortant du secret de son palais, il s'est fait voir tout brillant de lumière ? Mais tout cela n'est que sa parure extérieure, et comme un manteau qui le cache, etc.... »

Revenons à présent au texte de Moïse. Tout le monde connaît ce trait sublime, si vanté par Longin et par Despréaux, deux des plus grands oracles du goût :

Fiat lux et lux facta est ;
Que la lumière soit et la lumière fut.

La simplicité de cet ordre et la promptitude de l'exécution qui s'ensuit, est regardée, avec raison, comme le comble du sublime ; et ce sublime étant dans la chose et non pas dans les mots, peut se traduire dans toutes les langues, sans être affaibli par le changement d'idiôme, parce qu'il est inhérent à la pensée. Il en est bien autrement du sublime d'expression ; c'est une essence légère qu'il est très-difficile de transporter d'une langue dans une autre, et qu'on ne peut guère déplacer sans l'exposer à s'évaporer sur la route.

Je n'opposerai aucune citation de prophétie à la citation que je viens de faire, parce que je n'en connais point qui puisse en soutenir la comparaison. Je passe au seizième verset :

Dieu fit deux grands corps lumineux ; l'un plus grand, pour présider au jour, et l'autre moindre, pour présider à la nuit ; il fit aussi les étoiles. Gen. 1. 16.

Voilà, je le répète, de bien petites paroles pour exprimer un bien grand effet. Quoi ! tous ces mondes qui nous

---

ceaux cités au bas des pages, dans le texte latin, sont traduits, dans le corps de l'article, en beaux vers, par M. Parseval lui-même. Le nombre des poètes qui se sont distingués en faisant passer dans notre langue les grandes images poétiques des livres saints est trop petit pour qu'on ne reconnaisse pas dans ces nouveaux essais de traduction un beau talent de plus. (*Note des Rédacteurs.*)

éclairent, toutes ces étoiles et toutes ces planètes, dont les mouvemens se coordonnent d'une manière si admirable, tous ces soleils qui répandent la vie et la couleur: quoi, l'infini, le tems, la lumière, l'espace, et ce grand livre des cieux où sont écrits partout en caractères d'or les miracles de l'Eternel, quoi! tout ce grand spectacle n'est annoncé que par un seul mot, *les étoiles!* Oui sans doute, et c'est, en effet, ce seul mot qu'il fallait dire pour exprimer ce qui n'a coûté à Dieu qu'une seule parole. Tel est le style de l'historien; mais le prophète, qu'entraîne son admiration à la vue de ces pompeuses merveilles, en parle en termes bien plus animés; il s'écrie:

(3) Qui peut considérer ce soleil radieux,
L'ouvrage du Très-Haut, la merveille des cieux?
Voyez son front armé de ses rayons superbes,
De leurs feux dévorans lancer les triples gerbes;
Il en frappe la terre, il en remplit le ciel,
Et celui qui l'a fait, c'est Dieu, c'est l'Eternel!
A la voix du Très-Haut il tressaille, il s'élance,
Et couvre l'Univers de sa magnificence.

C'est peu de ces brillantes images, et, plus loin, le même prophète dépeint ce grand astre avec des couleurs encore plus éclatantes.

(4) Tantôt, d'un jeune éclat fraichement coloré,
Comme un brillant époux de la terre adoré,
De son lit nuptial il s'élance avec joie;
Tantôt, ardent sujet du prince qui l'envoie,
Comme un géant superbe il s'avance à grands pas,
Et marche éblouissant dans ses vastes Etats.

Si Dieu adresse la parole à la mer, par la voix de Moïse, il lui dit simplement, *que les eaux qui sont sous le ciel se rassemblent en un seul lieu, et que l'élément aride paraisse;* mais le prophète, qui peint l'obéissance de la mer à cet

---

(3) *Sol, vas admirabile, opus excelsi. In meridiano exurit terram, in conspectu ardoris ejus quis poterit sustinere?.... Tripliciter sol exurens montes, radios igneos exsufflans, et refulgens, radiis suis obcæcat oculos. Magnus Dominus qui fecit illum.* Eccl. 43. 2. 5.

(4) *Ipse tanquam sponsus procedens de thalamo suo. Exultavit ut gigas, ad currendam viam.*

ordre du Très-Haut, passionne bien autrement son style; il s'écrie en parlant à Dieu :

> (5) Les eaux couvraient les monts qui dominent la terre ;
> Mais, au bruit effrayant de ton affreux tonnerre,
> Tous leurs flots frémissans ont reculé d'horreur,
> Et dans leur lit profond ont fui, pleins de terreur.

Voyez-vous les eaux se précipiter et s'entasser les unes sur les autres pour échapper au Très-Haut qui les menace ? Si le prophète représente Dieu qui gourmande la mer, il ajoute : que celle-ci se dessèche à l'instant ; *increpuit mare et exsiccatum est.* Voulez-vous que la mer s'offre à vos yeux sous d'autres images ? Ouvrez le livre de Job, vous la verrez naître et entrer dans son berceau comme un enfant enveloppé de langes et de bandelettes. Dieu dit, en parlant au saint arabe :

> (6) Qui prit soin de la mer, quand à ma voix émue,
> Elle sortit du sein qui l'avait retenue ?
> Son berceau la reçut, et moi, de toutes parts
> Je sus l'envelopper du bandeau des brouillards,
> Des nuages épais, et des rives profondes
> Où par un soin constant je renferme ses ondes.

Je pourrais multiplier encore les exemples pour montrer les deux routes absolument différentes qu'ont suivies les historiens et les prophètes en traitant les mêmes sujets ; mais je crois en avoir dit assez pour appuyer mon assertion ; et je m'empresse de passer à d'autres objets.

Le propre de la poésie en général, mais sur-tout de la poésie sacrée, est de fuir avec horreur les formes du discours ordinaire ; de choisir les mots, et de chercher les tours qui représentent les objets par le langage le plus pittoresque. Le style figuré étant celui qui donne à ce langage le plus de mouvement et de passion, doit donc être celui qu'elle préfère. Voyez quelle chaleur elle com-

---

(5) *Super montes stabunt aquæ. Ab increpatione tuâ fugient; a voce tonitrui tui formidabunt.* Ps. 103. 6. 7.

(6) *Quis conclusit ostiis mare, quando erumpebat quasi de vulva procedens ;... cum ponerem nubem vestimentum ejus, et caligine illud, quasi pannis infantiæ, obvoluerem.* L. de Job. Chap. 38. v. 8. 9.

munique aux accens d'Isaïe lorsqu'il représente Cyrus armé
par le Très-Haut pour châtier les puissances de la terre :

(7) Dieu dit : J'ai de Cyrus applani le chemin,
Et pour guider ses pas je l'ai pris par la main.
Les peuples tomberont en voyant son visage ;
Les Rois s'inclineront sur son brillant passage ;
De foudroyans éclairs j'armerai son coup-d'œil,
Et des grands devant lui j'abaisserai l'orgueil.
Je te précéderai, Cyrus, à tes cohortes
J'ouvrirai les cités, j'en briserai les portes ;
Je suis Dieu, le seul Dieu, seul je t'ai soutenu ;
Et par moi seul armé, tu ne m'as point connu.

Quel style brûlant et passionné ! ne semble-t-il pas que Dieu se lève, et que, prenant Cyrus par la main, il le couvre de sa gloire, il lui communique toute sa puissance? A peine a-t-il parlé de ce roi qu'il l'apostrophe lui-même :

Je suis Dieu, le seul Dieu, seul je t'ai soutenu ;

Ego Dominus, et non est amplius, extrà me non est Deus.

Le prophète parle-t-il des rois Babyloniens que Dieu va renverser, il s'écrie :

(8) Marche, roi des Persans, Mèdes, frappez leur ville :
Contre vous désormais la force est inutile ;
Tous les gémissemens, tous les cris ont cessé ;
Tu n'es plus Babylone, et ton règne est passé.

Voyez comme l'exécution a suivi l'ordre de près ; à peine Isaïe a-t-il dit, *Mèdes frappez leur ville*, qu'il s'écrie, par inspiration : *Tu n'es plus Babylone ; tous les cris lancés dans le carnage ont déjà cessé, le désert occupe l'espace où régnait la superbe cité.*

Notre admirable Racine, celui de tout nos poëtes qui a été le plus pénétré des beautés de l'Ecriture-Sainte, s'est

---

(7) *Hæc dicit Dominus Christo meo Cyro ; cujus apprehendi dextram, ut subjiciam ante faciem ejus gentes, et dorsa regum. Vertam et aperiam, coram eos, januas, et portæ non claudentur. Ego antè-ibo, et gloriosos terræ humiliabo. Portas æreas et vectes ferreos confringam. Ego Dominus, extra me non est Deus, et non cognovisti me.*

(8) *Ascende, Ælam., obside, Made, omnem gemitum ejus cessare feci.*

rappelé, sans doute, ce beau passage, lorqu'Esther, parlant au roi des Persans, s'exprime ainsi :

> Mais, pour punir enfin nos maîtres à leur tour,
> Dieu fit choix de Cyrus avant qu'il vît le jour,
> L'appella par son nom, le promit à la terre,
> Le fit naître, et soudain l'arma de son tonnerre ;
> Brisa les fiers remparts et les portes d'airain,
> Mit des superbes rois la dépouille en sa main,
> De nos temples détruits vengea sur eux l'injure, etc.

Pour opposer des images douces et tranquilles à tous ces fiers tableaux, prenons un passage où le saint Arabe, voulant se justifier devant Dieu, fait l'énumération de ses bonnes œuvres :

> (9) La Pitié me reçut au sortir du berceau,
> La Pitié me suivra jusqu'au bord du tombeau.
> De mon cœur bienfaisant qui n'a pas fait l'épreuve ?
> J'ai sauvé l'orphelin, j'ai consolé la veuve,
> Les pauvres m'ont trouvé dans leurs afflictions,
> Je marchais entouré de bénédictions ;
> Voilà mes titres seuls, voilà mon rang suprême ;
> L'équité sur mon front tressait son diadème ;
> De justice et d'honneur je marchais revêtu ;
> J'étais enveloppé de ma seule vertu,
> Et, fléau des méchans que mon regard foudroie,
> J'arrachais de leur dents leur innocente proie.

Tout le monde connaît le célèbre discours que Dieu adresse à Job son serviteur, pour lui donner une idée de l'étendue de sa puissance ; mais les traductions en prose française, qui en conservent tout le sens, sont bien loin d'offrir cette couleur poétique qui ne peut briller sans le secours de l'harmonie des vers. J'ai essayé de le traduire, en supprimant quelques détails qui m'ont paru ralentir la marche du morceau :

---

(9) *Ab infantia mea crevit mecum miseratio, educavit me ; liberabam pauperem vociferantem, et pupillum cui non erat adjutor. Benedictio perituri super me veniebat, et cor viduæ consolatus sum. Justitiâ indutus sum, et vestivi me sicut vestimento et diademate judicio meo.... Conterebam molam iniqui, et de dentibus illius auferebam prædam.* Job. chap. 31. 18. etc. Chap. 12. 17.

(10) Du sein d'un tourbillon, le souverain des cieux,
En s'adressant à Job, s'écrie : Audacieux!
Pourquoi ces vains discours où l'ignorance abonde?
Sur ses vieux fondemens quand je posai le monde,
Réponds, que faisais tu? dis, prophète nouveau,

---

(10) *Respondens autem dominus Job de turbine dixit: Quis est iste involvens sententias sermonibus imperitis?..... ubi eras quando ponebam fundamenta terræ?... Quis posuit mensuras ejus si nosti? vel quis tetendit super eam lineam?..... Cùm me laudarent simul astra matutina..... Quis conclusit ostiis mare quando erumpebat, quasi de vulva procedens; cùm ponerem nubes, vestimentum ejus, et caligine illud quasi pannis infantiæ obvolverem? Circumdedi illud terminis meis, et posui vectem et ostia; et dixi: Usque huc venies, et non procedes amplius, et hic confringes tumentes fluctus tuos. Numquid post ortum tuum præcepisti diluculo, et ostendisti auroræ locum suum, et tenuisti concutiens extrema terræ, et excussisti impios ex ea? Numquid ingressus es profunda maris, et in novissimis abyssi deambulasti? numquid apertæ sunt tibi portæ mortis?.... Indica mihi, si nosti omnia, in qua via lux habitet, et tenebrarum quis sit locus, ut educas unumquodque ad terminos suos, et intelligas semitas domus ejus. Sciebas tunc quòd nasciturus esses? Et numerum dierum tuorum noveras? Numquid ingressus es thesauros nivis, aut thesauros grandinis aspexisti?.... Numquid mittes fulgura, et ibunt, et revertentia dicent tibi, Adsumus. Quis posuit in visceribus hominis sapientiam, vel quis dedit gallo intelligentiam? Quis enarrabit cælorum rationem, et concentum cæli?...... Quis præparavit corvo escam suam quando pulli ejus clamant ad Deum eo quod non habent cibos?... Numquid volet rhinoceros servire tibi aut morabitur ad præsepe tuum? Numquid alligabis eum loro tuo ad arandum?.... Numquid præbebis equo fortitudinem aut circumdabis collo ejus hinnitum?.... Gloria narium ejus terror, terram ungula fodit, exultat audacter, in occursum pergit armatis, contemnit pavorem nec cedit gladio; super ipsum sonabit pharetra, vibrabit hasta et clypeus fervens, et fremens sorbet terram, nec reputat tubæ sonare clangorem; ubi audierit buccinam, dicit Vah, procul odoratus bellum, exhortationem ducum et hululatum exercitûs.... Numquid ad præceptum tuum elevabitur aquila et in arduis ponet nidum suum?.. Inde contemplatur escam et de longe oculi ejus prospiciunt. Pulli ejus lambent sanguinem. Ubicumque cadaver fuerit statim adest.......... Si habes brachium sicut Deus et si voce simili tonus circumda tibi decorem... et speciosis induere vestibus; et ego confitebor quòd salvare te possit dextera tua.*

Qui balança son axe, étendit son niveau ?
Dis, lorsque du matin les astres, pleins de joie,
M'applaudissaient en chœur, et préparaient ma voie,
Qui renferma la mer en son vaste bassin ?
Qui refréna les flots que vomissait son sein ?
C'est moi qui l'entourai de mes nuages sombres,
Qui sur elle étendis le bandeau de mes ombres,
Moi qui, de l'Océan, dans son berceau fécond,
Enveloppai l'enfance et l'instinct vagabond.
Je lui dis : jusques-là je permets que tu grondes ;
Plus loin, je te défends de répandre tes ondes ;
Je veux que sur ta rive expire ton orgueil.
Présomptueux mortel, as-tu, par un coup d'œil,
A l'astre du matin, dit, presse-toi d'éclore ?
As-tu marqué la place où resplendit l'aurore ?
De la mer mugissante as-tu creusé le fond,
Et promené tes pas en son gouffre profond ?
Est-ce toi, dont les mains, l'agitant comme un verre,
Pour en chasser l'impie ont secoué la terre ?
Ton bras a-t-il ouvert les portes de la mort ?
Parle, si tu sais tout, dis-moi d'où la nuit sort,
Quel palais radieux habite la lumière,
Dirige l'une et l'autre en leur vaste carrière ;
Apprends-moi le sentier qui mène à leurs séjours ;
Révèle moi combien je t'ai compté de jours ;
Rassemble des autans l'impétueux cortége ;
Ouvre moi, si tu peux, les trésors de la neige ;
Et fais que mon tonnerre, à ta voix adouci,
Quand tu l'appelleras, réponde, me voici.
Est-ce toi, dont la main donna, par sa puissance,
A l'homme la sagesse, au coq la vigilance ?
Pourrais-tu raconter le grand ordre des cieux,
Et des astres errans le cours harmonieux ?
Dis-moi quand le corbeau cherche sa nourriture,
Quelle main à ses fils prépare leur pâture ?
Vois ce rhinocéros, et cherche à le dompter ;
A la crèche un instant pourras-tu l'arrêter ?
Lui feras-tu, vainqueur de sa force infinie,
Du joug laborieux subir l'ignominie ?
Le coursier te doit-il ses naseaux en fureur,
Qui, de gloire gonflés, et soufflant la terreur,
Roulent un feu guerrier dans leur ardente haleine ?

De ses bonds orgueilleux il insulte la plaine ;
Sa force est dans ses nerfs, l'audace est dans son œil ;
Son cou s'est redressé de colère et d'orgueil ;
Rien ne peut l'effrayer, sur lui le carquois sonne,
Le glaive ardent frémit, le bouclier rayonne,
Sur le tranchant du fer il s'élance irrité,
Frissonnant de fureur et d'intrépidité ;
Dès qu'il entend l'airain, il tressaille, il s'écrie :
Allons, et des guerriers il brave la furie.
Vois l'aigle inaccessible au sommet du rocher ;
En son aire, dis-moi, pourras-tu l'approcher ?
Explique-moi son œil dont le regard foudroie,
Et voit du haut des cieux son invisible proie.
Ses fils sucent le sang, la mort est leur butin,
Et ton corps en débris deviendra leur festin.
Si ces faits étonnans n'ont rien qui te surprenne,
Si tu crois que tout tremble à ta voix souveraine,
Eh bien ! du Monde entier déclare-toi l'auteur ;
Sous tes pieds de mon trône abaisse la hauteur ;
Fais rayonner sur toi mon vêtement superbe ;
Du tonnerre en ta main saisis la triple gerbe :
Alors du roi des cieux tu rempliras l'emploi,
Tu seras Dieu toi-même, et je plierai sous toi.

L'un des plus beaux traits de ce magnifique morceau est la peinture du cheval. Elle a inspiré celle qu'en a faite M. Delille dans son poëme des trois Règnes : je vais la transcrire, pour ceux de mes lecteurs qui seraient flattés de la comparer avec son modèle :

Voyez ce fier coursier, noble ami de son maître,
Son compagnon guerrier, son serviteur champêtre,
Le trainant dans un char, ou s'élançant sous lui ;
Dès qu'a sonné l'airain, dès que le fer a lui,
Il s'éveille, il s'anime, et redressant la tête,
Provoque la mêlée, insulte à la tempête ;
De ses naseaux brûlans il souffle la terreur ;
Il bondit d'allégresse, il frémit de fureur ;
On charge, il dit : Allons ! se courrouce, et s'élance ;
Il brave le mousquet, il affronte la lance,
Parmi le feu, le fer, les morts, et les mourans,
Terrible, échevelé, s'enfonce dans les rangs ;
Du bruit des chars guerriers fait retentir la terre,

Prête aux foudres de Mars les ailes du tonnerre ;
Il prévient l'éperon, il obéit au frein ;
Fracasse, par son choc, les cuirasses d'airain,
S'enivre de valeur, de carnage et de gloire,
Et partage avec nous l'orgueil de la victoire ;
Puis, revient dans nos champs, oubliant ses exploits,
Reprendre un air plus calme et de plus doux emplois,
Aux rustiques travaux humblement s'abandonne,
Et console Cérès des fureurs de Bellone.

On peut comparer à ces deux peintures du cheval celle que Virgile fait de l'étalon dans le troisième livre de ses Géorgiques. La voici telle qu'elle est encore dans la belle traduction de M. Delille :

L'étalon généreux a le port plein d'audace,
Sur ses jarrets plians se balance avec grace ;
Aucun bruit ne l'émeut ; le premier du troupeau,
Il fend l'onde écumante, affronte un pont nouveau.
Il a le ventre court, l'encolure hardie,
Une tête éfilée, une croupe arrondie ;
On voit sur son poitrail ses muscles se gonfler,
Et ses nerfs tressaillir, et ses veines s'enfler.
Que du clairon bruyant le son guerrier l'éveille,
Je le vois s'agiter, trembler, dresser l'oreille ;
Son épine se double et frémit sur son dos ;
D'une épaisse crinière il fait bondir les flots ;
De ses naseaux brûlans il respire la guerre,
Ses yeux roulent du feu, son pied creuse la terre.

J'entrerai par la suite dans l'analyse des beautés qui m'ont paru les plus frappantes dans le style de l'Ecriture Sainte.
PARSEVAL.

VARIÉTÉS.

CHRONIQUE DE PARIS.

SI les jeux et les ris semblent avoir choisi pour séjour privilégié la capitale de l'Empire français, tous les jours n'y sont pas également tissus d'or et de soie. La douleur vient quelquefois mêler ses larmes aux chants de joie, et la mort élever ses noirs pavillons au sein des fêtes et des plaisirs. Les sommets du Parnasse se couvrent souvent de nuages et les Muses ont aussi leurs hymnes de deuil.

Un de leurs plus chers favoris, celui dont la lyre a si bien exprimé les douces vertus d'*Abel* et le sombre désespoir de *Caïn*, celui qui a chanté avec tant de grâce le mérite des femmes, vient d'être frappé dans l'objet de ses plus tendres affections. La mort lui a ravi une épouse recommandable par les qualités de l'esprit et du cœur (1).

Les arts avaient perdu quelques jours auparavant *Jean-Godefroi Ekard*, professeur de piano. Il était venu à Paris fort jeune dans l'intention de se livrer à l'étude du dessin et de la peinture, dans lesquels il avait déjà fait des progrès rapides, lorsqu'un goût plus décidé pour la musique l'engagea à quitter les pinceaux pour la lyre. Il avait reçu des leçons des plus grands maîtres de l'Allemagne, et pouvait lui-même en donner d'excellentes; mais la fortune ne dispense pas ses dons en raison du mérite et du talent; réduit à peindre, pendant le jour, pour vivre, il employait une partie des nuits à perfectionner ses connaissances et ses talens dans l'art musical. Ses heureuses dispositions et une extrême persévérance le rendirent bientôt le plus célèbre claveciniste de l'Europe; il a parcouru sa longue carrière avec honneur. Il était non-seulement habile compositeur, mais homme instruit et éclairé; il cultivait les lettres avec beaucoup de goût et savait parler également les langues du Tasse, de Gessner et de Racine. Un rhume négligé l'a enlevé dans la soixante-quinzième année de sa vie. Quoique d'un tempérament délicat, il pouvait se promettre encore de prolonger le fil de ses jours.

Mais si le sort nous enlève quelquefois des personnes que nous regrettons justement, il nous en conserve aussi que nous semblions destinées à perdre pour toujours; tel est un médecin-naturaliste de Saint-Domingue, échappé comme par miracle aux affreuses proscriptions des noirs contre les blancs. Deux fois il a été attaché au poteau fatal pour y subir la mort, et deux fois il a été sauvé comme par enchantement. De retour en France, il vient de publier un ouvrage qui ne peut manquer d'attirer l'attention des savans. Il est intitulé : *Voyage d'un Naturaliste, avec des Observations sur les Trois Règnes de la Nature, faites en Espagne, au continent de l'Amérique-Septentrionale, à Saint-Domingue, etc.*, par M. Descoutils, *ancien médecin-naturaliste du Gouvernement, et fondateur du Lycée colonial de Saint-Domingue.* On y trouve des détails curieux et variés

---

(1) On trouvera ci-après (article *Nécrologie*) une Notice sur Mme *Legouvé*.

sur l'expédition du général Leclerc. On fera connaître cet ouvrage avec plus d'étendue dans le *Mercure de France*.

— Un autre savant, M. Peyrard, professeur d'astronomie et de mathématiques, se propose de publier incessamment une traduction des *Œuvres d'Euclide* plus complète que toutes celles que nous connaissons. La Bibliothèque Impériale possède vingt-trois manuscrits de ce géomètre célèbre ; treize sont défectueux, et c'est sur ces treize qu'avaient été faites jusqu'à ce jour toutes les éditions qu'on nous avait données ; dix autres sont d'une conservation et d'une beauté parfaite. M. Peyrard les a consultés avec une scrupuleuse attention ; il en a recueilli et comparé toutes les variantes, et c'est sur ces manuscrits qu'il se propose de faire la belle traduction qu'il prépare. Nous lui devons déjà une excellente traduction d'*Archimède*. En publiant l'édition complète des *Œuvres d'Euclide*, il acquerra de nouveaux titres à la reconnaissance publique.

— Une production d'un genre bien différent est l'*Epicurien français*, ouvrage périodique, rédigé par les plus aimables chansonniers de Paris. Leur joyeuse académie se réunit tous les mois au rocher de Cancale. Le bureau est une table couverte de mets succulens et de liqueurs exquises ; les dissertations sont des chansons bacchiques, des bons mots, des saillies ingénieuses, des anecdotes piquantes propres à entretenir la gaieté du festin. Les bustes qui ornent la salle sont ceux d'Epicure, d'Aristippe, de Lucullus, de Rabelais, de Saint-Evremont, de Chaulieu, etc. Le fauteuil du président est occupé par l'auteur de l'*Amoureux de quinze ans*, patriarche aimable des jolies chansons, de la bonne chère et du plaisir assaisonné de grâce et d'esprit. L'académie a ses affiliations, ses membres honoraires et ses candidats ; un caractère liant, enjoué, une verve facile et féconde, un estomac heureusement constitué, voilà les qualités requises pour y être admis. Elle publie ses *Mémoires* tous les mois par petits numéros in-18. On y trouve de la prose agréable et ingénieuse ; tantôt c'est un éloge d'un célèbre disciple d'Epicure, tantôt des recherches curieuses et savantes sur la gastronomie des anciens et des modernes, tantôt d'aimables dissertations sur les usages de la société, mais particulièrement sur ceux qui regardent les festins ; on y trouve des chansons bacchiques et érotiques tournées avec grâce et facilité ; enfin, des énigmes, des charades, des logogriphes, et l'article des modes : car quel journal pourrait se passer du secours de ces jolies bagatelles? La société publie en ce moment son quinzième volume et nous en promet encore d'autres. Voici quelques couplets d'une chanson intitulée : *Quand, quand?*

>Orgon le raisonneur
>Nous dit dans vingt libelles :
>Quand verra-t-on l'honneur
>Mener l'homme au bonheur!
>Quand verra-t-on les belles,
>Renonçant au clinquant,
>Modestes et fidèles
>   *Quand quand?*
>
>Quand verrons-nous Dorval,
>Qui racle sur sa lyre,
>Et se croit sans rival
>Pour faire un madrigal,
>Abjurant son délire,
>Au travail s'appliquant,
>D'abord apprendre à lire?
>   *Quand quand?*

Ce joli vaudeville est de M. Armand-Gouffé; car au milieu des verres et des flacons, nos ingénieux épicuriens savent encore poursuivre les travers de la société, les modes bizarres, les usages ridicules; souvent même ils se font les défenseurs de l'opprimé. On les a vus vouer à l'anathême l'usage inique qui condamnait jadis le plus fidèle des animaux, l'ami, le compagnon de l'homme, à tourner humblement la broche. On attend d'eux le même secours pour ceux qui sont condamnés à tirer la voiture.

On vient de publier à ce sujet un petit pamphlet en prose, où l'on montre combien cet usage est messéant, injuste, pernicieux. Quelle cruauté que d'atteler à un chariot un animal que la nature n'a point condamné à ce travail! Quelle âme un peu compatissante pourrait voir sans souffrir ces chiens haletans, l'œil en feu, la langue pendante et desséchée, invoquer par leur respiration pénible un peu d'air pour rafraîchir leurs poumons embrasés! Quel maître barbare peut frapper impitoyablement le gardien de sa maison, l'ami de ses enfans, le défenseur de sa personne et de ses foyers? Combien de fois n'avons-nous pas vu ces malheureux coursiers, excédés de fatigues, se rouler dans la poussière, lever sur leur conducteur un œil suppliant et lui reprocher dans cette humble attitude son impitoyable cruauté! Et qui sait si dans les ardeurs brûlantes de l'été, lorsque la canicule a tari toutes les sources d'eau vive, ces pauvres animaux ne peuvent pas contracter quelque maladie dangereuse? Ignore-t-on qu'ils n'ont pas comme nous la faculté de transpirer? Pourquoi donc ajouter encore aux désavantages de leur constitution? Quel spectacle qu'un boucher, aux bras retroussés, au tablier sanglant, monté sur un chariot, auquel des chiens sont attelés, le fouet en main, et plus fier, plus impérieux qu'un vainqueur des jeux olympiques! On oppose l'exemple des Belges; mais qu'importent les exemples quand ils sont contraires à la raison, à l'humanité et même à la sûreté publique? Et quel est le désordre ou le vice qui ne puisse être justifié par des exemples? Tels sont à peu près les motifs dont l'auteur du pamphlet appuie ses justes observations; tels sont les raisonnemens sur lesquels il se fonde pour demander la suppression d'un usage qui nous eût révoltés tous il y a vingt ans.

SPECTACLES. — Une petite pièce en un acte, intitulée : *La Dupe de son art*, ou *les deux amans*, vient enfin de signaler aux amateurs de nouveautés la rentrée de l'*Opéra-Comique*, qui s'était faite un peu incognito il y a trois semaines. C'était un tort sans doute d'avoir laissé écouler un tems aussi considérable sans chercher à réveiller la curiosité du public, mais c'est un tort encore plus grand de l'avoir appelée d'abord sur un ouvrage qui n'a même pas l'honneur d'être médiocre. Voici en peu de mots quel en est le sujet.

Mme de Murville, jeune et jolie veuve, est à la campagne; elle apprend que deux amis, Floricourt et Fierval, après avoir voulu se disputer sa main d'une manière tragique, sont convenus de se rendre ensemble auprès d'elle, afin de la mériter et de l'obtenir d'elle-même par des moyens moins violens. Ce projet lui paraît un outrage fait à son sexe tout entier et elle appelle *son art* à son secours afin d'en tirer vengeance. Cet art n'est pas extrêmement profond. Mme de Murville connaît Floricourt et Fierval, l'un pour un homme très-léger, pour une espèce d'incroyable; l'autre pour un amant sentimental et pathétique pour qui la solitude et la mélancolie composent le suprême bonheur : cela posé, que fait la jolie veuve? Elle feint avec Floricourt d'être sentimentale et mélancolique et Floricourt renonce à ses prétentions.

SEPTEMBRE 1809.

tions. Elle feint avec Fierval d'être légère, coquette, évaporée, et il semble que Fierval devrait l'abandonner comme Floricourt. Mais c'est ici que la fortune change et que Mme de Murville est *dupe de son art*. Le pathétique Fierval lui jure, tout en pleurant, de devenir badin pour lui plaire, et l'on sent bien qu'il est impossible de résister à une aussi grande preuve de dévouement. En voilà bien assez sur l'intrigue de cette pièce où figurent aussi un oncle, une soubrette et un valet qui n'y étaient nullement nécessaires et dont l'intervention ne produit ni incidens ni gaieté. Le dialogue et le style sont dignes du reste; tout y est languissant, faible, commun, et l'on peut dire que la pièce est écrite comme elle est conduite et conçue. La musique ne fait point tort aux paroles; elle est tout juste à leur niveau; rien de neuf de part ni d'autre; l'imagination du musicien et celle du poète paraissent être de la même stérilité.

La pièce a été bien jouée et bien chantée. Mme Duret y est chargée du principal rôle. Elle a fait entendre sa voix délicieuse dans un rondeau, dans une romance, dans un duo. C'est sans doute par égard pour son talent et pour celui des autres acteurs que le public n'a sifflé que lorsque la toile est tombée; mais nous ne répondrons pas qu'il ait toujours la même courtoisie, si l'on veut conserver la pièce au répertoire malgré lui.

Un pareil danger n'est point à craindre pour le *Fils par hasard*, ou *Ruse et Folie*, comédie en cinq actes et en prose, de MM. Chazet et Ourry, jouée pour la première fois le 7 de ce mois au Théâtre de l'Impératrice. Le public paraît l'avoir adoptée, et il est probable qu'il la soutiendra, même contre les attaques les plus justes de la critique. En effet, il y a dans cette pièce beaucoup de mouvement, beaucoup de gaieté, beaucoup d'esprit et de saillies; en un mot, tout ce qui manque à *la Dupe de son art*. On y rit presque constamment pendant cinq actes; et par conséquent il ne faut pas s'étonner que le parterre n'en remarque pas les défauts ou du moins qu'il les pardonne.

Une analyse exacte et suivie de cette pièce nous mènerait beaucoup trop loin : ce serait en quelque sorte un petit roman à écrire; on a d'ailleurs déjà remarqué que l'idée principale n'en est pas neuve; que c'est moins une comédie qu'une de ces mystifications dont Pourceaugnac offre le premier modèle. On y trouve comme dans les pièces du même genre, un prétendu bien ridicule, un futur beau-père bien imbécille, une soubrette adroite et

M

complaisante, un valet fourbe et impudent. Ce qui est particulier à cet ouvrage, c'est l'audace du jeune homme qui en est le héros. Avant lui d'autres avaient imaginé de prendre le nom d'un rival favorisé pour s'introduire dans la maison du futur beau-père; mais lorsque le père de ce rival arrive, personne encore, que je sache, n'avait eu l'audace de lui soutenir en face qu'il était son fils. Voilà cependant ce que fait Folleville dans la pièce nouvelle, et cela pendant trois actes consécutifs. Cette invraisemblance en a nécessité beaucoup d'autres. C'est en vain que M. Brusquin, armateur d'Ostende, dont Folleville prétend être le fils, proteste contre cette paternité gratuite. Desroches dont il est l'ancien ami ne veut pas le croire et aime mieux s'en rapporter à un jeune homme qu'il ne connait que depuis le matin. Un grave commissaire venu de Beauvais, trouve aussi le prétendu fils plus croyable que le père; et ce père, vieux marin, très-brusque et très-emporté, se laisse accabler comme un sot par la crédulité de son ami Desroches, par l'imbécillité du commissaire, et par le témoignage d'un fripon de valet. Tel est le principal défaut et si l'on peut dire le vice fondamental de cet ouvrage, défaut qui vient uniquement peut-être de ce que les auteurs ont voulu le faire en cinq actes au lieu de se borner à trois. En effet, Brusquin l'armateur n'arrivant qu'à la fin du second acte, quelque forte que soit l'impudence de Folleville en lui soutenant à lui-même qu'il est son fils, elle aurait été moins choquante et aurait produit moins d'incidens invraisemblables, si elle n'avait pas dû se prolonger aussi long-tems. On conçoit au reste fort bien que les auteurs aient été séduits par le désir d'alonger leur pièce; ils avaient en vue plusieurs scènes plaisantes, et sur-tout celle où l'on voit un créancier de Brusquin fils, reconnaître Folleville pour son débiteur, parce que celui-ci lui paie la créance de l'autre; elle rappelle, à la vérité, une des situations les plus comiques du *Barbier de Séville*; mais elle produit son effet avant qu'on ait reconnu l'imitation. On pourrait dire encore à la décharge de MM. Chazet et Ourry, qu'ils n'ont risqué leur pièce en cinq actes, que parce qu'ils s'étaient réservé la facilité de la resserrer en trois, si le public avait exigé ce sacrifice; et, en effet, rien ne serait plus facile, puisque le cinquième acte qui sans cesser d'être le dernier, deviendrait alors le troisième, contient, en quelque sorte, une intrigue à part. Mais le public, plus indulgent peut-être que les auteurs même, ne les a point mis dans le cas de faire usage de cette sage précaution. Il n'a murmuré qu'à deux ou trois passages qui paraissaient de mauvais exemple en fait de morale, car il veut qu'on la respecte par-tout; mais d'ailleurs il n'a point chicané sur les vraisemblances; il a reçu le *Fils par hasard* comme une farce très-gaie; et tout bien compensé, en la considérant sous ce point de vue, elle mérite son succès.

Une petite pièce en un acte de MM. Favart et Dumolard, intitulée : *le Rival par amitié*, avait moins bien réussi la veille au Théâtre du Vaudeville. Il serait cependant peu généreux de citer le compte rendu dans le Dictionnaire des Théâtres d'une pièce du bon Panard qui est le type de celle-ci; il nous suffira de dire que c'est absolument le même plan et que les auteurs nouveaux ne se sont pas même donné la peine de changer les noms. Ce serait peu de chose que tout cela, si la pièce avait eu un plein succès. Ces petits larcins sont facilement pardonnés aux bons larrons; mais, comme Voltaire l'a très-bien dit, il faut *tuer* ceux que l'on pille.

Un certain Clitandre qui fait beaucoup parler de lui, mais que les auteurs n'ont pas voulu nous faire connaître, est fort amoureux d'une jeune veuve très-coquette. Quoique celle-ci ne paraisse pas l'aimer beaucoup, elle a reçu son portrait. La sœur de Clitandre, qui voit avec peine son frère dans les liens d'une coquette, se déguise en jeune officier, prend le nom d'Eraste, feint de rendre des soins à la veuve, et ne néglige rien pour en triompher; en même tems elle fait déguiser sa suivante en valet, et le faux Frontin feint également de devenir amoureux de la soubrette de Julie. Le faux Eraste croit être parvenu à ses fins, et persuadé qu'il est aimé, il exige le sacrifice du portrait de son rival. La coquette le lui rend. Il est fier de son triomphe; mais à ce portrait est attaché un billet qui prouve qu'elle n'est point la dupe du déguisement, et qu'elle a tout découvert en épiant le faux officier et le faux valet. Tout s'arrange, tout se pardonne; et c'est ce pauvre Clitandre que l'on sacrifie au maintien de la paix.

On aimerait à voir M. Favart rajeunir quelques productions de son grand-père; mais il est vraisemblable que l'ombre de cet estimable chansonnier a dû s'irriter de voir son petit fils s'approprier les idées de ce bon Panard, le La Fontaine du Vaudeville. Qu'il se hâte de réparer cette faute en nous donnant un ouvrage dont le plan soit plus original, et dont le style rappelle la grâce, le naturel, et la gaieté piquante de son aïeul. *Le Rival par amitié* se distingue souvent par un dialogue vif et animé, par des couplets ingénieux; mais tout cela es bien peu de chose quand le sujet est mal choisi, et quand l'ouvrage pèche par la faiblesse de la conception et du plan.

Opéra-Buffa. — Le métier des armes n'est pas le seul qui ait ses esprits guerroyeurs. Les lettres et les arts en ont compté de tout tems dans leur république : ils sont toujours en état d'hostilité contre quelqu'un, ou contre quelque chose. Combattre est leur élément; la paix, c'est-à-dire le silence leur est insupportable; ils ne discontinuent jamais la dispute; seulement ils la déplacent; ils en changent l'objet, comme on change de conversation : mais quel qu'il soit, il leur faut un point qu'ils puissent attaquer. Il leur faut *bataille*, comme au comte Almaviva déguisé chez Bartholo en soldat ivre; et chaque jour ils en livrent une, non pas contre ce que le public juge digne de ses mépris, le combat ne serait pas fort digne d'eux; mais contre ce qu'ils voient applaudi, recherché, cité avec éloge.

Le tems de la *musique* est à la fin venu; c'est aujourd'hui l'opéra italien qui est le sujet de la guerre : on l'attaque vivement, on l'accuse, on le dénonce; je crois même qu'on le calomnie, car on prétend qu'il pervertit le goût du public, qu'il excite un engouement ridicule, et qu'il ne tend à rien moins qu'à dénaturer en France et détruire le goût musical.

Fort heureusement la musique italienne est accoutumée dans ses incursions en France à de pareilles attaques : ce n'est pas la première fois qu'on la repousse au moment où elle vient demander l'hospitalité. Mais elle ne fait pas de bruit; elle en laisse faire et ne s'en effraie pas : elle est insinuante, adroite, ingénieuse, persuasive et touchante; elle a la physionomie douce, la voix pénétrante. Si l'on crie contre elle pour l'empêcher d'entrer quelque part, elle se fait entendre, et les barrières tombent : c'est ainsi qu'Orphée descendait aux enfers, et cette fable mythologique n'a été qu'une allégorie anticipée des obstacles qu'éprouverait un jour la musique italienne pour s'introduire en certains lieux, et pour en désarmer les gardiens sévères.

Une fois admise, elle se fait mieux connaître; elle acquiert des qualités nouvelles, qui la rendent de plus en plus aimable; chaque jour on l'apprécie, on l'aime davantage.

Qui croirait que cette hospitalité est une imprudence, et que c'est un serpent qu'on réchauffe dans son sein? On le prétend toutefois : quant à nous, nous croyons en effet ce serpent-là très-séducteur; mais nous ne le croyons ni perfide ni dangereux.

Que faut-il entendre en effet par musique italienne? celle seulement faite en Italie? non; par des compositeurs italiens? non encore. On peut faire pour toutes les langues, et tous les musiciens peuvent composer de la musique italienne, c'est-à-dire une musique expressive et mélodieuse à la fois, pittoresque, adoptée à la situation et au personnage. Il n'y a de musique italienne que celle-là; tout ce qui n'est pas dans ce principe est un abus désavoué par les maîtres de l'art; et si Paësiello et Cimarosa lui-même n'étaient pas mélodieux et scéniques à la fois, si leurs airs ne joignaient pas à des motifs de chant délicieux l'expression convenable aux paroles, si leurs morceaux d'ensemble n'étaient pas de véritables dialogues, où l'accent comique, où celui de la passion se trouvent toujours saisis avec exactitude, vainement ces compositeurs seraient Italiens, leur musique ne le serait pas : la mauvaise musique, en Italie comme ailleurs, n'a pas de nom, n'a pas de patrie; et parmi nous, au contraire, c'est de la musique italienne que la *Fausse Magie*, que *Félix*, que l'*Amant Jaloux*, parce que ces compositions françaises sont dans les principes les plus purs de la grande école d'Italie.

Il faut donc éviter toute prévention générale et se défendre de toute admiration aveugle, se défier des titres, distinguer l'or pur de celui qui ne l'est pas, ne pas crier que tout ce qu'on entend aux Bouffons soit divin, que tout ce qu'on y chante soit détestable, sur-tout ne pas prendre l'abus du genre pour le genre lui-même, et accuser Cimarosa, Paësiello ou Mozart de n'être pas dramatiques, parce que certains chanteurs les dénaturent trop souvent. C'est Cimarosa qui disait à un des trop nombreux successeurs de Farinelli : *Monsieur, vous venez de chanter votre air, vous plairait-il actuellement de chanter le mien?* De bonne foi, est-ce de la musique insignifiante et vague, sans analogie avec les paroles et la situation, que celle du *Matrimonio*, de *Theodora*, de la *Molinora*, de *la Pazza*, de l'*Impressario*, du *Figaro* de Mozart? Dans quels ouvrages peut-on trouver plus de vérité scénique, une déclamation plus juste, un dialogue plus naturel et plus comique? Si, après cela, ce mérite essentiel et fondamental se trouve relevé par des chants de la plus heureuse inspiration, par des accompagnemens qui sont eux-mêmes des chants délicieux; si dans ces compositions un charme inexprimable pour l'oreille, et même il faut le dire, une sorte de sensation voluptueuse, qu'il est plus doux d'éprouver que facile de définir, vient s'emparer de tout l'auditeur, par quelle inimitié de soi-même, et de ses plaisirs les plus délicats, rejetterait-on une telle application de l'art musical ? Pourquoi sa naturalisation parmi nous serait-elle proclamée comme un signe de décadence, parmi nous, qui, il faut le dire (je ne parle pas de la scène tragique), n'avons rien produit de bon qui ne soit dans les principes que je viens de rappeler? Pourquoi reproduire une cause désormais décidée ? C'est précisément celle que notre Grétry a portée devant Midas; et ne sait-on pas qu'elle fut gagnée du moment où ce roi, qui avait tant besoin d'oreilles, déclara qu'elle était perdue?

Après les maîtres que nous venons de citer, on peut nommer parmi ceux dont l'Italie s'honore, Guglielmi, associé de l'Institut de France, mort il y a peu d'années. Son talent n'a jamais été mieux défini que par ce peu de mots de son successeur à la chapelle de Saint-Pierre, Zingarelli :

« Elu fort âgé, maître de chapelle de Saint-Pierre, dit »Zingarelli, Guglielmi a cependant travaillé beaucoup, et »toujours avec son admirable clarté, car son style était fort »net; et avec fort peu de notes, il était très-harmonieux.»

Sa *Serva innamorata*, quoique moins célèbre que la *Pastorella nobile* et que les *due Gemelle*, est un de ses bons ouvrages : on vient de la reprendre à l'Opéra-Bouffon, et elle a obtenu en France ce qu'elle n'obtiendrait pas en Italie, tout le succès d'une nouveauté. Elle reparaissait sous d'heureux auspices. Le fils de Guglielmi, virtuose très-distingué et lui-même compositeur agréable, venait rendre le public juge de son talent à la fois et de la composition de son père. Ce jeune chanteur fera comme tous ceux qui l'ont précédé, il acquerra parmi nous l'usage et l'habitude du théâtre : il apporte de son pays l'art du chant; ici, il apprendra à marcher, à se tenir en scène, à jouer la comédie: l'essentiel est qu'il ait une voix douce, agréable, flexible et juste, qu'il ait une belle méthode et qu'il n'abuse pas de sa facilité : or il possède ces qualités; il a eu un succès brillant. Grâces à lui et à Mme Festa, il y a eu ce jour-là pour ainsi dire deux représentations de l'opéra; car la plupart des morceaux ont été répétés. Quelques additions ont été faites; cela paraît désormais une chose convenue, un usage converti en loi et contre lequel toute réclamation serait inutile : toutefois il ne sera peut-être pas aussi inutile de réclamer en passant contre les bouffonneries un peu trop fortes de Lombardi, acteur qui a de la verve et de la physionomie; mais qui, en se laissant entraîner par l'une, dénature l'autre et en outre tous les mouvemens. Nous voulons en France un bouffon, mais non pas un grimacier; et ce n'est pas avec les contorsions bonnes pour la Bourbonnaise qu'on doit chanter à Paris un air de Cimarosa. Nous reviendrons sur les représentations de cet opéra qui doit en avoir beaucoup et de très-brillantes.

NÉCROLOGIE. — *Elisabeth-Adélaïde Sauvan*, épouse de M. *Legouvé*, membre de l'Institut, de la Légion d'honneur, et professeur au Collége de France, est morte le 7 de ce mois à la suite d'une maladie épigastrique, dont on était loin de redouter ce funeste résultat. Quoiqu'aucunes productions ne la classent parmi les femmes auteurs, la bienveillance qu'elle portait aux gens de lettres, le zèle qu'elle mettait à les servir permettent de la considérer comme n'étant point étrangère à la littérature. Sa maison, sans ressembler en aucune manière à ce qu'on appelle un bureau d'esprit, était un centre de société précieux, et pour ainsi dire unique aujourd'hui, où affluaient ceux qui aiment et cultivent les arts et les lettres. La vivacité de son esprit, l'aménité de son caractère rendaient ces réunions aussi agréables pour l'écrivain dont la réputation était faite, qu'utiles pour le jeune homme qui entrait dans la carrière. Favorisée des dons de la fortune, elle avait acquis des talens que la richesse exclut pour l'ordinaire (1); son esprit ne s'est nourri que de connaissances solides, et son cœur n'a vécu que de bienfaits. On ignore et l'on ignorera toujours le grand nombre d'infortunés qu'elle a secourus, avec un dévouement si extraordinaire, que ceux qui n'en ont pas été les témoins voudraient vainement s'en former une idée. Le tems, les soins, les démarches, rien ne lui coûtait. Un

---

(1) Mme Legouvé dessinait et peignait parfaitement les fleurs. Les planches de plusieurs grands ouvrages de botanique, ont été exécutées sur ses dessins.

service rendu semblait lui imposer l'obligation d'en rendre de nouveaux; après avoir prodigué les secours personnels, elle implorait ceux d'autrui avec un zèle et une obstination de bienveillance que le succès couronnait presque toujours et que la reconnaissance seule pouvait divulguer.

L'amour-propre n'avait aucun empire sur un si noble caractère; il fallait en quelque sorte lui surprendre le secret de ses talens qu'elle cachait avec autant de soin que d'autres en prennent pour mettre les leurs en évidence. Une tête fortement organisée, un esprit pénétrant, un goût sûr, une âme brûlante, la rendaient propre à tout juger, à tout sentir, et donnaient à ses conseils un prix qu'elle seule paraissait ignorer.

Le nombreux cortége qui environna son cercueil la loue mieux que toutes les paroles. Il était composé d'hommes aimés et estimés du public, et qui avaient pour elle de l'estime et de l'amitié. Les regrets qu'ils donnent à sa mémoire sont le plus bel éloge que l'on puisse faire de sa vie. L'un d'eux, M. de Sevelinges, a prononcé sur sa tombe un discours qui a fait couler les larmes de tous les assistans.

PARSEVAL.

POLITIQUE.

Nous parlions avec quelques fondemens des divisions qui au moment du danger, au moment d'agir et de combattre, ont éclaté sur la flotte anglaise. Ces divisions n'ont pas sauvé Anvers, dès-lors défendu par une armée nombreuse et par tous les secours de l'art ; mais elles ont été utiles en ce qu'elles ont hâté la retraite de l'armée ennemie, tout étonnée sans doute d'apprendre de ses chefs que ses forces étaient impuissantes, et qu'au lieu d'aborder sur les rives de l'Escaut, il fallait revoir ceux de la Tamise ; elles l'ont été sur-tout en ce qu'elles prouvent invinciblement quel fonds pourrait faire de l'assistance anglaise la puissance du continent assez aveugle pour l'implorer encore, et pour compromettre sa destinée par cette funeste alliance. Ce sont les Anglais eux-mêmes qu'il faut laisser parler en cette occasion, puisqu'ils donnent à leurs alliés la mesure de leur fidélité, de leur dévouement, et de leurs moyens.

Nous écouterons d'abord lord Stracham, défendant sur son bord, autant qu'il est en lui, l'honneur de son pavillon, voulant attaquer à toutes forces, mais obligé d'y faire consentir lord Chatam, dont la résolution est loin d'être égale à la sienne.

« Je m'aperçus, dit-il, que S. Exc. n'avait pris aucune résolution, sous prétexte que les forces de l'ennemi s'accroissaient, et que l'armée éprouvait des maladies ; j'appris aussi qu'il avait envoyé chercher les officiers-généraux pour délibérer avec eux. Dans la matinée du 26, j'écrivis à sa Seigneurie, et je me rendis à terre avec le contre-amiral Keatz, au lieu de la réunion des lieutenans-généraux de l'armée. Je les trouvai décidément fixés dans l'opinion qu'il était impossible de rien entreprendre contre Anvers avec quelque apparence de succès. La saison était trop avancée, disait-on, les forces de l'ennemi s'accroissaient, les nôtres diminuaient par les maladies, la prise de Lillo et de Liefkinshoeck n'assuraient pas les résultats de l'expédition sans qu'Anvers fût réduit ; le pays qui avoisinent ces forteresses était inondé, etc. etc. »

Ainsi raisonnait dans cette fameuse expédition l'officier de terre, qui avait sans doute de très-bonnes raisons pour cela, et dont au fond il est peut-être plus juste de louer la raison et la prudente circonspection, que de censurer l'incertitude et l'irrésolution. Sir Richard Stracham raisonne en homme qui commande une ligne de brûlots, et n'a guère que des bâtimens à sacrifier dans une tentative moins audacieuse qu'elle ne paraît l'être : lord Chatam, au contraire, était pressé, était presque sommé de jeter sur le territoire français 25 à 30,000 hommes, qui y eussent en peu de jours laissé leurs débris : il a préféré une retraite à un désastre que tout lui prouvait inévitable. Voici comme à cet égard il s'exprime lui-même dans ses dépêches à l'amirauté :

« Dès mon arrivée dans l'île de Walcheren, j'avais appris que l'ennemi rassemblait des forces considérables sur tous les points ; mais je ne voulais pas donner trop de confiance à ces rapports, et je me décidai à persévérer dans mon entreprise, jusqu'à ce que je fusse pleinement convaincu que toute espèce de tentative subséquente resterait sans effet.

» D'après tous les avis que j'ai eus, les forces de l'ennemi répandues entre Berg-op-Zoom, Breda, Lillo et Anvers, y compris celles qui sont cantonnées sur la rive gauche, s'élèvent au moins à 35,000 hommes ; elles sont même portées plus haut dans quelques rapports. Je ne doute pas qu'il n'eût été possible d'effectuer un débarquement sur le continent ; mais comme le siége d'Anvers, place dont la possession aurait pu seule remplir l'objet ultérieur de l'expédition, était devenu entièrement impraticable dans cet état de choses, cette opération d'un débarquement, même en réussissant, n'aurait procuré aucun avantage solide ; la retraite de l'armée, qui n'aurait pas tardé à être inévitable, nous aurait exposés à trop de hasards. Toute la force disponible (et encore décroissait-elle tous les jours) que je pusse conduire sur le champ de bataille, après avoir pourvu les îles de Walcheren et de Sud-Beveland de garnisons convenables, se serait réduite à environ 23,000 hommes d'infanterie et 2000 de cavalerie, lorsque les détachemens nécessaires pour observer les garnisons de Berg-op-Zoom et de Breda, et pour assurer nos communications, eussent été retirés du principal corps d'armée. »

Ici le noble lord détaille les moyens de défense si rapidement élevés par les Français, puis il ajoute :

« Dans de semblables circonstances, quelque mortifiant qu'il fût pour moi de voir ainsi arrêtés les progrès d'une armée dont la bonne conduite et la valeur m'avaient donné tant d'espérance, je sens que mon devoir ne me laisse plus d'autre parti à prendre que de borner ici mes opérations. *Ce sera toujours une satisfaction pour moi de penser que je n'ai point compromis légèrement la sûreté de l'armée, et la réputation des armes de S. M.*

» Une autre satisfaction pour moi, c'est de me trouver d'accord avec l'opinion unanime des lieutenans-généraux de l'armée que j'ai jugé convenable de consulter, plutôt par respect pour eux, que par l'effet d'aucune incertitude personnelle sur le parti qu'il y avait à prendre. Il me reste à dire que les effets du climat, dans cette saison mal-saine, se sont fait sérieusement sentir, et que le nombre des malades approche déjà de trois mille. Je suis dans l'intention de me retirer graduellement de la position avancée que j'occupe dans cette île, et de faire passer dans celle de Walcheren une force suffisante pour garantir cette possession importante. J'embarquerai ensuite ce qui me restera de troupes, et je les tiendrai prêtes à exécuter les ordres ultérieurs de S. M., *que j'attendrai avec beaucoup d'impatience.* »

Sans insulter au malheur réel d'une telle position, et à la situation vraiment humiliante d'un officier obligé d'écrire une telle lettre après de telles démonstrations; sans répondre à la jactance par l'ironie, et sans profiter d'une circonstance où l'orgueil anglais reçoit un si cruel affront, il est permis de dire que le noble lord est satisfait à peu de frais; que s'il est content de sa conduite, il est peu difficile en ce qui le concerne; et que s'il attend les remercîmens du parlement et du peuple de Londres, il est loin du compte qu'il établit : toutefois il aura les remercîmens secrets de l'armée, qu'il a évidemment sauvée d'une défaite sanglante; et dans de tels événemens, il demeure constant que la responsabilité doit moins peser sur des officiers qui reconnaissent et avouent une expédition inexécutable, que sur le ministère qui l'ordonne inconsidérément et y consacre des sommes énormes sans avoir prévu qu'elle ne pourrait pas être exécutée.

Nous épargnons ici au lecteur les déclamations dont sont déjà remplis les papiers anglais, où des amis de leur pays avaient, avant l'événement, consigné leurs craintes sur le danger et l'inutilité d'une telle expédition. Tout ce qu'ils peuvent dire, tout ce qui se dira au parlement, se présente à tous les esprits. Les Anglais fuient, la division qui a éclaté sur leur escadre peut avoir au sein de l'Angleterre des effets favorables à la tranquillité du continent. Voilà ce qui nous suffit; un tableau plus flatteur encore, plus glorieux pour notre pays, est celui de l'union, du parfait accord, du noble ensemble qui a régné sur toute la ligne d'Anvers pour la défense commune. Les deux nations ici peuvent être jugées, et leurs moyens réciproques d'attaque ou de défense appréciés à leur juste valeur, abstraction faite du nombre d'hommes et du courage qu'on leur accorde. Que l'on place d'un côté sir Stracham et lord Chatam, de l'autre le prince de Ponte-Corvo et l'amiral Missiessi : que l'on examine leur conduite et que l'on prononce.

Une note officielle sur les résultats heureux de cette union de nos deux chefs pour la défense de l'Escaut vient d'être publiée : on verrait ce qu'ont pu en quelques jours l'activité française, le dévouement des soldats, la fidélité des habitans, le zèle des autorités, si nous transcrivions ici les détails techniques et purement militaires dont elle se compose. Les anciens ouvrages partout relevés, les nouveaux ports au plus haut degré de force, d'autres portés au-devant même de l'ennemi, et l'attaquant lui-même par une contre-approche ; sur les deux rives deux lignes de fer ; sur le fleuve de nombreuses lignes de bâtimens prêts à vomir les feux les plus destructeurs, si une juste représaille le rendait nécessaire : voilà ce que la présence et les ordres réunis du prince de Ponte-Corvo, du ministre-directeur de la guerre, de l'amiral Missiessi et de tous les officiers sous leurs ordres ont opéré comme par miracle.

Après avoir établi dans tous ses détails le système de la défense d'Anvers, de ses chantiers et de son escadre, le rédacteur de la note officielle que nous citons ajoute :

« Toutefois, il faut l'avouer, le tems eût manqué pour en achever dans tous les points l'immense dispositif, et la fortune contraire eût pu donner à l'ennemi quelques succès momentanés, si, dès le 19, il eût fait son attaque en déployant tous ses moyens avec la sagesse et l'audace indispensables contre de tels obstacles et contre de tels adversaires. Mais ce cas même était prévu ; des positions défensives étaient marquées sous Anvers à l'armée, dont les renforts arrivaient tous les jours ; et les mesures étaient prises, en conformité des ordres de l'Empereur, pour que les progrès de l'ennemi ne servissent qu'à le séparer de ses vaisseaux, et qu'à rendre plus complet et plus mémorable le châtiment de sa témérité.

» Tout, au reste, montrait l'ennemi incertain, mal instruit ou défiant, étonné à l'aspect d'obstacles imprévus, employant à les reconnaître le tems qui servait à les accroître, et perdant avec l'occasion la volonté d'attaquer.

» Enfin, les Anglais, convaincus que leurs misérables tentatives, après l'appareil de leur expédition, couvriraient leurs armes de honte et de ridicule, semblèrent vouloir porter leurs forces de terre et de mer sur des points qu'ils croyaient moins préparés à les recevoir. On les vit menacer à la fois la Hollande, les pays d'Hulst et d'Axel, l'île de Cadzand et les côtes de la Flandre; mais du côté de la Hollande, l'ennemi devait rencontrer la division du général Gratien, arrivant du nord de l'Allemagne, et les Hollandais s'armant pour la défense de leur roi, de leur territoire et de leurs alliés : dans les pays d'Hulst, d'Axel et de Cadzand, une armée créée pendant que l'ennemi menaçait Anvers, l'attendait sous les ordres du maréchal duc de Conégliano; et sur la ligne de cette armée, le ministre, premier inspecteur-général du génie, faisait mettre hors d'insulte toutes les places de la Flandre hollandaise et des côtes, depuis Hulst jusqu'à Nieuport. De quelque côté que les Anglais se portassent, le prince de Ponte-Corvo, placé sous Anvers, au centre de la ligne générale, les suivait et arrivait avec son armée pour les vaincre. Tout enfin leur montrait la France et la Hollande en mesure de repousser leurs atteintes.

« A l'aspect de tant d'obstacles accrus par les maladies de son armée, la honte d'une retraite parut moindre à l'ennemi que celle d'un échec. Ses dernières démonstrations n'eurent pour objet que de masquer l'évacuation de ses malades et de son artillerie. L'île de Beveland et le fort de Batz furent abandonnés. Dès le 29 août, 150 voiles, plusieurs vaisseaux, frégates ou cutters étaient revenus près de Flessingue : peu de jours après le reste des voiles descendit l'Escaut : le 4 septembre, on n'en voyait plus devant Batz : nos canonnières allèrent s'en emparer, et le remirent quelques heures après aux troupes hollandaises du corps du maréchal Dumonceau. »

« Tel est le résultat de cette grande expédition. Pour en diminuer la honte, l'ennemi ne manquera pas sans doute d'exagérer l'importance d'une conquête qu'il a trouvée facile (Flessingue). L'Europe verra, par ses propres aveux, qu'il a manqué le but principal de son expédition. Ses alliés lui reprocheront d'avoir sacrifié la cause commune à l'avidité de son commerce. Le désir d'ajouter à ses forces maritimes en prenant ou en brûlant quelques vaisseaux, le vain espoir de fermer un fleuve rival de la Tamise, l'ont plus occupé au milieu des grands événemens de l'Allemagne et de l'Espagne, que l'intérêt de ses alliés. Ne suffisait-il pas d'ailleurs pour déjouer ses projets, de ces mêmes gardes nationales qui l'ont, il y a vingt ans, arrêté sous les murs de Dunkerque? Si l'Espagne est pacifiée plutôt, si l'Autriche souscrit plus vite à la paix, l'Europe cette fois en sera redevable à l'Angleterre. La France lui doit dès ce moment de lui avoir offert l'occasion de déployer sa puissance contre une attaque inopinée, d'avoir fait voir qu'il suffisait d'un appel de l'Empereur à vingt de ses départemens pour opposer à ses ennemis, en moins d'un mois, plus de cent mille soldats armés, tandis que ses armées combattaient au loin, et sans qu'il ait été nécessaire d'en détacher un seul homme. »

Il est juste, après la publication de cette note, de faire connaître à quel point les Hollandais se sont montrés dignes de concourir à la défense générale, et empressés de rentrer en possession de leurs îles. Le plus brillant courage a présidé à la reprise du Sud-Beveland : ce coup de main hardi rappelle la fameuse reprise du fort de Fécamp, dans les guerres de religion, due à quelques braves jetés également à travers les écueils et les orages dans la position la plus hasardeuse. En voici le détail :

« Le 4, d'après des renseignemens obtenus dans les reconnaissances des jours précédens, le général Heyligers se mit à la tête de deux compagnies, l'une de carabiniers, l'autre de chasseurs : profitant de l'éloignement des vaisseaux anglais, il tenta avec cette poignée de braves, qui, quoiqu'à marée basse, avaient de l'eau jusqu'au-dessus des épaules, un passage qui est de plus d'une lieue. Ce ne fut qu'avec des difficultés inouies, et le plus souvent à la nage, que ces braves soldats parvinrent sur l'autre rive. Pendant tout le trajet un orage affreux leur ôta la vue de l'île et du fort. L'armée hollandaise était sur le rivage, alarmée sur le sort du détachement ; enfin, à sept heures du soir, on vit flotter le pavillon hollandais sur le fort. Les habitans ont accueilli leurs libérateurs avec une joie inexprimable. Le danger qu'ils ont bravé était d'autant plus grand, qu'il fallait effectuer le passage avant le commencement de la marée ; un instant de retard ou d'indécision, et ces braves auxquels S. M. a décerné sans exception des récompenses honorifiques, disparaissaient sous les flots. Le 5, l'île entière a été militairement occupée.

L'île de Walcheren l'est encore par les ennemis à la date des dernières nouvelles d'Anvers. Ils ont détruit tous les ouvrages, et essayé, dit-on, de combler le bassin ; ce qui prouve que leur intention est d'abandonner au plus vite cette station, qu'il était inutile d'ocuper pour la quitter si vite, et qu'il leur serait si dangereux d'occuper plus longtems : ceci nous conduit naturellement à parler de la capitulation de Flessingue, dont le texte a été publié officiellement. La garnison est prisonnière de guerre ; on remarque

que, suivant un droit des gens qu'il n'appartient qu'à eux d'exercer, les Anglais ont confondu avec la garnison, les administrations civiles et militaires, et les Fançais établis dans l'île depuis 1807 : c'est ainsi qu'ils grossissent facilement le nombre des défenseurs de la place : les détails manquent sur cette défense; c'est pour les connaître, et pour que chacun, dans cette circonstance si rare dans les annales de cette guerre, soit payé selon ses services, que S. M. a écrit la lettre suivante à son ministre de la guerre :

Lettre de S. M. l'Empereur et Roi.

« Monsieur le comte de Hunnebourg, notre ministre de la guerre, des rapports qui sont sous nos yeux, contiennent les assertions suivantes : Le gouverneur commandant la place de Flessingue, n'aurait pas exécuté l'ordre que nous lui avions donné de couper les digues et d'inonder l'île de Walcheren, aussitôt qu'une force supérieure ennemie y aurait débarqué; il aurait rendu la place que nous lui avions confiée, l'ennemi n'ayant pas exécuté le passage du fossé, le revêtement du rempart étant sans brèche praticable et intact, dès-lors sans avoir soutenu d'assaut, et même lorsque les tranchées des ennemis n'étaient qu'à 150 toises de la place, et lorsqu'il avait encore 4000 hommes sous les armes; enfin, la place se serait rendue par l'effet d'un premier bombardement. Si telle était la vérité, le gouverneur serait coupable, et il resterait à savoir si c'est à la trahison ou à la lâcheté que nous devrions attribuer sa conduite.

» Nous vous écrivons la présente lettre close, pour qu'aussitôt après l'avoir reçue, vous ayez à réunir un conseil d'enquête, qui sera composé du comte Aboville, sénateur; du comte Rampon, sénateur, du vice-amiral Thevenard; et du comte Songis, premier inspecteur-général de l'artillerie. Toutes les pièces qui se trouveront dans votre ministère, dans ceux de la marine, de l'intérieur, de la police ou de tout autre département sur la reddition de la place de Flessingue, tant sous le rapport de sa défense, que de tout autre objet qui pourrait intéresser notre service, seront adressées au conseil, pour nous être mis sous les yeux avec le résultat de ladite enquête.

» Cette lettre n'étant à autre fin, nous prions Dieu, Monsieur le comte de Hunnebourg, qu'il vous ait en sa sainte garde.

» Donné en notre camp impérial de Schœnbrunn, le 7 septembre 1809. »

Signé, NAPOLÉON.

Par l'Empereur,
Le ministre secrétaire-d'Etat, signé, H. B. MARET.

C'est en revenant de la visite qu'il a faite des divers corps de sa grande armée que l'Empereur a signé cette lettre. On annonce que les troupes se sont rapprochées sur tous les points de la ligne d'armistice, que celles de l'Autriche ont reçu l'ordre de camper depuis leur nouvelle organisation; mais les négociations continuent, et aucun indice positif ne peut faire présumer qu'elles ne doivent pas parvenir à leur maturité. Leur apparente lenteur s'explique aux yeux de beaucoup de personnes par la part que la Russie est présumée prendre à ces négociations, pendant que par suite des dispositions évidemment concertées avec la France, les troupes russes laissent la Gallicie s'occuper de son organisation et s'avancent sur le derrière des frontières autrichiennes vers les possessions turques, que le corps du général Prosorowski et les Serviens attaquent de concert. Sur ce théâtre éloigné d'elles, c'est encore l'Angleterre qui est menacée, puisque c'est à son alliance que la Turquie doit la guerre qu'elle a à soutenir. Dans la paix qui se prépare entre la Suède et la Russie, c'est encore l'Angleterre qui est menacée, puisque la première condition doit être son exclusion des ports suédois: une nouvelle tentative faite en Calabre est pour elle encore un échec.

En Espagne, elle a réussi, dit-on, à faire mettre sous les ordres du marquis de Vélesley la totalité des forces insurgées; peut-être de cette imprudente mesure datera pour elle l'époque où la rébellion cessera d'être dangereuse. Qui répondra de l'obéissance des insurgés à un chef étranger qui ne parlera plus en allié, mais en maître? Que devient ici la junte de Séville, qui se croyait le gouvernement du Midi? Que devient le nom espagnol, pour lequel on a prétendu combattre? L'ambition anglaise, en se dévoilant ici, pourrait bien se ravir à elle-même les derniers moyens qui lui restent; et si elle examine avec attention l'immensité des efforts qu'elle a faits, le nombre des points qu'elle a attaqués, des sacrifices qu'on lui a imposés vainement, et le résultat misérable de tant de préparatifs et de tant de pertes; il est impossible de ne pas croire qu'elle renonce bientôt à une lutte si fatale à l'Europe et si désastreuse pour elle-même; il est impossible désormais que l'on compte sur elle, et qu'on ne finisse pas par reconnaître que pour n'être pas un allié dangereux, il faut au moins qu'une nation soit une utile auxiliaire.

MERCURE DE FRANCE.

N° CCCCXXVII. — *Samedi 23 Septembre 1809.*

POÉSIE.

OSSIAN ou LA HARPE ÉOLIQUE (1).

ROMANCE.

Quels sons plaintifs troublent ma rêverie ?
En longs soupirs, quels accords inconnus
Ont réveillé dans mon âme attendrie
Le souvenir des jours qui ne sont plus ?

De Malvina, près de moi descendue
L'ombre chérie a, d'un souffle léger,
Fait résonner ma harpe, suspendue
Au chêne antique, ornement du rocher.

De mes amis les ombres héroïques
Pressent des monts les sommets blanchissans ;
Et, désertant leurs palais fantastiques,
Viennent en foule invoquer mes accens.

Fils de Morven ! nobles rois de la guerre !
Qu'attendez-vous du Barde aux cheveux blancs ?

---

(1) « Si le vent faisait résonner les harpes des Bardes, ce son était produit par le tact léger des ombres, etc. »

(LETOURNEUR, *Discours prélim. de la trad. d'Ossian*, p. lij.)

Depuis quelques années on a inventé de tendre, entre des arbres, de longs fils de fer qui, recevant le souffle des vents, rendent des sons harmonieux. La *harpe éolique* est le fruit du perfectionnement de cette invention. Sa forme élégante et simple en rend le transport facile. Rien ne peut exprimer le charme mélancolique de cette musique aérienne. (On trouve ces harpes chez M. Pleyel, boulevard Saint-Denis.)

N

Déjà la tombe appelle ma poussière ;
Ma voix s'éteint sous la glace des ans.

Dans nos forêts l'hiver poursuit l'automne ;
Un deuil profond couvre nos champs déserts ;
Le vent qui siffle, et l'onde qui résonne,
Répondent seuls à mes tristes concerts.

Mais...il se tait le son mélancolique...
De mes amis la foule disparaît ;
Je reste seul au pied du chêne antique ;
L'onde en grondant insulte à mon regret.

Garde, ô ma harpe, et redis à mon âme
Ces sons plaintifs pour moi trop tôt perdus ;
Ces longs accords dont le charme m'enflamme,
Et me rappelle aux jours qui ne sont plus !

EUSÈBE SALVERTE.

CATULLE A LUI-MÊME.

Si qua recordanti, etc.

Si le bien qu'on a fait laisse un doux souvenir,
Qui d'un charme secret embellit l'avenir ;
Si l'homme vertueux éprouve un vrai délice
A se rendre en son cœur l'honorable justice
De n'avoir point connu le mensonge odieux,
Ni trompé les humains au nom sacré des Dieux :
Combien la passion, d'où naissent tes souffrances,
Catulle, à tes vieux ans promet de jouissances !
N'as-tu pas, pour Lesbie, épuisé sans retour
Tout ce qui peut prouver le plus sincère amour ?
Pourquoi, toujours rebelle aux lois de la sagesse,
D'un fol espoir encor vouloir nourrir l'ivresse ?
Pourquoi toujours porter le fardeau du malheur ?
De ton âme il est tems d'essayer la vigueur.
Sans doute, c'est l'effort d'un sublime courage
De rompre, tout d'un coup, un si long esclavage :
Celui qui fut long-tems enchaîné par l'amour,
Ne saurait de son joug s'affranchir en un jour.
Il faut de l'héroïsme, et la tâche est pénible :
Mais la nécessité doit rendre tout possible.

Si vous eûtes toujours pitié des malheureux,
Grands Dieux ! si des mourans vous exaucez les vœux ;
Si je vous honorai ; si ma conduite est pure ;
Mettez un terme enfin aux tourmens que j'endure :
Jetez les yeux sur moi ! dissipez la langueur
Dont le poison pénètre et mes sens et mon cœur !
Je ne demande plus désormais l'impossible,
Ni que Lesbie un jour soit fidèle ou sensible :
De Catulle par vous que les maux soient guéris !
De son culte assidu qu'il obtienne ce prix !
KERIVALANT.

ENIGME.

AIR : *Aux montagnes de la Savoie.*

Je viens du fond de la Savoie,
Des montagnes où je naquis,
Avec un enfant qu'on envoie
Quêter de pays en pays ;
Pour soulager son indigence
Hélas ! il n'a que moi, moi seule, et l'espérance.
A.... H......

LOGOGRIPHE.

Je suis ta compagne fidèle,
Lecteur, et pour prix de mon zèle
Un dur lien m'attache à toi,
Et cependant, ingrat, sans moi
Tu manquerais plus d'une affaire ;
Souvent, un tendre rendez-vous
Au lieu des plaisirs les plus doux,
Ne t'offrirait qu'une chimère !
En moi, tu peux facilement
Trouver un fougueux élément ;
Ce qui seconde la mémoire ;
La cause de bien des combats ;
Ce que le sage ne craint pas ;
L'antique cité dont la gloire

Jadis a rempli l'Univers;
Ce qui s'élève dans les airs,
En bravant les enfans d'Éole;
Enfin j'offre encore à tes yeux
Un métal rare et précieux,
Que roulent les flots du Pactole.

    A.... H......

CHARADE.

Mon premier vole.... avec ses ailes,
Mon second vole.... avec ses ailes;
Et mon tout vole.... avec ses ailes.

    S........

Mots de l'ENIGME, du LOGOGRIPHE et de la CHARADE insérés dans le dernier Numéro.

Le mot de l'Enigme du dernier Numéro est *Iris*.
Celui du Logogriphe est *Bourse*, dans lequel on trouve, *ours*.
Celui de la Charade est *Tourne-broche*.

SCIENCES ET ARTS.

CURTII SPRENGEL HISTORIA REI HERBARIÆ.
— Deux forts vol. in-8°. — A Paris, chez *Treuttel* et *Würtz*, rue de Lille, n° 17, et à Amsterdam, au Bureau des arts et d'industrie. — Prix, 21 fr. pour Paris, et 25 fr. franc de port jusqu'aux frontières de l'Empire français.

Cet ouvrage est un de ceux dont on ne peut faire sentir l'importance et l'utilité que par une analyse faite avec un certain détail et sur-tout avec exactitude.

Dans ce nouveau monument de sa vaste érudition (1), le dessein du Docteur Sprengel a été de présenter le tableau complet des révolutions et des progrès successifs de la botanique depuis son origine la plus reculée, jusqu'en 1778, époque de la mort de Linné.

Le long espace de tems durant lequel s'opèrent ces révolutions, et se font ces progrès, est partagé en sept périodes distinctes, dont chacune est traitée dans un livre à part, suivant l'ordre des tems.

La première embrasse l'origine et les premiers développemens de la botanique, et se termine à Aristote. La seconde période comprend les progrès et les perfectionnemens de cette science chez les Grecs et chez les Romains, depuis Théophraste jusqu'à Galien. Elle est par conséquent d'environ cinq cents ans.

La troisième est celle de la décadence commune de la botanique et de toutes les études, durant la barbarie qui suivit la destruction de l'Empire romain. Elle embrasse près de douze cents ans.

La quatrième est celle de la restauration commune de la botanique et des autres sciences. Elle est censée commencer vers 1500, et finit en l'an 1600.

---

(1) Le Docteur Sprengel a déjà publié une Histoire et des Institutions de médecine, deux ouvrages très-importans dont nous nous proposons de rendre compte au public.

La cinquième, qui embrasse un siècle entier, est caractérisée par la création de l'anatomie et de la physiologie végétales. La sixième, qui va de 1700 à 1737, présente les premières ébauches du système sexuel. Enfin la septième, que le Docteur Sprengel appelle *Linnéenne*, comprend depuis 1737, époque des premiers travaux de Linné, jusqu'à sa mort, en 1778.

Le tableau de chacune de ces périodes, ou du moins le tableau des plus importantes, présente une série de faits qui se rapportent aux quatre principales branches de l'histoire générale de la botanique : c'est-à-dire, à l'anatomie et à la physiologie végétales ; à la découverte des nouvelles espèces de végétaux ; à la création ou aux réformes des systèmes et des méthodes de classification ; et enfin à la fondation d'établissemens propres à favoriser les progrès de la science dont il s'agit. Ainsi l'on voit que l'auteur a combiné d'une manière très-simple un certain ordre méthodique avec l'ordre purement chronologique.

On présume sans peine que les diverses périodes de l'histoire de la botanique ne peuvent présenter ni le même degré, ni le même genre d'intérêt et d'instruction. Mais il y a cela de particulier dans le travail du Docteur Sprengel, qu'il a montré plus d'érudition là où son sujet était par lui-même le moins intéressant. Les recherches les moins utiles, il les rend piquantes du moins par la singularité.

Ainsi le premier livre n'est, en majeure partie, composé que de fragmens peu cohérens entre eux, et qui concernent davantage l'histoire générale de l'antiquité que l'histoire spéciale de la botanique. On y trouve, par exemple, sous le titre de *Flore de la Bible*, de *Flore Homérique*, un catalogue des plantes nommées dans la Bible et dans Homère, dont les noms sont traduits, par conjecture, en noms *Linnéens*. Une *Flore Hippocratique*, qui vient à la suite de plusieurs fragmens érudits, est à la fois plus riche, moins conjecturale et plus importante que les deux premières. Cette Flore est une liste d'environ 150 plantes, la plupart médicales, désignées par les noms originaux, traduits aussi en noms *Linnéens*.

L'histoire de la botanique, strictement parlant, ne

commence qu'à Aristote. On sait que ce philosophe avait écrit deux livres sous le titre de *Théorie des Végétaux*. Le Docteur Sprengel n'hésite pas à croire, et prouve suffisamment que les deux livres qui se trouvent aujourd'hui dans le recueil des Œuvres d'Aristote, sous le même titre, ne sont ni d'Aristote, ni dignes de lui. Ainsi tout ce qu'il rapporte des idées de ce créateur de l'histoire naturelle sur les plantes, se réduit à quelques aperçus très-généraux, mais non sans importance, tirés presque tous de l'histoire des animaux. C'est dans cet ouvrage que les animaux et les végétaux ont été, pour la première fois, envisagés comme formant une seule et même série d'organisations graduellement décroissantes en perfection, depuis l'homme jusqu'au végétal le plus simple.

Le deuxième livre débute par une esquisse assez étendue et très-soignée de la vie de Théophraste, et de ses travaux sur les plantes. Il résulte de cette esquisse que Théophraste doit être regardé comme le plus ancien botaniste dont les ouvrages soient venus jusqu'à nous. Quelqu'imparfaites que fussent les premières tentatives de Théophraste, elles avaient cependant constitué la botanique comme une véritable science, comme une branche intéressante de la science de la nature.

Par une révolution singulière, que le Docteur Sprengel ne remarque qu'à peine, loin de la développer et de l'expliquer, la botanique, après Théophraste, n'est plus cultivée que comme une branche de la médecine ou de l'économie rurale, tant chez les Grecs que chez les Romains. Après avoir donné un catalogue fort étendu des médecins grecs, qui, à propos de matière médicale, s'occupaient des végétaux, l'auteur en vient à parler de la botanique chez les Romains, et ici son travail reprend de l'intérêt, sans néanmoins entrer dans l'histoire positive de la science.

Il donne une Flore de Virgile, curieuse en elle-même, et qui n'est pas sans importance pour l'histoire de l'agriculture et des arts économiques chez les Romains. Ceux qui admettent Virgile comme faisant autorité sur ce point, remarqueront peut-être avec surprise que toutes les plantes mentionnées par lui, soit comme plantes d'agrément, soit comme végétaux économiques, se réduisent à 81 espèces.

Les deux chapitres de ce livre les plus importans (à l'exception de celui où il s'agit de Théophraste) sont ceux où il est question de Dioscoride et de Pline. L'un et l'autre, le dernier sur-tout, sont traités avec beaucoup de justesse et de sagacité de critique.

Il résulte des recherches du Docteur Sprengel sur les deux premières périodes de la botanique, que vers la fin du second siècle de l'ère moderne, il y avait environ 1200 espèces de plantes connues.

Toute la période d'ignorance qui suivit l'invasion de l'occident par les barbares aurait pu être omise sans aucun préjudice réel pour l'histoire de la science. Mais, comme on a déjà pu le voir, le Docteur Sprengel est accoutumé à tirer de l'aridité même de son sujet des occasions de montrer son étonnante érudition, et sa patience dans les recherches laborieuses. Ainsi, entr'autres dissertations particulières dont se compose le tableau de cette déplorable période, se trouve une liste des plantes agréables ou usuelles que Charlemagne faisait cultiver dans les jardins particuliers : cette liste n'excède pas 70 espèces.

Un article plus intéressant de cette même période, c'est le recensement de tous les végétaux connus des Arabes. Il paraîtrait, d'après notre auteur, que les Arabes avaient ajouté environ 150 nouvelles espèces à celles qu'avaient déjà nommées ou décrites les Grecs et les Romains. D'un autre côté, les médecins du moyen âge avaient observé, soit en Italie, soit dans les Gaules, une cinquantaine d'autres espèces : de sorte que le nombre des végétaux connus immédiatement avant la naissance de la botanique était, en tout, d'environ 1400 ; ce qui fait 600 de plus que ne le supposait Haller.

La période suivante commence à présenter un intérêt soutenu, et une suite progressive de tentatives, de découvertes et de recherches. L'histoire de cette période débute par celle des commentateurs qui écrivirent sur les ouvrages anciens où il était traité des plantes. Bientôt après, quelques esprits plus actifs, au lieu de se borner à douter si telles ou telles plantes étaient ou n'étaient pas celles dont avaient parlé les Grecs et les Romains, commencèrent, dans presque toutes les contrées de l'Europe, à chercher et examiner les végétaux indigènes. Le Docteur Sprengel nomme plus de trente auteurs qui s'occupèrent avec plus ou moins de fruit de cette recherche et de cet examen.

L'établissement des jardins de botanique qui appartient à cette période, les nombreux voyages qu'on fit alors, contribuèrent à répandre le goût de la botanique, et à multiplier le nombre des végétaux connus. Dès le milieu du XVIe siècle, ce nombre était vraisemblablement de quatre à cinq mille, et plus que suffisant pour rendre indispensable la formation de systèmes et de méthodes de classification. Aussi les premiers essais de ce genre datent-ils de cette époque. C'est celle de Gessner, de Césalpin, de l'Ecluse, de Lobel, etc., hommes d'un zèle infatigable, d'une sagacité singulière, d'un esprit étendu, et dont les travaux sont presque oubliés sans avoir été surpassés, car entre eux et les plus distingués des botanistes postérieurs, il n'y a que la différence des tems où les uns et les autres ont vécu.

L'analyse des immenses travaux des deux Bauhins, sur-tout de Gaspar, termine d'autant plus convenablement l'histoire de cette période, que ces deux savans hommes laissèrent une sorte d'inventaire de toutes les richesses que la botanique avait acquises jusqu'à eux.

La découverte et les premiers perfectionnemens du microscope amenèrent la cinquième période, signalée par la création de l'anatomie et de la physiologie végétales : la première fondée en Angleterre, par les découvertes de Grew et de Malpighi : la seconde en France, par les observations de Perrault, de Dodart, de Mariotte.

Ce fut aussi dans cette période que commença à avoir cours l'opinion publiée dès 1604 (2), par Zaluzanis, de la propagation des végétaux par le concours d'organes sexuels distincts, et que l'on songea à confirmer cette opinion par des expériences. Ce fut un anglais, Bobart,

---

(2) Même dès 1592.

qui en 1686, fit la première de ces expériences sur le *Lychnis dioïca*. L'impartialité du Docteur Sprengel sur ce point est peut-être un peu plus remarquable que sur beaucoup d'autres, en ce que les Allemands semblent s'obstiner à réclamer pour Jacques Camérarius la priorité des expériences faites dans cette vue, sans trop songer que le résultat de ces expériences a été depuis fortement contesté (3).

Deux des articles les plus intéressans et les plus détaillés de ce cinquième livre, sont consacrés à Ray et à Tournefort. Tout en rendant justice à ce dernier comme à l'un des plus illustres fondateurs de la science, le Docteur Sprengel critique sa méthode avec justesse et sagacité, mais presqu'avec autant d'instance que s'il pouvait exister, en botanique, un système artificiel exempt d'inconvénient et de défaut, et que si celui de Tournefort, à tout prendre, n'était pas un des moins imparfaits, et peut-être le moins imparfait de tous.

L'objet le plus apparent du sixième livre est, en quelque sorte, de préparer l'attention à la création du système sexuel, que le Docteur Sprengel regarde comme la création principale de la période suivante. Aussi indique-t-il, avec beaucoup de soin, les diverses tentatives qui furent faites pour confirmer et pour étendre la découverte de la sexualité dans certains organes des plantes : et il est assez curieux de remarquer que, déjà assez long-tems avant Linné, l'opinion sur l'existence d'organes sexuels dans les végétaux était si accréditée et si répandue que des observateurs distingués, tels que Réaumur, Billen, Micheli, n'hésitaient pas à trouver des organes mâles et femelles dans les familles entières de plantes, où personne ne les a trouvés depuis eux, du moins avec certitude. Cette époque est aussi très-remarquable en ce qu'on y vit éclore le germe de plusieurs idées qui n'attirent l'attention et ne font, pour ainsi dire, fortune que dans la période suivante. Telle est, entr'autres, l'idée fondamentale du système sexuel lui-même énoncée par Burckhart en 1702, avec tant de

---

(3) Camérarius n'a écrit qu'en 1694.

précision, qu'il ne reste guère à Linné que la gloire de l'avoir appliquée (4).

Comme cela devait être par la progression naturelle du sujet, le septième livre de l'ouvrage est le plus considérable de tous, en importance aussi bien qu'en étendue. Ce livre débute par une notice de la vie et des travaux de Linné, notice travaillée avec prédilection, et le morceau le plus brillant de l'ouvrage entier. Linné n'y est pas seulement envisagé comme réformateur de la botanique en particulier, mais encore comme celui de l'histoire naturelle en général. Le Docteur Sprengel ne trouve à lui comparer que le seul Aristote; et il établit entre le philosophe grec et le naturaliste suédois un parallèle assez rapide, où il s'étudie principalement à faire ressortir les différences qui les caractérisent l'un et l'autre : ce qui est presque toujours le seul motif sensé d'un parallèle entre des hommes qui par cela même qu'ils sont supérieurs, ne peuvent qu'imparfaitement se ressembler. On pourra contester, sans doute, la justesse absolue de

---

(4) Un chrétien d'Alexandrie, un évêque des premiers siècles de l'Eglise, l'auteur des Amours de Leucippe et Clitophon, Achilles Tatius, dans le Ier livre de son roman, parle en termes assez clairs du sexe des plantes :

« Les philosophes ont sur les plantes une opinion que je croirais
» fabuleuse, si elle n'était confirmée par celle des agriculteurs; c'est
» que les plantes s'aiment entr'elles, et que cette passion est un véri-
» table tourment pour le dattier. On dit en effet qu'il y a des dattiers
» mâles, et des dattiers femelles. Les premiers sont vivement épris
» des seconds; et s'il arrive à un couple de ces amans d'être plantés
» trop loin l'un de l'autre, le mâle se dessèche et périt d'amour. Le
» laboureur qui les contemple d'un lieu élevé, est bientôt instruit de
» ces peines secrètes. Il voit la plante amoureuse se pencher vers l'objet
» qui l'attire; et prompt à soulager le mal qui la tue, il prend un
» rameau du dattier femelle, et va le plonger dans le cœur du mâle,
» qui se laissant pénétrer au feu de ses embrassemens, respire enfin,
» et reprend la force et la vie. Voilà ce qu'on appelle un mariage de
» plantes. » Mais l'évêque Romancier ne fait que répéter en poète ce que Théophraste et même Hérodote avaient avancé, comme naturalistes, et en historiens.

l'idée que le Docteur Sprengel s'est faite des travaux de Linné, et de leur degré d'importance pour le perfectionnement réel de la science. Cependant on reconnaîtra qu'il n'y a ni exagération, ni partialité dans l'exposé qu'il fait de ces mêmes travaux. Le reste du livre, c'est-à-dire, sa très-majeure partie, est consacrée à représenter l'influence que le système sexuel eut sur la culture de la botanique, à retracer les oppositions que rencontra ce système, les triomphes qu'il obtint, toutefois sans que l'auteur néglige d'exposer et d'analyser les travaux qui furent entrepris dans des vues contraires à celles de Linné, ou dans des vues seulement différentes. Mais ces divers détails étant très-nombreux, et presque tous d'une grande importance pour l'histoire de la botanique, il serait impossible ici d'en indiquer la série sans excéder considérablement les bornes que nous avons dû nous prescrire.

Tels sont le plan, la marche et les points capitaux de l'histoire de la botanique par le Docteur Sprengel; mais il s'en faut bien qu'une indication si rapide et si vague puisse faire présumer le degré d'intérêt et le genre d'utilité de son ouvrage, non plus que l'étendue d'érudition et la sagacité d'esprit qu'il a fallu pour le composer.

L'attention scrupuleuse avec laquelle l'auteur a retiré d'une infinité de livres presqu'entièrement oubliés, les vues et les idées, les erreurs et les tâtonnemens à la suite desquels la théorie de la science en est venue au point où nous la voyons aujourd'hui, nous semble mériter d'autant plus d'éloges que l'utilité de ces sortes de recherches est plus indirecte, sans être moins réelle.

Mais ce qui caractérise peut-être plus particulièrement le travail du Docteur Sprengel, ce qui peut le rendre d'une utilité plus positive, et en quelque sorte, plus journalière, c'est le soin qu'il a pris en traitant des auteurs qui ont publié des descriptions de plantes, de donner une liste complète de celles qui dans chaque auteur se trouvaient être ou tout à fait nouvelles, ou simplement mieux décrites. On a de la sorte sous les yeux les tableaux distincts de toutes les acquisitions successives de la botanique, depuis les premiers tems jusqu'à la mort de Linné. Ce qui complète l'utilité de ces tableaux, c'est la peine qu'a prise l'auteur de transporter en noms *Linnéens*, chaque phrase par laquelle chaque plante a été désignée pour la première fois. Enfin la variété, l'exactitude, la précision, l'impartialité des analyses dont se compose l'ouvrage que nous désirons faire connaître, le rendent indispensablement nécessaire à quiconque s'occupe assez sérieusement de la botanique pour mettre du prix à savoir l'histoire de cette science. Il est inutile d'ailleurs de faire observer que dans une production de la nature de celle-ci, et composée sur le plan que nous venons d'indiquer, les omissions, les répétitions, les incertitudes sont des défauts presqu'inévitables. Nous dirons seulement qu'il serait ridicule d'exiger en ce genre au-delà de ce qu'a fait notre auteur.

Généralement parlant, on trouvera, tant dans les principaux détails que dans le plan de son ouvrage, plus d'exactitude et d'érudition, que de cet esprit qui rapporte avec justesse et clarté à un petit nombre de résultats et de points de vue essentiels une grande multitude d'idées divergentes et d'aperçus divers.

L'auteur n'a peut-être pas toujours distribué dans l'ordre où elles devaient se lier et s'éclairer le mieux, les diverses parties de son travail. Il nous semble, par exemple, que les travaux d'Aristote et de Théophraste constituent dans l'histoire de la botanique une époque, pour ainsi dire, indivisible, aussi distincte de ce qui la précède immédiatement que de ce qui la suit. Cependant le Docteur Sprengel a placé l'exposé des vues d'Aristote sur les végétaux à la suite de plusieurs recherches auxquelles rien ne les lie; et il a renvoyé la notice des opinions de Théophraste à la seconde période, où elles se trouvent dans une sorte de contraste avec tout ce qui les accompagne; la botanique étant descendue dans cette période de son rang de science à n'être plus qu'une dépendance stérile de la médecine.

Lorsqu'il apprécie les idées et les vues de quelques botanistes distingués, nous avons cru apercevoir que notre auteur, un peu trop attaché à considérer ces botanistes comme fondateurs ou réformateurs de méthodes, négligeait quelquefois des traits plus propres à caractériser leur génie. Ainsi, pour n'en citer qu'un exemple, il semble ne voir dans Bernard de Jussieu qu'un des fondateurs de la méthode naturelle en botanique, et non le grand observateur qui a déduit cette méthode d'un principe général, le plus fécond et le plus profond de tous ceux que l'on a jusqu'à présent appliqués à l'étude et à la classification des êtres organisés. Nous osons penser encore que plusieurs naturalistes trouveront que le Docteur Sprengel, dans la manière d'envisager le système sexuel de Linné, lui donne plus d'importance qu'il n'en devrait avoir dans une histoire générale de la botanique.

Ceux qui aiment à chercher dans l'histoire des diverses sciences ces traits qui leur sont communs à presque toutes, et qui, par conséquent, peuvent passer pour des traits caractéristiques et généraux de l'esprit humain, en apercevront quelques-uns dans cette histoire de la botanique. Ils y trouveront une preuve de plus, que dans les sciences d'observation, une découverte importante n'est presque jamais l'œuvre propre et absolue d'un seul homme ; que certaines idées heureuses qui font d'abord avancer les sciences, en suspendent ensuite long-tems la marche, parce qu'on en fait une application trop absolue ; que les sciences ne s'élèvent à la hauteur où elles deviennent dignes de ce nom que quand elles sont cultivées pour elles-mêmes, et non dans la vue d'en retirer des services immédiats ; enfin que plus une découverte, une idée sont importantes, et plus elles accroissent, dans notre esprit, l'immense disproportion entre ce qui est connu, et ce qui est ignoré.

Nous n'avons pas encore parlé du style de cet ouvrage, et nous n'en avons que peu de chose à dire. L'auteur a, selon nous, bien fait d'adopter la langue latine pour écrire l'histoire de la botanique, non seulement parce que cette langue peut être encore regardée comme la langue universelle des sciences, mais encore parce que les inventeurs et les observateurs les plus distingués en botanique, ayant exposé leurs idées ou leurs découvertes en latin, cette langue est en quelque sorte devenue la langue naturelle de la science, langue toujours très-difficile à traduire dans les langues vulgaires de l'Europe. Le style du Docteur Sprengel nous a paru habituellement ce qu'il devait être dans un ouvrage de cette nature, simple, clair, et précis.

On a vu que cet ouvrage ne contient pas l'histoire complète de la botanique et qu'il s'arrête à la mort de Linné. Le tems qui s'est écoulé depuis, quoiqu'assez peu considérable, forme une nouvelle période, probablement la plus intéressante et la plus riche de toutes, et celle où il semble que la botanique se soit élevée décidément à la consistance et à la dignité d'une science réelle. Il nous semble que personne ne lira l'ouvrage dont nous venons de parler sans former le vœu que l'auteur le poursuive. On pourra concevoir et exécuter autrement que lui l'histoire de la botanique; mais, de quelque manière qu'on prétende l'écrire, on ne pourra ni se passer du travail du Docteur Sprengel, ni le consulter sans reconnaissance.

A. Z.

LITTÉRATURE ET BEAUX-ARTS.

MÉMOIRE HISTORIQUE SUR LA BIBLIOTHÈQUE PUBLIQUE DE BRUXELLES, par M. DE LA SERNA SANTANDER, correspondant de l'Institut national. — A Bruxelles, et se trouve à Paris, chez les frères *Tilliard*. — Un vol. in-8°. — 1809.

PARMI les Bibliothèques de France qui s'enorgueillissent autant de leur ancienneté que de leurs richesses, celle des anciens comtes de Flandres doit être mise au premier rang. Semblable aux grands Empires, elle n'eut que de faibles commencemens : une Bible, un Missel, le recueil poétique des *Minnesingers*, les Troubadours du pays suffirent d'abord pour charmer les loisirs des princes qui la formèrent. Elle prit de plus grands accroissemens sous le règne des souverains de la maison de Bourgogne. Philippe-le-Bon, sur-tout, protecteur distingué des lettres, l'enrichit à grands frais. David Aubert, dans le prologue de la Chronique de Naples, dit : « *Nonobstant que ce soit le prince, sur-tout autres garny de la plus riche et noble librairie du monde, si est-il moult enclin et désirant, de chacun jour, l'accroistre, comme il fait, pourquoi il a journellement, en diverses contrées, grands clercs, orateurs, translateurs et écripvains à ses propres gages occupés* (1). »

L'on peut ajouter à l'appui de ce témoignage, qu'il restait encore en 1746, dans la Bibliothèque de Bruxelles, un grand nombre d'ouvrages dédiés au duc Philippe-le-Bon, *composés*, *copiés* et *translatés* par ses ordres, tant pour son amusement particulier que pour l'instruction de son fils Charles, depuis surnommé le *Téméraire*. Ce fut alors que cette collection prit le nom de Bibliothèque de Bourgogne, titre qu'elle a conservé jusqu'à nos jours. A cette époque les livres étaient regardés comme des

___
(1) Notice sur un manuscrit intitulé : *le Tournois de la Gruthuse*, par M. Van Praët.

SEPTEMBRE 1809.

objets si précieux, que l'on appelait *garde-joyaux* ceux qui étaient chargés de conserver les Bibliothèques.

M. de la Serna Santander l'un de nos plus savans bibliographes et maintenant *garde-joyaux* de la Bibliothèque de Bourgogne, vient de donner un nouvel éclat à l'établissement qui lui est confié, en publiant un mémoire historique fort curieux sur son origine, ses accroissemens, et son état actuel. Les recherches de M. de la Serna n'ont même pas été uniquement bornées à cet objet; il a porté plus loin ses vues, en associant d'une manière intéressante les progrès de la Bibliothèque de Bourgogne à ceux des lettres, pendant le moyen âge ; s'il se présente quelque point important de l'histoire littéraire à éclaircir, il n'en laisse pas échapper l'occasion. La science des manuscrits qui, pour lui, n'a point de ténèbres, lui révèle presque toujours des faits peu connus, propres à piquer la curiosité que les ouvrages d'érudition n'excitent plus guère parmi nous. C'est avec plaisir que l'on remonte le cours des siècles pour assister aux règnes brillans de Philippe-le-Bon et de Marguerite d'Autriche, si célèbre par son esprit, sa gaieté et ses malheurs. Cette princesse, chargée du gouvernement des Pays-Bas pendant la minorité de Charles V, y fit fleurir les lettres et les arts. M. de la Serna donne à ce sujet des détails remplis d'intérêt. Marguerite aimait sur-tout la poésie française ; elle composait des vers et des chansons dont M. de la Serna rapporte quelques fragmens (2). Voici une strophe qui n'est certainement pas dépourvue de verve ni d'harmonie :

    Cueurs désolés par toutes nations,
    Deul enssemblez et lamentations :
    Plus ne querez l'armonieuse lyre
    Lyesse, esbas et consolations :
    Laissez aller prenez (3) pleurs et passions
    Et m'aidez tous à croistre mon martyre
    Cueurs désolés.

---

(2) Ces fragmens sont extraits du Recueil des chansons de Marguerite, manuscrit qui se trouve aujourd'hui à la Bibliothèque impériale, où il a été transporté de Bruxelles.

(3) Nous présumons qu'à la place de ce mot insignifiant *prenez*,

O

L'on connaît l'épitaphe badine que Marguerite fit au milieu d'une tempête affreuse en allant en Espagne pour épouser l'infant don Jean :

> Cy-gist Margot la gente demoiselle
> Qu'eust deux maris et si mourut pucelle.

Pour entendre ces vers il faut se rappeler qu'elle avait d'abord été fiancée au dauphin, depuis Charles VIII.

M. de la Serna expose les variations successives qu'éprouva la Bibliothèque de Bourgogne, tour à tour incendiée, ensevelie dans des souterrains, décimée par des commissaires français, lors de la prise de Bruxelles par le maréchal de Saxe. Il arrive enfin à l'époque plus heureuse où le comte de Cobentzel et le prince de Stharemberg, ministre plénipotentiaire de l'Impératrice-Reine, s'occupèrent d'un établissement qui, par leurs soins généreux, fut rendu à son ancienne splendeur. Néanmoins cet état florissant ne dura pas. Les armées victorieuses de la France ayant occupé Bruxelles en 1794, le représentant du peuple, Laurent, fit enlever de la Bibliothèque de Bourgogne sept chariots de livres et de manuscrits. Quelque tems après MM. Le Blond, de Wailly, etc., commissaires des sciences et des arts, choisirent encore deux cents manuscrits, environ, pour la Bibliothèque nationale.

Lorsque la Belgique fut réunie à la France, l'administration centrale du département de la Dyle, composée d'hommes éclairés, confia à M. de la Serna et à M. Gerard, secrétaire perpétuel de l'Académie de Bruxelles, le soin de mettre en ordre la Bibliothèque de Bourgogne; depuis cette époque elle a constamment prospéré, plusieurs belges, amis des lettres, se firent un devoir de contribuer à son accroissement : parmi eux il faut citer en premier ordre M. le sénateur comte Lambrechts, qui, pour être honoré, n'a jamais eu besoin des dignités dont il a été revêtu.

---

qui est dans la copie de cet article, il faut lire *plaincs*, plaintes, *planctus*, et que la ponctuation doit être telle que nous la rétablissons ici, sans quoi ces vers n'auraient point de sens.

(*Note des Editeurs du Mercure.*)

La Bibliothèque de Bruxelles est maintenant placée dans le palais de l'ancienne Cour. Le Muséum, le Cabinet d'histoire naturelle, le Jardin botanique réunis dans le même local, font de cet établissement un des plus magnifiques temples des arts qui soient en France.

Le Mémoire historique sur la Bibliothèque de Bourgogne est terminé par deux notices sur les anciennes institutions littéraires et sur les musiciens célèbres de la Belgique. Le dernier sujet avait déjà été traité par le bon et savant M. Van-Hulthem (4), à qui la ville de Gand a les mêmes obligations que Bruxelles à M. de la Serna.

JUSTIN-LAMOUREUX.

TRADUCTIONS NOUVELLES DE SALLUSTE.

(SECOND ARTICLE.)

On lit dans Salluste :

« *Sed in eâ conjuratione fuit Q. Curius, natus haud obscuro loco, flagitiis atque facinoribus coopertus ; quem censores senatu probri gratiâ amoverant. Huic homini non minor vanitas inerat quàm audacia; neque reticere quæ audierat, neque suamet ipse scelera occultare. Prorsus neque dicere neque facere quidquam pensi habebat. Erat ei cum Fulviâ, muliere nobili, stupri vetus consuetudo; cui cùm minus gratus esset, quòd inopiâ minus largiri poterat; repente glorians maria montisque polliceri cœpit, minari interdum ferro, nisi obnoxia foret, postremo ferociùs agitare quàm solitus erat. At Fulvia insolentiæ curii causâ cognitâ, tale periculum reipublicæ haud occultum habuit; sed, sublato auctore, de Catilinæ conjuratione quæ quoque modo audierat compluribus narravit. Ea res in primis studia hominum accendit ad consulatum mandandum M. Tullio Ciceroni : namque antea pleraque nobilitas invidiâ æstuabat, et quasi pollui consulatum credebat, si eum quamvis egregius, homo novus, adeptus foret; sed ubi periculum advenit, invidia atque superbia post fuere.* »

M. *Dureau de la Malle.*

« Dans cette conjuration se trouvait Quintus Curius,

___
(4) Discours prononcé dans une réunion d'artistes belges.

homme qui n'était pas sans naissance, mais couvert de crimes et d'opprobre : les censeurs l'avaient rayé du sénat pour ses infamies. Cet *homme* n'avait pas moins d'inconsidération que d'audace. Il ne pouvait taire ce qu'on lui *avait dit*, *pas même* cacher ses propres crimes ; il *se permettait de tout dire et de tout faire*.

« Il avait une *vieille liaison* avec une femme noble, nommée Fulvie, dont les complaisances se refroidissaient depuis quelque tems, parce qu'il ne pouvait plus *faire* les mêmes largesses depuis le dérangement de sa fortune. Tout à coup, d'un air triomphant, *il se mit à lui faire* les plus magnifiques promesses ; quelquefois il la menaçait de la poignarder si elle ne se soumettait à ses désirs ; enfin, *dans toute sa conduite, il y avait un changement* EXTRAORDINAIRE. Fulvie *en ayant su bientôt la cause*, ne garda point le secret sur le péril imminent que courait la république. *Elle s'abstint seulement de nommer celui de qui elle tenait cet avis* ; mais elle dit à une foule de personnes ce qu'elle savait de la conjuration de Catilina et comment elle le savait. Ce fut sur-tout cette alarme qui, *réchauffant tous les citoyens pour Cicéron, le* FIT *consul*. Dans tout autre moment, un pareil choix *eût soulevé l'orgueil des nobles*. Un homme nouveau, *avec les talens même les plus extraordinaires*, leur paraissait souiller le consulat ; mais l'approche du péril *fit* taire l'orgueil et l'envie. »

Le lecteur a déjà pu voir dans ce morceau plusieurs traces de ce langage trop familier que j'ai cru devoir reprocher à l'auteur. *Une vieille liaison* est assurément une expression très-commune et sur-tout trop faible pour remplacer *vetus stupri consuetudo*. *Il se mit à lui faire les plus magnifiques promesses*, me semble une tournure presque triviale. On pouvait rendre, je crois, plus heureusement : *Postremo ferocius agitare quàm solitus erat. At Fulvia insolentiæ Curii causâ cognitâ*, etc. ; et la traduction de ce passage était si facile qu'on ne conçoit pas comment elle a pu échapper à un homme du mérite de M. Dureau. *Sublato auctore*, exprimé par une longue périphrase, paraît d'autant plus étonnant, que les deux langues emploient avec beaucoup d'élégance le mot *auctore* dans le même sens. *Réchauffant tous les cœurs pour Cicéron, le fit consul* ; cette locution du traducteur manque à la fois d'exactitude, de noblesse et d'harmome. Mais voici une faute plus grave et que la seule lecture du texte suffisait pour éviter.

Salluste dit énergiquement :

« Namque antea *pleraque nobilitas invidiâ œstuabat, et quasi pollui consulatum credebant, si eum quamvis egregius, homo novus adeptus foret.* »

Ecoutons l'interprète :

« *Dans tout autre moment, un pareil choix eût soulevé l'orgueil des nobles. Un homme nouveau, même avec les talens les plus extraordinaires, leur paraissait souiller en quelque sorte le consulat.* »

D'abord pourquoi couper deux membres de phrases si bien liés par le sens dans l'original ? Ensuite que sont devenues ces deux belles expressions, *invidiâ œstuare*, qui peignent énergiquement une vérité d'observation ? *Les talens les plus extraordinaires* dépassent de beaucoup la mesure d'éloges que Salluste, son ennemi, voulait accorder à Cicéron, sur qui tombe l'épithète *egregius*. M. Dureau de la Malle avait assurément bien plus de talens qu'il n'en fallait pour effacer ces taches. Passons au second traducteur :

M. Lebrun.

« Parmi les conjurés était Quintus Curius, *personnage distingué par sa naissance*, mais perdu de débauches, couvert de crimes et chassé du sénat par les censeurs, *comme infâme*. Aussi léger qu'audacieux, Curius ne pouvait taire ce qu'il avait entendu ; il ne *savait pas même dissimuler ses propres crimes* ; enfin, il ne respectait aucune bienséance, ni dans ses actions, ni dans ses discours. *Il entretenait depuis long-tems un commerce coupable avec une femme noble*, nommée Fulvie ; mais l'amour de Fulvie était affaibli depuis que le dérangement de la fortune de *Curius l'avait forcé à restreindre ses libéralités*. Voilà que tout à coup, d'un air triomphant, il fit à son *amante* des promesses excessives ; mais d'autres fois il la menaçait de la tuer si elle se refusait à ses désirs : enfin il la traitait avec une arrogance tout à fait nouvelle. Fulvie en ayant découvert le motif, ne tint point secret le grand danger de la république : *elle se tut seulement sur Curius. A cela près,* elle raconta à plusieurs personnes ce qui lui avait été dit de la conjuration de Catilina et comment elle l'avait appris. Ce fut là sur-tout le motif *qui anima les citoyens*, qui *les engagea à déférer* le consulat à M. Tullius Cicéron. Auparavant, la plupart des nobles, *ennemis implacables du peuple*, eussent regardé le consulat comme souillé pour ainsi dire, si un homme nouveau, quel que fût d'ailleurs son mérite, en eût obtenu les honneurs ; mais à l'approche du danger, la haine et l'orgueil cédèrent au sentiment de la crainte. »

Il ne faut que lire ce morceau, d'ailleurs élégant et bien tourné, pour voir que l'auteur recherche le nombre de la période, et qu'il multiplie les mots sans nécessité. Ce défaut ne paraît pas très-grave d'abord, mais comme il domine partout, il ôte à la traduction le caractère et le cachet de l'original. M. Dureau de la Malle a seul des trois traducteurs conservé la tournure négative du latin dans ces mots, *natus haud obscuro loco*. Il a dit : *Qui n'était pas sans naissance* ; traduction infiniment préférable à cette expression positive : *Personnage distingué par sa naissance*. *Amante*, et *promesses excessives*, n'étaient pas les mots propres. *Elle se tut seulement sur Curius*, rend mal et trop longuement *sublato auctore*.

« Ce *fut là sur-tout ce qui anima les citoyens*, qui *les engagea à* déférer le consulat à M. Tullius Cicéron. »

Mieux vaudrait encore la traduction un peu trop familière de M. Dureau de la Malle. On y retrouve au moins quelque chose de la vigueur du texte. Toute la fin du morceau, à l'exception de ces mots, *individiâ œstuabat*, dont la version ne donne pas même une idée, est exacte et bien écrite. Voyons si le troisième traducteur soutiendra la comparaison :

M. Mollevaut.

« Dans cette conjuration se trouvait Q. Curius, *d'une haute naissance, couvert d'infamies et de crimes, et que son opprobre fit chasser du sénat par les censeurs*. Cet homme, d'une vanité égale à son audace, ne sachant ni taire ce qu'il avait appris, ni cacher ses propres crimes, ne mesurait nullement ni ses discours ni ses actions. Il avait une ancienne habitude de débauche avec Fulvie, femme noble, à laquelle il était moins agréable depuis que l'indigence diminuait ses largesses. Tout à coup il *se vante*, lui fait les plus *grandes* promesses, la menace du glaive si elle ne *lui est soumise*, la traite enfin avec plus de *hauteur* que de coutume. Elle apprend la cause de cette insolence et ne cache point le danger de la république ; mais, sans nommer son auteur, elle raconte à plusieurs personnes ce qu'elle sait et comme elle est instruite de la conjuration. Alors sur-tout les citoyens brûlèrent de nommer Cicéron consul. Auparavant, la plupart des nobles, bouillant d'une jalouse colère, *croyaient prostituer le consulat, si un homme nouveau, quoique plein de mérite, y parvenait ; mais le danger éloigna* l'orgueil et l'envie. »

Il me semble qu'on trouve plus de brièveté, plus de vigueur, plus de Salluste enfin dans ce morceau qui cependant n'est ni sans taches, ni à beaucoup près le meilleur de ceux du jeune traducteur. Outre la remarque que j'ai déjà faite, ces mots d'une haute naissance, sans rien qui les précède, paraissent brusques et manquent d'élégance. Au lieu de *fit chasser*, il fallait *avait fait chasser*. Je préfère beaucoup la première phrase de M. Dureau de la Malle. *Il avait une ancienne habitude de débauche* rend très-fidèlement *vetus stupri consuetudo* ; et quoiqu'il fût plus conforme au génie de notre langue de dire : *Il entretenait depuis long-tems un commerce criminel*, etc. ; je crois qu'il vaut encore mieux respecter, comme l'a fait M. Mollevaut, la pensée de Salluste, qui a voulu peindre une courtisane, une femme perdue de débauche, et digne de son amant. Peut-être les deux auteurs précédens ont ils eu raison de traduire *inopia* par dérangement de fortune ; leur expression donne plus d'exactitude au sens. En effet, l'indigence ne diminue pas des largesses, elle les fait cesser entièrement. *Si elle ne lui est soumise* : le latin se contente du mot *obnoxia* ; mais notre langue exige un léger commentaire. Hauteur ne remplace pas *ferociùs*. *Alors sur-tout les citoyens brûlèrent de nommer Cicéron consul*. Cette phrase est nue, et ne rappelle ni l'élégance ni le nombre que l'on remarque dans le latin : *Ea res imprimis studia hominum accendit ad consulatum mandandum M. Tullio*

Ciceroni. Je demande aux traducteurs la permission de leur proposer cette version : ce fut sur-tout cette circonstance qui enflamma tout le monde du désir de confier le consulat à M. Tullius Cicéron, ou qui alluma dans tous les cœurs le désir de voir le consulat remis entre les mains de M. Tullius Cicéron. M. Mollevaut a seul approché d'*invidiâ œstuabat. Croyait prostituer le consulat.* Une nuance infiniment délicate dans le sens et dans l'expression fait désirer ici au lecteur attentif le mérite de la fidélité. Il fallait dire comme Salluste : *Auraient cru le consulat souillé en quelque sorte*. M. Lebrun a senti cette délicatesse ; il a aussi mieux rendu la dernière phrase du texte.

Citons maintenant, sans les interrompre par des observations de détail qui pourraient détruire l'effet du plus bel ensemble, citons, dis-je, trois morceaux dans lesquels nous laisserons le talent de chacun des traducteurs se développer sous les yeux du lecteur.

Nous nous rappelons encore l'aspect de la capitale dans les jours d'alarmes de notre révolution, l'empressement des uns, la stupeur des autres, l'inquiétude générale, le voile de tristesse et de deuil répandu sur la ville entière. Salluste avait vu Rome dans les mêmes angoisses, dans le même abattement au moment de la découverte de la conjuration de Catilina, et des mesures de défense prises par les consuls : il est curieux de comparer son récit aux scènes dont nous avons été les témoins. Voici comment il s'exprime :

Quibus rebus permota civitas, atque immutata urbis facies : ex summâ lætitiâ atque lasciviâ, quæ diuturna quies pepererat, repente omnis tristitia invasit. Festinare, trepidare ; neque loco, neque homini cuiquam satis credere ; neque bellum gerere, neque pacem habere : suo quisque metu pericula metiri. Ad hoc, mulieres, quibus, pro reipublicæ magnitudine, belli timor insolitus, afflictare sese, manus supplices ad cœlum tendere ; miserari parvos liberos ; rogitare, omnia pavere ; superbiâ atque deliciis omissis, sibi patriæque diffidere. At Catilinæ crudelis animus eadem illa movebat, tametsi præsidia parabantur, et ipse lege Plautiâ interrogatus ab L. Paulo. Postremo, dissimulandi causâ, et quasi expurgandi, sicuti jurgio lacessitus foret, in senatum venit. Tum M. Tullius, consul, sive præsentiam ejus timens, sive irâ commotus, orationem habuit luculentam atque utilem reipublicæ: quam postea scriptam edidit.

Ce récit est bien fait ; mais on sent en lisant qu'il eût été plus intéressant et plus riche de couleurs sous la plume de Tacite. On cherche vainement dans le tableau l'agitation et les diverses passions du sénat : on voudrait y voir l'attitude, les gestes, la figure, la place même de Caton, de César, et de Cicéron : on s'étonne sur-tout de ne pas trouver un mot sur la sensation que produisit l'éloquente Philipique du père de la patrie. Mais n'oublions pas qu'au lieu de faire le procès à l'historien, nous avons à nous occuper de ses traducteurs.

M. Dureau de la Malle.

« *Tout cela* répandit une inquiétude générale : *Rome n'était plus reconnaissable*. A cette joie folle et dissolue qu'avait produite une longue tranquillité succéda tout à coup une *tristesse chagrine* ; partout un air de trouble, de précipitation : on se défiait des lieux et des hommes ; sans être en guerre on n'était point en paix ; *il y avait un danger vague que chacun jugeait d'après ses craintes*. Joignez *à cela* les femmes que la grandeur de l'empire avait toujours tenues loin du péril, et qui alors pour la première fois se croyaient en proie à toutes les terreurs de la guerre, qui se désolaient, qui tendaient au ciel des mains suppliantes, s'attendrissaient sur leurs enfans en bas âge, questionnaient sans cesse, s'alarmaient de tout : laissant là leur vanité et leur mollesse, elles n'avaient plus qu'un *sentiment de découragement sur elles et sur la patrie*. Cependant l'âme féroce de Catilina n'en poursuivait pas moins ses projets, quoiqu'il vît tous les *préparatifs qui se faisaient* contre lui, et qu'il eût à se défendre lui-même, étant accusé par Lucius Paulus, en vertu de la loi Plautia. Enfin, pour mieux couvrir ses desseins, affectant de ne regarder ces inculpations que comme *un trait d'emportement de ses ennemis*, qu'il lui serait facile de repousser, il se rendit au Sénat. Ce fut alors que le consul Cicéron, soit qu'il craignît la présence de Catilina, soit qu'il ne pût contenir son indignation, lui adressa cette harangue vigoureuse par laquelle il servit si bien l'Etat, et qu'il a publiée depuis, après l'avoir retravaillée. »

M. Le Brun.

« Ces dispositions répandirent la *terreur* dans Rome; elle devint méconnaissable. *A cette grande joie, à cette allégresse immodérée* qu'avait fait naître une longue tranquillité, succéda tout à coup une profonde tristesse. On voyait courir çà et là les citoyens frappés de *terreur*; point de lieu où l'on se crût en sûreté, point d'homme à qui l'on osât se fier. On n'était point en état de guerre, et l'on ne jouissait pas de la paix. Les dangers on les appréciait par des craintes. Agitées d'une *terreur nouvelle dont la puissance de la république les avait jusqu'alors affranchies, les femmes redoutaient la guerre*, et leur affliction était extrême; elles levaient au ciel des mains suppliantes, déploraient le sort de leurs jeunes enfans, ne cessaient de s'enquérir des événemens, se faisaient de tout des sujets d'alarmes, et oubliant le luxe et les plaisirs, désespéraient d'elles-mêmes et de la patrie. Cependant l'implacable Catilina, bien que les Romains se fussent mis en état de défense, bien que L. Paulus l'eût appelé en jugement en vertu de la loi Plautia, Catilina poursuivait toujours ses desseins; mais il prit le parti de dissimuler, et, comme pour se justifier et repousser une attaque injurieuse, il se rendit au Sénat. Là, le consul Marcus Tullius, soit qu'il craignît la présence de Catilina, soit qu'il ne pût contenir son indignation, prononça un discours très-éloquent et très-utile à la république, que depuis il écrivit et mit au jour. »

M. Mollevaut.

« Ces *événemens* épouvantent les citoyens et changent l'aspect de Rome. A l'excès de la joie et de *la débauche* qu'un long repos avait enfantées, succède tout à coup une profonde tristesse. On s'empresse, on s'agite, on se défie des hommes et des lieux. Sans avoir la guerre, on n'a plus la paix. Chacun mesure le péril d'après ses craintes. Les femmes que la puissance de l'Etat garantissait des terreurs de la guerre, s'affligent, tendent au ciel leurs mains suppliantes, plaignent leurs faibles enfans, interrogent, s'alarment de tout, et *repoussant l'orgueil et la mollesse*, désespèrent d'elles et de la patrie. Cependant l'âme cruelle de Catilina poursuit ses projets malgré les *préparatifs de défense et l'interrogation* que L. Paulus lui fait subir d'après la loi Plautia. Enfin, pour mieux feindre et comme pour se justifier d'un bruit calomnieux, il vient au Sénat : alors le consul Cicéron, soit qu'il redoute sa présence, soit que la colère l'enflamme, prononce un discours plein d'éloquence et d'utilité pour l'Etat : il l'a publié depuis. »

Il me semble qu'en comparant attentivement ces trois versions à l'original, on pourrait admettre le jugement général que j'avais porté sur chacune d'elles.

Dans la première, défaut de noblesse, d'exactitude, d'élégance et de précision.

Dans la seconde, longueur et paraphrase; mais propriété d'expression, aisance, et harmonie.

Dans la troisième, le mouvement, la rapidité, la concision de l'original; mais à côté de ces qualités, quelques taches. L'emploi perpétuel du présent qui rend la phrase monotone, des mots mal choisis, et un peu de sécheresse. En général, la couleur de Salluste est plus fidélement imitée par M. Mollevaut; il est quelquefois inférieur à ses rivaux, sur-tout à M. Lebrun qui paraît avoir une connaissance plus profonde du génie de notre langue. M. Dureau de la Malle a peut-être plus heureusement rendu le portrait des amis et des complices de Catilina; mais M. Mollevaut a seul osé dire avec toute la hardiesse de l'original :

« Ceux que leur langue ou leur main nourrissaient de parjure, ou du sang des citoyens. »

On ne trouve que chez lui cette belle expression :

« Que si un citoyen honnête tombait dans les pièges de son amitié. »

Voilà comment on traduit un grand écrivain, voilà comment on enrichit sa langue. Il y a dans les discours de César et de Caton plusieurs traits semblables à ceux que je viens de remarquer et qui tiennent sur-tout au mérite de la fidélité, mais d'une fidélité qui embrasse à la fois toutes les qualités éminentes du style de l'original. Telle est cette phrase digne de Salluste :

« Vous dites le moment est terrible; mais vous ne le craignez point. Que dis-je? il vous épouvante : toutefois, dans les langueurs et la mollesse de vos ames, vous vous reposez les uns sur les autres ; vous différez, vous fiant sans doute à ces Dieux immortels qui tant de fois ont sauvé la république des plus grands dangers. »

Dans ce fameux parallèle de Caton et de César, qui est une de ces fautes heureuses et fécondes en beautés, que les grands écrivains seuls peuvent commettre, on trouve encore cette autre phrase, peut-être supérieure à l'original, dont elle n'est pas cependant la traduction littéralement exacte :

« Les bienfaits, la pitié, les pardons de César, et les refus de Caton occupaient la renommée. »

Il est vrai que pour le reste de la comparaison MM. Dureau de la Malle et Lebrun ont l'avantage. Ils n'ont pas oublié comme leur émule un trait bien essentiel du portrait de César. Salluste dit :

Postremo, Cesar in animum induxerat *laborare, vigilare, negotiis amicorum intendere, sua negligere, nihil denegare quod dono dignum erat.*

Ces mots, *in animum induxerat*, peignent bien ce César en qui l'ambition *n'attendit pas le nombre des années ;* ils annoncent le dictateur futur dans le jeune patricien, qui, déjà versé dans la connaissance des hommes, se compose déjà une armée de cliens, et se fraie de loin, par ses services et ses libéralités calculés, le chemin à la suprême puissance, qu'il brûle et qu'il a résolu d'obtenir. Cette réflexion me rappelle un mot original et plein de sens. Un grand seigneur d'autrefois disait à propos de ce même César, qui à l'âge de seize ans devait déjà seize millions de sesterces : « Ce n'étaient pas là les » dettes d'un polisson. »

J'ai reproché à M. Dureau plus que des familiarités ; je vais en mettre quelques-unes sous les yeux du lecteur. Malheureusement elles ne sont que trop fréquentes.

On lit par exemple dans cet écrivain :

« Il y avait dans le même *tems un Cnœus Piso*, etc. »

« En *voilà assez* sur cette première conjuration. »

Salluste met les réflexions suivantes dans la bouche de Catilina :

« *Simul quia vobis eadem quœ mihi bona malaque intellexi; nam idem velle atque nolle, ea demum firma amicitia est.* »

M. Dureau a cru traduire l'énergique précision de l'auteur par cette version :

« D'ailleurs, j'ai vu que ce qui *était bien*, que ce qui *était mal* pour moi, *l'était* pour vous ; et quand on s'accorde ainsi sur *ce qu'on veut*, sur *ce qu'on ne veut pas*, on peut compter d'avance sur d'immuables amitiés. »

Ce mot à mot fait presque un contre-sens dans le premier membre de phrase.

M. Mollevaut, par une fidélité mal-entendue et un mauvais choix d'expressions, a aussi défiguré Salluste. Dans ce passage, leur concurrent a dit un peu trop longuement, mais avec une parfaite élégance :

« Je me suis d'ailleurs pénétré de cette idée, que les biens et les maux devaient être communs entre vous et moi ; car c'est l'accord parfait des volontés qui fait la force de l'amitié. »

Il était bien aisé, ce me semble, de donner aussi à cette phrase le mérite de la brièveté.

Remarquerai-je encore des tournures vraiment étonnantes dans M. Dureau ?

En sommes-nous-là, grands Dieux !

« Il leur dit que c'était *un homme à lui*, et par leur *amitié intime*, et par les embarras dont il était *enveloppé*. »

« Trop souvent l'ardeur de ses passions ne *lui permettait pas d'attendre celles des hommes*. »

« Les assassins ayant *trouvé les portes fermées*, *en furent pour l'odieux d'un forfait horrible* qu'ils ne purent exécuter. »

« *Hors ce cas*, il est *sur tous ces points* dans la dépendance du peuple. »

Quand *il fut chez lui* (en parlant de Catilina retiré dans sa maison après sa fuite du sénat).

Salluste fait cette réflexion touchante sur sa patrie prête à périr dans les déchiremens des factions :

« *Eâ tempestate mihi imperium populi romani multò maximè miserabile visum.* »

Son interprète lui fait dire :

« C'était alors, à mon avis, une bien misérable puissance que cette puissance romaine. »

Comment concevoir que l'on dénature ainsi le sens et l'expression d'un grand auteur? Et se peut-il que ce soit l'heureux traducteur de Tacite qui commette de pareilles infidélités? Mais un système vicieux, une recherche mal entendue du naturel et de la simplicité ont rendu souvent inutiles le savoir, les profondes connaissances, la maturité d'esprit, tous les talens enfin d'un homme distingué et dont quelques amis illustres se vantent d'avoir consulté avec fruit le goût et les lumières. Ils auraient dû répéter sans cesse à M. Dureau ce vers de *Britannicus*:

Pour bien faire, Néron n'a qu'à se ressembler.

Je n'ai pas trouvé à beaucoup près autant de fautes de détail dans M. Lebrun que dans ses concurrens. Pourquoi faut-il qu'il ait affecté un luxe de paroles tout à fait opposé à la brièveté et à la précision de son auteur? Pourquoi suis-je encore obligé de lui reprocher d'avoir assez souvent énervé les beautés mâles, ou rendu d'une manière timide les expressions hardies et figurées de l'original? A mon avis, le traducteur ne manque pas d'éloquence ; mais on pourrait caractériser cette éloquence, comparée à celle de Salluste par ces expressions, *fractam et elumbem*, que le sévère Brutus appliquait injustement à Cicéron. Quelques citations doivent aussi prouver ce que j'ai avancé; mais pour que le lecteur puisse juger si mes accusations sont fondées, il faut absolument rapprocher ici le texte de la traduction :

« *Supra ea, veluti ficta per falsis ducit.* »

« Tout ce qui passe cette mesure, on le rejette on l'attribue à l'imagination de l'écrivain. »

« *Fortuna sævire atque miscere omnia cœpit.* »

« Ce fut alors que la fortune déploya sur elle ses rigueurs, la livra à une agitation universelle. »

« *Ah hoc quos manus atque lingua perjuria et civili sanguine alebat.* »

« Ceux dont la langue, dont les mains étaient vendues au crime, qui se nourrissaient du parjure et du sang des citoyens. »

Quelle timidité !

« *Quòd si quis etiam à culpâ vacuus, in amicitiam ejus inciderat.* »

« Un homme pur avait-il le malheur de s'attacher à lui. »

Salluste dit, en parlant de la république qui n'enfantait plus de grands hommes :

« *Ac sicuti effœtâ parente, multis tempestatibus haud sane quisquam Romæ clarus virtute fuit.* »

Cette belle image a perdu toute sa force et toute sa noblesse dans la traduction.

« La fécondité de la mère-patrie s'épuisa pour ainsi dire, et au milieu des plus violens orages, on ne vit point apparaître de grands caractères. »

Il était si facile de continuer l'image de Salluste et de le surpasser par cette raison même.

« *Eo fit ut impetus fiat in vacuam rempublicam* ; »

« Faut-il s'étonner qu'on attaque la république déchirée ?

« *Timor animi auribus officit ;* »

« La crainte le rend sourd aux exhortations. »

« *Quocumque ire placet, ferro iter aperiundum est.* »

« Où que nous voulions aller, il faut que ce soit le fer qui nous en fraie la route. »

« *Sine metu cesserimus, eadem illa adversa fient ;* »

« Mais si la crainte énerve notre résistance, tout ce qui nous avait servi dans la victoire se déclarera contre nous. »

Où sont la précision, la vivacité de l'original ?

Je m'arrête, et après avoir fait la part de la critique; je prends un véritable plaisir à déclarer que dans une foule de passages, la pensée, le tour, l'expression de Salluste sont rendus avec un rare bonheur. En me servant de cette expression, je l'entends dans le sens de ces bons mots dont Fontenelle disait : Ce sont des hasards : d'accord; mais je ne sais pourquoi ces hasards-là n'arrivent qu'aux gens d'esprit.

J'ai avancé au commencement de cet article, que M. Mollevaut supprimait les liaisons du style de Salluste, et manquait souvent d'harmonie. Voyons si cette double assertion est hasardée.

On lit dans Salluste :

« *Sed diu magnum inter mortales certamen fuit, vine corporis, an virtute animi res militaris magis procederet: nam et priùs quàm incipias consulto, et ubi consulueris, maturè facto opus est. Ita utrumque per se indigens, alterum alterius auxilio veget.* »

Voici la traduction :

« Les hommes ont agité long-tems si les forces du corps ou les qualités de l'esprit contribuaient davantage aux succès militaires. Avant d'entreprendre, réfléchissez; après avoir réfléchi, agissez promptement. Ces deux choses impuissantes en soi, se fortifient par un mutuel secours. »

Faute d'avoir rendu *namque*, la seconde phrase est un contre-sens d'autant plus marqué que le tour employé par le traducteur contribue encore à défigurer le texte. Cependant on voit bien que M. Mollevaut entendait son auteur; il ne fallait pas non plus omettre l'adverbe *ita*, absolument nécessaire au sens. J'insiste sur cette faute, parce qu'elle revient sans cesse, et qu'il suffit de l'avoir reconnue pour l'éviter à l'avenir.

On lit ailleurs :

« Contre la nature, le corps fait leurs délices et l'âme leur pèse. »

A cette phrase si harmonieuse de Salluste :

« *Verùm illi delubra deorum pietate, domos suas gloria decorabant,*

decorabant, neque victis quidquam, præter injuriæ licentiam, eripiebant.»

le traducteur substitue celle-ci :

« Leur piété décorait ces temples, et la gloire leur demeure. Ils enlevaient aux vaincus le seul pouvoir de nuire.

Dans la première citation, je vois un latinisme et de la sécheresse ; dans la seconde, outre l'opposition de *rùm illi*, que l'on cherche encore en vain, on ne trouve pas le plus léger sentiment du nombre de l'original ; mais si les deux fautes essentielles que je viens de remarquer sont beaucoup trop nombreuses dans une partie du premier volume, il faut avouer qu'elles disparaissent mesure à mesure, que plus M. Mollevaut avance dans la carrière et plus il devient digne de son modèle ; que ses dernières pages sont presqu'irréprochables, et enfin que sa traduction de *la Guerre de Jugurtha*, dont je dois parler dans un troisième article, toujours fidèle, mais plus châtiée, d'une élégance plus soutenue, quelquefois étincelante de beautés, reproduit très-souvent d'une manière parfaite la pensée forte et le style animé de Salluste.

P.-F. TISSOT.

LITTÉRATURE ANGLAISE.

Notice sur la personne et les ouvrages de sir WILLIAM JONES.

SIR WILLIAM JONES, fondateur de la Société asiatique, établie à Calcutta, jouit en France, ainsi qu'en Angleterre, d'une célébrité trop justement acquise pour que nos lecteurs ne nous sachent pas gré de leur faire connaître avec quelques détails, un homme auquel de grands talens et de non moins grandes vertus assignent un des premiers rangs parmi les écrivains qui ont illustré l'époque où nous vivons. L'auteur anglais des Mémoires d'où nous avons tiré en partie cet article, lord Teignmouth, était l'ami particulier de sir William Jones, et cette circonstance, indépendamment du rang qu'il occupe et de l'estime dont il jouit, ajoute un nouveau degré de certitude et d'intérêt à cette composition biographique.

La partie la plus agréable et peut-être la plus instructive

de ce genre d'ouvrage, est celle qui nous retrace les premières années d'un personnage célèbre, et nous fait suivre le développement graduel de son caractère intellectuel et moral. La vie de sir William est remarquable sous ce premier rapport. Il était encore dans l'enfance lorsqu'il perdit son père ; et sa mère (qui paraît avoir été une femme d'un mérite et d'un esprit supérieurs), dirigea son éducation d'après des principes qui ne nous paraissent pas moins bons, pour être journellement attaqués par des hommes, qui pourraient accréditer leur doctrine, s'ils ne nous offraient pas leur exemple.

Dans le plan adopté par Mme Jones pour l'éducation de son fils, elle se proposa d'éloigner tout moyen de contrainte, et de faire naître insensiblement dans l'esprit de son jeune élève le goût de la science et l'amour de l'étude, par l'attrait même de la curiosité. A toutes les questions qu'il lui adressait et qu'elle avait soin d'exciter, elle ne faisait jamais que cette réponse : *lisez et vous saurez* : par ce moyen le désir d'apprendre devint bientôt chez l'enfant, aussi vif que l'était, chez la mère, le désir d'enseigner ; et tels étaient les talens de l'une et les heureuses dispositions de l'autre, qu'à l'âge de quatre ans le jeune William lisait distinctement quelque livre anglais qu'on lui présentât ; elle s'occupait en même tems de cultiver sa mémoire en lui faisant apprendre et répéter par cœur les morceaux les plus connus de Shakespear et les meilleures fables de Gay. A cette première éducation succédèrent les études scholastiques. Il fut envoyé au collége d'Harow, où il ne tarda pas à se distinguer par des progrès fort au-dessus de son âge, et une ardeur pour l'étude dont rien ne pouvait le détourner. L'anecdote suivante peut donner une idée de l'esprit qui l'animait à cette première époque de sa vie.

Le jeune William avait inventé une espèce de jeu *politique* dans lequel le D. Binet, depuis évêque de Cloyne, et le célèbre docteur Parr étaient ses principaux associés. Un champ, dans les environs d'Harow, avait été divisé par eux, d'après une carte de la Grèce, en républiques et en royaumes ; ils avaient assigné un chef à chacun de ces États, auxquels ils conservaient leur ancien nom. Quelques-uns de leurs camarades représentaient les *Barbares*, et en cette qualité, cherchaient à envahir les possessions des *Grecs* et à s'emparer des monticules qu'ils appelaient leurs forteresses, et que ceux-ci défendaient avec courage. Quand chacun des princes grecs se croyait trop faible pour résister séparément à l'ennemi commun, on convoquait une diète générale où l'on prononçait des discours pour ou contre la guerre, et dans laquelle on arrêtait les plans de campagne. William Jones présidait à ces jeux avec la même supériorité qui l'a distingué depuis sur un plus grand théâtre : il aurait pu s'appliquer ces mots de Catulle :

Ego gymnasii flos ego decus olei.

Telle était l'idée que l'on se faisait dès-lors de ses talens et de son habileté, habileté que son premier maître, le docteur Thackerai, disait de lui : « Que si on l'exposait nud, sans parens, sans protection sur la plaine de Salisbury, il trouverait le chemin des richesses et de la réputation. »

Il passa du collége d'Harow à celui d'Oxford, où ses professeurs qui ne trouvaient rien à lui apprendre lui abandonnèrent le soin de diriger lui-même ses études. Le plan qu'il se fit n'avait plus rien d'académique ; bien persuadé qu'il savait du grec et du latin tout ce qu'il est possible d'en savoir, il se livra tout entier à l'étude des langues modernes, de la littérature et des beaux-arts.

Il abrégea le tems de sa résidence à Oxford en acceptant la place de gouverneur de lord Althorpe (aujourd'hui comte Spenser), qui lui fournit l'occasion de visiter le continent. En peu de tems la langue française, qu'il aimait beaucoup, lui devint si familière, que le premier ouvrage qu'il publia fut une traduction en français d'un manuscrit persan de la vie de Nadir-Sha (Thamas-Kouly-Kan), apporté en Angleterre par le roi de Danemarck. (On peut remarquer, comme un rapport entre deux hommes qui ont illustré l'Angleterre à la même époque, que l'historien Gibbon débuta également dans la carrière des lettres par un ouvrage écrit en français (1). Depuis Hamilton, aucun étranger

---

(1) Je dois citer un fait plus récent et non moins honorable pour notre langue : deux Turcs unis par l'amour des lettres, et voulant sortir de la barbarie où leur nation est encore plongée, entre toutes les langues de l'Europe ont choisi la langue française comme la plus propre à les initier dans les connaissances qu'ils voulaient acquérir. L'un d'eux a composé, en 1803, et fait imprimer à Constantinople, un ouvrage en français intitulé : *de l'État actuel des arts et des sciences*

peut-être n'a écrit et parlé cette langue avec autant de grâce et de légèreté que sir William Jones : nos lecteurs en trouveront la preuve dans ce court extrait d'une lettre que cet illustre orientaliste écrivit à M. A. du P..... qui, dans la préface d'un ouvrage sur la religion et la langue des anciens Persans, avait parlé avec autant de mépris que d'impolitesse des savans de l'Université d'Oxford.

« Ne soyez pas surpris, monsieur, de recevoir cette lettre d'un inconnu qui aime les vrais talens et qui sait apprécier les vôtres.

» Souffrez que je vous félicite de vos heureuses découvertes : vous avez souvent prodigué votre précieuse vie, *vous avez franchi des mers orageuses, des montagnes remplies de tigres*, vous avez flétri votre teint, que vous nous dites, avec autant d'élégance que de modestie, avoir été composé de *lis et de roses*; vous avez appris deux langues anciennes que l'Europe entière ignorait; vous avez rapporté dans votre patrie les livres du célèbre Zoroastre; vous avez charmé le public par votre agréable traduction de cet ouvrage, et finalement vous avez atteint l'objet de vos ardens désirs; vous êtes membre de l'Académie des Inscriptions.

» Nous respectons beaucoup cette illustre et savante académie; mais vous méritiez, ce me semble, un titre plus distingué. Christophe Colomb ne découvrit qu'un nouveau monde; mais vous, monsieur, vous avez découvert une religion nouvelle, laissant aux hommes oisifs le soin de cultiver la leur. Les saints missionnaires n'ont jamais affronté tant de périls pour avancer le vrai culte, que vous en avez essuyé pour découvrir le faux.

» Plus grand voyageur que Cadmus, vous avez rapporté, comme lui, de nouveaux caractères et de *nouveaux Dieux*; car vous n'avez pas oublié, monsieur, celui que vous volâtes dans une pagode près de Keneri.

» A parler franchement, on doit vous faire, pour le moins, l'archi-mage des Guèbres, ce qui vous fournirait l'occasion de mettre un peu plus *de feu* dans vos écrits.

» Voyageur, savant, antiquaire, héros, *libelliste*, quels

---

en Turquie, dont il a envoyé un exemplaire à notre savant compatriote M. Langlès. Par une fatalité qui semble condamner la nation turque à une éternelle ignorance, l'auteur de cet ouvrage a péri dans les derniers troubles qui ont coûté la vie au sultan Sélim et à son successeur.

titres ne méritez-vous pas ! On se contente de vous offrir celui qu'Horace donnait à Fannius dans l'épigraphe de cette épître, que peut-être vous avez lue, mais à coup sûr, sans vous douter de la justesse de l'application. Comme lui, vous vous applaudissez sans mesure; vous voilà *beatus*; vous avez déposé vos manuscrits à la Bibliothèque royale; voilà *delatis capsis*; sans y être invité; voilà *ultro*: et pour achever la comparaison, vous nous donnez souvent votre portrait (*imaginem*), duquel vous paraissez fort épris : mais Fannius était poëte, et par malheur, à la fiction près, il s'en faut de beaucoup que vous le soyez, etc. etc. »

C'est un icident assez remarquable dans la vie de sir William Jones de le voir se mettre au nombre des candidats qui briguaient l'honneur de représenter au Parlement l'Université d'Oxford. Comme il n'avait point déguisé ses sentimens sur la guerre d'Amérique, et sa prédilection pour les principes constitutionnels les plus favorables à la liberté, on dut trouver extraordinaire qu'il se flattât d'obtenir la confiance de cette corporation essentiellement monarchique; et l'on fut bien moins surpris du peu de succès de son entreprise, que du nombre des suffrages qu'il parvint à se concilier.

Un écrit anonyme, qu'il publia quelque tems après sous le titre de *Dialogue entre un Fermier et un Gentilhomme campagnard, sur les principes du Gouvernement*, parut si dangereux, qu'un bill d'ajournement fut lancé contre le doyen de Saint-Asaph (beau-frère de sir Jones), qui l'avait publié dans le pays de Galles; mais telles sont les vicissitudes du monde politique, que l'accession de lord Shelburne à la place de premier ministre, dans le tems où l'auteur du *Dialogue* était le plus vivement poursuivi, procura à ce dernier, avec le titre de baronet, la place de juge au conseil suprême des Indes, qu'il ambitionnait depuis long-tems. Il s'embarqua pour le Bengale en 1783.

L'Indoustan fut le principal théâtre de la vie publique de sir W. Jones. Dès la première année de son séjour à Calcutta, il y jeta les fondemens d'une société célèbre, à laquelle il assigna pour but la recherche des antiquités historiques et littéraires de cette vaste région. Les travaux de cette société, publiés sous le titre de *Recherches asiatiques* (2), composeront un des plus vastes et des plus riches

(2) Il a déjà paru en Angleterre sept volumes in-quarto de cette intéressante collection, dont la traduction fut entreprise en France.

monumens littéraires dont le monde savant puisse se glorifier.

Fondateur et président de la société de Calcutta, sir William l'enrichit d'une foule de Mémoires, au premier rang desquels on s'accorde à placer celui qui a pour objet *la comparaison des Dieux de l'Inde avec ceux de la Grèce et de l'Italie*; jamais plus d'érudition, de goût et d'éloquence n'ont appuyé une opinion plus probable, celle qui suppose que la mythologie des Grecs a sa source dans les anciennes superstitions des Hindoux. Son *Traité de la Poésie asiatique* atteste l'immense étendue de ses connaissances, et présente, comme un phénomène unique dans le monde littéraire, un homme parlant à la fois toutes les langues savantes, toutes celles de l'Europe et de l'Asie, et faisant également bien des vers en hébreux, en grec, en latin, en arabe et en persan.

Le zèle infatigable de sir William pour les progrès des lettres orientales ne le détourna pas un moment des devoirs que lui imposait la charge éminente dont il était revêtu, et il s'occupa sans relâche des moyens d'établir sur des bases solides l'administration judiciaire des pays soumis à l'Angleterre dans cette partie du globe. Pour y parvenir, il forma le projet, que lui seul pouvait exécuter, de rassembler et de traduire les lois indiennes et mahométanes pour en composer un *Digeste à l'usage des tribunaux anglais*. Cet ouvrage, que la mort ne lui permit pas d'achever, est celui auquel il attachait plus de prix, parce qu'il le croyait plus utile.

Au commencement de 1794, sir Jones, alarmé sur la santé de sa femme, avait exigé qu'elle retournât en Angleterre, où il se proposait de la rejoindre l'année suivante; mais l'absence d'une compagne chérie, dont les vertus, les talens et les goûts enchantaient ses loisirs, l'excès de travail où il se livra pour hâter leur réunion, développèrent subitement le germe d'une maladie hépatique, à laquelle il succomba, le 27 avril 1794, à l'âge de quarante-huit ans.

---

par les soins de feu M. Duquesnoy et sous la surveillance de M. Langlès, en 1805. Malheureusement, et comme il arrive trop souvent dans ce pays, leur zèle ne fut point secondé, et il n'a paru que deux volumes d'une traduction à laquelle les notes savantes dont elle étai enrichie, et la beauté de l'exécution typographique, assuraient un grande supériorité sur l'ouvrage original.

Le dernier acte d'une vie si utile et si honorable fut un hommage à l'Être-Suprême; sir William Jones mourut à genoux dans son cabinet, les mains jointes et les yeux tournés vers le ciel.

On a pu remarquer qu'en général les hommes d'une grande érudition ont été les défenseurs d'une religion révélée, tandis que ceux qui ont plus particulièrement brillé par l'esprit et l'imagination, se sont trop souvent éloignés de cette salutaire croyance, par la raison peut-être qu'il est plus aisé d'élever des objections que de les résoudre, et que celui qui ne peut construire une chaumière peut détruire un temple. Quoi qu'il en soit, sir William doit être mis au nombre des Huet, des Usher, des Pascal, des Newton et de tant d'autres savans que l'étude a conduits à la foi la plus sincère. Son opinion sur l'Ancien Testament se trouve écrite en ces termes sur le dernier feuillet d'une Bible trouvée dans sa bibliothèque et conservée dans sa famille :

« J'ai lu avec beaucoup d'attention les Saintes-Écritures; et je pense que ce volume (indépendamment de sa céleste origine) contient plus d'éloquence, plus de vérités historiques, plus de morale, plus de richesses poétiques, en un mot plus de beautés de tous les genres qu'on n'en pourrait recueillir de tous les autres livres ensemble, dans quelque siècle et dans quelque langage qu'ils aient été composés. »

La compagnie des Indes anglaises, à qui sir William Jones rendit de si importans services, a pris une résolution aussi honorable pour elle que pour la mémoire de ce grand homme, en ordonnant qu'il lui fût élevé une statue dans la cathédrale de la métropole de l'empire Britannique.

Nous terminerons ce court extrait par la traduction de l'épitaphe inscrite sur son tombeau, et qu'il composa lui-même quelques jours avant de mourir :

Ici repose
La dépouille mortelle d'un homme
Qui craignit Dieu, sans craindre la mort :
Il rechercha l'indépendance
Sans courir après la richesse,
Ne vit au-dessous de lui
Que l'homme vil et injuste :
Au-dessus, que l'homme sage et vertueux.
Il aima
Ses parens, ses amis et sa patrie

Avec une ardeur
Qui fut la source de ses plaisirs
Et de ses peines.
Il dévoua sa vie entière
A leur service
Et à la culture de son esprit.
Plein de confiance
Dans son Créateur,
Formant des vœux pour la paix de la terre
Et le bonheur des hommes,
Il mourut
Le (vingt-septième) jour
(Du mois d') avril,
Dans l'année du divin Rédempteur
Mil sept cent quatre-vingt-(quatorze).

L'appendice que lord Teignmouth joint à ces Mémoires sur la vie de sir William Jones contient un poëme héroïque intitulé : *The Derign of Britani* (le Projet de l'Angleterre), qu'il composa à l'âge de 23 ans, le discours préliminaire d'un Essai sur l'histoire des Turcs, et quelques autres pièces en latin, en italien et en français.   JOUY.

GRAMMAIRE ET LOGIQUE. — *Aux Rédacteurs du Mercure.*

Messieurs, il y a quelques jours que le N° 408 de votre journal m'étant tombé entre les mains, je fus agréablement surpris d'y trouver proposées par l'un de vos collaborateurs trois questions d'idéologie de la plus haute importance : *Qu'est-ce qu'une langue bien faite ? Faut-il la chercher ailleurs que dans les langues qui ont été ou qui sont actuellement en usage parmi les hommes ? Comment peut-on bien faire sa langue ?* Livré depuis long-tems à l'étude d'une science dont le principal objet est de perfectionner toutes les autres, et charmé de la voir en quelque sorte renaître dans un journal si long-tems consacré à la propagation des lumières, je vais essayer, si vous voulez bien m'y accorder une place, de répandre quelque jour sur un sujet que les bons esprits ne trouvent pas encore suffisamment éclairci.

L'auteur des trois questions, M. Andrieux, se plaint de ce que Condillac a mis en vogue, et qu'une multitude d'écrivains ont répété après lui l'expression de *langue bien faite ;* de ce qu'ils ont insisté et insistent tous les jours sur la nécessité de *bien faire sa langue*, sans qu'aucun d'eux ait pu ou voulu seulement nous dire en quoi consistait cette *langue bien faite*, à plus forte raison en produire le plus petit échantillon. Pour moi je ne trouve rien là que de très-naturel : il a été et il sera toujours si simple et si facile de parler ou de proposer de *faire ;* si simple et si commode de s'exempter soi-même de *faire*, qu'en idéologie comme en morale, je crains bien que nous n'ayons encore long-tems plus de gens qui prêchent de bouche que d'exemple. Sans avoir jamais été un de ces prédicateurs ou prôneurs de *langue bien faite*, j'ai passé la plus belle partie de ma vie, non pas précisément à en faire une, mais à faire que je pusse me servir de celle que j'ai trouvée toute faite en venant au monde, de manière à m'entendre toujours moi-même et à être toujours entendu des autres. Bien ou mal, c'est là tout ce que j'ai fait, et que d'autres peut-être feront encore mieux que moi. Voici maintenant en quoi consiste ma langue *bien faite*, ou, si vous voulez, ma réforme de toute langue *mal faite*, et comment j'y suis arrivé.

Après avoir reconnu que le premier objet d'une langue et le principal service que nous puissions lui demander, était de pouvoir toujours nous entendre nous-mêmes et nous faire entendre des autres, je me mis à étudier les différentes classes de mots qui composent celle que je parle. J'en découvris d'abord deux qui différaient entièrement l'une de l'autre. La première est celle des mots qu'on pourrait nommer *significatifs*, et qui tels, par exemple, que les suivans : *soleil, vertu, animal, plante*, etc., représentent toujours quelque chose à notre esprit. La seconde est celle des mots qu'on pourrait nommer simplement *auxiliaires*, parce qu'ils ne représentent jamais rien à notre esprit, mais tels que les zéros dans la numération, ils servent seulement à faire valoir les mots significatifs ce que nous voulons précisément qu'ils vaillent ; ou ils remplissent d'autres fonctions essentielles à la manifestation claire et précise de nos pensées. Tels sont, par exemple, les mots : *le*, *de*, *ce*, *y*, *en*, etc. Je cherchai ensuite si parmi les mots significatifs il ne s'en trouverait pas dont la signification fût si claire, qu'il suffit de les lire ou de les entendre prononcer pour se représenter aussitôt avec la plus grande netteté tout ce qu'ils signifient. J'en trouvai plusieurs de cette espèce, tels que les suivans, par exemple :

rouge, *bleu*, *froid*, *chaud*, *semblable*, *égal*, etc. Je les cherchai long-tems et ne cessai de les chercher que lorsque je crus les avoir tous trouvés. Je remarquai ensuite que les idées qu'ils rappellent étaient du nombre de celles qu'on nomme *simples*, c'est-à-dire, qu'il est impossible d'expliquer par aucune analyse, et qui par conséquent doivent avoir par elles-mêmes toute la clarté et toute la précision que l'on peut demander. Je me dis alors que tout mot significatif ne pouvait représenter que des idées de cette espèce ou des idées composées ; et qu'une idée composée ne pouvant l'être que d'idées simples ou indécomposables, j'aurais déterminé avec précision la signification de tout mot représentant une idée composée, si je pouvais déterminer toutes les idées simples ou élémentaires qui entrent dans la composition de celle-ci, ainsi que l'ordre ou les rapports qu'elles y gardent entr'elles. Car une idée composée forme un tout, et l'on n'est censé connaître un tout que lorsqu'on en connaît, non-seulement toutes les parties, mais encore tous les rapports que ces parties ont entr'elles et avec lui. Il ne s'agissait donc plus que d'étudier avec soin la composition de ces sortes d'idées et de la montrer ensuite dans des analyses qui la représentassent avec une scrupuleuse fidélité, pour avoir, sinon une langue *bien faite* dans le sens naturel que comporte cette expression et que je vais bientôt déterminer, du moins une langue exacte, une langue avec laquelle on serait toujours sûr de s'entendre soi-même et de se faire entendre des autres. Voilà maintenant ce que j'ai fait pour tous les mots qui forment proprement la langue de la métaphysique, de la physique, des mathématiques, de la grammaire, etc....

Jusqu'ici cela va fort bien, pourrait-on me dire ; vous venez de nous donner une idée claire de ce que vous entendez par une langue exacte, et nul doute que si vous pouvez parvenir à la réaliser, vous ne parveniez à vous entendre toujours vous-même. Ce serait sans doute un grand avantage, mais à peu près pour vous seul. Car enfin lorsque vous aurez déterminé à votre manière la signification de tous les mots qui doivent former cette langue exacte, qui vous répondra que tous adopteront cette manière ? que tous regarderont comme simple ou composé ce qui vous aura paru tel ; comme composé de telle ou telle manière ce que vous prétendrez l'être ainsi ? Supposons qu'à votre exemple chacun veuille se faire parler une *langue exacte*. Nous aurons donc autant de langues que d'écrivains ? Aucun livre ne pourra plus paraître sans être accompagné de son dictionnaire, qu'il faudra que tous les pauvres lecteurs apprennent bon gré malgré, ou qu'ils renoncent à lire les écrivains qui auront la prétention d'écrire avec exactitude. Vous nous ramenez certainement à la tour de Babel. Ce n'est pourtant pas mon intention ; et quelques observations, si je ne me trompe, vont suffire pour détruire une objection beaucoup plus forte en apparence qu'elle ne l'est réellement.

Toutes les fois que nous lisons ou que nous entendons prononcer un mot significatif, il se passe quelque chose dans notre esprit qui diffère entièrement de la perception, soit des sons, soit des lettres qui frappent alors ou notre oreille ou notre vue. Ce quelque chose est une idée ou une manière d'être de notre esprit, qui a son commencement, sa fin, et souvent même ses différentes phases. Apelons pour un moment cette idée ou manière d'être un *phénomène intellectuel*, et tous les mots significatifs d'une langue des *étiquettes* qu'il s'agit d'attacher à ces phénomènes. Remarquez bien, je vous prie, qu'il n'est nullement question d'alonger, de racourcir ou d'altérer en aucune manière ces étiquettes, mais seulement de les placer de telle sorte que chacun en les apercevant, puisse aussitôt se représenter tout ce qu'elles sont destinées à noter et rien de plus ni de moins.

Maintenant, parmi ces phénomènes auxquels donne naissance la perception des mots significatifs d'une langue, le plus grand nombre, je veux dire ceux qui ont lieu par le rappel des événemens ou des objets sensibles, ont tous leurs étiquettes si bien déterminées, que le placement de celles-là ne peut jamais fournir matière à contestation. Ainsi l'écrivain le plus jaloux de parler une langue exacte, ne serait jamais obligé d'expliquer des mots tels que les suivans, par exemple : *soleil, lune, montagne, ville, maison*, etc., non plus que ceux qui représentent des idées simples et reconnues telles par tout le monde, comme *rouge, bleu, chaud, froid, commencement, fin*, etc. Il ne reste donc plus maintenant que les étiquettes des idées *intellectuelles*, ou qui ne se rapportent à aucun objet extérieur et permanent, telles, par exemple, que celles désignées par les mots *vice, vertu, loi, faculté*, etc., dont le placement puisse souffrir quelque difficulté et fournir nature à contestation. Mais observons d'abord que quoique la plupart de ces mots n'offrent pas toujours aux différens individus qui s'en servent, ni aux mêmes individus dans tous les tems, les mêmes idées ou phénomènes intellectuels, il n'en est pas moins vrai qu'il doit toujours rester dans ces idées ou phénomènes quelque trait dominant ou principal autour duquel se font tous les changemens, sans qu'il puisse jamais lui-même s'effacer ou disparaître entièrement, sans quoi ces mots ne seraient souvent pour ceux qui s'en servent que de simples sons, ce qui est impossible.

Qu'on considère maintenant qu'un fait quelconque étant donné dans l'ordre moral comme dans l'ordre physique, il s'ensuit toujours une multitude d'autres faits précédens, concomitans, ou subséquens, dont l'existence est tellement liée à celle du fait principal, que celle-ci une fois posée, l'autre l'est aussi nécessairement : or, ce n'est pas un seul, mais bien l'ensemble de tous ces faits cohérens les uns aux autres qui constitue le phénomène auquel il s'agit d'attacher une étiquette ; et la plupart de ceux qui ont cette prétention, quoique capables de saisir quelques-uns de ces faits les plus saillans, le sont bien rarement de saisir en même tems l'ensemble et toutes les liaisons des accessoires. Si vous en cherchez maintenant la cause, vous la trouverez ou dans le défaut d'habitude d'observer ces sortes de phénomènes, ou dans le vice de l'instrument avec lequel on les observe. Cet instrument, c'est l'organe de la pensée que je ne crois pas susceptible du même degré de perfection dans tous les individus de l'espèce humaine. Supposons seulement qu'en général les têtes bien organisées veuillent enfin prendre l'habitude d'observer les phénomènes de l'intelligence et de la sensibilité. Il arrive d'abord à ces observateurs ce qui arrive à ceux qui se servent pour la première fois du microscope ou du télescope. Leurs premières observations sont imparfaites et même un peu fatigantes. Ils ne voient que confusément cette multitude d'objets nouveaux dont chacun semble appeler exclusivement leur attention ; insensiblement tout se démèle, tout s'arrange ou se place suivant l'ordre qui lui est naturel, et l'œil de la pensée peut alors parcourir sans confusion et avec un inexprimable plaisir, un ensemble dont il ne distinguait d'abord que quelques traits et même très-imparfaitement. Mais dès qu'une fois tous ou seulement la plupart de nos nouveaux observateurs sont en état de saisir cet ensemble de faits qui constitue tel ou tel phénomène intellectuel, il est évident que les contestations sur l'étiquette qu'il faut lui attacher doivent diminuer de jour en jour, puisqu'elles n'avaient lieu en grande partie que parce qu'incapables d'embrasser cet ensemble d'un coup-d'œil, ils ne pouvaient que placer cette étiquette au, hasard et très-souvent même la changer de place sans s'en apercevoir.

Mais indépendamment de tout ce que je viens de dire, il est encore des règles certaines, des règles positives d'après lesquelles un phénomène intellectuel avec tous ses accessoires étant une fois bien constaté, et le nombre des étiquettes qu'on peut attacher à ces sortes de phénomènes bien déterminé, un bon observateur pourra toujours les poser avec la plus grande justesse, et forcer à les poser de même tous ceux qui voudront se piquer de parler une langue exacte. Je ne vous entretiendrai point ici de ces règles dont l'exposition m'entraînerait trop loin, et nécessiterait d'ailleurs des discussions qui ne seraient peut-être pas du goût de tous nos lecteurs. Il me suffit pour ce moment d'avoir démontré la possibilité d'une langue vraiment exacte, et parlée au moins par tous les gens instruits d'une même nation.

Examinons rapidement quelques conséquences qui doivent résulter de l'existence d'une telle langue : je dis quelques seulement ; car pour les examiner toutes, même superficiellement, il faudrait faire un volume.

D'abord, qu'une telle langue ne mît fin à toutes les disputes qui agitent le monde savant, et c'est ce que personne, je crois, n'osera me nier, à moins qu'il ignore que presque toutes ces disputes ont leur source dans l'abus des mots ou l'indétermination des idées qu'ils représentent.

Qu'elle ne nous mène rapidement à la recherche et à la découverte de toutes ces vérités, que le commun des hommes instruits croit à la portée de l'esprit humain, dans l'état actuel de nos connaissances, c'est encore ce qu'on m'accordera volontiers ; mais non pas également peut-être qu'elle doit nous faire découvrir de ces vérités extraordinaires que les plus chauds partisans de la perfectibilité humaine n'auraient pas même osé soupçonner accessibles à une intelligence emprisonnée dans un corps aussi grossier que le nôtre. Aussi ne m'arrêterai-je pas sur cet article, parce que je sens que je trouverais ici trop de ces incrédules qui ne se rendent jamais, que lorsqu'on peut leur dire, *voyez* et *touchez*.

Mais ce que tout le monde peut-être me refusera d'abord d'admettre et que je vais essayer de prouver, c'est la vérité de l'assertion suivante : tout un peuple qui parlerait une langue telle que celle dont je viens de tracer le caractère, serait nécessairement celui qui, toutes choses égales d'ailleurs, devrait avoir, je ne dis pas les plus grands philosophes, cela est incontestable, mais encore les plus grands écrivains dans tous les genres de littérature : et remarquez bien que lorsque je dis *grands écrivains*, je ne l'entends que sous le rapport du style ou de la manière d'exprimer ses pensées. Celui qui saurait toujours bien enchaîner ses pensées, les disposer avec goût, les exprimer avec netteté et précision, serait incontestablement un écrivain correct, élégant, poli et même un excellent écrivain dans les matières de philosophie qui ne demandent que cette manière d'écrire. Mais cela ne suffit pas pour faire le grand orateur et le grand poète : ceux-ci doivent encore imprimer à leur style cette physionomie, ou ce caractère particulier que nous appelons la grâce, la légèreté, la force, la profondeur, l'énergie ou la sublimité. Maintenant, quel que soit ce caractère, qu'il s'adresse à l'esprit, au cœur ou à l'imagination ; je dis qu'il saisira d'autant plus vivement ces facultés, et par conséquent les exercera d'autant plus agréablement, que l'expression en sera plus claire et plus précise. Afin de mieux sentir la vérité de cette assertion, qu'on me permette pour un moment de comparer l'expression d'une pensée quelconque à une glace ou à un miroir qui doit nous la réfléchir avec le caractère particulier qui la distingue. Imaginez maintenant l'objet le plus élégant et le plus agréable à la vue, placé devant une glace mal-propre, mal étamée et brisée même en plusieurs endroits, au lieu d'une image vive, bien dessinée, et agréablement bien coloriée, vous n'aurez que quelques traits informes, obscurs, ou teints de couleurs désagréables. Présentez le même objet à une glace bien nette et bien polie, l'image qu'elle va vous rendre, vous fera peut-être plus de plaisir que l'objet même. Or l'expression vague, impropre, incorrecte, c'est la glace mal-propre, brisée et mal étamée : et l'expression claire et précise, c'est la glace bien nette et bien polie. Pour quitter la figure, on doit bien voir que la peine que prend l'esprit pour démêler les rapports confus de termes vagues ou mal assortis, doit toujours lui causer plus ou moins de fatigue, et l'empêcher de goûter dans toute sa pureté le plaisir que doit lui donner la perception vive et rapide d'une pensée agréable, lorsqu'elle est revêtue d'une expression qui la réfléchit avec toute la netteté et toute la précision qu'elle comporte. Ainsi donc avec une langue exacte et bien employée, la grâce, si je puis m'exprimer ainsi, doit devenir plus gracieuse, la naiveté plus naïve, la chaleur plus brûlante, et la sublimité presque divine. Ce n'est donc pas seulement les philosophes, mais les poètes, mais les orateurs, mais tous les écrivains, qui doivent non-seulement désirer, appeler cette langue exacte, mais contribuer à la faire par tous les moyens que la nature a mis à leur disposition.

Si je ne me trompe, nous sommes maintenant en état de déterminer avec précision le sens de cette locution, *langue bien faite*, que Condillac a mise en vogue, et qui n'est dans le fait qu'une étiquette mal posée, ou, pour mieux dire, qui n'a pas encore eu d'attache fixe. Essayons de lui en donner une. Si l'on a bien compris ce que j'entends par une *langue exacte*, on doit voir aussitôt que la langue la plus pauvre, la plus barbare, la moins harmonieuse, pourrait être néanmoins une langue très-exacte, puisqu'il suffirait pour cela que la signification de tous ses mots fût invariablement déterminée par ceux qui s'en servent : on ne pourrait pourtant pas dire que cette langue fût *bien faite*. Qu'est-ce qu'il faut donc entendre par une langue *bien faite* ? Une langue bien faite, je crois, serait celle qui dans la facture de ses mots, dans le système de leurs dérivations, de leurs variations, de leurs constructions, et des idiotismes qu'ils servent à former, pourrait également satisfaire l'oreille, l'esprit, le cœur et l'imagination, et qui aurait en outre tout ce qui est nécessaire pour devenir une langue exacte, lorsque les progrès des lumières en auraient fait sentir le besoin. On voit bien sans doute, sans que je le dise, qu'une telle langue pourrait être en même tems très-inexacte ; mais qu'une *langue parfaite* serait évidemment celle qui réunirait l'exactitude à tous les caractères qui constituent une langue bien faite. J'ai dit que cette dernière, indépendamment des autres qualités qui la distinguent, devait avoir en outre tout ce qui est nécessaire pour pouvoir devenir une langue exacte ; ce qui semble impliquer qu'une langue pourrait encore ne pas avoir toute l'exactitude dont elle est susceptible, lors même que le sens de tous ses mots significatifs aurait été déterminé avec la plus grande précision. C'est cette proposition qui me reste à prouver.

(*La suite au Numéro prochain.*)

VARIÉTÉS.

CHRONIQUE DE PARIS.

Modes. — Si l'on me demandait aujourd'hui, comme on demanda jadis au chevalier Robert : *qu'est-ce qui plaît aux dames ?* je répondrais hardiment, sans hésitation : LA PARURE. Jamais les femmes n'ont eu pour le luxe un goût plus décidé ; et, chose étrange, elles se parent bien moins pour plaire aux hommes que pour éclipser leurs rivales. La profession, le modique revenu de leurs maris leur commandent en vain la modération : il n'est sorte de folies qu'elles ne soient très-disposées à faire pour..... des *cachemires*. Dirai-je à ce sujet ce qui vient d'arriver à une de nos petites maîtresses ? Sans doute ; car si la chronique de Paris doit être faite avec impartialité, il faut bien qu'elle devienne quelquefois scandaleuse.

Cydalise n'ayant reçu pour tous biens de la nature que des grâces et de la beauté, épousa cependant un homme qui exerçait à Paris un des emplois les plus honorés. Devenue riche par ce mariage, elle ne mit aucunes bornes à ses fantaisies. En moins de trois ans elle trouva moyen de déranger la fortune de son mari et de dissiper une partie de celle d'un riche banquier qui avait le titre d'*ami de la maison*. De si folles dépenses fatiguèrent à la fin et l'ami et l'époux ; ils commençaient à y regarder de plus près, lorsqu'on vint offrir un cachemire à Cydalise. Le voir, le désirer, ce fut l'affaire d'un instant : il est vrai qu'elle n'en avait encore que vingt tout au plus ; que celui-ci ne ressemblait à aucun des autres, et sur-tout que Mme G. en portait un presqu'aussi beau. Le moyen de résister ! Cydalise garda le riche cachemire : il ne restait plus qu'à le payer ; comment s'y prendra-t-elle ? Ces messieurs sont devenus si vilains ; jamais ni l'un ni l'autre ne consentiront à sacrifier mille écus. Que fait-elle ? Le soir de ce jour-là elle recevait grand monde : Cydalise montre son nouveau cachemire ; chacun de se récrier sur la finesse du tissu, la vivacité de la couleur, la bigarrure des palmes : on l'estime au-delà même de ce qu'il vaut. Eh bien ! monsieur, dit Cydalise à à son mari, j'ai trouvé un marché d'or : on me laisse ce cachemire pour 1500 francs. Le mari fronçait déjà le sourcil,

lorsqu'une

SEPTEMBRE 1809.

lorsqu'une autre femme offrit de le prendre à ce prix-là, il n'en fallut pas davantage; et aussitôt il donna la somme.

Le lendemain Cydalise alla trouver son ami: Voulez-vous m'accompagner, lui dit-elle, chez *Levacher*, chez *Versepuis* (1); voilà un schall que je voudrais faire estimer: on m'en demande 1500 fr.; je trouve cela exorbitant. Ils partent dans une calèche élégante. Partout on offre à Cydalise cent louis de son cachemire, si elle veut s'en défaire. Gardez, lui dit alors son ami, gardez ce schall; c'est vraiment une excellente affaire. — Mais mon mari ne voudra jamais me donner cette somme. — Croyez que je suis trop heureux de pouvoir vous la prêter... — Ah! je reconnais bien là votre ancien attachement!

Je terminerai ici le dialogue. Qu'il me suffise d'avoir divulgué cette anecdote secrète; elle ne peut compromettre personne: car le mari de Cydalise est mort il y a quelques mois loin de sa patrie; son ami a donné son bilan; et elle-même n'a plus ni beauté.... ni cachemires.

Eh quoi! c'est sur ce ton que vous nous parlez de modes! va s'écrier Corinne (2); Messieurs, êtes-vous des prédicateurs, des dramaturges? Ne sauriez-vous donc nous décrire la forme d'une robe, d'un fichu, d'un chapeau, sans y joindre vos réflexions morales? — Il faut satisfaire Corinne. Patience! nous y viendrons.

Toutes les femmes ne peuvent pas afficher le même luxe; il existe donc dans leurs parures des nuances délicates qui servent à faire reconnaître le rang de chacune d'elles. Un œil observateur ne s'y trompe guère; il sait aussi distinguer sans peine une belle du faubourg Saint-Germain d'avec une élégante de la chaussée d'Antin. Quoiqu'elles suivent les mêmes modes, leur tournure est cependant très-différente: la première met toujours plus de symétrie dans son ajustement, l'autre plus d'abandon: celle-ci a des vêtemens plus amples, un schall jeté avec négligence sur ses épaules; mais toutes deux se ressemblent, en ce qu'elles font au moins trois toilettes par jour. Le matin, pour aller faire des emplettes chez les marchands de nouveautés, une femme du bon ton ne sort qu'avec une redingotte de percale, à manches longues et bouffantes, serrées par des bandelettes en

---

(1) Fameux marchands de *Nouveautés*, rue Vivienne et rue de Richelieu.

(2) Voyez le Mercure du 26 août.

Q

quatre ou cinq endroits. Ces bandelettes, placées à des distances égales, ou tournées en spirale depuis l'épaule jusqu'au poignet, font ressembler le bras à une petite colonne torse; monstruosité en architecture, et difformité bien plus grande encore dans un vêtement quelconque. La redingotte est surmontée d'un ou de deux collets tombans et arrondis, et quelquefois même d'un capuchon entouré d'une garniture de mousseline; un toquet ou un chapeau en percale et en tulle brodé est la coiffure que l'on porte avec cet ajustement; un cachemire amarante, parsemé de fleurs, ou noir avec de grandes palmes, ajoute le dernier degré d'élégance à un pareil négligé.

Pour la promenade du soir, on prend une robe blanche de percale; mais elle doit être très-courte et décoletée: le bas est orné de plusieurs étages de bandes en tulle ou de quelques broderies, terminées par des *dents de loup*, ou encore de garnitures très-larges, relevées de distance en distance par des gances attachées à de petits boutons; les manches sont courtes et bouffantes comme aux statues françaises des quinzième et seizième siècle. Cette espèce de robe est coupée sur le dos assez profondément, soit en rond, soit en pointe. L'inclémence de la saison ne permet guère aux dames de montrer leur dos à la promenade: aussi mettent-elles souvent en dedans de la robe un *fichu-guimpe*, ou par-dessus une pélerine à petits plis. Les chapeaux qui s'accordent avec ce genre de parure sont en paille, avec un rebord très-étroit et surmonté de plumes ou de fleurs.

Les femmes qui fréquentent les spectacles ont une toilette moins négligée: il n'y a pas huit jours encore que quelques-unes avaient adopté le costume fort élégant, que l'on nomme *cosaque*: il se compose d'une tunique blanche en gaze ou en crêpe, avec un surtout de couleur, en levantine, beaucoup plus court et fort étroit, agrafé sur toute la poitrine et garni autour d'une broderie d'argent; une toque carrée, de même étoffe, avec une grosse touffe de plumes blanches, se place alors un peu en arrière de la tête: les brodequins doivent aussi remplacer les souliers et être de la même couleur que le surtout. On ne met point avec ce costume son cachemire sur les épaules, on le porte sur le bras. D'autres femmes ont paru aussi au spectacle avec des *tabliers-robes*, garnis seulement de *trois comettes* (1) sur les côtés et au bas; celles-là ne portent ni chapeaux ni bonnets; leurs che-

---

(1) Petits rubans satinés.

veux bouclés tombent sur le cou : quelquefois elles y mettent des fleurs.

Quelques élégantes de la chaussée d'Antin avaient voulu faire adopter la mode de porter, comme les enfans, de longs caleçons de mousseline. Cette mode venait sans doute de Turquie, où les femmes sont culottées ; heureusement elle n'a pas eu de succès : mais, et cela est bien digne de remarque, ce sont les courtisanes qui suivent aujourd'hui cette mode si décente....

Dans un autre Numéro, nous parlerons du costume des hommes.

SPECTACLES. — *Théâtre Francais.* — Mlle Dartaux a terminé lundi ses débuts dans le rôle de Dorine, par lequel elle les avait commencés le 25 août. Dans ce court espace de tems, elle a paru dans sept comédies, et a joué cinq rôles principaux de son emploi : la *Dorine* du Tartuffe, la *Finette* du Philosophe marié et celle du Dissipateur, la *Lisette* des Folies amoureuses et celle de la Métromanie. Dans tous elle a obtenu les suffrages du public, qui trouvera peut-être qu'on a un peu trop abrégé cette carrière de débuts qu'elle parcourait d'une manière si brillante, et où il se plaisait à l'encourager ; mais qui en sera bientôt consolé sans doute, en apprenant que c'est aux talens de Mlle Dartaux qu'il doit attribuer la brièveté de son tems d'épreuve, et que si on ne la lui présente plus comme débutante, c'est qu'on s'est hâté de l'admettre parmi les sujets recommandables qui contribuent habituellement à ses plaisirs. Il serait difficile en effet d'offrir à cet égard de plus belles espérances que Mlle Dartaux ; elle promet sur-tout de jouer avec un naturel et une verve bien rares les servantes de Molière et les soubrettes de l'ancienne comédie, et c'est là sans doute la partie essentielle de son emploi. Elle y a déjà fait des progrès que les connaisseurs ont remarqués lundi dans son rôle de Dorine, et c'est ce qui nous engage à lui donner des conseils sur deux passages de ce rôle où elle ne saisit pas, à ce qu'il nous semble, les intentions de l'auteur. L'un est ce vers qu'elle adresse à Orgon, lorsque le vieillard poussé à bout lui dit des injures :

Quoi ! vous êtes dévot et vous vous emportez !

Elle y met un ton de réprimande et un accent presque tragique qui ne conviennent ni à sa situation ni à son rôle ; c'est un triomphe gai et moqueur qu'elle doit exprimer.

L'autre passage se trouve dans la scène de dépit entre Valère et Marianne : c'est aussi d'un ton solemnel qu'elle leur dit en les ramenant :

    Cessez ce badinage et venez çà tous deux !

On dirait qu'elle joue une parodie, et qu'elle raille les deux amans : c'est ce qu'elle ne doit point se permettre. Molière n'a voulu mettre que de l'impatience et de la bonhomie dans ce mouvement. Si nous attachons quelque importance à cette critique, c'est que les taches que nous venons de relever sont peut-être les seules qu'il y ait à reprendre dans la manière dont ces deux scènes sont jouées par Mlle Dartaux ; c'est que le public justement en train d'applaudir, applaudit ces deux endroits comme tout le reste ; et que si les bons acteurs sont ceux à qui il est plus utile de donner des conseils, ces conseils ne sont jamais plus nécessaires que lorsque leurs défauts ont un côté brillant qui éblouit leurs premiers juges.

Ces mêmes raisons nous engagent à consigner ici quelques observations sur la manière dont le Tartuffe a été joué dans cette soirée. Ceux à qui elles s'adressent sont en état de les entendre et d'en profiter. Et d'abord nous dirons à Mlle Thénard qu'elle néglige un peu son rôle de Mme Pernelle ; elle n'a ni le débit assez prompt, ni la voix assez cassée dans la première scène où elle interrompt successivement tous les acteurs pour les gourmander ; elle commet la même faute au cinquième acte où elle ne doit pas laisser respirer Orgon. Un autre défaut de sa déclamation c'est de reprendre trop longuement haleine sur la conjonction *et* lorsqu'elle commence un vers, et de la détacher ainsi de la phrase qu'elle amène. Mlle Mézeray joue le rôle d'Elmire avec décence ; mais elle ne nous rend ni le maintien, ni le débit, ni les intentions spirituelles de Mlle Contat. Vigny ou Devigny (car on peut dire l'un et l'autre) est bien loin encore de s'être pénétré du rôle d'Orgon ; il n'y marque point cette complète infatuation que Grandmésnil rend d'une manière si naturelle, et qui en est le caractère principal : il y met presque de la gaieté, oubliant qu'Orgon ne doit jamais rire. Baptiste aîné est un acteur très-recommandable par sa rare intelligence et par son zèle ; mais le rôle de Tartuffe est si difficile qu'il peut avoir encore besoin de conseils pour le bien saisir ; il n'a point assez compris que Tartuffe est un personnage moins ridicule encore qu'odieux, qu'il doit en quelque sorte effrayer plutôt qu'égayer son auditoire. C'est sur-tout dans sa scène avec Elmire, au quatrième acte, que le scélérat, bien averti par l'issue de celle du troisième, doit renoncer au patelinage et au ton mielleux pour ne plus laisser voir que le côté repoussant de son caractère. Lorsqu'il ose demander à Elmire *un peu de ses faveurs*, ce doit être d'un ton à révolter et non à faire rire. Mais l'endroit de cette scène sur lequel nous devons le plus insister, parce que Fleury y commet, et plus gravement encore, la même faute que Baptiste, c'est la réponse à ces deux vers d'Elmire :

    Mais comment consentir à ce que vous voulez
    Sans offenser le ciel dont toujours vous parlez?

Baptiste et Fleury ponctuent ainsi le vers qui suit :

    Si ce n'est... que le ciel... qu'à mes vœux on oppose, etc.

et prononcent le mot de ciel avec une légèreté qui donne à penser que Tartuffe s'en moque. Le public rit, et cependant il nous paraît difficile de faire un plus grossier contre-sens. Tartuffe peut se rire du ciel en son cœur, quoique la chose soit assez douteuse ; mais tout en séduisant Elmire, il ne veut point lui apprendre à s'en moquer : ce serait se montrer à elle tout-à-coup sous un jour trop odieux, et se donner pour un misérable hypocrite ; aussi ne cherche-t-il point, dans ce qui suit, à détruire la croyance d'Elmire aux arrêts du ciel, mais à lui montrer comment on s'accommode avec sa justice.

Voilà ce que les acteurs devraient observer ; et pour avoir le plaisir de faire rire un moment le parterre, ils ne sacrifieraient pas tout l'effet de la tirade suivante, où le langage des casuistes mis dans la bouche de l'imposteur, rend odieux et ridicule un des abus les plus dangereux qu'on ait faits de la religion, abus qui par conséquent ne devait point échapper à l'auteur du Tartuffe.

Théâtre de l'Impératrice. — Première représentation des *Projets de divorce*, comédie en un acte et en vers. — Le comte de *Sancourt*, ambassadeur à une des cours du Nord, a uni le sort de son fils *Auguste* à celui de *Julie*, sa nièce. Pendant son absence, *Julie*, entraînée par le tourbillon du monde, a négligé son époux, qui, au lieu d'employer la douceur pour la ramener à ses devoirs, l'aigrit sans cesse par des reproches amers ; en un mot, la désunion la plus complète règne dans le ménage, lorsque M. de *Sancourt* revient à Paris. Instruit de tout par *Hortense*, sa pupille, il forme le projet de réunir les deux époux. Après avoir entendu séparément les prétendus torts qu'ils se reprochent, il feint de consentir à une séparation : il les rassemble et leur laisse un écrit qu'ils n'ont plus qu'à signer pour se rendre libres. *Auguste* veut au moins en prendre lecture : mais que deviennent-ils tous deux, lorsqu'au lieu du consentement de M. de *Sancourt*, ils y trouvent les doux reproches d'un bon père, qui se plaint de voir par eux sa vieillesse déshonorée ! à cette lecture, *Julie* tombe dans les bras d'*Auguste*, et les *Projets de divorce* sont abandonnés pour jamais.

Cette dernière scène était la plus difficile à traiter, puisqu'il fallait, dans le peu de tems qu'elle dure, ramener à des sentimens de tendresse deux époux prêts à se séparer. L'auteur s'est assez bien tiré de cette difficulté; et en ne donnant aucun tort réel à *Julie*, il s'est ménagé le moyen de pouvoir décemment la réunir à son époux.

Cette comédie est agréablement versifiée, on y a remarqué de jolis traits de dialogue; mais l'auteur, dont le style est bon en général, doit se tenir en garde contre le goût des vers sentencieux.

Les *Projets de divorce* sont le coup d'essai de M. *Joseph Dubois*; les applaudissemens qu'ils ont obtenus doivent l'encourager à poursuivre cette carrière.

DES PROVERBES. — *Aux Rédacteurs.*

IL y a quelques mois, MM., que j'étais à la campagne occupé, comme l'Empereur Dioclétien, à planter mes laitues : je suivais de l'œil les opérations de mon jardinier, homme expert et aussi riche en proverbes que le célèbre écuyer du héros de la Manche. Je le vis, vers midi, lever la tête vers le ciel et, le coude appuyé sur sa bêche, regarder avec attention le couchant. *Ça va mal*, me dit-il d'un ton aussi solennel que celui du procureur dans la comédie des Deux-Frères. *Ça va mal*, et s'il pleut demain nous en aurons pour long-tems ! *Femme fardée, pomme ridée, et tems pommelé ne sont pas de longue durée.* Le ciel était en effet chargé d'une foule de petits nuages blancs tels que ceux que l'auteur de la Mort d'Abel a si bien décrits dans son poème, et qu'il compare ingénieusement à des toisons de jeunes agneaux. Le lendemain il plut en effet, et je vis avec plaisir mes laitues arrosées d'une ondée douce et fine. Eh bien ! dis-je à maître Antoine, le tems pommelé a tenu parole, mais nos laitues n'en iront pas moins bien. Antoine secoua la tête un peu plus fort qu'auparavant, et le *ça va mal* revint avec une énergie plus marquée que le jour précédent. C'est une pluie de mauvais augure, me dit-il, *quand il pleut à la Saint-Médard, il pleut quarante jours plus tard.*

C'était en effet le jour où l'église fête ce Saint, et j'avais souvent entendu répéter ce proverbe, mais je l'avais toujours regardé comme un préjugé.

J'avoue, MM., que de tout tems j'ai professé un respect particulier pour Saint Médard ; c'était un évêque d'une piété douce et aimable : nous lui devons l'institution de la fête de la Rosière, et l'on m'assure encore qu'il a le privilége rare et précieux de guérir le mal de dents. On dit proverbialement *le ris de Saint Médard*, pour exprimer les grimaces qu'on fait quand on éprouve cette cruelle douleur. J'entrepris donc, auprès de mon Antoine, la justification de ce bien-heureux prélat ; et j'essayai de lui prouver que Saint Médard était trop bienfaisant, trop juste pour vouloir gâter nos récoltes, faire couler nos raisins et monter mes laitues. Mais mon homme tint bon, et mon fermier, qui survint en ce moment, s'étant joint à lui, Saint Médard fut condamné sans rémission comme le plus grand pleureur du paradis ; mes deux paysans firent mieux et comprirent dans le même anathême Saint Gervais et Saint Protais ; j'eus beau demander grâce pour eux, *quand il pleut à la Saint-Gervais, il pleut quarante jours après*, me dit impérativement mon jardinier.

J'ai toujours été persuadé, MM., que les proverbes du peuple n'étaient pas totalement dénués de raison ; qu'ils étaient le produit de l'observation et de l'expérience ; et qu'on pourrait plus aisément qu'on ne croit les concilier avec les résultats de la science. J'ai donc cherché pourquoi les jours de Saint-Médard et de Saint-Gervais étaient des jours suspects aux gens de la campagne, et j'ai trouvé que le premier de ces saints se chôme le 8 de juin, et l'autre le 20 du même mois. C'est le tems du solstice d'été ; et il est de fait qu'à cette époque les vents prennent une direction constante et soufflent régulièrement des mêmes points pendant environ quarante jours. Les astronomes et les météorologistes ont fait, à cet égard, des observations qui ne laissent aucun doute. On peut donc présumer que si le ciel devient pluvieux à cette époque, il le sera à peu près jusqu'à la fin du mois suivant. Mon jardinier n'est ni astronome ni météorologiste : ses aïeux ne l'étaient pas plus que lui ; mais ils ont observé ce fait et en ont fait un principe d'agriculture. Il faut au peuple des formules proverbiales et des phrases rimées, pour fixer les faits dans sa mémoire. Or *Saint-Médard* rime très-bien avec *tard*, et *Saint-Gervais* rime un peu avec *après*. Voilà donc des rimes qui viennent se présenter comme d'elles-mêmes et qu'on ne pouvait manquer d'accueillir. Il peut fort bien arriver qu'il fasse beau le jour de Saint-Médard ou de Saint-Gervais ; mais si les vents soufflent du couchant à l'époque où le peuple les célèbre, on peut présumer qu'ils souffleront encore long-tems et que l'été sera pluvieux. Cette remarque s'est pleinement justifiée cette année.

Mon curé, qui est un peu plus docte que mon jardinier, a aussi ses remarques. Toute son astrologie est fondée sur son bréviaire. Sa science consiste à observer le ciel à l'époque des quatre-tems ; (Ce sont, comme vous savez, des jours d'abstinence placés au commencement de chaque saison). Le tems est-il beau ? il me prédit une saison brillante, pure et favorable aux dons de Cérès et de Pomone. Est-il nébuleux ? il me présage pour deux ou trois mois la pluie, les brouillards et tout ce qui constitue un tems triste et désagréable.

Il en est des *Quatre-Tems* comme de Saint-Médard, de Saint-Gervais, de Saint-Protais. Les premiers Quatre-Tems de cette année tomberont au 20 de ce mois; c'est l'époque de l'équinoxe; les suivans au 20 de décembre; c'est l'époque du solstice d'hiver. Voilà donc des remarques pratiques, des observations aveugles dénuées de toute connaissance de physique et d'astronomie d'accord avec les recherches des gens instruits. L'homme de campagne est comme le médecin empirique qui saigne et purge son malade parce qu'il a vu qu'en pareil cas la médecine et la saignée réussissaient : l'homme de ville est comme le médecin dogmatique, qui purge et qui saigne parce qu'il connait les causes qui produisent la maladie, et qu'il sait que dans tel cas il doit, ou diminuer les forces de son malade, ou décharger ses viscères des humeurs qui en contrarient les fonctions.

J'ai, MM., l'avantage de posséder à ma petite campagne un jeune médecin qui, comme Figaro, peut prendre pour devise : *Consilioque manuque*. Il raisonne avec justesse et n'entreprend rien sans connaissance de cause. Il aime comme moi, les fleurs, les vergers, et les bois. Il vient souvent se reposer sous mes berceaux, et s'amuse comme moi de la libéralité de mon Antoine lorsqu'il se met à débiter ses proverbes.

J'élève en ce moment un petit filleul fort gentil, qui, à l'âge de quatre ans, se distingue déjà par une rare pénétration et des traits pleins d'esprit. Ses saillies m'amusent ; mais elles ne font pas le même plaisir à mon jardinier. Je l'entends quelquefois marmotter entre ses dents : *Cet enfant là ne vivra pas, il a trop d'esprit !* J'ai voulu savoir de mon médecin si les enfans d'esprit étaient plus sujets à la mort que d'autres. « Cela arrive quelquefois, m'a-t-il dit ; tout fruit doit mûrir
» avec le tems ; si le cerveau prend un accroissement trop rapide et
» trop considérable, l'intelligence peut se développer dans les mêmes
» proportions; mais comme toute action exagérée ne saurait se soutenir, l'affaissement survient bientôt et l'individu qui s'était annoncé
» comme un prodige, ou meurt, ou reste dans un état voisin de
» l'ineptie. On doit aussi remarquer que la finesse de l'esprit suppose
» la finesse des organes ; et qu'un corps bien constitué dure plus long-
» tems qu'un corps frêle et délicat. Les savans, les hommes de let-
» tres, les femmes qui exercent beaucoup leur imagination sont plus
» sujets aux maladies que d'autres, parce qu'ils appellent au cerveau
» toutes les forces vitales, tandis que le reste de la machine souffre et
» languit. » Je compris alors que mon Antoine ne raisonnait pas si mal; et je conclus de là qu'il ne faut pas toujours mépriser les proverbes du peuple, et qu'ils sont souvent l'expression vulgaire d'une idée très-juste.

Si mes observations vous conviennent, Messieurs, j'aurai l'honneur de vous en adresser quelques autres du même genre.

J'ai l'honneur d'être, etc.   SEUGLAS.

POLITIQUE.

L'Angleterre se venge autant qu'il est en elle des chefs de l'expédition qui ont si complétement trompé l'attente du ministère; elle se dédommage des succès qu'elle n'a pu obtenir par des plaisanteries, des quolibets, des jeux de mots dont elle accable lord Chatam; les journaux en sont pleins, les caricatures se multiplient, et les Anglais ne nous laissent à cet égard aucun soin à prendre; ils nous préviennent en tout et jugent la conduite de leur ministère et de leurs chefs comme nous-mêmes nous aurions pu le faire.

S'ils n'ont recueilli aucune gloire de leur expédition sur l'Escaut, si l'occupation momentanée d'une île en a été le seul et inutile résultat, du moins ils sont tranquilles sur l'armée qui y a été employée; ils l'ont vu revenir, moins les nombreux malades qu'elle a laissés et la garnison trop peu acclimatée aux lieux qu'elle ne pourra défendre; mais toutes les inquiétudes de la nation se portent sur l'Espagne, sur les débris de l'armée de Wellesley, dont une partie est restée confiée aux soins et à la générosité française. Cette armée gagnera-t-elle le Portugal? y aura-t-elle une retraite sûre? pourra-t-elle s'y embarquer sans être troublée dans sa retraite? Celle de sir John Moore, quoiqu'elle lui ait coûté la vie n'a pas été plus désastreuse. Voilà les motifs d'inquiétude des Anglais; voilà les événemens dont ils demandent compte au ministère.

Les dernières nouvelles d'Espagne reçues à Londres sont bien de nature en effet à exciter de vives alarmes, et à rendre général le cri d'indignation qui s'élève contre les auteurs d'un plan dont toutes les parties ont manqué à la fois; l'armée anglaise a souffert terriblement dans sa retraite, par le manque de provisions attribué à la négligence extrême des commissaires chargés par la Junte de l'approvisionnement de l'armée. Au départ du bâtiment porteur des dépêches du général Wellesley, ce général se repliait sur Elvas, en se dirigeant sur Abrantès; l'armée portugaise et celle des Anglais avaient une quantité considérable de malades. La Romana avait été appelé pour remplacer Cuesta, vieux, infirme, et que ses pratiques superstitieuses ont rendu incapable de servir utilement; mais il est remplacé trop tard, et les derniers événemens qui ont assuré en Espagne le destin de l'armée française, ne sont pas du nombre de ceux qu'on répare par le changement d'un capitaine.

Il paraîtrait au surplus que déjà ce que nous avons prédit se réalise; que déjà le marquis de Wellesley a proposé à la junte espagnole des changemens considérables; qu'il dissimule peu la prétention de gouverner sous la vaine régence de l'archevêque de Tolède : on va plus loin; on prétend qu'il aurait demandé pour garantie, ou pour indemnité des sacrifices extrêmes que fait l'Angleterre pour la prétendue cause de l'Espagne, la cession de Cadix et de l'île de Cuba; on doute même en Angleterre de la réalité d'une prétention si indiscrète, qui seule suffirait pour dévoiler les Anglais et dessiller les yeux de leurs trop crédules alliés. Quoi qu'il en soit, en affectant un profond mépris pour les bandes espagnoles et portugaises, pour leurs chefs, pour l'autorité qui les dirige, il est impossible que l'orgueil anglais ne se nuise pas à lui-même, et que de tels libérateurs ne soient pas justement appréciés par un peuple qu'ils n'auraient pas le droit de mépriser, même, ce qui n'est pas, quand ils l'auraient défendu avec succès dans sa rébellion. C'est le même orgueil, joint au sentiment le plus actif chez les Anglais, l'esprit de domination sur les mers, qui vient de rompre avec les États-Unis des relations commerciales que les Anglais avaient eux-mêmes jugées utiles puisqu'ils les avaient consenties.

M. James Madisson, président des États-Unis, a publié le 9 août la proclamation suivante :

« En conséquence d'une communication de l'envoyé extraordinaire et ministre plénipotentiaire de S. M. britannique, déclarant que les ordres donnés par le gouvernement anglais, dans le conseil, en janvier et novembre 1807, avaient été retirés le 10 juin dernier, et en vertu de l'autorité donnée pour ce cas par la deuxième section de l'acte du Congrès, intitulé : *Acte pour interdire les relations commerciales entre les États-Unis et la Grande-Bretagne, et la France et les territoires qui en dépendent, et pour d'autres objets;* moi, James Madisson, président des États-Unis, j'avais donné ma proclamation, en date du 19 avril dernier, déclarant que les ordres du conseil ci-dessus mentionnés avaient été retirés le 10 juin; après quoi le commerce suspendu par des actes du Congrès, pouvait être renouvelé. Maintenant, comme il m'est officiellement annoncé que lesdits ordres du conseil n'ont pas été retirés, conformément à la déclaration et à la communication qui m'avaient été faites, je proclame par la présente cet acte d'interdiction. En conséquence, le commerce qui eût pu avoir lieu de nouveau, dans le cas où lesdits ordres eussent été retirés, doit être considéré comme assujetti aux divers actes par lesquels ce commerce avait déjà été suspendu. »

En conséquence de la proclamation ci-dessus, le secrétaire de la trésorerie a adressé aux divers collecteurs une circulaire dans laquelle on remarque les dispositions suivantes :

« Par suite de la réception de la présente, vous devez, dans tous les cas, excepté dans ceux ci-dessous mentionnés, refuser des permissions de partir pour les ports anglais, et demander, selon l'usage, des cautions de tous les vaisseaux chargés pour des ports permis, dans la manière prévue par la troisième section de l'acte ci-dessus mentionné ; mais, comme plusieurs vaisseaux anglais sont ou peuvent arriver dans les ports des Etats-Unis, en conséquence de la proclamation du président, du 19 avril dernier, il vous ordonne de permettre à ces vaisseaux de partir sans donner de caution, soit sur leur lest, soit avec la cargaison qui pourrait être à bord au moment où la proclamation ci-jointe sera publiée. Il est toutefois entendu que cette indulgence ne sera point étendue à aucuns autres vaisseaux que ceux qui sont maintenant dans les ports des Etats-Unis ou qui pourront ensuite y arriver, ayant fait voile d'un port étranger avant que la connaissance de la présente proclamation fût parvenue à ce même port. »

Il est remarquable que dans le même moment M. Adams a mis à la voile de Boston pour une mission en Russie, où l'on ne doute pas que bientôt la paix conclue avec la Suède ne mette des obstacles insurmontables à la navigation des Anglais dans la Baltique, en assurant à la Russie la possession de la Finlande et des îles conquises sur les Suédois.

Les nouvelles des stations anglaises ont aussi paru causer quelqu'étonnement à Londres. Celle de Rochefort a fait des rapports desquels il résulte que les Français ont huit vaisseaux de ligne dans la rade de l'île d'Aix, et qu'ainsi ils ont ajouté trois vaisseaux de ligne aux cinq sorties de la rade des Basques ; celle du Brésil a annoncé la perte de *l'Agamemnon*, vaisseau de 74 ; celle de Trieste que l'escadre de Russie y était inattaquable, que Trieste était de nouveau fortifiée et garnie d'une artillerie venue de Palma-Nuova ; enfin celle de Toulon élève la flotte française, qu'elle y est chargée d'observer, à quinze vaisseaux de ligne, deux vaisseaux de ligne russes, et plusieurs frégates. Quatre mille matelots venus de Rochefort montent cette escadre, qu'on présume sous les ordres du contre-amiral Lallemant. La station de l'Elbe a eu des engagemens avec les Danois, et elle a perdu une canonnière et un brick.

La station de Flessingue paraît avoir conservé cent et quelques bâtimens de transport pour la garnison qui y est laissée, et qui fait mine de réparer les fortifications, et de creuser, non de combler le bassin. Les Hollandais maîtres des îles voisines, le corps du maréchal duc de Conégliano, toujours en possession de l'île de Cadzand, menacent cette garnison de jour en jour affaiblie par les maladies, et sans moyens de remplacement : le prince de Ponte-Corvo a fait une reconnaissance générale de toutes les positions occupées par ses troupes, elles ont reçu des destinations conformes aux nouvelles circonstances. Anvers a conservé une forte garnison, le reste de l'armée a pris des cantonnemens étendus, que viennent successivement occuper les corps de gardes nationales, qui continuent à se porter sur les côtes, comme si l'ennemi ne les eût pas abandonnées.

Le roi de Hollande a reçu du maréchal Dumonceau le rapport de l'occupation du sud Béveland : il a décerné des récompenses et de l'avancement à ceux qui dans cette circonstance difficile ont mieux soutenu l'honneur de ses armes, et défendu le territoire avec le plus d'intrépidité. De nouveaux corps se forment dans le pays avec célérité, et partout la garde sédentaire fait un service actif très-utile. L'ambassadeur de Dannemarck a été présenté à S. M.

En Espagne, le roi reconnaît et récompense aussi les brave de Talavéra et d'Almonacid. Pendant que les divers corps poursuivent dans leur retraite les rebelles et les Anglais, le roi s'est rendu à St-Ildephonse, triste et coûteuse imitation de Versailles, où les rois d'Espagne depuis Philippe V qui le construisit, vont ordinairement passer une partie de l'automne. Le général Sébastiani pendant ce tems est parti pour une expédition dont on ne précise pas l'objet. La division est née chez les rebelles de leurs défaites successives ; l'union a été dans Madrid le résultat de la victoire. Les décrets sur les moines s'exécutent avec une facilité qui ne surprend que ceux auxquels le véritable état de l'Espagne n'est pas connu : l'impulsion est donnée; la France a donné un exemple qui ne pouvait être perdu pour l'Europe ; tôt ou tard devait partout disparaître comme de notre territoire cette innombrable armée de propritaires inutiles à l'Etat, qui dévoraient sa substance, et ne lui offraient ni le tribut de leurs richesses, ni celui de leur sang. L'institution était trop vieille pour le siècle, partout elle est frappée, partout elle succombe : on a touché l'idole, elle est en poussière, et l'Etat napolitain, presqu'en même tems que celui d'Espagne, vient de faire rentrer dans le rang des ecclésiastiques séculiers, les moines qui sous mille noms différens possédaient d'immenses domaines.

Tous les couvens doivent être abandonnés au 1ᵉʳ octobre ; des pensions sur l'Etat sont assurées aux individus, tous les biens entrent dans le domaine public. L'Etat napolitain est tranquille, les Anglais font de vaines démonstrations sur quelques parties des côtes ; partout elles se trouvent garnies, défendues, et la population disposée à les recevoir.

Le 4 septembre, le Vésuve a fait une éruption, et s'est ouvert une nouvelle issue dans la partie du sud-ouest. L'éruption n'offre aucun caractère dangereux : nombre de curieux vont contempler ce terrible spectacle ; les Napolitains boivent à la santé du *père Vésuve*, qu'ils regardent comme le protecteur de leurs vins. Pendant que le peuple ne voit qu'un spectacle dans ce phénomène, des Plines nouveaux, armés de tous les instrumens adoptés par les sciences, vont l'étudier de près, non sans quelques dangers, et se livrer à des expériences dont il est inutile de marquer le degré d'intérêt.

Le roi de Westphalie fait en ce moment une tournée en Hanovre ; quelques-uns de ses régimens ont occupé cette ville, d'autres sont répandus dans les Anséatiques, et observent les côtes de la Baltique et les embouchures du Véser abandonnées par les Hollandais dont la présence était réclamée sur leur propre territoire. En visitant ce pays, le roi n'a pas été moins voyageur et naturaliste que militaire ; il a donné une attention particulière à tout ce qui offrait un intérêt réel à l'ami de la nature et à celui des sciences : il a pris l'habit de mineur ; et reçu avec toutes les démonstrations de la joie et de l'attachement, il est descendu dans les fameuses mines de Hartz. Les détails de cette visite curieuse méritent d'être rapportés avec quelques détails.

S. M., porte la relation, a daigné se revêtir de l'habit de mineur qu'on lui a présenté pour descendre dans les mines. Elle ne s'est pas bornée à honorer les vêtemens d'une profession utile, elle est entrée avec complaisance et intérêt dans les nombreux détails de l'extraction et de la préparation de ces richesses souterraines, qu'une industrie admirable autant que périlleuse arrache chaque jour à des abîmes profonds pour l'usage de tous les arts.

Quelque curieuses que soient les mines du Hartz, la population qui les exploite n'est pas moins digne de fixer l'attention de l'observateur. S. M. s'est convaincue avec plaisir qu'une administration paternelle régit ces hommes simples et laborieux, les unit en un seul corps, dirige leurs travaux et leur conduite, et les maintient dans un esprit excellent.

Dans la soirée, deux mille mineurs se rendirent sur la place, en face de la maison occupée par S. M.; les deux milles lampes qu'ils portaient répandaient un éclat égal à la plus brillante illumination. Il formèrent d'abord un cercle, au milieu duquel était la musique attachée à ce corps, et défilèrent ensuite en bon ordre : on eût alors cru voir s'écouler lentement un grand fleuve de lumière. Tout à coup on entendit comme l'explosion d'un feu d'artifice : c'étaient les ouvriers chargés des charrois, qu'on ne voyait pas, et qui, faisant claquer leurs fouets avec beaucoup d'ensemble, savent tirer de l'air des sons éclatans qu'ils soutiennent pendant plusieurs minutes.

Une belle soirée se prêtait à cette fête non moins piquante par sa nouveauté pour le monarque auquel elle était offerte, que pour ceux qui la lui donnaient; car elle n'est réservée qu'aux souverains, et depuis cinquante ans le Hartz n'en avait point vu.

Jeudi 7, le roi a visité la fonderie de Frankenscharnerhütte, à un quart de lieue de Clausthal, et la mine de Rammelsberg, près Gosslard.

Ces deux jours seront à jamais mémorables pour cette contrée qui a fixé l'attention particulière du roi. S. M. a donné ordre qu'on distribuât aux mineurs une gratification de 7000 fr.

Les feuilles allemandes ont, dans ces derniers tems, annoncé beaucoup de mouvemens dans l'armée autrichienne; elles ont assigné ses positions en Hongrie, en Moravie, et ses quartiers en Bohême, les dispositions de la défense de Prague, les inondations de quelques places fortes, et indiqué les généraux qui président à ces divers mouvemens; elles n'ont pu représenter l'armée française que dans les positions qu'elle occupe depuis l'armistice, et qui, dès ce moment, ont été connues; les mêmes feuilles avaient assez généralement regardé l'archiduc Charles comme l'un des partisans les plus actifs de cette guerre, et signalé sa retraite comme une preuve de son obstination à vouloir continuer la guerre. Si l'on en croit des notions qui paraissent avoir un plus grand caractère d'authenticité, ce prince avait mieux jugé son pays et ses ennemis; et en recevant sa démission, l'Autriche avait cédé à des suggestions dangereuses pour son repos, et sa prospérité. Sous ce rapport, la note suivante, publiée par un de nos journaux, mérite beaucoup d'attention :

« Quelques journaux français, y est-il dit, donnent sur ce pays (l'Allemagne) des renseignemens souvent très-hasardés. Leurs correspondans, qui paraissent connaître assez mal les affaires de l'Autriche, parlent avec beaucoup d'animosité du prince Charles. Cet archiduc est cependant, de tous les princes de sa maison, celui dont le caractère s'est le plus fait estimer dans les circonstances qui ont précédé la guerre actuelle. On avait employé tous les moyens imaginables pour le porter à des démarches contraires à son opinion ; on était allé même jusqu'à séduire, à prix d'argent, ses entours.

» C'est le ministre Zichy qui a rendu ce mauvais service à l'Autriche et à l'archiduc Charles. On a répété si souvent à ce prince que la France avait peu de troupes à opposer à une aggression, et que la guerre présentait des résultats infaillibles, qu'il était difficile qu'il persistât à combattre, par ses pressentimens, des raisonnemens répétés avec tant de persévérance autour de lui. Ce n'est cependant qu'à regret qu'il a fait la guerre à la France.

» Le lendemain même des affaires de Ratisbonne, il a manifesté le désir de la paix, et il y a toujours persité depuis. Après l'armistice de Znaïm, il s'est démis du commandement, parce qu'il a vu qu'alors toutes les avenues de la cour étaient encore fermées à la vérité parmi les mêmes hommes que l'Angleterre tient à sa solde, et qui gagnent leur argent en répandant les mensonges et en semant les illusions que cette puissance ennemie de l'Europe a tant d'intérêt à propager. »

On avait dit que le quartier-général français s'était porté à Presbourg : la nouvelle est fausse ; l'Empereur a seulement été passer en revue les corps de l'armée d'Italie et ceux des maréchaux ducs de Raguse et de Rivoli ; il n'était pas plus vrai que S. M. eût fait un riche présent au comte de Bubna, et qu'elle eût envoyé complimenter l'impératrice d'Autriche ; la nouvelle du départ de la cour de Saxe pour Varsovie est aussi démentie en ce moment.

Cependant les prisonniers français que le sort des armes avait mis entre les mains des Autrichiens et relégués au fond de la Hongrie, reviennent dans les rangs par suite des échanges. Les Galliciens s'organisent : ils forment une armée déjà redoutable. La Saxe a levé beaucoup d'hommes qui amènent à Dresde et sur les frontières de la Bohême des renforts considérables à l'armée du duc d'Abrantès. Le Voralberg continue à être tranquille, le Tirol ne fait aucun mouvement; la mesure des otages y a été d'une grande utilité. Le duc de Dantzick a toujours le commandement des forces réunies sur ce point. Le général Baraguay-d'Hilliers a fait occuper Fiumes par un des corps sous son commandement; les contributions de guerre se perçoivent avec activité; chaque cercle a désormais un intendant particulier.

Dans l'intérieur, le mouvement général qui a fait lever les gardes nationales de l'Empire s'est étendu jusqu'à ses extrémités; partout les habitans qui ont accepté l'honorable mission de défendre le territoire, armés et équipés par leurs départemens, se sont portés aux lieux indiqués avec une bonne volonté, un ensemble de forces et de dispositions qu'il est impossible de louer et de caractériser dignement. A Paris, les chevau-légers de la garde manœuvrent assiduement et font de nuit un service de police aussi utile qu'actif. Les compagnies de la garde infanterie sont complétement organisées; les officiers, dans la plus belle tenue, ont déjà fait des visites de corps, et ont été reçus avec la plus honorable distinction par les princes grands dignitaires, les ministres, le maréchal-sénateur commandant la garde, et le gouverneur de Paris. Lundi prochain il y a une présentation générale du corps des officiers de la garde nationale aux premiers fonctionnaires de l'Etat; les compagnies volontaires, armées et équipées, se rendent successivement à leur destination : les compagnies sédentaires de grenadiers et de chasseurs, complétement armées et équipées, commenceront très-incessamment leur service.

Descriptions des nouveaux jardins de la France et de ses anciens châteaux, mêlée d'observations sur la vie de la campagne et sur la composition des jardins; par Alexandre de Laborde. les dessins par Constant Bourgeois; huitième livraison. Prix, papier fin, 15 fr.; papier-vélin, 24 fr., et avant la lettre. 30 fr. On souscrit à Paris, chez Bourgeois, peintre et éditeur, au Musée des Arts, rue de Sorbonne, et chez les principaux libraires de l'Europe.

Nous avons déjà rendu compte du discours préliminaire de cet important ouvrage. Nous ferons connaître incessamment les livraisons qui ont paru jusqu'à ce jour.

MERCURE DE FRANCE

N° CCCCXXVIII.—Samedi 30 Septembre 1809.

POÉSIE.

ÉPITRE ADRESSÉE A MADEMOISELLE MARS,

Après la première représentation du Secret du Ménage.

Quel est donc ce prestige heureux
Qui te rend chaque jour plus touchante et plus belle?
Nous te voyons sans cesse, et toujours à nos yeux
   Ton art divin sait te montrer nouvelle :
Ah! les Dieux ont sur toi versé tous leurs bienfaits!
   Aimable objet de leur plus doux caprice,
L'amour en souriant a dessiné tes traits;
    L'amour qui d'une aile propice,
    A protégé ces dons naissans,
Dans tes beaux yeux, admire son ouvrage,
Et d'orgueil enivrés, ses regards complaisans,
   Aiment à voir que tous ces traits charmans,
    Des siens sont la fidèle image.
C'est lui qui t'a donné cet organe enchanteur
   Du sentiment favorable interprète,
Dont l'accent, mieux encor que les vers du poëte,
   Porte le trouble au fond du cœur.
Mais si le ciel a daigné te sourire,
L'art et le goût t'ont cédé leur empire.
   Quel art exquis! ah! dis-le moi,
De qui tiens-tu ce jeu, cette magie,
Cet intérêt qu'on ne trouve qu'en toi?
   Tu parais, la scène est remplie;
Le spectateur se sent électriser,
Les femmes, dans leur loge, ont cessé de causer!
Voyez la jeune Eglé, babillarde indocile,
   Qui par son caquet trop agile,

R

Eût surpassé la Déesse aux cent voix !
Elle écoute, et pour cette fois,
Se taire lui paraît facile.
Chacun l'imite, un silence absolu
Dans la salle, suspend tout entretien frivole,
Le plus léger murmure y serait entendu.
Ris-tu ? partout le plaisir vole,
Et la gaité bruyante et folle,
Avec rapidité circule et vient s'unir
Aux applaudissemens qu'on entend retentir.
Tu gémis ? aussitôt j'éprouve tes allarmes,
Et dans mes yeux, je sens rouler des larmes
Qu'en vain je voudrais retenir.
Et qui peut mieux, des grâces de l'enfance
Nous rappeler la touchante candeur !
Nous montres-tu l'amour combattant la pudeur ?
Sur ton front virginal, où se peint l'innocence,
L'embarras fait éclore une aimable rougeur ;
Cette modeste retenue,
On la croirait de la timidité.....
Mais quel art est caché sous cet air d'ingénue,
Et que d'esprit dans ta naïveté !
Tantôt, avec non moins d'adresse,
Sous un brillant débit, tu couvres la faiblesse
De quelques vers, écrits sans verve et sans chaleur,
Et celui, dont le tour devait choquer l'oreille
Du froid censeur que la critique éveille,
Echappe de ta bouche, et trompe l'auditeur.
Repoussant l'orgueil qui s'abuse,
Et témoin des succès qu'ont produit tes talens,
Déjà, plus d'un auteur, enivré de l'encens,
Qu'un peuple satisfait prodiguait à sa Muse,
Est venu mettre à tes genoux
Et son hommage et sa couronne.
En te cédant, d'un ton modeste et doux,
Les éloges flatteurs que le public lui donne ;
Vous l'avez embelli, mon ouvrage est à vous (1).
Dit-il, et trop souvent ce compliment d'usage,
Sincère ou non, est un aveu fort sage.

---

(1) Elle est à toi puisque tu l'embellis. VOLTAIRE.

Mais aujourd'hui, grace à l'auteur piquant,
Qui prête un doux attrait au Secret du Ménage,
En y semant l'esprit, la grâce et l'enjouement,
Ce compliment banal il faut encor le faire,
Et puisque son secret, tout le monde en convient,
N'est que l'heureux secret de plaire,
C'est bien à toi qu'il appartient.

PALLARD, fils.

LE CALME. — ODE.

Composée sur les bords du Loiret.

Emule de Pindare, une aile imaginaire
Trop long-tems m'égara dans des cieux inconnus;
A l'aimable nature un charme involontaire
  Consacre mes vers ingénus.

J'aime à fouler l'émail de ces jeunes prairies;
Là, seul, aux pieds du saule, avec quelle douceur
Je repose, caché sous ces ombres chéries,
  Sans gloire, et rêvant le bonheur!

C'est-là que le rival de la Loire brillante,
Déployant de ses eaux le pacifique azur,
Etale à mes regards, dans sa glace riante,
  L'immobilité d'un ciel pur.

Mais la fraîche épaisseur du vert amphithéâtre
S'élève, réfléchie en ce lac enchanté;
De ces bois élégans la Naïade idolâtre
  Leur ouvre son sein argenté;

Et repliant ses bras, elle entoure ces îles
Retraite de Zéphirs, de Silence, et d'Amour;
Où Vénus et les jeux, sous les ombres mobiles,
  Dansent au déclin d'un beau jour.

Avec moins de mollesse et de mélancolie
Se déroulaient les flots du tranquille Léthé!
Le calme de ces bords, où la peine s'oublie,
  Rafraîchit mon cœur agité.

Comme un vague nuage, et plus léger encore,
Je vois s'évanouir le songe des Honneurs;

Des Soucis les plus noirs le Spectre s'évapore
Dans cet air parfumé de fleurs.

O sombre Calomnie en vain ta bouche impure
De ses vils sifflemens assiége mon repos :
Je ne vois que le Ciel, n'entends que le murmure
Des Bois sonores et des Eaux !

Alors que le vautour, à la serre cruelle,
De son vol inquiet importune les airs,
Sous l'ombrage attendri, l'obscure Philomèle
Prélude à d'innocens concerts.

CHAUSSARD.

LE REFUS. — ROMANCE. (1)

L'AVEU m'échappe malgré moi,
L'aveu de l'amour le plus tendre :
Mais, à ce transport, garde-toi,
Trop cher amant, de te méprendre.
La raison ne peut l'excuser
Sans que l'amour en soit victime,
Et je dois, pour aimer sans crime,
Toujours aimer et refuser.

Jouet de mille vœux confus,
Trop facile ou trop inhumaine,
Je t'éloigne par un refus,
Par un baiser je te ramène.
La raison condamne un baiser ;
Un refus, l'amour s'en offense :
Tu te plains de ma résistance.....
Ah ! plains moi de te refuser !

Il faut te fuir, je le sens bien,
Ou te permettre une autre flamme :
Và ! cherche un plus heureux lien ;
Ton bonheur suffit à mon âme.
Mais crains encor de t'abuser,
En triomphant d'une autre amante :

---

(1) Musique de M. Dalvimare.

Elle n'est pas la moins aimante
Celle qui dut te refuser ?

Qu'ai-je dit ? je perdrai le jour
Avant que rien ne nous sépare.
Mais, trop faible contre l'amour,
Que du moins ma raison s'égare ;
Que je puisse me déguiser
Le piége où tu veux me conduire,
Accorder tout dans mon délire...
Et croire encor tout refuser !

EUSÈBE SALVERTE.

ENIGME.

Il n'est sans moi rien de parfait ;
Sans moi rien ne finit, sans moi rien ne se fait :
Dans nos cités sans moi point de familles ;
Chez les époux point de fils ni de filles :
En mariage point d'enfans ;
Point de fortune chez les grands.
Je fais la faim, la soif, je cause la famine ;
Sans moi l'on a du bled, mais jamais de farine.
Sans nul rapport avec le peuple Anglais,
Toujours je marche en tête des Français :
Aux fruits, aux fleurs je suis utile,
Et nul jardin sans moi ne peut être fertile..

S........

LOGOGRIPHE.

Avec sept pieds j'instruis
Et par fois je guéris.
Mais, ma structure étant décomposée,
Avec quatre plus deux je complète une armée ;
Avec cinq je deviens un mets des plus friands
Et ce qu'on voit sur une onde agitée ;
Avec quatre un objet de tendres sentimens ;
Un fruit, mais qui n'est pas de bonté merveilleuse :
Avec quatre moins un une plante ligneuse,

D'un goût fort âcre et fort amer ;
Ce qui jadis a fait braver le fer
A maint guerrier le jour d'une bataille ;
Avec deux je suis un pronom
Et ce que par décence on nomme *ma médaille* :
Mais sans plus d'explication
A me connaître ami lecteur travaille.

    NAR....

CHARADE.

On est mangé par mon premier
On est rongé par mon entier
On est jugé sur mon dernier.

    Par le même.

---

*Mots de l'*Enigme*, du* Logogriphe *et de la* Charade *insérés dans le dernier Numéro.*

Le mot de l'Enigme du dernier Numéro est *Marmotte*.

Celui du Logogriphe est *Montre*, dans lequel on trouve, *mer, note, trône, mort, Rome, mont* et *or*.

Celui de la Charade est *Oiseau-mouche*.

SCIENCES ET ARTS.

Chasses de l'Orient, d'après les dessins et les manuscrits du capitaine Thomas Willamson. — *Folio impérial.* — Prix, 21 liv. sterl. — Londres, 1807.

On pourrait traiter l'histoire des sciences et peut-être même toutes les histoires comme l'a été celle des nations : les unes et les autres se réduisent définitivement à l'histoire de quelques hommes ; le vulgaire suit l'impulsion du génie, de quelque part qu'il la reçoive ; et son influence, dans les révolutions de l'esprit humain, comme dans celle des Empires, n'est jamais que passive.

Si Charlemagne, Grégoire et Innocent, Charles-Quint, Louis XIV remplissent des époques dans l'Empire des peuples, Aristote, Descartes, Newton en remplissent également dans l'empire des sciences ; et comme l'on peut juger de l'esprit des gouvernemens et même des nations par le caractère de ceux qui en sont les chefs, on peut aussi juger de l'esprit des sciences par le génie des hommes qui sont à leur tête.

L'histoire naturelle offre un exemple frappant de cette influence : Linnæus et Buffon ont à peu près rempli tout l'intervalle qui s'est écoulé depuis que cette science existe comme telle jusqu'à nos jours.

L'un, joignant un esprit juste à une grande pénétration, s'occupa sur-tout à caractériser les espèces, à les séparer les unes des autres, et à les ranger dans un ordre propre à les faire distinguer et reconnaître : il fut le créateur des méthodes. De nombreux disciples suivirent ses traces, et son heureuse influence, quoiqu'affaiblie et modifiée, se fait encore sentir aujourd'hui.

L'autre, avec une imagination plus vive, avec un sentiment plus délicat et plus profond, s'élevant au-dessus des simples faits, pour n'étudier que leurs rapports, considéra la nature dans toute sa grandeur, et la peignit dans toute sa magnificence. Il fit naître, par son exemple, un grand nombre d'imitateurs et peu d'émules.

L'histoire naturelle, mais sur-tout celle des animaux, semble suivre aujourd'hui une route nouvelle : les naturalistes ne se bornent plus, avec Linnæus, à classer les êtres, dans la vue de les reconnaître plus ou moins aisément, où avec Buffon à créer des tableaux, plus ou moins brillans, plus ou moins vrais de la nature et des êtres qui la composent ; l'anatomie comparée et la physiologie paraissent former le caractère principal de l'époque actuelle. L'une de ces sciences a pour objet l'étude des organes chez les différens animaux, et l'autre l'étude des phénomènes de la vie.

Mais, si la classification des animaux et la connaissance de leurs rapports, si la peinture de leurs formes et de leurs habitudes, si la description de leurs organes et l'explication des fonctions qu'ils remplissent, offrent à l'esprit une source infinie de recherches et de plaisirs, ces êtres nous présentent encore une autre étude, non moins riche et non moins attrayante, à laquelle personne ne semble avoir voulu jusqu'à présent se livrer, c'est celle de leurs facultés intellectuelles. On sent tout le vide qui reste encore dans cette partie intéressante de l'histoire des animaux, lorsqu'on doit faire le récit de leurs mœurs; faute d'observations précises et exactes, faute de quelques règles préliminaires et de méthode dans l'examen et la description des faits, on tombe dans des exagérations, et l'on ne peut, pour ainsi dire, ni juger de ce qui a été dit sur la manière dont les animaux se conduisent et raisonnent, ni établir sur ce point quelque comparaison entr'eux ; tout est incertitude et obscurité. Les uns font d'un insecte le rival de l'homme en justesse, en profondeur et en imagination ; tandis que d'autres refusent, même aux chiens, les plus faibles facultés de l'intelligence. Telles sont, au reste, les erreurs où l'on tombe toujours, lorsqu'on veut établir des systêmes avant de posséder des faits.

Il est impossible de méconnaître l'analogie qui se trouve entre l'organisation des quadrupèdes et celle de l'homme; ils sont pourvus des mêmes sens et susceptibles à peu près des mêmes mouvemens ; les différences qui existent entr'eux ne consistent, pour ainsi dire, ni dans le nombre, ni dans les dispositions des parties, mais presque uniquement dans leurs proportions. Les facultés physiques se développent et s'accroissent par l'usage chez les uns comme chez les autres, et elles s'affaiblissent par l'inaction et le repos; on voit enfin que le plan qui a servi à la construction du corps de l'homme, a servi à former le corps des quadrupèdes, et même des oiseaux, des reptiles et des poissons.

Cette analogie se retrouve encore entre nos facultés intellectuelles et celles des brutes; elles sont soumises aux mêmes lois, aux mêmes influences. Les circonstances ont tout fait; c'est le besoin qui développe l'industrie, et le lion, l'ours et le renard qui peuplent les pays déserts, loin des dangers et au milieu de l'abondance, ressemblent aussi peu aux individus de leur espèce qui vivent dans les contrées soumises à l'homme, que l'Otaïtien, le Kamtchatkadale, ou le Samoyède ne ressemblent aux habitans de nos grandes cités, où le luxe et les arts nous ont asservis.

Ces vérités sont loin d'être généralement admises. Les anciennes idées des Cartésiens sur l'intelligence des brutes ne sont point encore entièrement effacées; sous bien des rapports on considère les animaux comme des machines qui suivent l'impulsion qu'elles ont reçues, ou qui ne peuvent compléter leurs mouvemens, si les ressorts qui les leur impriment éprouvent quelque gêne. Ne croit-on pas communément, en effet, que les animaux restent toujours les mêmes, ne changent point, et qu'il est nécessaire pour les bien connaître et les bien juger de les voir dans un état de liberté absolue? Et qu'entend-on par cette liberté? où existe-t-elle? tous les animaux ne dépendent-ils pas les uns des autres? ceux qui vivent de fruits ne sont-ils pas destinés à devenir la proie de ceux qui se nourrissent de chair, et ceux-ci ne rencontrent-ils pas l'homme partout? Que produirait d'ailleurs une liberté parfaite? exactement le même effet qu'un esclavage absolu. L'animal n'agirait pas plus dans une de ces situations que dans l'autre. Ce ne sont que les besoins qui l'excitent; il faut donc les multiplier, les varier, et la domesticité, la servitude en donnent les plus nombreux moyens. On a répété souvent, à la vérité, qu'il ne fallait étudier les animaux que dans la nature, qu'on les dénaturait par l'esclavage; comme si la nature n'était pas partout; comme s'il existait d'autres lois que les siennes; comme si elle pouvait être soumise à notre volonté. Nous l'avons déjà dit, nous ne sommes pas plus les maîtres de forcer les animaux à suivre une autre pente que celle qui leur a été prescrite, quelles que soient les situations où nous les mettions, que nous ne le sommes d'empêcher une pierre qui tombe de suivre les lois de la pesanteur, quoique d'ailleurs nous puissions à l'infini modifier son mouvement.

La domesticité est donc, sans contredit, le moyen le plus favorable que nous ayons pour mettre en action les facultés intellectuelles des brutes. Nous pouvons placer les animaux qui nous sont asservis dans les circonstances qui nous paraissent les plus convenables au but que nous nous proposons; nous pouvons exercer ensemble ou séparément leur mémoire ou leur jugement, prendre chaque espèce à l'instant de sa naissance, diriger ses sensations, juger leur action réciproque, en mesurer les effets, et déterminer l'influence exacte de l'organisation sur l'entendement. Sans la domesticité connaîtrions-nous le naturel exquis du chien, son dévouement, son courage, son affection, son intelligence, sa fidélité, toutes ces qualités enfin qui nous le rendent si nécessaire et si cher? Aurions-nous pu juger sans son secours de l'audace du cheval, de la docilité du chameau, de la finesse de l'éléphant, de la patience du bœuf? Le mouton nous aurait-il appris sans elle jusqu'à quel point l'intelligence peut se dégrader et la volonté s'affaiblir?

Après la domesticité, la chasse est une des causes qui a le plus d'influence sur le jugement des animaux, et qui peut nous en montrer le mieux toutes les ressources. Cette espèce de guerre donne sur-tout naissance, d'une part, aux qualités qui résultent de la crainte, à la prudence, à la ruse, et de l'autre à toutes celles qui proviennent du courage, l'adresse, l'impétuosité, la confiance. C'est à la chasse que nous devons tous les détours du cerf pour éviter son ennemi : on sait qu'il passe et repasse souvent sur la même voie, afin de dérouter les chiens, qu'il cherche à leur donner le change en se faisant accompagner d'un autre cerf, que quelquefois, après avoir poursuivi son chemin en ligne droite, il se jette tout à coup à l'écart, se cache, se tapit, tandis que le chasseur qui croit toujours le poursuivre, presse ses limiers, et éloigne ainsi le danger avec eux. On connaît aussi l'histoire rapportée par du Fouilloux de ce lièvre qui n'entendait pas plutôt le bruit de la chasse qu'il quittait son gîte, courait à un étang, s'y jetait à la nage, et allait au milieu se cacher dans une touffe de joncs.

Buffon semble être d'un avis tout à fait contraire au nôtre dans son Discours sur les animaux sauvages : « Dans
» les pays, dit-il, où les hommes se sont répandus, la
» terreur semble habiter avec eux, il n'y a plus de so-
» ciété parmi les animaux, toute industrie cesse, tout
» art est étouffé, ils ne songent plus à bâtir, ils négli-
» gent toute commodité ; toujours pressés par la crainte
» et la nécessité, ils ne cherchent qu'à vivre, ils ne sont
» occupés qu'à fuir et se cacher ; et si, comme on doit
» le supposer, l'espèce humaine continue, dans la suite
» des tems, à peupler également toute la surface de la
» terre, on pourra, dans quelques siècles, regarder
» comme une fable l'histoire de nos castors. »

Il est évident que cette différence d'opinion vient de ce que Buffon confondait deux fonctions intellectuelles très-distinctes chez les animaux, le jugement et l'instinct ; et il serait facile de démontrer que le castor, qu'il cite en exemple, ne cesse point de construire ses huttes, parce que son industrie cesse elle-même, parce que son art est étouffé ; mais uniquement parce qu'il s'est aperçu que ces constructions avertissaient l'homme, son ennemi, de sa présence, et augmentaient ses dangers. C'est ainsi que les lapins trop souvent chassés par les furets ne font plus de terriers, et vivent à la manière des lièvres.

Plaçons actuellement les animaux dans des contrées inhabitées par l'homme, où ils pourront trouver une nourriture abondante, un repos assuré, et une liberté entière au milieu des riches forêts, et les plaines fertiles dont elles seront recouvertes. Qu'arrivera-t-il ? Les carnassiers se procurant une proie facile, passeront leur vie, presque toute entière, dans un sommeil profond; ils n'auront d'autres motifs d'exercer leur intelligence que la faim et l'amour; ces deux besoins satisfaits, sans peine, sans combats, à l'instant même du désir, n'auront qu'une influence momentanée qui ne laissera nulle impression durable, et s'effacera avec la jouissance; ne connaissant point de dangers, ils n'auront point de prudence, et n'ayant point d'obstacles à vaincre, la patience et la ruse leur seront inutiles.

Le repos sera bien plus profond encore chez les herbivores; leurs désirs sont bien moins impérieux que ceux des carnassiers; trouvant sous leurs pieds la nourriture qui leur convient, ils n'ont besoin ni de la chercher, ni de la poursuivre; quelques arpens de terre fournissent à tous leurs besoins; la plaine qui les nourrit, les arbres qui les abritent, c'est tout ce qu'ils connoissent, et on les verra mourir dans les lieux qui les ont vu naître, après avoir partagé leur vie entre un petit nombre de jouissances et un long sommeil. C'est en effet ce que les voyageurs ont observé sur quelques points isolés du monde, où les animaux, jouissant d'une sécurité parfaite, ne connaissaient point d'ennemis, ignoraient les dangers du voisinage de l'homme, ne s'effrayaient point à leur approche, et se laissaient assommer sans fuir et sans se défendre.

Mais la nature n'a point voulu que ce repos existât sur la terre. La vie naît du mouvement et de la destruction : les corps brutes servent à l'accroissement des végétaux; ceux-ci sont destinés à nourrir des animaux nombreux et puissans qui servent à leur tour de substance à ceux qui doivent vivre de chair; enfin, l'homme vient par son industrie mettre un terme à l'empire des carnassiers, et ses propres passions, par leurs déréglemens, mettent elles-mêmes un terme au sien.

Les idées qu'on s'est faites du caractère des différentes espèces d'animaux ne renferment pas moins d'erreurs que celles qui ont rapport à leurs facultés intellectuelles. Les tigres, les panthères, les léopards, sont généralement regardés comme des animaux d'une férocité intraitable, qui ne peuvent être soumis ni par la force ni par la douteur, et qui, toujours défians et cruels, ne répondent aux bons traitemens que par des menaces, et ne jouissent de leur liberté que pour répandre du sang. Au contraire, nous croyons que les cerfs, les moutons, les gazelles, sont destinés à vivre autour de nous, qu'ils se plaisent naturellement aux caresses, que leur douceur ne se dément jamais, que leur confiance est sans borne, qu'ils sont les serviteurs, les compagnons, les amis de l'homme.

Le chien, qui, dans son état de nature, est aussi féroce et aussi sanguinaire que le loup, aurait dû ramener à des notions plus justes sur les animaux carnassiers : en effet, tout ce que nous aimons dans cet animal, le plus attaché, le plus caressant, le plus doux, le plus confiant de tous ceux qui nous sont connus, il ne les doit qu'aux facultés qu'il partage avec les lions et les hyènes.

La nature a donné à tous les animaux carnassiers une intelligence proportionnée à leurs besoins et bien supérieure à celle des herbivores ; cette qualité, en augmentant leurs rapports avec ce qui les environne, les rend susceptibles d'influences plus nombreuses et de modifications plus profondes ; leur éducation enfin peut être d'autant plus développée que leur organisation est plus délicate. Aussi parvient-on sans beaucoup de peine à faire perdre à ces animaux si terribles toute leur férocité, et à changer la défiance et la cruauté du tigre en soumission et en douceur. Les herbivores, beaucoup plus brutes, restent toujours beaucoup plus grossiers : quand les rapports sont peu nombreux, l'intelligence est faible, et la soumission ne peut pas être grande lorsque les besoins ne le sont pas. Les animaux sont encore à cet égard dans le même cas que l'homme.

On a publié plusieurs ouvrages dans lesquels on cherche à réduire en système l'intelligence des brutes, c'est-à-dire, à ramener à des principes donnés d'avance les faits plus ou moins vrais qui ont été rapportés sur cette matière. Nous n'en connaissons point où ces faits aient été recueillis avec les détails et la simplicité nécessaire pour qu'ils puissent être mis en œuvre par la raison, rapprochés les uns des autres et réduits à ces termes généraux qui constituent les sciences ; et l'ouvrage que nous annonçons aujourd'hui, quoique fait avec beaucoup plus de soin que ceux qui l'ont précédé, est loin d'être exempt de tout reproche : néanmoins il contient des faits curieux et nouveaux qui seront aussi utiles au naturaliste de profession qu'agréables à celui qui ne fait de l'étude de la nature qu'un simple délassement.

L'auteur, M. Willamson, a passé vingt ans dans les Indes ; il a été témoin des observations qu'il rapporte et a dessiné lui-même les planches qui représentent les animaux dont il nous fait connaître les mœurs.

Dans un autre article, nous entrerons dans plus de détails sur cet ouvrage. FRÉDÉRIC CUVIER.

COURS COMPLET D'AGRICULTURE PRATIQUE D'ÉCONOMIE RURALE ET DOMESTIQUE, ET DE MÉDECINE VÉTÉRINAIRE, par l'abbé ROZIER, rédigé par ordre alphabétique, etc. — Tomes III et IV. — A Paris, chez *F. Buisson*, rue Gilles-Cœur, n° 10.

ON a rendu compte, dans le N° CCCCI de ce Journal, des deux premiers volumes du Dictionnaire de Rozier, et l'on a donné à cet ouvrage des éloges auxquels nous n'avons rien à ajouter. Les volumes V et VI qui doivent compléter ce travail paraîtront incessamment, et le public jouira, grace à l'activité des Editeurs, d'un traité qui renferme dans un court espace, toutes les parties de l'économie rurale et domestique.

Ce serait rendre un grand service à l'art et à ceux qui le pratiquent que de publier en six volumes de 5 à 600 pages, un ouvrage dans lequel on exposerait avec clarté et précision toutes les méthodes d'agriculture et tous les procédés économiques, dont la bonté et la certitude auraient été constatées par l'expérience des Agriculteurs anciens et modernes les mieux instruits dans la théorie et la pratique. Un ouvrage de ce genre dispenserait des recherches longues et fastidieuses auxquelles on est obligé de se livrer toutes les fois qu'on veut acquérir des notions exactes sur une partie quelconque de l'économie rurale. On a tant écrit sur cet art, les bonnes pratiques sont tellement confondues avec les mauvaises, qu'il est difficile et même impossible à un grand nombre de lecteurs de discerner le faux du vrai, le probable de l'absurde, les faits exacts et constatés, d'avec ceux qu'on imagine à plaisir, ou qu'on hasarde sur l'autorité de l'ignorance ou de la mauvaise foi. Comment donc un agriculteur qui cherche à s'éclairer sur la marche à suivre dans la pratique, pourra-t-il sortir de ce dédale, comment se procurera-t-il tous les livres qu'il doit consulter, comment trouvera-t-il le tems de tout lire, et quel sera enfin le guide qui le conduira avec sûreté et qui lui fera éviter des erreurs aussi préjudiciables à sa fortune qu'à son repos? Nous voyons chaque jour des propriétaires qui, animés par un sentiment de zèle et par un louable intérêt, entreprennent la culture de leur patrimoine, mais qui trop confians dans les belles promesses de guides présomptueux ou ignorans, se livrent à des pratiques, à des essais ruineux, et sont contraints d'abandonner leur entreprise après avoir détérioré leur fortune. Ces exemples trop fréquens discréditent l'art, et mettent de grands obstacles à ses progrès, en arrêtant les cultures et les essais, qui peuvent seuls lui donner toute l'extension dont il est susceptible. Les fautes nombreuses des nouveaux praticiens proviennent en général des fausses directions qui leur sont données par les auteurs agronomes; aussi un mauvais ouvrage d'agriculture est dans son genre aussi funeste au public, qu'un traité de morale dont les maximes sont en contradiction avec les vrais principes de la justice et de l'équité.

Nous convenons qu'il n'est pas facile de décrire avec précision, dans un petit nombre de volumes, les diverses pratiques de culture exécutées en France, ou susceptibles d'y être introduites. Cette entreprise demande les efforts réunis d'un certain nombre d'hommes zélés, habiles et expérimentés. Mais il est rare de pouvoir former ce genre de réunion, et plus rare encore de trouver des hommes qui aient la volonté ou le loisir de consacrer leurs talens à un travail plus utile au public qu'il n'est glorieux ou lucratif à ceux qui l'entreprennent.

Les personnes qui se livrent par goût ou par état à la culture des champs ne doivent donc pas s'attendre à trouver, dans l'ouvrage que nous annonçons, le degré de perfection qu'ils pourraient désirer. Les Editeurs ont sur-tout cherché à procurer au public un ouvrage bien moins dispendieux que la première édition de Rozier. Ils ont, d'après ce motif, retranché tous les articles de botanique, de physique, de médecine domestique, et même de physiologie végétale, qui paraissent déplacés dans un ouvrage destiné à une instruction purement agricole. Ils se sont presqu'uniquement bornés à la pratique, ainsi qu'ils l'annoncent sur le titre de l'ouvrage. On pourrait cependant leur reprocher de s'être écarté du plan qu'ils s'étaient prescrit; on trouve en effet dans les volumes III et IV plusieurs articles de physiologie végétale beaucoup trop longs et trop scientifiques pour la généralité des Agriculteurs; tels sont les articles *germination*, *feuilles*, *fleurs*, *floraison*, *irritabilité*, *gommes*, *graines*, etc. dont plusieurs ont dix à dix-huit pages, tandis qu'ils n'occupent que trois à quatre pages dans l'édition donnée par Rozier. Cette prolixité s'est étendue même sur quelques articles mieux adaptés au plan de l'ouvrage, comme, par exemple, celui de *lessive du linge* qui comprend vingt-six pages. Il eût été facile de supprimer les uns et d'abréger les autres, afin de donner un peu plus d'extension à des objets d'un intérêt et d'une application plus générale.

Nous avons reçu les volumes V et VI du même ouvrage à l'instant où l'article qu'on vient de lire finissait d'être imprimé. Les Souscripteurs verront avec plaisir que l'Editeur a apporté la plus grande activité dans l'exécution de ce travail, et que non-seulement il a été fidèle à ses engagemens, chose qui n'arrive pas toujours en librairie, mais qu'il a donné beaucoup plus qu'il n'avait promis dans son Prospectus. Il avait annoncé que l'ouvrage serait composé de six volumes de 500 pages chacun, et nous voyons que le nombre de pages est plus considérable dans chaque livraison; de sorte que l'Editeur a, par le fait, donné la valeur d'un volume au-delà de ce qu'il avait promis; il a pareillement augmenté le nombre des planches.

Les articles les plus importans et auxquels on a donné une plus grande attention dans le cinquième volume,
sont

sont *œnologie*, *olive*, *olivier*, *pain*, *parcage*, *pêcher*, *pépinière*, *poirier*, *pommier*, *prairies*, etc. L'auteur du premier article est connu par les nombreuses dissertations qu'il a publiées sur la fabrication des vins. Voici comment il s'exprime à ce sujet dans un paragraphe qu'il intitule *De la Révolution œnologique*. « Les lumières que
» la science a répandues sur cet art si ancien, et dont
» elle a fait un art si nouveau, le zèle que j'ai mis à le
» propager, par des instructions, par des missions, par
» une correspondance étendue dont je suis devenu le
» centre, et que j'ai publiée, tout cela a dû opérer une
» révolution œnologique. » Il est à craindre que l'apôtre de cette révolution n'obtienne pas tous les succès dont il s'était flatté, car on boira encore pendant long-tems du vin détestable dans beaucoup de cantons où il serait facile d'en avoir d'excellent; mais son zèle n'en est pas moins digne d'éloges. On nous annonce cependant à l'article *vigne* que cette révolution est complète à Argenteuil près Paris. « De tous les vignobles des environs de
» Paris, qu'on peut citer avantageusement, (dit le ré-
» dacteur de cet article), tant pour la culture soignée,
» la bonne tenue des vignes, leur qualité, que pour
» l'abondance des récoltes, Argenteuil sans contredit
» l'emporte sur tous les autres de la France, et même de
» l'Europe entière. C'est sur ce territoire qu'il faut aller
» pour admirer les merveilles de l'art et les prodiges de
» l'industrie. » C'est d'après la haute estime que le rédacteur a conçue pour le vin d'Argenteuil, et pour les soins qu'on y donne à la vigne, qu'il en décrit les procédés et la culture comme devant servir de modèle au reste de l'Europe. Il a cru inutile de parler des méthodes usitées dans les autres lieux de la France. Argenteuil doit être le point unique vers lequel doivent se porter les regards et l'affection des *œnologistes* et des *gastromanes*. Il ne nous appartient pas de prononcer dans une cause aussi délicate, et de porter une sentence de réprobation contre les vignerons et les vins de Champagne, de Bourgogne, de Bordeaux, du Languedoc, de Provence, du Rhône, etc., etc. D'ailleurs, comme on ne peut pas disputer des goûts et que chacun doit avoir le sien, nous

S

concevons aisément que celui du rédacteur puisse être diamétralement opposé au goût de tous les gourmets de l'Europe. Nous nous contenterons d'observer qu'il se trompe lorsqu'il dit que « la culture de la vigne en Espa- » gne et en Italie attire à peine l'attention du Proprié- » taire ; elle n'est là qu'une routine, qu'une opération » machinale qui n'exige ni méditations, ni observations; » elle croît là et y fructifie sans le secours de l'art. » Il n'existe aucun pays en Europe où la vigne soit cultivée avec plus de soin qu'en Toscane, et sur-tout que dans plusieurs provinces de l'Espagne. L'industrie des Catalans en ce genre égale, et peut-être même surpasse tout ce qui se pratique ailleurs. Nous avons vu dans cette province les vignerons s'attacher avec des cordes et se laisser glisser à travers des rochers escarpés pour y chercher des crevasses dans lesquelles ils plantaient la vigne. L'industrie des vignerons du royaume de Valence n'est pas moins active, et nous avons examiné avec le même étonnement l'habileté et les soins que ceux de Malaga, de Xerès, etc., apportent dans la culture de leurs vignobles.

Le dernier volume qui termine l'ouvrage, renferme un supplément de cent pages dans lequel on trouve deux articles beaucoup trop longs pour le plan que s'étaient imposé les rédacteurs. L'un est compris sous le mot *fièvre*, et l'autre sous celui de *météorologie*. Le premier a 34 pages, et le second 46. En resserrant ces deux articles, ainsi que plusieurs autres purement théoriques, on aurait pu donner plus de détails sur des objets plus importans, tels que ceux *seigle*, *racine de disette*, *raves*, etc. L'article *tige* qui aurait dû être circonscrit dans quelques lignes contient une page de plus que les trois articles réunis de *taureau*, *vache* et *veau*. Ces défauts sont dus sans doute à la multiplicité des col- laborateurs et à la rapidité avec laquelle s'exécute ce genre d'entreprise littéraire; mais il eût été facile de les éviter en choisissant des agriculteurs qui eussent le loisir nécessaire pour méditer, approfondir leur sujet, et ré- diger, avec plus de soin, les matériaux d'un ouvrage qui devait embrasser le champ immense de l'économie rurale et domestique.   C. P. DE LASTEYRIE.

LITTÉRATURE ET BEAUX-ARTS.

GRAMMAIRE ET LOGIQUE. — *Aux Rédacteurs du Mercure.*

(SECOND ARTICLE.)

On n'a pas oublié sans doute ce que j'ai déjà dit que le système des mots d'une langue se compose de deux grandes classes, l'une de ceux que j'ai nommés *significatifs*, et l'autre de ceux que j'ai nommés *auxiliaires*. C'est sans doute avoir fait un grand pas et même le plus important pour fonder l'exactitude d'une langue, que d'avoir bien déterminé le sens de tous ses mots significatifs ; et peut-être cela suffirait-il, si les mots devaient toujours être offerts isolément à notre esprit. Mais les mots, dans le discours, sont liés les uns aux autres et par cette liaison se modifient mutuellement ; je veux dire, restreignent ou étendent mutuellement leur signification. Or cette fonction de restreindre et d'étendre le sens des mots est principalement dévolue à la classe des auxiliaires. Indépendamment du sens exact des mots significatifs, celui qui prétend parler une langue exacte, doit donc connaître encore toutes les fonctions que remplissent les auxiliaires dans l'énonciation de la pensée. Une langue ne pourrait donc jamais être entièrement exacte, si elle manquait de ces auxiliaires dont la fonction particulière est de faire signifier aux autres mots qu'ils accompagnent, tout ce que nous voulons que ceux-ci signifient et rien ni de plus ni de moins que ce que nous voulons. Or telle est la langue latine : généralement plus harmonieuse et mieux faite que la nôtre dans la composition, la dérivation de ses mots, elle lui est très-inférieure sous d'autres rapports, mais sur-tout sous celui de la clarté et de la précision ; et cette supériorité qu'a notre langue en fait de clarté et de précision sur celle des Latins, c'est à l'article qu'elle le doit, et sur-tout à l'emploi particulier qu'elle en fait. Je sens que je touche ici une corde délicate : beaucoup de personnes qui n'ont retiré d'autre fruit de leur éducation de collége que d'avoir appris à expliquer tant bien que mal quelques pages de Cicéron, de Virgile ou d'Horace, sont imbues du préjugé que la langue latine l'emporte principalement sur la nôtre, parce qu'elle a su se débarrasser de tout cet attirail d'articles et d'autres petits mots qu'un écrivain français traîne pour ainsi dire toujours à sa suite, et dont il ne peut jamais se délivrer sans cesser aussitôt d'être intelligible. Un grand nombre d'écrivains et presque tout le pays latin partage cette opinion, et regarde l'introduction de l'article dans notre langue à peu près du même œil que l'invasion des barbares dans l'Empire romain. Pour détruire cette opinion et compléter en même tems tout ce que j'avais à dire sur le caractère d'une langue exacte, il me reste à déterminer avec précision les fonctions que remplit l'article dans la nôtre, ou plutôt tous les services qu'il lui rend. Ces services une fois bien connus feront peut-être qu'on ne le regardera plus d'aussi mauvais œil.

S'il fallait donner un nom particulier à cette multitude innombrable de faits ou d'objets qui frappent journellement nos sens, attirent notre attention, et s'emmagasinent en quelque sorte dans la mémoire pour servir de matériaux à toutes nos connaissances; on sent que le vocabulaire d'une langue deviendrait infini, et que nul homme ne pourrait se flatter dans le cours même de la plus longue vie, de parvenir à le savoir tout entier; mais au moyen de la faculté que nous avons d'abstraire et de généraliser, nous distribuons, nous classons tous ces faits ou objets sous des noms communs, dont nous étendons ensuite ou nous restreignons la signification suivant le besoin que nous en avons. Or les idées qui nous représentent tous ces faits ou objets ainsi classés et désignés, sont celles qu'on nomme *générales*. D'où il suit qu'il y a deux choses à considérer dans une idée générale, l'ensemble des qualités ou propriétés communes d'après lesquelles on a classé sous le même nom, une multitude indéfinie de faits ou d'objets, et l'ensemble de ces mêmes faits ou objets désignés d'après leurs qualités ou propriétés communes, par un nom commun. Mais nous avons souvent besoin de ne considérer et de n'offrir aux autres dans l'énonciation de nos pensées, que le premier de ces deux ensembles. Il est donc d'une grande importance pour la précision du discours, que quelque chose avertisse l'esprit du cas où l'on ne veut faire servir le nom commun qu'à cet usage; or c'est précisément ce que fait la suppression de l'article qui doit toujours accompagner ce même nom, dans l'autre cas. Une des fonctions de l'article, est donc de différencier le cas où un nom commun doit représenter à notre esprit l'ensemble d'une multitude indéfinie de faits ou d'objets classés d'après leurs rapports de ressemblance sous une dénomination commune, de celui où ce même nom ne doit nous représenter que cet ensemble de rapports. C'est ce qui se voit clairement dans les phrases suivantes, où le même nom commun se trouve tantôt avec et tantôt sans l'article : *l'homme est mortel, je suis homme, je suis père* : (1) *un père est toujours père : voila le père de cet enfant : une tabatière d'or : l'or est le plus précieux des métaux*. Retranchez maintenant l'article à ceux des noms communs qu'il accompagne, et ajoutez-le à ceux qu'il n'accompagne pas, et vous verrez aussitôt, ou que les phrases ne signifient plus rien, ou que pour leur donner un sens, il faut nécessairement restreindre celui du nom commun. On peut donc dire que l'emploi de l'article tel qu'il a lieu dans notre langue, double en quelque sorte le vocabulaire des noms communs, en nous forçant de leur attribuer deux sens différens, suivant qu'il leur est, ou qu'il ne leur est pas attaché.

Joint aux adjectifs et aux infinitifs des verbes (2), il les

───────────────────────────

(1) Le mot *un* dans cette phrase et dans toutes les circonstances semblables, remplit une fonction analogue à celle de l'article, ou pour mieux dire est lui-même un véritable article qu'on pourrait nommer *restrictif*, puisque sa fonction est de restreindre à un seul des individus représentés par l'idée générale, la compréhension de cette même idée exprimée par le nom commun. Les Grecs qui n'avaient dans leur langue aucune espèce d'article restrictif, se contentaient de marquer les différentes restrictions qu'ils voulaient donner au nom commun par la suppression de l'article *extensif* qui correspondait à notre *le*. Il arrivait de là que le nom commun, quoique dépouillé d'article, pouvant représenter encore des individus n'était plus propre à exprimer avec la même exactitude la compréhension seule de l'idée générale. Aussi la langue grecque, si supérieure à la nôtre sous tant d'autres rapports, lui était-elle très-inférieure sous celui de la clarté et de la précision.

(2) Les Grecs ne se contentaient pas comme nous de placer l'article devant des infinitifs isolés de tout régime, ils le plaçaient encore devant ceux qui avaient souvent un grand nombre d'autres mots dans leur dépendance. En sorte que toutes les idées représentées par cette série de mots précédée de l'article, semble ne former alors qu'un

rend propres, indépendamment de leurs fonctions ordinaires, à remplir celle des mots qu'on nomme *substantifs*.

Mais sans parler ici d'un grand nombre d'autres services que l'article rend à notre langue, je viens au plus important de tous, qu'aucun grammairien que je sache, n'a encore remarqué ; et qui est une conséquence nécessaire de la première fonction que nous avons trouvé qu'il remplissait.

L'article joint à un mot significatif, le *spiritualise*, si je puis m'exprimer ainsi : je veux dire qu'il enlève l'attention de notre esprit au signe ou au matériel du mot, pour la porter toute entière sur l'idée ou l'objet signifié : de sorte que le mot *homme*, par exemple, précédé de l'article, signifie littéralement, *l'être que nous appelons homme ou que nous désignons par le nom d'homme*, et qu'une locution telle que la suivante, *le mot* ou *l'expression l'homme*, nous paraîtrait nécessairement absurde, parce que d'un côté l'article nous forcerait de faire abstraction du signe, pour ne considérer que l'être qu'il représente, tandis que les mots *mot* ou *expression*, qui précéderaient celui d'*homme* accompagné de son article, nous porteraient en même tems à regarder ce même être comme un mot ou une expression.

Trois choses peuvent s'offrir à notre esprit, lorsque nous lisons ou que nous entendons prononcer un mot significatif ; l'idée qu'il représente isolée de son signe, le signe isolé de l'idée qu'il représente, ou enfin simultanément et le signe et ce qu'il signifie. Si maintenant rien n'a jamais forcé votre esprit de contracter l'habitude de considérer séparément l'idée de son signe, il vous sera évidemment impossible de ne pas donner simultanément votre attention à celui-ci comme à celle-là. Il est vrai que le signe nous intéressant toujours moins que ce qu'il représente,

---

seul tout ; ce qui donne une grâce toute particulière à la diction de leurs écrivains. Ainsi il n'est pas rare de rencontrer chez eux des manières de parler telles que les suivantes : *l'avoir un ami, l'aimer, l'être aimé avec tendresse : son courir promptement au secours de sa patrie, la sauva d'un grand danger. J'ai reconnu au s'exprimer avec tant de grâce et de facilité de monsieur votre fils, qu'il n'avait eu d'autre maître que vous.* Nous pouvons bien nous consoler, je crois, de l'invasion de l'article dans notre langue dégénérée, puisque les Grecs qui n'étaient pas tout à fait des barbares, l'avaient laissé envahir la leur et en faisaient souvent un si agréable usage.

l'attention se portera toujours plus sur ce dernier que sur l'autre, mais sans jamais pouvoir s'y dérober entièrement. Au lieu que si par l'emploi de l'article, vous avez une fois contracté l'habitude d'isoler l'idée de son signe, cette habitude s'étendra encore sur le mot, lors même qu'il sera dépouillé d'article, en sorte qu'il ne vous sera plus possible de le considérer comme un simple mot, qu'autant que vous le ferez précéder du mot *mot*. Essayez, par exemple, de traduire aussi littéralement que possible cette phrase latine : *quæro a te utrùm homo nomen sit. Je vous demande si homme est nom.* Il est clair que cela ne peut rien signifier pour nous, et que pour en faire du français, il faudra dire : *Dites-moi, je vous prie, si le mot homme est un nom.*

Il n'est pas difficile de voir maintenant que les Latins qui n'avaient aucune espèce d'article dans leur langue, et qui par conséquent n'avaient pu contracter les habitudes intellectuelles attachées à l'usage que nous faisons des nôtres, devaient presque toujours être forcés de s'en remettre aux différentes circonstances où ils parlaient, où ils employaient tel ou tel mot, telle ou telle locution, pour en déterminer ou achever de déterminer le véritable sens. De là l'impossibilité d'analyser ou de raisonner avec quelqu'exactitude en se servant de leur langue ; de là cette multitude de sophismes puériles (3) qui nous font aujourd'hui sourire de pitié et qui n'en occupaient pas moins très-sérieusement leurs sophistes et leurs grammairiens.

De là enfin ce défaut de netteté et de précision que l'on

---

(3) Si nous avons tant de peine aujourd'hui à concevoir comment de graves philosophes, des philosophes à longue barbe passaient leur tems à proposer et à résoudre sérieusement des sophismes tels que le suivant :

Mus librum rodit,
Atqui mus est syllaba,
Ergo syllaba rodit librum.

C'est que les habitudes intellectuelles que nous avons contractées en parlant une langue aussi claire et aussi précise que la nôtre, nous ôtent la possibilité de nous mettre jamais entièrement à la place de ceux dont la langue latine était la langue maternelle ; je veux dire, de percevoir jamais la signification des mots, soit isolés, soit en fonction discursive, dans le même degré d'indétermination qu'ils la percevaient eux-mêmes. Pour rendre, par exemple, dans notre langue aussi vague-

remarque dans la plupart des phrases ou des expressions même de leurs plus grands écrivains ; et par suite, la grande difficulté que nous trouvons à les traduire de manière à nous satisfaire ; difficulté qui ne provient pas tant, comme on se l'imagine, de la différence du génie des deux langues et des défauts de la nôtre, que de ce que le traducteur français est obligé d'exprimer avec la langue la plus claire et la plus précise qui ait peut-être encore existé, des pensées revêtues d'un langage qui manque le plus souvent de netteté et de précision. En général le travail d'un traducteur français, soit qu'il traduise non-seulement du latin, mais du grec, de l'anglais, de l'allemand, etc., ne se réduit pas simplement à chercher dans sa langue les mots ou les expressions qui correspondent à ceux ou celles de l'original qu'il traduit, il lui faut encore presque toujours suppléer, élaguer, développer, préciser, obscurcir, éclaircir, lier, transposer, refaire en un mot la plupart des phrases ou des expressions d'écrivains, qui se servent souvent très-inexactement de langues vagues et inexactes : C'est une glace

---

ment qu'il nous est possible le sophisme précédent il faudrait le traduire ainsi :

    Rat ronge livre,
    Or rat est syllabe,
    Donc syllabe ronge livre.

Rat pour un Latin était en même tems et souvent sans que rien pût le déterminer que les différentes circonstances où il se servait de ce mot ; *rat*, dis-je, était pour un Latin, l'espèce entière de ces animaux, un individu de cette espèce, l'ensemble des qualités qui les distinguent des autres animaux, un mot, une syllabe et un son articulé. Pour nous, au contraire, l'espèce entière de ces animaux, c'est *le rat* ; un individu de cette espèce, *un rat* ; et *rat* simplement, l'ensemble des qualités communes à tous les individus : en sorte que pour trouver encore dans *rat* un mot, une syllabe et un son, il nous faudra dire le mot *rat* ; la syllabe qui forme le mot *rat* ; le son que nous entendons en prononçant le mot *rat*. Il est donc impossible que notre langue puisse jamais se déshonorer par des qui-proquo aussi ridicules que ceux qui mettaient en mouvement les écoles grecques et latines : et si quelqu'un aujourd'hui peut se plaindre sérieusement de la voir surchargée de cette multitude d'auxiliaires qui manquent à la plupart des autres langues ou y sont employés avec si peu de précision, ce ne peut être certainement que les amateurs ou les faiseurs de calembourgs.

bien polie et bien nette qu'il faut presque toujours substituer à une glace sale, brisée et mal étamée.

Cette lettre étant déjà prodigieusement longue, je m'arrêterai ici volontiers, MM., si vous voulez-bien, pour reprendre haleine : mes lecteurs peut-être s'arrêteront encore avec plus de plaisir que moi. Si vous croyez pourtant que de semblables discussions puissent ne pas déplaire à tous, je pourrai les reprendre dans une seconde, où j'examinerai les deux autres questions proposées par M. Andrieux.

Salut et estime,

P. SERRE, *ancien professeur de gram. générale.*

POÉSIE ÉPIQUE.

LA langue italienne est la première qui après la langue grecque et latine ait eu la gloire de donner à l'Europe un poëme épique régulier. Le Camoëns avait déjà écrit la *Lusade* en portugais; mais, outre que le mélange bizarre des deux religions différentes déshonore ce poëme, il s'en faut bien que, sous le rapport de l'ordonnance des caractères et de l'intérêt, il soit comparable à celui de la *Jérusalem délivrée*, dont l'admirable composition, inspirée par celle de l'*Iliade*, peut en soutenir le parallèle. Les personnages de la Jérusalem sont bien dessinés, ses batailles pleines de chaleur, et ses épisodes offrent partout un intérêt qui rivalise celui des plus beaux romans. C'est la réunion de ces divers avantages qui a placé le Tasse au rang des premiers poëtes épiques, malgré l'inflexible Despréaux, dont le jugement beaucoup trop rigoureux envers ce brillant génie, ne paraît point avoir été ratifié par la postérité.

Quoique l'auteur de la *Jérusalem délivrée* fût doué d'une vive imagination, il est peu de ses conceptions qui ne lui aient été inspirées par ses devanciers; il aimait à suivre les routes frayées, mais il y marchait en géant. On voit, en effet, que son beau personnage de Clorinde est une imitation de cette jeune Camille qui répand tant de charme dans le onzième livre de l'*Énéide*, et l'on reconnaît également que celui d'Armide est composé des caractères d'Alcine et de Didon qu'il a pour ainsi dire fondus ensemble. Pour celui d'Herminie, quoiqu'il présente quelques souvenirs de cette aimable Angélique dont l'Arioste a fait l'ornement principal de son ouvrage, il paraît appartenir presqu'entièrement au Tasse; et la reine du Cathai n'a de rapport avec la princesse d'Antioche que par les agitations de sa vie orageuse. La première est une aventureuse beauté qui, voyageant toujours par monts et par vaux, se rit des tourmens qu'éprouvent tous les chevaliers retenus dans ses chaînes; son innocence est plus que suspecte, même avant qu'elle ait connu le beau Médor, et les nombreux dangers auxquels sa vertu est sans cesse exposée lui donnent beaucoup de ressemblance avec la fiancée du roi de Garbes. Herminie, au contraire, est aussi tendre que vertueuse, et son amour pour son bienfaiteur inspire le plus vif intérêt. On aime à la voir, du haut d'une tour de Solyme, attacher ses yeux avides sur les tentes des Latins. Oh qui la portera dans le camp des Chrétiens et quand pourra-t-elle y prodiguer ses secours à l'infortuné Tancrède qui vient d'être blessé par le farouche Argant! J'ai essayé d'exprimer, d'après le Tasse, les agitations que le danger du héros chrétien fait éprouver au cœur de cette malheureuse princesse.

(1) Herminie est livrée à la plus vive crainte;
Mais de quel nouveau trouble elle a senti l'atteinte,
Apprenant que bientôt un combat meurtrier
Doit rassembler encor l'un et l'autre guerrier;
Oh! quelles sont alors ses mortelles alarmes!
Quelquefois en secret elle verse des larmes;

---

(1) Mai poichè 'l vero intese, e intese ancora
Che dee l'aspra tenzon rinovellarsi;
Insolito timor così l'accora,
Che sente il sangue suo di ghiaccio farsi.
Talor secrete lagrime, e talora
Sono occulti da lei gemiti sparsi;
Pallida, esangue, e sbigottita in atto
Lo spavento e'l dolor v'avea ritratto.

Con orribile imago il suo pensiero
Ad or ad or la turba e la sgomenta;
E via più che la morte il sonno e fiero;
Si strane larve il sogno le appresenta.
Parle veder l'amato cavaliero
Lacero e sanguinoso: et par che senta
Ch'egli aita le chieda: e desta intanto;
Si trovargli occhj e'l sen molle di pianto.

Quelquefois, immobile à force de douleur,
Du morne désespoir elle offre la pâleur.
Des maux les plus affreux les images pressées
Viennent se peindre en foule en ses sombres pensées;
Veut-elle se livrer au repos de la nuit?
De spectres effrayans un essaim la poursuit.
Sans cesse elle croit voir le chevalier qu'elle aime,
Tout pâle et tout sanglant... le voilà! c'est lui-même!
Il se traine, il l'appelle, implore ses secours:
Viens près de moi, dit-il, viens conserver mes jours.
Elle s'éveille alors pleine de ces chimères,
Et voit son sein trempé de ses larmes amères.

Telles sont les agitations de la triste Herminie, et pour surcroit de maux elle est obligée de prodiguer ses secours à l'ennemi de Tancrède, à celui qui peut-être bientôt va lui percer le sein.

(2) Hélas! elle ne peut sauver celui qu'elle aime,
Et c'est son ennemi qu'elle assiste elle-même.
Souvent elle voudrait, craignant sa guérison,
Répandre sur sa plaie un funeste poison;
Mais sa main toujours pure et son cœur magnanime
Rejette avec horreur tous les moyens du crime;
Elle voudrait qu'au moins, par ses vœux combattus
Ses philtres bienfaisans perdissent leurs vertus.

Ne pouvant résister à une situation si violente, Herminie veut voler au secours de son amant, et lui sauver la vie, en lui prodiguant les soins qu'elle est forcée de donner à son farouche ennemi; mais cet honneur, dont elle a toujours respecté les lois, ce fier honneur lui dit: Quelles sont tes pensées? quel est ton espoir? iras-tu, nocturne amante, au milieu des ennemis, mendier le mépris et la honte, et

---

Ce couplet ci est indépendant des deux autres.

(2) Ella l'amato medicar desia,
E curar il nemico a lei conviene.
Pensa talor d'erba nocente e ria
Succo sparger in lui che l'awelene;
Ma schiva poi la man Vergine e pia
Trattar l'arti maligne, e se n'astiene.
Brama ella almen che in uso tal sia vota
Di sua virtude ogn'erba, ed ogni nota.

t'avilir aux yeux mêmes du cavalier que ton cœur idolâtre ? L'amour lui crie, au contraire : Quelle crainte pusillanime t'arrête ? quoi ! barbare, tu peux sauver Tancrède, et c'est à son ennemi que tu donnes tes soins ! Rends la vie à ce farouche Argant, pour qu'il porte la mort dans le sein de ton libérateur. Voilà donc le tribut de ta reconnaissance ! voilà le prix de ses services ! Ah ! quelle gloire et quel plaisir à la fois pour ton cœur, si tu ranimais le flambeau de ses jours prêts à s'éteindre ! bientôt, heureuse dans ses chastes embrassemens, tu goûterais, avec lui, les plaisirs purs de l'hyménée. Ces alternatives parfaitement bien dépeintes, font place à une résolution ferme et courageuse. Herminie se couvrira des armes de Clorinde pour sortir de Solyme, et se rendra au camp des Chrétiens. Le Tasse exprime avec un charme extrême le moment où elle se métamorphose en amazone.

(3) Prête à se revêtir de sa brillante armure,
Herminie à l'instant dépouille sa parure ;
Chaque ornement qui tombe et chaque voile ôté
Fait éclore un attrait, révèle une beauté.
Bientôt l'acier la couvre, et pèse sur l'albâtre
De ce sein palpitant que l'amour idolâtre :
De ses cheveux tressés il emprisonne l'or.
Un large bouclier qui pèse plus encor,
Arme sa tendre main dont la force chancelle ;
Partout d'or et de fer l'amazone étincelle :
Ce n'est plus ce maintien modeste et virginal,
C'est un port imposant, un geste martial.
L'Amour, qui l'aperçoit sous le fer homicide,
Sourit, comme autrefois, lorsqu'il voyait Alcide
Efféminer en lui, par un luxe élégant,
Ces bras, l'appui du faible, et l'effroi du brigand.

Remarquez que la grâce qui règne dans tout l'épisode

---

(3) Col durissimo acciar preme ed offende
Il délicato collo, e l'aurea chioma :
E la tenera man lo scudo prende,
Pur troppo grave, e insopportabil soma.
Cosi tutta di ferro intorno splende,
in alto militar se stessa doma.
Gode amor ch'e presente e tra se ride,
Come allor già ch'avvolse in gonna Alcide.

d'Herminie, tient sur-tout au contraste frappant que sa passion violente établit entre l'innocence modeste de ses mœurs et la démarche audacieuse qui l'expose à perdre sa réputation. Reine et musulmane, elle aime un chrétien qui n'est qu'un simple chevalier ; amante malheureuse, elle est forcée de prodiguer ses soins à l'ennemi de son amant ; tendre et faible, elle se déguise en amazone formidable, et bientôt un contraste encore plus sensible fera de la reine d'Antioche une bergère remplie de grâce et de dignité.

Quand la fausse guerrière est sortie de la ville, sous les armes et sous le nom de Clorinde, elle envoie son écuyer vers Tancrède, pour le prévenir du désir qu'elle a de l'entretenir ; et ce désir impatient est peint avec une extrême vérité. À peine son messager est il parti : « A présent, dit-elle, il entre dans le camp.... il aborde Tancrède.... Il revient... mais il ne paraît point encore.... Déjà elle accuse sa lenteur, déjà elle monte sur une élévation pour observer les tentes des Chrétiens, mais les rayons de la lune se réfléchissant sur le tigre d'argent qui couvre son casque, elle est aperçue et poursuivie. Ici commence une peinture si vraie de son épouvante et de sa fuite, que je ne puis résister au desir d'en présenter la traduction à mes lecteurs.

(4) Cependant, au milieu des antiques forêts,
Le coursier d'Herminie emporte ses attraits ;

---

(4) Intanto Herminia infra l'ombrose piante
D'antica selva dal cavallo e scorta :
Nè più governa il fren la man tremante ;
E mezza quasi par tra viva e morta.
Per tante strade si raggira et tante
Il corridor che in sua balia la porta ;
Ch'alfin dagli occhj altrui pur si dilegua
Ed è soverchio omai ch'altri la segua.

Qual dopo lunga e faticosa caccia.
Tornansi mesti ed anelanti i cani
Che la fera perduta abbian di traccia,
Nascosa in selva dagli aperti piani ;
Tal pieni d'ira e di vergogna in faccia
Riedono stanchi i cavalier christiani.
Ella pur fugge, e timida e smarrita.
Non si volge a mirar s'anco è seguita.

Sa main faible déjà ne retient plus les rênes,
Et son sang de frayeur se glace dans ses veines.
Son coursier, s'égarant sous les ombrages verds,

Fuggì tutta la notte, e' tutto il giorno
Erro senza consiglio e senza guida,
Non udendo o vedendo altro d'intorno
Che le lagrime sue, che le sue strida.
Ma nell' ora che'l sol dal carro adorno
Scioglie i corsieri, e in grembo al mar s'annida;
Giunse del bel Giordano alle chiare acque,
E scese in riva al fiume, e qui si giacque.

Cibo non prende già, chè de' suoi mali
Solo si pasce, e sol di pianto ha sete:
Mal sonno, che de' miseri mortali
È col suo dolce oblio posa e quiete,
Sopì coco' sensi i suoi dolori, et l'ali.
Dispiegò sovra lei placide e chete:
Nè però cessa Amor, con varie forme,
La sua pace turbar mentre ella dorme.

Non si destò finchè garrir gli augelli
Non sentì lieti e salutar gli albòri,
E mormorare il fiume e gli arboscelli,
E con l'onda scherzar l'aura e co'fiori:
Apre i languidi lumi, e guarda quelli
Alberghi solitarj de'pastori:
E parle voce udir, tra l'acqua e i rami,
Ch'ai sospiri ed al pianto la richiami.

Ma non, mentre ella piange i suoi lamenti
Rotti da un chiaro suon ch'a lei ne viene,
Che sembra ed è di pastorali accenti
Misto, e di bascarecce inculte avene,
Risorge e la sindrizza a passi lenti
E vede un uom canuto all'ombre amene
Tesser fiscelle alla sua greggia a canto,
Ed ascoltar di tre faniculli il canto.

Vedendo quivi comparir repente
Le insolite arme, sbigoltir costoro;
Ma gli saluta Erminia, e dolcemente
Gli affida, e gli occhj scopre e i bei crin d'oro.

Prend et quitte au hasard tant de sentiers divers,
Que sa fuite a bientôt, dans cet obscur asile,
Rendu des ennemis la poursuite inutile.
Tels on voit revenir haletans et lassés
Les fougueux animaux pour la chasse dressés,
Quand, de leurs vains abois prodiguant la menace,
Du cerf au pied rapide ils ont perdu la trace ;
Tels on voit les Chrétiens, quittant ces bois touffus,
Dans leur camp retourner indignés et confus.
Herminie, en fuyant, dans sa terreur ignore,
Si l'ennemi s'éloigne ou la poursuit encore ;
Elle est toute à l'effroi qui trouble ses esprits,
N'aperçoit que ses pleurs, et n'entend que ses cris.
La nuit, le jour entier, dans sa course timide,
Elle erre, sans dessein, sans conseil et sans guide.
Elle s'arrête enfin, quand le flambeau du jour
Ensevelit ses feux dans l'humide séjour,
Et, quittant son coursier, bientôt elle repose
Sur les sables dorés que le Jourdain arrose.
Là, triste, elle se livre à ses sombres douleurs,
Se repait de ses maux, s'abreuve de ses pleurs ;
Mais, enfin, le sommeil, qui répand dans les veines
Le salutaire oubli des misères humaines,
Vint calmer cette amante, et de ses ailes d'or
Sur sa tête suspend le pacifique essor ;
Et, cependant, l'amour qui sans cesse l'enflamme,
Par des fantômes vains agite encor son âme.
Le doux bruit des oiseaux revoyant le soleil,
Et par des chants joyeux saluant son réveil,
Le murmure des bois et du fleuve qui gronde,
Et le vent qui se joue avec les fleurs et l'onde,
Réveille enfin la reine ; elle ouvre ses beaux yeux,
Mélancolique azur qui réfléchit les cieux :
Elle voit d'humbles toits répandus dans les plaines ;
Elle entend les accens de quelques voix lointaines,
A travers les bosquets, les plantes et les fleurs,
Et ces sons languissans réveillent ses douleurs.
Tandis que, sourdement, gémit sa voix éteinte,
Tout à coup un son clair vient suspendre sa plainte,
Et lui fait distinguer de rustiques accords ;
Ce sont les chants heureux des pâtres de ces bords.
Elle se lève, approche, et voit sous une treille

Un champêtre vieillard, dont les mains en corbeille
Entrelacent le jonc et le flexible osier,
Qui, sous ses doigts, en tresse, apprend à se plier ;
Ses trois enfans chantaient, assis sur la fougère :
A l'aspect d'une armure à leurs yeux étrangère,
Ils tressaillent tous trois, de crainte pâlissans.
La reine, pour calmer le trouble de leurs sens,
S'approche, les salue, et montrant sa figure,
Fait briller à leurs yeux sa blonde chevelure.

Ce tableau qui respire la douce paix qu'on goûte dans les champs, séduit Herminie : elle demande au bon vieillard, comment, au milieu des horreurs de la guerre, il peut jouir d'une si grande tranquillité ; et celui-ci, par un discours plein d'une douce philosophie, lui persuade aisément qu'on ne peut être heureux qu'au sein de la nature. Sans doute le Tasse, en représentant ce sage villageois, s'est rappelé le vieillard du Galèze : *Cui pauca relicti jugera ruris erant*, et qui, satisfait de son humble fortune, *regum œquabat opes animis*. Cette peinture enchanteresse des jouissances pures de la vie champêtre, produit d'autant plus d'effet, qu'elle succède à celle des batailles et des orages du cœur, dont Herminie est la triste victime. Aussi fait-elle sur son esprit l'impression la plus vive ; et la détermine sur le champ à s'arrêter dans ce réduit agreste. Ainsi cette belle reine est à peine devenue amazone que l'amazone devient villageoise.

Je demande encore la permission de donner une imitation du morceau plein de charmes qui représente la métamorphose de cette reine en simple bergère.

L'héritière des rois renonce au rang suprême ;
Le modeste ruban succède au diadème ;
Sous un voile grossier, l'or de ses cheveux blonds
Rassemble en se cachant tous leurs plis vagabonds ;
Plus d'habits somptueux, plus de pompe royale ;
Elle a pour vêtement la bure pastorale,
Et bergère, elle presse, entre ses doigts légers,
Au lieu du sceptre d'or, le sceptre des bergers.
Mais sa noble beauté se déguise avec peine,
Et, sous l'agreste habit, trahit encor la reine.
La paille sur son front repliée en chapeau
Protège son teint frais, et, guidant son troupeau,
Elle cherche tantôt les fécondes prairies,

Tantôt

Tantôt revient rêveuse au sein des bergeries,
Où sa main, soulageant les mères des chevreaux,
De leur lait écumant fait couler les ruisseaux.

Il est évident que ce déguisement d'Herminie est une imitation de celui d'Angélique dans le poëme de l'Arioste, où cette reine prend également l'habit d'une simple bergère. Ce passage fait partie du poëme des Amours Épiques ; le voici tel qu'il est imprimé :

Dans les flancs d'un vieux roc, une caverne s'ouvre :
La belle fugitive à peine la découvre
Qu'elle y porte ses pas ; plus loin, de longs troupeaux
Paissent de frais gazons, sur le bord des ruisseaux.
Elle se couvre alors d'un vêtement de bure ;
Ce n'est plus cette riche et brillante parure
Où l'azur et le pourpre, et l'émeraude et l'or,
Sur elle rayonnant, déployaient leur trésor.
Nul voile cependant sous ses ombres n'efface
De ses charmes divins la noblesse et la grâce.
Qu'on ne me vante plus Doris, Amaryllis,
La brune Galathée, et la blonde Phillis ;
N'en déplaise aux bergers qui courtisaient ces belles,
La reine du Cathaï l'eût emporté sur elles.

Il est inutile, je crois, de remarquer combien l'imitation que le Tasse a faite de ce morceau est supérieure à l'original : on reconnaîtra également les principaux traits de la fuite d'Herminie dans les vers suivans ; l'Arioste représente Angélique pénétrée de terreur et s'enfonçant dans les routes profondes d'une vaste forêt.

Le jour, la nuit, le jour suivant encore,
La belle errante en des lieux qu'elle ignore
Suit, au hasard, mille sentiers nouveaux :
Elle se trouve, enfin, sous des berceaux,
Dômes flottans, voluptueux ombrages,
D'un frais zéphyr mollement caressés :
Deux clairs ruisseaux, dans leur cours empressés,
Se repliant autour de ces bocages,
Roulaient leurs flots, tantôt calmes et doux,
Et qui, tantôt, formaient sur des cailloux,
Un doux murmure à l'oreille enchantée,
Quand, frémissant dans leur charmant courroux,
Ils bouillonnaient en écume argentée.

T

Là, déposant par degrés son effroi,
La belle enfin quitte son palefroi,
Voit un buisson, qu'une eau limpide arrose,
Trône épineux de cent touffes de rose,
Et d'autres fleurs, dont le groupe éclatant
Sur le ruisseau se balance et s'incline;
Et, s'admirant dans l'onde cristalline,
Semble se plaire à ce tableau flottant.
Là, des tilleuls et des chênes superbes,
Réunissant leurs bras d'ombres couverts,
Aux feux du jour, dont ils brisent les gerbes,
Ont opposé leurs sommets toujours verds.
Dans ce buisson, sous sa touffe vermeille
Pour reposer Angélique s'étend :
Elle s'endort; un bruit soudain l'éveille;
Ciel! d'un coursier c'est le pas qu'elle entend...
Quel ennemi vient troubler sa retraite?
Elle se lève, et le col étendu,
L'œil arrêté, le souffle suspendu,
Regarde, écoute; un cavalier s'arrête
Au bord de l'onde, et s'assied tristement;
Puis, sur un bras laissant tomber sa tête,
Paraît ainsi rêver profondément.

Les Métamorphoses d'Ovide offrent aussi quelques rapports entre Silla, fille du roi de Mégare, et la tendre Herminie. Cette princesse éprise de Minos qui fait le siège de la ville où elle est renfermée, brûle du désir de rejoindre ce monarque; voici ce passage traduit par M. de Saint-Ange:

Une tour s'élevait, antique citadelle,
Où déposant sa lyre, Apollon autrefois
Rendit le mur sonore émule de sa voix.
La fille de Nisus, long-tems avant la guerre,
Pour en tirer les sons que lui rendait la pierre,
Se plaisait à monter à la tour des remparts;
Elle y venait depuis voir les assauts de Mars,
Les exploits des guerriers, et le choc des batailles.
Dans le cours d'un long siége, au pied de ces murailles,
Elle vit, distingua les combattans Crétois,
Leurs noms, leurs boucliers, leurs chars et leurs carquois.
Elle connut sur-tout Minos, et plus peut-être
Que ses yeux que son cœur n'auraient dû le connaître :

S'il ombrage son front d'un panache guerrier,
Minos ressemble à Mars ; s'il prend un bouclier,
Le poids d'un bouclier sied bien à son audace ;
S'il lance un javelot, il le lance avec grâce ;
Si de son arc tendu la flèche siffle et part,
Telle est, ô Dieu de l'arc ! ta posture et ton art :
Mais lorsque, découvrant une tête charmante,
Sans casque, et revêtu d'une écharpe éclatante,
D'un coursier orgueilleux il gouverne les pas,
La fille de Nisus ne se possède pas.
Son regard porte envie au javelot qu'il touche,
Au frein qui du coursier interroge la bouche,
Souvent elle eût voulu, si le ciel l'eût permis,
Elle-même se rendre au camp des ennemis,
S'élancer de la tour au milieu des cohortes,
De la ville à Minos, que sais-je, ouvrir les portes.
Et faire plus, s'il veut quelque chose de plus.

Je donnerai par la suite des observations sur la poésie épique en général, et sur le degré de succès qu'elle a obtenu chez les différens peuples. PARSEVAL.

Sur les Lettres et les Mémoires particuliers, *publiés depuis quelques années.*

CHAMPFORT a dit avec autant de justesse que de précision : « Les lois du secret et du dépôt sont les mêmes. »

A juger par ce principe la plupart de ces correspondances et de ces Mémoires, recueillis avec tant de soin, imprimés avec tant de zèle, quoique souvent aussi peu honorables pour les vivans que pour les morts, on est forcé de demander aux Editeurs d'où leur est venu le honteux privilége de violer impunément la foi publique, d'ouvrir et de profaner les tombeaux.

Personne ne supposera qu'on veut parler ici des Mémoires et des pièces inédites, qui peuvent servir à l'histoire d'une nation ou d'une époque célèbre : les écrits qui répandent quelques lumières sur les causes secrètes des événemens, ceux qui intéressent la science de la guerre, de la politique ou de l'administration, appartiennent aux méditations des sages et à la curiosité de tous les hommes. Il y a des Mémoires qui suppléent à la vengeance de l'histoire, et d'autres qui la préparent. Il y en a qui, même aux dépens des plus nobles illusions, font mieux apprécier des caractères illustres, et consolent notre faiblesse de la supériorité d'un grand capitaine, d'un grand ministre ou d'un grand écrivain. Cette espèce de Mémoires forme une partie précieuse de nos richesses littéraires; et s'il est triste d'avouer qu'Hérodote, Thucydide et Xénophon, chez les Grecs; Tite-Live, Salluste et Tacite, chez les Latins, nous offrent des modèles admirables dont nous n'avons point approché; si, même parmi les modernes, la nation qui a produit Machiavel, Giannone, Guichardin; et celle qui cite avec orgueil Robertson, Gibbon, D. Hume, ont sur nous, dans ce genre, d'incontestables avantages, (quoique l'une et l'autre ne puissent rien opposer au *Discours sur l'Histoire Universelle* et aux *Considérations sur les causes de la grandeur et de la décadence des Romains.*); il faut aussi reconnaître que nos rivaux ont à nous envier une immense collection de Mémoires historiques; source féconde de lumières sur toutes les époques remarquables, vaste dépôt de matériaux tout prêts, qui semblent attendre un historien de génie.

La lecture réfléchie de ces Mémoires offre donc une instruction solide, souvent mêlée d'intérêt et d'agrément; mais on le demande à l'honnêteté comme à la raison; que trouvent-elles de si curieux dans ces innombrables confidences imprimées, où l'indécence de certaines révélations ne peut être égalée que par leur profonde inutilité? Que reste-t-il de toutes ces vies privées, de toutes ces histoires secrètes, de tous ces porte-feuilles vidés ou volés, qui tour à tour ont fatigué la malignité publique, depuis les Confessions éloquentes de J. J. *Rousseau* jusqu'aux prétentions insultantes de Victor *Alfiéri*, et depuis les Lettres si faussement attribuées au Pape *Ganganelli*, jusqu'aux Lettres si indignement dérobées à Mlle *Lespinasse?* Des anecdotes suspectes ou déjà connues, et quelques peintures licencieuses d'une société qui renfermait la politique dans les boudoirs et la nation dans les salons de Paris. Du reste, pas un fait important, pas un grand caractère, rien qui ne justifie le mot ingénieux de Mme du Deffant : *Ce qui me dégoûte de l'histoire, c'est que ce que je vois aujourd'hui sera l'histoire de demain.* Et c'est au milieu des événemens les plus mémorables, au bruit des trônes qui tombent et des trônes qui s'élèvent, dans une époque de révolutions et de prodiges, qui demande à l'histoire ses plus mâles couleurs et à l'imagination ses plus riches tableaux, qu'on appelle sans cesse notre attention sur des portraits qui n'ont plus ni ressemblance, ni vraisemblance, sur des pastels qui ne sont pas de Latour, et des miniatures qui sont bien loin de valoir des Petitot.

L'insatiable cupidité des Libraires explique aisément ces spéculations sur les noms propres, car le succès en est toujours garanti par la malice des sots et même par celle des gens d'esprit. Mais comment expliquer la vanité puérile de certains hommes, qui d'ailleurs n'étaient point sans mérite, et qui pouvaient attendre de la postérité d'honorables souvenirs, sans avoir besoin de lui confier le secret assez vulgaire de leurs faiblesses? Encore s'il ne s'agissait que des leurs! Mais on sait trop à quel excès les indiscrétions ont été portées. Si l'on est curieux de voir combien le sentiment ou l'oubli des bienséances, passant des mœurs dans les écrits, peut établir de diversité entre des récits qui, pour le fond des choses, sont à peu près les mêmes, on n'a qu'à lire les Mémoires sur la cour d'Anne d'Autriche et de Louis XIV, et les comparer à ceux qu'on a publiés sous le nom du maréchal de *Richelieu* et du baron de *Besenval*, et ce ne sont ni les plus scandaleux, ni les plus ridicules. Des écrivains distingués sont descendus, en ce genre, au niveau des grands seigneurs; voyez les Mémoires de *Chabanon*. Je ne parle point ici de *Rousseau* par respect pour son admirable talent, ni même de *Marmontel*, qui n'écrivant, dit-il, que pour l'instruction de ses enfans, devait au moins ne pas mêler les souvenirs érotiques de sa jeunesse à la morale de ses bons ouvrages, et à l'exemple de ses derniers jours.

On ne peut contester à celui dont les productions feront le charme de la postérité, le droit d'appeler un moment sur l'homme l'intérêt qui s'attache ordinairement à l'auteur. Nul doute aussi que les vies privées des grands écrivains de l'antiquité, si chacun d'eux avait jugé convenable d'écrire la sienne, ne fussent lues avec autant d'empressement et de fruit que celles des capitaines les plus fameux. Il n'en existe pourtant aucun exemple; Cicéron lui-même qui fut si passionné pour sa gloire, et que l'orgueil le plus généreux ne préserva pas toujours de la vanité; Cicéron, qui avait entrepris un poëme sur les événemens de son consulat, ne céda point à la tentation d'en écrire l'histoire. Malgré l'importance du rôle qu'il avait rempli, on ne voit nulle part qu'il ait eu l'idée de composer ses Mémoires.

Cette manie paraît avoir été particulière à quelques beaux-esprits du dix-huitième siècle, et le nôtre ne dédaigne pas de faire aujourd'hui de leurs petits secrets un trafic assez avantageux. Il est vrai que si le plaisir souvent douloureux de ramener sa pensée vers les premières époques de la vie appartient sur-tout aux imaginations passionnées, les gens de lettres doivent s'y livrer plus souvent que le commun des hommes. Mais est-ce une raison suffisante pour imprimer ce qu'ils ont fait, ce qu'ils ont vu, ce qu'ils ont ouï dire, et pour disposer philosophiquement de la réputation de toutes les femmes qu'ils ont connues. Le lecteur désintéressé prend aisément son parti là-dessus; il dit avec Voltaire :

> Je l'avoûrai ; j'aime toute aventure
> Qui tient de près à l'humaine nature ;
> Car je suis homme, et je me fais honneur
> D'avoir ma part aux humaines faiblesses ;
> J'ai dans mon tems possédé des maîtresses,
> Et j'aime encore à retrouver mon cœur.

Mais les esprits sévères ne manquent pas d'observer que si le talent immortalise ses amours, la vanité seule divulgue ses bonnes fortunes; qu'il a fallu tout l'éclat du génie, joint à l'éclat d'un grand malheur, pour jeter une lumière douteuse sur les aventures d'Ovide, du Camoëns et du Tasse; que les Mémoires secrets d'Horace, et même du modeste Virgile, seraient sans doute aussi piquans que ceux de MM. Chabanon et Marmontel; que cependant les favoris d'Auguste ne nous ont rien laissé de particulier sur les petits soupers de Pollion et de Mécène; et qu'ils ont poussé la discrétion si loin, que les commentateurs les plus érudits sont réduits à de vagues conjectures quand on leur demande qui étaient Pyrrha, Lycoris et Lalagé. On croit seulement que la profession de ces Dames n'exigeait pas de leurs amis autant de réserve, que l'état de celles à qui nos galans académiciens ont légué si généreusement une très-importune célébrité.

Les écrivains qui ont illustré le règne de Louis XIV ne se sont pas cru plus importans que ceux du siècle d'Auguste et du siècle des Médicis. Corneille, Racine, Boileau, Molière, La Fontaine, Bossuet, Pascal, Fénélon, n'ont point écrit les mémoires de leur vie; et dans l'âge suivant, les véritables héritiers de leur gloire, Voltaire, Jean-Baptiste Rousseau, Buffon, Montesquieu, Massillon, Fontenelle, d'Alembert, ont imité cet exemple de sagesse et de modestie. Observons que plusieurs d'entr'eux avaient parcouru la carrière la plus orageuse et la plus variée : un autre était descendu dans la tombe chargé des hommages et des souvenirs de tout un siècle : tous avaient vécu dans les sociétés les plus élevées, placés, pour ainsi dire, entre les personnages les plus célèbres et les événemens les plus remarquables de leur tems; leur vanité pouvait se cacher sous l'intérêt de leurs récits; cependant aucun d'eux n'a choisi ce moyen de prolonger son existence et d'étendre sa renommée. Les gens de lettres qui écrivent leur propre histoire, à laquelle malheureusement se lie celle de toutes les sociétés qui les ont accueillis, ne peuvent donc s'appuyer que sur l'autorité de Jean-Jacques Rousseau; et cet homme illustre, dans le projet hardi de se peindre lui-même par les détails les plus secrets de sa vie, n'avait eu pour modèle que saint Augustin, Jérôme Cardan, Montaigne et le cardinal de Retz. Ceux-ci paraissent avoir été soutenus dans leur entreprise par des sentimens particuliers, et l'on remarque autant de différence dans l'exécution que dans les motifs de leur confession publique. Saint Augustin, en dégradant l'homme de la nature pour le montrer agrandi par le christianisme, rendait hommage à l'esprit d'une religion nouvelle, dont les sectateurs le consolaient par leur vénération des blessures qu'il faisait à son amour-propre. Jérôme Cardan, philosophe du seizième siècle, célèbre par la variété de ses connaissances, généralement supérieures à celles de ses contemporains, les étonna sur-tout par les déréglemens de sa conduite et par la folie de sa mort. Il avait promis de ne pas vivre au-delà de soixante-quinze ans; il se laissa mourir de faim pour accomplir son horoscope. Son livre, *de Vitâ propriâ*, contient les aveux les plus libres et les plus flétrissans; l'auteur paraît se complaire dans sa bassesse : mais comme il n'associa point à sa honte des personnes en possession de l'estime publique, le scandale ne s'étendit pas et l'impudente bizarrerie de Cardan fut ensevelie avec lui. Quelle différence entre ses Mémoires et ceux de Montaigne ou du cardinal de Retz! Montaigne, toujours aimable au milieu des vices et des défauts qu'il reconnaît en lui, laisse entrevoir trop de vanité pour convaincre de sa franchise, et Jean-Jacques l'accuse sans détour de caresser son amour-propre en ayant l'air de l'égratigner. Quant au cardinal de Retz, son humilité me paraît renfermer tous les genres d'orgueil : c'est un prêtre, un archevêque, qui se déclare effrontément factieux, conspirateur, impudique; et qui fait sentir à chaque ligne que sa naissance, sa fermeté, son génie, ont dû l'affranchir de la loi commune. Reste aux gens de lettres l'exemple de Rousseau : l'éclat de son nom et de ses succès, le zèle presque fanatique de ses nombreux partisans, les lettres ingénieuses que M. Ginguené publia pour sa défense, et la vive admiration qu'inspirèrent toujours ses talens, ne nous empêchent point de regarder comme des outrages à la morale, à la justice et à la raison, ses accusations téméraires et ses indécentes révélations. Il faut bien ajouter que cette partie des *Confessions*, universellement condamnée, est la seule qu'on imite fidèlement aujourd'hui.

« Mais, dira-t-on, quel est l'auteur de Mémoires qui en ait écarté les intrigues d'amour et les galanteries? » Il faut s'entendre pour répondre à cette objection. Parmi les Mémoires réellement écrits par ceux dont ils portent le nom, et publiés avant le milieu du dernier siècle, nous croyons qu'il n'en existe point où il soit question d'autres *galanteries* que celles qui sont liées dans l'histoire à des faits importans. Or celles-là sont à peu près connues de tout le monde, et sont d'ailleurs soumises tant à la censure qui s'exerce sur les mœurs, qu'à la recherche des causes secrètes qui ont déterminé les événemens. Il n'en est pas ainsi des intrigues particulières révélées par J.-J. Rousseau dans ses *Confessions*, et depuis par ses trop nombreux imitateurs. Personne n'a le droit d'apprendre au public et à la postérité l'histoire galante des femmes qu'il a connues et de la société privée où il a vécu; car la morale n'y gagne rien, la décence y perd beaucoup, et le mal qu'on fait aux individus ne produit aucun avantage général. Il faut donc le dire sans être intimidé par l'autorité d'un grand exemple dont on a trop abusé, des écrits pareils corrompent les sentimens les plus doux, alarment les liaisons les plus intimes, calomnient le caractère des gens de lettres, et les présentent à l'opinion, si facile à s'armer contr'eux, comme la terreur et les fléaux de la société.

Si les personnes qui ont placé leur bonheur dans le repos domestique, dans la confiance et la sûreté de leurs relations, ne lisent plus sans effroi l'annonce des Œuvres posthumes de tout écrivain qu'elles ont plus ou moins connu, de quel sentiment doit les pénétrer la publication des correspondances les plus secrètes, la violation du dernier asile de la pensée et de l'amitié? Nouvelle et bizarre contradiction de notre conduite et de nos sentimens! Nous méprisons celui qui décachète une lettre qui ne lui est point adressée, et nous semblons ignorer le mal que peut faire celui qui en imprime des milliers.

Qu'un homme de goût recherche les lettres d'un écrivain supérieur, et tâche de surprendre le génie dans ses momens d'abandon et de familiarité, il ressemble au voluptueux qui épie le négligé d'une belle femme : presque toujours l'un et l'autre y sont trompés ; car si le négligé d'une coquette a son artifice, la lettre d'un auteur a sa réflexion. Voltaire lui-même, qui se livra si souvent à sa prodigieuse facilité, laisse-t-il échapper beaucoup de négligences dans ses moindres billets ? Ceux de Rousseau n'ont-ils pas un air d'apprêt, qui en est peut-être le seul défaut ? Mais cet inconvénient frivole mérite à peine d'être indiqué quand il s'agit de la paix des familles, chaque jour menacée par ces publications imprévues, qui viennent tout à coup remettre en problème les réputations acquises des vivans et des morts.

Alexandre lisant une lettre surprit les yeux d'Ephestion qui, placé derrière lui, la lisait en même tems : sans dire un seul mot, le conquérant regarde son favori, et lui applique son cachet sur la bouche. Ce geste énergique et simple, l'avertissait de la fidélité rigoureuse que tout honnête homme doit au secret qu'on lui confie, ou qu'il a découvert.

Il ne paraît pas qu'on soit aujourd'hui très-convaincu de incipe, bien qu'il soit reconnu depuis si long-tems. Une délicatesse qui n'a rien d'exagéré crie vainement que le secret d'une lettre appartient en commun à la personne qui l'a écrite et à la personne qui l'a reçue, et qu'on ne peut en disposer sans la permission de toutes deux. Les spéculateurs se sont affranchis à cet égard des plus faciles ménagemens ; mais aucun, ce me semble, n'a porté plus loin le mépris des convenances et l'effronterie de la cupidité, que l'éditeur anonyme de la Correspondance de Mlle Lespinasse avec le comte de Guibert. On remarque dans vingt passages de ces lettres l'inquiétude prévoyante de celle qui les écrivait : elle les redemande avec les plus vives instances ; il est évident qu'elle cesserait d'écrire si elle n'était pas persuadée que ce qu'elle a déjà écrit est détruit sans retour : et il s'est trouvé un homme, un amant, capable de tromper pendant trois ans, avec réflexion, la confiance de cette femme passionnée ! Il a gardé copie des lettres qu'il affectait de rendre, comme pour élever un jour à sa froide vanité le triste monument de la faiblesse de son amie ! Que ses intentions aient été remplies ou méconnues par ceux qui ont accepté ce honteux dépôt et qui viennent de le mettre en vente, il est difficile de trouver réunis les preuves d'une infidélité plus odieuse et les calculs d'une plus indécente spéculation.

Heureusement tous les mémoires, toutes les correspondances qu'on imprime, n'inspirent pas des réflexions aussi pénibles : il en est même qui offrent un intérêt piquant et sans scandale ; mais en général, l'impression des lettres et des mémoires particuliers est devenue si menaçante, elle porte des atteintes si cruelles à la paix civile, aux douceurs de la société, qu'on a cru devoir insister sur ce point ; ne fût-ce que pour laisser à ceux qui déshonorent ainsi l'art de l'imprimerie, la honte de ces coupables indiscrétions que la malveillance aime à rejeter sur l'esprit de la littérature actuelle. Si elle a produit peu d'ouvrages qui commandent l'admiration ; si les talens qui lui restent s'éteignent et ne sont point remplacés ; en un mot, si les idées générales sont peu favorables à ses progrès, du moins ne faut-il pas en précipiter la décadence par la dégradation. Et le moyen le plus sûr comme le plus facile d'avilir les lettres, c'est de les rendre responsables des sottises imprimées, qui depuis long-tems alimentent l'indigne commerce établi sur les arts de l'esprit et de l'imagination. ESMÉNARD.

REVUE DE QUELQUES ROMANS NOUVEAUX.

Les Orphelins du Hameau; par *M. Ducray-Duminil.* — Quatre vol. in-18. Prix, 4 fr. et 5 fr. 50 cent. franc de port. — A Paris, chez *Belin* fils, libraire, quai des Augustins, n° 55.

CE roman est à la quatrième édition. C'est une fortune bien rare pour les romans de nos jours ; mais que ceux de Ducray-Duminil ont pourtant obtenue plusieurs fois. Il est peut-être de nos romanciers actuels le seul qui trouve autant de lecteurs. Ses romans sont donc de bons ouvrages ? l'auteur a donc une brillante imagination ? il a donc acquis, par une profonde connaissance des hommes et des choses, le talent de peindre des mœurs et des caractères, de donner aux passions leur langage ? son style enfin, tour à tour agréable ou sévère, impétueux ou léger, est donc toujours pur et même éloquent? Oh! ce n'est pas ce que nous voulons dire; et M. Ducray-Duminil lui-même ne croit pas posséder tant de qualités. Il n'a point l'ambition de créer de ces *romans classiques* qui font époque dans les siècles littéraires. Certainement non ; mais doué d'un cœur honnête et sensible, il sait choisir des sujets qui portent l'empreinte de ses sentimens ; et par un langage simple et naturel, il sait intéresser cette classe nombreuse de lecteurs, qui ne cherchent qu'à s'attendrir un moment sur les malheurs de la vertu persécutée. Quel intérêt n'inspirent pas, par exemple, de jeunes orphelins (et ce sont toujours les héros favoris de M. Ducray-Duminil) aux bonnes mères de famille, aux jeunes filles qui désirent devenir aussi de bonnes mères, aux enfans charmés de voir qu'à leur âge on peut jouer un si beau rôle!

Ce sont encore ici des orphelins sur qui repose tout l'intérêt du roman. Au milieu d'une fête que célèbrent les habitans d'un hameau, on voit arriver deux enfans poussant de grands cris, et implorant la charité publique. Leur mère, leur seul appui dans le monde, venait de mourir, sur la grande route, de faim et de misère. Ces pauvres orphelins ne peuvent donner de notions certaines sur leurs parens ; mais on soupçonne qu'ils appartiennent à une bonne famille, et on se charge de les nourrir et de les élever. On saurait bientôt qui sont ces deux enfans, s'ils faisaient connaître des papiers que leur a remis leur mère mourante : mais le roman finirait trop tôt ; et le mystère de leur naissance doit se prolonger jusqu'à ce qu'il ait amené un nombre raisonnable d'aventures. L'auteur, pour retarder ce dénouement, fait dire aux orphelins par un inconnu qu'ils sont perdus, si jamais on sait quel est leur nom et leur famille. Ils cachent en conséquence les papiers qu'ils soupçonnent devoir renfermer ces secrets. Bientôt ils sont enlevés à leurs protecteurs, traînés et enfermés dans un château, où une femme impitoyable, dont personne ne sait le nom, les fait passer par les plus cruelles épreuves... Qui sont donc ces enfans? quelle est cette femme qui les persécute avec tant d'acharnement? Voilà ce qui s'explique successivement jusqu'au dernier volume, par de fréquentes expositions qui rendent la marche de l'action embarrassée et pénible. On sent en effet que l'auteur a dû avoir quelque peine à arranger l'histoire d'une famille, dans laquelle le père de nos orphelins, lequel joue un rôle ainsi qu'un fils qu'il a eu d'un premier lit, se trouve être grand-père de la femme qui les persécute. Cette femme qui est par conséquent nièce de ces enfans, a vingt-cinq ou trente ans plus qu'eux. Nous ne pouvons mieux faire que de renvoyer le lecteur au roman pour l'éclaircissement de cette histoire. On pourrait demander à l'auteur comment, dans un pays civilisé, une femme propriétaire d'un château peut répandre, à plusieurs lieues à la ronde, une terreur telle qu'on n'ose pas prononcer son nom ; comment elle peut exercer droit de vie et de mort sur les habitans d'une contrée ; on pourrait demander encore........ Mais on ne fera point tant de questions à M. Ducray-Duminil, parce qu'il a rempli la première condition qu'on exige d'un romancier, qui est d'intéresser. Et, quant aux détails de style, les personnes pour lesquelles il paraît avoir écrit, ne songeront point à lui faire un crime de ce qu'il emploie trop souvent des expressions inusitées parmi les bons écrivains, telles que celles-ci : *Fixer* pour regarder, *observer à* pour *faire observer à*, *avant* pour *auparavant* adverbe, etc.

Le Prisonnier de Spandaw, par l'auteur de *Dix titres pour un*, etc. 3 vol. in-12. — A Paris, à la Librairie économique, rue de la Harpe, n° 94.

MALGRÉ la précaution que l'auteur du *Prisonnier de Spandaw* a prise de rappeler le titre d'un des ouvrages qu'il a déjà mis en lumière, j'avoue qu'il n'est pas moins inconnu pour moi. Je lui en demande bien pardon : *Je n'ai jamais lu les Dix titres pour un*; mais j'ai lu tout entier *le Prisonnier de Spandaw*.

Vous croyez peut-être, d'après le titre de ce roman, qu'un prisonnier y jouera le principal rôle. Vous vous attendez à voir gémir dans les fers une victime intéressante de l'ambition ou de la jalousie ; à voir employer, pour l'en arracher, toutes les ressources que l'amour et l'amitié peuvent imaginer ; enfin vous comptez que le sort de ce prisonnier fera naître des événemens extraordinaires, des situations touchantes, peut-être même du merveilleux. Détrompez-vous. Le prisonnier ne paraît sur la scène que vers la moitié du roman, et il n'en est point le héros. On ne sait trop pourquoi il est détenu dans la citadelle de Spandaw ; et il n'a point assez intéressé avant d'y être enfermé, pour qu'on partage les sentimens des personnes qui veulent l'en faire sortir. Quel est donc enfin le sujet, l'intrigue, le but de cet ouvrage? Il me serait bien difficile de le dire. Comment dans le court espace d'un article de Journal, rendre compte d'une relation, en trois volumes, remplie d'événemens qui ne tiennent point à une idée principale, qui n'en sont point la conséquence, et dans lesquels figurent une foule de personnages étrangers à l'action, qui pourraient n'être pas là tout aussi bien qu'ils y sont ?

Aujourd'hui les auteurs de romans croient avoir tout fait pour intéresser le lecteur, quand ils ont accumulé beaucoup d'aventures plus ou moins vraisemblables. Mais quel intérêt peut m'inspirer un premier venu qui me dira froidement : Monsieur, j'ai eu bien des malheurs dans ma vie. Voici mon histoire ; je suis bâtard d'un conseiller au parlement de Rennes. Il m'élevait avec beaucoup de soin ; mais j'ai quitté sa maison, après avoir forcé un secrétaire dans lequel je croyais trouver le secret de ma naissance qu'il me cachait. Je suis allé en Allemagne où j'ai commis de bien vilaines actions. J'ai fait enrôler par force le prétendu d'une jeune fille dont la mère m'avait donné l'hospitalité. A la faveur d'une potion soporative j'ai déshonoré cette fille ; et l'infortunée est morte dans les douleurs de l'accouchement. J'ai envoyé l'enfant en France ; j'ai vu ensuite une comédienne qui m'a plu, et je l'ai épousée ; et puis j'ai contribué à faire sortir son père des prisons de Spandaw ; et puis je l'ai négligée, abandonnée pour une intrigante ; et puis je me suis repenti, et puis, etc. etc.

Ce personnage aura beau mêler au récit de ses aventures des détails sur les malheurs et les crimes de la révolution ; il ne me touchera point. Il ne m'inspirera tout au plus qu'une froide attention, si d'abord il n'a su m'intéresser à lui, par le charme de sa physionomie et de son langage, par l'art de préparer, de raconter les événemens, et d'animer ses tableaux. Or c'est tout cela qui manque *au Prisonnier de Spandaw*.

Cet ouvrage est divisé en chapitres dont les titres sont des espèces de sentences qui en indiquent le sujet. Beaucoup de ces titres pourraient ajouter des numéros piquans au livre des *Maximes et Impatiences* de M. de Livry. En voici quelques-uns. « Un pas vers le crime enhardit à en faire un second. » — « Dans les occasions difficiles il faut recourir aux conseils de ses amis. » — « Le terme de nos projets est la mort. » — « Le hasard sert souvent mieux que la prudence. » — « L'absence est le sommeil de l'amitié, etc. »

On remarque cependant, dans cet ouvrage, une certaine rapidité de style et une facilité qui annoncent une plume exercée, et qui font regretter que l'auteur, trop pressé de produire, ne réfléchisse pas assez sur les qualités qui constituent les bons ouvrages de ce genre.

Reconnaissance et Repentir, par J.-B. Bres, auteur de l'*Indous*, ou *la Fille aux deux pères*; la *Tremouille*, etc. — A la *Librairie économique*, rue de la Harpe, n° 94.

Hommes jaloux qui faites si peu de cas de la gloire littéraire, vous ne savez pas à quel prix elle s'obtient; vous ignorez par combien de peines et de tems on parvient à la célébrité dans cette carrière épineuse. L'auteur de *Reconnaissance et Repentir* a composé aussi l'*Indous* ou *la Fille aux deux pères*; la *Trémouille*; les *d'Armagnacs*, etc. Il est sorti de sa plume trente volumes peut-être; et pourtant le nom de J.-P. Bres n'a point encore de renommée. Il est vrai que les éditeurs de ses ouvrages lui jouent des tours perfides, et il a raison de s'en plaindre. Par exemple, ils ont publié un de ses romans, *les d'Armagnacs*, sous le nom de Mme B*** : or, de telles supercheries sont bien capables de dérouter les lecteurs les plus intéressés à sa gloire.

Le véritable auteur de *Reconnaissance et Repentir*, soit J.-P. Bres, soit Mme B***, en veut terriblement aux hommes; il ne parle jamais d'eux qu'en leur prodiguant les plus dures épithètes. Nous sommes des orgueilleux, des jaloux, des tyrans, etc.; et pour qu'on n'en doute pas, il a peint dans son principal personnage le plus atroce coquin qui ait jamais paru même dans les romans; et la victime de ce scélérat est, comme de raison, un modèle incomparable de beautés et de vertus.

Cette haine contre les jaloux et les tyrans est portée trop loin pour qu'elle n'ait pas un motif particulier à l'auteur; et je crains bien que Mme B*** ou J.-P. Bres n'aient été cruellement tyrannisés.

« Ah! s'écrie l'auteur, combien d'époux sont aussi cruels que d'Orlac (c'est le nom du tyran)! Combien qui ne sont contenus dans leurs fureurs que par la crainte des lois! Pauvres femmes, que vous êtes à plaindre! vous vous livrez à ces hommes barbares, etc. » Passe pour les injures, elles ne feront de mal à personne, et le monde n'en ira pas moins comme par le passé; car, ainsi que le dit encore l'auteur en parlant des hommes : *Hélas! on ne saurait s'en passer!*.... Mais ce qui peut avoir un peu plus de conséquence, ce sont les maximes que lui fait débiter quelquefois sa colère contre les époux. «Heureuse la femme adroite, dit-il, qui, lors même que son mari a deviné juste (en l'accusant d'infidélité), ne laisse pas de nier à tout hasard! c'est toujours le parti le plus sûr. On n'aurait pas seulement deviné juste, on aurait vu et bien vu, qu'il n'en faudrait pas moins nier *mordicus*.» Excellent moyen, en effet!..... Ce serait un bien honnête tyran que l'homme qu'il pourrait guérir de la jalousie. Ah! Madame, est-ce qu'il n'y a pas encore des femmes qui, pour avoir été inconséquentes ou même coupables, n'ont pas renoncé pourtant à toutes les vertus? pourquoi vouloir leur interdire un aveu qui obtiendrait peut-être un généreux pardon?.... Mais examinons le cadre dans lequel vous avez renfermé de si belles choses.

J'avoue qu'il est difficile d'entasser dans deux volumes plus d'événemens extraordinaires et invraisemblables, plus de situations forcées; la tête se perdrait à vouloir débrouiller tous les fils d'une intrigue aussi compliquée. Tout y est dans un mouvement perpétuel. Déguisemens, courses, voyages, combats, tout se succède et se croise avec une étonnante rapidité. On n'exigera donc point une analyse exacte de cet ouvrage. On saura seulement que de la riche maison de Saint-Marcellin, il ne reste plus qu'une fille, nommée Azélie, laquelle a pour tuteur un M. Dusaillant, homme avare et méchant. Ce tuteur, pour s'assurer des biens de sa pupille, songe à la marier à son fils; et afin d'être sûr de son fait, il séquestre Azélie de toute société; son but est de lui faire croire qu'il n'y a dans le monde d'hommes que lui et son fils. Il confie la jeune captive aux soins d'une D[elle] d'Argilet, qui, voyant le but que se propose Dusaillant, apprend en secret à sa jeune élève comment le monde est fait : aussi Azélie refuse-t-elle Dusaillant pour époux quand vient l'époque fixée pour leur mariage. Grand étonnement, fureur!.... On enferme Azélie dans une tour obscure; mais elle se fait délivrer et enlever par un jeune homme du voisinage qu'on appelle d'Orlac, et elle se croit obligée de l'épouser par reconnaissance, quoiqu'elle ne l'aime ni ne l'estime. Elle ne tarde pas de s'en repentir, puisqu'elle n'a trouvé dans cet époux qu'un tyran plus cruel que les Dusaillant; bientôt elle est traînée de châteaux en châteaux, enfermée dans des souterrains, puis délivrée et renfermée tour à tour, tant qu'elle se trouve enfin tout près de mourir de fatigue et de faim....

C'est en France et dans le dix-huitième siècle que se passent ces événemens : la victime de tant de persécutions a une famille nombreuse dont elle est chérie ; elle est entourée de gens qui s'intéressent à son sort, et pourtant il se passe plusieurs années sans que ses persécuteurs, qui commettent publiquement des crimes dignes du dernier supplice, soient inquiétés dans leurs actions; sans qu'aucun être songe à invoquer l'aide des lois contre des meurtriers: comme si l'on vivait au milieu des antres les plus sauvages... Cavernes pour cavernes, brigands pour brigands, j'aime mieux cent fois les romans de Mme Radcliff; du moins elle plaçait ses héros dans un siècle où toutes les passions pouvaient à l'aise exercer leurs fureurs ; dans ces bons siècles où la philosophie n'avait point encore d'influence sur les esprits : et puis Mme Radcliff avait encore, pour le genre qu'elle traitait, un talent particulier qui séduisait quelquefois les lecteurs les plus sévères ; mais ici on trouve rarement de quoi faire pardonner à l'ouvrage le défaut du genre. Et quand il serait vrai, comme l'assure l'auteur, que les invraisemblances sont admises dans un roman, on ne peut, jusqu'à nouvel ordre, y admettre ni les contradictions, ni le défaut d'intérêt, ni les locutions de mauvais goût, ni les fautes de langue. H. D.

VARIÉTÉS.

SPECTACLES. — *Théâtre de l'Opéra-Comique.* — *Elise-Hortense*, ou *les Souvenirs de l'enfance*, opéra-comique en un acte, de M. Marsollier ; musique de M. Dalayrac.

Quoique fondée sur plusieurs suppositions qui ne sont pas toutes également vraisemblables, l'idée de ce petit ouvrage est assez heureuse. Edouard de Gercour, élevé par son père avec deux sœurs confiées à sa tutelle, avait pris beaucoup de goût pour l'une d'elles qui se nomme Elise ; mais ayant embrassé l'état militaire et quitté la maison paternelle à quinze ans, il a bientôt mis à l'écart les souvenirs de son enfance. Vivant avec des jeunes gens au moins très-frivoles, il a adopté leurs idées, et l'on sait que l'homme le plus léger est celui qui demande la femme la plus parfaite. Gercour n'exige pas moins de celle qu'il épousera que la réunion de toutes les vertus et de tous les talens agréables. Son père voudrait cependant le ramener à ses premières inclinations et lui faire épouser Elise. Mais comment y parvenir? Elise est sensible, bienfaisante, modeste; elle s'est fixée à la campagne pour payer sur ses économies les dettes de son père : tout cela est très-louable; mais cette retraite absolue la fait passer dans le monde pour une sotte campagnarde sans esprit et sans talent; et le brillant Edouard ne veut plus qu'on lui parle d'elle. Au défaut d'Elise, Gercour aurait pu lui proposer Hortense; mais Hortense, mariée très-jeune, et déjà veuve d'un vieillard très-riche, a goûté à Paris tous les plaisirs, a cultivé tous les arts d'agrément; et le public équitable lui a fait la réputation d'une coquette, d'une étourdie qui ne peut que rendre malheureux son mari et le ruiner. Dans cet embarras, Gercour pense, avec raison, que les préventions de son fils contre Elise seront les plus faciles à vaincre; et c'est d'après cela qu'il fait son plan qu'Elise se charge d'exécuter.

Gercour conduit son fils à la campagne, et c'est là qu'on attaque à la fois son esprit et son cœur. Elise et Hortense se ressemblent beaucoup, et toute l'intrigue repose sur cette ressemblance. En effet, Edouard est persuadé que les deux sœurs possèdent séparément les vertus et les agrémens qu'il voudrait voir réunis dans son épouse; et si Elise seule lui présente cette réunion, il est à croire qu'il ne pourra lui résister. Il y a même apparence que ces données n'auraient pas suffi à remplir un acte si Gercour, avant d'unir son fils à l'aimable Elise, n'avait résolu de lui donner une leçon. Pour remplir cette louable intention, Elise se charge d'un personnage double; elle paraît sous son propre nom avec ses qualités solides, avec ses vertus, sa sensibilité, mais aussi avec sa simplicité, son amour pour la retraite, et tous ces goûts modestes qui ne s'accordent guère avec ceux d'Edouard; et malgré ce désavantage elle n'en touche pas moins son cœur. Elle se montre ensuite sous le nom d'Hortense, vive, spirituelle, possédant tous les talens, mais étourdie, coquette, légère; et sans le toucher elle le séduit. Bientôt elle reprend son nom et son véritable caractère : elle laisse apercevoir de faibles talens; mais ces talens rappellent à Edouard les souvenirs de son enfance; il s'attendrit, il se sent entraîner : en vain lui a-t-on dit qu'Elise est à la veille d'en épouser un autre, il tomberait à ses pieds, sans un message qu'il reçoit de la fausse Hortense, et qui contient un rendez-vous. Hortense use avec lui de la même ruse; a côté des talens dont elle a fait preuve, elle lui montre tout à coup un caractère noble, des qualités qu'il ne soupçonnait pas, et elle le quitte au moment où elle a porté le plus grand trouble dans son âme. Sans doute il est difficile d'imaginer une situation plus cruelle que celle d'Edouard. Il a refusé Elise et Hortense, il est maintenant subjugué par toutes deux; il ne peut se décider à choisir entre elles, et son choix fût-il fait, il n'est rien moins que sûr de réussir. M. de Gercour le laisse exhaler un moment son désespoir, puis il vient à son secours en bon père; Elise-Hortense reparaît; le mystère se dévoile, et les amans sont unis.

Nous n'examinerons point avec sévérité la conduite de ce petit ouvrage; on pourrait y reprendre plus d'un défaut; le principal est peut-être dans la manière dont le dénouement est précipité, et le public en a témoigné son mécontement après avoir laissé passer tranquillement les invraisemblances. Il y a d'ailleurs des scènes heureuses; le dialogue est naturel et l'ouvrage en général est d'un assez bon ton de comédie. Il réussirait plus complétement si Mme Belmont, qui est chargée du principal rôle, outrait moins le ton et les manières d'une merveilleuse dans la première scène, où elle paraît sous le nom d'Hortense.

La musique est agréable sans avoir rien de très-saillant. On a remarqué l'ouverture, un trio entre Gercour, Edouard et Elise, le chœur du commencement, et l'air d'Edouard, dont l'accompagnement nous a paru original. Le duo *des Souvenirs* entre Elise et Edouard et la romance qui l'amène, rappellent tout le talent de M. Dalayrac; mais peut-être eût-il mieux valu que toute la scène fût parlée. Chacun sait qu'il y a des choses que tout l'art du musicien le plus habile ne peut que gâter, au lieu de les faire valoir.

Théâtre du Vaudeville. — *Les Femmes rivaux*, arlequinade en un acte. — *Isabelle* est amoureuse d'un jeune homme, nommé *Lindor*; *Colombine* est mariée avec *Arlequin*, son valet. *Lindor*, obligé de se cacher pour une affaire d'honneur, s'est réfugié depuis quelque tems à la campagne chez une demoiselle de *Vieux-Bois*, fort ridicule, mais fort riche. A cette nouvelle, la jalousie s'empare du cœur d'*Isabelle* et de *Colombine*, et elles ne trouvent rien de plus simple que de se travestir en militaires pour aller à Vieux-Bois observer leurs infidèles. *Lindor* reconnaît sur-le-champ sa maîtresse, et *Arlequin* sa moitié; mais chacun a grand soin de garder pour soi sa découverte; autrement la pièce finirait. En effet, elle repose sur la jalousie qui saisit à leur tour le maître et le valet, persuadés, à la vue du couple travesti, l'un qu'*Isabelle*, l'autre que *Colombine* courent les champs avec un jeune officier. De toutes ces suppositions invraisemblables, on a tiré des situations qui ne le sont pas moins et qui n'ont rien de neuf ni de comique; on a mis en scène Mlle de *Vieux-Bois*, centième copie de la *Bélise* de Molière, qui croit tous les hommes amoureux de ses appas; et il est résulté de tout cela un petit acte sans sel et sans gaieté, que le public a sifflé au dénouement, dont il n'a pas voulu connaître l'auteur, et dont nous nous garderons bien de rendre compte.

DES PROVERBES. — *Aux Rédacteurs.*

(SECONDE LETTRE.)

Si je voulais, Messieurs, faire l'éloge des proverbes, les autorités ne me manqueraient pas. Je citerais l'histoire sacrée et l'histoire profane. L'une m'offrirait le plus grand roi de l'Orient, Salomon, vêtu comme un lis, s'occupant à recueillir des proverbes; l'autre me montrerait le plus opulent monarque de la Lydie, Crésus montant au bûcher en proférant une maxime proverbiale. Je citerais les sept sages de la Grèce qui ne s'exprimaient que par sentences ou proverbes. Je rappellerais le fameux γνωτι σαυτον, *connais-toi toi-même*, qui fut inscrit sur le frontispice des temples et des édifices publics. Je dirais que les nations les plus polies et les plus lettrées avaient leurs proverbes et que les plus beaux génies d'Athènes et de Rome n'ont pas dédaigné de s'en servir. Le divin Platon en a orné ses écrits, le sage Plutarque en a égayé sa morale, le savant Aristote en avait composé un traité que la main jalouse du tems nous a dérobé. Chrisippe, dont Horace parle avec tant d'honneur, avait écrit deux livres sur le même sujet; Cléanthe, l'auteur de l'hymne le plus sublime à la Divinité, et Théophraste, l'observateur le plus délié et le plus élégant, s'en étaient occupés. Athénée cite parmi les hommes illustres qui ont révéré les proverbes, Cléarque disciple d'Aristote et Aristide dont il nous reste quelques discours estimés.

Lisez Quintilien et vous verrez quel cas il faisait des proverbes. « Je suis loin d'exclure de l'éloquence certaines expressions prover-
» biales qui sont reçues de tout le monde, et qui jouissent parmi les
» hommes d'un crédit tout formé. On peut s'en servir avec d'autant

» plus d'avantage, qu'ils n'ont point été inventés à dessein et pour
» servir la cause que l'on défend ; ils partent d'un esprit libre de toute
» passion et de tout intérêt, et n'ont été adoptés qu'à raison du carac-
» tère de vérité qui les distingue, et les perpétue dans la mémoire des
» hommes. Il y a des formules proverbiales, des maximes qui se
» trouvent dans la bouche de tout le monde, sans qu'on en connaisse
» l'origine, et c'est pour cela même que tout le monde s'en sert,
» comme : *Un ami vaut un trésor; la conscience équivaut à mille
» témoins.* Ces sentences ne se sont conservées parmi les hommes,
» que parce que de tout tems on en a reconnu la vérité (1). »

Long-tems après Quintilien, les proverbes conservaient encore tout leur crédit dans la république des lettres. Des écrivains du Bas-Empire en ont fait des collections. Nous possédons celles de Suidas, de Diogenien et de Zénobius, auxquelles il ne manque que du discernement, de l'esprit et du goût pour mériter quelque estime. L'un des hommes les plus doctes de nos tems modernes, Erasme, a jugé les proverbes dignes de ses recherches, et en a rassemblé cinq mille. Le bon, le sage, le vertueux Plutarque, avait une telle vénération pour eux qu'il les assimilait aux mystères sacrés dont les emblêmes recèlent les plus hautes vérités. « Sous le voile de ces expressions vulgaires et concises,
» dit-il, sont cachés les germes de cette morale que les philosophes
» ont développée dans tant de volumes. » Un autre écrivain a dit que les proverbes étaient les débris des connaissances humaines échappés, à l'aide de leur précision, aux révolutions et aux désastres du globe. Cardan voyait en eux l'élixir, la quintescence de la sagesse de chaque nation. Et il est constant, en effet, qu'on retrouve dans la nature et l'esprit des proverbes le caractère particulier de chaque peuple.

Que serait-ce si je recherchais l'origine des proverbes ; si je voulais établir leurs titres de noblesse ? Les uns remontent jusqu'au ciel, puisque les oracles des Dieux s'exprimaient souvent en proverbes ; les autres ont pour auteurs les hommes les plus renommés par leur sagesse, tels que les Solon, les Lygurgue, les Pythagore, les Socrate, les Platon, etc. Ceux-ci se glorifient de descendre d'Homère et d'Hésiode ; telle est cette maxime : *Le potier porte envie au potier.* De combien de proverbes les poëtes ne nous ont-ils pas enrichis ? La comédie sur-tout les a prodigués dans le monde. Chez les Grecs, Aristophane et Ménandre ; chez les Romains, Plaute et Térence ; chez nous, Corneille, Molière, Régnard et beaucoup d'autres, en ont créé un grand nombre qui depuis long-tems partagent avec leurs auteurs les honneurs de

---

(1) Quintil. liv. 5.

l'immortalité. De qui nous viennent les mots : *Qu'allait-il faire dans cette galère*, *Tel qui rit vendredi*, etc. et *Le jeu, comme on dit, n'en vaut pas la chandelle ?* La Mythologie a aussi les siens : *C'est la toile de Pénélope. — Un Protée. — Tomber de Carybde en Sylla.*

C'est donc du sanctuaire des Dieux, des hauteurs du Parnasse, du Portique des Philosophes que sont sortis la plupart des proverbes. D'autres sont nés dans les palais des rois ; tel est ce mot de Tibère : *Il faut tondre ses brebis et non les écorcher.* Enfin les arts, les lettres ont leurs axiômes, leurs adages, leurs sentences proverbiales qui renferment souvent tout le secret de la science. On reproche aux proverbes leur extrême familiarité, leur goût et leurs habitudes populaires ; mais qu'importe que l'écuyer de Don Quichotte en ait usé avec profusion, qu'il s'en soit formé un domaine où il règne avec autant de gloire que dans l'île de Barataria ? Est-ce sur l'habit qu'il faut juger les hommes ? Est-ce d'après les apparences qu'il faut apprécier les choses ? L'idée la plus vulgaire, le proverbe le plus commun ne peut-il pas être ennobli par l'expression ? Donnez à Ovide ce mot trivial : *Chat échaudé craint l'eau froide ;* et priez-le de le traduire, il vous dira avec élégance :

Tranquillas etiam naufragus horret aquas.

Voilà, Messieurs, ce que j'avais à dire pour la défence et la gloire des proverbes. Mais il est tems, pour me servir aussi d'un mot populaire, il est tems de *revenir à mes moutons. — Nunc de tribus capelli.*

On dit en proverbe que *les proverbes ne mentent pas.* Quelques jours après la Saint-Médard, j'allai visiter les modestes pénates de mon moderne Abdolomine. Je le trouvai assis sur une chaise, le visage blême, tenant sa tête d'une main et de l'autre portant à sa bouche un énorme morceau de pain. Il se leva dès qu'il me vit, et me demanda ensuite la permission de se rasseoir, en se plaignant d'une horrible migraine. — « Eh comment, lui dis-je, si vous êtes malade, avez vous
» l'imprudence de surcharger votre estomac d'un morceau de pain
» capable de vous étouffer ? ne vaudrait-il pas mieux vous condamner
» pour un jour à la diète ? — *Mal de tête veut paître,* me répondit
» aussitôt mon homme ; et il mordit de plus fort dans la pâte bise et
» pesante qu'il tenait à la main. Il ajouta à son festin une poire, et
» but ensuite trois ou quatre grands coups d'un vin qu'il n'avait tiré
» ni de Madère ni du Cap. — Mon cher Antoine, lui dis-je, vous
» buvez trop, vous allez vous faire mal. » *Après la poire donne-moi à boire,* me répliqua-t-il, et il but un coup de plus. Je me rappellai alors ce vers de l'Ecole de Salerne :

Post pyra da potum, post pomum vade cacatum.

Mais sa médecine ne m'en paraissait pas moins étonnante. Heureux estomacs de campagne ! me disais-je. Un de nous en mourrait ; peut-être demain Antoine se portera-t-il à merveille. Le lendemain, en effet, il revint à son travail et n'en fut que plus dispos. J'attendais avec impatience mon jeune médecin pour m'expliquer à ce sujet, avec lui. « Votre homme, me dit-il, ne raisonne pas mal, et son code
» n'est pas si mauvais que vous le croyez. C'est un fait reconnu
» qu'une migraine se guérit très-bien en mangeant. Mais le remède
» n'est pas toujours efficace, et la règle n'est pas sans exception. Il
» faut pour cela que le mal provienne d'une faiblesse d'estomac,
» car l'estomac et la tête ont entre eux les relations les plus intimes.
» Dans ce cas, les alimens rendent de la vigueur et du ton à ce viscère,
» les nerfs s'en trouvent mieux, et le cerveau avec lequel ils entre-
» tiennent des communications habituelles, partage leur bien-être.
» Quant à la poire, vous avez à propos cité le vers latin de l'Ecole
» de Salerne. Cette école n'était guère plus savante que votre jardi-
» nier. Toute sa doctrine consiste en dictons populaires, en sentences
» assez triviales ; et son latin ressemble fort souvent à celui de médecin
» malgré lui. Mais au milieu d'une foule de préceptes communs, faux
» ou inutiles, il s'en trouve quelques-uns de passables. Personne ne
» sait encore ce que c'est que la soif, mais on connait fort bien les
» causes qui la provoquent. Quelques alimens l'excitent plus fortement
» que d'autres. Parmi les végétaux, les poires sont de ce nombre. Car
» elles sont ou astringentes ou fondantes ; si elles sont astringentes, il
» faut boire pour détendre les fibres de l'estomac ; si elles sont fon-
» dantes, il faut boire encore pour étendre le sucre dont elles sont
» chargées. Tout le monde sait que les pommes sont laxatives ; et si
» votre homme eût voulu achever son proverbe il aurait ajouté : *après*
» *la pomme rien ne me donne.* La rime n'est pas bien exacte, mais le
» sens vaut ici mieux que la rime. Tous ces proverbes ont été exami-
» nés avec beaucoup de pénétration et d'esprit dans une thèse qui a
» été soutenue il y a quelque tems à l'Ecole de Médecine. »

Je remerciai mon jeune docteur de ses savantes explications ; et je compris alors qu'il y avait une thérapeutique en proverbes, comme il y a une morale et une astrologie.

Depuis ce tems, Messieurs, je me plais davantage dans la société de mon jardinier, et si sa conversation donne lieu à quelque nouvelle observation, j'aurai soin de vous en faire part.

J'ai l'honneur, etc.

SEUGLAS.

POLITIQUE.

Le Journal officiel ne peut garder le silence sans qu'un vaste champ ne s'ouvre aux conjectures politiques. Les conférences d'Altembourg continuent dans le plus profond mystère; les conjectures ont dû se multiplier à l'infini, varier sans cesse, et devenir alternativement fâcheuses ou riantes, selon qu'on apprend certains petits détails dont on est avide, et sur lesquels trop souvent on asseoit ses calculs. Parmi ceux qu'on peut rapporter sans y attacher une grande importance et une foi absolue, on cite de M. de Bubna, aide-de-camp de S. M. l'empereur d'Autriche, et son séjour à Vienne, et son départ, et le riche cadeau qu'il a reçu du maréchal duc de Frioul; et les mots qui lui sont échappés. On prétend qu'à son départ, il s'est exprimé sur l'objet de sa mission avec cette liberté que donne une satisfaction vive, et qu'il a dit : *Cette fois, la difficulté principale est levée!* On ajoute qu'il est porteur d'une lettre de l'empereur Napoléon à l'empereur autrichien ; ce dernier est à Rotis en Hongrie, ayant à regretter la perte récente de l'archiduc Charles-Ambroise, primat de Hongrie, qui a peu survécu aux efforts qu'il a faits pour soulever en faveur de sa maison la plus noble partie de la nation hongroise ; de vives alarmes sont en même tems conçues sur la santé de l'Impératrice, qu'on annonce comme étant dans un très-grand danger.

Dans ces circonstances, l'Empereur autrichien s'est démis de tout soin étranger à l'objet principal du gouvernement, pour ne s'occuper que de la direction de la guerre ; mais la Hongrie conserve une attitude de réserve et de circonspection telle qu'on doit l'attendre d'une nation, d'une part occupée par l'armée victorieuse, et qui de l'autre a le privilége de mettre à ses sacrifices des conditions plus ou moins sévères, suivant que ces sacrifices doivent être plus ou moins utiles à la couronne; en Bohême et en Moravie, l'archiduc Ferdinand épuise en hommes et en choses tout ce que ces malheureux pays peuvent encore lui fournir; une seconde landwehr est formée sous une dénomination qui en étend la levée à tout individu en état de porter les armes, ce qui ne peut avoir pour résultat que de donner des armes à qui ne peut les porter. Personne ne s'abuse dans le pays sur des ressources aussi désespérées, et les officiers autrichiens, qui ont vu une landwehr exercée depuis quatre ans céder à la valeur et à l'instruction des Français, partout inférieurs en nombre, ne peuvent croire opposer avec succès une tourbe indisciplinable aux vieilles bandes françaises, soutenues par les puissans renforts arrivés pendant l'armistice. L'empereur Napoléon continue de jeter sur ces nouvelles légions, à mesure qu'elles arrivent, et sur les corps qui les reçoivent, le coup-d'œil qui suffit pour leur imprimer avec le plus noble enthousiasme le mouvement le plus régulier. Les camps de Moravie, ceux de Spitz et de Raab ont été visités par S. M., qui est toujours rapidement revenue à Schœnbrunn pour se délasser des fatigues militaires par les travaux les plus assidus du cabinet. On prétend aujourd'hui que les négociations se sont étendues à des points non encore discutés, que les intérêts de la Russie et de la Turquie y sont balancés; sans doute c'est par cette raison que les gazettes de Hongrie ont très-fort exalté quelques succès obtenus par les Turcs sur les Serviens : à les entendre, l'armée combinée de Czerni-Georges et des Russes serait elle-même menacée, au lieu d'être en état de se porter en avant; mais des nouvelles plus sûres ont rétabli les faits : les Turcs ne sont point maîtres de Semendria, ils n'ont point paru devant Belgrade; quelques partisans turcs seulement ont passé la Morawa; ils ont été pris ou massacrés par les Serviens. Czerni-Georges est fortement retranché, des renforts lui arrivent, et le prochain passage du Danube par le prince russe Prosorowski doit bientôt donner aux affaires une direction différente; ainsi loin de faire en ce moment une diversion utile à l'Autriche, la Porte ne fait que suivre l'exemple et éprouver le destin des puissances qui obéissent à l'influence de l'Angleterre; elle s'attire de formidables ennemis et peut payer chèrement les fautes de sa politique.

Au Nord, les Russes paraissent avoir eu un engagement assez sérieux avec les Suédois, ce qui ne détruit en rien l'espérance de voir les différends entre les deux puissances applanis aux dépens de l'Angleterre : l'ambassadeur suédois est arrivé à Paris; et rien, sous ce rapport, ne peut être d'un meilleur augure. Le roi a fait à cet égard à la diète une ouverture importante; il a annoncé d'abord «que le »prince d'Augustembourg acceptait son élection comme »prince royal de Suède immédiatement après la conclusion »de la paix; et en second lieu, que l'empereur Napoléon avait »manifesté pour la Suède les intentions les plus favorables, »qu'un prompt arrangement avec la France devait être espéré

»sous peu de tems; qu'enfin, les difficultés qui avaient
»empêché les négociations de s'ouvrir avec la Russie ve-
»naient d'être écartées.» Il est malheureux d'apprendre en
même tems que les deux armées continuent à se livrer de
sanglans et inutiles combats; peut-être les récits en sont-ils
exagérés : mais il est vivement à désirer que cette effusion
de sang soit promptement arrêtée, et que les deux camps se
reposent, puisque les deux cabinets se rapprochent.

En même tems il faut remarquer quel ensemble de dispositions garantissent la sûreté de l'Allemagne septentrionale dans le cas où la guerre recommencerait en Autriche;
tout est prévu contre les excursions de l'armée de Bohême
et contre les levées de boucliers des partisans. Les bords du
Véser et ceux de l'Elbe sont observés avec soin; le roi de
Westphalie a visité le Hanovre, et en y assurant l'exécution
de toutes les mesures militaires, il n'a trouvé dans les
dispositions de l'intérieur rien qui tendît à les affaiblir.
Dantzick a été l'objet d'ordres particuliers que le comte
Bertrand a été chargé d'exécuter, sans doute pour mettre
cette place, ainsi que Stralsund, dans l'état le plus respectable de défense. Le roi de Saxe est dans sa capitale, défendue par une garnison nombreuse, pourvue d'artillerie et
régulièrement fortifiée; le duc d'Abrantès commande l'armée française, qui, réunie à des corps polonais et saxons,
observerait en cas de besoin tous les mouvemens du corps
de Kienmayer en Bohême. Les corps galliciens s'organisent
avec une grande rapidité. Les princes confédérés com-
plètent ou grossissent leurs contingens. La Bavière est toujours le centre des opérations nécessaires à l'organisation
et l'équipement de l'armée; Augsbourg est le rendez-vous
général de tout ce qui se rend aux camps français de l'intérieur de l'Empire : c'est de là que les magnifiques régimens
conscrits de la garde attendent le signal du départ. C'est de
Saltzbourg que se dirigent les mouvemens qui répriment
l'insurrection du Tyrol, qui, depuis l'enlèvement des ôtages
et la soumission du Voralberg, tire de jour en jour à sa fin.
Le maréchal duc de Dantzick y a toujours son quartier-
général.

Anvers est libre, Anvers est en plein état de paix : ses
gardes nationales sédentaires ont même cédé les postes à
la garnison de retour des côtes. A Bruxelles et dans la plupart des autres villes de la Belgique, les troupes refluant
dans des cantonnement éloignés des côtes, ont remplacé
les gardes civiques dont le mouvement a été également suspendu en Hollande. Le prince de Ponte-Corvo a quitté le

commandement de l'armée formée pour la défense de l'Escaut. Cette armée est aujourdhui réunie sous le titre d'armée du Nord, et sous le commandement du maréchal Bessières, duc d'Istrie; l'armée de Réserve formée à Lille est sous les ordres du maréchal duc de Conegliano. Le maréchal duc de Valmy forme à Wesel et à Maëstricht d'autres nombreuses réserves. Le prince de Ponte-Corvo est arrivé à Paris, son prochain départ pour l'Allemagne est annoncé. Le général Rampon est aussi arrivé à Paris, où l'on croit que les dispositions préliminaires vont être prises par l'enquête sur la conduite du général Monnet.

Les Anglais resteront-ils ou ne resteront-ils pas à Flessingue ? c'est sur quoi leurs papiers donnent successivement des assertions contradictoires. Des extraits de ces papiers viennent de donner lieu à des notes dans le *Moniteur*, du plus haut intérêt, et dont la substance même pourra fixer les idées sur des faits très-importans.

Les Anglais se représentent l'Empereur *mettant le pied sur la gorge de son ennemi* : ce sont leurs expressions; elles sont mal choisies; mais aussi ne sont-elles guère plus françaises que justifiées par tant d'actes de clémence et de générosité d'un monarque qui a pu disposer du sort de tant de vaincus. Sauf l'expression, les Anglais ont raison de croire que l'Empereur qui a dicté un armistice tel que celui de Znaim, dictera aussi les conditions d'une paix glorieuse ; cependant ils ne considèrent pas l'Autriche comme aussi humiliée qu'après Austerlitz; il n'y a pas eu, disent-ils, *d'entrevue dans un moulin* : non sans doute il n'y en a pas eu, parce que l'Empereur Napoléon ne l'a pas voulu, et qu'il a paru inutile de donner à l'Empereur d'Autriche l'occasion de prouver une seconde fois qu'il oublierait facilement un bienfait. Quant à la position respective des armées, quant à celle des deux monarchies, elle est bien différente; alors la Russie était alliée de l'Autriche, elle est alliée de la France : elle avait une armée sur la Vistule : la Gallicie en a une pour nous. La Prusse pouvait prendre part à la guerre; on sait si elle le peut aujourd'hui qu'Jena se compte entre Austerlitz et Wagram : la Hongrie était libre; elle est en partie occupée. L'armée du prince Charles revenait d'Italie, celle du prince Jean est anéantie; la Saxe était contre nous : Dresde est aujourd'hui un point d'appui important : les Français n'avaient fait que passer dans les Etats héréditaires, ils y ont séjourné; la monarchie autrichienne avait des ressources immenses et disponibles, elle a épuisé cette année même les ressources révolutionnaires : qu'on juge de la situation respective au traité de Presbourg, et aux conférences actuelles d'Altembourg.

Les Anglais en reviennent encore à Flessingue, et dans cette expédition malheureuse blâment alternativement ministres et généraux, tantôt le plan, tantôt les détails, tantôt l'époque. Dans les notes dont il est question, on veut bien leur faire connaître par les détails les plus positifs et les plus circonstanciés, que de tout point leur expédition était mal conçue et d'une exécution impossible; qu'elle pouvait seulement donner à la France l'occasion de nouveaux sacrifices, et procurer à l'Empereur une nouvelle armée ; Flessingue devait être mieux défendu; il devait tenir quatre mois, il n'a tenu que dix-neuf jours; est-ce trahison? est-ce lâcheté? l'enquête le démontrera. Batz a été lâchement abandonné : ce crime sera puni. Mais aussi, maîtres de Walcheren, déjà un quart de l'armée Anglaise a payé le tribut au climat; les trois autres quarts sont dans un état d'affaiblissement précurseur de la maladie. Ainsi rester est dangereux, poursuivre est impossible. Tel est le résultat d'une combinaison hasardeuse, où tous les caractères de l'imprévoyance, et de l'ignorance de l'état vrai des choses sont empreints; marcher sur Gand, s'avancer en Flandre, en laissant Anvers derrière soi, était en apparence plus audacieux, et au fond eut été plus raisonnable et plus facile. Si cependant les Anglais s'étaient avancés sérieusement, on veut encore bien les instruire du plan de défense qui était arrêté. On les eût laissé passer le canal de Berg-op-Zoom et marcher sur Anvers; le duc de Conegliano se serait porté sur la Tête de Flandre, et tandis qu'ils auraient fait leurs dispositions pour investir Anvers, depuis le fort Lillo jusqu'à la citadelle, le prince de Ponte-Corvo et le duc de Conegliano, protégés par les inondations et les immenses ouvrages de la place, les auraient attendus, et le jour convenu auraient débouché sur la droite ; là l'armée anglaise aurait fini ses destins. L'opération était sûre : au 1er septembre 120 milles hommes étaient sous les armes entre la Flandre, l'Escaut et Maëstricht; en 15 jours quatre mille hommes de cavalerie avaient été rassemblés. On remarque cependant que l'Empereur avait ordonné de ne point attaquer; il voulait obtenir la victoire sans l'effusion d'une goute de sang français, et l'attendait sûrement du climat seul. C'est en ce jour qu'on doit non pas craindre mais désirer que les Anglais gardent quelque tems l'île de Walcheren, où leur armée aura sans cesse besoin de renouvellement, et dont la conservation coûterait plus que celles des Grandes Indes, en supposant qu'on ne les attaquât pas de suite, et qu'on ne les jetât pas dans la mer.

Les papiers anglais ont aussi donné les divers rapports du marquis de Wellesley sur les affaires d'Espagne. Le *Moniteur* les publie dans trois feuilles extraordinaires, en les accompagnant de notes fort intéressantes, et en présentant comme en regard et sous le même point de vue, les rapports faits à S. M. le roi Joseph, par le maréchal Jourdan, et les commandans des divers corps des armées impériales en Espagne. Ces relations données ainsi des deux parts se comparent ainsi, et se contrôlent facilement; et il résulte à leur lecture un tel degré d'évidence que le lecteur prévient presque toujours le sens, et presque les termes des notes qui les accompagnent. Cette collection volumineuse de pièces est un véritable monument historique sur l'ensemble des opérations depuis la marche imprudente des Anglais hors du Portugal, jusqu'à leur retraite forcée au-delà du Tage. Des deux côtés les détails les plus circonstanciés sont donnés, les positions indiquées, les corps et souvent les hommes sont nommés, les pertes établies, et les éloges dus à la bravoure et au dévouement distribués avec libéralité. Le principal rapport du marquis de Wellesley est relatif à la bataille de Talavera. Cette bataille sanglante s'est livrée le 28 juillet. L'armée anglaise forte de vingt-huit mille hommes y était réunie à l'armée de Cuesta forte de trente mille. L'armée française comptait seulement dans cette position le corps du duc de Bellune, celui du général Sébastiani, la garde du roi, et la réserve. Les trois corps réunis sous les ordres du maréchal duc de Dalmatie faisaient dans le même moment un mouvement sur Placentia pour tourner l'armée anglaise. Dans cette position difficile pour lui, le marquis de Wellesley imprudemment engagé a voulu marcher sur Madrid. Le duc de Bellune a manœuvré pour l'attirer, et le roi a marché à lui. Il était perdu si l'impétuosité française eût permis d'attendre le résultat du mouvement du maréchal Soult; mais sans attendre ce résultat, l'attaque audacieuse de Talavera a été tentée.

La position des Anglais était avantageuse; un mamelon élevé, garni d'une artillerie nombreuse et très-fortement défendue, liait leurs corps à ceux des Espagnols : c'est ce mamelon qui a été l'objet d'attaques réitérées, et pour lequel l'extrême bravoure des troupes a trouvé dans le terrain et dans le nombre des forces ennemies un obstacle insurmontable. Si les 9ᵉ, les 24ᵉ et les 96ᵉ régimens n'ont pu l'emporter, cela était au-dessus des forces humaines ; sur tout le reste de la ligne, l'armée française avait des avantages marqués et occupait les positions que l'ennemi avait prises au commencement de l'action ; quelques heures de plus, et malgré la supériorité numérique, il était en pleine déroute : mais la nuit ayant fait cesser le combat, l'ennemi profita de l'avantage du nombre pour déborder la droite du premier corps, et détermina le roi à concentrer ses forces sur la rive gauche de l'Alberche. L'armée ennemie n'avait pas été entièrement écrasée ; mais elle était hors d'état de faire un mouvement en avant, et ce qui s'est passé l'a bien évidemment prouvé. Le roi avait à sauver Tolède, à couvrir Madrid, menacé par l'armée de Vénégas ; il laissa le premier corps seulement en présence de l'armée anglaise, et courut au-devant de Vénégas avec le seul corps de Sébastiani et sa réserve, établissant cependant ses communications de manière à secourir le duc de Bellune en cas d'un mouvement des Anglais ou de Cuesta. Pendant que le général Sébastiani, dans un premier engagement, culbutait l'avant-garde de Vénégas, forte de dix mille hommes, le roi apprenait que le marquis de Wellesley, menacé par l'approche du maréchal Soult, commençait son mouvement rétrograde, abandonnant au duc de Bellune Talavera, quatre mille blessés et beaucoup d'artillerie. Le 7, le duc de Bellune était enfin réuni au maréchal Soult ; le but de cette vaste opération commençait à être atteint par la retraite forcée des Anglais, après une perte que leurs rapports élèvent à six mille hommes.

Le roi pouvait dès-lors poursuivre ses opérations contre Vénégas. Le 11 a été pour l'armée, c'est-à-dire pour une très-petite portion de l'armée, le corps du général Sébastiani seulement et la réserve du roi, une journée très-brillante. C'est à Almonacid que la victoire la plus signalée et la plus complète a été remportée sur quarante mille ennemis. Infanterie, cavalerie, artillerie, tout a été enveloppé dans une déroute affreuse ; quarante pièces de canons, leurs caissons, deux cents voitures, quatre mille prisonniers, sont restés en notre pouvoir ; quatre mille morts sont restés sur le champ de bataille. Pendant que Vénégas fuyait ainsi, le duc de Trévise forçait le passage de l'Arzobispo, écrasait les débris de l'armée de Cuesta, désormais séparée de celle des Anglais en retraite ; de son côté, et en marchant à Salamanque par les ordres du roi, le maréchal duc d'Elchingen détruisait six mille Anglais, commandés par Wilson, un corps de Portugais de dix-huit cents hommes et reprenait possession de Salamanque. Dans le même moment, le roi rentrait à Madrid, le jour même où presque toute l'Europe, sous l'invocation du Dieu de la victoire, célébrait la fête de l'Empereur des Français.

Voici quelle est la conclusion que le *Moniteur* tire du rapprochement même de la relation du général Welesley et de sa publication simultanée avec le rapport général fait au roi.

« Lord Wellesley, sans connaître la force de l'ennemi auquel il avait affaire, sans être muni de ce qui constitue une armée, s'est avancé jusqu'à Talaveyra. L'idée d'entrer à Madrid lui a tourné la tête. Il a pris l'armée française pour une armée de Cypayes. Il est arrivé à Talaveyra avec 25 à 26,000 hommes : il s'y est joint à 30,000 Espagnols, et avec ces deux armées réunies, il a voulu percer sur Madrid. Le duc de Bellune a bien manœuvré pour l'attirer, a fait sa jonction avec le 4° corps et la réserve, et le roi à leur tête a marché à l'ennemi. Le duc de Dalmatie, avec des forces plus considérables encore que celles du roi, marchait sur les derrières. Lord Wellesley ne pouvait se tirer d'affaire qu'en battant isolément les deux armées. Le 1ᵉʳ et le 4° corps lui en ont offert l'occasion, puisque, sans attendre les trois corps que commandait le duc de Dalmatie, ils ont attaqué. Les Anglais se sont bien battus ; la bataille de Talaveyra a été douteuse. La perte des Anglais a été bien plus considérable que la nôtre ; l'artillerie française était plus nombreuse. Il paraît que par une série de fautes multipliées, les Français n'ont pu enlever la position de la gauche, mais que les Anglais ont été battus toutes les fois qu'ils ont voulu avancer sur les Français. Lorsque les 70,000 hommes commandés par le duc de Dalmatie étaient à Placencia, lord Wellesley croyait qu'il n'y avait que 10,000 hommes, et se livrait aux combinaisons les plus ridicules. Il reconnaît la folie de ses calculs, son extrême imprudence, et est assez heureux pour se sauver en Portugal avec son infanterie, par la protection du Tage. Qu'aurait-ce donc été si, manœuvrant selon les principes de la guerre, l'armée française n'eût livré bataille que toute réunie ? Lord Wellesley dit que le défaut de moyens de transport l'a empêché de marcher sur Madrid. Qu'aurait-ce été s'il eût marché sur Madrid, et que le duc de Dalmatie se fût placé entre lui et le Tage ? Il fût venu avec son armée en France. Il a sacrifié de braves gens par présomption et par l'ignorance de ce qu'un général ne doit point ignorer. »

« Cette expédition ressemble assez à celle du général Moore au mois de novembre dernier. Mais le général Moore fut plus prudent; il se sauva plus vîte, et quoiqu'il fît d'énormes pertes, la moitié de son armée retourna en Angleterre dépouillée de son matériel. Comme le général Moore, le général Wellesley a abandonné ses hôpitaux, ses bagages, son artillerie : il arrivera en Portugal avec la moitié de son armée. Dans ce moment il n'a pas sous les armes 18,000 hommes, de 40,000 qui étaient partis des ports de l'Angleterre.

» Quant aux Espagnols, ils peuvent être comptés pour beaucoup pour dépouiller des hommes isolés, pour se défendre même derrière une muraille, mais ils doivent être comptés pour bien peu de chose en bataille rangée, comme les Anglais ont pu s'en convaincre. Quand lord Wellesley aurait eu avec ses 20,000 hommes l'armée du lord Chatam, qui est allé s'enterrer dans les marais de l'île de Walcheren, il n'aurait retiré de son expédition que honte, confusion et défaite. Si les Anglais veulent disputer l'Espagne à la France, il faut qu'ils y débarquent une armée sinon égale à l'armée française, au moins forte des deux tiers, c'est-à-dire, au moins 150,000 hommes, car les Espagnols ne peuvent être comptés que pour un tiers en bataille rangée; et rien ne peut être plus avantageux pour la France que de voir les Anglais s'engager dans des guerres de terre; au lieu de conquérir l'Angleterre par la mer, nous la conquerrons sur le Continent. Une pareille lutte peint à merveille ceux qui dirigent le cabinet de Londres.

» Thémistocle conseilla aux Athéniens d'abandonner les citadelles et de se réfugier dans leurs vaisseaux. Il est à désirer que le cabinet britannique persiste, comme il a commencé, dans son projet de déserter ses vaisseaux et de se jeter sur le Continent. Nous pouvons prédire l'abaissement de l'Angleterre et la paix avant un an.

» Avant un an, les Anglais, quelques efforts qu'ils fassent, seront chassés de la presqu'île, et l'aigle impérial flottera sur les forteresses de Lisbonne. »

Au surplus, des nouvelles très-récentes d'Angleterre font pressentir un changement dans le ministère, le duc de Portland, lord Castlereagh et M. Canning sont ceux dont on présume la retraite. Ces deux derniers ont eu des débats si violens qu'un duel s'en est suivi : M. Canning, le champion de la guerre éternelle, a été mis hors de combat.

On varie nécessairement sur le choix des successeurs, mais l'opinion paraît fixée sur ce point que le mal étant si positif, tout changement sera un bien. On remarque que lord Bentnk qui devait avoir le commandement en second en Espagne, ne juge pas devoir aller offrir ses services au marquis de Wellesley, qui déjà arrivé en Portugal, y attend les ordres de son gouvernement. Les affaires d'Amérique viennent accroître les inquiétudes et les mécontentemens : l'Angleterre craint que l'Amérique ne se jette dans les bras de la France, et ne lui fasse perdre ainsi, en un moment, le fruit de tant d'efforts pour s'emparer du commerce exclusif du globe. Les embarcations qui arrivent journellement de Flessingue portent d'ailleurs la désolation dans toutes les familles; déjà six mille malades sont revenus; l'insalubrité, le manque d'eau, la maladie contagieuse qui règne dans l'île menacent la garnison d'une destruction prochaine : elle perd cinquante hommes par jour; on a cessé de leur rendre les honneurs militaires; le général Fraser est mort, le général Picton et d'autres sont dangereusement malades; le commandement a été dévolu à un simple colonel. En outre la flotte de la Jamaïque a éprouvé une tempête terrible, et perdu une grande partie de ses bâtimens. Le *Times* ajoute que les banqueroutes se multiplient; la dernière qu'il annonce s'élève à 12 millions de France, et les affaires de l'Inde deviennent de jour en jour plus difficiles. Si un tel ensemble de faits positifs et de résultats certains ne conduit pas le ministère anglais renouvelé à un changement de système plus favorable aux véritables intérêts de l'Angleterre, il faut renoncer aux leçons de l'expérience, à tous les calculs de la prudence, et à tous les vœux de l'humanité.

ERRATA du dernier N°.

Page 233, ligne 18, feront encore mieux que moi, *effacez :* encore. — Même page, lig. 35, ils servent, *effacez :* ils. — Même page, lig. suiv. ils remplissent, *effacez :* ils. — Page 234, ligne 43, se faire parler, *effacez :* faire. — Même page, dernière ligne, autant de langues, *ajoutez :* exactes. — Page 235, lig. 47, *au lieu de :* fournir nature à contestation, *lisez :* matière à, etc. — Page 237, prem. lig. *au lieu de :* cette étiquette, *lisez :* son étiquette. — Même pag. lig. 15, *au lieu de :* nos lecteurs, *lisez :* mes lecteurs. — Même page, lig. 24, et c'est, *effacez :* et. — Même page, lig. 45, tout un peuple, *effacez :* un. — Page 238, ligne 20, *au lieu de :* afin de mieux sentir, *lisez :* afin de mieux faire sentir. — Même page, ligne 28, *au lieu de :* agréablement bien coloriée, *lisez :* agréablement coloriée. — Page 239, lig. 17, *au lieu de :* par ceux qui s'en servent, *lisez :* pour ceux, etc.

MERCURE DE FRANCE.

Nº CCCCXXIX. — *Samedi 7 Octobre 1809.*

POÉSIE.

L'ANE ET LES ROSES.

D'UN parterre élégant les barrières non closes,
Avec ou sans dessein, invitaient le passant
A goûter le plaisir d'un coup-d'œil ravissant.
Quel heureux va jouir de ces beautés écloses ?
Un âne s'introduit; le maître était absent.
Le stupide animal marche en se prélassant;
Il erre à l'aventure et sans respect des choses,
Sur la fleur la plus rare appuie un pied pesant,
Qui, dans sa route oblique, a de fatales pauses.
Au milieu du jardin son appétit naissant
Vers un buisson touffu, couvert de mille roses,
Conduit sa bouche avide, et le voilà paissant.
    Eh! croyez-vous que ce soit l'herbe épaisse
    Qu'à dépouiller humblement il s'abaisse :
    Fi donc! ce sont les roses dont l'appât
Flatte à la fois son œil, son goût, son odorat.
D'un regard curieux il circule autour d'elles;
Commodément campé, le drôle prend son tems.
D'abord il fait un choix, attaque les plus belles,
Puis éprouve le goût des roses plus nouvelles;
Il souille de sa langue, il broie entre ses dents
La rose épanouie et la rose pommée,
Par un destin égal tour à tour condamnée
A descendre sans gloire en ses indignes flancs.
Notez que le larron, dont la tête domine,
Peut atteindre partout sans rencontrer l'épine.
    Affriandé de ce régal nouveau,
    Il ne voudrait en perdre un seul morceau.

X

Nulle n'est épargnée; et sa dent meurtrière
Eut bientôt englouti la moisson toute entière.
Mais le gourmand n'a point terminé ses ébats.
    Restaient encor les boutons délicats,
    Groupe nombreux, frêle et douce espérance ;
    En peu de jours leurs calices ouverts
Pouvaient se repeupler sur les rameaux déserts,
Combler le déficit et sauver l'apparence.
Il croque les boutons, sans pitié pour l'enfance;
    En les croquant il trouve à la primeur
    Un goût plus fin, une exquise saveur,
Un fumet qui le rend plus âpre à la curée ;
Et la tendre jeunesse est aussi dévorée.
Il ne s'arrête enfin, abondamment repu,
Qu'en voyant du rosier tout le circuit tondu.
    Etait-ce donc pour fournir la pâture
D'un ignoble baudet, d'un animal grossier,
Qu'une main prodigua les soins de la culture
A ce charmant arbuste, à l'aimable rosier,
L'ornement du jardin, celui de la nature ?
    Non : mais ainsi le hasard l'a voulu ;
La fortune souvent accueille un malotru.

                  OGIER de Neve.

ÉLÉGIE SUR LA MORT DE LA JEUNE DÉSIRÉE B.

Quand la vierge des nuits, au sommet des coteaux,
S'élève, et dans les airs mollement se balance,
    Assis sur les bords que l'Avance (1),
    Baigne de ses plaintives eaux,
    Le regard fixé sur les flots,
    J'aime à rêver dans le silence.
Oh ! que de souvenirs errent sous les berceaux
    Dont se couronne ce rivage !
Elle n'est plus la reine du bocage,
Elle n'est plus, et pleins de son image,
Ces champs abandonnés, ces bois, cet hermitage,
    Parlent encore à ma douleur,
    Et ma douleur, tout la partage.

---

(1) Petite rivière qui baigne les murs de Castel-Jaloux.

O terre ! qu'as-tu fait de cette jeune fleur,
 Et ton orgueil et ta richesse ?
Réponds-moi ; qu'as-tu fait de ta jeune maîtresse ?
Hélas ! le jour affreux qui vint nous la ravir,
Fut un jour de malheur pour toute la nature ;
  Les champs perdirent leur parure,
  L'onde oublia son doux murmure,
On entendit au loin la campagne gémir,
La rose se flétrit, l'oiseau devint sauvage,
Et l'Amour en pleurant déserta cette plage.

  Ainsi le bonheur n'a qu'un jour ;
Ainsi tout meurt, tout passe sans retour :
  L'arbre qui croît sur le rivage,
  L'onde qui fuit dans le vallon,
  Philomèle sous le feuillage,
  Et la rose sur le buisson.
     D. SÉJOURNÉ.

VERS ÉCRITS AU BORD DE LA MER.

 O mer paisible ! mer immense !
 Quand ton aspect fixe mes yeux,
 Comme tes flots silencieux
 Ma peine sommeille en silence.
 Le calme règne dans mon cœur
 Comme sur ta vaste étendue......
 Mais déjà d'un zéphyr flatteur
 L'haleine long-tems suspendue
 Me réjouit par sa fraîcheur....
 Quoi ! cette puissance légère
 A soulevé ta masse entière ;
 Et tes flots, au loin argentés,
 En grondant contre leur barrière,
 Couvrent d'une humide poussière
 Le roc qui les tient arrêtés !

 De mon cœur c'est l'emblème encore !
 Si, du trop charmant souvenir
 De l'infidelle que j'adore,
 Je goûte un moment le plaisir,
 Soudain la peine me dévore ;

Mon âme, rendue à ses maux,
Repousse les conseils trop sages
Qui la rappellent au repos,
Et se complaît dans ses orages.
Moi, du repos!.. Espoir trompeur!
Malgré l'inconstance fatale
Qui sur toi, chaque jour, signale
D'Eole le courroux vainqueur,
O mer! ce calme désirable
Renaît plus tôt, est plus durable
Sur tes ondes que dans mon cœur!

EUSÈBE SALVERTE.

ENIGME.

Messieurs, je suis presque surnaturel,
Un composé de tout, un être universel.
J'annonce, par excellence,
L'algèbre, la jurisprudence,
Le droit français, le droit romain,
L'hébreu, l'arabe, le latin,
La grammaire, la poésie,
La fable, la théologie;
Les sciences, arts, et métiers,
Et des volumes tout entiers
De morale, philosophie,
Romans, fables, mythologie;
Enfin mille ouvrages divers,
Mille traités, en prose, en vers;
Les élémens de la musique,
Ceux de la science héraldique.
J'enferme en moi, des drogues, des odeurs,
Des fleurs, des fruits et des liqueurs;
Des articles de merceries,
Des articles d'épiceries,
Des oranges, des ananas,
Des riz, des cafés, des tabacs,
Des grains de vie, et des topiques,
Et des emplâtres balsamiques
Des pommades de propreté,
Et des chocolats de santé;

OCTOBRE 1809.

Des confitures, des dragées,
Des poires ou pommes tapées,
Pruneaux de Tours et raisins secs ;
Des vins muscats, ou des vins grecs ;
Des jambons de Bayonne, ou jambons de Mayence ;
Vases de porcelaine et vases de faïence.
C'en est trop ; mais je tiens, dit-on, depuis long-tems,
Le langage des charlatans.
Fait exprès pour qu'on me regarde,
C'est au lecteur prudent à se tenir en garde ;
Je promets grand nombre d'objets ;
Mais je donne souvent bien moins que je promets ;
C'est mon défaut, c'est peut-être le vôtre :
Promettre est un, et tenir est un autre.
Je suis enfin un des docteurs en ux,
Et je m'appelle un......
S........

LOGOGRIPHE.

De Dieu j'annonce la loi
Sur l'un et l'autre hémisphère,
Et souvent au nom d'un roi,
Je fais la paix ou la guerre.
Tu pourras facilement,
En renversant ma structure,
Apercevoir l'élément
Qui submergea la nature ;
L'ornement que maint abbé
Voudrait placer sur sa tête ;
L'ancien nom d'un grand péché ;
Une très-petite bête ;
Un adjectif possessif ;
De plus, une particule
Marquant le superlatif ;
Ce que jusqu'au ridicule
On observait au couvent ;
Un fleuve de l'Italie ;
Ce qui trompe bien souvent ;
Un enfant de la folie ;
Tout ce qui sert d'aliment ;

Un des grands de la Turquie ;
Ce qui guide le chasseur ;
Une note de musique ;
Ce qui tourmente un rimeur ;
Ce qu'on nomme romantique ;
Ce qu'à son enfant chéri
Présente une tendre mère ;
Un saint ; enfin j'ai tout dit,
On m'a deviné, j'espère.

A....H....

CHARADE.

Par son agilité,
Mon premier semble fendre l'air :
Par l'élasticité,
Mon dernier se soutient en l'air :
Par sa légèreté,
Mon entier s'élève dans l'air.

S........

Mots de l'Énigme, du Logogriphe et de la Charade insérés dans le dernier Numéro.

Le mot de l'Énigme du dernier Numéro est la lettre F.

Celui du Logogriphe est *Mûroure*, dans lequel on trouve, *reçue, crème, écume, mère, mûre, rue, écu, mœ et eu.*

Celui de la Charade est *Vermine*.

SCIENCES ET ARTS.

Du calorique rayonnant, par Pierre Prevost, professeur de physique à l'Académie de Genève, de la Société des arts et de la Société de physique et d'Histoire naturelle de la même ville, de l'Académie de Berlin, et de la Société des curieux de la nature de la même ville, de la Société royale de Londres et de la Société royale d'Edimbourg, correspondant de l'Institut national et de la Société des sciences et arts de Montauban, etc. — Un volume in-8° de 460 pages, fig. — Prix, 6 fr. et 7 fr. 50 cent. franc de port. — A Paris, chez J. J. Paschoud, libraire, quai des Augustins, n° 11; et à Genève, chez le même.

La théorie du calorique est une des parties les plus importantes et les plus obscures de la physique et de la chimie. Nous savons par des expériences certaines que, dans tous les changemens d'état des corps, cet être inconnu que nous nommons le calorique est absorbé et dégagé, ou s'échappe en rayonnant, de leur surface. Mais tout en lui donnant la dénomination d'être, en lui attribuant des actions mécaniques, nous ne savons pas réellement si c'est un être à part, ou s'il ne consiste que dans un mouvement de vibration imprimé aux particules de la matière. Les chimistes paraissent plus portés à adopter la première supposition, et ils font du calorique une substance douée d'affinités propres, susceptible, comme toutes les autres, de former des combinaisons; ensorte que, pour eux, l'absorption de la chaleur est une saturation par le calorique, et le dégagement de la chaleur est une véritable décomposition. Mais si cette hypothèse construite sur les expériences chimiques suffit jusqu'à un certain point pour expliquer les variations du calorique intérieur aux corps, elle ne peut nullement rendre raison des phénomènes que présente le calorique qui rayonne à leur surface, et le passage d'un de ces états à l'autre reste absolument inexplicable.

On imagine aisément toutes les obscurités qui doivent résulter de cette incertitude sur la nature, sur l'existence même de l'agent dont on veut étudier les effets. Aussi pour établir des résultats véritablement utiles sur la chaleur, des résultats qui puissent un jour servir de base à la véritable théorie, il faut s'efforcer le plus possible de découvrir les lois générales qui comprennent un plus grand nombre de phénomènes; montrer, d'après ces lois, leur dépendance mutuelle; les grouper, pour ainsi dire, les unes autour des autres, afin de n'avoir plus à combiner que des masses et non des faits particuliers.

On a déjà suivi cette marche relativement aux phénomènes de l'absorption et du dégagement de la chaleur. Il a été prouvé par des expériences très-précises, que toute la chaleur qui se dégage quand une combinaison se forme, est absorbée de nouveau et rendue cachée quand la combinaison se défait, ou plus généralement, si dans une suite de changemens d'état d'un corps ou d'un système de corps, il s'est absorbé ou dégagé une certaine quantité de chaleur, cette même quantité reparaîtra ou sera absorbée, si les mêmes corps repassent par les mêmes états, dans un ordre successivement contraire. La découverte de cette belle loi, et les expériences qui l'établissent, sont dues à MM. Laplace et Lavoisier.

Quant aux phénomènes du calorique libre et rayonnant, Scheele paraît être le premier qui les ait observés, et sur-tout qui en ait senti l'importance. Après lui, MM. Pictet, Rumford, Herschell, et sur-tout Leslie, s'en sont occupés avec le plus grand succès; et leurs recherches sur cette matière ont révélé une multitude de faits curieux. M. Prevost de Genève qui, par une hypothèse ingénieuse, avait heureusement réussi à représenter les expériences de Scheele et de Pictet, a successivement appliqué la même idée aux expériences des autres physiciens que nous venons de citer, et il a toujours trouvé qu'elles s'y prêtaient également. Ces vues consignées, à diverses époques, dans les Mémoires que M. Prevost a publiés, ont acquis une nouvelle vraisemblance par la confirmation qu'ils ont reçue de tant d'épreuves imprévues et successives. Plusieurs physiciens justement célèbres se sont empressés de les adopter. Enfin l'auteur s'est décidé à rassembler ces idées éparses, à les présenter dans un ordre méthodique, et à montrer qu'elles satisfont jusqu'ici à tous les faits connus. Tel est l'objet de l'ouvrage qu'il publie aujourd'hui.

On voit donc qu'il ne faut pas juger la théorie de M. Prevost dans ses principes, mais dans ses applications, ni comme l'expression d'un fait ou d'une propriété réellement existante, mais comme une conception hypothétique, propre à représenter les faits, à les prévoir, à rendre leurs rapports sensibles et calculables, de même que pour représenter les phénomènes de l'électricité on emploie hypothétiquement l'idée de deux fluides électriques que l'on doue de propriétés spécifiques, quoique dans la réalité personne ne puisse savoir si ces phénomènes sont produits par des fluides tels que nous les imaginons. Les hypothèses employées de cette manière sont très-utiles, et malheureusement encore très-nécessaires dans la physique, pour lier entr'eux les faits dont on ne connaît que quelques rapports, et dont la cause primitive est cachée. Cela est vrai sur-tout pour cette classe immense de phénomènes qui sont produits par des agens invisibles et trop subtiles pour être pesés par nos balances, comme sont ceux de l'électricité, du magnétisme et de la chaleur. Des hypothèses sagement employées sont le premier et le seul fil par lequel nous puissions d'abord nous guider dans ces ténèbres, et cet artifice utile à l'invention ne peut avoir de danger que pour les esprits peu conséquens, qui, trop faibles pour supporter le doute, se hâtent de transformer en réalité ce qui n'était qu'une conception métaphysique.

M. Prevost considère le calorique rayonnant comme un fluide dont les molécules extrêmement petites sont continuellement animées par un mouvement rectiligne infiniment rapide. Dans un espace chaud, chaque point est traversé sans cesse et en tous sens par des rayons de calorique. Lorsque ces rayons rencontrent la surface d'un corps, ils sont en partie réfléchis, en partie absorbés, suivant des proportions diverses, variables avec la nature de ce corps et dépendantes des modifications de sa surface. L'incidence du calorique sur cette surface ayant lieu en tous sens, puisqu'il rayonne de toute part, la réflexion se fait aussi en tous sens, et chaque point de la surface devient le centre d'un rayonnement qui s'étend indéfiniment suivant toutes les directions. Si deux corps, ou deux espaces, en rayonnant ainsi l'un vers l'autre, font des échanges égaux de calorique, ils sont en équilibre de température ; si la température est inégale, les échanges sont inégaux ; le corps le plus chaud rayonnant davantage. Mais la différence diminue continuellement par l'inégalité des échanges, et l'équilibre finit par se rétablir. En supposant le milieu environnant, de température constante, on démontre par le calcul qu'en vertu des définitions précédentes, les différences de température des deux corps qui rayonnent l'un vers l'autre, doivent décroître suivant une progression géométrique, lorsque les tems écoulés suivent une progression arithmétique, résultat qui est en effet confirmé par l'expérience.

Pour faire comprendre comment on a pu être conduit à ces idées, je vais rapporter quelques expériences qui les rendront pour ainsi dire sensibles. Nous essayerons ensuite de faire l'application du principe à quelques-uns des exemples choisis par l'auteur. C'est le moyen le plus facile et le plus sûr pour prendre une idée nette de l'objet de son ouvrage.

Lorsque l'on présente la main ou le visage devant la porte ouverte d'un poêle bien allumé, même à une distance assez considérable, tout le monde sait que l'on éprouve une forte sensation de chaleur. Cependant comment cette chaleur nous arrive-t-elle ? Ce n'est pas l'air qui nous l'apporte ; car l'air se précipite avec violence dans l'intérieur du poêle pour suppléer au vide produit par la combustion. Peut-être dira-t-on qu'elle est produite par la lumière que le brasier nous lance et avec laquelle le calorique est uni ? Mais placez entre vous et le foyer un carreau de verre mince et transparent, toute la lumière vous arrivera encore, ou du moins elle sera si peu diminuée, que la différence sera insensible; cependant vous ne recevrez plus du tout de chaleur (1). La lumière n'est donc pas la même chose que la chaleur rayonnante, puisque vous pouvez en faire ainsi la séparation. Voulez-vous y reconnaître d'autres différences? prenez un miroir concave de métal poli; de ceux que l'on nomme à l'ordinaire un miroir ardent. Si vous le présentez devant le feu, le calorique concentré à son foyer pourra devenir assez sensible pour embraser des corps combustibles. Maintenant substituez un miroir de verre, de même grandeur et de même forme, celui-ci concentrera la lumière à son foyer, mais il ne s'y produira aucune chaleur ou du moins elle ne sera nullement comparable à celle que produisait le miroir métallique. Ainsi le métal poli réfléchit la lumière et la chaleur, au lieu que le verre transmet et réfléchit la lumière, mais absorbe et retient le calorique rayonnant.

Si l'on veut éviter la présence de la lumière afin d'éloigner le soupçon qu'elle contribue à ces effets, on peut répéter les mêmes expériences en substituant au brasier une boule métallique remplie d'eau bouillante; elles réussiront également.

Prenez maintenant deux miroirs concaves de métal poli, placez-les vis-à-vis l'un de l'autre à une distance quelconque. Au foyer du premier placez un thermomètre sensible, au foyer du second placez un matras rempli d'eau bouillante : aussitôt le thermomètre s'élèvera. Au contraire si vous remplissez le matras de glace, le thermomètre baissera aussitôt. Ces résultats s'expli-

___

(1) A la vérité, si l'on prolongeait l'expérience, on finirait par éprouver quelque chaleur à travers le verre, parce que celui-ci recevant l'impression du calorique sur sa face antérieure tournée vers le foyer, s'en pénétrerait peu à peu tout entier en vertu de sa faculté conductrice, et sa face postérieure une fois échauffée de cette manière commencerait à rayonner à son tour. Mais cet effet produit par la transmission de la chaleur de molécule en molécule est distinct de celui que nous examinons; il suffit que dans le premier moment la lumière passe seule, pour établir la distinction du calorique rayonnant.

quent si facilement par la *théorie de l'équilibre mobile*, qu'ils ont l'air de n'en être qu'une simple conséquence. Supposez d'abord le matras et le thermomètre à la même température : les échanges de calorique rayonnant qui se font par la double réflexion sur les deux miroirs sont égaux ; cet état est donc stable. Mais si le matras est plus chaud que le thermomètre, les échanges deviennent inégaux, le premier donne plus, le second moins ; l'un perd du calorique et sa température s'abaisse, l'autre en gagne et sa température doit s'élever ; au contraire si c'est le matras qui est plus froid, il rayonne moins vers le thermomètre que le thermomètre vers lui, celui-ci s'abaisse et la température de l'autre doit monter ; ou bien s'il contient de la glace, il s'en fondra une partie. Les circonstances absolues sont les mêmes dans ce second cas que dans le premier ; il s'agit toujours d'un rétablissement d'équilibre par échanges inégaux entre deux corps d'inégale température ; seulement il faut concevoir que les corps froids au toucher, et même la glace, émettent du calorique rayonnant, mais en moindre quantité que les corps qui sont plus chauds qu'eux. Il n'y a à cela rien qui répugne ; au contraire nous devons très-bien comprendre que les sensations du froid et du chaud ne sont que des inductions relatives à nos organes, et non des déterminations absolues. C'est à M. Prevost que l'on doit cette explication ingénieuse souvent combattue, et quelquefois mal comprise, mais cependant à laquelle on ne peut rien reprocher.

M. Prevost applique ainsi sa théorie à tous les phénomènes dans lesquels la chaleur est communiquée à distance par le rayonnement seul, ou par le rayonnement uni à la transmission. Il montre que les lois de ces phénomènes sont des conséquences très-simples de la théorie de l'équilibre mobile. Il fait remarquer ensuite que les corps qui sont les meilleurs réflecteurs du calorique, comme les métaux polis, ne doivent seulement pas jouir de cette faculté à l'égard du calorique extérieur qui rayonne sur leur surface, mais qu'ils la doivent exercer encore sur le calorique intérieur qui, rayonnant du dedans au-dehors, tendrait à s'échapper et à faire baisser leur température ; d'où il suit que les corps qui s'échauffent plus ou moins vite par le rayonnement en vertu de la nature de leur surface, doivent aussi se refroidir de cette manière plus ou moins rapidement. Au moyen de cette remarque, on explique clairement les nombreuses expériences de MM. Leslie et Rumford sur l'influence des enduits pour accélérer ou retarder les changemens de température. Ces expériences, dont les résultats étaient en apparence si bizarres, sont ramenées à des lois uniformes, sans qu'il soit nécessaire d'en déduire de nouveaux principes, mais seulement quelques propriétés particulières qu'il était impossible de prévoir. L'obligation que M. Prévost s'était imposée de discuter ainsi toutes les expériences qui peuvent éprouver sa théorie, l'a peut-être fait insister trop long-tems sur les conséquences que M. Leslie a tirées de ses observations, relativement aux distances et aux inclinaisons des surfaces réfléchissantes. Ces résultats compliqués par la figure des corps qui émettaient ou recevaient la chaleur, ne peuvent pas donner immédiatement les lois simples et mathématiques des phénomènes, de même que l'on ne découvrirait jamais la loi des attractions électriques, réciproque au carré de la distance, si on la cherchait dans des expériences faites avec des corps de dimension sensible, à la figure desquels on n'aurait point égard.

Je ne puis passer sous silence une autre application fort ingénieuse que M. Prévost fait de sa théorie à divers phénomènes observés par M. Benedict Prévost de Montauban. Voici l'abrégé de ces phénomènes : lorsque les fenêtres d'un appartement ont été fermées toute la nuit, si la température a baissé au dehors comme cela arrive souvent, la surface intérieure des vitres est chargée d'humidité, quelquefois même de glace ; si, au contraire, l'air du dehors est devenu plus chaud que celui de la chambre, l'humidité se dépose au dehors. Ce fait bien connu a été depuis long-tems expliqué, et la cause qui le produit se présente d'elle-même. D'abord le verre et les deux masses d'air sont à la même température.

Une de celles-ci venant à se refroidir, les carreaux de verre qui la touchent se refroidissent aussi de ce côté, et par suite dans toute leur épaisseur, par communication. Alors l'autre masse d'air n'a pas encore baissé de température, ou au moins elle n'a pas baissé autant. Se trouvant en contact avec les carreaux refroidis, elle dépose de l'humidité sur leur surface. Ils font sur elle l'effet du réfrigérant d'un alambic. Ceci est connu de tout le monde; mais voici qui l'est beaucoup moins. Collez sur la face d'un des carreaux, en dedans ou en dehors, une petite lame de métal poli, par exemple d'étain laminé. Lorsque cette armure sera du côté froid, il se déposera nécessairement de l'humidité sur la face chaude du verre, comme nous venons de le dire; mais il ne s'en déposera que peu ou point du tout sur la partie de cette face opposée à l'armure métallique. Au contraire, si l'armure est placée sur la face chaude, il s'y dépose plus d'humidité que partout ailleurs.

Ces phénomènes s'expliquent avec facilité en remarquant que le métal poli réfléchit le calorique rayonnant beaucoup mieux que le verre. Lorsque l'armure est en contact avec la face froide, elle réfléchit en dedans presque tout le calorique qui tendrait à s'échapper de l'intérieur. Elle habille, pour ainsi dire, la portion de cette face où elle est appliquée, et la préserve du froid. La température de la lame de verre doit donc moins s'abaisser dans la partie qui est directement opposée à la réflexion de l'armure; et cette différence est durable dans cette partie, parce que la chaleur se propage difficilement dans le verre par voie de communication, ce qui empêche le calorique accumulé par l'armure de se répandre dans toute la lame. Le dépôt d'humidité doit donc être moins abondant sur la portion de la lame qui est soumise à cette influence préservatrice. C'est le contraire lorsque l'armure métallique est appliquée sur la face chaude; alors elle repousse le calorique rayonnant qui tendrait à s'introduire de ce côté dans le verre, et qui contribuerait à maintenir sa température, tandis qu'elle n'empêche pas l'autre face, en contact avec l'air froid, de perdre son calorique par voie de communication. Le refroidissement doit donc se faire sur-tout sentir dans le lieu où est l'armure, et le dépôt d'humidité doit y être plus considérable ; mais si la différence des températures des deux masses d'air se maintient long-tems ou si elle est très-considérable, la conductibilité l'emporte sur le rayonnement, l'égalité des températures s'établit dans tout le carreau de verre, et même sous l'armure, par l'effet de la chaleur communiquée, et l'armure soumise elle-même à cette influence perdant sa faculté préservatrice, l'humidité se dépose partout.

Les bornes de cet extrait ne nous permettent pas de suivre M. Prevost dans toutes les autres applications qu'il fait de sa théorie. La principale a pour but d'expliquer les causes qui rendent l'hémisphère austral de la terre plus froid que le boréal, différence qui se manifeste principalement à de hautes latitudes, tandis qu'elle est insensible entre les tropiques. M. Prevost assigne plusieurs causes qui doivent contribuer à ce phénomène ; la principale tient à la manière dont les mêmes quantités annuelles de chaleur sont réparties aux deux hémisphères en vertu de la forme elliptique de l'orbe du soleil. Cette distribution se fait de manière que le rayonnement doit être plus fort dans l'hémisphère austral, et par conséquent la déperdition de chaleur, plus considérable. La plus grande quantité de mers qui couvre l'hémisphère austral contribue encore à le refroidir par l'évaporation. Enfin la plus grande abondance de glaces, résultat de ces premières causes, vient les augmenter encore en les rendant libres du calorique qui s'échappe par le rayonnement et ne revient plus.

Dans tout le cours de cet ouvrage, M. Prevost n'a considéré que le calorique devenu libre à la surface des corps ; pour tout ce qui concerne l'état du calorique dans leur intérieur, et sa propagation de molécule à molécule, il ne prononce absolument rien.

Cependant on conçoit que ces deux modifications sont nécessairement liées ensemble, car le calorique qui vient rayonner à la surface des corps est fourni par leur intérieur, et si dans ce dernier cas il serpente et se communique seulement de molécule à molécule, on conçoit difficilement que parvenu à la surface, il acquierre tout à coup la propriété de s'échapper en rayonnant.

C'est ce qui a conduit un grand géomètre (2) à étendre le rayonnement même dans l'intérieur des corps solides; mais alors à cause de leur densité, chaque molécule n'est affectée que par le rayonnement de celles qui sont situées autour d'elles, à une distance très-petite. Ces considérations donnent immédiatement les lois mathématiques de la chaleur transmise, conformément aux phénomènes, et elles ont l'avantage de faire disparaître une difficulté analytique qui a jusqu'ici arrêté tous ceux qui ont voulu soumettre au calcul, la propagation de la chaleur à travers les corps..

Maintenant pour trouver les conditions du rayonnement à la surface, conditions qui sont nécessairement différentes de celles de l'intérieur, il faut considérer que le rayonnement n'est pas uniquement produit par les molécules de cette surface, mais encore par toutes celles qui se trouvent à une très-petite profondeur ; ce qui produit une couche extrêmement mince dont les diverses parties rayonnent inégalement et d'autant moins qu'elles sont plus enfoncées dans l'intérieur du corps. On doit donc assimiler ce décroissement à celui qui aurait lieu dans une ligne droite exposée par une de ses extrémités à une source de chaleur constante, c'est-à-dire, qu'à cette extrémité la température sera la même que celle de la source qui est à l'intérieur du corps, et que de-là elle ira en diminuant du dedans au dehors en suivant une progression géométrique, jusqu'à atteindre enfin la température de l'air environnant, qui sera celle des molécules de la surface. Sans doute cet état n'existera point dans le premier moment lorsque l'on suspendra

---

(2) M. Laplace. Ce que l'on rapporte ici a été recueilli dans ses conversations, et forme l'objet d'un travail sur la chaleur, qu'il n'a pas encore publié.

dans

dans l'air un corps également échauffé dans toutes ses parties ; mais une fois que la première déperdition de la chaleur aura eu lieu à la surface extérieure par le contact de l'air, ce qui n'exigera qu'un instant presqu'insensible, la dégradation stable et régulière devra s'établir conformément aux lois que l'on vient d'expliquer.

Par ces considérations ingénieuses la transmission de la chaleur à l'intérieur des corps et à leur surface se trouve ramenée à un seul principe qui est le rayonnement. Il me semble même qu'en considérant les impulsions du calorique comme la cause de l'élasticité des gaz, et calculant les effets de cette force d'après le nombre de ces impulsions et leur intensité croissante avec la température, on pourrait expliquer par les mêmes principes, les lois de leur compressibilité. Mais ceci n'est qu'un aperçu qui aurait besoin de plus de développement.

D'après ce que l'on vient de lire, on voit que la théorie de l'équilibre mobile, imaginée depuis long-tems par M. Prevost, est une idée très-heureuse et très-féconde. Les applications qu'il en a déduites, et les extensions qu'on peut leur donner encore, en font un objet très-important. L'ouvrage où M. Prevost développe ces applications est rempli d'une logique rigoureuse, et l'on y reconnaît partout un sincère ami de la vérité. Cet ouvrage est indispensable à tous ceux qui s'occupent de la théorie de la chaleur, ou qui sont appelés à en expliquer les principes.

Qu'il me soit permis, en terminant cet extrait, de faire remarquer le nombre des bons ouvrages, des productions utiles qui sortent continuellement de Genève. Nous avons vu paraître en très-peu de tems le travail de M. Prevost sur la chaleur; celui de M. l'Huillier sur la polygonométrie, et la géométrie ancienne; les belles recherches sur la végétation, par M. Théodore de Saussure, qui porte si bien le nom de son illustre père; sans compter une multitude de recherches de détail sur l'histoire naturelle, la médecine, l'économie domestique et les applications des arts. C'est de là encore que sont

Y

sorties plusieurs traductions utiles aux savans, et aux gens de lettres, comme la Rhétorique de Blair, et le Traité de Malthus sur la population. C'est de là enfin que partent les communications les plus intéressantes sur la chimie et la physique, au moyen d'un excellent journal, qui, bien que s'appelant *Bibliothèque Britannique*, n'en réunit pas moins les recherches les plus importantes des savans français et étrangers. Genève est pour les sciences un foyer de lumières très-actif; et je ne sais si, après Paris, on trouverait en France une autre ville qui renfermât autant de gens éclairés. A quoi tient ce résultat ? est-ce à la fréquentation des étrangers, au commerce, ou à la situation particulière de cette petite ville qui, placée au pied des Alpes, peut appliquer toute l'activité des habitans des montagnes à l'industrie et à la civilisation dont jouissent les habitans des plaines? C'est une question d'économie politique que je laisse à d'autres à décider.   Biot.

LITTÉRATURE ET BEAUX-ARTS.

Les Commentaires de César, traduction nouvelle, le texte en regard, avec des notes critiques et littéraires, un *index* géographique et six cartes de la Gaule; précédée d'un coup-d'œil sur l'histoire, l'état politique, religieux, etc. des Gaulois, et d'un aperçu des institutions militaires des Romains, etc.; par M. Le Deist de Botidoux, ex-constituant. — Cinq volumes in-8°. — A Paris, chez *Nicolle*, rue de Seine, n° 12; *Debray*, rue Saint-Honoré, barrière des Sergens; *Eberhart*, rue du Foin-Saint-Jacques. — 1809.

Le simple récit de la guerre que César fit pendant près de dix ans dans les Gaules, pour les soumettre à la domination romaine, et de la guerre civile qu'il eut à soutenir pour parvenir à la suprême puissance, a toujours été regardé comme un ouvrage intéressant à la fois pour la littérature, pour l'histoire et pour l'art militaire. Sous ce dernier rapport, on peut dire que l'antiquité ne nous a point laissé de livre où un capitaine puisse mieux apprendre ce qu'il doit faire et comment il doit raconter ce qu'il a fait. César en l'écrivant et ne lui donnant que le titre de Commentaires, n'eut sans doute que l'intention de rassembler des matériaux pour l'histoire; mais les écrivains du beau siècle littéraire qui suivit le sien, sentirent facilement qu'ils ne pourraient ajouter que des ornemens superflus à une si élégante et si noble simplicité.

Cette élégance même, et la clarté continue du style de César qui le rend aussi facile à entendre qu'il est agréable à lire, sont sans doute les causes du peu de traductions françaises de cet ouvrage classique. L'une de ces deux qualités a fait désespérer de l'atteindre dans une langue si inférieure au latin, et l'autre a fait juger que cet effort, fût-il heureux, serait de peu d'utilité. La seule traduction connue est celle de d'Ablancourt, l'un de ces écrivains à qui l'avantage d'entrer les premiers dans la carrière a fait une réputation à peu de frais. De son tems on appelait déjà ses traductions de *belles infidelles*, et l'on peut sans injustice convenir avec M. de Botidoux que de nos jours on aurait supprimé le premier mot. La pureté de style qu'on y a vantée est telle en général qu'elle ne peut satisfaire qu'un grammairien, et sa traduction des Commentaires de César est une des moins recommandables quant au style, qui est presque partout lâche, froid et pesant. De Wailly entreprit de la corriger, et quoiqu'il reconnût y avoir rectifié ou réparé six mille erreurs, il en laissa subsister un grand nombre et ne changea pas la couleur du style. Ainsi jusqu'à présent César restait encore à traduire. C'est cette tâche que M. de Botidoux s'est proposé de remplir, et l'on voit par la manière dont il a conçu et exécuté son travail qu'il s'y est livré avec beaucoup de soin.

Il a fait précéder sa traduction d'un précis de l'histoire et des mœurs des Gaulois et d'une notice des institutions militaires des Romains. Ces deux petits traités qui occupent tout le premier volume sont disposés avec beaucoup d'ordre, intéressent par eux-mêmes et disposent à lire avec plus de fruit l'ouvrage de César. On voit dans le dernier combien la connaissance des évolutions militaires et des machines de guerre usitées chez les Romains, a dû aider M. de Botidoux à entendre et à exprimer des détails qui sont quelquefois inintelligibles dans la traduction de d'Ablancourt. Dans le précis historique sur les Gaulois, si l'auteur rapporte les conjectures un peu hasardées de D. Martin et sur-tout de D. Pezron, au sujet des anciens établissemens des Celtes en Italie, en Espagne et en Germanie, c'est en les présentant comme des probabilités, avec le langage du doute et avec l'attention de séparer les tems incertains des tems historiques. On doit lui savoir d'autant plus de gré de cette réserve, que, comme il l'annonce dans sa préface, il est disposé, dans les cas douteux, à suivre l'opinion la plus honorable pour le peuple dont nous descendons. Il faut convenir aussi que le désir de passer pour *bon Français* n'est pas le seul motif qui le porte à se montrer un *Gaulois* si zélé ; mais il a répondu d'avance, et avec raison, à ceux qui lui reprocheraient sa partialité, que nos ancêtres n'ayant rien écrit et n'étant connus de nous que par les récits de leurs ennemis, il ne faut pas prendre à la lettre ce qu'en disent les Grecs et les Romains, et que les historiens de ces deux peuples ayant quelquefois écrit comme s'ils composaient des plaidoyers en leur faveur, les modernes, pour se conduire en juges intègres doivent par leur indulgence venir au secours de la partie qui n'a point de défenseur.

Le nouveau traducteur à joint à la version du texte des détails sur César et sur les événemens de son tems qu'il a disposés de manière à présenter avec cette version même le tableau complet de la vie du dictateur romain. Ainsi dans le morceau intitulé : *Vie de César*, qui commence le second volume, il le conduit d'abord jusqu'au commencement de la guerre des Gaules : puis, à la fin de chacun des livres de cette guerre et de ceux de la guerre civile, il place un récit succinct des événemens, soit publics, soit particuliers à César, arrivés pendant l'espace de tems que ce livre embrasse : il en fait de même après les deux livres de la guerre d'Alexandrie et de celle d'Afrique attribués à Hirtius ; enfin, après celui de la guerre d'Espagne, qu'il a aussi traduit, quoiqu'on en ignore l'auteur, et malgré l'état d'imperfection où ce livre nous est parvenu, il reprend, sous le premier titre de *Vie de César*, le récit de ce qui arriva jusqu'à la mort du Dictateur.

Un grand mérite de cette traduction est la fidélité ; et cet avantage devient plus précieux à mesure que l'étude des langues anciennes venant à tomber rend les traductions plus nécessaires. Le style a de la clarté, de la concision, de la rapidité : l'ensemble ne se sent point en général de la gêne d'une traduction ; mais l'auteur n'a pas toujours su (et c'était en effet la grande difficulté) saisir la nuance qui sépare la simplicité de la trivialité et le style familier du style bas. Cette élégante simplicité, cette familiarité noble, si généralement reconnues dans les Commentaires de César, se retrouvent-elles dans des expressions telles que celles-ci?

Tertiam aciem laborantibus nostris subsidio misit :

« Il envoya la troisième division au secours de celle qui était *mal menée*. » (Et cette expression de *mal menée* revient souvent dans le récit, ainsi que *le sec* pour le sable ou le rivage : César descendit *sur le sec*, etc...) *Contrà ea Titurius clamitabat* : « Titurius criaillait au contraire. » *Leni vento* : Un *joli* vent. *His paucos addit equites qui latiùs ostentationis causâ vagarentur* : « Avec eux partent quelques cavaliers destinés à s'étendre plus au loin *pour l'étalage*. » *Hoc timore adductum Gallonium Gadibus excessisse* : «La crainte avait *fait* Gallonius *quitter* la ville.» (Et la même locution est répétée plusieurs fois.) *Aquatione enim longâ et angustâ utebantur* : « Il était *à l'étroit* pour l'eau qu'on allait chercher au loin. » *Attamen quod fuit roboris duobus prœliis dyrrachinis interiit* (et non pas *interit* comme on le lit ici). « Ce qu'elles (les légions) avaient *de nerf* a péri dans les deux combats de Dyrrachium. » César dit en parlant de l'Elan, d'après une croyance fabuleuse : *His sunt arbores pro cubilibus* ; et le traducteur : « Les arbres lui servent de *couchette*, etc. »

Un autre reproche qu'on lui peut faire quelquefois, c'est de n'avoir pas assez soigné l'harmonie du style. Sans doute César n'a point de périodes arrondies, comme Cicéron et Tite-Live ; mais les études profondes que faisaient les anciens sur cette partie de l'art d'écrire, et la nature de la langue sonore et majestueuse dont ils se servaient donnaient facilement à leurs phrases, lors même qu'ils écrivaient avec rapidité, une marche soutenue et cadencée. Ils évitaient soigneusement les mauvais sons et les concours discordans de mots ou de syllabes. Reconnaît-on le même soin dans ces phrases de la traduction? « Ce qui levait *tout doute* sur l'approche des légions..... L'infanterie *fait ferme* jusqu'à ce que la cavalerie *ne* (1) revienne la soutenir, etc. Le texte de cette dernière phrase dit avec autant d'harmonie que d'élégance : *Pedites interim resistebant, dum equites rursus, cursu renovato, pedilibus suis succurrerent*. Le traducteur qui aurait pu éviter cette expression peu noble et

---

(1) *Ne* est de trop, c'est peut-être une faute d'impression.

extrêmement dure, *faire ferme*, l'emploie au moins vingt fois : *fait ferme, fit ferme, firent ferme*, etc.

Citons encore deux phrases qu'il devrait changer en revoyant son travail ; l'une comme lourde et embarrassée, l'autre comme obscure, sèche et commune.

1°. « En guerre comme *en tout* la fortune peut *tout* (2). *Car comme* ce fut un grand hasard que Basilus tombât sur Ambiorix, qui ne s'attendant à rien n'était pas sur ses gardes, *et se trouvât en vue*, avant que des couriers ou la rumeur publique eussent annoncé notre apparition ; ce fut de même un grand coup du sort *que* ce prince se sauvât quand on lui eut enlevé tous les moyens de défense *qu'il* avait près de lui, et *qu'on* se fut saisi de ses chariots et de ses chevaux. Cela vint *de ce que*, etc. »

2°. « Il n'était pas juste à lui de demander qu'on laissât les choses *dans l'état*, jusqu'à l'arrivée de César ; car une chose est *dans l'état* quand *elle est* comme *elle était* (3). » *Dans l'état* paraît un terme de pratique, comme le *statu quo* en est un de diplomatie ; ni l'un ni l'autre ne convient à l'histoire : *au même état* était l'expression la plus simple et la plus convenable, et quoiqu'il paraisse y avoir peu de différence entre *quand elle est comme elle était* et *quand elle est comme elle a été*, cette dernière chute de phrase serait cependant moins sèche à l'oreille et vaudrait mieux.

Ces défauts au reste ne se trouvent pas en très-grand nombre dans la traduction nouvelle : après une lecture attentive, j'ai cité les plus choquans. Il est même à observer qu'ils se trouvent principalement dans les livres de la guerre des Gaules, et que les livres suivans sont en général mieux écrits. Mais il est tems de citer des passages de quelque étendue, où les qualités que j'ai reconnues dans le travail de M. Botidoux se font remarquer, avec un faible mélange de ces mêmes défauts.

Il serait difficile de sentir la gêne d'une traduction et

---

(2) Ce n'est pas là *Multùm, cùm in omnibus rebus, tùm in re militari fortuna potest*, etc.

(3) *Nec justè eum postulare ut in Cæsaris adventum res integra differretur ; id enim esse integrum quod ita esset ut fuisset.*

de n'en pas reconnaître la fidélité dans cette description de la manière dont les anciens Bretons combattaient sur des chariots (4). « D'abord ils voltigent de tous côtés en lançant des traits : la peur des chevaux et le bruit des roues suffisent d'ordinaire pour jeter le trouble dans les rangs ennemis. Quand ils se sont fait jour dans un escadron, ils sautent de leur char et combattent à pied. Alors le cocher s'écarte un peu de la mêlée et se place de manière que son maître ait sa retraite toute prête, si l'ennemi trop nombreux le serre de trop près. Ainsi dans l'action ils réunissent la vitesse de la cavalerie et la *consistance* de l'infanterie, et par une pratique et un exercice journaliers, ils parviennent à être maîtres de leurs chevaux poussés à toute bride, à les arrêter sur une pente rapide, à tourner court, à voltiger sur le timon, à se tenir debout sur le joug, à se rejeter de-là dans le char avec la dernière agilité. » L'agilité du style imite en quelque sorte ici, comme dans l'original, celle des combattans.

Si je voulais citer des combats proprement dits et des descriptions, je ne serais embarrassé que du choix. Parmi les harangues, je prendrai presqu'au hasard celle où Litavicus, chargé de conduire une troupe d'Eduens à César, les excite à marcher contre lui (5). « Quand Litavicus ne fut plus qu'à trente milles de Gergovia, il convoque l'assemblée, et les larmes aux yeux : Où allons nous, soldats, s'écrie-t-il? toute notre cavalerie, toute notre noblesse ne sont plus. Les Romains, sur une accusation de trahison, ont fait périr sans forme de procès Eporédorix et Virdumarus, les premiers de notre cité. Ecoutez ceux qui se sont échappés du milieu du carnage : car moi dont les frères et tous les parens ont été massacrés, la douleur m'empêche de vous raconter ce qui s'est passé............ Un cri s'élève : les Eduens prient Litavicus de pourvoir à leur sûreté : comme si, reprend-il, il y avait à délibérer, et que ce ne fût pas une nécessité de marcher à Gergovia pour nous joindre aux Arvernes!

---

(4) Guerres des Gaules, liv. 4.
(5) *Ibid.* liv. 7.

Doutons nous qu'après ce premier forfait, les Romains ne soient en chemin pour nous exterminer? Si donc il nous reste quelqu'énergie, vengeons la mort de ceux qu'on a si indignement assassinés, *en nous défaisant de ces brigands.* » Malheureusement, comme on voit, cette fin est gâtée par trois consonnances nasales, et de plus l'apposition marquée par le gérondif, et le verbe faible *se défaire*, la rendent traînante. *Et massacrons ces brigands* eût rendu d'une manière plus ferme *atque hos latrones interficiamus.*

Le discours par lequel Critognat exhorte les Arvernes à se défendre courageusement dans Alésia (6) est trop long pour que l'on puisse le rapporter en entier. En voici seulement la fin. Elle donnera en même tems une idée de la manière du traducteur, et de la valeur féroce et désespérée des peuples que César avait à combattre. « Quelle est donc mon opinion? c'est de faire ce que firent nos ancêtres dans la guerre bien différente des Cimbres et des Teutons : réfugiés dans leurs villes, réduits à la même disette, ils soutinrent leur existence avec les corps de ceux que l'âge rendait inhabiles à la guerre, et ne se livrèrent pas à l'ennemi. Et si nous n'avions pas cet exemple, je croirais *bien beau* de le donner aujourd'hui pour la liberté, de le transmettre à nos neveux. *Car* quelle guerre fut pareille à celle-ci? Si les Cimbres ravagèrent la Gaule et lui causèrent de grands maux, ils en sortirent enfin et passèrent en d'autres pays........ Mais les Romains, *dominés par la jalousie, que* prétendent-ils, *que* veulent-ils autre chose *que* de soumettre à un joug éternel des peuples *que* la renommée disait illustres et belliqueux, et de se fixer dans nos campagnes et dans nos villes ? *Car* ils n'ont jamais eu d'autre but dans leurs guerres ; et si vous ignorez ce qui se passe chez les nations éloignées, considérez la Gaule qui vous avoisine ; son droit et ses lois sont changés, la hache la menace, et réduite en province, elle gémit dans une servitude sans terme. »

S'il faut rendre raison de ce qui est marqué ici en

---

(6) Guerres des Gaules, liv. 7.

italique, *bien beau* est une expression bien faible, pour ce beau mot *pulcherrimum* qui joint au verbe *judicarem* terminé si noblement et si harmonieusement la phrase latine : *Cujus rei exemplum si non haberemus, tamen libertatis caussâ institui et posteris prodi pulcherrimum judicarem.* Si l'on compare à cette fin celle de la phrase française, *de le transmettre à nos neveux*, on sera tout aussi peu content du parallèle.

Le mot *car* est répété à trop peu de distance. Quoique le *nam* des latins ne leur fût pas aussi désagréable, on voit cependant que dans le texte, *nam* est employé la première fois et *enim* la seconde. Cette variété nous manque, il est vrai, comme beaucoup d'autres ; mais on pouvait y suppléer.

Les points qui séparent ces mots, *en d'autres pays*, de ceux-ci, *mais les Romains*, etc., ne sont point dans la traduction ; mais ils marquent ici une omission bien forte du traducteur. *Depopulatâ Galliâ*, dit le texte, *magnâque illatâ calamitate, Cimbri finibus nostris aliquando excesserunt, atque alias terras petierunt : jura, leges, agros, libertatem nobis reliquerunt. Romani vero*, etc. Ce membre de phrase, *jura, leges, agros, libertatem nobis reliquerunt*, est passé tout entier ; et pourtant c'est sur cela même que porte la réflexion de l'orateur. Les Cimbres nous laissèrent nos lois, nos terres, notre liberté : les Romains, que veulent-ils ? s'établir, se fixer dans nos champs, dans nos villes, nous réduire pour toujours en esclavage. *Romani vero quid petunt aliud, aut quid volunt, nisi invidiâ adducti, quos famâ nobiles potentesque bello cognoverunt, horum in agris civitatibusque considere, atque his æternam injungere servitutem ?* Cette dernière partie de la période n'est pas non plus traduite comme elle pourrait l'être. La fin sur-tout ne présente pas la dernière dans le français comme dans le latin, cette idée, la plus terrible pour un peuple libre, la perte de sa liberté et une éternelle servitude.

Enfin ces mots, *dominés par la jalousie*, ne sont point placés dans la phrase où ils devraient l'être, et quatre *que* de suite y font un très-mauvais effet : ce serait bien assez de deux. Je soumets, sauf correction, à M. de Botidoux cette autre traduction de la période entière.

« Les Cimbres, après avoir dévasté la Gaule et y avoir causé de grands malheurs, s'éloignèrent enfin de nos contrées et se jetèrent sur d'autres pays ; ils nous laissèrent nos droits, nos lois, nos champs, notre liberté : mais les Romains, que prétendent-ils ? excités par l'envie contre un peuple dont ils connaissaient la haute renommée et la force guerrière, que veulent-ils autre chose que s'établir dans ses champs, dans ses villes, et lui imposer un esclavage éternel ? »

Terminons par un passage où le traducteur a su, comme dans presque tous ceux du même genre, conserver la franchise militaire qui règne dans l'original, et où il a pris en finissant une licence qui paraît heureuse, sans que nous osions cependant l'approuver : c'est ce qui nous a fait choisir cet exemple entre tous les autres.

Dans la guerre d'Espagne, lorsque Pompée n'est plus, un de ses lieutenans vient trouver César et lui dit : « Que n'a-t-il plu aux immortels (7) que je servisse sous toi plutôt que sous Pompée, et que je signalasse ma valeur et ma fidélité comme compagnon de tes victoires et non de ses malheurs ! mais puisque sa funeste renommée nous a réduits à ce point que nous, qui n'avons point eu part à ses premiers succès, mais seulement à ses derniers désastres, nous citoyens romains, témoins de l'état déplorable de notre patrie, nous sommes aujourd'hui sans ressource et regardés comme ennemis : après avoir soutenu tant d'assauts de tes légions, exposés de jour et de nuit dans nos ouvrages, au glaive et aux traits de tes soldats, abandonnés par Pompée (8), vaincus, domptés par ta valeur, nous avons recours à ta clémence : et nous te prions d'être pour des citoyens qui se rendent, tel que

---

(7) Pourquoi ne pas mettre *aux Dieux immortels*, comme dans le texte : *Dii immortales ?* C'est une sorte de pléonasme qui a de la dignité.

(8) *Cnæus*, fils du grand Pompée.

tu fus pour des étrangers. — Je serai le même, répondit César. »

Cette fin offre dans le latin une de ces répétitions fréquentes chez les anciens et qui ont peu de grâce chez nous. *Petimusque ut qualem te gentibus præstitisti, similem te in civium deditione præstes. Qualem, ait, gentibus me præstiti, similem in civium deditione præstabo.* Le traducteur a substitué à cette répétition une réponse plus courte, et qui pour nous autres modernes paraît avoir plus de grandeur : *je serai le même*, répondit César. Cependant ces mots ainsi répétés étaient chez les Romains la formule des stipulations, ce qui donne ici aux paroles de César toute la force d'un engagement : il n'est donc pas bien sûr que, comme en traduisant un ancien, il s'agit des mœurs antiques et non pas de nos mœurs, cette même répétition ne fût pas préférable en français, et n'eût pas même une grâce particulière et en quelque sorte locale. « Je serai, répondit César, pour des citoyens qui se rendent, tels que je fus pour des étrangers. » J'ajouterai que cette réponse est en effet dans le latin placé ici à côté de la traduction ; mais que l'ayant cherchée dans le *Jules César* d'Elzevir, 1635 (9), le seul que j'aie avec moi à la campagne, j'ai reconnu qu'elle n'y est pas.

On voit par tous ces exemples que la traduction de M. de Botidoux se fait lire avec intérêt, et qu'à quelques endroits près elle est généralement fidelle. Les notes qu'il y a jointes à la fin de chaque livre sont en petit nombre, mais suffisent avec les précis dont on a parlé pour répandre sur cette lecture toute la clarté nécessaire, et pour donner une idée exacte de toute la carrière politique et militaire de César. Six cartes distribuées dans les cinq volumes et très-nettement exécutées d'après d'Anville, aident à suivre les détails des marches et des campagnes. Des tables chronologiques de la guerre des Gaules et de la guerre civile, tirées des meilleures sources, achèvent d'aider la mémoire et de fixer les faits dans l'esprit. Chaque volume contient de plus une table des matières,

---

(9) Page 486.

et le dernier une table générale qui renvoie aux tables particulières.

Enfin chaque volume a aussi son *errata*, précaution devenue de jour en jour plus nécessaire, et dont la plupart du tems on se dispense, même lorsqu'on en aurait le plus de besoin. Il est vrai que ces *errata*, sur-tout pour la partie du texte, n'indiquent pas toutes les fautes. Ils marquent cependant un soin et un respect pour le public dont on doit savoir gré au traducteur et à l'éditeur.

GINGUENÉ.

NOUVELLES OBSERVATIONS SUR BOILEAU, à l'usage des jeunes étudians en littérature, et des étrangers qui veulent apprendre la langue française; précédées d'un essai sur ce sujet : *Combien la critique amère est nuisible au progrès des talens*; et suivies de l'éloge de Jules-César Scaliger, par M. MERMET, censeur des études au Lycée de Moulins.

IL y a quelque disparate dans les trois sujets que M. Mermet a traités, et qu'il n'a sans doute ainsi réunis qu'en vidant son porte-feuille pour former un volume d'une grosseur raisonnable. Devait-on s'attendre, en effet, à trouver un commentateur de Boileau, un admirateur, un panégyriste de Scaliger, le plus emporté et le plus *amer* des critiques dans un homme qui s'élève vivement et longuement sur-tout, non-seulement contre la critique *amère*, mais contre toute espèce de critique, puisqu'il la soumet à des règles qui, comme nous le verrons bientôt, la détruiraient infailliblement, ou, ce qui est la même chose, la convertiraient en un commerce d'adulation, sans doute assez agréable aux auteurs, mais aussi préjudiciable à l'art qu'insipide pour les lecteurs ? Il faut l'avouer, ce n'est point ainsi qu'avait conçu la critique des mauvais auteurs et des mauvais ouvrages Boileau commenté par M. Mermet ; cela lui est même assez durement reproché par M. Mermet orateur, qui, dans son discours, prend vivement la cause de Pradon et de Chapelain contre Boileau : et si M. Mermet commentateur abandonne Chapelain, et fait même un mérite à Boileau d'avoir détruit la réputation usurpée de l'auteur de *la Pucelle*, on voit bien qu'il n'abandonne pas pour cela ses principes, et c'est là, sans doute, ce qui le rend si souvent injuste envers le grand poëte qu'il commente. Ce n'est pas qu'il ne le loue beaucoup; mais c'est lorsqu'il ne parle pas d'après lui, lorsqu'il copie les autres. heureusement M. Mermet copie souvent. Il loue aussi quelquefois lorsqu'il pense par lui-même, et on s'en aperçoit à la tournure des éloges; par exemple, il dit : « Boileau est grand versificateur ; *quelquefois* poëte et *bon poëte*, etc. » Mais le plus souvent il reprend, il blâme, il censure, il critique même *amèrement*; s'il faut l'en croire, dans une de ses épîtres *le poëte ne dit que des pauvretés et des misères;* et quelle est cette épître si misérable ? C'est celle dans laquelle Boileau célèbre si magnifiquement le passage du Rhin. M. Mermet fait bien plus encore que de critiquer les vers de Boileau ; quelquefois il les refait, en cela néanmoins plus circonspect qu'un autre professeur d'un Lycée de province, qui s'avisa, il y a quelques années, de refaire presque tout l'Art poétique : singulière audace dont je crus devoir faire justice dans le tems par une critique assez *amère*.

Je ne traiterai pas aussi mal M. Mermet : il n'est pas tout-à-fait aussi coupable, et je voudrais le réconcilier un peu, s'il est possible, avec la critique; mais je ne puis cependant pousser la complaisance jusqu'à adopter les règles qu'il prescrit. S'il faut l'en croire, « le critique » ne s'est renfermé dans les justes bornes que lorsqu'on » peut lui dire : *Osez montrer votre ouvrage à celui même* » *que vous critiquez.* » Assurément M. Mermet, qui suppose tant de mauvaises qualités et sur-tout un si grand fonds de malignité aux critiques, en suppose de bien bonnes et sur-tout un grand fonds de modestie aux auteurs. Quel est celui d'entr'eux qui a jamais approuvé la censure la plus juste et la mieux fondée de ses ouvrages? Quel est celui qui ne s'écrie pas que l'endroit critiqué est justement ce qu'il a fait de mieux ? Que M. Mermet me permette de lui citer des vers que tout le monde connaît, qu'il doit connaître mieux que personne, puisqu'il a commenté Boileau, et dont il aurait dû approuver en même tems et le tour parfait et le sens exquis, ce qui l'aurait détourné d'établir sa règle de critique. J'observerai seulement que ce que Boileau dit des poëtes s'applique également bien aux écrivains en prose :

> Mais souvent sur ses vers un auteur intraitable
> A les protéger tous se croit intéressé,
> Et d'abord prend en main le droit de l'offensé.
> De ce vers, direz-vous, l'expression est basse.
> Ah ! Monsieur, pour ce vers je vous demande grace,
> Répondra-t-il d'abord. Ce mot me semble froid,
> Je le retrancherais. — C'est le plus bel endroit !
> Ce tour ne me plait pas. — Tout le monde l'admire.
> Ainsi toujours constant à ne se point dédire,
> Qu'un mot dans son ouvrage ait paru vous blesser,
> C'est un titre chez lui pour ne point l'effacer.
> Cependant à l'entendre il chérit la critique, etc.

A peine les auteurs sont-ils contens des éloges qu'on leur donne, ils en trouvent toujours la mesure trop faible, et l'on connaît la lettre de l'un d'eux à un critique qui croyait avoir passé toutes les bornes de l'indulgence et de la complaisance : « Vous m'avez, sans doute, beau-
» coup loué dans votre premier article, mais de grace
» louez-moi davantage encore dans le second. »

La seconde règle de critique prescrite par M. Mermet, n'est pas de son invention ; elle est fort ancienne, elle a été souvent reproduite, et elle n'est pas meilleure pour cela. « Le meilleur parti à prendre, dit-il, sur-tout dans
» les ouvrages de goût et de sentiment, serait de ne cri-
» tiquer qu'en essayant de mieux faire. Mais si cette ma-
» nière de critiquer, ajoute-t-il fièrement, n'est pas à la
» portée de tous ceux qui s'arrogent le droit d'exercer la
» critique, que du moins cette réflexion, en leur faisant
» sentir *leur propre impuissance*, les rende plus modé-
» rés et plus justes dans l'examen des ouvrages d'autrui. »
Faudra-t-il détruire encore cette prétendue règle de critique? Faudra-t-il dire encore qu'exiger d'un critique que chaque fois qu'il juge un ouvrage, il commence par en composer un meilleur, et par prouver ainsi qu'il peut

mieux faire, ce serait exiger une chose souvent bien inutile et quelquefois bien injuste : bien inutile, parce que le plus souvent il n'aurait pas prouvé grand'chose, en prouvant cela; bien injuste, parce qu'il est évident qu'on peut très-bien juger du style, du plan, de l'intérêt et de l'exécution d'un poëme, d'une tragédie, de tout ouvrage qui suppose de grands talens et un heureux génie, sans avoir le génie et les talens nécessaires pour en produire de pareils. On a même remarqué, et avec quelque raison, que ce ne sont pas les auteurs de profession qui sont les meilleurs juges; ils ont nécessairement plus de prévention; leur amour propre leur donne plus souvent le change; leur propre intérêt les aveugle; ils se prennent même sans s'en apercevoir pour modèles; ils regardent leurs ouvrages comme des types; ils font des poétiques à leur usage. Voilà ce qu'on a répondu cent fois à cette objection qu'on n'a cessé de reproduire depuis son inventeur, le faiseur de sonnet Oronte qui, comme M. Mermet, dit aussi avec quelque hauteur au Misanthrope :

Je voudrais bien pour voir, que de votre manière,
Vous en composassiez sur la même matière.

Et l'excellente réponse du Misanthrope n'a point empêché qu'on ait cent fois renouvellé la sotte objection d'Oronte, quoique cette réponse s'applique presque toujours parfaitement à ceux qui renouvellent l'objection.

Je crois donc pouvoir dire mon sentiment sur le discours de M. Mermet, sans me donner la peine de commencer par faire moi-même un discours contre la critique *amère*, afin d'essayer de réussir mieux que lui, et de me donner ainsi le droit de le juger. Il serait possible, sans contredit, que je réussisse plus mal, et que je fisse un plus mauvais discours; mais cela ne m'empêche pas de dire avec une pleine conviction, et une suffisante connaissance de cause, que le sien n'est pas très-bon. L'académie de Montauban, à qui sans doute il l'avait envoyé (car ce n'est que pour plaire à une académie de province, que l'on peut ainsi perdre son tems), ne l'a pas jugé plus favorablement; elle lui a au moins

moins préféré deux discours : l'un auquel elle a donné le prix, quoiqu'il fût bien médiocre, et l'autre auquel elle a accordé un accessit, quoiqu'il fût bien mauvais. Je suis même un peu étonné de cette double préférence : il est vrai que si l'académie eût préféré M. Mermet, je ne serais guères moins étonné, et, comme dit Rivarol dans une pareille circonstance, Garo voulait d'abord que la citrouille fût dessus et le gland dessous, mais il finit par louer Dieu de toutes choses. Cependant je trouve que le discours de M. Mermet est plus nourri, qu'il supposse plus de connaissances, plus de réflexion, plus de maturité ; mais il ne suppose ni plus d'habitude d'écrire, ni plus de talens ; le style en est sec, sans mouvement, sans grace, sans imagination, quelquefois même sans correction, ce qui est fâcheux pour un écrivain qui annonce ses ouvrages comme devant être utiles aux étrangers qui veulent apprendre la langue française. Ses idées sont, dans plus d'un endroit, décousues et incohérentes ; ses métaphores et ses images sont trop souvent puisées dans la mythologie. Quant aux lieux communs dont son discours est rempli, il faut s'en prendre au sujet du discours, et à l'académie qui le proposa. On sent bien qu'il roule presque en entier sur le *découragement* que produit la critique ; et s'il faut en croire M. Mermet, ce sont les sarcasmes que Boileau prodigua à la Pucelle de Chapelain, qui ont *découragé* les poëtes épiques, et ont privé la France d'un beau poëme sur le même sujet. Quelle supposition ! hélas ! non, ce ne sont pas les auteurs qui sont *découragés* ; on le voit à la quantité de mauvaises productions qui s'amoncèlent chaque jour. Ce sont les critiques chargés de les lire, et quand M. Mermet peint les critiques cherchant des fautes dans les livres qu'ils lisent, et *pleurant* de ne pas y en trouver ; lorsqu'il leur applique ce qu'Ovide dit de l'envie,

Vixque tenet lacrymas, quia nil lacrymabile cernit,

il devrait au moins ajouter qu'ils n'ont pas souvent à pleurer, et que dans ce genre ils ont beaucoup de consolation.

M. Mermet fait ensuite une lamentable histoire des

maux qu'ont produits les querelles littéraires, et, remontant un peu haut, il met au nombre de ces querelles celle qui éclata entre Eschine et Démosthène : il pouvait sans doute y avoir de la jalousie entre ces deux rivaux d'éloquence et de gloire ; mais l'origine de leurs débats fut purement politique, la *critique* et les lettres n'y eurent aucune part; on peut même dire qu'elles eurent à s'en applaudir et qu'elles en recueillirent le fruit le plus précieux, puisqu'elles durent à cette rivalité et à ces dissentions un des plus beaux discours qui existent : *la harangue de la couronne.*

Il semble que les opinions de M. Mermet soient déterminées par les questions que proposent les académies de province. L'académie de Montauban avait proposé un discours contre la critique amère, et M. Mermet s'éleva contre la critique amère; l'académie d'Agen proposa l'éloge du plus amer des critiques, de Scaliger, et M. Mermet fit l'éloge de Scaliger. Il est vrai qu'il se tait, ou, comme il le dit lui-même, *il tire le rideau* sur les emportemens furieux de ce redoutable érudit, et sur les injures atroces qu'il vomit contre tous ses adversaires; et il eut pour adversaires tous les hommes célèbres de son tems, Cardan, Érasme, Dolet, Scioppius, etc. il se fit une loi de contredire tout le monde, et on lui appliqua de son tems ce que les Grecs disaient de ceux qui avaient cette démangeaison : ἀμιτριάτης ἀπόλαψις. Tout prétexte lui était bon pour cela. Cardan avait avancé dans un de ses ouvrages que le perroquet était un fort bel oiseau. Voilà aussitôt Scaliger qui prend la plume et accable Cardan de railleries, d'injures et de citations pour lui prouver que le perroquet est une fort vilaine bête. Il y avait sans doute quelques erreurs un peu plus importantes dans l'ouvrage de Cardan ; mais il les avait corrigées pour la plupart dans une seconde édition; Scaliger ne voulut point lire cette seconde édition, afin de pouvoir toujours se prévaloir des fautes qui étaient dans la première, et il les reprit avec autant de hauteur, d'aigreur et de violence que si Cardan ne les avait pas déjà reconnues et corrigées lui-même. Enfin aussi gonflé d'amour-propre que de colère, il s'imagina que sa critique avait tué le pauvre Cardan, et triomphant alors avec une modération affectée, et pleine d'une hypocrite sensibilité, il témoigna dans une de ses préfaces un regret extrême d'avoir remporté une victoire qui coûtait la perte d'un si grand homme à la république des lettres. Remarquez que Cardan n'était point tué du tout, et qu'il survécut de quinze ou vingt ans à Scaliger.

Scaliger était un grand admirateur de Cicéron; Erasme était un trop habile homme pour ne pas l'admirer beaucoup aussi; mais il blâmait l'admiration exclusive de ceux qu'il appelle *Cicéroniens*, et qui ne reconnaissent dans la prose latine d'autre style, d'autres expressions, d'autres tours que ceux dont les écrits de Cicéron leur offrent des exemples et des modèles. Scaliger qui était du nombre de ces exclusifs, traite Erasme d'*ivrogne*; il rappelle le tems où ce savant homme était correcteur d'imprimerie chez Alde Manuce, et lui reproche d'avoir laissé échapper beaucoup de fautes que l'ivresse l'empêchait de remarquer : *Nonne errores eos qui tum in iis libris legebantur, haud tam erant librariorum atramento quàm tuo confecti vino? Haud tam illorum somnum olebant quàm tuam exhalabant crapulam?* On demanderait volontiers, dit un ancien et célèbre critique, en voyant toutes les tempêtes que Scaliger a excitées, si Erasme n'est point quelque scélérat qui ait mérité la roue.

Utrum
Minxerit in patrios cineres, an triste bidental
Moverit incertus.

Scaliger brûlait de s'attirer une réponse d'Érasme, afin d'engager une querelle avec un homme d'une aussi haute réputation, et d'un si grand mérite. Mais Érasme l'attrapa bien, il ne lui répondit pas, et Scaliger répondit même à ce silence; car on ne savait comment s'y prendre pour éviter ses invectives. Dolet en fit l'expérience; il avait pris parti contre les Cicéroniens, contre Érasme et pour Scaliger, et cependant Scaliger trouva cela très-mauvais. Il lui sembla que Dolet avait voulu lui ravir la gloire de combattre seul, de remporter seul la victoire; qu'il avait cru la cause mal soutenue, et qu'il avait voulu s'adjoindre comme un auxiliaire utile qui peut-être la défendrait mieux. Dès-lors Dolet fut accablé d'injures. Scaliger appelle ses discours *latrationes* ; ses poésies, *colluviones atque latrinæ* il l'appelle lui-même *poeticum excrementum*. Le malheureux Dolet fut brûlé vif pour cause d'athéisme. Scaliger le raille jusque sur son bûcher, et fait un jeu de mots du genre affreux de son supplice. La flamme, dit-il, ne l'a pas purifié, mais il a souillé la flamme : *Flamma eum non puriorem efficit, ipse potius flammam efficit impuriorem*. La raison que j'ai donnée de cette haine atroce paraît incroyable ; cependant ce n'est pas la première fois qu'un auteur a vu de mauvais œil un autre écrivain embrasser les mêmes sentimens, et soutenir les mêmes opinions ; et nous lisons dans Diogène Laërte, que Xénophon, pour avoir traité les mêmes sujets que Platon, fut regardé, pour ainsi dire, comme son ennemi : *Videtur Xenophon haudquaquam in Platonem amico fuisse animo ; nam veluti contentionis studio, similia scripsere, symposium, defensionem Socratis, commentaria moralia*.

Je ne parlerai point des querelles de Scaliger et de Scioppius ; qu'il suffise de dire que dans ce débat scandaleux, la brutalité des invectives fut portée beaucoup plus loin que dans tous les autres, et que les mères, les femmes, les sœurs des parties contendantes y furent enveloppées, et qualifiées de la manière la moins douce et la moins polie. Tel est l'homme dont l'ennemi de la critique amère a entrepris l'éloge. Il est vrai qu'il a passé sous silence cette partie de son histoire littéraire ; il ne parle que des services que son héros a rendus à l'érudition et aux lettres ; d'où M. Mermet passe à un beau lieu commun sur les bienfaits de la science, et sur la reconnaissance que nous devons aux savans qui nous ont tout appris, selon lui, même l'art de monter à cheval et les moyens de dompter un coursier. Cela pourrait être contesté, et je crois qu'en général les savans seraient et ont été de tout tems de fort mauvais maîtres d'équitation. Le principal ouvrage de Scaliger est sa Poétique ; M. Mermet en donne une analyse qui prouve que Scaliger a mêlé à quelques idées saines et profondes une foule d'idées bizarres, ridicules, et d'observations dictées plutôt par l'astrologie que par la saine raison. Mais ce qui doit étonner, c'est la délicatesse du style de Scaliger dans quelques-unes de ses lettres. Il en écrit une pleine de noblesse et de grâce à Constance de Rangon, dont il se montra toute sa vie très-épris. Dans une autre, il soumet un de ses ouvrages à Diane de Poitiers, la prie de lui en dire son sentiment, l'assure que si elle n'en est pas contente, on s'empressera de le réformer ; car, ajoute-t-il galamment, *tous les savans sont à vos ordres comme tous les chevaliers*. Il faut avouer qu'on ne s'attendait pas à ce langage gracieux et poli dans la bouche de Scaliger ; nous avons cité des échantillons de son style d'une couleur un peu différente.

Je n'ai encore parlé que des accessoires ajoutés par M. Mermet à son livre pour le grossir un peu. Je parlerai, dans un second article du fonds même de l'ouvrage, et du principal, qui est le commentaire sur Boileau. Peut-être m'accusera-t-on d'insister trop sur l'ouvrage de M. Mermet, mais voici mon excuse : il est des livres qui méritent qu'on s'y arrête, non par la manière dont ils sont faits, mais par les questions qui y sont traitées ; non par leur mérite réel, mais par celui dont ils sont susceptibles ; non par l'intérêt qu'ils ont, mais par celui qu'ils pourraient avoir. F.

BÉVUES LITTÉRAIRES.

Un pareil sujet pourrait aisément fournir un volume : si quelqu'un était tenté de l'entreprendre, il trouverait dans cet article, extrait de différens ouvrages, quelques anecdotes dont il pourrait faire son profit.

— Quand le Dante publia son poëme ou plutôt sa comédie de l'*Enfer*, telle était la crédulité de son siècle et de sa nation, que le récit qu'il fait de sa descente aux Enfers, passa quelque tems pour une vérité incontestable.

— La publication de l'*Utopie* de sir Thomas Morus, donna lieu à une plaisante méprise. Dans ce roman politique, il est question d'une république parfaite et conséquemment idéale, que l'auteur suppose exister dans une île d'Amérique nouvellement découverte : comme ce siècle (continue Granger qui rapporte cette circonstance dans son Voyage d'Egypte), était celui des grandes découvertes maritimes, le savant Budée et plusieurs autres prirent au pied de la lettre, la narration de Morus, et proposèrent le plus sérieusement du monde, qu'on envoyât des missionnaires dans cette île, pour en convertir les sages habitans.

— L'*Hermippus redivivus* du docteur Campbell (cette ingénieuse plaisanterie dirigée contre la philosophie hermétique et la médecine universelle), ne fut pas accueillie dans le principe, avec moins de crédulité. L'ironie dans cet ouvrage est cachée sous des formes si sévères, sous un voile si épais d'érudition, que les hommes les plus habiles de ce tems-là furent les premiers à s'y laisser prendre, et à propager la découverte du docteur Campbell *sur l'art de prolonger la vie en aspirant l'haleine d'une jeune fille* (1). Un médecin célèbre, qui lui-même avait composé un traité d'hygiène, fut si frappé des avantages de cette méthode, qu'il alla se loger dans une école de demoiselles, pour suivre plus à son aise le régime indiqué. Cet admirable spécifique s'accréditait de jour en jour, au point de faire naître des inquiétudes sur l'empressement que l'on mettait à se le procurer, lorsque le docteur Campbell alarmé lui-même de ses succès, fit un aveu public qui ne laissa plus de doute sur ses véritables intentions.

— Palavicini, dans son *Histoire du Concile de Trente*, décore généreusement M. de Lansac, ambassadeur de Charles IX, de l'ordre du St.-Esprit, qui ne fut institué que dans le règne suivant. L'historien Surita, dans un ouvrage intitulé : *Anales de la Corona de Aragon*, nomme avec éloge, comme s'étant signalés dans les batailles qu'il décrit, plusieurs personnages qui n'y ont jamais assisté, mais dont il voulait flatter les descendans.

— Ferdinand Sabiani, auteur d'un éloge du savant prélat Ciampini, cite comme autorité, quelques passages d'un ouvrage français, et comme la première page du titre de ce livre se termine par ces mots, *Enrichi de deux listes*, il se figure que ce sont les noms de l'auteur du voyage, et s'ap-

---

(1) Ne rions pas trop haut des contemporains du docteur anglais, et n'oublions pas que nous avons traité tout aussi gravement la *Mégalanthropogénésie*, l'art de *procréer les sexes à volonté*, la *Cranologie*, la *Mnémonique*, etc., etc.

plaudit beaucoup de trouver dans M. *Enrichi de deux listes*, un si juste appréciateur du mérite d'un savant étranger.

— Les abréviateurs de la *Bibliothèque de Gesner* nous apprennent que le roman d'Amadis est d'un certain *acuerdo olvido*, ne se doutant pas que ces deux mots espagnols, qui signifient *souvenir* et *oubli*, sont l'épigraphe de l'ouvrage original.

— Le médecin français d'Aquin, dans un mémoire sur la préparation du quinquina, prend le mot *mantissa* (titre de l'appendice de l'histoire des Plantes de Johntson), pour celui d'un auteur si peu connu, ajoute-t-il, qu'il n'a pu découvrir de lui que son nom.

— Les fameux vers de Virgile commençant par ces mots, *Excudent alii*, etc. prouvent, suivant lord Bolingbroke, que l'auteur de l'Enéide assignait, en fait d'histoire, une grande supériorité aux Romains sur les Grecs; en d'autres mots, que Virgile préférait Tite-Live et Tacite aux historiens grecs; mais le poëte romain était mort avant que Tite-Live eût écrit son histoire et que Tacite fût né.

— Le moine allemand Romberg, compilateur d'une histoire ecclésiastique, fait du poëte italien Guarini un écrivain sacré, sur la foi du titre de la célèbre pastorale *il Pastor fido* (le Pasteur fidèle), où le bon père ne doute pas qu'il ne soit question de quelqu'évêque ou de quelque curé d'une piété exemplaire.

— Une des bévues les plus grossières des tems modernes, est celle de Gilbert Wakefield dans son édition de Pope, lequel prend pour une composition sérieuse cette pièce de vers si connue: *Chanson par une personne de qualité*, dont le but est évidemment de tourner en ridicule l'enflure et le galimathias de certains poëtes. Wakefield, dans un long commentaire, se fatigue à prouver que ces vers de Pope n'ont pas le sens commun et qu'ils font le plus grand tort à sa réputation.

— Prosper Marchand rapporte une plaisante méprise de l'abbé Bizo, auteur de l'*Histoire métallique de la République batave*. Ayant trouvé une médaille frappée à l'époque où Philippe II mit en mer l'*Invincibile armada*, sur laquelle se trouvaient les effigies du roi d'Espagne, de l'empereur et du pape, les yeux couverts d'un bandeau, et portant pour inscription ce beau vers de Lucrèce,

O cæcas hominum mentes! ô pectora cæca,

l'abbé, imbu de cette idée qu'une nation persécutée par le pape et ses adhérens, n'avait pas dû leur épargner l'outrage, et se méprenant sur l'effet produit par les extrémités du bandeau qui s'élevait au-dessus de la tête des personnages figurés dans cette médaille, s'imagina qu'on leur avait donné des *oreilles d'âne* et les leur conserva dans la gravure.

—Mabillon rapporte qu'une confrérie de pieux Espagnols s'adressèrent au pape pour qu'il instituât un jour de fête en l'honneur de s. Viar, de l'existence duquel ils n'apportaient d'autre preuve qu'une pierre où ce nom était gravé. Sa Sainteté se préparait à acquiescer à leur demande, lorsqu'un antiquaire prouva que ces lettres faisaient partie de l'épitaphe d'un ancien inspecteur des routes, et devaient se lire ainsi :

PRÆFECTUS VIARUM.

—Maffey, dans sa comparaison des médailles avec les inscriptions, relève une erreur de Spon, à peu près du même genre. Celui-ci trouvant cette inscription,

MAXIME VI, CONSULE.

prend ces deux lettres VI (qui ne sont que la contraction de ces mots *viro illustri*) pour l'expression d'un nombre, d'où résulte un étrange anachronisme.

—Pope, dans une note, à propos de son historiette intitulée *Measure for Measure*, nous apprend qu'il en a trouvé le sujet dans les nouvelles de Cinthio, Dec. 8, Nov. 5, c'est-à-dire, *décade 8, nouvelle 5*. Le critique Warburton, dans son édition de Shakespear, écrit ainsi en toutes lettres les abréviations de Pope : Décembre 8, Novembre 5.

— Un écrivain français traduit le titre de la comédie de Cibber, (*love's last shift*) : la dernière chemise de l'amour(2).

—Le traducteur français de la vie de Congrève, au nombre des pièces de théâtre de cet auteur, cite l'*Epouse du matin* (Morning Bride), au lieu de l'Epouse en deuil (Mourning Bride). Un allemand a traduit *la Femme Juge et Partie*, par une phrase qui signifie : La femme juge est partie (3).

— On trouve dans les œuvres du philosophe de Sans-Souci ces deux vers :

Qu'un monarque absolu, par des arrêts très-sages,
Proscrivant les moineaux qui pillent les villages, etc.

---

(2) Ce mot *shift*, en anglais, signifie, tout à la fois, stratagème et chemise de femme.

(3) *Die frau richterin ist abgereiset.*

Le traducteur allemand, de ces *moineaux* a fait des moines (*die mönche verbannt.*)

—Pendant que le docteur Johnson travaillait à son Dictionnaire, il fit mettre une note dans les Journaux, pour s'informer de l'étymologie du mot anglais *Curmudgeon*. Satisfait de l'explication qui lui fut envoyée, et pour faire connaître la source d'où elle lui venait, il définit ainsi ce mot dans son Dictionnaire. « *Curmudgeon*, manière vicieuse de prononcer *cœur méchant*. Correspondant inconnu. » Le grammairien Ash copie cette définition dans son Vocabulaire, et la présente ainsi : *Curmudgeon*, du français *cœur*, inconnu, et *méchant*, correspondant.

Un auteur allemand, M. Erman, a donné plusieurs Mémoires à l'Académie de Berlin, sur les bévues imprimées; il en a paru un extrait dans le 49° numéro des *Archives littéraires*; nous citerons les moins connues.

—L'abbé Lebeuf, dans la description du siége de Lagni par le duc de Bedfort, en 1401, rapporte : « Qu'il y eut cent douze pièces de canon lancées dans la ville en un jour. » M. Dulaure, dans sa Description de la France, relève deux fautes dans ce passage; il fallait quatre cent douze, au lieu de cent douze, et *pierres* de canon, au lieu de *pièces*. Il suppose que c'est une faute d'impression; mais elle a donné lieu à une singulière méprise. L'auteur du Dictionnaire historique de Paris et de ses environs, a cru fermement qu'au lieu de boulets on avait lancé des canons contre la ville. « M. l'abbé Lebeuf, dit-il, nous apprend qu'on ne s'amusa pas à tirer des boulets contre la place, mais qu'on y lança cent douze pièces de canon dans un jour. »

—Boileau, dans sa belle Epître sur le passage du Rhin, parle d'une forteresse de *Tholus*: Il marche vers Tholus, et cette prétendue forteresse n'est qu'une maison de péage en bas allemand, *Toll-Huys*, dont la prise n'exigeait pas que le roi y marchât en personne.

—Il n'y a pas long-tems qu'une rivière d'Italie fut transformée en une mesure de vin par un Journaliste allemand; il annonçait un ouvrage où l'auteur proposait des vues pour régler le cours de la Brenta (*per la regolazione della Brenta*). Trompé par une expression en usage dans la Lombardie, il fit de cet ouvrage un traité sur le réglement des mesures.

—Le savant Bernard, dans les *Nouvelles de la République des Lettres*, a commis une bévue bien plus étrange. Il attribue l'ouvrage de Léibnitz sur la justice divine, à M. *Théodicée*, qu'il nomme ainsi plusieurs fois dans son Journal. Tout le monde sait que ce mot, tiré du grec, est le titre même de l'ouvrage du philosophe allemand, et qu'il en désigne le sujet.

— Voltaire cite quelque part une méprise assez plaisante de Jean-Henri Meibom, physicien de Lubeck, passionné pour la littérature ancienne : il lui tombe sous la main une relation d'Italie où se trouvaient ces mots : *Habemus hic Petronium integrum quem vidi, meis oculis, non sine admiratione*. Nous avons ici (à Bologne) un Petrone entier ; je l'ai vu de mes yeux, non sans admiration. Meibom ne doute point qu'il ne s'agisse du poëte latin, et part sur le champ pour l'Italie ; il s'adresse au célèbre Capponi, qui le conduit dans une église où le corps de S. Pétrone était effectivement conservé en entier.

—G. Martin, dans son Catalogue de la Bibliothèque de M. de Bose, a pris pour un nom d'homme le mot allemand *gedruckt* qui signifie *imprimé*, et M. GEDRUCKT figure en conséquence dans la Bibliographie de Debure comme éditeur des ouvrages de Servet.

—Le grammairien Terentianus Maurus est devenu, dans une citation du cardinal de Richelieu, le *Maure de Térence*, et Philon *de Byblos* a été changé en Philon *le libraire* par le traducteur du traité de la vérité de la religion chrétienne, par Grotius. La Mothe le Vayer, en relevant cette faute, en commet une autre, lorsqu'il fait naître Philon à Biblis, ville des Milésiens en Carie, tandis qu'il était de Byblos en Phénicie.

Parmi les fautes dont nous parlons, et qui ont échappé aux auteurs les plus célèbres, on peut ranger celle du docte Richard Simon, qui a pris *Suria* et *Fritila*, deux officiers de l'armée des Goths, pour deux dames allemandes. Voltaire reproche au Père Daniel d'avoir fait de l'abbé *Martial* un abbé *guerrier*; et dans la traduction allemande du Dictionnaire de Bayle, *Juste-Lipse* est devenu l'auteur juste et impartial de Leipzig (*der gerechte Leipziger.*)

Nous terminerons cet article, susceptible de nombreux supplémens, par une bévue de Thomas Warton, relevée par plusieurs auteurs anglais. Dans une vieille romance où il est question d'un duel entre Richard Cœur-de-Lion et Saladin, Warton trouve ce vers :

A *Faucon* brode in liande he bare, etc.

qu'il explique en représentant Saladin s'avançant au combat un Faucon sur le point, en signe de mépris pour son adversaire ; il appuie sa conjecture d'un long commentaire, où il met à contribution toutes les vieilles chroniques, les vieilles peintures, et les vieilles tapisseries des tems féodaux, qui lui fournissent la preuve que cet oiseau de proie fesait alors nécessairement partie de l'équipage des chevaliers : après ce débordement d'érudition, Ritson eut la cruauté d'entrer en lice et de renverser d'un seul mot tous les argumens de son confrère, en prouvant que le *faucon* dont il s'agissait dans la romance était une arme de ce tems-là, nommée *fauchon* par les Français, et bien préférable à un oiseau dans un jour de duel. JOUY.

VARIÉTÉS.

LES MALHEURS DE LA VIE.

(*Lettre aux Rédacteurs.*)

IL y a quelque tems, Messieurs, que je lisais ces mots remarquables dans les œuvres d'un philosophe célèbre : « C'est l'abus de nos facultés qui nous rend malheureux et » méchans. Nos chagrins, nos soucis, nos peines nous » viennent de nous. Le mal moral est incontestablement » notre ouvrage, et le mal physique ne serait rien sans nos » vices qui nous l'ont rendu sensible. »

J'ai beaucoup de respect, Messieurs, pour l'ordre établi par la nature ; je crois qu'elle est plus souvent bonne que mauvaise, et qu'une partie de nos malheurs provient de nos passions, de nos préjugés, de nos institutions ; mais j'ai de la peine à me persuader, comme J.-J. Rousseau, que nos chagrins, nos soucis, nos peines ne proviennent jamais que de nous-mêmes. Je suis né avec un caractère assez accommodant ; je ne suis entaché ni d'ambition, ni de cupidité, ni d'avarice, et j'ai toujours pris pour règle de ma vie ces mots précieux d'Horace : *Aurea mediocritas*. Néanmoins, Messieurs, ces paisibles dispositions ne m'ont sauvé aucun des malheurs de ma vie. J'avais sept ans, et j'étais, à ce qu'on m'assure, un fort joli garçon, lorsque l'horrible maladie connue sous le nom de petite-vérole vint m'attaquer avec tant de fureur que je devins l'enfant le plus laid de mon quartier. Mes traits furent si cruellement déformés et toute ma personne si mal traitée que j'en perdis moi-même en partie l'affection de mes parens ; car vous savez très-bien, Messieurs, que, quoique toutes les formes soient égales dans l'ordre de la nature, on aime cependant mieux un serin qu'un crapaud et un colibri qu'une araignée. Voilà donc un premier malheur, que l'on ne doit imputer ni à moi ni aux autres ; car je remarquerai, MM., que le docteur Jenner n'avait pas encore découvert la vaccine, et que l'inoculation était fort peu connue dans ma petite ville de province. Ainsi l'on ne peut pas même accuser mes parens de mon malheur. Quant au médecin qui me traita, c'était le plus habile du lieu ; de sorte qu'on avait pris toutes les précautions que la sagesse humaine pouvait prescrire ; et si j'ai le désavantage aujourd'hui de n'être guère plus beau qu'Ésope ou Roquelaure, ce n'est assurément la faute de personne.

Quelque tems après, on m'envoya au collége. J'étais d'un caractère craintif, timide et irrésolu, et quand j'essayais d'accorder l'adjectif avec le substantif en genre, nombre et cas, comme le prescrit Despautère, j'avais toujours peur d'oublier quelque chose, et je ne manquais jamais de relire la page de mon rudiment qui avait rapport au thème qu'on m'avait donné. J'employais en conscience tout ce que j'avais d'attention et de sagacité pour satisfaire mon redoutable *Orbilius*, et m'avancer d'une manière glorieuse dans la langue des Cicéron, des Horace et des Tite-Live ; mais il arrivait quelquefois que je me trompais. Tel mot latin avait la désinence du féminin, et il était masculin ; tel autre était irrégulier, et je ne connaissais pas encore toutes les exceptions de la grammaire. Mon thème se trouvait alors souillé de solécismes ou de barbarismes ; mon impitoyable maître tonnait de toute sa voix, s'enflammait de tout le feu de sa colère, et levant sur moi son sceptre redoutable, me faisait trembler jusque dans les profondeurs les plus reculées de mon âme. Souvent même je n'en étais pas quitte pour la peur, et le mal physique venait se joindre au mal moral. Or, je vous le demande, Messieurs, ces deux maux provenaient-ils de l'abus de mes facultés, comme l'assure J.-J. Rousseau ? Étaient-ce mes vices qui me rendaient sensibles les impressions de ce terrible instrument avec lequel on faisait expier à mon corps les torts de mon esprit? Voilà donc encore, Messieurs, *des chagrins*, *des soucis*, *des peines*, qui ne provenaient pas de moi; mais ces épreuves n'étaient que le prélude de celles qui m'attendaient.

Un jour que j'étais à la promenade avec mes jeunes camarades, un d'eux essaya de franchir un ruisseau. Le maître était loin; l'onde était profonde et rapide; mon étourdi manqua son coup, et je le vis plonger, disparaître, se remontrer, disparaître encore, et rouler dans les flots, prêt à passer sous la roue d'un moulin qui l'eût mis en morceaux. Je savais nager; je m'élançai dans l'eau, le suivis avec célérité et parvins à le saisir au moment où la roue fatale allait terminer ses jours; mais en élevant moi-même les bras pour le reporter sur le rivage, ceux de la machine homicide m'atteignirent, me fracassèrent une épaule, et ce ne fut qu'avec beaucoup de peine que je regagnai moi-même le rivage. Un chirurgien, qu'on appela aussitôt, jugea que pour me guérir, il fallait procéder à l'amputation. Je vis sa main s'armer du scalpel et sentis le cruel instrument pénétrer dans mes chairs; pendant deux mois j'éprouvai des douleurs intolérables, et j'eus, comme Pélops, une épaule de moins pour avoir écouté les sentimens de la pitié et sauvé la vie à mon camarade. Était-ce encore de mes vices ou de l'abus de mes facultés que provenait ce malheur?

Au milieu de tous ces événemens, je conservais la constance de l'âme et la force du cœur; mais je sentais bien que pour entrer dans le monde c'était une mauvaise recommandation que d'être criblé de petite vérole et manchot. Il fallut pourtant se présenter, à quelque condition que ce fût. Je cherchai, comme Azor, à couvrir la difformité de mon corps par les qualités de mon esprit. J'étais auprès des belles, tendre, empressé, soumis, affectueux; mais mon aspect les glaçait presque toutes d'effroi : enfin, j'eus le bonheur de trouver une *Zémire*, et bientôt l'hymen alluma son flambeau et nous enchaîna sous ses guirlandes. J'avais une fortune honnête; la jeune épouse qui consentait à unir son sort au mien était jolie, douce, sensible, et tenait à une famille aussi recommandable par son rang que par ses heureuses qualités. Pendant sept ans, nos jours semblèrent tissus d'or et de soie. Deux garçons et une fille provenus de notre union, et beaux comme l'Amour, faisaient le charme de notre vie. Deux riches métairies suffisaient abondamment à l'entretien de ma maison; mes revenus étaient acquittés ponctuellement ; mes terres, bien cultivées, me promettaient une longue suite d'années heureuses et prospères.

Un jour qu'une de mes fermières venait d'accoucher, son mari vint prier un de mes enfans de tenir le sien sur les fonts de baptême ; une jolie personne, fille d'un de nos amis les plus chers, devait être la marraine. La ferme n'était qu'à peu de distance ; le ciel n'avait jamais brillé d'un plus bel azur ; les zéphyrs semblaient avoir réuni leurs haleines pour rafraîchir l'air et l'embaumer des parfums des fleurs. Nous prîmes la résolution d'aller à pied à la métairie. Nos enfans étaient dans l'ivresse de la joie, et se disputaient le plaisir de porter les bouquets, les sucreries et les cadeaux destinés à la fête. Nous n'étions plus qu'à très-peu de distance, lorsque l'air se chargea tout à coup de nuages noirs et orageux. Une pluie horrible, qui semblait comme créée par un art magique, se précipitait en torrens du haut des nues. Nous n'avions pour abri qu'un arbre élevé et touffu, dont le front semblait atteindre la région des tempêtes. Nous nous y réfugions aussitôt. Ma femme, mes enfans, se tenaient serrés autour de moi ; l'air était embrasé d'éclairs, ébranlé par les coups du tonnerre. Depuis long-tems aucun orage ne s'était annoncé d'une manière aussi redoutable. L'eau commençait à couler de chaque feuille du dôme qui nous couvrait, sans que la foudre cessât de gronder. J'éprouvais moi-même un sentiment de peine et de terreur, comme si j'eusse pressenti mon malheur. Tout à coup la nue s'entrouvre avec un horrible déchirement, une flamme impétueuse embrase l'air autour de nous, frappe l'arbre qui nous couvre de son ombrage hospitalier ; je me sens renversé par terre ; je perds le sentiment et la connaissance ; je me réveille enfin, et le premier spectacle qui s'offre à mes yeux est celui de ma femme, de deux de mes enfans étendus morts à mes pieds ; l'autre respirait encore, j'essayai de le ranimer, il sortit un instant comme d'un profond sommeil, jeta sur moi un regard plein de tendresse, et refermant les yeux aussitôt il s'endormit pour jamais.

Le même coup de tonnerre avait porté la désolation dans la ferme ; je vis ses toits embrasés, des tourbillons de feu s'élever dans les airs ; j'entendis des cris douloureux retentir de toutes parts ; mais je ne pouvais me détacher des tristes objets que j'avais sous les yeux ; je les appelais de leur nom, j'essayais de les ranimer ; la vie était à jamais éteinte dans leurs veines. Moi-même je m'aperçus bientôt que les carreaux du maître du tonnerre ne m'avaient pas épargné. Je voulus marcher, et l'une de mes jambes, raccourcie par le contact de la foudre, ne me prêta qu'un service chancelant et incomplet; ainsi je me trouvai, en un instant, veuf, sans enfans, manchot et boiteux; et tout cela sans avoir abusé de mes facultés, sans avoir à me reprocher mes passions et mes vices. Le lendemain j'appris que la ferme était entièrement consumée; que l'enfant que nous devions baptiser avait été foudroyé dans son berceau; que sa mère désespérée était tombée à la renverse et s'était fendu la tête; que l'eau avait gagné les étables et noyé les troupeaux; qu'un jeune fermier, en voulant se sauver s'était noyé dans un fossé; que les vignes avaient été déracinées, les blés emportés, les arbres fruitiers brisés, les prairies inondées, et qu'il ne restait plus rien à cent malheureuses familles qui habitaient cette funeste contrée.

J'ai fait, Messieurs, tout ce qui était en mon pouvoir pour réparer tant de maux, et adoucir par la résignation le sentiment de mes peines. Mais depuis ce tems, comme si tous les malheurs devaient venir ensemble, j'ai perdu le reste de ma fortune, que j'avais engagée pour un ami; une chute de cheval, en allant porter des secours à une femme malheureuse, m'a privé d'un œil, et je suis aujourd'hui le plus difforme, le plus pauvre, le plus malheureux, et pourtant le plus honnête des hommes. Rapportez-vous-en à l'opinion des grands philosophes! ALÉTOPHILE.

SPECTACLES. — *Opéra.* — En voyant hier un très-jeune Vestris, le quatrième du nom, débuter à l'Opéra, on a pu dire :

L'esprit de l'*entrechat* est dans cette famille,

comme Perrin Dandin trouve l'esprit de contumace dans celle de Chicanneau. Ce talent y est véritablement héréditaire.

Vestris père, qui se laissait très-complaisamment nommer le grand Vestris, qui dans un accès d'humeur gasconne, plus encore que d'exagération italienne, comptait trois grands hommes dans son siècle, et ne se plaçait modestement qu'après Frédéric et Voltaire; qui appelait son fils le dieu de la danse, et disait que ce fils touchait la terre par égard pour ses camarades, Vestris le père, le plus beau danseur qu'on ait pu voir, a emporté avec lui le secret de la noblesse, des grâces sévères et de beaux développemens de l'ancien genre français. Il n'a été égalé par personne, et n'a été de loin imité que par un petit nombre, parce que son genre était le plus difficile de tous, et que pour y exceller, il faut avant tout avoir reçu des dons naturels dont la réunion est excessivement rare.

Vestris que nous possédons aujourd'hui, auquel de dangereuses rivalités, et un moment d'ingratitude de la part du parterre, ont rendu un feu nouveau, et presque sa vigueur première, a eu raison de ne pas se borner au genre de son père; son talent était extraordinaire, il a dû être universel. Héros, dieu, roi, berger antique, pâtre moderne, Zéphyr ou Domingo, Cupidon ou Télémaque, il a emprunté successivement tous les traits; il a plu sous tous les costumes : heureux, si, doué de moins de force, il n'eût pas mis à la mode les prodiges qui ne prouvent qu'elle! il a frayé lui-même la seule route où il pouvait être atteint et bientôt surpassé. Dans le genre agréable, qui veut de la verve, de la gaieté et de l'expression, il est resté tout à fait hors ligne.

Armand Vestris avait donné de grandes espérances; nous ne savons quel génie ennemi de nos plaisirs nous a ravi ce rejeton précieux : comme les Didelot, les Laborie, les Henri, les Duport, il a été lever des tributs hors de France, au risque d'y revenir après avoir négligé ou perdu la tradition de la bonne école. Sans doute nous garderons plus long-tems le jeune Charles Vestris : ses douze ans ne nous laissent pas craindre de sitôt cette émigration dont nos danseurs ont la manie. Son début a eu beaucoup de succès. Gardel avait arrangé pour lui, dans la Caravanne, un petit ballet fort agréable, où le débutant paraissait en quelque sorte sous les ailes de son oncle, et sous les auspices de Mme Gardel. Tous deux l'ont présenté au public; ils ont enhardi, accompagné ses premiers pas; ces pas étaient ingénieusement variés; ils ont fait successivement paraître le débutant dans presque tous les genres, et ont ainsi multiplié ses débuts dès la première fois.

Voilà de quoi consoler de la perte d'un autre jeune danseur, qui a mérité, sur les bords de la Garonne, le nom de Zéphir de Bordeaux. Ce danseur est un terrible faiseur de pirouettes. En ce genre, il a vaincu Petit, qui avait vaincu Duport : pour le vaincre lui-même, il faudra tourner toujours, ou rester en l'air. Malheureusement, dans ces sortes d'*exercice*, les frayeurs du spectateur troublent singulièrement ses plaisirs. On croit à chaque instant que le malheureux piroüetteur va se rompre le col : Aussi, quand on prie de vouloir bien *danser*, les premiers sujets de l'Académie Impériale, c'est par un principe de goût sans doute; mais c'est aussi par un principe d'humanité.

Ce début avait attiré à l'Opera un monde nombreux et brillant : peut-être en faut-il rendre quelque chose au Devin du village, et à Lays qui jouait le Devin. La chose en valait bien la peine. Ce ne sont pas là des tours de force, des pirouettes, des sauts périlleux; c'est l'expression naïve du sentiment; c'est la vérité embellie par les grâces. Qui résisterait à ses charmes? Dans la nouveauté, le Devin du village fut joué cent fois de suite. Qui croirait que ce badinage charmant valut à son auteur beaucoup de tourmens et d'injures? Les musiciens habitués à la lourde et monotone litanie du vieil opéra français s'irritaient qu'on leur fît prendre des mouvemens vifs et mesurés : les *petits violons* se fâchent ; enfin, à l'Opéra, on pend en effigie Rousseau, qui s'en venge en disant qu'on l'y avait déjà mis à la question, et il ne faut rien moins que l'enthousiasme du public, et tout l'éclat du succès, pour contrebalancer la cabale de l'envie et de la médiocrité.

Depuis qu'en musique nous avons entendu tout ce qu'on peut entendre; depuis qu'en reculant les bornes de l'art, on en a fait une science à ce point, qu'il est vraisemblablement impossible d'aller plus loin pour les grands effets dramatiques, et, en fait de recherche d'harmonie, on revient avec un inexprimable plaisir à des ouvrages, en très-petit nombre, tels que le Devin du village. Comme ils reposent et la vue et l'oreille! Il semble, après la lecture d'un chant épique de Virgile, lire une simple, mais touchante églogue : tel est le plaisir de l'ami des champs, qui y revient, loin du fracas de la ville, retrouver le calme, un air pur, des mœurs naïves, et de douces habitudes.

On ne saurait trop loüer l'Opéra de savoir ainsi varier l'emploi de ses richesses, et de nous faire agréablement descendre des hauteurs de son Olympe et des sublimités de son Paradis. Après les plaintes d'Iphigénie, la colère d'Achille, les cris des Scandinaves, ou les adieux d'Adam, il est aimable d'entendre, *si des galans de la ville; quand on sait aimer et plaire; l'amour croît s'il s'inquiète; non, non, Colette n'est point trompeuse*, airs que le lecteur chante en en retrouvant les paroles. Ces airs-là, quoi qu'on en dise,

A a

n'ont pas vieilli : ils ne pourraient vieillir que si le sentiment qui les a dictés n'existait plus ; les formes même n'en ont pas vieilli, ou bien Lays, Nourri, et M.me Branchu, ont l'art exquis de les rajeunir sans les dénaturer.

Théâtre Français. — *Le Dissipateur* et *les Folies amoureuses*, pour les débuts de M.lle Bognaire.

Le Dissipateur, imprimé en 1736, joué en province l'année suivante, n'obtint ce dernier honneur à Paris qu'en 1753. On pourrait en conclure, ou que l'auteur lui-même n'avait pas jugé d'abord cet ouvrage digne de la représentation, ou que les Comédiens français avaient refusé de l'admettre. Quelque succès qu'il ait eu depuis, ces deux suppositions n'ont en effet rien d'invraisemblable ; le comique larmoyant était encore une nouveauté sur nos théâtres lorsque Destouches écrivit *le Dissipateur*. La Chaussée venait seulement de débuter dans la carrière par *la Fausse antipathie* et *le Préjugé à la mode*, dont le succès quoiqu'assez brillant, avait excité de vives réclamations et fait éclore plus d'une épigramme. *Le Dissipateur*, véritable comédie dans ses trois premiers actes, s'approchait beaucoup du drame dans les derniers ; et cette disparate dans le plan avait produit, dans l'exécution, des défauts qui n'avaient dû échapper, ni à la pénétration des comédiens, ni sur-tout à celle de l'auteur lui-même.

Le plus grand de ces défauts est sans doute la contradiction remarquable qui se trouve dans le principal rôle, celui du *Dissipateur*. Il se montre d'abord comme un insensé qui se ruine pour le plaisir de se ruiner, *prodiguant aux fripons, refusant au mérite*, comme l'observe très-bien son valet ; bientôt il paraît sous un jour encore plus défavorable ; le père de cette *Julie* qu'il adore vient lui faire des représentations sur sa conduite ; Cléon le raille, l'insulte même, et pour rendre la chose plus touchante, il étend la raillerie à son propre père, *qui ne pourrait pas mieux dire, s'il vivait encore*. Quelques momens après, il se laisse prendre aux avances d'une coquette, dont le manége grossier ne tromperait pas le moins clairvoyant ; et, ce qui lui ôte toute excuse, il n'en est pas même amoureux. Tel est Cléon pendant trois actes ; c'est à un pareil personnage qu'on prétend nous intéresser ; c'est lui qui ose debiter au cinquième ces vers sentencieux :

> Les hommes tels que moi tombent dans la misère
> Mais ne dégradent point leur noble caractère ;

et cela parce qu'on lui propose de vivre d'emprunt; comme s'il n'avait pas déjà vécu d'emprunt en faisant des dettes et risquant au jeu sa fortune, seul gage de ses créanciers !

Nous ne parlerons pas du dénouement pathétique et presque tragique de cette comédie. Il fut peut-être la cause de son rejet en 1736 et celle de son succès dix-sept ans plus tard, parce qu'alors le comique larmoyant était à la mode; mais aujourd'hui que cette mode est passée, on nous demandera peut-être à quoi *le Dissipateur* doit la faveur dont il jouit? Nous répondrons que c'est au comique du troisième acte, et spécialement au rôle de Géronte et au talent supérieur de Grandménil qui en est chargé. Ce troisième acte, il est vrai, est une copie du *Retour imprévu* de Régnard. Dans les deux pièces, c'est un vieillard avare arrivant chez un héritier prodigue au moment où celui-ci est en débauche avec ses amis, et retenu par un valet fripon, qui veut au contraire lui persuader que le jeune homme est devenu aussi avare que lui-même; mais tout diffère d'ailleurs dans les détails; la copie de Destouches n'est point servile. L'éloge de l'avarice, qu'il met dans la bouche de Géronte, est aussi vrai que piquant, et appartient tout entier à l'auteur, à la réserve de quelques traits empruntés d'Horace. Au reste, si Regnard s'est emparé le premier de l'idée principale qui sert de base à ce troisième acte, il l'avait lui-même empruntée de Plaute, et Destouches était maître de s'en servir après lui, pourvu qu'il ne lui restât pas inférieur, et c'est une condition qu'il a très-bien remplie.

Un autre emprunt, dans lequel il a été moins heureux, c'est celui qu'il a fait à Molière pour la scène VI de son premier acte. Le Baron, père de Julie, vient d'entrer; il a déjà commencé ses remontrances au *Dissipateur*; celui-ci a voulu l'en dégoûter par ses railleries : mais voyant que le Baron ne veut pas lâcher prise, il l'engage à se mettre à son aise :

Asseyez-vous, Baron, vous parlerez bien mieux.

Le vers est heureux; mais il rappelle celui du *Festin de Pierre* dans une situation à peu près pareille :

Monsieur, vous seriez mieux si vous parliez assis.

Et quelle différence dans l'effet que produit ce vers chez Molière et chez Destouches! Dans *le Festin de Pierre*, c'est celui que la vraisemblance demandait : Don Louis, indigné, prend, comme il le doit, cette politesse ironique pour une insulte, et sort en menaçant son fils. Dans *le Dissipateur*, le Baron, homme fier de sa naissance, et qui croit faire une grâce à Cléon en devenant son beau-père, entend cette offre impudente sans se fâcher, s'assied, voit paisiblement Cléon prendre un siége, en donner un autre au comte Duguéret, mauvais sujet qui le ruine, et continue sa harangue devant un tel témoin, et au milieu des sarcasmes que Cléon lui lance. Tel est l'écueil des emprunteurs ; ils ne prennent qu'un trait, de peur que l'imitation ne soit trop visible, et ils ne s'aperçoivent pas eux-mêmes que tout est trop bien lié, trop bien enchaîné dans les productions du génie, pour qu'il soit possible d'en détacher la moindre chose sans s'approprier aussi ce qui précède et ce qui suit.

Nous trouverions peut-être d'autres preuves de cette vérité dans *les Folies amoureuses*, où Régnard s'est permis plus d'un emprunt au père de la comédie ; mais il est tems d'en venir aux débuts de Mlle Bognaire. Cette nouvelle soubrette avait assez mal réussi auprès du public dans le rôle de Dorine du *Tartuffe* et dans celui de Lise des *Rivaux d'eux-mêmes* ; prônée dans un journal, rabaissée dans un autre, elle aurait pu cependant espérer d'avoir un nombreux auditoire à sa seconde apparition dans *le Dissipateur* et *les Folies amoureuses*. Il en est allé tout autrement. La salle était presque vide ; mais, en revanche, les spectateurs étaient choisis. Finette, dans la première pièce, et Lisette, dans la seconde, ne pouvait entrer ni sortir sans être applaudie, et de pareils applaudissemens se faisaient entendre à chaque tirade qu'elle débitait. Les autres personnages étaient accueillis de même ; et si nous avons entendu souvent des battemens de mains, des bravos plus bruyans et plus unanimes, jamais nous ne les avons vus plus fréquens qu'à cette représentation. Heureusement l'approbation qu'ils exprimaient n'était point assez contagieuse pour influer sur notre jugement. Mlle Bognaire nous a paru manquer d'un avantage essentiel dans l'emploi auquel elle se destine ; sa voix n'a pas de timbre. On avait eu beaucoup de peine à l'entendre à son premier début ; elle a redoublé d'efforts pour être plus heureuse au second, et on l'a mieux entendue : mais sa voix n'en a paru que plus grave, plus monotone, son débit plus lent et moins animé. Elle a cependant joué de bon sens le rôle de Finette, soubrette raisonneuse plutôt que brillante, et où l'on peut se passer plus aisément de verve et de gaieté. Ces qualités se font plus vivement désirer dans le rôle de Lisette. Mlle Bognaire y a suppléé quelquefois par une certaine emphase d'expression. Elle a dit, par exemple, d'un ton très-sentimental ce vers de l'éloge d'Agathe :

Elle a toutes ses dents, qui la rendent plus belle.

Mais Lisette étant la suivante et non pas l'amant d'Agathe, ce ton nous a paru fort déplacé. Si Mlle Bognaire persiste à vouloir *tenir* l'emploi des soubrettes, nous souhaitons qu'elle trouve des dédommagemens plus avantageux aux dispositions qui paraissent lui manquer.

Théâtre de l'Impératrice. — Les jeunes Femmes., comédie en trois actes et en vers.

Tourville, forcé de partir pour l'Inde, confie sa fille Olympe, enfant au berceau, aux soins d'une sœur qui ne survit que peu de tems au départ de son frère. Olympe alors est élevée dans la maison de Dubreuil son tuteur ; mais en grandissant elle apprend qu'elle est fille unique d'un homme opulent, et croyant qu'elle peut impunément satisfaire tous ses désirs, elle fait des dettes, et souffre les assiduités de plusieurs amans. Florival et Gercourt se disputent sa main ; le premier est un fat et un roué, caractère dont on ne trouve plus de modèle dans la société, mais que l'on est convenu de conserver au théâtre, parce qu'il est dramatique, et qui d'ailleurs sert ici à donner plus de physionomie au caractère de Gercourt, amant délicat et timide. Ces deux messieurs apprennent qu'Olympe tourmentée par quelques créanciers, s'est adressée à son tuteur, mais que celui-ci a refusé de faire aucune avance ; Florival désirerait bien saisir cette occasion, et offrir à Olympe la somme dont elle a besoin, mais il ne possède que de la bonne volonté : Gercourt, plus riche, n'ose hasarder cette démarche, et en cela il agit conformément à son caractère, en respectant les convenances qui ne permettent point à une demoiselle bien élevée d'accepter de l'argent d'un jeune homme à quelque titre que ce soit. Quoi qu'il en soit, Gercourt s'adresse à Florival, qui lui promet de risquer l'offre en son nom auprès d'Olympe.

Sur ces entrefaites, arrive de l'Inde un monsieur Bodson que Dubreuil seul connaît, et qu'il présente comme un ami de Tourville. Le lecteur devine aisément que ce Bodson n'est autre que Tourville, qui, à la faveur de l'incognito, vient juger lui-même de la conduite de sa fille ; ce rôle est calqué sur celui de l'*Habitant de la Guadeloupe*, et sur l'oncle du *Tartuffe de mœurs*, dont le dénouement a aussi fourni l'idée de celui des *Jeunes femmes*. La principale différence, c'est que dans l'original il n'y a qu'une conversion, celle de Florville; au lieu que dans la copie, tout le monde se convertit jusqu'au roué Florival.

L'intrigue de cet ouvrage est compliquée et embarrassée de plusieurs personnages que l'auteur aurait pu se dispenser de faire paraitre. La pièce est bien loin d'ailleurs de remplir son titre. Ce n'est point à beaucoup près ainsi que les *jeunes femmes* vivent dans la société. Une demoiselle ne court pas les bals et les assemblées, seule avec une jeune femme mariée; elle ne reçoit pas, à la fois les hommages de deux ou trois hommes, au moins aussi long-tems qu'elle conserve l'espoir de s'en attacher un sérieusement. Le plan est donc essentiellement vicieux; le style est la partie brillante de l'ouvrage; plusieurs tirades sont écrites avec un talent remarquable, et partout on reconnaît une plume exercée. L'auteur demandé avec empressement, a été nommé; c'est M. Dorvo, connu par la comédie de l'*Envieux*.

Les acteurs, par l'ensemble de leur jeu, ont puissamment contribué au succès de l'ouvrage. On doit particulièrement citer Clozel, chargé du rôle de Florival, et madame Dacosta, qui remplissait celui d'Olympe. Cette jeune actrice joint à une bonne diction une tenue noble et décente, avantage qui la faisait remarquer dans les actrices de l'ancienne comédie française, et dont les débutantes actuelles ne paraissent pas très-jalouses de conserver la tradition.

Théâtre du Vaudeville. — *Est-il mort? ou n'est-il pas mort?* Vaudeville en un acte.

Rien de plus rare de nos jours qu'une chûte complète au Vaudeville; c'est en vain que le parterre témoigne son mécontentement par des murmures pendant la représentation; c'est en vain qu'il le confirme par des sifflets à la chûte de la toile; qu'il ait même la constance d'étouffer par des huées les voix de quelques amis intrépides et acharnés à demander l'auteur, tout cela ne sert absolument à rien. Le surlendemain on affiche de nouveau la pièce qu'il a réprouvée; elle attire peu de spectateurs, mais on a soin d'y inviter beaucoup d'amis. Cette fois ils font leur devoir avec autant de zèle et sans rencontrer d'opposition.

L'ouvrage arrive sans encombre jusqu'à la dernière scène ; quelques envieux veulent connaître l'auteur, et le *gracioso* de la troupe a grand soin de le nommer sur le champ, afin de ne pas laisser refroidir la curiosité. Voilà le récit historique et sur-tout *véridique* des deux premières représentations de *Est-il mort ? ou n'est-il pas mort ?* vaudeville en un acte de M. Rougemont. A la première représentation, le public en avait fait justice, mais on n'en a pas moins donné une seconde fois cet ouvrage sans action, sans intérêt, et qui n'a pu même devenir gai et piquant en employant le moyen défendu de la satire personnelle. En voici le sujet en deux mots :

Cassandre aréonaute vient de tenter un nouveau voyage aérien : les Journaux de la capitale ne sont pas d'accord sur son issue ; les uns disent que Cassandre est mort, et d'autres qu'il ne l'est pas. *Est-il mort ? ou n'est-il pas mort ?* c'est ce que se demandent la femme de Cassandre, Arlequin, Argentine, Gilles, et trois héritiers hâtifs : pour mettre tout le monde d'accord, Cassandre arrive, et il annonce à ses amis qu'il s'est tué lui-même, afin de mieux vivre. Il reprend sa femme ; Arlequin épouse Argentine, et les héritiers s'en retournent aussi *désappointés* que les spectateurs ; car les uns espéraient une succession, les autres du plaisir, et tous ont été trompés dans leur attente.

(La longueur de cet article nous oblige de remettre au numéro prochain le compte que nous avons à rendre de *Lantara*, autre vaudeville en un acte, qui a beaucoup mieux réussi que celui dont nous venons de nous occuper.)

Opéra Bouffon. — Il y a loin, dira-t-on, du *Devin du Village* aux *Due Gemelli*, pas si loin qu'on voudrait bien le croire, mais plus loin cependant que du Devin du Village à la *Serva Padrona* de Pergolèze : ces deux ouvrages ont en effet de singuliers rapports, et le plus essentiel de tous, à un degré différent quant au mérite d'exécution, est d'avoir pour base la vérité de déclamation, pour moyen d'effet le charme de la mélodie.

L'Italie était plus riche en compositeurs, et déjà son école avait fourni pour le théâtre comique une foule de compositions charmantes, quand *I due Gemelli* vinrent prendre leur rang parmi celles les plus estimées. Cet ouvrage est un de ceux où la mélodie reçoit de sa redoutable sœur, le plus de secours sans cesser de paraître au premier rang, à sa véritable place. Point d'efforts, point de traits hardis et presque bizarres ; des idées simples et nettes exprimées avec clarté, développées avec grace ; quelquefois les moyens les plus simples, et beaucoup d'effet, voilà ce qui caractérise cette composition, qui plaît sur-tout par l'effet général, où l'on remarque moins un morceau très-brillant qu'un ensemble correct et de justes proportions. Il faudrait presque tout citer, même quelques morceaux ajoutés pour dire tout ce que le public estime et applaudit dans cet ouvrage ; il est cependant possible et juste de remarquer particuliérement les deux duo que le public veut toujours entendre deux fois, et sur-tout celui où le débit de deux femmes rivales et piquées, leur orgueil blessé, leurs railleries mordantes et leurs feintes politesses sont exprimés par le musicien avec la plus piquante vérité.

Après le *Matrimonio segreto*, le *Nozze di Figaro* et la *Molinara*, cet opéra est, de tous ceux que nous avons entendus, celui qui a obtenu le succès le plus décidé ; peut-être est-il un peu moins absurde que les autres, quoique je ne fasse pas aux amateurs de l'Opéra Buffa l'injure de croire qu'ils y exigent une intrigue fortement conçue et bien suivie : ce qu'ils y aiment, ce qu'ils y cherchent, ce qu'ils y trouvent avec un inexprimable plaisir, c'est la voix enchanteresse de Mme Barelli. Le jeu comique et varié de son mari n'y gâte rien, et en seconde ligne paraît, sortant de notre Conservatoire, un sujet d'espérance, Mlle Goria, qui va appliquer parmi des Italiens les leçons excellentes qu'elle a reçues, et fortifier une bonne théorie par une pratique plus instructive encore. Les Français ont paru flattés de cet essai ; les Italiens l'ont eux-mêmes vu avec intérêt et sans esprit de parti. Le public a applaudi la seconde cantatrice comme si elle était du pays de la première, et comme pour l'encourager à prendre un jour celle-ci pour modèle.

— L'Institut, classe des beaux arts, tient samedi une séance générale pour la distribution des prix de peinture, sculpture, architecture, et composition musicale.

— Talma est sérieusement indisposé, et il a été menacé d'une maladie très-grave. On le croit absolument hors de danger ; mais il est à craindre que sa convalescence ne lui permette de quelque tems de reparaître : on attribue cet accident à un refroidissement qui l'a saisi après une représentation d'*Iphigénie en Tauride*. Saint-Prix est aussi retenu par indisposition; Baptiste aîné l'est également : Mlle Duchesnois est éloignée de la scène par un semblable motif, qui cependant ne donne aucune inquiétude. Dugazon paraît décidément aliéné; il a été conduit dans l'Orléannais où tous les soins que son état exige lui sont donnés. M. Charlys, élève du conservatoire, que l'on annonce comme un sujet de haute espérance, devait débuter dans le rôle d'Hippolyte, l'indisposition de Mlle Duchesnois l'en a empêché; dans celui de Pyrrhus, Lafond aussi malade n'a pu jouer, le début est ajourné. Dans ces circonstances difficiles, la Comédie joue le Légataire, l'Avare, l'École des femmes, ou plutôt les fait jouer par sa nombreuse troupe de pensionnaires, dont une affiche maladroite révèle tous les matins les noms au public, comme pour l'avertir de ne pas se présenter au théâtre, avis qui est fort exactement suivi. On annonce que Mlle Dartaux est reçue à l'essai dans l'emploi des soubrettes, ce qui paraît être au moins un ajournement pour Mlles Boissière, et Bognaire.

— Quelques journaux s'empressent de se rendre les interprètes de l'Institut, de décerner les prix décennaux quoique l'Institut ne les décerne pas; mais indique seulement à S. M. les ouvrages qu'il en a cru dignes. Ces articles anticipés ne peuvent être pris que pour des conjectures, et nous n'en parlons que pour inviter le lecteur à attendre à cet égard des renseignemens plus positifs.

POLITIQUE.

L'ALLEMAGNE entière retentit du bruit de la paix : en vain les ordres en Bohême pour la levée et l'équipement des habitans arrachés à leurs foyers, ont-ils reçu plus d'activité et de rigueur dans leur exécution ; en vain les corps attendus de Transylvanie, et amenés pour la première fois sur le théâtre de la guerre, sont-ils en marche ; en vain les archiducs, depuis la retraite du prince Charles, paraissent-ils impatiens de justifier leur accusation contre lui, en risquant de nouveau le sort des combats, il paraît que l'empereur François s'est réservé à lui seul le soin de suivre les négociations entamées : les deux souverains correspondent immédiatement ; moyen d'un favorable augure, qui épargnant la lenteur des formes diplomatiques, doit donner plus que tout autre une garantie de la franchise des discussions, de leur clarté, de leur précision, et de leur prochain résultat. Le général Bubna, aide-de-camp de l'Empereur autrichien, est l'intermédiaire très-actif de cette correspondance. Ses courses de Schœnbrunn à Totis, sont fréquentes. On sait positivement qu'à son dernier départ de Schœnbrunn, il manifesta une vive espérance de voir les différens terminés bientôt. A son retour, il laissait paraître les mêmes dispositions. On prétend qu'aussitôt après son retour, et la remise d'une lettre de l'Empereur autrichien à celui des Français, un courier a été expédié à Altenbourg, et que les ministres respectifs ont eu l'ordre de signer le traité que devront ratifier sans délai les hautes parties contractantes : ainsi à chaque instant on s'attendait à entendre annoncer positivement la signature du traité. Telles sont les nouvelles de Vienne, tels sont les détails venus d'Allemagne, et sur lesquels personne ne peut s'étonner qu'il n'y ait point de notes officielles.

Cependant, en négociant pour la paix, et en préparant tous les moyens de continuer et de finir promptement la guerre, s'il est réduit à cette extrémité, qu'il ne peut ni désirer, ni craindre, l'Empereur des Français décerne de solennels témoignages de satisfaction aux illustres chefs de ses armées, et par des institutions durables, règle les hautes récompenses qui attendent d'éminens services, ou des traits extraordinaires de dévouement et de courage.

Nous citerons d'abord l'acte impérial qui fonde un nouvel ordre, sous le titre des *Trois-Toisons-d'Or*, chacun des articles de ce décret donne lieu à des réflexions sur la pensée profonde dont il est le résultat ; sur l'étendue des vues politiques qui en ont fait concevoir l'idée ; sur le puissant moyen d'émulation et d'encouragement qu'il fait naître. Chacun de ces articles veut être lu et médité. Les voici :

En notre camp impérial de Schœnbrunn, le 15 août 1809.

NAPOLÉON, *par la grâce de Dieu et par les Constitutions, Empereur des Français, Roi d'Italie, Protecteur de la Confédération du Rhin*, etc. etc. etc.

Voulant donner à notre Grande-Armée une preuve toute particulière de notre satisfaction,

Nous avons résolu de créer, comme nous créons, par les présentes lettres-patentes, un Ordre qui portera le nom d'*Ordre des Trois-Toisons-d'Or.*

TITRE PREMIER.

Art. Ier. L'Ordre des Trois-Toisons-d'Or sera composé *au maximum* de cent grands-chevaliers, de quatre cents commandeurs, et de mille chevaliers. En aucun tems ce nombre ne pourra être dépassé.

Il ne sera fait aucune nomination en tems de paix, jusqu'à ce que le nombre fixé par le présent article, soit pour les grands-chevaliers, soit pour les commandeurs, soit pour les chevaliers, se trouve réduit à la moitié.

II. Les grands-chevaliers seuls porteront la décoration de l'Ordre en sautoir ; les commandeurs et les chevaliers la porteront à la boutonnière ; les uns et les autres conformément au modèle ci-joint.

TITRE II.

III. L'Empereur est grand-maître de l'Ordre des Trois-Toisons-d'Or.

Le prince impérial, seul, a de droit la décoration de l'Ordre en naissant.

Les princes du sang ne peuvent la recevoir qu'après avoir fait une campagne de guerre, ou avoir servi pendant deux ans, soit dans nos camps, soit dans nos garnisons.

Les grands dignitaires peuvent en être décorés.

Peuvent également être admis dans l'Ordre des Trois-Toisons-d'Or :

Nos ministres ayant département, lorsqu'ils ont conservé le portefeuille pendant dix ans sans interruption ;

Nos ministres d'Etat, après vingt ans d'exercice, si, pendant cet espace de tems, ils ont été appelés au moins une fois chaque année au conseil privé ;

Les présidens du Sénat, lorsqu'ils ont présidé le Sénat pendant trois années ;

Les descendans directs des maréchaux qui ont commandé les corps de la Grande-Armée dans ces dernières campagnes, lorsqu'ils auront atteint leur majorité et qu'ils se seront distingués dans la carrière qu'ils auront embrassée.

IV. Aucune autre personne que celles ci-dessus désignées ne peut être admise dans l'Ordre des Trois-Toisons-d'Or, si elle n'a fait la guerre et reçu trois blessures dans des actions différentes.

Nous nous réservons toutefois d'admettre dans l'Ordre des Trois-Toisons-d'Or des militaires qui n'ayant pas reçu trois blessures, se seraient distingués, soit en défendant leur aigle, soit en arrivant des premiers sur la brèche, soit en passant les premiers sur un pont, ou qui auraient fait toute autre action d'éclat constatée.

V. Pour être grand-chevalier, il faut avoir commandé en chef, soit dans une bataille rangée, soit dans un siége, soit un corps d'armée dans un armée impériale dite *Grande-Armée*.

TITRE III.

VI. Les aigles des régimens dont l'état est ci-joint, et qui ont assisté aux grandes batailles de la Grande-Armée, seront décorées de l'Ordre des Trois-Toisons-d'Or.

VII. Chacun de ces régimens aura le droit, qui se transmettra jusqu'à la postérité la plus reculée, d'avoir un capitaine, lieutenant ou sous-lieutenant commandant, et dans chacun de ses bataillons qui étaient à l'armée, un sous-officier ou soldat chevalier.

VIII. La décoration de commandeur sera donnée à celui des capitaines, lieutenans ou sous-lieutenans, qui nous sera désigné comme le plus brave de tous les officiers desdits grades dans le régiment.

La décoration de chevalier sera donnée au sous-officier ou soldat qui nous sera désigné comme le plus brave de tout le bataillon pour l'infanterie, ou de tout le régiment pour la cavalerie.

La nomination des commandeurs ou chevaliers des régimens sera faite par l'Empereur, sur la présentation secrète qui sera adressée cachetée par le colonel, et concurremment par chacun des chefs de bataillon pour les régimens d'infanterie, au grand chancelier de l'Ordre. L'Empereur prononcera sur ces présentations, à la réunion générale des grands-chevaliers de l'Ordre.

IX. La réunion générale des grands-chevaliers aura lieu chaque année le 15 août, jour où toutes les promotions de l'Ordre seront publiées.

X. Les commandeurs et chevaliers des régimens continueront leur avancement dans leur régiment et ne pourront plus le quitter, devant mourir sous les drapeaux.

TITRE IV.

XI. La pension de commandeur des régimens sera de 4000 fr., et celle des chevaliers des régimens de 1000 fr., à prendre sur les revenus de l'Ordre.

XII. Nous nous réservons de pourvoir, d'ici au 15 août prochain, à l'organisation de l'Ordre, par des statuts particuliers.

Le second acte impérial dont nous avons à rendre compte concerne trois des capitaines dont l'Empereur a le plus souvent recommandés les noms à la reconnaissance de l'armée, à l'admiration des braves, au souvenir du Peuple français, de l'historien et de la postérité. L'un est celui qu'il a souvent nommé son fidèle compagnon d'armes, l'autre celui que dès la campagne d'Italie, on saluait déjà du nom de l'*Enfant gâté de la Victoire*; l'autre celui qui dans les champs d'Iéna mérita si glorieusement que l'armée remarquât la force de son caractère, et la fermeté inébranlable de sa résolution. Ce sont leurs nouveaux exploits qui ajoutent à leurs dignités, des dignités nouvelles : illustres sous des noms différens, qu'ils n'ont dû, qu'à d'éclatans services, c'est la victoire elle-même qui les leur décerne. Voici le message de S. M. au Sénat, signé le 15 août au camp impérial de Schœnbrunn. Ce message a été présenté mardi dernier au Sénat, par S. A. S. Mgr. le prince archi-chancelier de l'Empire, qui avait reçu à cet effet de S. M. l'ordre de présider cette séance.

« SÉNATEURS, nous avons jugé utile de reconnaître par des récompenses éclatantes, les services qui nous ont été spécialement rendus dans cette dernière campagne par nos cousins le prince de Neuchâtel et les maréchaux ducs d'Auerstaedt et de Rivoli. Nous avons pensé d'ailleurs, qu'il convenait de consacrer le souvenir, honorable pour nos peuples, de ces grandes circonstances où nos armées nous ont donné des preuves signalées de leur bravoure et de leur dévouement, et que tout ce qui tendait à en perpétuer la mémoire dans la postérité, était conforme à la gloire et aux intérêts de notre couronne.

» Nous avons en conséquence érigé en principauté, sous le titre de *Principauté de Wagram*, le château de Chambord, que nous avons acquis de la Légion-d'honneur, avec les parcs et forêts qui en dépendent, pour être possédée par notre cousin le prince de Neuchâtel et ses descendans, aux clauses et conditions portées aux lettres-patentes que nous avons ordonné à notre cousin le prince archi-chancelier de l'Empire, de faire expédier par le conseil du sceau des titres.

» Nous avons érigé en principauté, sous le titre de *Principauté d'Eckmühl*, le château de Brulh, que nous avons acquis de la Légion-d'honneur, avec les domaines qui en dépendent, pour être possédée par notre cousin le maréchal duc d'Auerstaedt et ses descendans, aux clauses et conditions portées aux lettres-patentes qui lui seront également délivrées.

» Nous avons en même tems érigé en principauté, sous le titre de *Principauté d'Essling*, le château de Thouars, que nous avons également acquis de la Légion-d'honneur, avec ses dépendances actuelles, pour être possédée par notre cousin le maréchal duc de Rivoli et ses descendans, aux clauses et conditions portées aux lettres-patentes qui lui seront délivrées.

» Nous avons pris des mesures pour que les domaines desdites principautés soient augmentés de manière à ce que les titulaires et leurs descendans puissent soutenir dignement le nouveau titre que nous leur avons conféré, et ce au moyen des dispositions qui nous sont compétentes.

» Notre intention est, ainsi qu'il est spécifié dans nos lettres-patentes*, que les principautés que nous avons érigées en faveur desdits titulaires ne donnent à eux et à leurs descendans, d'autres rang et prérogatives que ceux dont jouissent les ducs, parmi lesquels ils prendront rang selon la date de l'érection des titres. »

On ne parle plus d'Anvers que pour rendre un éclatant hommage à la conduite des autorités et des habitans, de Flessingue pour connaître l'état des pertes qu'y essuient journellement les Anglais, du duel de M. Canning que pour remarquer qu'il n'y en a eu qu'un autre seulement de cette nature, celui entre M. Pitt et M. Tierney. L'organisation du ministère nouveau est encore incertaine; les candidats proposés ne veulent y entrer qu'accompagnés de leurs amis. La division est au comble, la confusion est extrême. De Flessingue on reçoit avis sur avis pour qu'un ordre prompt sauve les restes d'une expédition malheureuse; mais ceux qui, de Walcheren, sont rentrés sur une terre anglaise, s'y sont à peine vus en sûreté qu'ils ont pensé à l'honneur national, et qu'ils trouvent fort bon de sacrifier quelques milliers de malheureux à la vaine démonstration de quelques jours de possession d'une place devenue le tombeau de sa garnison. L'amiral Strachan lui-même a déclaré qu'il était prudent d'évacuer Flessingue, et tout annonce que les Anglais ne suivront pas le conseil que nous leur avons charitablement donné, et sauveront les débris de leur armée.

En attendant, on fait tous les efforts possibles, au moins en apparence, pour maintenir les troupes anglaises en Portugal; lord Wellington a reçu l'ordre d'y prendre position, et d'y attendre les renforts qu'on lui expédie. Les Français lui en donneront-ils les moyens? On sait qu'une partie de leurs forces est retournée au Nord : on les attend à la Corogne, la flotte du Férol peut tomber en leur pouvoir. Le général Cuesta est décidément retiré; mais ce n'est pas la Romana qui le remplace, c'est un officier jusqu'alors peu connu, le général Equia, et la junte prend trop tard les mesures que les généraux anglais avaient indiquées comme nécessaires.

C'est à l'aspect des affaires d'Espagne, de l'Inde, de l'expédition de l'Escaut, de leurs inutiles tentatives à Naples, et peut-être de leurs défaites dans la Méditerranée, que les nouveaux ministres auront, ou à combiner de nouveaux plans, ou à suivre ceux de leurs prédécesseurs; à moins d'un changement absolu de système, et d'un retour aux idées pacifiques qu'ils ont si insolemment rejetées, nous ne pouvons désirer autre chose, si ce n'est que le nouveau ministère suive les erremens de celui qu'il remplace. Il a servi les intérêts de la France, même en l'agitant un moment. Le secret de nos forces sans doute n'était point perdu; mais l'Anglais s'est donné la peine de le chercher lui-même, et s'il l'a trouvé dans le sentiment d'attachement et de fidélité de la nation pour son souverain, dans l'union des autorités, dans le dévouement de toutes les classes, nous devons remercier encore une fois les Anglais d'avoir divulgué ce secret, après l'avoir appris à leur dépens.

Ce dévouement vraiment national qui a éclaté dans ces dernières circonstances, est récompensé par les intentions bienveillantes et paternelles de S. M., et par les mesures actives du ministère. Aussitôt l'arrivée de divers corps aux garnisons qui leur sont assignées, la garde nationale sédentaire suspend son service; c'est à Anvers que cette suspension devait d'abord avoir lieu; de proche en proche elle s'est étendue à Paris. Le 30 de ce mois un ordre du jour a été publié à cet effet; mais l'administration s'est empressée de faire connaître à la garde nationale de Paris le vrai sens de cet ordre, et les engagemens qui lui restent à remplir. Le maréchal Serrurier, qu'un décret impérial avait nommé commandant de cette garde, et qui avait reçu le très-beau corps d'officiers dont elle se compose, s'est rendu auprès d'elle l'interprète de la satisfaction de S. M. pour le zèle et le dévouement qu'elle a montré dans cette circonstance. De son côté, le préfet de la Seine, suivant les instructions de S. Ex. le ministre de l'intérieur (par interim) a rappelé à la garde nationale que le gouvernement en la dispensant d'un service assidu et régulier avait eu l'intention de rendre, le plus tôt possible, à leurs occupations les citoyens presque tous chefs de maison qui composent cette garde ; que cependant les contrôles devaient être continués, les compagnies tenues au complet, et les cadres toujours régulièrement formés, afin que la garde nationale récréée soit en état au premier ordre de se présenter, soit pour des revues, soit pour son instruction, soit pour reprendre, suivant les circonstances, le service de l'intérieur.

Ces ordres ont été adressés à tous les chefs de cohorte, et par eux à tous leurs capitaines assemblés. Chacun y a vu avec une égale satisfaction, et la prévoyance du Gouvernement, et ses soins pour épargner le plus possible aux citoyens une charge publique un moment nécessaire, et le devoir que ces soins même imposent d'être toujours prêts à mériter de nouveaux et honorables témoignages de satisfaction. Ainsi l'organisation de la garde nationale reste entière, quoique cette garde ne fasse pas un service actif, confié aujourd'hui à la garnison. On a lieu d'espérer qu'elle obtiendra au retour prochain de S. M. l'honneur de lui être présentée, et que le beau corps des chevau-légers recevra la permission d'aller au-devant de son auguste personne. Hier le contingent du département de la Seine pour la défense des côtes, est parti complétement armé, équipé, et formé presqu'en totalité de vieux soldats qui ont repris du service avec empressement.

PARIS. — *Variétés*. — L'AMBASSADE suédoise est arrivée à Paris; elle est assez nombreuse. S. Excellence est descendue à l'hôtel Grange-Batelière : Il ne paraît pas encore que M. le Baron d'Essen ait eu l'occasion de déployer son caractère diplomatique. On croit qu'il va recevoir de Schœnbrunn, ou l'autorisation de se rendre au quartier-général, ou celle de demeurer à Paris, en attendant le retour de S. M., et de son ministre des relations extérieures. M. l'Ambassadeur et sa suite ont paru hier en grande loge à l'Opéra italien.

— M. Vincent de Marniola, conseiller-d'Etat, chargé du troisième arrondissement de la police générale, vient de mourir d'une fièvre maligne. Cette perte est extrêmement affligeante : c'est en très-peu de tems que M. Vincent était parvenu à recevoir du Gouvernement les marques de confiance dues à son caractère et à ses talens; il jouissait d'une grande fortune, et n'avait que vingt-huit ans. Il laisse les regrets les plus amers à une famille, et à des amis inconsolables.

— La bourse de Paris sera installée lundi dans le nouveau local qui lui est assigné, à l'ancienne salle du Tribunat, Palais Royal.

— Au moment où nous écrivons, le bruit public est que l'Empereur est sur le point de revenir dans sa capitale. Les fonds publics ont haussé rapidement. Le même effet a eu lieu à Vienne, lorsqu'à la date du 29, on y a vu revenir M. le comte de Champagni, précédant d'un jour M. de Metternich, pour clore, à ce que l'on présume, les négociations. La veille, étaient arrivés à Vienne le prince de Lichtenstein, le comte de Bubna, le baron de Meyer, et le jeune prince Venceslas de Lichtenstein. Ces officiers généraux venaient directement du quartier-général autrichien; leur présence a fait la sensation la plus vive : elle a été regardée comme l'augure le plus certain de la paix.

MERCURE DE FRANCE.

N° CCCCXXX. — *Samedi 14 Octobre 1809.*

POÉSIE.

AGAR DANS LE DÉSERT.

Scène lyrique (1).

(*Agar, égarée avec son fils Ismaël au milieu d'un désert, s'est arrêtée près d'une roche aride, au pied de laquelle Ismaël est endormi.*)

AGAR.

SOLITUDE immense et profonde!....
Par-tout le silence et l'effroi!....
Plus d'espoir.... Je suis seule au monde :
Que dis-je, hélas! mon fils est avec moi.
Mon fils! ô douleur accablante!....
Le sommeil un moment a suspendu ses maux ;
Mais bientôt une soif brûlante,
Et des vents du désert l'haleine dévorante
Vont l'arracher à ce fatal repos.

(*Elle s'approche de lui et le regarde avec attendrissement.*)

Que ses traits sont changés! qu'il respire avec peine !
Couché sur une ardente arène
Qu'embrasent les feux du midi,
Vainement de mon corps je lui prête l'abri.

---

(1) Ce sujet proposé pour le grand prix de composition musicale que la Classe des Beaux-Arts de l'Institut a décerné dans sa séance du 7 de ce mois, a été traité avec plus de développement dans une petite comédie en prose de M.me de Genlis, qui fait partie de son théâtre d'éducation. (*Note de l'Auteur.*)

B b

Air.

Seul témoin des maux que j'endure,
Dieu de clémence et de bonté,
Mon cœur supporte sans murmure
Le malheur que j'ai mérité;
Punis ma coupable imprudence;
Sous la main de ta providence
Je courbe un front religieux;
Mais de mon fils soutiens l'enfance,
Et que les jours de l'innocence
Trouvent grâce devant tes yeux.

ISMAEL (*se réveillant*).

Ma mère!

AGAR.

Il s'éveille!

ISMAEL.

J'expire
Si tu n'éteins le feu qui brûle dans mon flanc;
Une goutte d'eau peut suffire.

AGAR.

Je la paîrais de tout mon sang:
Hélas! mon cher enfant, de cette terre aride
J'ai, durant ton sommeil, sondé la profondeur;
En vain mon œil avide
D'une plante, d'un fruit, ou d'une feuille humide,
Chercha sur ce rocher le secours bienfaiteur.

Duo.

Cher Ismaël, le ciel nous abandonne.

ISMAEL.

Je l'avais tant prié pour toi!

AGAR.

Tu pâlis!.... la mort t'environne!....

ISMAEL.

Ma mère, approchez-vous de moi:
Donnez-moi votre main, que je la baise encore.

AGAR.

Dieu!... la tienne est glacée! ô mon fils! mon cher fils!...

ISMAËL.

Je me meurs! ô vous que j'adore,
Bénissez Ismaël, et ses vœux sont remplis.

ENSEMBLE.

Hélas! sur ma faible paupière	Déjà sur ta faible paupière
S'étend le voile du trépas;	S'étend le voile du trépas;
Heureux à mon heure dernière	Témoin de ton heure dernière,
D'entrevoir, d'embrasser ma mère,	Du moins ta malheureuse mère,
Et de mourir entre ses bras.	Mon fils, ne te survivra pas.

AGAR.

Air:

Il succombe! moment terrible!....
Ismaël?.... Il ne m'entend plus!....
Pour ranimer ce cœur désormais insensible,
Mes baisers, mes soupirs, mes pleurs sont superflus.
    Jouis de ton ouvrage,
    Implacable Sara!
    Va, les maux qui sont mon partage,
    Ton cœur un jour les connaîtra.
    La douleur a brisé mon ame.
Dieu clément, prends pitié de mes tourmens a ffre u
    Et dans la mort qu'elle réclame,
    Rejoins Agar à son fils malheureux.
            (*Elle tombe auprès d'Ismaël.*)

(*Une symphonie douce annonce l'apparition de l'ange.*)

L'ANGE.

Agar!

AGAR.

Quelle voix m'appelle?

L'ANGE.

Levez-vous, essuyez vos pleurs;
De Dieu la bonté paternelle
En ce jour finit vos malheurs.

AGAR.

Il me rend donc mon fils?

L'ANGE (*frappant le rocher de sa palme en fait sortir une source.*)

    Sur sa lèvre altérée,
Faites couler cette eau qui jaillit à ma voix.

AGAR.

Il se ranime !.... ô clémence adorée !...

ISMAEL.

Je renais.

AGAR.

Ismaël ! mon fils, je te revois !

ISMAEL.

Je retrouve ma mère !.... ô divine assistance !....

AGAR.

Elle te presse sur son cœur !....
Ministre saint d'un Dieu consolateur,
De quel prix acquitter les biens qu'il nous dispense ?....

L'ANGE (*en prenant son vol vers le ciel.*)

Louez, adorez le Seigneur ;
Il punit avec indulgence,
Et sans mesure il récompense :
Dans la joie ou dans la douleur,
Toujours soumis à sa puissance,
Louez, adorez le Seigneur.

ENSEMBLE.

Louez, adorez   } le Seigneur ;
Louons, adorons
Il punit avec indulgence,
Et sans mesure il récompense :
Dans la joie ou dans la douleur,
Toujours soumis à sa puissance,
Louez, adorez   } le Seigneur.
Louons, adorons

Jouy.

A PÉTRARQUE.

Toi dont la muse enchanteresse,
En sons plaintifs célébra les amours,
Et les charmes de ta maîtresse ;
Toi que l'on citera toujours
Comme un modèle de tendresse ;
Que ne vivais-tu de nos jours !

Ta voix flexible et séduisante,
Aurait touché nos modernes amans,
Et peut-être le feu de tes tendres accens
Eût échauffé leur ame indifférente.

On lit en vain ces vers brûlans
Que tu fis pour ta jeune amante ;
Ces vers si doux, ces vers charmans,
De la constance éternels monumens.
Nous entendons toutes nos belles
Répéter chaque jour tes chansons immortelles ;
Mais à leurs feux, à leurs sermens
Elles n'en sont pas plus fidelles.

César-Auguste.

ÉPITAPHE

Sur le tombeau de Stéphanie Zoé J..., *enlevée à l'âge de deux ans trois mois et vingt jours, le 21 septembre 1809, à des parens dont elle était adorée.*

Embellissons de fleurs cette tombe où repose
Une enfant dont l'Amour eût envié les traits.
Même au sein de la mort, c'est une jeune rose
Qui paraît redouter l'ombre du noir cyprès.
Elle faisait l'orgueil de sa modeste mère ;
Son sourire ingénu, sa douceur, sa bonté
Présageaient des vertus dignes de sa beauté,
Et surpassaient les vœux qu'osa former son père.
La mort qui leur enlève une fille si chère,
Semble, en les épargnant, doubler sa cruauté.

Dans ces foyers heureux quelle métamorphose !
Que de cris ! que de pleurs ! que de tristes regrets !
Afin d'en arrêter les funestes progrès,
Embellissons de fleurs cette tombe où repose
Une enfant dont l'Amour dut envier les traits.

A. J. P.

ENIGME.

Je suis et sans queue et sans tête,
Et cependant

Dès sa naissance, et même avant,
Une main habile m'apprête
Pour entourer l'Homme au berceau,
Et l'entourer encor par delà le tombeau.
A son service on me destine ;
Avec lui je grandis ;
Avec lui je vieillis ;
Partout avec lui je chemine.
Quoique sans pieds, sans mains, sans yeux,
Avec lui j'arrive en tous lieux.
Si l'ingrat quelquefois me saisit par la manche,
Ou me prenant à brasse-corps,
Avec dédain me repousse dehors,
Je n'en murmure pas et reviens le dimanche.
                                S........

LOGOGRIPHE.

Avec cinq pieds je porte l'épouvante ;
Avec quatre ma voix n'a rien qui vous enchante ;
Avec trois un amant
Près de l'objet qu'il aime est rarement content.
                                S........

CHARADE.

Une couleur, lecteur, est mon premier,
Et mon second descend de mon entier.
                                NAR....

Mots de l'Enigme, du Logogriphe et de la Charade insérés dans le dernier Numéro.

Le mot de l'Enigme du dernier Numéro est *Prospectus*.

Celui du Logogriphe est *Ministre*, dans lequel on trouve, *mer, mitre, ire, mite, sien, très, rite, Tésin, mine, rie, mots, émir, mire, ré, rime, site, sein, Remi.*

Celui de la Charade est *Cerf-volant*.

LITTÉRATURE ET BEAUX-ARTS.

Les Fastes d'Ovide, traduction en vers, par F. de Saintange. — A Paris, chez *Gabriel Dufour* et compagnie, libraires, successeurs de Tourneisen fils, 1809. — Un volume in-12.

Il est impossible de parler de cette nouvelle édition de la traduction des *Fastes*, sans dire un mot de l'étrange jugement auquel elle a donné lieu. Nous nous garderons bien d'ériger un journal littéraire en tribunal d'appel et de casser ce jugement rendu en première instance. Autrement, Messieurs pourraient nous prendre à partie nous-mêmes, ou du moins élever le conflit pour cause d'incompétence. Ainsi nous n'entrerons pas dans la discussion du point de droit qui pourtant, si nous osions avoir un avis en matière pareille, nous semblerait établi tout-à-fait à l'avantage du poëte dans la réclamation qu'il a fait insérer aux journaux, et que dans aucun d'eux ni sa partie, ni ses juges n'ont contredite. Nous nous bornerons à exposer le fait, et ce fait est que le tribunal de Versailles, prononçant entre M. de Saintange et son imprimeur, a condamné le premier à ne point corriger les vers de son poëme. On peut douter que le tribunal de Tomes en Sarmatie eût rendu contre Ovide une pareille sentence. Quoi qu'il en soit, d'après *ce bel arrêt*, comme dit le portier de Perrin Dandin, la nouvelle édition des *Fastes* est en tout conforme à la première, et reproduit fidèlement toutes les fautes qui la déparaient. La plupart de ces fautes ayant été dans le tems plus ou moins sévèrement relevées, ce serait aller contre l'axiôme de droit *non bis in idem*, que de les reprocher encore une fois au traducteur, puisqu'il n'a pas tenu à lui qu'elles ne fussent corrigées, ou plutôt puisqu'il les avait corrigées réellement pour la réimpression. Je ne vois aucun inconvénient à déclarer que M. de Saintange a eu lui-même la complaisance de me communiquer ces corrections, qu'elles sont en grand nombre, que presque toutes sont heureuses, et qu'ainsi l'on peut espérer d'avoir quelque jour une traduction des *Fastes*, entièrement digne d'Ovide et de son interprète, lorsque celui-ci ne sera plus sous l'effet du jugement qui lui défend de perfectionner son ouvrage. Je m'estimerais heureux de contribuer à ce perfectionnement, en soumettant à M. de Saintange des observations ou plus souvent de simples doutes sur plusieurs passages qui m'ont paru devoir être aussi retouchés. Avant d'y procéder, je dirai quelques mots du poëme original, dont beaucoup de personnes n'ont pas encore une idée bien distincte, attendu qu'il ne faisait point partie des ouvrages classiques objet de nos premières études, et qu'avant la traduction de M. de Saintange, une seule traduction lisible en prose (celle de Bayeux publiée pour la première fois en 1783) n'avait pas suffi pour rendre vulgaire la connaissance de ce poëme, dont le titre, en dépit du nom de son ingénieux auteur, semblait ne pas promettre un intérêt ou un plaisir bien vif.

A proprement parler, les *Fastes* d'Ovide sont le calendrier poétique de l'ancienne Rome. Le poëme devait avoir et peut-être en effet a-t-il eu autant de livres que l'année a de mois; nous n'avons que les six premiers. L'auteur indique successivement le lever et le coucher des différentes constellations, et rapporte souvent les fables dont le génie des anciens poëtes avait orné le système astronomique. Les Romains avaient comme nous, mais en bien plus grand nombre, des solennités, soit religieuses, soit politiques, dont l'institution était presque toujours fondée sur quelque point de leur ancienne histoire; ils avaient aussi des fêtes domestiques que ne commandaient ni la religion ni le gouvernement, mais dont l'observance n'en était pas moins sacrée, et dont l'origine également fort reculée s'appuyait sur un fait traditionnel ou sur une idée superstitieuse. Ovide, profondément instruit de l'histoire, des lois, du culte et des usages de l'ancienne Rome, ainsi que des peuplades voisines qui, après avoir été ses rivales et ensuite ses tributaires, furent bientôt comprises dans sa circonscription politique ou même dans l'enceinte de ses murailles, Ovide remonte à l'établissement de toutes les cérémonies publiques et privées, en assigne l'origine réelle ou mensongère, et en décrit fidélement toutes les pratiques. Sous ce rapport, les *Fastes* sont un des ouvrages de l'antiquité les plus précieux pour l'éclaircissement et l'interprétation des monumens de la poésie et sur-tout des arts. Les nombreux bas-reliefs qui retracent des fêtes, des sacrifices et des jeux, ont dû être souvent expliqués au moyen de ce poëme qui spécifie, avec toute l'exactitude d'un rituel, la liturgie de ces diverses solennités. La science de l'archéologie ne saurait donc trop déplorer la perte ou le défaut des six derniers livres. Le goût a aussi beaucoup de jouissances à regretter. L'imagination riante et fertile d'Ovide a su répandre des fleurs sur ce sujet assez aride, hérissé d'une foule de détails dont l'exactitude obligée pouvait souvent devenir minutieuse et triviale. Simple et concis avec élégance lorsqu'il décrit les circonstances locales et les particularités matérielles que son sujet exige, il déploie toutes les richesses de l'esprit, du sentiment et du langage lorsqu'il raconte les traits historiques ou fabuleux, dont le récit est amené par l'indication des points astronomiques ou des diverses féeries. Ces narrations, dont le style est toujours assorti à l'objet, sont tour à tour sublimes et gracieuses, sévères et enjouées; il en est quelques-unes dont la gaieté ne s'arrête qu'au moment où elle menace d'être indécente ou grivoise. Le vice essentiel du sujet était ce défaut de liaison réelle qui existe entre les événemens et les solennités successives dont se composaient la légende et la liturgie des Romains. Le poëte aurait sans cesse condamné son esprit à de vains et ridicules tours de force, s'il eût entrepris d'établir un enchaînement artificiel entre toutes ces choses si peu dépendantes les unes des autres. Aussi se contente-t-il souvent de passer d'un objet à l'autre, sans faire autre chose que marquer la succession temporaire. Mais quand quelque rapport d'analogie ou de dissemblance lui offre le moyen d'une ingénieuse transition, il s'empresse de le saisir, et alors fait éclater ce même art avec lequel il a su lier entr'elles les aventures mythologiques depuis le chaos jusqu'à l'apothéose de César, et en former l'admirable tissu des *Métamorphoses*. Plusieurs des fables racontées dans ce dernier poëme le sont aussi dans celui des *Fastes*. Un poëte, dont le défaut est peut-être d'épuiser son sujet et d'en retracer jusqu'aux moindres circonstances, ne pouvait avoir de concurrent plus incommode que lui-même. Comment redire les mêmes choses sans se répéter, lorsqu'on semble n'avoir rien omis de ce que la matière pouvait fournir? Mais, telle est la facilité, la souplesse et l'abondance du génie d'Ovide, qu'il trouve sans cesse des tours et des termes nouveaux pour exprimer des idées et des images déjà rendues avec un luxe qui va jusqu'à la prodigalité. Il y a plus, il imagine des circonstances et des combinaisons nouvelles, tellement naturelles et appropriées au sujet, que ce qui surprend le plus alors, ce n'est pas qu'il les ait inventées pour un second récit, mais qu'il ne les ait pas employées dans le premier. Seulement il est forcé à un peu d'économie par ses précédentes profusions; mais on dirait qu'il n'a fait que se débarrasser d'un superflu nuisible, et que dès-lors l'usage qu'il fait de sa richesse, n'en est que plus sage et plus heureux. La seule infériorité marquée que les récits des *Fastes* aient envers ceux des *Métamorphoses*, c'est d'être écrits en vers élégiaques. La fatigante symétrie de ces vers surpasse, à mon avis, tout ce qu'on a pu dire de la monotonie de nos alexandrins à rimes plates. Ils forment une éternelle série de distiques détachés, dans chacun desquels le sens et la phrase sont complets. De deux vers en deux vers, l'esprit et la voix tombent à la fois, sans qu'aucun enjambement, aucune apposition les soutienne ou les relève jamais; et, ce qui ajoute beaucoup à l'uniformité et à l'ennui, c'est que le pentamètre, qui est le second vers du distique, au lieu d'avoir comme l'hexamètre, des césures variées et arbitraires, est composé de deux hémistiches égaux, ayant la même valeur et étant souvent formés des mêmes pieds. Ce mètre, affecté à des pièces de peu d'étendue, telles que l'élégie et l'héroïde, est insoutenable dans un poëme de longue haleine; et l'on ne conçoit pas ce qui a pu déterminer Ovide à en faire choix, à moins de supposer que le grand vers lui semblait trop pompeux pour la plupart des scènes et des détails, qu'il avait à décrire, comme on pourrait l'inférer d'un passage même des *Fastes* où, se préparant à faire l'éloge d'Auguste, il regrette de n'avoir pas adopté d'abord le grand vers, comme devant être plus digne d'un pareil sujet :

> Quid volui demens elegis imponere tantum.
> Ponderis? heroi res erat ista pedis.

> Qu'ai-je fait quand j'ai pris des mètres inégaux ?
> Il fallait ces grands vers nés pour les grands héros.

Quoi qu'il en soit, ce mètre élégiaque était un écueil fort à craindre pour le traducteur qui, pouvant désirer en général de renfermer la pensée dans les mêmes limites que le poëte original, courait le risque de représenter trop souvent des distiques latins par des distiques français : mais ou M. Desaintange s'est tenu constamment en garde contre ce danger vers lequel le poussaient à la fois l'exemple du texte et le caractère propre de notre versification, ou bien l'heureuse et longue habitude de varier les coupes de la phrase poétique française, a suffi pour l'en préserver.

A beaucoup d'autres égards, c'était une entreprise singulièrement difficile, qu'une traduction des *Fastes* en vers français. Plusieurs détails étaient véritablement intraduisibles, sur-tout ceux qui ont rapport à des étymologies, parce qu'alors l'idée ne se fonde point sur des choses accessibles aux esprits de tous les tems et de tous les lieux, mais sur des mots qu'un idiôme peut posséder seul, à l'exclusion de tous les autres. Ainsi Ovide, faisant venir le nom de la déesse *Carmens* du mot *carmen* (vers), était entendu des Romains lorsqu'il disait :

> ...... Quæ nomen habes à carmine ductum.

Mais son interprète ne sera point compris des Français, lorsqu'il dira :

> Toi qui tires ton nom de ta bouche savante.

Dans un autre endroit, Ovide donne à *Lucina*, surnom

de Junon, deux étymologies, *lucus* (bois sacré) et *lucis* (lumière), et il dit :

> *Gratia Lucinæ : dedit hæc tibi nomina lucus;*
> *Aut quia principium tu, Dea, lucis habes.*

M. Desaintange veut rendre et ne rend pas ces deux vers, en disant :

> Toi qui tires ton nom des dons que tu nous fais,
> Ce bonheur, ô Lucine, est un de tes bienfaits.

Il eût peut-être dû supprimer ces détails qui n'ont et ne peuvent avoir aucun sens dans sa version.

J'ai promis de communiquer à M. Desaintange quelques autres observations, résultat d'une lecture attentive de son poëme. Ce qui pourra surprendre, c'est qu'elles portent presque toutes sur la versification, celle des parties de l'art pour laquelle son talent est le mieux prouvé et le plus généralement reconnu. S'il a quelquefois enfreint des règles qu'il connaît si bien et qu'il a si bien pratiquées, on ne peut l'imputer qu'à cette facilité, à cette promptitude de travail toujours croissante, dont les inconvéniens sont abondamment compensés par les avantages, puisque c'est elle qui donne à une traduction toujours fidèle l'air de verve et de liberté d'une composition toute originale.

Livre II, page 61, je lis ces deux vers :

> Aux contours d'un rouet que le tems a noircis
> D'un peloton magique elle attache les *fils*.

Pour que ces deux vers pussent rimer, il faudrait que l'on prononçât *fils* (*fila*) comme *fils* (*filii*). Or l'usage y est contraire : on fait entendre le son de *l* dans le premier, et on le supprime dans le second. Trois vers plus bas, je trouve *enduite* de trois syllabes :

> *Enduite* de menthe et de gluante poix.

Le mot pouvait avoir cette quantité au tems où l'on faisait *fuir* de deux syllables; mais il n'en est plus de même aujourd'hui.

Livre V, page 185, dernier vers :

> Et ses tendres douleurs
> *Payent* le prix des soins qui formèrent ses mœurs.

Molière a dit :
>Mais elle bat ses gens et ne les *paye* point.

Mais Molière ne fait point autorité en versification comme en comédie, et depuis long-tems on est d'accord à trouver une faute contre la mesure dans le vers que je viens de citer.

On a de la peine à concevoir qu'une oreille délicate et savante comme celle de M. de Saintange, ait souffert que sa plume traçât deux vers d'une cacophonie aussi étrange que ceux-ci (Liv. V, p. 181) :
>Zéphyre en vain me *dit* : Prends soin *des dons si doux*,
>*Des dons dont te dota* l'amour *de* ton époux.

Mais qu'on ne se hâte point tant de se récrier. Gresset dont la versification est habituellement si douce, Gresset n'a-t-il point mis dans la traduction de la VIIIe églogue de Virgile, ce vers si horriblement dur ?
>Prête les airs dont Pan pleura Syrinx ravie.

Pour comble d'infortune ce vers est un refrain qui revient sept fois dans l'églogue. Voltaire aussi n'a-t-il pas son fameux vers ?
>Non, il n'est rien que Nanine n'honore.

Et puisque j'en suis sur les vers durs échappés à des poëtes mélodieux, je ferai remarquer que Boileau lui-même, si attentif à fuir *des mauvais sons le concours odieux*, a écrit les deux vers les plus rudes peut-être que notre poésie fournisse, et cela dans un passage où la plus douce euphonie était commandée par le sens. Ce sont ces vers de l'*Art poétique* où parlant de Malherbe, il dit :
>Par ce sage *écrivain*, la langue *réparée*
>N'offrit plus *rien de rude* à l'oreille *épurée*.

J'oserai relever encore, dans tout le poëme des *Fastes*, cinq ou six impropriétés d'expressions qu'une heure de travail ferait aisément disparaître.

Livre II, p. 73, Récit de la mort de Lucrèce. Brutus arrache du sein de Lucrèce le poignard dont elle s'est frappée,
>Tout fumant d'un sang pur qui dégoutte à grands flots.

On se figure difficilement que le sang tombe *à grands flots* d'un poignard, et s'il en tombe *à grands flots*, il n'en tombe point *goutte à goutte*, il n'en *dégoutte* point.

Livre III, p. 84. Les Sabines enlevées par les Romains, veulent réconcilier leurs époux et leurs pères. A cet effet,

> Au temple de Junon *chacune en grand concours*
> *Se rassemble*, et ma bru prononce ce discours.

Chacune se rassemble en grand concours est une phrase bien singulière ; elle a le malheur d'en rappeler une autre dont on a beaucoup ri : *Le premier qui sera surpris formant un attroupement*, etc. On prétend qu'une proclamation du tems de la révolution commençait ainsi.

Livre III, p. 86 et 87 :

> Là, des femmes, le front couronné de guirlandes,
> Viennent, un *cierge* en main, apporter leurs présens.

Le mot de *cierge* appartient exclusivement à la liturgie chrétienne, et conséquemment pèche contre le costume dans la description d'une cérémonie du paganisme.

Même livre, p. 113 :

> Jeunes filles, venez, et sous vos doigts *mouvans*
> Que la laine amollie *entoure* la quenouille,
> Et *s'ourdisse* en longs fils que la salive mouille.

Il y a dans le latin :

> *Pallade placatâ, lanam mollite, puellæ :*
> *Discite jam plenas exonerare colos.*

Ce que Bayeux traduit ainsi : « Lorsque vous aurez » fléchi Pallas, jeune filles, amollissez la laine, et ap- » prenez à vider vos quenouilles bien chargées. » Le traducteur-poëte a bien pu sans doute substituer l'idée de charger ou *d'entourer* la quenouille à celle de la *vider* que porte le latin, *exonerare colos*; mais alors *doigts mouvans* et *laine amollie* sont des circonstances hors de propos, puisqu'elles n'appartiennent qu'à l'action de filer. Ensuite je doute fort qu'on puisse dire que la laine *s'ourdisse* en longs fils : le mot *ourdir* emporte nécessairement l'idée d'entrelacement et de tissu. Dix vers plus bas, M. de Saintange lui-même a placé ce mot selon sa véritable acception :

> Vous qui, des corps humains chassant la maladie,
> Renouez de nos jours la trame mal *ourdie*.

Mais terminons cette ennuyeuse guerre aux mots et aux hémistiches. Profitons de l'espace qui nous reste, pour citer quelques-uns de ces nombreux passages où le traducteur a su se jouer, comme il le dit lui-même, de l'entrave de la mesure et de la rime, et de l'entrave plus pesante encore de la fidélité scrupuleuse. Je choisis l'Hymne à la Rouille, ce fléau des moissons dont les Romains avaient fait une Divinité.

> O Rouille ! ô déité redoutable à Cérès !
> Epargne, disait-il, la semence, et permets
> Que des épis en fleurs la féconde famille
> Croisse et, mûre en été, tombe sous la faucille.
> Hélas ! le laboureur, les yeux de pleurs mouillés,
> Ne compte plus les grains de tes taches souillés.
> Cérès redoute moins pour la gerbe encor frêle
> Les vents, l'âpre gelée et la bruyante grêle ;
> Que le chaud qui corrompt l'humide chalumeau.
> Que de mal fait alors ton terrible fléau !
> Que ta main vénéneuse épargne la culture.
> N'infecte pas l'épi de ton haleine impure.
> Ne nuis pas aux moissons ; tu le peux, c'est assez :
> Ronge plutôt de Mars les glaives émoussés.
> Nuis encor, nuis au fer aiguisé pour nous nuire ;
> Détruis les javelots forgés pour nous détruire.
> Qu'en avons-nous besoin ? Le monde est en repos.
> Que le soc recourbé, les sarcloirs et la faux
> Reluisent à l'envi dans les sillons fertiles ;
> Que Mars laisse rouiller ses armes inutiles ;
> Qu'oisifs dans le fourreau les glaives ennemis
> Dans une longue paix demeurent endormis ;
> Que toujours pour Cérès ta bénigne indulgence
> Permette au laboureur de bénir ton absence.

Je citerai encore la Fable d'Arion sauvé par un Dauphin.

> Il avait enchanté par sa docte harmonie
> La féconde Sicile et la belle Ausonie,

Arion sur la mer embarque ses trésors,
Rapportant avec lui le prix de ses accords.
O chantre de Lesbos ! pour toi, pour ta fortune,
Tu redoutais peut-être et les vents et Neptune :
Tu te trompais ; la mer, malheureux passager,
Bien moins que ton navire a pour toi de danger.
Le chef, pour l'égorger, déjà s'arme d'un glaive ;
Et l'équipage entier contre lui se soulève.
Régis, régis, crois-moi, le timon incertain ;
Ce glaive, ô nautonnier, n'est pas fait pour ta main.
Alors dit Arion, sans pâlir et sans craindre,
Ma vie est en vos mains, je la perds sans me plaindre :
Mais au moins, en mourant, permettez que mes doigts
Touchent ma lyre encore une dernière fois.
Il couronne son front d'une docte verdure,
Digne, ô bel Apollon, d'orner ta chevelure ;
Il revêt sa tunique aux longs plis embaumés,
Et sa lyre a rendu ses sons accoutumés :
Le Cygne, au col d'argent, percé d'un fer impie,
En soupirs modulés exhale ainsi sa vie.
Le prêtre d'Apollon s'élance dans les flots ;
Il tombe, et sur la poupe ont rejailli les eaux.
Un Dauphin, ô merveille ! attiré par sa lyre,
Lui présente son dos en forme de navire.
Tranquillement assis, il chante, et sous ses doigts
Son luth harmonieux se marie à sa voix ;
Et ses doux chants, tribut de sa reconnaissance,
Semblent calmer le flot qui l'écoute en silence.

Je ne sais pas à quel point ces vers pourront sembler beaux à ceux qui ne liront pas en même tems l'original ; mais j'assure que la comparaison leur prête un intérêt et un charme tout particulier. On est vraiment surpris de voir combien M. de Saintange se montre partout fidèle à la pensée, au tour et à l'expression d'Ovide ; ce qu'on serait tenté de condamner d'abord dans la traduction, on est forcé de l'absoudre en le retrouvant dans le texte, et en s'assurant par la réflexion qu'il fallait ou le supprimer ou le traduire ainsi ; et l'on finit par applaudir sans réserve au talent habile et exercé qui a reproduit les *Fastes* avec toute l'exactitude d'une prose timide, sans déroger plus souvent aux lois tyranniques de la poésie française. AUGER.

SUR LES ROMANS FRANÇAIS, DEPUIS LE RÈGNE DE LOUIS VII JUSQU'AU RÈGNE DE FRANÇOIS Ier.

Le nom de Romans fut long-tems appliqué à presque tous les ouvrages de quelqu'étendue qui furent composés dans la langue romance ; mais le genre d'ouvrages que ce nom désigne aujourd'hui remonte à la plus haute antiquité. C'est dans l'Orient, sans aucun doute, qu'il en faut chercher l'origine. Les Indiens et les Persans furent les premiers romanciers. Les Grecs de l'Ionie apprirent des Persans l'art de composer ces fables voluptueuses, connues sous le nom de fables milésiennes. De ce nombre était Psyché qu'Apulée a bien fait de traduire, et qui nous charme au milieu de son livre aussi bizarre qu'ennuyeux. L'Ane-d'Or d'Apulée et le Roman satirique de Pétrone sont à peu près les seules productions que les Romains nous aient laissées dans ce genre d'écrire ; mais, sous la domination romaine, les Grecs en composèrent un grand nombre ; et, sans faire mention de Parthénius, qui écrivait du tems d'Auguste, on trouve à l'époque des Antonins Jamblique, Lucius de Patras, et le célèbre Lucien. Il ne faut pas oublier l'évêque Héliodore, qui, deux siècles plus tard, et sous le règne de Théodose, composa Théagène et Cariclée, Roman plein d'intérêt et d'imagination. Le tems où vivait Longus serait difficile à déterminer avec certitude, mais ce qui n'est pas incertain, c'est la supériorité de son ouvrage sur tous les Romans grecs qui nous sont parvenus. On peut aller plus loin. Malgré les tentatives sans nombre faites en Italie, en Espagne et en France, le roman de Daphnis et Cloé reste encore le meilleur dans le genre pastoral. Il est aussi le plus ancien, je dis toujours dans le même genre ; si toutefois on n'adopte pas le sentiment énoncé par Huet, évêque d'Avranches, dans sa lettre à Ségrais, sur l'origine des Romans. Huet remonte jusqu'à Salomon. C'est dans le Cantique des Cantiques que se trouvent à la fois, selon lui, les premières formes de Roman, d'Idylle et de Dialogue dramatique. Nous ne voulons pas démentir le pieux auteur de la Démonstration Evangélique ; mais sur beaucoup de points nous professons le scepticisme, avec le savant auteur du Traité sur l'incertitude des sciences.

Chez les nations septentrionales qui commencèrent à prendre quelque consistance vers la fin du quatrième siècle, quand l'Empire romain se précipitait vers sa ruine, des poëtes, assez semblables aux prophètes hébreux, chantaient les événemens mémorables, les combats célèbres, et la mémoire des héros morts pour la patrie. L'amour et la religion inspiraient aussi ces Scaldes de Norvège, ces Bardes de la Germanie et des Iles Britanniques ; mais l'amour fatal et malheureux, mais un paganisme aussi lugubre que celui des Grecs était riant et poétique. Tel était le génie de ces peuples ignorans, guerriers et superstitieux. Chez eux, les mœurs, les institutions, et ce qui tenait lieu des arts, tout était sombre comme leurs nuages. Alors, ou, si l'on veut, dès la fin du troisième siècle, vécut Ossian, fils de Fingal. Il nous reste à peine de lui quelques fragmens en ancien gallique, fragmens dont l'authenticité même n'est pas démontrée. C'est d'après ce fonds peu considérable, qu'il y a près d'un demi-siècle, Macpherson crut pouvoir rédiger en prose anglaise les prétendus poëmes d'Ossian ; fatras monotone, mêlé de quelques beautés, et que des Barbares modernes ont mis avec complaisance à côté des brillans chefs-d'œuvre d'Homère. On place au milieu du sixième siècle, sous le règne du roi Artus, les Anglais Thélésin et Melkin, le premier compté parmi les Bardes, et tous deux auteurs de chroniques sur Artus et sur les chevaliers de la Table-Ronde. Le Gaulois Unibaldus-Francus composa, dit-on, vers le même tems, sous Clovis, une histoire non moins fabuleuse. L'antiquité de ces auteurs est sans doute étrangement exagérée ; mais sans vouloir entamer une discussion qui n'est d'aucune importance, renfermés dans notre sujet, nous indiquons du moins la source où puisèrent les premiers Romanciers français. Il faut y joindre les Chroniques publiées sous le nom de l'archevêque Turpin, deux siècles après la mort de ce prélat, contemporain de Charlemagne. Elles ont servi de type aux nombreux Romans sur les douze pairs de France. Turpin toutefois joue dans plusieurs de ces Romans le personnage d'un ivrogne et d'un bouffon : ce qui blesse la gravité d'un historien, mais bien plus encore la dignité d'un archevêque de Reims, d'un successeur de saint Remi, d'un gardien de la Sainte-Ampoule. A ces libertés répréhensibles, les auteurs unissent toujours un grand fonds de piété. Ce mélange paraîtra surprenant à ceux qui veulent bien s'étonner de voir des contradictions chez les hommes.

Beaucoup de littérateurs assurent, sans en apporter aucune preuve, que les Romans en prose ont précédé parmi nous les Romans en vers. Le plus ancien de nos romans connus est cependant versifié : c'est le Brut, ou le livre des Bretons, composé par maître Huistace, à la cour d'Eléonore d'Aquitaine, duchesse de Normandie, et déjà reine d'Angleterre. L'auteur a donné lui-même, dans les vers suivans, la date précise de son ouvrage :

> Puisque Dieu incarnation
> Prit pour notre rédemption
> Mille et cent cinquante-cinq ans,
> Fit maître Huistace ce romans.

C'est ici le plus ancien poëme qui nous reste en langue française ; car nous n'avons aucun manuscrit de la conquête de Jérusalem par Godefroi de Bouillon, roman versifié, que Béchada, chevalier limousin, composa vingt-cinq ans avant le livre des Bretons. Nous remonterions plus haut s'il en fallait croire l'abbé Massieu. *Dès le tems de Philippe premier*, dit cet écrivain peu exact, *on ne parloit plus qu'en rimes françaises, de géans pourfendus et de Sarrasins mis à mort. Vers la conquête de Jérusalem, il y eut une quantité prodigieuse de poëtes français. Ils sembloient sortir de terre aussi bien que les armées.* Nous rapportons les phrases de l'auteur : en admettant qu'elles soient supportables, il faudra toujours convenir que ces innombrables poëtes français, contemporains de Philippe premier, n'ont existé que dans l'imagination de l'abbé Massieu. Des erreurs pareilles supposent beaucoup d'ignorance de l'état où se trouvait alors la langue française. On ne croirait pas même devoir les relever, si des brochures superficielles n'étaient pas citées quelquefois comme de graves autorités. Revenons au livre des Bretons, monument qui n'est pas sans importance ; car c'est à lui que commence, avec la poésie française, la série nombreuse des Romans de la Table-Ronde.

L'histoire des premiers rois de la Grande-Bretagne est le sujet du livre des Bretons. Ascagne, fils d'Enée, eut un fils nommé Sylvius. Ce Sylvius fut père d'un Brutus. Ce Brutus fut le premier des rois anglais, et l'Angleterre fut appelée Bretagne du nom de son fondateur. Telles sont les notions préliminaires que nous donne maître Huistace. Ce qu'il y a de plaisant, c'est qu'en versifiant ces fables ridicules, copiées apparemment des anciennes Chroniques de Thélésin et de Melkin, l'auteur se récrie contre les conteurs de fables, et proteste qu'il ne dira rien qui ne soit fondé sur la vérité. Il raconte ensuite avec beaucoup de bonne foi et peu de précision les merveilleux événemens qui eurent lieu depuis le prétendu roi Brutus jusqu'au roi Calevastre, qui gouvernait le pays de Galles à la fin du septième siècle. Puisque les premiers Romans étaient écrits à la cour de la duchesse de Normandie par des poëtes français qui appartenaient à cette province, il fallait bien que les Normands eussent leur livre comme les Bretons. Aussi cinq ans après le roman du Brut, un poëte nommé Gasse composa le roman du Rou. C'est l'histoire versifiée des ducs de Normandie, depuis Rou, c'est-à-dire Raoul, jusqu'à Guillaume II, et à la prise de Jérusalem, l'avant-dernière année du onzième siècle. Après avoir parlé d'Hasting, celui qui le premier conduisit les Normands en France, voici comme l'auteur s'exprime en arrivant au héros principal de l'ouvrage :

A Rou sommes venus, et de Rou nous dirons.

Je cite exprès ce vers, non qu'il ait rien de remarquable en lui-même; mais il amène une observation qui n'est point à négliger pour l'histoire de la versification française. C'est, comme on voit, un vers de douze syllabes. Nous avons déjà trouvé cette mesure employée dans la romane méridionale, cent ans avant le roman d'Alexandre. La voici maintenant dans la langue française, trente ans avant le même ouvrage. Le roman du Brut est écrit tout entier en vers de huit syllabes. Dans le roman du Rou, c'est encore la mesure qui se rencontre le plus souvent : mais on y trouve des morceaux écrits en *longues lignes*, car alors on nommait ainsi les vers de douze syllabes; et dans ces morceaux, selon la mode du tems, la même rime est continuée quelquefois durant trente vers.

La plupart des Romans de la Table-Ronde furent composés sous Philippe-Auguste. Quelques-uns offrent beaucoup d'intérêt; mais avant d'y jeter un coup-d'œil, il faut bien dire un mot de ce Roman d'Alexandre, ouvrage à part, et qui ne se rattache à aucune des grandes séries de Romans français. Sous le même Philippe-Auguste, et vers la fin du douzième siècle, Alexandre de Paris et Lambert Licors composèrent le Roman d'Alexandre. Deux autres parties y furent ajoutées, l'une par Pierre de Saint-Cloot, l'autre par Jean li Nivelois; la première, sous le nom de Testament d'Alexandre; la seconde, sous le titre de la Vengeance de ce Roi. L'ouvrage est écrit tout entier en vers de douze syllabes, vers qui prirent le nom d'alexandrins de ce Roman, peu connu aujourd'hui, mais célèbre alors. Voilà ce que les auteurs de compilations et de cours de littérature auraient dû se borner à dire : mais ils ne devaient pas copier successivement une erreur, en attribuant au premier de ces quatre poëtes une invention bien antérieure à l'époque où il vécut. Sous le nom du roi de Macédoine, le personnage d'Alexandre offre dans ce poëme une allusion perpétuelle au caractère de Philippe-Auguste et aux principaux événemens de son règne. Fauchet prodigue à l'ouvrage des éloges exagérés. Il en cite une quantité de vers qui ne sont remarquables d'aucune manière : mais il en oublie un qui vaut mieux à lui seul que tous ceux qu'il rapporte, et qui même a droit d'étonner, si l'on veut bien se souvenir que le poëme fût écrit il y a plus de six siècles :

N'est pas roi qui se fausse, et sa raison dément.

Une seule expression a vieilli ; *se fausser*, pour *se parjurer*. Mais on croirait lire un vers de Hardi, ou même de Mairet, d'un prédécesseur immédiat de Corneille. Le tour est nerveux, l'expression rapide. Voilà, comme dit Montaigne, *la sentence pressée au pied nombreux de la poésie*. Voilà de plus une de ces pensées nobles et vraies dont les lecteurs savent toujours gré aux écrivains. Raison et loyauté, c'était la politique du vainqueur de Bouvine ; et ce sera dans tous les tems celle des hommes dignes de gouverner des hommes.

Chrétien de Troies (ou plutôt Ménessier, car c'était le véritable nom de ce poëte), fut contemporain des auteurs du Roman d'Alexandre, et nous lui devons plusieurs célèbres Romans de la Table-Ronde : tels que le Saint-Gréal, le Chevalier à l'épée, Perceval le Gallois, et Lancelot du Lac, continué par Geoffroi de Ligni, sous le nom du Roman de la Charrette. Un peu plus tard, Giron le Courtois, l'Enchanteur Merlin, Perce-Forêt, Artus de Bretagne, et beaucoup d'autres ouvrages complettèrent cette division considérable. Les uns d'abord composés en vers furent ensuite traduits en prose ; plusieurs n'ont jamais existé qu'en prose, et de ce nombre est Tristan du Léonois, traduit du latin de Rusticien de Pise, vers la fin du douzième siècle, quelques années avant la composition du Saint-Gréal. Ces Romans sont inégaux en mérite. Perce-Forêt, Giron le Courtois, Artus de Bretagne, sont remplis de ces récits militaires qui font l'ornement des gazettes plus que le charme des Romans. Il y a, comme de raison, beaucoup de diablerie dans le roman de Merlin ; mais on y voit avec plaisir que ce terrible enchanteur fut vaincu par une femme dans la science même où il excellait. Viviane, dont il était fortement épris, parvint à l'enfermer dans une tour suspendue en l'air ; l'aventure se passa en Basse-Bretagne où il doit se trouver encore, toujours enfermé dans sa tour aérienne, qui, par malheur, est invisible, au rapport du romancier. Le Saint-Gréal et Perceval le Gallois sont, pour ainsi dire, deux parties du même Roman. Ce vieux mot de Saint-Gréal peut se traduire par Saint-Ciboire, et désigne le vase précieux dont Jésus se servit le jour de la Cène. Cette relique fut apportée, dit-on, en Angleterre par Joseph d'Arimathie. Après la mort de ce saint personnage elle fut enlevée par les infidèles. Plusieurs chevaliers de la Table-Ronde entreprirent vainement sa conquête : leur vaillance, heureuse partout ailleurs, ne suffisait pas pour un triomphe de cette nature. Perceval le Gallois, aussi recommandable par sa chasteté que par son courage, fut le conquérant du Saint-Gréal. Cette coupe sacrée disparut quand il cessa de vivre. *Oncques depuis chevalier semblable ni si sainte relique ne furent vus dans la Grande-Bretagne.* Ce sont les termes exprès des romanciers de la Table-Ronde. L'Angleterre eut, il est vrai, des grands-hommes qui remplacèrent ses chevaliers. Quant au Saint-Gréal, loin d'en réparer la perte, elle éprouva par la suite des tems, et surtout au seizième siècle, beaucoup d'autres malheurs du même genre. Elle est encore aujourd'hui riche en industrie, en commerce, en agriculture, en marine ; mais elle est bien pauvre en reliques.

Venons au Roman de Lancelot, dont la seconde partie est appelée la Charrette, non, comme le disent les auteurs de la Bibliothèque des Romans, parce que la mère de Lancelot accoucha de lui en voyageant dans une voiture de cette espèce ; mais parce que la fée Morgain, sœur du roi Artus, enferma plusieurs fois, au château de la Charrette, Lancelot qu'elle persécutait. *De grands combats et des combats encore*, ennuient dans ce Roman, comme partout où on les trouve ; mais ici du moins des aventures intéressantes rachètent ce défaut. Si le bon roi Artus, fondateur de l'ordre de la Table-Ronde, n'est pas fort aimé de Genèvre, son épouse, en revanche cette belle reine chérit tendrement Lancelot. Leur passion mutuelle est peinte avec vérité, quelquefois avec une franchise un peu trop naïve. La protection accordée à cet heureux chevalier *par la damoiselle du Lac*, enchanteresse, élève de Merlin, amène des incidens remarquables ; mais rien n'inspire un intérêt aussi vif que l'instant où Lancelot, arrivant à l'improviste, et prodiguant des exploits utiles, délivre la reine, son amante, quand elle va subir le supplice du feu. Les personnes lettrées n'ignorent pas que cet endroit a fourni l'un des plus beaux chants du poëme de l'Arioste ; et tout le monde sait quel parti plus grand encore Voltaire a tiré d'une situation pareille dans l'admirable troisième acte de la tragédie de Tancrède.

Le Roman de Méliadus ne présente rien qui mérite un souvenir, et c'est beaucoup de le citer ; mais celui de Tristan du Léonois, fils de Méliadus, est digne en partie des éloges que n'ont cessé de lui donner, durant trois siècles, les poëtes et les romanciers français. De nos jours même il a conservé sa réputation. L'évêque de la Ravallière, homme vraiment éclairé sur notre ancienne littérature, le regardait comme le meilleur de tous nos vieux Romans. C'est aller trop loin peut-être ; mais il en est peu du moins qui puissent lui être comparés, et sans doute il occupe le premier rang parmi ceux de la Table-Ronde. Tressan nous en a donné un extrait ou plutôt un abrégé fort agréable. Ici le roi Marc n'est pas plus aimé de son épouse Iseult que le roi Artus, dans le Roman de Lancelot, n'est aimé de la reine Genèvre ; mais un roi de Cornouailles est moins imposant qu'un roi d'Angleterre. D'ailleurs la passion de Tristan et d'Iseult est si tendre, si énergique, si édifiante, au moins par sa constance inaltérable, qu'elle servit de modèle aux amans, d'autorité aux exagérations poétiques. Il est bien vrai que le roi Marc est l'oncle même de Tristan ; mais Tristan le venge si bien de ses ennemis, Tristan combat pour lui avec tant de courage, que ce héros mérite une récompense. Le lecteur le plus sévère, tranquillisé par les succès du monarque, est peu tenté de plaindre l'époux. Enfin, dans ces prétendus événemens du sixième siècle, les auteurs peignaient les mœurs du douzième ; et nous avons eu déjà l'occasion de remarquer que le sacrement du mariage, dans les opinions de la chevalerie, avait quelque chose de moins divin que le sacrement de l'amour. Il faut bien me passer une expression qui seule représente ma pensée. Faisons-nous une idée juste de ces tems éloignés dont les préjugés n'étaient pas les nôtres. Un choix involontaire, mais unique, remplissait l'espace de la vie. Etre infidèle à ce choix du cœur, voilà ce qui paraissait répréhensible. La passion préservait du vice; à d'autres époques, le vice a préservé des passions. On peut blâmer aujourd'hui les mœurs de nos aïeux; mais il ne faut pas les blâmer comme trop indulgentes. Elles ne faisaient que déplacer les devoirs. Les supprimer a semblé plus commode. En lisant le Paysan parvenu de Marivaux, les Confessions de Duclos, et tous les Romans de Crébillon le fils, on trouve une société aguerrie qui a perfectionné l'immoralité. On ne trouve, à la lecture de Tristan, que deux victimes de l'amour. Tristan meurt sur un faux récit de la mort d'Iseult; Iseult expire à la vue de son chevalier qui vient d'expirer pour elle. Deux tombeaux sont élevés; les amans sont rapprochés et non réunis : mais du sein du tombeau de Tristan s'élève une *ronce verte et feuillue,* qui par degrés s'incline, et pénètre dans le tombeau d'Iseult. Trois fois arrachée, trois fois elle renaît plus belle; et ce miracle de l'amour plaît à l'imagination, sans pourtant exiger la foi, puisqu'il n'est pas dans la légende.

Les Romans des douze pairs de France succédèrent aux Romans de la Table-Ronde, et l'époque de Charlemagne ne fut pas moins célébrée que celle d'Artus. Seulement au lieu des héros bretons, Tristan, Lancelot, Gauvain, Perceval, on vit briller des héros français, Olivier, Renaud de Montauban, Guérin de Montglave, Ogier, mais surtout Roland, l'Hercule de notre ancienne chevalerie. Huon de Villeneuve fut pour cette seconde série ce qu'avait été Chrétien de Troies pour la première : l'auteur le plus fécond et le plus habile. Ses Romans versifiés, Renaud de Montauban, Doon de Nanteuil, Garnier de Nanteuil, Aie d'Avignon, et plusieurs autres, furent écrits vers la fin du règne de Philippe-Auguste. Dans la suite on les traduisit en prose, et sous le règne de Louis IX d'autres auteurs composèrent de nouveaux Romans qui servirent de suite aux premiers. Le goût même en subsista jusqu'au milieu du quinzième siècle. Cependant il n'est pas difficile de remarquer que la pieuse folie des Croisades inspira dans l'origine, et bientôt multiplia ces productions. De là cette prétendue conquête du Saint-Gréal, tentée successivement par tous les chevaliers d'Angleterre, mise à fin par un seul d'entre eux. De là ces fabuleux voyages de Charlemagne et des douze pairs de France, pour conquérir la Terre-Sainte, et convertir les infidèles. Ce qui méritait davantage d'être observé, mais ce qui pourtant l'a été beaucoup moins, c'est que dans ces Romans le pouvoir royal n'est jamais représenté comme absolu; c'est que le respect pour le prince et pour sa famille n'est pas une servile idolâtrie; c'est encore que, malgré le fanatisme du tems, on accorde quelques vertus aux ennemis de la foi chrétienne. Ce que nous affirmons, nous allons le prouver par des exemples, en laissant dire aux personnes qui renferment apparemment la littérature dans les journaux et les almanachs, que les progrès de l'esprit national, des idées saines, des opinions généreuses, résultans des monumens littéraires, et constatés par eux, ne doivent pas être aperçus dans une histoire de la littérature française.

Ouvrez le roman de Doolin, comte de Mayence. Doolin, se croyant offensé par Charlemagne, vient lui proposer au milieu de sa cour un combat que l'Empereur accepte. Les risques sont partagés dans ce combat; mais un ange, invisible comme tous les anges, arrive à propos sur le champ de bataille pour arrêter le bras de Doolin, et parler en même tems au cœur de Charlemagne irrité. L'auteur du Roman d'Ogier peint des plus fâcheuses couleurs Charlot, fils de Charlemagne, et mort quelques années avant ce monarque. Lisez le Roman de Guérin de Montglave. Charlemagne fait la guerre au duc d'Aquitaine, son vassal; mais les pairs de France blâment hautement cette entreprise, et lui reprochent de combattre des Français, au lieu d'aller porter la guerre chez les infidèles. Ceci est bien remarquable, et l'allusion n'était pas douteuse. Le Roman fut composé durant la Croisade contre le comte de Toulouse, croisade que nous retrouvons souvent, et que nous retrouvons toujours blâmée par les auteurs contemporains. Dans le Roman d'Ogier, dont nous venons de parler, un roi mécréant fait arrêter par surprise et retient captif ce chevalier redoutable. Indigné de la trahison, Caraheu, le plus intrépide des chefs musulmans, se rend de lui-même au camp de Charlemagne et se livre en otage pour Ogier. Gloriande, maîtresse de Caraheu, est faussement accusée d'un crime en l'absence de son amant: mais Ogier se déclare son chevalier, réclame ce combat que l'on nommait *le jugement de Dieu*, remporte la victoire, et sauve la maîtresse du généreux musulman qu'il regarde comme son ami. De là naît entr'eux une fraternité d'armes dont les devoirs sont inviolables, sans que pour cela le musulman se convertisse à la foi chrétienne, ni le chrétien à la foi musulmane. Que résulte-t-il des premiers exemples ? que les Français du treizième siècle n'avaient pas l'idée d'un pouvoir sans limite, devant qui l'opinion doit se taire. Que faut-il conclure de la dernière observation ? que si les Musulmans avaient admiré Philippe-Auguste et Louis IX, les grandes qualités de Saladin et de plusieurs émirs avaient charmé les chrétiens. Quelque bien naissait des maux infinis occasionnés par les croisades; au sein des combats, la sociabilité s'augmentait. On commençait à sentir que l'humaine vertu ne dépend pas précisément d'aller dans une église ou dans une mosquée pour adorer Dieu qui est partout.

Comme il est impossible de parler de tous les Romans qui ont pour objet l'époque de Charlemagne, nous abandonnons à la Bibliothèque Bleue les Quatre Fils Aymon dont elle s'est emparée. Nous laissons leur cousin Maugis, expert en diablerie, mais qui n'a pu toutefois atteindre à la réputation de Merlin. Nous croyons même devoir négliger le Roman de Meurvin, fils de la fée Morgane et d'Ogier : car il n'y a rien de bien réjouissant dans les étranges amours de la fée Gratienne avec les démons; amours funestes au genre humain, puisqu'ils produisirent les sept péchés capitaux, du moins si l'on en croit le romancier. On sait que d'autres généalogistes les font remonter beaucoup plus haut que l'époque de Charlemagne. Nous reviendrons avec quelques détails sur le Roman de Guérin de Montglave, duc d'Aquitaine. Cet ouvrage manque d'unité, mais non d'agrément. Les quatre fils de Guérin vont chercher les aventures, chacun de son côté; tous ont d'heureux succès. Néanmoins les aventures d'Arnaud, l'aîné des enfans de Guérin, sont les seules qui soient vraiment piquantes. On s'intéresse à sa passion pour Frégonde, jeune princesse mahométane, qui voudrait bien en faire un bon musulman ; mais qu'après de longues traverses, il parvient lui-même à rendre chrétienne. Deux amis d'Arnaud font sur-tout beaucoup d'effet dans ce Roman; le géant Robastre et Perdrigon, l'un guerrier, l'autre enchanteur, tous deux attachés long-tems à la maison d'Aquitaine, mais tous deux devenus ermites, afin d'opérer leur salut. Le perfide Hunaut, après la mort de Guérin, tache d'usurper le duché d'Aquitaine. Pour y réussir il a recours aux armes des infidèles, et ne fait pas difficulté d'embrasser la religion de Mahomet. C'est pourtant un scélérat dévot. Aussi, troublé le lendemain par ses remords, il s'enfonce dans une forêt, y rencontre un ermite, et se confesse à lui. Cet ermite est le géant Robastre. Après avoir entendu l'aveu des crimes d'Hunaut, Robastre, ému du vif repentir que lui témoigne son pénitent, raisonne ainsi en lui-même. « Voilà un misérable à qui le ciel accorde un » acte de contrition parfaite. S'il vit encore, la rechute est » infaillible ; il finira mal : s'il meurt en ce moment, il est sauvé. » En conséquence, l'ermite géant l'absout et l'assomme : après quoi le terrible théologien rend grâce à Dieu d'avoir envoyé une âme en paradis. Ce n'est pas tout. L'amoureux Arnaud, la belle Frégonde, sont emprisonnés séparément. Robastre en est informé par la confession qu'il vient d'entendre. Il s'agit de les délivrer : c'est toutefois ce qu'il ne peut faire, ni comme guerrier, ni comme confesseur ; mais les expédiens ne lui manquent pas. Il va trouver son ami Perdrigon, et lui demande quelques enchantemens. Perdrigon lui représente en vain qu'il ne fait plus le métier, et qu'en se donnant à Dieu, il a rompu avec le Diable. Robastre, dont on connaît déjà la puissante logique, lui répond qu'il faut renouer, quitte à rompre de nouveau ; et que c'est jouer un excellent tour au Diable que de l'obliger à faire du bien. Perdrigon trouve le raisonnement sans réplique. Une triple alliance est formée : le courage, la magie et l'amour agissent à la fois : on force les deux prisons : Frégonde aime et fait des vœux : Perdrigon va au sabat ; Arnaud combat avec Robastre, et les amans réunis règnent paisiblement sur l'Aquitaine, en remerciant Dieu des bontés du Diable.

Le roman de Gallien le restauré, sert de suite au roman de Guérin de Montglave ; et, quoiqu'il lui soit inférieur, il est loin d'être sans mérite. On y trouve l'aventure des *Gabs*. C'est une suite de gageures faites par plaisanterie, dans la chaleur de l'ivresse, et qu'il faut tenir ensuite comme des gageures faites sérieusement. Là, sur-tout, l'archevêque Turpin est représenté comme un buveur intrépide. Ogier, Roland, Charlemagne lui-même, n'y jouent guère des rôles plus sensés. Le jeune et tendre Olivier, de la maison d'Aquitaine, est sans contredit le mieux partagé. Cette aventure, dont nous ne croyons pas devoir tenter l'analyse, est rapportée fort librement par Lamonnoye dans la seconde partie du Ménagiana. La Chaussée, et non Grécourt, l'a mise en vers plus licentieux que bien tournés. Récemment elle a été versifiée de nouveau avec la retenue convenable. Les amours d'Olivier et de Jacqueline, fille d'Hugon, roi musulman, n'offrent pas la langueur reprochée à quelques anciens Romans, et la manière dont cette aimable princesse est convertie, n'est pas ce qu'il y a de moins piquant, ni de moins difficile à raconter.

Voici encore un prince de la maison d'Aquitaine : Huon de Bordeaux. Le nom de ce héros fabuleux est dépourvu d'harmonie; et les beaux esprits de la Bibliothèque Bleue ont ajouté une seconde partie très-insipide aux Romans qui portent son nom; mais la première partie, c'est-à-dire l'ancien ouvrage, est, après Guérin de Montglave, le meilleur des Romans qui appartiennent à la série des douze pairs de France. Tous les détails qui concernent le petit Oberon, roi de Féerie, sont curieux et pleins d'imagination. Ce petit Oberon, bien supérieur en puissance à tous les monarques, puisqu'il peut tout ce qu'il souhaite, n'a point de commerce avec les démons. C'est au contraire un chrétien fervent, et même un peu formaliste; car il abandonne aux plus rudes épreuves le héros qu'il protège, et qui n'est coupable que d'avoir trop aimé la belle Esclarmonde, avant qu'elle ait été baptisée. Mais tant d'épreuves ont leur terme; la Princesse musulmane embrasse le christianisme; elle reçoit le baptême de la propre main du Pape, et tout finit par un mariage. Il est à remarquer que dans un grand nombre de ces Romans des douze pairs de France, les chevaliers chrétiens épousent des princesses mahométanes: c'est ce que l'on ne voit point dans les Romans de la Table-Ronde; et la raison de cette différence ne serait pas facile à déterminer avec précision. Du reste, toutes ces princesses se convertissent sans missionnaire, sans même apprendre leur catéchisme, et seulement par l'amour, puissant moyen de conversion. Semblable en ce point seul à l'Armide du Tasse, chaque héroïne est plus sensible que théologienne; et la religion du héros qu'elle aime est à ses yeux la seule véritable.

Ces vieux Romans français furent traduits dans presque toutes les langues de l'Europe. La renommée des douze pairs de France, et sur-tout celle de Roland, s'étendit dans les contrées les plus lointaines. Une montagne du royaume de Valence porte le nom de ce héros, et, suivant les traditions du pays, l'abîme qui la sépare d'une autre montagne, fut ouvert par un coup d'épée de Roland. Les Grecs modernes racontent à peu près la même chose d'un coup d'épée de saint Paul. Durandal, cette merveilleuse épée de Roland, se conserve encore à Bourse, à ce que prétendent les Turcs. Ils assurent même que Roland fut leur compatriote; mais c'est un conte absurde. Il est certain qu'il était Français. En écartant les récits fabuleux, tout ce qui restera d'historique, c'est que ce fameux guerrier périt à la bataille de Roncevaux, à la fin du huitième siècle. Un chant de guerre appelé le chant de Roland fut long-tems conservé par la tradition dans les Pyrénées. L'Italien Boyardo, sous Léon X, célébra dans un poëme un peu faible les exploits et les amours de Roland : mais, vingt ans après, l'Arioste les immortalisa dans la plus riche épopée qui ait illustré la poésie moderne. L'Arioste emprunte à la romancerie française les enchantemens et les prophéties de Merlin, les hauts faits d'armes de Roland, de Charlemagne, et de Renaud de Montauban, jusqu'aux noms de leurs épées et de leurs coursiers : mais les fictions qu'il adopte deviennent les siennes. Il chante les dames et les paladins, les fées et les héros, la guerre et l'amour; et tout avec une grâce égale; en vers pleins et faciles, rians comme les campagnes de l'Italie, chauds et brillans comme les rayons du jour qui l'éclaire, et plus durables que les monumens qui l'embellissent. Original quand il imite, inimitable quand il invente, il conserve un ordre admirable dans son désordre apparent. Semble-t-il égaré par son imagination vagabonde, tout à coup il l'arrête, et de nouveau la laisse aller, tantôt la promène, et tantôt la précipite, changeant à son gré de route et d'allure, toujours indépendant des règles factices, mais toujours réglé dans ses écarts, toujours maître de son sujet, de ses lecteurs et de lui-même.

Nos vieux romanciers, attribuant aux héros qu'ils célébraient des actions au-dessus des forces de l'homme, mettaient sérieusement la grandeur dans l'impossible, erreur commune aux enfans, aux hommes qui prolongent leur enfance, et aux nations qui n'en sont pas sorties. L'Arioste, remettant les choses à leur place, vit la grandeur réelle dans ce qui est impossible au vulgaire, et le ridicule dans l'impossible absolu; mais il fit un nouveau genre, un poëme unique, en tirant un égal parti du ridicule et de la grandeur. Un génie moins étendu, un esprit non moins supérieur peut-être, Cervantes, en Espagne, né chez une nation magnanime, mais de son tems un peu exagérée dans ses mœurs, lui donna l'ouvrage dont elle avait le plus besoin, le beau Roman de Dom Quichotte. On ne voit là que le ridicule, mais le ridicule instructif, et présenté par un maître habile. Voyez comme il ajoute au merveilleux fait à plaisir par l'imagination de son héros le merveilleux même des circonstances que le hasard accumule. Voyez comme bientôt l'examen le plus simple ramène les effets à des causes naturelles ; presque toujours vulgaires, et souvent burlesques : idée large et philosophique ; vraie pour les Romans ; vraie pour ce qui est déjà l'histoire, et pour ce qui doit l'être un jour ; susceptible d'applications sans nombre, comme toutes les idées qui résultent d'un profond examen des choses humaines.

Dans les Romans des douze pairs de France et dans ceux de la Table-Ronde, on trouve sans cesse des magiciens et des fées. Quant à la magie proprement dite, elle est de la plus haute antiquité, témoins les magiciens de Pharaon, et la Pythonisse d'Endor. La Bible et les poëmes d'Homère, Théocrite et Virgile, tous les poëtes, tous les historiens de l'antiquité, quelques-uns même de ses philosophes, les Juifs, les Egyptiens, les Persans, les Grecs, les Romains, les Arabes, ont reconnu, d'un commun accord, le pouvoir de la magie. Simon le magicien n'était pas sans talens, selon les Actes des Apôtres. Un hymne que l'on chante encore dans nos temples, atteste conjointement le roi David et la Sibylle. Les Pères de l'Eglise n'élèvent aucun doute sur le commerce de certains hommes avec le Diable. Beaucoup de nos historiens modernes, Mézerai lui-même et le jésuite Daniel, admettent l'authenticité des faits rapportés à cet égard. Les tribunaux de l'inquisition n'ont jamais renoncé au plaisir de faire brûler des magiciens. Nos parlemens ont été souvent du même avis. On sait que la maréchale d'Ancre fut condamnée comme sorcière ; et même, à la plus brillante époque du règne de Louis XIV, dans le procès de la Voisin, on eut l'indécence et la sottise d'accuser de sorcellerie la duchesse de Bouillon, la comtesse de Soissons, mère du prince Eugène, et jusqu'au maréchal de Luxembourg. On voit donc qu'avant l'âge précédent, sur des points de quelque importance, on n'avait pas le droit de rire de la simplicité du treizième siècle. Quant à la féerie, considérée sous le point de vue littéraire, on peut employer habilement ce merveilleux qui nous vient des Arabes. N'imitons pas ces critiques à vue courte qui voudraient resserrer le talent dans le petit espace qu'ils aperçoivent. Sans avoir la richesse de l'antique mythologie, ni la gravité du merveilleux purement allégorique, la féerie a de l'originalité, de la grâce, et n'est froide que dans les poëtes froids. Pour faire agir les fées et les enchanteurs, sans doute il faut savoir tenir leur baguette; mais l'Alcine de l'Arioste, et l'Armide du Tasse, suffisent pour répondre à toute objection contre le genre en lui-même. Le génie Ariel, dans la tempête de Shakespeare, n'est pas la moins heureuse création de ce poëte anglais dont l'imagination fut puissante. L'Allemand Viéland adopta la féerie dans son poëme d'Oberon, tiré de nos vieux romans français; mais son poëme, estimé en Allemagne, est plein d'une gentillesse tout-à-fait germanique, et Viéland n'est pas un Arioste. Parmi nous, Armide transportée sur la scène lyrique a fait en grande partie la gloire de Quinaut. Perraut, qui savait tout gâter, décrédita ce merveilleux par des contes ridicules; mais Voltaire, qui savait tout embellir, le remit pleinement en honneur dans le conte charmant de la fée Urgelle, et dans un poëme admirable que l'on paraît être convenu de relire souvent et de ne jamais nommer en public.

On s'attend peut-être que nous allons passer à cette troisième série de romans connus sous le nom des Amadis: mais ils n'appartiennent point à l'époque dont nous sommes actuellement occupés. C'est au seizième siècle, à la fin du règne de François premier, que l'on commence à les voir paraître; et même alors ils paraissent seulement comme des traductions de l'espagnol. Nous examinerons, quand il en sera tems, s'ils sont originaires de l'Espagne, ou si l'Espagne les tient de l'Italie. Déjà, d'après quelques recherches, nous croyons devoir préférer cette dernière opinion: mais du moins nous paraît-il sûr qu'ils ne sont pas d'origine française. Tressan l'affirme toutefois. Il les croit même aussi anciens dans notre langue que les Romans de la Table-Ronde. Mais sur quelle autorité? c'est ce qu'il néglige de nous apprendre. Parmi les extraits publiés par Tressan, quelques-uns sont agréables: il avait de la grâce dans l'esprit: du reste il n'avait pas approfondi l'histoire littéraire. Toute discussion sur ce point serait donc inutile, ici comme à l'époque suivante; et si nous disons aujourd'hui quelques mots des Amadis, c'est uniquement pour prouver que nous n'avons pas ignoré une opinion trop légèrement émise, et qui n'est fondée ni sur des monumens authentiques, ni sur des témoignages de quelque poids, ni même sur des conjectures probables.

Après les Romans qui admettent le merveilleux mêlé à l'histoire, viennent les Romans historiques, où l'histoire est pourtant aussi falsifiée que dans les premiers, mais sans aucun mélange de féerie. Hugues-Capet, Bertrand

Duguesclin, Olivier de Clisson, Raoul, sire de Couci, furent les héros de ces nouveaux Romans, faibles d'intérêt, et dépourvus d'imagination. Ils parurent au quatorzième siècle, âge inférieur au précédent, comme nous aurons occasion de le prouver dans les considérations générales qui termineront l'époque entière. A la fin du règne de Charles VI et sous le règne de Charles VII furent composés quelques Romans de pure chevalerie : ceux-là méritent de nous arrêter un instant. L'un d'eux est Pierre de Provence, qui, long-tems après sa composition, fut en si grande faveur à la cour galante de François premier, et que je crois tiré de quelqu'ancien Roman provençal, composé sous la maison d'Anjou, quand elle gouvernait à la fois la Provence et Naples. Quoi qu'il en soit, la passion de Pierre de Provence pour la belle Maguelonne, fille du roi de Naples, la gloire qu'il acquiert dans les tournois, les trois anneaux qu'il lui donne, sa fuite avec elle, l'enlèvement des trois anneaux par un épervier, la séparation des amans occasionnée par cet accident même, les malheurs qu'ils éprouvent séparément, leur réunion dans un hospice, où la princesse, déguisée en sœur converse, prodigue des secours à son amant malade et lui sauve la vie sans le reconnaître et sans en être reconnue, les trois anneaux retrouvés : tant d'événemens terminés par un dénouement heureux; tel est le roman de Pierre de Provence. Il dut plaire à nos aïeux qui savaient aimer. Il y a bien quelquefois un peu de fadeur; mais il y a du véritable amour et le charme de ce naturel que nous avons déjà remarqué dans le fabliau d'Aucassin et Nicolette. L'ouvrage est d'ailleurs sagement composé. L'unité d'action y est observé avec rigueur; et, contre l'habitude de nos vieux romanciers, de quelques-uns même de nos romanciers modernes, rien ne détourne un moment de l'intérêt qu'inspirent les principaux personnages.

Mais il nous reste à rappeler deux productions bien supérieures. Je veux dire le petit Jéhan de Saintré et Gérard de Nevers. Tressan mérite beaucoup d'éloges pour avoir rajeuni ces charmans ouvrages, les meilleurs sans contredit de tous les anciens romans français. Dans le premier, plus on s'intéresse aux amours de la dame des belles cousines et du jeune Saintré, plus on s'étonne de voir cette princesse, après le départ de son chevalier pour la Terre-Sainte, oublier une passion respectueuse, supporter et bientôt accueillir l'amour grossier de Dampabbé qui parvient à la rendre infidèle au milieu des fêtes joyeuses de son opulente abbaye.

baye. On applaudit à Saintré, lorsqu'à son retour, outragé devant son ancienne amante, dans les jeux robustes des moines, il prend bientôt sa revanche à des exercices chevaleresques, et fait périr l'infâme prieur, en arrachant à la perfide l'écharpe dont elle n'est plus digne, et qui fut le gage d'un amour qu'elle a trahi. Observons que dans l'ouvrage original, elle partage le sort de Dampabbé; châtiment bien rigoureux sans doute, mais qui pourtant ne choqua point nos ancêtres, tant ils méprisaient la déloyauté en amour comme en tout le reste. Le second Roman, moins varié, moins piquant dans ses détails, offre un intérêt beaucoup plus vif. Rien d'aussi tendre que Gérard de Nevers; rien d'aussi fidèle que la belle Euriant. Aussi l'imprudent Gérard ose-t-il gager dans la cour de Louis VI, qu'il ne sera jamais trahi par elle. Lisiard, comte de Forest, accepte la gageure. S'il ne peut réussir auprès d'Euriant, ses états appartiendront à Gérard: s'il réussit, les états de Gérard lui appartiendront. Gérard doit rester à la cour, c'est une des conditions, et le comte de Forest part aussitôt pour tenter de séduire Euriant. Il échoue; mais par une détestable intrigue avec la gouvernante Gondrée, il obtient des indices qui semblent démontrer qu'il a réussi. Avec quelle peine on voit la sensible et vertueuse Euriant chassée honteusement de la cour de France, aux yeux de son amant qui la croit lui-même infidèle, et qui déjà n'est plus comte de Nevers! Mais avec quel plaisir on suit Gérard, déguisé en ménestrel, arrivant dans les états qui ne sont plus les siens, inconnu, mais témoin partout des regrets qu'il inspire, et de la haine que l'usurpateur excite, admis sous son déguisement dans ce même château qui fut habité par ses ancêtres! Là, tandis qu'il chante une romance mélancolique, il entend Lisiard et Gondrée se reprocher à demi-voix les crimes qu'ils ont commis ensemble. Sans états, sans biens, mais heureux de l'innocence d'Euriant, bientôt chez le duc de Metz, Gérard se fait connaître, en appelle au jugement de Dieu, frappe Lisiard du coup mortel. Lisiard mourant, confesse à haute voix son imposture. La coupable Gondrée subit un supplice légitime. Unissant le comté de Forest au comté de Nevers, Gérard vient rendre hommage au roi son suzerain, ramène en triomphe sa fidèle Euriant, et l'épouse au milieu de cette cour de France où leur infortune avait commencé. J'avoue ma prédilection pour ce Roman. Nul ouvrage à mon gré ne représente aussi bien les mœurs de ces tems

D d

peu éclairés, mais où du moins les préjugés étaient sincères, où le mot de l'honneur vibrait fortement dans les ames, où l'on avait une conscience, des passions et des vertus.

En passant au genre des nouvelles, nous ne dirons rien du Dolopatos ou Roman des sept sages, recueil de contes orientaux dont nous avons suffisamment parlé dans le discours sur les fabliaux. Mais nous trouvons sous le règne de Charles VII les Cent Nouvelles de la cour de Bourgogne. Elles furent en effet composées dans cette cour, lorsque Louis XI, encore dauphin, crut devoir abandonner le palais de son père, et demander un asile à Philippe-le-Bon. Les principaux auteurs de cet ouvrage furent le Dauphin, le duc de Bourgogne, le maréchal de Chastellux, le sire de Créqui, et Pierre de Luxembourg, père de ce connétable de Saint-Paul, qui fut dans la suite une des victimes de Louis XI. Ces nouvelles en prose sont faites sur le modèle du Décaméron de Bocace, et des Cent Nouvelles italiennes qui parurent manuscrites après le Décaméron. Quelques-unes même sont évidemment tirées de Bocace. D'autres ont été imitées par La Fontaine; mais les narrations, et souvent les titres mêmes offrent une liberté cynique qui ne se trouve ni dans Bocace ni dans La Fontaine. C'était cependant pour amuser les dames que l'on racontait ces nouvelles durant les soirées d'hiver. Duclos prétendait que les plus honnêtes femmes sont celles qui entendent avec le plus d'indulgence les contes un peu libres. Si l'observation est fondée, les dames de la cour de Bourgogne devaient être de bien honnêtes femmes.

On a beaucoup écrit pour et contre la moralité des Romans; mais jamais question ne fut plus mal posée. Quel genre d'écrire est moral ou immoral dans le sens absolu? Les comédies ou plutôt les farces de Montfleuri et de Dancourt sont immorales; mais Tartuffe et le Misanthrope sont d'une haute moralité. Qui pourrait comparer sous le point de vue moral Emile et les sermons du P. Maillart, les Romans de Richardson et les ouvrages théologiques de Sanchés? Toutes les productions de l'esprit humain peuvent également porter le cachet du vice et l'empreinte de la vertu. On ne sait pas au juste ce que pensaient sur ce point le P. du Baudory, le P. Neuville, et le frère Bertier, qui furent à l'insu de leurs contemporains les flambeaux du dix-huitième siècle; qui formaient, au fond du collège de Louis-le-Grand, la chambre ardente des réputations;

tribunal dispensateur de la gloire, et tribunal bien équitable, car on ne pouvait le soupçonner d'être à la fois juge et partie. Mais le P. Berruyer, comme eux jésuite, a fait de l'histoire du peuple de Dieu un Roman fort divertissant. Le P. Médina, cordelier, envoyé au concile de Trente par le bienheureux Philippe II, a conseillé la lecture des Romans espagnols. Enéas Sylvius, avant d'être Pape, a fait un Roman qui pouvait être meilleur sans péché mortel. Le savant Huet, évêque d'Avranches, a pris la défense de ce genre d'écrire. On lui attribue même le Roman de Diane de Castro. Enfin, par les mains du grand Fénélon, la vertu et le génie ont élevé, dans le Roman de Télémaque, un des plus beaux monumens de l'art d'écrire. Veut-on dire qu'il ne faut point séduire l'esprit par des fictions ? Qu'importent des fictions que l'on donne pour telles ? Il faudra donc condamner jusqu'aux paraboles de l'Evangile ! non ; pour être justes ne condamnons qu'une seule espèce de fictions ; les impostures que l'on force de croire, et qui font le malheur des hommes.

Mais comment faut-il faire un Roman ? quelles sont les règles du genre ? quel en est le but, quelle est la borne où l'on doit s'arrêter ? Questions faites pour amuser les casuistes littéraires, tout aussi graves que les casuistes théologiens. Tandis que les critiques de vocation, toujours prêts à décider faute d'examen, veulent resserrer ce genre d'écrire en des cases aussi étroites que leur cervelle, tous les merveilleux sont employés, toutes les formes d'ouvrages sont imitées dans les Romans. Ici la mythologie d'Homère éclate avec pompe ; là se mêlent ensemble le christianisme et l'islamisme ; tantôt la religion d'Odin répand sa tristesse septentrionale ; tantôt la riante féérie étale ses prestiges orientaux. Pétrone compose une satire en action, Longus une pastorale, Héliodore une tragédie. Chez les modernes, Fénélon s'approche de l'épopée, pour donner des leçons aux rois et aux peuples ; Cervantes, Lesage et Fielding suivent les traces de la comédie ; Richardson réunit les deux genres dramatiques ; Swift, après Rabelais, cache une amère dérision sous le voile transparent de l'allégorie ; Montesquieu dans un Roman traite les questions de morale et de politique ; J. J. Rousseau y ajoute les ornemens de l'éloquence ; et Voltaire, universel en ce genre comme dans l'ensemble de ses ouvrages, unissant partout la morale et la plaisanterie, aborde la métaphysique dans Candide et la physique générale dans

Micromégas. Que doit-on conclure de cet aperçu? Qu'il faut bien laisser au génie l'indépendance qu'il a conquise. Si l'on veut partout des poétiques, fixons d'après lui, mais en peu de mots, la poétique des Romans. Les moyens sont des hommes qui parlent, écrivent, agissent. La règle est de plaire; le but d'instruire; l'étendue celle des idées; la borne celle d'une imagination raisonnable.

Tout le monde aime les Romans : je ne parle pas de cette foule d'ouvrages frivoles qui se précipitent les uns sur les autres, s'impriment sans devenir publics, et ne sont pas même oubliés. Je parle des bons Romans; leur nombre est assez considérable. C'est la lecture la plus générale, et cela doit être ainsi. Les Romans peuplent la solitude et charment la peine. Au milieu même des hommes, qui n'a pas cherché des hommes dans les livres? L'histoire est souvent désespérante, et le passé ressemble un peu trop au présent. Qui n'a pas eu besoin quelquefois de se réfugier dans le monde idéal pour se consoler du monde réel? Mais de tous les Romans bien faits, les plus relus sont ceux où l'amour domine. Ils font les délices des femmes; elles savent l'inspirer, l'éprouver et le peindre. Ils plaisent à tous les âges. Eprouve-t-on les passions? leur peinture fidèle tourmente, mais intéresse. Quand les passions s'amortissent, leur spectacle intéresse sans tourmenter, comme la tempête que l'on voit du port. Pourquoi tant blâmer les imaginations romanesques? Elles font quelquefois leur malheur, mais elles ont des larmes pour celui des autres. Ce ne sont pas elles qui admettent l'infortune particulière et souvent l'infortune publique comme des élémens nécessaires dans le calcul de leur bonheur. Vous donc qui sentez avec énergie, et qui savez écrire ce que vous sentez, donnez-nous de nouvelles richesses; composez des Romans brillans, mais utiles. Si, dans les siècles qui font encore partie du moyen âge, nos vieux romanciers ont peint ce qu'il y avait de mieux alors, l'amour héroïque et la loyauté chevaleresque; si, même au tems des Croisades, ils ont accordé des vertus aux ennemis de leur religion; vous, en des tems plus éclairés, laissez aux jongleurs les spectres, les revenans, les présages; ne servez pas l'imposture par la sensibilité; mais que votre éloquence, véridique à la fois et touchante, assure l'empire des idées saines, que des intérêts personnels combattent sans les vaincre, et dont le triomphe est infaillible, parce quelles sont fondées sur la nature, et consacrées par le génie. M. J. C.

(Cet article fait partie d'une Histoire inédite de la littérature française.)

LITTÉRATURE ALLEMANDE.

Barneck und Saldorf, von August Lafontaine; zwey Theile. Berlin und Leipzig.

BARNECK ET SALDORF, par *Auguste Lafontaine* : 2 vol. à Berlin et à Leipsick.

On s'étonne souvent en France de la prodigieuse fécondité d'Auguste Lafontaine, et cependant tous ses ouvrages n'y sont pas encore connus. Voici, par exemple, un de ses romans les plus nouveaux qui n'a pas été traduit. En attendant qu'il le soit, nous allons essayer de le faire connaître à ceux de nos lecteurs pour qui le nom de l'écrivain est déjà une prévention favorable.

La scène s'ouvre dans l'Amérique septentrionale, parmi des colons allemands qui défrichent les bords de la rivière d'Hudson. La guerre vient d'éclater entre l'Angleterre et les Etats-Unis. Un troupe de sauvages, qui fait l'avant-garde d'une armée anglaise, fond sur la colonie allemande : tout est impitoyablement massacré. Un enfant de dix ans allait subir le même sort, quand un officier hessois le prend sous sa protection. C'était le capitaine Barneck : le jeune Louis voit dans son sauveur un second père ; il le suit, partage toutes ses fatigues, tous ses dangers, et le généreux militaire, touché de sa tendresse, l'adopte solennellement pour son fils.

Le corps hessois est pris par les Américains ; mais le capitaine Barneck a l'air beaucoup moins affligé de la perte de sa liberté que de celle de son ami intime, le lieutenant Saldorf, qui a disparu si brusquement que dans toute l'armée on le croit passé à l'ennemi. Barneck lui-même, dans l'excès de sa douleur, a flétri d'un nom odieux le frère d'armes, qui avait été le compagnon de son enfance et le confident de toutes ses pensées. Depuis qu'il était à Boston, il avait fait de vains efforts pour se procurer des nouvelles de l'ingrat qu'il ne pouvait s'empêcher d'aimer encore. Il était, un jour, plongé dans ses réflexions mélancoliques, sa porte s'ouvre : un homme paraît, et s'arrête immobile ; le capitaine s'élance dans ses bras : c'était Saldorf. — « Barneck, tu m'as traité de coquin, je le sais, » mais ton cœur est encore à moi ; je te pardonne. — Je » te pardonne aussi, Saldorf, mais je veux que tu te jus-

» tifies. — Je le pourrais : je ne le veux pas. — Dis-moi,
» mon ami ; tu as trouvé la cause des Américains plus
» juste que celle des Anglais, et dans un moment de cha-
» leur... — Quand je quittai vos drapeaux, j'étais plus
» froid que je ne le suis maintenant. — Malheureux ! tu ne
» t'expliqueras pas ? — Non, je suis dépositaire d'un secret
» que je ne violerai point. Je retourne en Europe. Bar-
» neck, un seul mot : je suis digne de toi. Adieu. » —
Il l'embrasse et disparaît.

Ce petit dialogue peut donner une idée du caractère original des deux amis, pleins d'une confiance sans bornes l'un envers l'autre. La paix se fait : les troupes allemandes rentrent dans leur patrie. Arrivé aux portes de Cassel, le régiment où sert Barneck est inspecté par un général qui annonce aux officiers qu'ils sont réformés. Le capitaine remet lentement son épée dans le fourreau ; il regardait fixement le général ; il semblait pétrifié.

« Réformé ! s'écria-t-il enfin ; moi, réformé ! — Avec
» pension, dit le général. — Les pensions sont pour les
» vieillards, les veuves et les orphelins. Depuis sept ans,
» j'ai bravé la faim, la soif, le chaud, le froid, et les
» coups de fusil ; mais je suis plein de santé et de force ;
» je ne demande pas une pension. — Quoi donc, capitaine ?
» — Un brevet de major. — Un brevet de major ! répéta
» le général en souriant avec dédain ; n'y comptez pas,
» M. de Barneck, les intentions du prince me sont con-
» nues. » Sans répliquer un mot, le capitaine détache son hausse-col et son écharpe, et se retire suivi du jeune Louis, son fils adoptif.

Il n'avait plus qu'un désir, celui de retrouver l'ami de son cœur. Il court à Cassel : le premier officier qu'il rencontre lui apprend que Saldorf s'est embarqué à Marseille pour le Levant, et que le vaisseau qu'il montait a coulé bas à la vue du port d'Alexandrie. — « Il ne me reste
» donc plus que sa mémoire ! s'écria Barneck ; malheur
» donc au téméraire qui oserait y porter atteinte ! malheur
» à quiconque dira que Saldorf a déserté ses drapeaux ! »
L'officier l'assure que personne ne pouvait en avoir la pensée, puisque le Landgrave lui-même avait donné à Saldorf des témoignages d'estime.

L'unique consolation de Barneck était de parler de son ami. Il raconte au jeune Louis toute son histoire depuis son enfance. Aucun détail n'y est omis ; mais on n'y trouve encore aucune lumière sur la disparition soudaine de Saldorf en Amérique ; incident d'autant plus extraordinaire qu'après avoir donné sa démission, il avait demandé lui-même à faire partie de l'expédition d'outre-mer, et qu'enfin, transfuge en apparence, il était revenu se montrer dans sa patrie, et à la cour de son prince.

Barneck réformé, et n'ayant pour tout bien que 400 écus de rente, n'avait ni protecteurs ni amis. Tout à coup un vieux parent lui laisse, en mourant, une immense fortune : il est bientôt attiré, recherché dans les plus brillantes maisons de Cassel. Les mères se le disputaient pour leurs filles ; mais tout leur manége était sans effet. Une jeune et jolie personne saisit l'occasion de l'entretenir de Saldorf ; elle en parla si longuement, si pathétiquement, qu'elle se trouva avoir prononcé son oraison funèbre : Barneck se dit intérieurement qu'Amélie avait autant de raison et de sensibilité que d'esprit.

L'amour commençait, sans qu'il y songeât, à maîtriser toutes ses pensées et toutes ses démarches, lorsque le testament de Saldorf fut remis dans ses mains. Il était accompagné de ces mots : « J'abandonne l'Europe, mon cher » Barneck. Quel que soit le destin qui m'attende, j'ai été » heureux : car j'ai aimé. Des hommes aussi cruels que » vils m'ont séparé de la seule femme qui m'ait inspiré le » désir d'être son époux ; mais son cœur et le mien seront » éternellement unis. J'ai fait l'affreux serment de passer » cinq ans loin d'elle. Si je cesse de vivre, sois le génie » tutélaire d'Elise de Forsting ! qu'Elise mette en toi toute » la confiance qu'elle avait en moi ! »

De ce moment Amélie perdit tous ses charmes pour le capitaine. L'indifférence qu'il conçut pour elle se serait changée en haine, s'il avait su alors, que cette Amélie, naturellement coquette et astucieuse, avait long-tems travaillé à séduire le cœur de Saldorf, qui n'évita que par le seul effet du hasard le piége qu'elle avait tendu à sa droiture. Tous les regards, toutes les affections de Barneck se concentrèrent sur Elise : elle devint pour lui un dépôt sacré dont il se regardait comme responsable envers la mémoire de son ami. La jeune et sensible Elise paya un dévouement si généreux de la plus tendre reconnaissance. Son âme s'épanchait aussi librement en présence de Barneck que si Saldorf eût été à portée de l'entendre. Cet amant, cet ami si malheureux était l'objet continuel de leurs entretiens et de leurs regrets. Pour tromper sa douleur, Elise écrivait chaque jour à Saldorf, comme s'il existait encore ; elle lui rendait compte de toutes ses actions, de ses plus légères pensées ; et, sans y songer, elle composa ainsi un journal exact, où il n'était pas une ligne qui ne fût un hommage à la mémoire de son amant, et à la loyauté de son ami.

Cependant les cinq années prescrites s'écoulèrent, et le landgrave lui-même prétendit diposer de la main d'Elise en faveur d'un de ses courtisans. Ce projet, manifesté avec les formes impérieuses d'un maître qui ne croit pas qu'on puisse opposer un refus à ses désirs, jeta le désespoir dans l'âme de la douce Elise, et excita une noble indignation dans le cœur de son ami. Dès qu'il eut recouvré un peu de calme, il conçut un dessein qui témoignait autant la haute confiance qu'il avait dans ses propres forces, que le respect religieux qu'il portait au souvenir de Saldorf. Il proposa à Elise de l'épouser, en lui faisant le serment solennel de ne jamais voir en elle qu'une tendre sœur. Elise donna au capitaine la preuve la plus éclatante de l'estime dont elle était pénétrée pour lui, en le croyant capable d'accomplir sa résolution : elle accepta sa main ; la noce se fit avec un grand éclat.

Il y avait près de six mois que Barneck portait le nom d'époux d'Elise, éperdument amoureux d'elle, sans le savoir, et gardant scrupuleusement son vœu, lorsqu'un voyage d'affaires le conduisit dans les environs de la petite ville où il avait passé ses premières années, chez la mère de son ami Saldorf. Son cœur reconnaissant l'entraîna vers le cimetière où reposaient les restes de cette femme respectable : il approche de sa tombe et aperçoit un inconnu qui, à genoux sur la pierre sépulcrale, paraissait abymé dans la plus profonde douleur. Au bruit de ses pas, l'étranger se retourne ; un cri de surprise leur échappe au même instant : Saldorf était dans les bras de Barneck. Il lui raconte son naufrage, sa longue captivité chez les Arabes, et son retour miraculeux.

Barneck croit remarquer qu'il n'ose lui demander des nouvelles de la bien-aimée de son cœur. Il se hâte de lui apprendre qu'il a rempli toutes ses volontés, et qu'Elise, aussi pure que fidelle, va être remise dans ses bras. Saldorf rapporte un cœur brûlant des mêmes feux. En brisant ses fers, il a également arraché à l'esclavage une jeune Grecque d'une beauté merveilleuse ; il l'a rendue à sa famille, et il a refusé sa main avec des richesses immenses : Elise est tout pour lui dans l'Univers. Il vole donc sur les pas de Barneck, il revoit celle qu'il aime, il est reçu avec tous les transports de la joie la plus sincère ; mais il ne tarde pas à s'apercevoir qu'il vient troubler la félicité dont jouissaient deux êtres qui lui étaient plus chers que sa propre personne. Il eut la force de sacrifier l'amour à l'amitié : il mit lui-même son Elise dans les bras de Barneck.

Telle est la substance de ce roman dont la morale semble être : qu'il n'est rien d'impossible à un ami véritable. Nous n'avons pas voulu interrompre le récit des événemens tenant à l'action principale par celui des épisodes qui sont assez fréquens, et encore moins par des réflexions déplacées. Il en est, cependant, quelques-unes qui viendront à l'esprit de toutes les personnes qui liront ce roman dans l'original, réflexions dont pourraient même profiter les traducteurs qui entreprendront de le faire passer dans notre langue. Car enfin, sans offenser l'auteur, on peut faire pour un roman ce que l'on fait tous les jours pour une pièce de théâtre : c'est-à-dire, le dégager des détails superflus, et même intervertir l'ordre des faits, s'il doit en résulter plus de rapidité et de clarté. Par exemple, des lecteurs français demanderaient peut être en quoi tient au sujet cet enfant présenté sous des couleurs si intéressantes au commencement de l'ouvrage, ce jeune Louis adopté en Amérique par le capitaine Barneck. C'est toujours lui, à la vérité, qui est censé raconter l'histoire de son protecteur ; mais il n'y joue d'autre rôle que de se marier à la fin avec une petite personne aussi nulle que lui dans l'action. La division de l'ouvrage par chapitres a permis à l'auteur de s'arrêter quand il a voulu, et de suspendre même la narration d'une aventure pour entamer celle d'une autre ; mais on ne peut dissimuler qu'il n'en soit résulté quelquefois de la confusion et des redites fatigantes. Ce roman offre enfin toutes les qualités et quelques-uns des défauts inhérens à la manière excessivement facile d'Auguste Lafontaine : de la vérité dans des dialogues toujours trop longs, des aperçus pleins de délicatesse, trop fréquemment des bourrus bienfaisans, mais partout une philosophie aimable et une morale persuasive.

L. S.

VARIÉTÉS.

INSTITUT DE FRANCE.—Nous devons être sans inquiétude sur le sort futur des beaux-arts en France, si nous jugeons de l'honneur où ils sont parmi nous d'après le vif empressement avec lequel le public s'est porté à la séance où la classe de l'Institut chargée de veiller à leur conservation, a couronné l'ardente et laborieuse jeunesse qui se voue à leur culte. C'est samedi dernier, 7 de ce mois, qu'a eu lieu cette solennité, si importante dans son objet, si attrayante par ses détails. Elle a été ouverte par la *Notice des travaux de la Classe* depuis le 1er octobre 1808 : sous ce titre modeste, M. Le Breton, secrétaire perpétuel, a présenté un vaste tableau des recherches et des découvertes qui ont enrichi le domaine des beaux-arts pendant le cours de cette année. Dans le cadre étroit qu'il a été obligé de se prescrire, le rapporteur, non-seulement n'a négligé aucun sujet qui méritât d'arrêter l'attention, il a su encore les présenter tous sous leur véritable point de vue, en montrant leur rapport plus ou moins direct avec les progrès de l'art ou avec l'utilité publique.

C'est ainsi, par exemple, qu'il a puissamment intéressé tout son auditoire, en lui faisant part d'un nouveau service rendu à une classe infortunée de l'espèce humaine : celle des sourds-muets. M. Levasseur, professeur distingué, avait eu le talent d'apprendre la musique et le piano à une jeune étrangère dont il ignorait la langue, et qui ne comprenait point la sienne. Ce succès inespéré le conduisit à réfléchir qu'il ne lui serait peut-être pas impossible d'obtenir les mêmes résultats sur des êtres privés de l'organe même qui distingue les sons et règle la mesure. Il donna donc des soins très-particuliers à l'instruction de quelques sourdes-muettes; et à force d'essais et de procédés divers, il a mis ces jeunes personnes en état de déployer sur le piano le goût et l'à-plomb que n'ont pas toujours les écoliers doués de toutes leurs facultés naturelles. Ce prodige d'habileté et de patience a d'autant plus surpris et touché l'assemblée, qu'elle l'a aussitôt envisagé sous son vrai jour. Il importe assez peu à l'art musical que le nombre de ceux qui le cultivent soit augmenté de quelques individus; mais combien l'humanité ne doit-elle pas se réjouir de voir réparer envers des enfans trop malheureux les torts d'une nature marâtre ! A défaut de la parole, des talens agréables peuvent, du moins, leur rendre un rang dans la société ; et ne sera-ce pas un adoucissement à leurs peines que de se voir doués des moyens de captiver l'attention, et d'embellir les momens des personnes mêmes avec lesquelles ils sont privés de la douceur de converser ?

M. Le Breton avait prié l'un de ses confrères, M. Petit-Radel, de lire pour lui ce compte rendu, propre à donner une si haute idée de nos richesses acquises et de celles que nous devons nous flatter d'acquérir : il a paru lui-même à la tribune pour y prononcer l'éloge de M. Vien, membre du sénat, et ci-devant directeur de l'Académie de Peinture. Profondément versé dans l'histoire de l'art, et plein du sentiment qui l'apprécie, M. le secrétaire-perpétuel ne devait pas faire craindre à son auditoire d'entendre une de ces déclamations panégyriques, que le seul changement d'un nom pourrait rendre applicables à tous les hommes qui se sont plus ou moins illustrés dans la même carrière. Il a commencé, dans un exorde ingénieux, par fixer les regards de l'assemblée sur M. Vien, comme sur un monument antique resté debout, au milieu des débris, pour indiquer la vraie route aux jeunes artistes. Saisissant l'à-propos, il a rappelé que la distribution annuelle des grands prix était un jour de bonheur pour cet illustre vieillard ; puis, traçant avec rapidité l'abrégé de sa vie presque séculaire, il l'a fait voir, simple élève de la nature, crayonnant des dessins d'une main enfantine ; contraint par sa famille à l'étude de la pratique judiciaire, mais s'abandonnant tout entier à l'impulsion plus puissante qui le précipitait dans la carrière des arts. Vien arrive à Paris : cent obstacles l'y attendaient, et pas un soutien. L'ignorance et le mauvais goût, plus fatal encore, avaient enseveli dans un oubli déplorable les préceptes et les exemples laissés par les grands maîtres. Vien combat seul, et il triomphe. L'aveugle ou jalouse médiocrité le repoussait de l'Académie : il redouble d'efforts, et il parvient à y conquérir sa place. Il fait plus : il arrache enfin des suffrages à des gens qui lui disaient : « Ce que vous faites n'est pas difficile ; *vous copiez la nature.* » Un homme vraiment digne d'être le Mécène des artistes, le célèbre comte de Caylus, n'avait pas attendu cette lente justice pour la rendre lui-même au jeune Vien ; Boucher, ce peintre, chef d'une si mauvaise école, mais qui, comme l'a remarqué M. Le Breton, *errait sciemment*, Boucher lui-même se déclara généreusement pour l'artiste courageux qui venait opérer la régénération de la peinture : il le pria d'admettre son propre fils au nombre de ses élèves.

Après avoir parcouru la longue galerie des ouvrages de M. Vien, après avoir indiqué, avec une grande sagacité d'observation, ce que chacune de ses compositions offre d'instructif pour les progrès de l'art, M. le secrétaire-perpétuel a montré le restaurateur de l'école française jouissant enfin, au sein des dignités et d'une fortune si noblement acquise, du repos que semblait réclamer son grand âge. Mais l'art séduisant auquel il avait consacré sa vie entière fit encore les délices de ses derniers jours. Parvenu au terme d'un siècle presqu'entier, M. Vien charmait ses loisirs par les esquisses les plus spirituelles et les plus gracieuses. « C'était, a dit l'orateur, Anacréon tirant encore des sons mélodieux de sa lyre en descendant au tombeau. »

Ce discours a été accueilli par les témoignages de satisfaction de l'assemblée. L'orateur nous a paru avoir réussi à rassembler tout ce qu'avait droit d'attendre l'homme consommé dans la connaissance des arts et ce qui pouvait intéresser le simple amateur.

La distribution des grands prix ayant été faite, dans l'ordre accoutumé, par M. Vincent, président de la Classe, on a exécuté le morceau de composition qui avait obtenu la couronne. Les concurrens s'étaient exercés sur une scène à trois personnages, dont les paroles sont de M. de Jouy, auteur de l'opéra de *la Vestale*. Le sujet ne pouvait en être plus heureux; il est non-seulement lyrique, mais dramatique : c'est Agar dans le désert, son fils Ismaël expirant à ses pieds, et l'ange qui vient le rappeler à la vie. Des vers faciles et bien coupés, un choix d'expressions sonores, rendent toute cette scène singuliérement propre au rhythme musical, mérite dont il est d'autant plus juste de faire honneur à M. de Jouy, que plusieurs écrivains distingués qui se sont essayés dans le genre lyrique, n'ont jamais su saisir les formes et les nuances qui doivent préparer l'alliance intime de l'art du poëte avec celui du musicien. M. Daussoigne, de son côté, a fait voir que de bonne heure il avait appris quelles étaient les obligations du musicien envers le poëte : son introduction seule l'annonçait ; c'est un tableau plein de vérité composé d'après ces trois premiers vers :

> Solitude immense et profonde !....
> Par-tout le silence et l'effroi !....
> Plus d'espoir.... Je suis seule au monde.

L'on a remarqué la même propriété de couleur dans l'air : *Seul témoin des maux que j'endure* ; sans changer de motif ni de mouvement, et par le seul emploi bien entendu d'un *pizzicato* de violoncelles et de ses instrumens à vent, le compositeur a su donner un caractère à la fois religieux et tendre aux paroles qui terminent cette strophe :

> Mais de mon fils soutiens l'enfance,
> Et que les jours de l'innocence
> Trouvent grâce devant tes yeux.

Le duo : *Hélas ! sur ma faible paupière*, est d'une très-belle facture ; mais c'est particulièrement dans l'air de désespoir : *Il succombe ! moment terrible !* que M. Daussoigne semble avoir voulu donner toute la mesure de la vigueur dont il est capable. Le morceau d'ensemble : *Louons, adorons le Seigneur*, lui a fourni l'occasion de s'essayer dans la musique sacrée, genre favori des véritables artistes, parce qu'il admet tous les élans du génie et toute la pompe de l'art.

En recueillant les observations qui ont pu être faites sur les diverses parties de cette belle scène, on acquerra une idée assez juste du talent de l'auteur, et même de l'état florissant de l'école où il l'a formé. Elève et neveu de M. Méhul, M. Daussoigne s'est nourri particulièrement des œuvres classiques de ce grand maître ; il s'est attaché à prendre sa manière, et il a réussi à un degré presqu'inconcevable. S'il était moins jeune, cette remarque cesserait, sous un certain rapport, d'être un éloge complet. Que M. Daussoigne conserve les procédés, les distributions harmoniques, et sur-tout l'admirable expression théâtrale de M. Méhul, mais qu'il se fasse un style qui lui soit propre : c'est une des qualités que nous admirons dans son modèle. L'école française alors pourra s'enorgueillir d'avoir produit un nouveau compositeur ; cette école qui, bravant tant de préjugés et d'obstacles, est parvenue, à l'insçu de bien des Français même, à se placer à côté de celles de Naples et de Vienne. Elle n'a point fait un mystère de ses principes et de ses espérances ; elle n'a cessé de recommander à ses élèves d'allier, autant que possible, à la suave mélodie des Italiens la vigoureuse et savante harmonie des Allemands. Elle n'a trouvé de détracteurs que parmi les personnes peu exercées qu'effraye le plus léger accompagnement de l'orchestre; mais l'on peut se convaincre que le nombre en diminue chaque jour, si l'on réfléchit sur les causes qui déjà, parmi nous, ont assuré à *Cimarosa* une supériorité incontestable sur *Paësiello*, avantage qu'il ne doit pas seulement à l'originalité et à la grâce de ses chants, mais encore aux intentions et aux effets dont il s'est adroitement reposé sur la partie instrumentale; si l'on réfléchit enfin, disons-nous, que c'est au secret merveilleux avec lequel *Mozart* a su toujours orner et soutenir la mélodie de toutes les richesses harmoniques, qu'il doit la gloire d'être regardé par tous les gens de l'art comme placé hors de ligne parmi les plus grands compositeurs. Une plus longue discussion du système adopté par le Conservatoire de France ne serait point ici à sa place : le tems est chargé de le défendre et de l'établir par les plus brillans succès. Ce serait ne pas les apprécier tous, que d'omettre de faire mention de l'excellente méthode et de l'expression étonnante qu'une jeune cantatrice sortie de ses classes (Mlle Himm) a déployées dans l'exécution de la scène lyrique dont nous venons de rendre compte.

Cette séance, ainsi que l'a observé M. le secrétaire perpétuel, a encore été, comme elle l'est chaque année, la fête de la grande famille des artistes français : toute l'assemblée s'est associée aux nobles transports excités par le triomphe des arts. L. S.

SPECTACLES. — *Opéra*. — Mlle Lucie vient de débuter à l'Opéra par le rôle que l'on y joue le moins long-tems, quoiqu'on prétende qu'on l'y joue toujours, celui de l'*Amour* dans *Orphée*. Il faut pour ce joli rôle treize à quatorze ans, toute la fraîcheur de cet âge, des traits qui promettent de la beauté, une expression de physionomie qui commence à n'être plus naïve, et ne soit pas encore trop piquante, des yeux auxquels on permet déjà d'être vifs et malins, une voix enfantine et flexible, les grâces qui ne sont plus celles de l'enfance et ne sont pas encore celles de la jeunesse, de l'intelligence, c'est-à-dire, de la malice, de la finesse, sur-tout une taille légère, et les grâces qui l'accompagnent. Or Mlle Lucie a tout cela : on ne lui demandait pas une voix formée, aussi n'en a-t-elle pas une ; mais on lui demandait de la justesse et du goût ; la nature et le Conservatoire y ont pourvu. Elle grasseye un peu, c'est dommage ; mais le mal n'est pas sans remède, puisqu'au fait le grasseyement n'est qu'une négligence, et qu'un peu de travail et d'attention peuvent le faire disparaître. La débutante a été tellement applaudie, qu'elle doit bien veiller à ne pas prendre ces acclamations pour des suffrages ; on n'obtient ceux-ci que long-tems après sa quinzième année ; mais on reçoit des encouragemens à quatorze, âge heureux où tout est début, prémice, augure, espérance ; tout, dans le monde comme à l'opéra, dans la carrière du génie, des armes ou des arts, comme dans le rôle de l'Amour.

Orphée est un des opéra le mieux chantés aujourd'hui : il plaide la cause de notre Académie impériale de musique auprès des exclusifs qui veulent le juger sans consentir à venir l'entendre : s'ils s'y *exposaient* une fois, pour me servir de leur expression, peut-être y reviendraient-ils s'accoutumer peu à peu à rendre justice à des talens qui le méritent. Nourrit peut-être obtiendrait d'eux une honorable distinction, et Gluck de moins dures épithètes ; car, en confondant tous les genres, en feignant de se méprendre sur le but de l'art et sur les moyens d'expression, on commence à attaquer ce colosse qui heureusement n'a pas les pieds d'argile. Ces efforts sont tout-à-fait vains ; le génie ne peut perdre de ses droits, et dans son art Gluck fut véritablement un génie créateur. On peut le défigurer, l'exagérer ou l'affaiblir ; mais alors ce n'est plus lui qu'on peut critiquer, c'est le virtuose incapable ou infidèle : cela est si vrai que pour le bien apprécier et le bien sentir, on peut le retirer de son cadre dramatique, le priver du prestige de la scène et de l'illusion théâtrale, l'entendre au *piano* confié à un homme capable de s'élever sans efforts à son expression, et de rendre sans cris tout ce qu'il a d'énergique et de passionné. Ce grand compositeur alors peut être jugé sans crainte de l'esprit de parti. Toutes les ames se mettent rapidement au niveau de la sienne, et le secret de son talent comme sa mesure sont connus à la fois.

Théâtre Français. — *Phèdre pour les débuts de M. Charlys.* On conçoit très-bien qu'un jeune acteur choisisse pour ses débuts le rôle d'Hippolyte. Son éclat séduit au premier coup-d'œil; ses difficultés ont besoin d'être étudiées. Ce mélange de tendresse et de fierté, ce naturel tout à la fois doux et farouche, cette pudeur virginale dans un cœur déjà brûlant des feux de l'amour, voilà sans doute ce qui rend le fils de Thésée si intéressant, mais c'est aussi ce qu'un acteur même consommé doit avoir bien de la peine à rendre. Les mouvemens les plus contraires des passions sont peut-être plus aisés à exprimer que ces oppositions dans le caractère. Les premiers ne demandent que de la chaleur, de la véhémence; et chaque passion contraire règne seule, à son tour, dans certains momens; les contrastes du caractère doivent toujours se faire sentir. Hippolyte amoureux n'en est pas moins le farouche Hippolyte. Hippolyte aux pieds de son père doit encore conserver sa fierté.

Il ne faut ni s'étonner ni faire un tort bien grave à M. Charlys de ce qu'il n'a pas reproduit toutes ces nuances de son rôle. Intimidé sans doute par le nombreux auditoire qu'avaient réuni son début et la rentrée de Mlle Duchesnois, c'est d'une voix altérée et tremblante qu'il a dit ses premiers vers; cette première impression a influé sur le reste de la scène; une déclamation traînante, de l'emphase sans véritable chaleur ont remplacé ce ton noble et simple, cette diction ferme sans être précipitée, que l'on doit attendre dans une exposition. M. Charlys a eu plus d'assurance et plus d'ame dans la scène du second acte avec Aricie. Il n'a pas manqué de sensibilité dans la déclaration, quoiqu'il ait eu tort d'appuyer de préférence sur *l'oubli des leçons de Neptune*, car ce passage, le plus poétique peut-être, n'est pas le plus pathétique du morceau. C'est dans la scène où Phèdre lui déclare son amour que le nouvel Hippolyte nous a paru montrer le plus de talent. Il y parle peu, mais il a beaucoup à jouer de ce jeu muet qu'on peut nommer aussi pantomime, et M. Charlys paraît s'y être exercé; il a favorisé avec beaucoup d'art, par ses mouvemens, celui de Phèdre pour lui arracher son épée; jamais ce jeu de théâtre n'a été mieux rendu. Mais nous croyons qu'il a abusé de ce moyen au quatrième acte, lorsque repoussé, banni par Thésée, il revient, sans rien avoir de plus à lui dire, se jeter de nouveau à ses pieds, pour être de nouveau repoussé par un geste. Cette pantomime n'est point indiquée par l'auteur, et ce nouvel abaissement ne convient point au *superbe* Hippolyte, même auprès de son père et de son roi. M. Charlys a joué d'ailleurs cette scène et celle du cinquième acte avec Aricie

Aricie d'une manière assez satisfaisante. Il a du feu, de l'intelligence, et suit assez fidélement les intentions de son auteur. Ses défauts sont la monotonie et les gestes trop multipliés : nous lui conseillerons de varier ses tons davantage et de moins gesticuler; il fera beaucoup plus d'effet en se donnant moins de peine. Nous n'avons rien dit encore de ses avantages extérieurs : il n'y a point de rôle au théâtre qui en exige plus qu'Hippolyte; peut-être même n'est-il pas de princesse dont on vante plus souvent la beauté, ou qui reçoive une déclaration d'amour plus flatteuse. C'est beaucoup pour un acteur que de n'être point déplacé en revêtant un pareil personnage, et l'on doit cette justice à M. Charlys. Il est fâcheux qu'avec ces moyens naturels et des dispositions qui paraissent heureuses, il apporte au théâtre un vice d'organe qu'il aura bien de la peine à se faire pardonner. Ce n'est point un grasseyement proprement dit, mais quelque chose qui en approche. Faute de nom pour le désigner, nous dirons à ceux de nos lecteurs qui fréquentent le Vaudeville, qu'un des acteurs de ce théâtre, M. Auguste, a précisément le même défaut. Il est à peu près sans inconvénient dans un amoureux de la rue de Chartres, mais il pourrait bien n'en être pas de même pour un héros tragique du Théâtre Français.

Quelqu'intérêt qu'offrît le début de M. Charlys, le public en a montré encore davantage à Mlle Duchesnois reparaissant dans le rôle de Phèdre. Nous l'aurions imité, et c'est de Mlle Duchesnois que nous aurions entretenu nos lecteurs, si la manière sublime dont elle joue ce rôle n'était bien connue, si notre premier devoir n'était de rendre compte des nouveautés. Ce n'est pas que nous n'eussions des observations à présenter, des conseils à donner à Mlle Duchesnois, même sur ce rôle qui a établi sa brillante réputation : mais ces observations, ces conseils exigeraient des développemens qui ne peuvent trouver place dans cet article. Nous pourrons y revenir une autre fois. Pour aujourd'hui, après avoir félicité Mlle Volnais d'avoir joué le rôle d'Aricie avec plus de naturel, moins de détails et de gestes que celui d'Andromaque, nous nous bornerons à prier Leclerc, qui d'ailleurs ne figure pas trop mal dans Thésée, de ne plus corriger les vers de Racine. En voici un, par exemple, de la scène dernière qui nous a toujours paru très-complet :

Mais, Madame, il est mort ; prenez votre victime.

Et nous ne voyons pas qu'il fût nécessaire de l'alonger ;

E.

c'est pourtant ce qu'a fait Leclerc en le disant de cette manière :

Mais il est mort, Madame, prenez votre victime...

Quel asile restera-t-il aux vers de Racine si on les estropie au Théâtre Français ?   V.

Théâtre de l'Opéra-Comique. — Reprise de l'*Erreur d'un moment* ou *la Suite de Julie*, comédie en un acte de M. Monvel, musique de Dézède. — Nous dirons peu de chose de la reprise de cette pièce oubliée depuis long-tems, et qui ne semblait pas devoir rentrer au répertoire. L'intrigue en est de la plus grande simplicité. Le jeune comte de Saint-Alme est parvenu à épouser Julie par le secours de Lucas son fermier. Dans le même tems, Lucas a épousé Cateau, jeune et jolie paysanne. Au bout d'un an l'amour du comte pour Julie s'est éteint ; et Cateau est devenue pour lui l'objet d'une passion nouvelle, ou plutôt de nouveaux désirs. Il lui demande un rendez-vous par un billet : mais Cateau, qui aime toujours Lucas et en est toujours aimée, montre le billet à son mari. Par son conseil, elle accepte le rendez-vous du comte. St.-Alme y arrive exactement, mais c'est pour essuyer les refus de la femme et les remontrances du mari. Julie, qu'ils ont prévenue, arrive à son tour ; et la pièce finit par sa reconciliation avec St.-Alme.

Ce petit drame en un acte a été froidement accueilli, quoique le dialogue en soit naturel et quelques situations touchantes ; mais le genre a passé de mode, l'intrigue est faible, et la musique n'offre d'agréable que deux petits airs que tout le monde sait par cœur. MM. Monvel et Dézède ont fait beaucoup mieux depuis dans les *Trois Fermiers* et *Blaise et Babet*. Si l'*Erreur d'un Moment* se soutient à cette reprise, Elleviou en aura tout l'honneur ; il joue le rôle de Lucas avec beaucoup de naturel et de sensibilité.

Théâtre du Vaudeville. — *Lantara, ou le Peintre au Cabaret.* — Un talent distingué dans les arts, si l'on n'y joint un peu d'esprit de conduite, ne peut mener au bonheur. Lantara, peintre de genre et paysagiste, a fourni une nouvelle preuve de cette assertion ; il fut du nombre de ces artistes malheureux dont la réputation ne s'établit qu'après leur mort. Il naquit avec l'instinct du génie ; dès ses plus jeunes années il dessinait des paysages sur les portes des maisons. Sans éducation, et par le seul effort de son talent, il était parvenu dans son art à un point de perfection étonnant; il était sur-tout occupé d'un genre pour lequel il avait un goût irrésistible : on le voyait souvent, les yeux fixés sur un sombre orage ou sur un brillant crépuscule, se pénétrer des effets de lumière les plus bizarres. Personne n'a mieux rendu l'état du ciel aux différentes heures du jour : il excellait dans la perspective aérienne ; la vapeur de ses paysages approche beaucoup de celle de Claude Lorrain : ses matinées respirent une fraîcheur ravissante ; on a de lui des *soleils levans et couchans* dignes de fixer la curiosité des amateurs ; ses clairs de lune sont d'un ton argentin et d'une vérité admirables. L'indigence le forçait à travailler au prix le plus modique, et des maîtres impérieux trafiquaient de ses ouvrages, se les attribuaient ; et, non contens de lui en ravir le profit, s'en faisaient encore des titres de gloire. Lantara finit par mourir à l'hôpital ; après avoir traîné une vie d'autant plus misérable, que ses ouvrages paraissant souvent sous d'autres noms, il ne pouvait jouir de leur succès.

Tel était l'artiste qui vient de fournir le sujet d'un vaudeville.

Lantara a une fille ; le fils de M. Jacob, marchand de tableaux, en est amoureux, et la jeune personne répond à son amour : Lantara donne à M. Jacob un rendez-vous au jardin du Roi, pour y conclure, en déjeûnant, le mariage de leurs enfans ; mais M. Jacob, qui veut bien s'enrichir en achetant à bon marché et vendant fort cher les ouvrages du peintre, refuse de s'allier avec lui, et pousse l'incivilité jusqu'à aller déjeûner dans un cabaret voisin avec quelques brocanteurs de son espèce.

Pour se consoler de ce contre-tems, Lantara se fait servir à déjeûner ; il s'enivre avec un pauvre diable, nommé Belle-Tête, qui souvent lui a servi de modèle : mais lorsque la carte payante arrive, ni l'un ni l'autre n'a de quoi l'acquitter ; le suisse du jardin du Roi, qui, en homme de son pays, n'entend pas raillerie sur l'article de l'argent, lui reproche durement sa conduite peu délicate : le peintre, pour se tirer d'embarras, demande une feuille de papier, croque une esquisse, et dit au suisse de la porter au cabaret voisin, où déjeûne M. Jacob, et d'en demander un louis.

Le suisse revient avec la feuille, parce qu'on n'en veut donner que douze francs, et Lantara piqué la déchire. Sa fille et le fils de Jacob se montrent alors, car ils s'étaient donné le même rendez-vous que leurs pères ; mais Lantara ne veut plus entendre parler de leur union ; l'intrigue paraît plus embrouillée, et le dénouement plus éloigné que jamais, lorsque le peintre, heureusement frappé du tableau que lui présentent les adieux des jeunes gens, reprend ses crayons et commence une nouvelle esquisse. Le suisse est encore chargé de la porter à M. Jacob, et cette fois Lantara exige absolument que le prix soit double; bientôt Jacob, tout effrayé du sort de la première, arrive suivi de ses confrères, qui mettent à l'enchère le dessin de Lantara : aussi généreux que pauvre, celui-ci l'adjuge à Jacob pour les deux louis qu'il en a d'abord demandés; et le marchand, touché de ce procédé, consent alors à l'union de son fils avec la fille du peintre, sous la condition que celui-ci ne travaillera plus que pour lui.

Lantara était ivrogne et sensible; les auteurs auraient dû prévenir le public sur ce caractère; ce mélange d'ivrognerie et de sensibilité en eût paru beaucoup plus piquant. Le rôle de Lantara est parfaitement bien joué par Joly. Le fonds de ce vaudeville est faible; le dialogue est semé de traits heureux, et coupé par des couplets spirituels. Les auteurs se sont cachés sous des noms inconnus, et on doit leur en faire des reproches; cet ouvrage est de ceux que l'on peut avouer.

NÉCROLOGIE. — Dupuis (Charles-François), membre de la troisième classe de l'Institut national, naquit le 26 octobre 1742, à Trye-le-Château, près de Gisors. Après avoir fait ses études, avec distinction, à l'Université de Paris, il devint, à l'âge de 16 ans, professeur de rhétorique au collége de Lisieux. Son goût le porta à étudier l'astronomie, et le professeur allait s'asseoir sur les bancs au cours de Lalande. Il s'adonna aussi à l'étude des antiquités. Vers l'année 1780, il obtint la place de professeur d'éloquence au Collége de France; l'Académie des inscriptions et belles-lettres lui ouvrit ses portes.

M. Dupuis fut nommé député à la Convention nationale par le département de Seine et Oise. Pendant le règne de la terreur il resta obscur; mais après la chûte de Robespierre il prit quelquefois la parole, et fit entr'autres le *Rapport sur Carrier*. Réélu au conseil des Cinq-Cents, il en sortit en mai 1797. Lorsque Rewbel et Treilhard, sortirent du Directoire exécutif, il fut mis sur la liste des candidats pour les remplacer. Après le 18 brumaire, porté au Corps législatif, qu'il présida pendant la première quinzaine de frimaire an X (1801), il en sortit en 1804. — La mort vient de l'enlever, le 29 septembre dernier, dans son domaine, près d'Is-sur-Tille, à quatre lieues de Dijon.

Ses ouvrages sont : 1° *Laudatio funebris augustissimæ Mariæ Theresæ*, etc. (Oraison funèbre de Marie Thérèse), 1781, in-4°. 2° *Origine de tous les cultes, ou Religion universelle*, 3 vol. in-4°, ou 12 vol. in-8°, Paris, an III (1795); à chacune de ces éditions est joint un volume de planches, in-4°. Ce fut en suivant les cours d'astronomie de Lalande, et à la suite des réflexions de ce professeur sur le calendrier des Égyptiens, que Dupuis trouva l'explication des fables par les constellations. Le 18 mai 1778, lisant dans un ancien auteur qu'Atlas épousa Hespéris, et qu'il en naquit sept filles, il eût l'idée que toutes les fables de la mythologie n'étaient que l'histoire des phénomènes célestes. La première annonce de cette découverte fut donnée par Lalande dans le Journal des Savans (janvier 1780); le mois suivant, Dupuis fit insérer dans le même journal une lettre pour prouver que les douze travaux d'Hercule ne sont que le passage du soleil par les douze signes du zodiaque; il a bien étendu cette idée dans son *Origine de tous les cultes*. Lorsque cet ouvrage parut, il fut très-bien accueilli par la Convention, à qui il fut offert. La *Décade* (n° 62, 65, 71 et 74), et le *Magasin encyclopédique* (tome IV), les seuls journaux littéraires qui existassent alors, en firent l'éloge; mais dans le premier de ces journaux on ne dissimula pas que cette *Collection volumineuse a le défaut d'être surchargée d'une érudition fatigante, de manquer d'ordre et de méthode, et de ne pas être écrite comme le devrait être un ouvrage de cette importance*. Le 6 avril 1791, on avait mis au jour la première livraison de l'*Histoire générale et particulière des religions et du culte de tous les peuples du monde tant anciens que modernes*. Cet ouvrage devait avoir 12 vol. in-4°, avec figures; il n'a pas été achevé, nous croyons même qu'il n'a pas été au-delà de trois livraisons. Plusieurs personnes soupçonnent M. Dupuis d'avoir été le principal coopérateur de cette entreprise. 3° *Abrégé de l'origine de tous les cultes*, 1798, in-8°; c'est, ainsi que le titre l'annonce, un abrégé de l'ouvrage précédent. Depuis, M. Destutt-Tracy, sénateur, a publié : *Analyse raisonnée de l'Origine de tous les cultes ou Religion universelle, ouvrage publié en l'an III par Dupuis citoyen Français*, an XII, 1804, in-8° de 160 pages. 4° Des *Mémoires* dans le Journal des Savans, dans les Mémoires de l'Académie des inscriptions, et dans ceux de l'Institut. 5° Un *Mémoire sur l'origine des Constellations et sur l'explication de la Fable par le moyen de l'Astronomie*, dans le quatrième volume de l'*Astronomie de Lalande*; (1781, in-4°), p. 351 — 576. 6° *Le Rapport sur Carrier*, et quelques autres. 7° Une dissertation très-savante sur le Zodiaque Égyptien trouvé à Dendera, publiée d'abord dans la Revue philosophique littéraire, et ensuite séparément, en un petit vol. in-8°. A. J. Q. B.

POLITIQUE.

Une communication officielle de la dernière importance vient d'être publiée ; elle fixe de la manière la plus positive les idées de l'homme d'Etat, celles du négociant, celles des neutres sur-tout, sur les intentions constantes qui ont dirigé le cabinet de S. M. dans l'application de ses principes politiques au droit maritime. Cette communication est faite aux Etats-Unis, par l'entremise de leur ambassadeur : elle expose avec une clarté et une précision remarquable la série des actes qui, de la part de l'Angleterre, des Etats-Unis et de la France, ont tour-à-tour porté à la liberté si désirable du commerce, des entraves dont on ne peut rejeter le blâme que sur la puissance qui seule et la première a voulu anéantir la liberté des mers. Tout ce que le commerce du monde a souffert vient de ce que l'Angleterre a fait pour que le sien fût exclusif, absolu, sans concurrens et sans partage. Tout ce que les Etats-Unis ont perdu vient de ce que l'Angleterre n'a voulu reconnaître sur la mer rien de ce qui constitue le droit des gens. Tout ce que la France a fait ne présente que l'idée d'une juste représaille. La France a voulu que son pavillon fût respecté, que les pavillons neutres fussent libres, que les ports non bloqués fussent libres aussi ; et si elle a pris des mesures contraires à ses propres intentions, si elle a répondu aux actes illibéraux de l'Angleterre par des actes ayant le même caractère, elle l'a dû pour ne pas être, elle et ses alliés, victimes impassibles de la tyrannie anglaise.

Cependant cette tyrannie même s'est porté un coup funeste par ses propres excès. La foi punique dont le dépôt est si précieusement gardé en Angleterre, s'est fait reconnaître dans les derniers actes du gouvernement anglais envers les Etats-Unis : il a paru vouloir se relâcher de ses prétentions, mais bientôt redoutant dans les ports neutres le commerce américain, il a désavoué son ministre, rétracté ses déclarations, pris un moyen terme qui ne satisfait à rien ; et mettant en évidence son intention secrète, il a réveillé chez les Américains le sentiment de l'indépendance et de l'honneur national. Ce n'est pas la première fois que son impolitique a ce salutaire effet : elle a produit l'indépendance du nord de l'Amérique ; elle peut aujourd'hui amener un résultat d'un intérêt encore plus général, la liberté du commerce et celle des mers, si toutes les puissances qui doivent y prétendre ont l'énergie de la réclamer et la volonté ferme de la reconquérir.

Les papiers anglais nous font connaître les premiers effets de ce mouvement dans l'opinion des Américains; ils prétendent qu'en même tems que l'Amérique envoie un ministre en Russie, qu'elle refuse de recevoir le ministre anglais M. Jackson, elle a cherché à renouer avec la France les relations diplomatiques, et par conséquent commerciales, qui avaient été non pas rompues, mais en quelque sorte suspendues; ils disent que M. Armstrong a reçu de nouvelles instructions très-favorables à de nouveaux arrangemens, que deux bâtimens français sont successivement arrivés en Amérique, et qu'enfin le fils du dernier président, M. Adams, a été chargé d'une mission particulière auprès de S. M. l'Empereur Napoléon. Ils le disent, et le *Moniteur* le publie après eux.

Nous sommes loin de prétendre, à cet égard, être instruits aussi bien que les Anglais. Nous devons ignorer si en effet le ministre des relations extérieures de France a été occupé de nouvelles relations avec les Etats-Unis; mais, qu'il l'ait été ou non, il importe essentiellement de connaître et la lettre qu'il a écrite à leur ambassadeur, par ordre de S. M., et la déclaration que cette lettre renferme; il est encore plus essentiel de connaître les dispositions qu'il annonce, que de savoir comment il a été conduit à les proclamer.

Voici la substance de cette lettre que nous abrégeons à regret, et le moins possible. Elle est datée d'Altembourg, le 22 août dernier.

Monsieur, dit le ministre français à M. Armstrong, S. M. l'Empereur, instruit que vous devez expédier un bâtiment en Amérique, m'ordonne de vous faire connaître les principes invariables qui ont réglé et régleront sa conduite sur la grande question des neutres.

« La souveraineté et l'indépendance du pavillon sont comme la souveraineté et l'indépendance du territoire, la propriété de tous les neutres. Un Etat peut se donner à un autre, briser l'acte de son indépendance, changer de souverain; mais les droits de la souveraineté sont indivisibles et inaliénables; personne ne peut en rien céder.

» L'Angleterre a mis la France en état de blocus; l'Empereur a, par son décret de Berlin, déclaré les Iles-Britanniques en état de blocus. La première mesure éloignait les bâtimens neutres de la France; la seconde leur interdisait l'Angleterre.

» Par ses ordres du conseil du 11 novembre 1807, l'Angleterre a mis un octroi sur les bâtimens neutres, et les a assujétis à passer dans ses ports avant que de se rendre à leur destination. Par décret du 17 décembre de la même année, l'Empereur a déclaré dénationalisés les bâtimens dont le pavillon aurait été violé, dégradé, foulé aux pieds.

» Pour se dérober aux actes de violence dont cet état de choses menaçait son commerce, l'Amérique a mis un embargo dans ses ports; et quoique la France, qui n'avait fait qu'user de représailles, vît ses intérêts et les intérêts de ses colonies blessés par cette mesure, cependant l'Empereur applaudit à cette détermination généreuse de renoncer à tout commerce plutôt que de reconnaître la domination des tyrans des mers.

» L'embargo a été levé. On y a substitué un système d'exclusion. Les puissances continentales liguées contre l'Angleterre font cause commune; elles visent au même but; elles doivent recueillir les mêmes avantages; elles doivent aussi courir les mêmes chances: les ports de la Hollande, de l'Elbe, du Weser, de l'Italie et de l'Espagne ne jouiront d'aucun avantage dont ceux de France seraient privés. Les uns et les autres seront en même tems ouverts ou fermés au commerce dont ils peuvent être l'objet.

» Ainsi, Monsieur, la France reconnaît en principe la liberté du commerce des neutres et l'indépendance des puissances maritimes; elle les a respectées jusqu'au moment où la tyrannie maritime de l'Angleterre, qui ne respectait rien, et les actes arbitraires de son gouvernement l'ont forcée à des mesures de représailles, qu'elle n'a prises qu'à regret. Que l'Angleterre rapporte sa déclaration de blocus de la France, la France rapportera son décret du blocus de l'Angleterre; que l'Angleterre rapporte ses ordres du conseil, du 11 novembre 1807, le décret de Milan tombera de lui-même; le commerce américain aura repris toute sa liberté, et il sera sûr de trouver faveur et protection dans les ports de France.

» Mais c'est aux États-Unis à amener par leur fermeté ces heureux résultats. Une nation qui veut rester libre et souveraine, peut-elle mettre en balance quelques intérêts du moment avec le grand intérêt de son indépendance, et le maintien de son honneur, de sa souveraineté et de sa dignité ? »

Peu d'actes ont produit une sensation aussi vive que cette lettre ; et cependant elle n'apprend rien à ceux qui ont suivi et bien jugé les intentions et la conduite du gouvernement : ceux-là ne doivent rien trouver dans cette lettre qui les étonne et leur paraisse nouveau. Nous n'avons jamais, disent-ils, entendu le gouvernement tenir un autre langage ; cette déclaration est conforme aux précédentes ; elle est fondée en raison, en justice, en politique ; elle stipule les intérêts du commerce du monde, ceux mêmes du commerce anglais, qui s'obstine à se ruiner pour empêcher celui des autres de vivre ; nous savions que les principes du gouvernement n'avaient pu changer à cet égard : cependant l'effet produit par la lettre en question, a été très-remarquable : on l'a rapprochée des circonstances dans lesquelles elle a été écrite, du moment où le Nord pacifié va réunir trois pavillons pour l'indépendance de la Baltique et l'exclusion des bâtimens anglais des ports russes, suédois et danois, des conférences d'Altenbourg, où les destinées de tant d'états se combinent avec toute la maturité nécessaire à de si solennelles et de si vastes délibérations, du rapprochement des Etats-Unis avec la Russie, enfin d'un renouvellement prochain dans le ministère anglais, renouvellement qui toujours permet d'espérer un changement de système ; et ces divers rapprochemens ont donné à la publication de la lettre un degré d'intérêt qu'elle doit sur-tout au sentiment d'espérance qu'elle a fait naître, aux idées de paix, de commerce et de liberté auxquelles elle a permis de se livrer.

Nous avons parlé de la pacification du Nord ; en effet, il n'est pas possible de douter d'une nouvelle que la Prusse, le Dannemarck, les Anséatiques, et le ministre français à Hambourg ont appris presqu'à la fois. La paix entre la Suède et la Russie a été signée le 17 septembre à Fridericshamm : des courriers russes et suédois en ont porté la nouvelle sur toutes les côtes de la Baltique, où désormais et jusqu'à ce qu'ils s'y présentent en véritables négocians, et non en tyrans de la mer, les Anglais n'auront plus un port ouvert, pas une retraite accessible : on donne en effet pour certain, et la paix ne peut guère se concevoir que sur cette double base, que la cession de la Finlande à la Russie est le prix pour cette dernière de cette utile conquête ; que la fermeture des ports suédois aux

Anglais, est le prix pour la Suède de l'asservissement du dernier roi à la domination britannique. Si l'on ajoute que très-certainement la Poméranie suédoise a pour jamais cessé de porter ce titre, on aura, sur ce point des débats militaires et politiques qui occupent la scène du monde, un nouvel exemple des heureux fruits que les souverains recueillent de l'alliance anglaise : leurs trésors envahis, leur territoire partagé, leurs sujets victimes de la guerre, leurs sceptres brisés dans leurs mains, voilà les fruits d'une politique aveugle que la Suède vient partager à son tour, et sans doute la dernière.

Mais des jours plus heureux se lèvent pour cette nation estimable, et qu'une longue alliance avec la France avait seule placée au rang qu'elle occupait. Le roi a sondé les plaies de l'Etat, la révolution qui l'a mis sur le trône n'est pas un vain mot : la Suède a désiré un monarque qui s'occupât de ses véritables intérêts, de sa gloire réelle, de son existence future; et déjà ces vœux sont en partie exaucés, puisque le roi de Suède a un ambassadeur à Paris. Quant à son avenir, la Suède trouve une garantie de son bonheur et du gouvernement sage qui continuera de veiller pour elle, dans l'acceptation faite par le prince Christian d'Augustembourg du titre de prince héréditaire. Il a combattu à la tête de ses Norwégiens les Suédois suscités contre le Danemarck par l'Angleterre. La couronne de Suède, placée un jour sur sa tête, sera le gage de l'union des deux puissances et de la liberté du commerce dans les parages où doivent flotter leurs pavillons libres et amis ; et ce grand résultat, à qui le devra réellement le Nord? à la fermeté, à la constance, à l'unité de vues et de système de l'Empereur des Français pour que la première puissance du Nord oppose une insurmontable barrière à la domination anglaise, et pour que les deux autres ne soient pas ses victimes et ses tributaires.

Ecoutons cependant ce que pensent et ce qu'écrivent les Anglais de leur ministère, de Walcheren, de leurs affaires en Espagne et dans l'Inde. Ils désirent un renouvellement entier du ministère. Si on en formait un de parties hétérogènes, il ne subsisterait pas jusqu'à la prochaine session du parlement. Divers plans sont proposés, chacun présente ses amis et soi; personne ne veut siéger qu'avec des hommes de son opinion. Cependant la patrie est en danger, les plus grands événemens se préparent sur le Danube ; leur résultat, dit *le Statesman*, étonnera l'univers : est-ce avec un ministère incomplet, désorganisé ou divisé, que nous soutiendrons la lutte et que nous parerons le contre-coup qui nous menace? Le même journaliste apostrophe ainsi le peuple anglais, dont il déplore l'aveuglement et la faiblesse: les termes dont il se sert méritent d'être rapportés. Voulez-vous être une nation indépendante, dit-il, ou devenir une province de France? Vous ne pouvez conserver votre indépendance que par une réforme immédiate du parlement. Il ajoute, et par l'*émancipation de l'Amérique méridionale*, proposition qui n'est pas aussi claire, et dont il aurait dû développer l'idée principale.

Quant à Walcheren, ce sont des *survivans* qui revoient les côtes de l'Angleterre, avec la honte de leur inutile tentative, compensée par le bonheur inespéré d'avoir échappé à la destruction. En revoyant rentrer les *squelettes* de régimens, comme le disent les Anglais dans leur langage toujours expressif et figuré, les plus tristes réflexions se succèdent.

« À quoi devons-nous, dit-on à Londres, le triste état actuel de notre gouvernement? À l'entêtement avec lequel les ministres ont persévéré à se mêler des affaires du Continent, et particulièrement des affaires de l'Espagne! Les désastres de l'armée du général Moore avaient occasionné de grandes discussions dans le cabinet. L'amour du pouvoir, et les charmes des grands emplois, ont cautérisé la plaie; mais au lieu de profiter de l'expérience, une autre armée, mieux équipée, a été envoyée dans la péninsule! et, comme si cela n'avait pas été une saignée suffisante pour notre population, une troisième armée a été envoyée en Zélande! Est-ce une diversion en faveur de l'Autriche? Non: l'Autriche avait abandonné le combat! Mais l'armée avait été rassemblée, et on pensa qu'elle pouvait servir à un nouvel arrangement du cabinet, projeté parce que le duc de Portland avait manifesté, à cause de ses infirmités, l'intention de se retirer! Lord Chatam était désigné pour lui succéder. L'expédition de l'Escaut était considérée comme devant donner de l'éclat à lord Chatam avant que de le placer dans un nouvel emploi. Nous savons tout ce qui a été fait, et ce qui n'a pas été fait! et maintenant nous voyons les conséquences qui commencent à se développer! »

« Bretons! vous êtes sur le penchant de la ruine! Les mesures dont vous vous plaignez à grands cris, ne pouvaient réussir entre les mains d'aucune administration quelconque. Il est grand tems que l'Angleterre change de route, qu'elle revienne au sens commun, et qu'elle renonce à tous efforts pour soutenir ou rétablir dans d'autres pays, des institutions ennemies de l'industrie et du bonheur public, et subversives de la vraie morale ! Vos tentatives sont de la démence ! elles ne sauraient prospérer ! Si vous y persévérez, vous serez inévitablement englobés dans la ruine qui a accablé, sur le continent, ces institutions pour la destruction desquelles vos ancêtres ont non-seulement imploré le ciel, mais encore versé leur sang ! »

Ces déclamations ne sont que trop appuyées sur des faits : la correspondance de lord Wellington ne donne lieu à aucune espérance fondée pour le ministère anglais; il revient à Londres avec M. Frère, et le retour en dit plus que tout le reste. Toute l'armée anglaise réduite aujourd'hui à défendre le Portugal ne s'élève pas au-delà de vingt mille combattans, en y comprenant les renforts reçus et les détachemens ou convalescens qui ont rejoint. Les derniers avis de la Corogne et du Ferrol annoncent d'un autre côté aux Anglais qu'ils ont à y craindre le prompt retour des Français; l'armée de Cuesta de près de 40 mille hommes en peut à peine réunir 20 mille. Le feu ennemi en a détruit une partie, le reste a quitté ses rangs et jeté ses armes ; que Venegas attribue justement ou non sa défaite à Cuesta ou au général anglais, Almonacid n'en a pas moins été le tombeau de son armée. Le calcul le plus exagéré ne porte pas le nombre des Espagnols encore sous les armes à plus de 80 mille hommes, et cependant les mêmes calculs faits dans l'intention de diminuer l'idée de la force des Français, élèvent leur nombre à 130 mille combattans, sans compter les garnisons, et indépendamment des renforts dont on apprend déjà le passage aux Pyrénées.

Dans ces circonstances, on doit excuser le peuple anglais, s'il est furieux de ce que ses ministres ne pouvant se montrer heureux hommes d'État veulent se montrer habiles spadassins. Le duel de M. Canning n'a inspiré aucun intérêt, et personne n'a trouvé un tel moyen le plus propre à terminer, avec les différens ministériels, la lutte pénible où s'est engagée l'Angleterre. M. Canning qui va beaucoup mieux, eût-il été tué, personne en Angleterre ne conçoit comment son adversaire eût prouvé par-là qu'il avait raison ; eût-il été vainqueur, personne n'eût cru son système plus sage : les affaires de l'Angleterre sont en trop mauvais état, pour être réhabilitées par de tels moyens ; et pour se sauver, pour déclarer sa cause juste, pour soutenir qu'elle exerce des droits et des prétentions légitimes, on reconnaît à Londres même qu'il faut autre chose que des *jugemens de Dieu*. Au siècle où nous sommes, que signifient les épreuves des tems barbares?

Quant à la France, elle n'a reçu des dernières tentatives anglaises qu'une commotion, qu'une agitation passagère. Ses gardes nationales rentrent successivement dans leurs foyers, en vertu des mêmes ordres ministériels qui les en avaient éloignés. Toute l'attention, tout l'intérêt, tous les vœux sont portés sur un seul point, celui où sont réglées les destinées des Etats que l'Empereur a conquis ou délivrés. L'Allemagne entière a les yeux fixés sur le traité qui va assigner à ses princes de nouvelles distributions de territoire, récompenser l'allié fidèle, garantir le faible, les protéger tous deux, et asseoir une paix solide sur une balance exacte de tous les intérêts recommandables, de toutes les prétentions justes. Un tel traité, enfanté dans le plus profond mystère, ne peut être que le fruit du tems. Rien ne transpire, rien de tous les bruits qui peuvent circuler, et que chacun en Allemagne invente et répand suivant son intérêt, son désir ou ses craintes, ne doit être cru : le fait de la signature du traité n'est pas encore connu à Paris au moment où nous écrivons.

Nous réunissons ainsi tout ce qui est dû à cette impatience patriotique, qui ne se confond jamais en France avec le sentiment de l'inquiétude. La France est tranquille sur les résultats des négociations comme ses guerriers le sont la veille d'une bataille, puisque c'est le même génie qui préside à toutes deux. Nous ajouterons volontiers, pour faire concevoir par quelques rapprochemens combien paraît sûre la prompte conclusion du traité, que déjà les régimens de la garde demeurés en Bavière ont descendu le Rhin, que des fournitures considérables ont été contremandées, que les camps occupés par l'armée française ont mis en vente tout ce qui avait servi à leur formation, que les équipages de S. M. ont été disposés sur la route de France; qu'enfin les ordres les plus pressés ont été rapidement exécutés à Fontainebleau pour que tout fût prêt à recevoir l'Empereur et l'Impératrice.

L'Empereur a accepté la démission du porte-feuille de l'intérieur, que le mauvais état de sa santé a forcé le ministre Cretet, comte de Champmol, à donner à S. M. Il est créé ministre d'Etat, attaché à la section de l'intérieur du Conseil-d'Etat, et par une extrême délicatesse S. M. a bien voulu lui témoigner qu'elle espérait son rétablissement, et le regardait comme certain, en lui faisant connaître que son intention était de lui donner la surintendance des domaines de la couronne. M. de Montalivet est nommé ministre de l'intérieur; M. Mathieu Molé a les ponts et chaussées en remplacement de M. de Montalivet : on donne ces deux nominations comme positives, mais elles n'ont pas encore été officiellement publiées.

d

ANNONCES.

Tome VIe et dernier de 545 pages, du *Cours Complet d'agriculture pratique, d'Économie rurale et domestique, et de Médecine vétérinaire*; par l'abbé Rozier; rédigé par ordre alphabétique : ouvrage dont on a écarté toute théorie superflue, et dans lequel on a conservé les procédés confirmés par l'expérience et recommandés par Rozier, par M. Parmentier et les autres collaborateurs que Rozier s'était choisis. On y a ajouté les connaissances pratiques acquises depuis la publication de son ouvrage, sur toutes les branches de l'agriculture, de l'économie rurale et domestique, et de la médecine des animaux, par MM. Sonnini, Tollard aîné, Lamarck, Chabert, Lafosse, Fromage de Feugré, Cadet-de-Vaux, Heurtault-Lamerville, Curaudau, Charpentier-Cossigny, Lombard, Chevalier, Cadet-Gassicourt, Poiret, de Chaumontel, Louis Dubois, V. Demusset, Demusset de Cogners et Veillard. Six volumes in-8° de 3560 pages, avec le portrait de Rozier, celui de M. Parmentier, et plus de 30 planches gravées en taille-douce. Ce tome VIe, et dernier, de 545 pages, avec 3 planches doubles gravées en taille-douce, comprend les lettres R à Z inclusivement, et l'introduction; son prix est de 7 fr. broché, pris à Paris, et 9 fr. franc de port. Les cinq premiers volumes sont chacun du même prix. A Paris, chez Fr. Buisson, libraire-éditeur, rue Gilles-Cœur, n° 10; et D. Colas, imprimeur-libraire, rue du Vieux-Colombier, n° 26.

Essai sur le principe de population, ou Recherche de l'influence de ce principe sur le bonheur de l'espèce humaine dans les tems anciens et modernes, suivie de l'examen des moyens propres à adoucir les maux dont ce même principe est la cause, et du tableau des espérances que l'on peut concevoir à ce sujet, par T. R. Malthus, maître ès-arts, associé du collége de Jésus, à Cambridge, professeur d'histoire et d'économie politique au collége des Indes orientales dans le comté d'Hertford; traduit de l'anglais, par P. Prevost, professeur de physique à Genève, C. de l'I. N., des Sociétés Royales de Londres et d'Edimbourg, etc. Trois vol. in-8°. Prix, 12 fr, et 16 fr., franc de port. A Genève, chez J. J. Paschoud, libraire, et à Paris, chez le même, quai des Grands-Augustins, n° 11, près le pont Saint-Michel; et chez Arthus-Bertrand, libraire, rue Hautefeuille, n° 23.

Elémens d'analyse géométrique et d'analyse algébrique, appliqués à la recherche des lieux géométriques, par Simon L'huillier, professeur de Mathématiques à l'Académie de Genève, membre de plusieurs corps littéraires. Un vol. in-4°, avec fig. Prix, 15 fr, et 17 fr., franc de port. Chez les mêmes.

Mémoires sur l'extraction et sur les usages du sucre liquide de pommes et de poires, etc., par Dubuc, apothicaire-chimiste à Rouen, membre de l'académie des sciences, belles-lettres et arts de la même ville, du jury médical du département de la Seine-Inférieure, correspondant de la société de médecine du département de l'Eure, de celle de Paris, et de plusieurs autres sociétés savantes. Brochure in-8°. Prix, 1 fr. 50 c., et 1 fr. 65 c. franc de port. A Paris, chez D. Colas, imprimeur-libraire, rue du Vieux-Colombier, n° 26, faubourg Saint-Germain.

On trouve chez le même :

Les Inondations et leurs effets, ou Moyens proposés pour assainir les maisons et localités qui ont été submergées. Brochure in-8°. Prix, 75 c., et 85 c. franc de port.

Suite de la collection des auteurs classiques, latins et grecs, du fonds de MM. Treuttel et Würtz, libraires à Paris et à Strasbourg.

AUTEURS LATINS.

	fr.	c.
C. Plinii secundi Epistolæ et Panegyricus. Accedunt alii Panegyrici veteres : 2 vol., pap. sans colle,	4	25
——— Papier collé,	5	25
M. Fab. Quintiliani Opera : 4 vol, pap. sans colle,	8	60
——— Papier collé,	10	50
C. Crispi Sallustii Opera. Editio tertia : pap sans colle,	4	50
——— Papier collé,	5	25
Matth. Casimiri Sarbievii Carmina : pap. collé,	4	50
Scriptores histor. Augustæ minores : 2 vol., pap. sans colle,	4	»
——— Papier collé,	5	»

Scriptores rei rusticæ veteres Latini, Cato, Varro, Columella, Palladius, quibus accedit Vegetius de Mulomedi-

	fr.	c.
cina et Gargilii Martialis fragmentum, cum Lexico rustico : 4 vol., pap. sans colle	10	50
——— Papier collé	12	50
M. Annæi Senecæ Rhetoris Opera : pap. collé	3	25
L. Annæi Senecæ Philosophi Opera : 4 vol., pap. sans colle	9	»
——— Papier collé	11	»
——— Tragœdiæ, pap. sans colle	2	25
——— Papier collé	2	75
C. Silii Italici Punicorum libri : pap. sans colle	2	25
——— Papier collé	2	75
C. Jul. Solini Polyhistor. pap. sans colle	1	80
——— Papier collé	2	25
P. Papinii Statii Opera : pap. sans colle	2	75
——— Papier collé	3	25
C. Suetonius Tranquillus. Editio sec., pap. collé	4	»
C. Corn. Taciti Opera. Editio secunda : 4 vol., pap. collé	13	»
Publii Terentii Comœdiæ, notis et indicibus illustratæ : 2 vol., pap. sans colle	4	25
——— Papier collé	5	25
Valerii Maximi dictorum factorumque memorabilium libri novem. Accedunt Julii Obsequentis quæ supersunt ex libro de Prodigiis : 2 vol., pap. collé	7	50
M. Ter. Varronis de Lingua Latina Libri qui supersunt, cum ejusdem Fragmentis. Accedunt notæ Antonii Augustini, Adr. Turnebi, Jos. Scaligeri, et Auson. Popmæ : 2 vol., pap. sans colle	5	»
——— Papier collé	6	»
Fl. Vegetius Renatus de re militari, cum notis variorum et indicibus, pap. collé	5	»
Velleius Paterculus : pap. sans colle	2	»
——— Papier collé	2	50
Sex. Aurelius Victor, Sex. Rufus, Eutropius, Messala Corvinus : pap. sans colle	2	25
——— Papier collé	2	75
P. Virgilii Maronis Opera. Ed. sec. : 2 vol., pap. sans colle	10	50
——— Papier collé	11	50
M. Vitruvii Pollionis de Architectura libri X. Accedit Anonymi Scriptoris veteris Architecturæ Compendium, cum Indicibus. pap. collé	6	»
Johan. Schweighæuseri Opuscula Acad. : 2 vol., pap. collé	7	»

(*La suite au N° prochain.*)

MERCURE DE FRANCE.

N° CCCCXXXI.—Samedi 21 Octobre 1809.

POÉSIE.

L'ESTIME PUBLIQUE.

Discours en vers aux élèves de Sorèze, avant la distribution des prix, l'an 1809.

QUAND, pour encourager vos savantes conquêtes,
Les spectateurs en foule accourent à nos fêtes,
O que j'aime à vous voir, dans vos jeunes élans,
Le visage animé, les yeux étincelans,
Ivres d'espoir, heureux de la joie unanime,
Recueillir le tribut de la publique estime !

Conservez à jamais ce sentiment profond,
Ce respect du public, en vertus si fécond,
Et qui, des vertus même égalant la puissance,
Dans nos cœurs agrandis, supplée à leur absence.
L'homme, toujours sensible au jugement d'autrui,
Qui craint, à chaque instant, ce qu'on dira de lui,
Dirige tous ses pas au flambeau qui l'éclaire;
Mais celui qui, poussé d'un orgueil téméraire,
Brave l'opinion dont les arrêts perdus
Roulent autour de lui vainement entendus,
Ne sentant pas le frein de l'éloge ou du blâme,
Se livre aux mouvemens qui maîtrisent son âme,
Et deviendra bientôt, au gré de son ardeur,
Le pire des humains, s'il n'en est le meilleur.
Craignez tout, mes amis, de qui ne craint personne;
Est-il puissant? le faible à son aspect frissonne :
Auteur ? il foule aux pieds la critique et le goût;
Homme du monde ? il rit, il a pitié de tout.

F f

...anger à nos mœurs, infidèle à l'usage,
...st le plus bizarre, et se croit le plus sage.

...tter seul contre tous, quel orgueilleux effort!
...j'avais seul raison, j'aurais peur d'avoir tort.
...a beau me vanter ce héros de la Grèce,
...i du peuple à sa vue, excitant l'allégresse,
...cria: Mes amis, qu'ai-je fait? qu'ai-je dit?
...dois m'être trompé, puisque l'on m'applaudit.
...mépris insultant, à mes yeux, est un crime.
...ime mieux vous citer ce guerrier magnanime
...i, vainqueur de cent rois chargés de ses liens,
...mi tous ses travaux, disait: Athéniens,
...st vous qui vers la gloire avez tracé ma route;
...ır forcer votre estime ô combien il m'en coûte!

...l je conçois l'amour de la célébrité.
...briguer sans mérite est sotte vanité;
...gueil, si l'on s'exhausse après l'avoir ravie;
...frustrer ses rivaux, c'est pire, c'est l'envie.
...ıtrigant la poursuit, sans choisir le chemin;
...omme d'honneur l'attend, ses titres à la main.

...ir du bien qu'on fait est le bonheur suprême,
...le crois; ce bonheur on le trouve en soi-même;
...is, liés par cent nœuds au reste des humains,
...us cherchons leur amour, nous craignons leurs dédains
...us vivons dans leur âme, ils vivent dans la nôtre,
...ıreux et, plus souvent, malheureux l'un par l'autre.
...eu lui-même, en prêchant les vertus ici-bas,
...us offre un autre prix que leurs divins appas.
...bien, nous a-t-il dit, est difficile à faire;
...rez bons, vertueux, je tiens votre salaire.
..., vous le savez tous, c'est la gloire des cieux:
...le que j'offre ici n'est qu'en attendant mieux.

...qu'on pense de moi ne m'intéresse guère,
... Ariste; mon cœur juge avant le vulgaire.
...t bien, mais votre cœur, complice de vos goûts,
...st-il pas, trop souvent, du même avis que vous?
...ignez qu'il ne s'égare et qu'il ne vous abuse,
...vous criant *bravo* quand chacun vous accuse.
...dit à Dorimon: Arrêtez, regardez,
...ıs un affreux chemin vos pas sont hasardés;

Vers le point du départ reprenez votre route.
Et lui, marchant toujours, sans former aucun doute,
Ne voit qu'en s'abymant, combien il s'est mépris :
Il courait à la gloire, il arrive au mépris.
Heureux à nos avis s'il eût prêté l'oreille !
Hors quelque enfant du ciel, étonnante merveille,
Entre les nations suscité rarement,
Pour imprimer au monde un nouveau mouvement,
Tel que Numa, Lycurgue, et toi, vaste génie,
Qui retiens sous tes lois l'Europe réunie,
Toi dont rien ne suspend les immenses travaux,
Qui, marchant sans modèle, ainsi que sans rivaux,
Forces l'opinion et ne fais rien par elle ;
Les autres, s'animant d'une voix mutuelle,
Sous les yeux du public marchent plus affermis,
D'autant plus admirés qu'ils lui sont plus soumis.

Un fameux moraliste ou d'Athène ou de Rome,
Voulait qu'entre les morts on choisît un grand homme,
Et qu'on se demandât, en toute occasion,
Que penseraient Socrate, Aratus, Phocion ?
Avoueraient-ils mes plans, mes désirs, mon système ?
Par malheur, il faudrait se répondre soi-même,
Et chacun, disposant de leur autorité,
Donnerait leur cachet à sa stupidité.
J'aime un juge qui parle, et gourmande, et menace.
Derrière ses tableaux, exposés sur la place,
Apelle se cachait pour ouïr les passans,
Et trouvait dans la foule un jury plein de sens.
J'écoute comme lui : mais, avec plus de peine,
Je cherche où ce public tient sa cour souveraine.
La prude Arsinoé le voit dans son salon,
Guérin dans son quartier, Blair dans un feuilleton ;
Le poëte Verneuil, rimant dans son village,
Est tout fier de charmer l'agreste aréopage.
Eh ! mon cher, qu'il te croye honnête, doux, accort,
Il t'aura bien jugé, c'était de son ressort :
Mais s'agit-il de vers ? franchis cette barrière ;
De nos lettrés, au loin, va chercher la lumière ;
Je les vois, sur les quais, négliger ton écrit ;
L'acheteur, à ton nom, se détourne et sourit.

Ah ! me voilà fixé, ta renommée est faite :
Je te crois fort brave homme et fort mauvais poète.

Des réputations on peint le bruit menteur.
J'ai lu, sur ce point-là, plus d'un grand orateur :
Mais, quoi qu'ait soutenu leur faconde enflammée,
Les hommes rarement trompent la renommée.
Tel qu'elle cite au loin pour sot ou pour fripon,
Examiné de près, le sera tout de bon.
Armand, qu'avec respect la multitude nomme,
Aux yeux de la raison, n'est pas moins un grand homme,
Et, pour m'aider ici d'un mot que j'aime fort,
Voix du peuple et de Dieu sont à peu près d'accord.

« L'opinion publique est pourtant si volage !
» Le fou du lendemain, la veille était un sage. »
— Prenez garde ; Scapin, avec art déguisé,
Est une légion pour son maître abusé.
Souvent d'un bruit confus l'oreille est alarmée,
Le caquet des voisins n'est pas la renommée.
Elle exerce pour vous la lyre et le sifflet ;
C'est que dans vos vertus un vice lui déplaît.
Elle avait à genoux adoré la statue,
Qu'aujourd'hui dans la fange elle traîne abattue :
Mais, avant, le héros s'est lui-même avili,
Et dans la même boue il s'est enseveli.
Bref ; pesez les arrêts dont sa voix est l'organe,
Vous tiendrez pour suspects tous ceux qu'elle condamne.

Un Persan (ce récit va droit à mon dessein)
Craignait de se méprendre au choix d'un médecin.
La vogue, le renom sont enfants du caprice,
Disait-il, du savoir je veux un autre indice.
Qui me découvrira ce trésor précieux ?
Ma lunette, lui dit un envoyé des cieux :
Prends-la, chez les docteurs braque-la tout à l'heure ;
Tu verras voltiger autour de leur demeure
Tous ceux qu'ils ont tués, ou leur ombre du moins.
Ainsi tu connaîtras les effets de leurs soins.
Sitôt dit, sitôt fait ; et parcourant la ville,
Chez l'un il en voit cent, chez l'autre il en voit mille.
Quel spectacle ! à la fin, tout-à-fait à l'écart,
Une ombre solitaire attire son regard.

OCTOBRE 1809.

Bon ! celui-ci n'en a tué qu'un ; c'est mon homme ;
Et ce n'est pas pourtant ce docteur qu'on renomme.
Il vit pauvre, sans gloire ! ô peuple d'Ispahan,
Tu laisses l'homme instruit, tu cours au charlatan.
Il entre. Quoi, monsieur, je vous vois sans pratique?
Hélas ! dit l'Hippocrate, un malade, oui l'unique,
Se mit entre mes mains, débile, exténué,
Je n'en ai pas vu d'autre, et.... Vous l'avez tué,
Docteur, vous m'apprêtiez une bonne recette !
Adieu, l'œil du public voit mieux que ma lunette.
Il choisit, et fit bien, le plus accrédité.
Eclairons toutefois notre crédulité.
L'agile renommée a partout sa rivale,
Au ton fier, violent, menteur : c'est la cabale,
Monstre qui ne connait pour guide et pour soutien
Que l'intérêt, l'envie et la haine du bien.
La discorde, à ses yeux, offre seule des charmes ;
Contre tous les succès prête à prendre les armes ;
Au théâtre, à l'église, à la ville, à la cour,
Tantôt obscurément, et tantôt au grand jour,
Elle insulte et combat ceux que la gloire cite,
Fait de Voltaire un sot, un héros de Thersite.
Jusque dans cet asile, et des lois et des mœurs,
Elevant contre nous d'insolentes clameurs,
Elle vient ébranler l'arbre de la science,
Et sur ses fruits divins jeter la défiance.
A son cri, par l'écho long-tems multiplié,
Vous croiriez tout un peuple à sa cause lié,
Et ce n'est qu'un ramas dont l'ardeur frénétique
Semble, par ses efforts, couvrir la voix publique.
Ainsi l'erreur circule et triomphe un moment :
Ainsi Gall, tout un mois, fut un homme charmant ;
Ainsi, Pradon, un jour, l'emporta sur Racine.
La Renommée enfin reprend sa voix divine;
Elle s'arme de force, et de ce bras vengeur
Qui renverse à jamais le fantôme imposteur,
Elle met la vertu sous un dais de lumière,
Et le monstre expirant rugit dans la poussière.

Toi (1) dont la Renommée a chanté les bienfaits,

---

(1) M. le préfet du Tarn était présent avec sa famille.

Tu peux à mes tableaux fournir de nouveaux traits :
Le rang qu'elle t'obtint a fait voir qu'elle est juste,
Attirée en ces lieux par ta présence auguste,
Elle y peint tes vertus, et partout, dès ce jour,
Elle proclamera nos vœux et notre amour.
Voyez-la s'élever sur ses brillantes ailes,
Vous tous, jeunes amis, à son culte fidèles ;
Elle va publier, de cités en cités,
Que, dans l'éclat pompeux de nos solennités,
Un magistrat chéri, qu'accompagnent les grâces,
Au flambeau des talens qui brillent sur ses traces,
A couronné vos fronts de ces lauriers nouveaux,
Dont nos yeux attendris ont baigné les rameaux.
Quel est votre bonheur ! une seule journée
Fixe à jamais vos rangs et votre destinée.
Oui, la peur d'obscureir l'éclat de vos essais,
Poussera votre essor de succès en succès :
Vous planez, devant vous tombent tous les obstacles,
Et l'estime publique a produit ces miracles.

Par M. R. D. FERLUS.

ENIGME.

Je suis une ombre, un souffle, un rien ; me définir
    Ne paraît donc pas chose aisée.
L'existence, lecteur, m'est même refusée.
Toujours on me poursuit sans pouvoir m'obtenir.
Quel mortel cependant sait braver mon prestige ?
    Qui, mille fois joué, trompé,
De moi ne se vit pas plus ou moins occupé ?
Je tourmente, je plais ; je console, j'afflige ;
Je rassure, j'effraie : et, vrai Caméléon,
Des sujets où j'agis les traits, l'impression
Rendent à l'infini ma couleur variable.
    Chez un peuple entier, dit la fable,
    Un monstre qui porta mon nom
Répandit la terreur, la désolation ;
Aussi fais-je trembler la crainte, la faiblesse.
Mais les cœurs, les esprits de plus heureuse espèce
Me trouvent des attraits ; dans leur illusion,

Ils m'appellent souvent sirène enchanteresse.
Grâce à mon charme, ils sont bercés par les Amours,
Par la fortune, par la gloire.
Puisses-tu, cher lecteur, comme eux, me voir toujours
Couleur de rose, et jamais noire!

D.

LOGOGRIPHE.

Tache de m'éviter, cher lecteur, constamment;
Ma griffe est chose malfaisante;
Mais des combinaisons que le mot te présente
Tu peux t'amuser un moment.
Sept lettres donneront de l'Asie un Empire
Fameux par sa sagesse et son antiquité;
Ce qu'un cœur indulgent n'éprouve ni n'inspire;
Trois animaux dont l'un, pour sa fidélité,
Cher à l'homme; un second, sot, pesant volatile;
Le troisième, frugal, laborieux, utile,
Avec mépris, rigueur, est cependant traité;
Le cri qui des chevaux excite le courage;
Ce lien, dans un sens, le bonheur du jeune âge,
Qui le trouve un tissu de fleurs,
Mais voué, dans un autre, aux peines, aux douleurs;
Un buisson épineux; un léger badinage.
J'offre de l'instrument des plaisirs, du carnage
Une partie, ainsi que d'un autre animant
Parfois la danse; une rivière
Synonyme au département;
Des Normands une ville; une où l'Anglais souvent
Jadis allait chercher un climat salutaire;
Le premier meurtrier, ah l'horreur! de son frère!
Ce qu'habite à l'église un saint modestement;
Une plante; mon nom en langage vulgaire;
Ce qui fait du soleil l'annuelle carrière.
Mais je finis, ami lecteur,
Je t'ennuirais en jasant davantage,
Et *tu me chercherais* au mauvais rimailleur
Qui te griffonne mon image.

Par le même.

CHARADE.

Fermez-bien mon premier,
De peur qu'on ne vous vole;
Tenez-bien mon dernier,
De peur qu'il ne s'envole;
Serrez-bien mon entier,
De peur qu'on ne le vole.

S........

Mots de l'Enigme, du Logogriphe et de la Charade insérés dans le dernier Numéro.

Le mot de l'Enigme du dernier Numéro est *Chemise*.

Celui du Logogriphe est *Canon*, dans lequel on trouve, *âne* et *non*.

Celui de la Charade est *Bisaïeul*.

SCIENCES ET ARTS.

Voyages d'un Naturaliste, etc., etc.; par M. E. Descourtilz, ex-médecin naturaliste du Gouvernement.

Les sciences ont fait tant de progrès en Europe depuis un siècle, que de toutes les entreprises une des plus difficiles à bien exécuter aujourd'hui, c'est un voyage scientifique. Tant que la civilisation reste dans certaines bornes, tant que les lumières se réduisent à celles que l'expérience individuelle donne, le voyageur ne s'arrête qu'aux seuls objets qui peuvent l'intéresser personnellement; tous les autres échappent à ses regards. Le Canadien, qui n'a besoin que des produits de sa chasse, ne connaît que ce qui est relatif à la recherche et à la poursuite des animaux qui le nourrissent et l'habillent, comme les premiers voyageurs européens ne virent sur les côtes de l'Afrique et du Nouveau-Monde que de l'or ou des esclaves.

Mais à mesure que les hommes se polissent, à mesure que nos rapports avec la nature s'étendent et que ses phénomènes et ses productions acquièrent plus d'intérêt pour nous, une foule de choses étrangères à l'homme grossier, et qu'il n'apercevait point, sont distinguées par l'homme plus instruit. Les besoins de l'esprit se développent; on est avide de voir, de recueillir, poussé par cette aveugle curiosité qui précède et annonce toujours la naissance des sciences. Le voyageur alors n'a besoin que d'être attentif et laborieux; tout est nouveau, tout sera utile. En effet, les voyages qui ont été entrepris, par les Européens depuis l'établissement de leur commerce maritime, dans les différentes parties du monde, jusqu'au milieu du siècle dernier, portent le caractère de cette époque : les faits y sont nombreux, mais sans liaisons et sans développemens, et la plupart servent beaucoup plus à faire connaître l'existence des choses que leur nature.

Il n'en est plus de même lorsque les faits sont une fois classés et réunis sous des lois générales : il s'agit moins alors d'augmenter leur nombre que d'établir leurs rapports, et les sciences physiques sont unies si étroitement, elles se prêtent des secours si fréquens et si nombreux, qu'il est presque impossible d'éclaircir un phénomène sans réunir les lumières de plusieurs d'entre elles. Par quelles études le voyageur ne doit-il donc pas se préparer aujourd'hui à remplir la tâche qu'il s'impose? Chaque pas qu'il fait le met en relation avec des objets nouveaux et qui dépendent de toutes les branches des connaissances humaines : la nature du climat, celle du sol, les météores, la mer, les minéraux, les plantes, les animaux qui vivent dans les eaux ou sur la terre, les hommes, leur industrie, leurs mœurs, il doit tout voir, tout apprécier, s'il veut se placer à côté des hommes célèbres qui se sont illustrés de nos jours dans la carrière brillante et périlleuse où il entre.

A la vérité, on peut encore obtenir une place honorable parmi les voyageurs en se bornant même à une seule classe d'observations. Celles qui ont été faites avant les tems modernes sont nécessairement incomplètes; la plupart laissent des doutes nombreux dans l'esprit de ceux qui les étudient, et font désirer que des hommes instruits soient à portée de s'en occuper de nouveau. On peut donc rendre de très-grands services à l'une ou à l'autre des branches de l'histoire naturelle, par exemple, lorsque l'on est instruit de ce que ces sciences possèdent de certain, de ce qu'elles ont de douteux, et qu'on s'est mis dans le cas de rectifier les erreurs qui ont été commises et de faire connaître les choses qui ne le sont point encore.

A juger de l'ouvrage que nous annonçons, par son titre principal, on le rapporterait à cette dernière classe de voyage; mais nous verrons que l'auteur ne borne point ses recherches aux productions de la nature; ses observations embrassent tous les sujets physiques, moraux et politiques qui peuvent s'offrir à un voyageur dans plusieurs ports de mer français, en Espagne, au

» continent de l'Amérique septentrionale, à Saint-Yago
» de Cuba et à Saint-Domingue. »

Cet ouvrage doit être composé de six volumes ; mais nous n'en connaissons encore que trois. Le premier contient le récit des sentimens et des observations de M. Descourtilz, depuis son départ de Paris jusqu'à son arrivée à Saint-Domingue, et voici comment il entre en matière. « Après un orage violent, lorsque les gouttes
» d'eau commençaient à filtrer moins précipitamment du
» chaume de notre retraite ; alors que les moutons, sor-
» tant de leur abri, commençaient à bondir en cherchant
» leur pâture, le ciel épuré reprenant son azur éblouis-
» sant, et le tonnerre sourd ne s'annonçant plus qu'au
» lointain, M. Desdunes Lachicotte, oncle de mon
» épouse, et notre bon hospitalier à Saint-Domingue ;
» me voyant soupirer en suivant des yeux un couple de
» pigeon en amour, chercha à me distraire d'une pen-
» sée accablante qui agitait alors mon cœur. Ainsi, pour
» calmer mon impatience et soulager mes maux par un
» récit, il me pria, au nom de l'amitié que je lui por-
» tais, de lui raconter tous les événemens remarquables
» d'un voyage que j'avais entrepris pour débattre auprès
» du Gouvernement les intérêts de sa famille, devenue
» la mienne. Après lui avoir dépeint l'état cruel d'un
» époux et d'un père au moment d'une séparation peut-
» être éternelle, je commençai ainsi, à l'aide de mon
» journal..... »

Je ne suivrai point notre voyageur dans sa route de Paris au Hâvre, quoiqu'il fasse des descriptions fort pittoresques et très-sentimentales de tous les objets qui frappaient sa vue. Je ne parlerai point de son arrivée et de son séjour dans cette ville, ni des regrets qu'il eut d'être condamné, à cause des Anglais, à ne manger que des limandes ou des homards ; je le laisserai même parcourir seul, ou avec madame sa belle-mère, ou avec M. Poulet, les environs de ce port de mer, s'extasier sur les beautés que la nature y a répandues, *s'intéresser aux petits hôtes des bois tremblans aux chants du coucou*, reconnaître des scarabées dans le *bupreste*, le *dermeste*, le *scorpion*, les *scolopendres* et les *capricornes*, qui ne sont point des scarabées, et enfin assister « *à une pêche » du rivage bien intéressante pour l'observateur déiste.* » Je craindrais que toutes ces choses, fort curieuses sans doute pour M. Lachicotte à Saint-Domingue, le fussent très-peu pour nos lecteurs en France.

On pourrait cependant trouver singulier que parmi tant d'observations intéressantes pour les hommes religieux, et faites par un naturaliste, il n'y en ait pas une seule utile à l'histoire naturelle. Quoi qu'il en soit, ce premier voyage n'aboutit qu'à ramener M. Descourtilz dans le sein de sa famille ; il ne put trouver un vaisseau pour passer en Amérique. Mais en cessant de voyager, il n'en continue pas moins sa narration ; ce n'est plus, à la vérité, de ses sentimens et de ses aventures qu'il entretient M. Lachicotte ; il lui fait l'histoire *de la vie privée* d'une petite fouine fort gentille et fort douce, nommée Folette, et il passe de-là à une longue dissertation, précédée d'un avant-propos et suivie de notes sur la culture du safran dans le Gatinois. Nous aimons assez les histoires, elles forment des épisodes quelquefois agréables dans un voyage ; elles en coupent le récit, souvent monotone, et abrègent l'ennui de la route pour celui qui le lit, comme elles l'ont abrégé pour celui qui l'a faite ; mais il est nécessaire que le goût en règle le style et l'étendue, et qu'on ne vienne pas à propos d'une brute nous parler *de ses principes qui coïncident avec sa douceur ; du frère ou de la sœur qu'elle aura pu trouver pour guider sa marche incertaine*, quand elle s'est échappée après avoir volé un perdreau ; il ne faut point nous entretenir *des grâces de sa mastication*, appeler un chat *tyran domestique*, parce qu'il mange les souris de la maison ; et un poulpe *tyran de la rocaille*, parce qu'il se nourrit de crevettes ou d'autres animaux qui vivent sur la grève. Mais il faut sur-tout éviter de faire trouver le tems long pendant vingt pages, lorsqu'on peut intéresser en deux. Nous aimons aussi les dissertations ; cependant, dussions-nous déplaire, il faut l'avouer, ce n'est pas dans les voyages : elles les dénaturent et troublent l'harmonie des proportions qui doit toujours exister entre les différentes parties d'un bon ouvrage, de quelque genre qu'il soit.

Enfin M. Descourtilz se remet en voyage et en reprend le récit; mais il lui donne maintenant aussi peu de développement qu'il s'est plu d'abord à l'étendre; s'il s'arrête un instant, ce n'est que pour jeter un coup-d'œil très-rapide sur ce qui l'environne. Il part de Paris, le 26 octobre, avec un fort brouillard, passe à Orléans sans voir cette ville; à Amboise où il déjeûne, à Sainte-Maure où il couche; à Chatelleraud, renommé par sa coutellerie, et où il est obligé, bon gré ou malgré lui, de faire au moins repasser son couteau; à Poitiers, qui a cela de très-singulier, qu'on n'y achète la moutarde que le soir; à Angoulême, où il soupe, sans pouvoir y entrer; à Bois-Vert, petit endroit, près duquel se trouve un mauvais pas, *dû à la négligence de cette partie de la grande route*, et après bien des peines il arrive à Bordeaux le 1er novembre. « Cette ville, dit M. Descourtilz,
» située sur les bords de la Garonne, est très-commer-
» çante, et n'a rien des villes de province. Le prix des
» comestibles y est exorbitant, *car* les Bordelais qui sont
» très-recherchés dans le choix de leurs alimens, y font
» faire bonne chère à leurs hôtes. » Il monte, le 7, sur un vaisseau américain, nommé l'*Adrastus*, qui, le 16, gagne enfin la pleine mer. L'histoire que M. Descourtilz nous donne de la partie maritime de son voyage n'est, comme celle de la partie terrestre, qu'un simple journal; cependant il s'écarte quelquefois de son plan, pour nous faire part des anecdotes qu'il apprend des autres voyageurs, ou pour nous peindre quelques-unes de ces scènes imposantes qu'offre souvent le spectacle de la mer. Ainsi, il nous raconte, d'après un témoin oculaire, que, « pen-
» dant une tempête un matelot était près des haubans
» occupé à larguer des cordages, lorsqu'une grosse
» lame qui vint couvrir le bâtiment, l'emporta avec elle
» dans la mer; mais à peine tombé, il est relevé par une
» autre vague qui croisa la première, et qui replaça le
» matelot à son poste. » Il nous donne aussi quelques

traits d'une tempête qu'ils essuyèrent le 21 novembre.....
« Le morne silence qui régnait sur le gaillard, n'était
» interrompu que par la chute tonitrueuse des vagues
» qui venaient s'y écraser avec fracas..... Leur gros
» vaisseau soulevé comme une paille légère, se boule-
» versait dans tous les sens avec un fracas horrible,
» causé par le mugissement des flots, et la rencontre des
» bouteilles et des assiettes broyées par les malles sorties
» de leurs traquets..... Les cages à poules, ne pouvant
» résister aux lames..... allaient, pêle-mêle, les vo-
» lailles culbutées et estropiées se promener sur le
» pont. » Tandis qu'on n'y voyait que des *navigateurs
exercés*, et que les matelots et les passagers, excepté
M. Descourtilz, en avaient fui pour se *calfeutrer à fond
de cale*.

Tant que les provisions fraîches durèrent, l'harmonie
régna sur le vaisseau : il paraît que chacun alors ne
cherchait qu'à se réjouir; mais bientôt la faim fit naître
la mauvaise humeur et amena la mésintelligence, et ce
changement, qui devint une source de chagrins pour
M. Descourtilz, fut aussi la cause de toutes les observations d'histoire naturelle, qu'il fit dans le cours de sa
traversée; lorsqu'on fut réduit aux pois secs et au bis-
cuit, on chercha à se procurer du poisson; les lignes
furent jetées à la mer, et entre plusieurs animaux marins,
peu curieux à la vérité, notre voyageur en obtint un
dont il donne la figure et qu'il décrit, et qui pourrait
bien être nouveau. Il ne s'est vraisemblablement point
aperçu de cette dernière particularité, puisqu'il n'en
parle pas; mais les naturalistes ne lui doivent pas moins
de la reconnaissance, pour avoir ajouté sa nouvelle
Méduse à celles qu'on connaissait déjà......

Notre auteur arrive à Charles-Town. Les bornes d'un
extrait ne nous permettant pas de faire connaître toutes
ses observations; nous ne nous arrêterons qu'aux plus
remarquables. Il est en général assez fâcheux de ne pas
connaître la langue d'un pays où l'on se trouve; aussi le
premier sentiment de M. Descourtilz est un regret :
« Bien *néophyte* encore dans la traduction de l'anglais,

» dit-il, je souffrais d'entendre parler à mes oreilles, sans
» pouvoir comprendre même les cris des marchands,
» dont les intonations sont variées à l'infini. » Cependant
notre voyageur est très-étonné de ne pas retrouver en
Amérique ce qu'il avait coutume de voir en Europe.
« Quel fut mon étonnement, s'écrie-t-il, dans un pays
» inconnu, d'y trouver de nouvelles mœurs, de nouvelles
» coutumes et tous visages nouveaux! » A la vérité, il
paraît qu'il y a des choses très-singulières dans cette
contrée, et qui ne surprendront pas moins nos lecteurs
que M. Descourtilz lui-même. Ainsi « les principes mo-
» raux des Quakers sont si rigides qu'ils ont, pour les
» femmes qui ne leur appartiennent pas, la plus exacte
» continence. C'est pourquoi, lorsqu'ils donnent l'hos-
» pitalité à quelque étranger, l'homme, la femme,
» les filles et l'étranger couchent dans le même lit. »
Mais si les mœurs des Quakers sont remarquables par
leur singularité, elles ne le sont pas moins par le contraste qu'elles forment avec les mœurs des Anglo-Améri-
cains qui « sont maintenant, dans les ports de mer, aussi
» dépravées qu'en France, depuis que le commerce leur
» a établi des relations avec l'Europe; car, si dans la
» société des villes une femme rougit lorsqu'elle entend
» prononcer le nom de pied, de jambe et même de cuisse
» de poulet, souvent à présent les jeunes demoiselles,
» subornées par les marins français, s'abandonnent au
» premier amant qui sait leur plaire. »

Il faut avouer que M. Descourtilz fait jouer un sot
rôle à ses concitoyens, et qu'il aurait été beaucoup plus
noble de ne pas les en croire capables que de les en accuser. Nous aurions même quelque peine à lui pardonner
son peu de patriotisme, si nous n'avions quelques raisons
de penser qu'il est plus apparent que réel, et qu'il tient
moins à ces sentimens qu'à ce qu'il est dans la langue
française, comme dans l'anglais, *encore un peu néophyte.*

Quant à Charles-Town, c'est une ville qui n'est pas
moins extraordinaire que ses habitans. « Les rues en sont
» correctes, mais souvent remplies d'immondices. On y
» marche avec difficulté sur un sable épais... Cependant

» elles sont garnies de trottoirs et d'arbres... Les maisons...
» sont construites en planches. Celles des habitans riches
» ont des façades du goût le plus moderne, à colonnes et
» galerie tournante, et d'un style régulier...: La tempé-
» rature de cette ville est modérée toute l'année........
» Les chaleurs de l'été y sont insupportables, et infini-
» ment plus accablantes qu'à Saint-Domingue, où une
» brise réglée vient trois fois le jour rafraîchir l'atmos-
» phère, et dissiper les miasmes combinés par une éva-
» poration torride et des exhalaisons souvent morbi-
» fiques. »

Je n'ai encore rendu compte que de la moitié du premier volume de cet ouvrage, et je dois déjà m'arrêter. Je pense cependant en avoir dit assez pour mettre chacun à portée de le juger suivant son goût, et pour faire connaître l'esprit dans lequel il a été rédigé. Les deux volumes, dont nous aurions encore à parler, contiennent la fin du voyage de M. Descourtilz, une histoire de Saint-Domingue, par M. Lachicotte, depuis sa découverte jusqu'à nos jours, un tableau des productions de cette colonie, et enfin des anecdotes relatives aux mœurs et aux usages de ses habitans.

Frédéric Cuvier.

LITTÉRATURE

LITTÉRATURE ET BEAUX-ARTS.

ANNALES PHILOSOPHIQUES, POLITIQUES ET LITTÉRAIRES ; *par* un habitant de la Louisiane, à Philadelphie.

Après avoir lu souvent, sans y rien comprendre, ce qu'on a écrit sur la question de savoir ce qu'il faut entendre par une *langue bien faite*, j'en suis revenu à croire que ce pourrait bien être celle qu'auraient illustrée un grand nombre d'excellens écrivains dans tous les genres, et dont l'usage serait généralement répandu. Sur ce principe j'ai conclu hardiment qu'entre toutes celles que parlent aujourd'hui les peuples de l'Europe, la langue française était incontestablement la mieux faite. Je pourrais être tenté, tout comme un autre, de justifier mon opinion par des raisonnemens à perte de vue et de raison sur la génération des idées et les lois de la syntaxe ; mais heureusement pour mes lecteurs cette discussion m'écarterait trop de l'objet de cet article, et pour cette fois ils n'auront eu que la peur de l'ennui dont ils étaient menacé [1]. Je me contente de faire observer que le domaine de la langue française s'agrandit tous les jours, et qu'elle est devenue un moyen de communication entre la plupart des nations civilisées, non-seulement de l'Europe, mais de l'Asie et de l'Amérique : ce n'est pas sans une sorte d'orgueil qu'un Français voyageur entend parler sa langue dans les basars

---

[1] On n'entend point par cette observation parler avec mépris des travaux de Bacon, de Locke, de Dumarsais, de Condillac, etc., ni des efforts de ceux qui cherchent, après ces philosophes, à approfondir la métaphysique du langage. Tout objet de recherche mérite un degré d'estime, et nous ne prétendons pas interdire à des esprits méditatifs, des études que les grands écrivains savent faire tourner ensuite au progrès des langues et à la perfection de la littérature. C'est ainsi que Boileau et Racine profitèrent des travaux métaphysiques des solitaires de Port-Royal.

de l'Indostan, et qu'il trouve des écoles françaises établies sur les bords de l'Orénoque et de la Delaware. S'il est malheureusement trop facile de prouver que ce n'est point au nombre et à l'importance de nos colonies, encore moins à l'étendue de nos relations commerciales, qu'il faut attribuer cette diffusion de la langue française, on sera forcé de chercher en elle-même, l'origine de ses succès, et de lui laisser tout l'honneur de ses paisibles conquêtes.

Depuis quelques années on a publié dans les Etats-Unis plusieurs ouvrages périodiques en français ; de ce nombre sont les *Annales philosophiques et littéraires*, imprimées à Philadelphie. A en juger par le premier numéro, que j'ai sous les yeux, les arts et les sciences ne font pas, dans le Nouveau-Monde, des progrès moins rapides que la population, l'agriculture et le commerce ; le lecteur pourra se faire une idée du mérite de cet ouvrage et de l'esprit dans lequel il est écrit, par cet extrait rapide des articles les plus importans.

L'auteur américain ne débute pas dans son Prospectus de manière à se concilier la bienveillance de certains journalistes.

« Il est peut-être imprudent (dit-il avec moins de précaution que de franchise) de publier des vérités utiles sous le titre d'*Annales philosophiques*, à une époque où quelques écrivains se déchaînent avec tant de fureur contre les philosophes ; mais pour peu qu'on examine la conduite de ces messieurs, et qu'on connaisse leur personne, on ne tarde pas à s'apercevoir que ces fauteurs de l'ignorance et du despotisme, bien payés pour faire des dupes, gagnent d'autant plus légitimement leur salaire qu'ils trahissent plus effrontément leur conscience. »

Après s'être fait une querelle avec la secte anti-philosophique, notre habitant de la Louisiane s'en fait une autre avec les savans.

« Quant à la partie des sciences naturelles, malgré toutes les observations et les découvertes nouvelles, *l'esprit humain n'a pas fait un seul pas vers le secret de la nature* : (faire un *pas* vers un *secret*, est visiblement une phrase de l'autre monde) les opinions sont partagées et combattues dans toutes les sciences, et les phénomènes qui par hasard se découvrent, viennent à la traverse des hypothèses les plus accréditées. En vain change-t-on les dénominations anciennes; en vain imagine-t-on de nouvelles propriétés occultes; les théories n'en deviennent que plus embrouillées; ni le style recherché, ni le ton tranchant, ni les formules algébriques ne peuvent les éclaircir et les rendre vraisemblables; les méthodes de l'analyse et de la synthèse sont également infructueuses, etc. »

Nous laissons aux savans le soin de réfuter une assertion qu'ils trouveront pour le moins téméraire; mais puisque je suis en train de dénoncer à l'Europe les opinions irrévérentes de quelques lettrés américains, je lui signalerai, par forme de digression, un certain Arthur Walker, de New-Yorck, qui s'est avisé de publier, l'année dernière, une diatribe contre les médecins, dans laquelle il prétend prouver que la médecine est une science *tout aussi utile, tout aussi raisonnable que la chiromancie, l'alchymie et l'astrologie judiciaire*. Comme avec beaucoup d'esprit et d'instruction on peut soutenir même avec avantage les paradoxes les plus évidens, M. Walker est parvenu à rassembler, à l'appui de son opinion, une telle masse de faits, qu'il n'est point d'homme *en santé* qui ne soit tenté de les prendre pour des preuves. Ce qu'il y a de fâcheux pour ceux qui professent ainsi que moi le plus profond respect pour *Hippocrate et sa brigade*, c'est que cet apostat du dieu d'Epidaure (M. Walker avait étudié pour être médecin), traite la question le plus sérieusement du monde, et se sert contre la science qu'il abjure des armes qu'elle lui a fournies. Croira-t-on qu'après avoir porté l'audace jusqu'à poser en principe *qu'en tout pays la mortalité est en raison inverse du nombre des médecins*, il ne craint pas d'en administrer, ce qu'il appelle la preuve, dans un tableau statistique de deux cents villes environ, où il fait le relevé du nombre des médecins comparé au mouvement de la population dans ces mêmes villes pendant l'espace de dix années. Je me contente d'appeler l'attention des docteurs sur cette scandaleuse brochure, et je reviens, sans autre écart, aux *Annales publiées à Philadelphie*.

Le premier article contient *des vues générales* sur le continent de l'Amérique, son antiquité et ses principales révolutions. L'auteur y réfute assez victorieusement, à ce qu'il me semble du moins, l'opinion trop légérement établie, que le continent d'Amérique est récemment sorti du sein des eaux; il tire son principal argument de la hauteur des montagnes, beaucoup plus élevées que celles des trois autres parties du monde, et par cela même plus anciennement délivrées des eaux qui les ont couvertes.

« On trouve sur les Cordilières (à ce qu'il prétend) des marbres, des collines de craie, des lits de coquilles, des cornes d'ammon, quoique Buffon (2), Bouguer et la Condamine aient dit le contraire. Les profondes vallées du Pérou contiennent des débris de montagnes volcaniques qui s'y sont écroulées, et qui supposent une antiquité incalculable. Les deux Amériques conservent les traces d'anciens volcans disparus depuis des milliers de siècles, et ces débris sont à toutes sortes de distances de la mer; on voit fréquemment flotter sur le Missouri des pierres ponces que ce fleuve détache du pied des montagnes et des collines de ces contrées. On trouve encore des colonnes de basalte renversées et enfouies sous plusieurs couches de terre amoncelées par les rivières; on en a même découvert dans la province des Illinois à plus de 300 lieues de la mer. Que de siècles attestés par ces ravages ! »

Après avoir réfuté la double hypothèse de la *nouveauté* du continent d'Amérique, ou de sa séparation de l'ancien par la submersion de cette terre atlantique, objet de tant de recherches et de conjectures, l'auteur s'atta-

___

(2) L'auteur se trompe; Buffon, loin de partager à cet égard l'opinion de la Condamine, s'exprime ainsi : « J'avoue que, malgré le témoignage de ce célèbre observateur, je doute encore, et que je suis très-porté à croire *qu'il y a dans les Cordilières, comme partout ailleurs, des coquilles et d'autres pétrifications marines*, mais qu'elles auront échappé à ses recherches. » (BUFF. *Théor. de la terre.*)

che à prouver que c'est avec tout aussi peu de fondemens qu'on a élevé la question oiseuse de savoir à quelle race d'hommes de l'ancien continent le nouveau était redevable de ses habitans. Il suppose, avec Voltaire, que la même main qui a semé les campagnes d'Amérique de plantes et d'arbres étrangers aux autres climats, qui a peuplé ses forêts d'oiseaux, de reptiles et de quadrupèdes qui ne se trouvent point ailleurs, a bien pu y faire naître une espèce d'hommes que sa constitution physique et morale distingue essentiellement des Indiens de l'Asie, des Tartares, des Européens et des Nègres.

Continuant à relever des erreurs accréditées par de grands écrivains d'Europe, l'habitant de la Louisiane affirme que non seulement il n'est point vrai que les cinq grands lacs du haut Canada renferment des eaux pestilentielles, mais qu'elles sont au contraire potables et très-saines; que ces lacs nourrissent une grande quantité de poissons, qu'ils se communiquent entr'eux par des détroits navigables (à l'exception de celui de Niagara, dont les cascades nécessitent un trajet de terre d'environ trois lieues), et qu'en conséquence ce serait un très-mauvais service à rendre à ces contrées que d'entreprendre, comme le proposent quelques voyageurs de cabinet, de dessécher ces mers douces et paisibles dont les peuples riverains retirent de si grands avantages.

Dans l'article suivant, qui contient quelques observations de peu d'intérêt sur la rivière des Illinois, l'auteur, à propos de la cascade dite le saut de Niagara, émet une opinion dont les naturalistes seront plus satisfaits que les théologiens.

« On se persuade difficilement qu'il a été un tems où le saut de Niagara n'existait pas, et qu'avant sa formation les eaux des grands lacs se rendaient dans le Mississipi par une ou plusieurs issues. C'est un fait, cependant, dont tout observateur attentif ne pourra manquer de se convaincre.

» Le saut de Niagara se trouve directement dans le prolongement de la principale chaîne des Apalaches ou Alléganies; la coupure qui s'y est formée est même encore très-étroite; le flanc des montagnes voisines est une roche très-dure et homogène : celle que la cascade a minée et coupée perpendiculairement est d'une nature exactement identique. Ainsi ces montagnes n'en faisaient qu'une dans le principe ; et comme elles sont terminées par des plateaux d'une hauteur égale, on doit en conclure qu'ils sont les débris d'une plaine élevée qui les réunissait. Les tremblemens de terre et les écartemens de la roche primitive ont pu commencer l'ouverture que le tems et le passage des eaux ont agrandi de siècle en siècle.

» Quelques voyageurs anglais ont eu la curiosité et la patience d'observer la quantité de dégradations que cette chute occasionne dans une année, et ils ont estimé par le calcul, qu'il a fallu *vingt mille ans* pour couper ce rocher et le mettre dans l'état où il se trouve. On pourrait se contenter de ce laps de tems, si la substance de cette roche était calcaire; mais sa dureté, son indissolubilité ont nécessairement exigé un tems plus considérable. La comparaison des dégradations actuelles avec celles qui ont eu lieu dans des tems plus reculés est nécessairement inexacte. Si l'on joint à la hauteur de la grande cascade celle des petites qui la précèdent, on aura une coupe de deux cents pieds de hauteur. Si à cette chute on joint un large canal de deux cents pieds de profondeur sur quatre ou cinq lieues de largeur, que les eaux ont creusé dans la montagne pour se rendre dans le lac Ontario, on se convaincra que *cinquante mille ans* sont encore un terme trop court pour cette immense opération de la nature. »

Jusqu'ici on a cru assez généralement que l'Amérique n'avait point été connue des anciens, et que les îles Fortunées, autrefois si célèbres, étaient celles que nous nommons aujourd'hui Canaries. *Un essai sur les îles Fortunées*, contenu dans ce même numéro des Annales de Philadelphie, a pour but de prouver que les îles appelées par nous Canaries, sont les anciennes *Hespérides*, et que les *îles Fortunées* ne peuvent être que les grandes îles sous le vent de l'Archipel mexicain, c'est-à-dire, *Porto-Rico*, *Cuba* et *Saint-Domingue*. L'erreur vient, s'il faut en croire l'auteur américain, de ce qu'il a plu à un gentilhomme normand (Jean de Bettancourt), qui découvrit, au commencement du quatorzième siècle, un petit groupe d'îles à quelques centaines de lieues des côtes de l'Europe, d'appeler l'une d'elles du même nom de Canarie, que Pline et Ptolémée donnent à l'une des îles Fortunées.

En rapprochant ce que les anciens ont dit de ces îles célèbres, l'auteur démontre (comme l'ont fait avant lui Samson, Vossius et plusieurs autres modernes) que ces descriptions ne peuvent, du moins à beaucoup d'égards, convenir aux Canaries ; mais il me semble qu'elles conviennent beaucoup moins encore aux îles de Saint-Domingue et de Cuba. Selon Pline, *les îles Fortunées étaient éloignées des côtes occidentales d'Afrique de dix mille stades* (environ 500 de nos lieues), ce qui ne fait guère que la moitié de la distance qui sépare le cap Bajador (limite de la navigation des anciens) de l'île de Saint-Domingue ; *elles étaient riches et fertiles ; la population était considérable ; les pluies douces, rafraîchissantes et modérées ; les vents frais, l'air pur et si tempéré que le changement des saisons était à peine sensible,* etc.

Ceux qui ont habité quelque tems sous le ciel brûlant de Saint-Domingue ne reconnaîtront probablement pas cette île à une pareille description. On pourrait multiplier à l'infini les objections contre cette conjecture, mais la plus forte, et celle qui dispense de toutes les autres, naît de l'impossibilité où l'on est de supposer que les anciens, à qui l'usage de la boussole était inconnu, aient pu, dans aucun tems, entreprendre une navigation dans la haute mer, loin de toutes côtes auxquelles ils pussent se rallier, et privés du seul moyen de direction qui permette aux navigateurs de les perdre de vue.

Dans ces Annales, tout ce qui tient à l'histoire, aux voyages, à la topographie de l'Amérique, est, comme on devait s'y attendre, fort supérieur à la partie philosophique et littéraire. Aussi passerai-je sous silence des *Remarques sur les principes de la philosophie naturelle de M. de la Metterie.* L'auteur y combat avec des armes trop inégales contre celui dont il s'efforce de renverser le système. Pour prouver que M. de la Metterie a tort de prononcer, avec la plupart des astronomes, *que les comètes sont de véritables planètes et non des météores*, ce n'est pas assez d'affirmer le contraire, par la seule raison que les prédictions faites sur leur retour ne se sont pas vérifiées. En attaquant des hypothèses ingénieuses, appuyées par des calculs et des raisonnemens, il ne faut pas y substituer des assertions sans preuves. On peut aisément concevoir que M. de la Metterie ait entrepris de prouver par analogie, que les planètes et les étoiles sont habitées; mais on ne devine pas sur quels fondemens l'auteur des *Remarques* peut affirmer *que la stature des habitans de Sirius et de Saturne est à peu de chose près la même que la nôtre, et qu'ils ont tout juste le même nombre de sens*; s'il faut absolument avoir un avis sur cette question si voisine du ridicule, on se rangera plus volontiers, je pense, à celui du philosophe *Micromégas*, qui se donne du moins pour avoir été sur les lieux.

Dans tous les journaux du monde, ce qu'il y a de plus rare aujourd'hui, c'est d'y trouver ces morceaux d'une critique enjouée et polie, qui font sourire ceux mêmes qui en sont l'objet; ces peintures de mœurs et de ridicules dont Smollett et Adisson ont possédé le secret; ces discussions polémiques où l'esprit et le bon goût combattent souvent avec avantage contre le bon droit; enfin, ces contes, ces nouvelles qui intéressent toutes les classes de lecteurs, et dont les auteurs dramatiques font si souvent leur profit. Il eût été piquant de trouver dans un Journal de Philadelphie quelque modèle de ce genre à proposer aux nôtres; mais je dois convenir que l'*Anecdote des trois docteurs* et *le conte épigrammatique des Musées* ne sont pas de nature à seconder mes bonnes intentions. JOUY.

OSSIAN, Barde du troisième siècle, ou *Poésies galliques*, en vers français; par M. BAOUR-LORMIAN. — Un vol. in-12. — Paris, chez *Giguet* et *Michaud*, imprimeurs-libraires, rue des Bons-Enfans, n° 34.

IL n'y a point d'allégorie plus ingénieuse et plus transparente que celle d'Homère, représenté sous la figure d'un grand fleuve, où les nymphes des fontaines et les naïades des fleuves subalternes viennent tour à tour puiser une eau limpide et féconde. La reconnaissance et l'admiration des siècles ne pouvaient choisir une image plus noble et plus juste pour peindre l'éternelle influence d'Homère sur tous les poëtes qui sont venus après lui. Quelques esprits systématiques ont essayé, dans ces derniers tems, d'obtenir les mêmes honneurs pour Ossian : ils ont cru retrouver ou feint de reconnaître, dans ce Barde à peu près inconnu, la source antique où tous les chantres du nord se sont enivrés de mélancolie et d'amour. Je suis peu surpris qu'une découverte si singulière ait séduit l'imagination mobile des femmes, des jeunes gens, de tous ceux qui, courant après les idées nouvelles, ne sont arrêtés ni par les monumens de l'histoire, ni par les conseils de la raison. Le génie même de la poésie doit sourire à cette fiction nouvelle qui partage son empire entre deux vieillards aveugles, dont l'un se montre au milieu des nuages, sur la cime d'une montagne d'Ecosse, la tête chauve, la barbe humide, une harpe à la main, et tenant à ses pieds tous les Bardes de la Bretagne et de la Germanie; tandis que l'autre, assis au sommet du Parnasse, environné des Muses qui couronnent sa lyre de lauriers, élève son front sous le beau ciel de la Grèce, et gouverne, avec un sceptre d'or, la patrie de Virgile, du Tasse et de Racine. Malheureusement la critique sévère, qui trouve cette fiction plus brillante et plus ingénieuse que toutes celles du fils de Fingal, ne peut y découvrir aucun fonds de vérité.

En effet, à l'exception des traducteurs et des commentateurs, il paraît que personne en Europe ne doute plus aujourd'hui que les poésies publiées sous le nom d'Ossian ne soient l'ouvrage de M. Macpherson : il est prouvé, par une foule de circonstances réunies, que cet écrivain, membre du parlement britannique, possesseur d'une terre considérable en Ecosse, y recueillit d'anciennes romances, qu'une tradition superstitieuse attribuait aux Bardes calédoniens. Quelques traits de l'histoire ancienne de sa patrie étaient mêlés à ces chants fabuleux qui flattaient l'orgueil, les souvenirs et les préjugés des montagnards ses voisins. Macpherson eut l'art d'interpréter et de lier ensemble ces traditions confuses; il en composa des pièces entières et des fragmens mutilés qui ajoutaient à la vraisemblance, et publia le tout comme des poésies galliques découvertes dans un vieux manuscrit.

On peut supposer qu'en mettant son ouvrage sous la protection d'un nom sans ennemis, M. Macpherson n'avait eu d'abord d'autre projet que d'échapper à la critique des siens. Mais le succès prodigieux de cette fraude innocente déconcerta les espérances mêmes de son auteur : il avait tellement multiplié les protestations; sa franchise et sa probité littéraires étaient si fort compromises, que son honneur devint, pour ainsi dire, complice de sa faiblesse, et qu'il se crut obligé de soutenir un mensonge pour n'être pas convaincu de mauvaise foi. Il avait aussi compté sur l'esprit systématique de son siècle et la vanité nationale de ses compatriotes : l'orgueil écossais ne l'aveuglait pas au point de lui faire promettre aux poëmes de *Fingal* et de *Témora* le sort de l'*Iliade* et de l'*Odyssée*; mais il se flattait que sous le nom d'*Ossian* les Anglais s'empresseraient de l'adopter comme un génie original, au lieu qu'en reprenant celui de Macpherson, il se livrait lui-même au dépit et à l'humeur de tous ceux qu'il avait trompés.

Bientôt la querelle du docteur Johnson et du traducteur supposé du Barde calédonien retentit dans toute l'Europe littéraire : M. Macpherson, poussé à bout, ne put jamais montrer le manuscrit de *Fingal*, dont il avait fait une histoire ridicule, assurant qu'il l'avait trouvé dans un vieux coffre chez un paysan, et que ce manuscrit était en papier et en caractères runiques. Or, Johnson démontra que ni le papier ni l'alphabet runiques n'étaient en usage en Ecosse à l'époque fixée par M. Macpherson. On publia depuis, que le véritable texte d'Ossian avait été retrouvé; une partie fut imprimée avec quelques poëmes de Smith : mais il fut aisé de reconnaître que les prétendus poëmes d'Ossian avaient été traduits *de l'anglais* dans la langue *calédonième*, sur le texte même de Macpherson. Plusieurs montagnards écossais étaient devenus complices de la fraude, et c'est ce qui trompa le docteur Blair pendant quelque tems.

Indépendamment de ces circonstances, aujourd'hui généralement connues, dès que les poésies galliques ont été lues avec une attention réfléchie, le secret de M. Macpherson a été découvert. Il est même vraisemblable que si les discussions sur la fraude matérielle avaient moins occupé les esprits, on ne se fût jamais trompé sur le véritable auteur des poëmes d'Ossian. L'homme du dix-huitième siècle, comme l'observe très-bien M. de Châteaubriant, y perce de toutes parts. Il en cite pour preuve l'apostrophe du Barde au soleil, l'un des morceaux que M. Baour-Lormian a le plus heureusement traduit :

> Roi du monde et du jour, Guerrier aux cheveux d'or,
> Quelle main te couvrant d'une armure enflammée,
> Abandonna l'espace à ton rapide essor,
> Et traça dans l'azur ta route accoutumée?
> Nul astre à tes côtés ne lève un front rival :
> Les filles de la nuit à ton éclat pâlissent;
> La lune devant toi fuit d'un pas inégal,
> Et ses rayons douteux dans les flots s'engloutissent.
> Sous les coups réunis de l'âge et des autans
> Tombe du haut sapin la tête échevelée;
> Le mont même, le mont, assailli par le tems,
> Du poids de ses débris écrase la vallée.
> Mais les siècles jaloux épargnent ta beauté;
> Un printems éternel embellit ta jeunesse;
> Tu t'empares des cieux en monarque indompté,
> Et les vœux de l'amour t'accompagnent sans cesse.
> Quand la tempête éclate et rugit dans les airs;
> Quand les vents font rouler, au milieu des éclairs,

Le char retentissant qui porte le tonnerre,
Tu parais, tu souris et consoles la terre.
Hélas! depuis long-tems tes rayons glorieux
Ne viennent plus frapper ma débile paupière.
Je ne te verrai plus, soit que dans ta carrière
Tu verses sur la plaine un océan de feux;
Soit que vers l'occident le cortége des ombres
Accompagne tes pas, ou que les vagues sombres
T'enferment dans le sein d'une humide prison.
Mais peut-être, ô Soleil! tu n'as qu'une saison;
Peut-être succombant sous le fardeau des âges,
Un jour tu subiras notre commun destin;
Tu seras insensible à la voix du matin,
Et tu t'endormiras au milieu des nuages.

A travers la parure moderne de ce morceau, l'original offre à la réflexion tant d'idées complexes, sous les rapports moraux, physiques et métaphysiques, qu'on ne peut, presque sans absurdité, les attribuer à un Barde sauvage. Les notions les plus abstraites du *tems*, de la *durée*, de l'*étendue*, se retrouvent à chaque page d'Ossian. Or, c'est une observation constante et mille fois répétée, que les peuples dont la civilisation n'est pas plus avancée que celle des Calédoniens au troisième siècle, parlent souvent des tems écoulés, mais jamais des tems à naître. Quelques grains de poussière au fond d'un tombeau leur restent en témoignage de la vie dans le néant du passé; mais qui peut leur indiquer l'existence dans le néant de l'avenir? Cette anticipation du futur, qui nous est si familière, est une des plus fortes abstractions où la pensée de l'homme soit arrivée, quand elle n'est pas produite par les lumières de la religion; et l'on sait qu'il n'y a point de religion dans les ouvrages d'Ossian.

La beauté de sa morale est encore plus étonnante. M. Baour-Lormian, qui a raison d'en parler avec admiration, ne s'est point aperçu que sa perfection même démentait l'origine des prétendues poésies galliques. Comment, en effet, le sauvage Ossian, sur un rocher de la Calédonie, tandis qu'autour de lui tout est grossier, barbare et sanguinaire, peut-il être parvenu à des connaissances morales que Socrate eut à peine dans les siècles les plus éclairés de la Grèce? Voyez si les poésies scandinaves ont la même couleur que celle du Barde écossais : jugez-en par le contraste des guerriers de *Morven* avec ceux de *Locklin*. La valeur féroce était la seule vertu des peuples du nord à l'époque où l'on suppose que vivait le fils de *Fingal* : les véritables chants du Barde ressemblaient à ceux des Hurons et des Iroquois. « Je ne crains point la mort, je suis brave ; que ne puis-je » boire dans le crâne de mes ennemis et leur dévorer le » cœur! » Le séjour qu'Odin promet aux héros après leur mort est un palais où leur plus douce occupation sera de combattre et de renaître pour s'égorger de nouveau. La morale seule d'Ossian révèle la religion de M. Macpherson.

Ce n'est pas tout : les imitations de la Bible, d'Homère, des poëtes anciens, et même des modernes, sont faciles à reconnaître dans plusieurs passages du prétendu Barde. *Malvina* n'est-elle pas une autre *Antigone*? Quel est le sujet de *Lorma*, l'un des meilleurs poëmes du recueil? *Mathos*, accueilli par *Erragon*, roi d'une partie de la Scandinavie, viole les lois de l'honneur et de l'hospitalité : il inspire une passion criminelle à *Lorma*, femme de ce prince, l'enlève, et la conduit à la cour de Fingal. Erragon, justement indigné, rassemble sa flotte et son armée, descend en Écosse, et vient assiéger *Selma*, résidence royale de son ennemi. C'est l'aventure de Pâris et d'Hélène, qui amène la guerre de Troie. Les détails de ce poëme sont tout-à-fait homériques, et l'imitation est frappante. Le vieux Fingal veut, comme Priam, désarmer la vengeance du monarque scandinave, et voici les propositions qu'il lui adresse :

Viens t'asseoir avec nous sous le feuillage épais
Qui voile de Selma les tours silencieuses,
Et laisse reposer tes armes belliqueuses.
Si les trésors des rois peuvent flatter tes sens,
Du généreux *Mathos* accepte les présens :
Il te donne cent chars, cent cuirasses légères,
Cent rapides faucons, cent belles étrangères,
Cent superbes coursiers accoutumés au frein,

Cent dogues aux flancs noirs, et cent casques d'airain.
D'or et de diamans dix coupes radieuses
Brilleront à Sora dans tes fêtes joyeuses ;
Ou bien, si pour ton cœur, plein de justes regrets,
Une infidèle épouse a les mêmes attraits,
A ton amour bientôt *Lorma* sera rendue :
Mais qu'une paix durable à ce prix soit conclue.

On conçoit bien que M. Macpherson ait pris une partie de ces détails dans l'*Iliade*; mais on ne voit point où le Barde calédonien du troisième siècle aurait pris l'idée d'offrir à un prince scandinave cent chars, cent cuirasses, cent belles captives, cent superbes coursiers accoutumés au frein, et dix coupes brillantes d'or et de diamans. Cela est trop antique ou trop moderne pour Ossian.

L'expédition nocturne de Gaul et de son ami dans le camp de *Lathmon*, est encore visiblement imitée de l'épisode de Diomède et d'Ulysse au camp de Rhésus, épisode si prodigieusement embelli par Virgile dans celui de Nisus et Euryale. *Clessamor*, immolant son fils sans le connaître dans un combat singulier, rappelle à la fois, et le combat de Tancrède contre Clorinde, et celui du vieux d'Ailli contre son fils, dans la *Henriade*. Ossian-Macpherson rendant à *Dunthalmor* vaincu la charmante *Oïna*, qu'un père reconnaissant venait offrir au vainqueur, pensait peut-être à la belle action du jeune Scipion à Carthagène. Enfin, dans le poëme de *Témora*, le seul qui mérite ce titre par son étendue et par des beautés épiques, le personnage intéressant de *Sulmala* paraît avoir été dessiné d'après *Herminie*, comme le bouclier de *Cathmor* est une faible copie des boucliers d'Achille et d'Enée. De plus, on remarque dans ce poëme, comme dans tous les autres, des fautes en histoire naturelle, qui seraient inexplicables dans celui dont ils portent le nom: Ossian couvre de chênes les montagnes de la Calédonie, qui, de son tems, n'étaient couvertes que de bruyères ; il les sème de fleurs ; il les peuple d'aigles et d'oiseaux qui n'en ont jamais approché : mais, dit avec raison M. de Châteaubriant, M. Macpherson était riche; il avait un très-beau parc dans les montagnes d'Ecosse, où, à force d'art et de soins, il était parvenu à faire croître quelques arbres. Il était en outre fort bon chrétien, et profondément nourri de la lecture de la Bible : il a chanté sa montagne, son parc, et le génie de sa religion.

Au reste, c'est une chose assez commune en Angleterre, que tous ces manuscrits *retrouvés*. On vit, il y a quelques années, une tragédie de Shakespear, et ce qui est plus extraordinaire, des ballades du tems de Chaucer, si parfaitement imitées pour le style, le parchemin et les caractères, que tout le monde s'y méprit. Déjà les commentateurs se préparaient à prouver l'authenticité, et les traducteurs à imiter les beautés de ces merveilleux ouvrages, lorsqu'on surprit l'*Editeur* écrivant et composant lui-même ses poëmes anglo-saxons. C'était un jeune homme qui, trompé sans doute dans les espérances de fortune qu'il avait fondées sur cet art singulier, eut la faiblesse de se brûler la cervelle. Nous sommes un peu plus difficiles en France sur les manuscrits *retrouvés*, et ceux qui les publient ne prennent pas si sérieusement l'incrédulité de leurs concitoyens; témoin une tragédie de *Sylla* dont on a dernièrement accusé le grand Corneille, et ces jolies *poésies de Clotilde* qui n'ont prouvé, je crois, que la modestie de l'éditeur.

On m'a raconté que, dans les environs de Marseille, le peuple des campagnes conserve encore et répète, sans les comprendre, des chants où les érudits ont cru reconnaître l'ancienne langue des Phéniciens. On assure même que ces chants paraissent liés aux fables historiques, ou, si l'on veut, à l'histoire fabuleuse de ces siècles reculés. Qui sait si quelque Macpherson provençal, en rassemblant les lambeaux épars de ce canevas obscur, et sur-tout en les couvrant d'une broderie antique, n'enrichira pas un jour la littérature d'un poëme où les connaisseurs retrouveront les teintes originales de Sanchoniaton? Je serais bien fâché qu'à cette occasion Marseille perdît son origine grecque dont Voltaire faisait beaucoup de cas, et que l'épopée phénicienne dégoûtât ses habitans de la poésie latine qui a consacré leur ancienne illustration. Mais, en attendant les systèmes littéraires que produiront peut-être les chansons des environs de Marseille, revenons à celles du Barde que l'enthousiasme de ses admirateurs a surnommé l'Homère écossais : et remarquons, en finissant cette discussion, que quand même ces poésies auraient existé avant Macpherson (ce qui est absolument sans vraisemblance), il est du moins certain qu'elles n'étaient point rassemblées avant lui, et que les grands poëtes de l'Angleterre ne les ont point connues. Grey lui-même, le dernier qui ait illustré sa patrie, et qui, dans une ode fameuse, a célébré la mémoire des Bardes, ne rappelle pas une seule fois le nom d'Ossian; ce qui dissipe, à mon grand regret, cette belle fiction poétique dont j'ai parlé au commencement de cet article, et détruit sans retour l'ingénieuse chimère de l'influence ossianique sur la littérature du nord.

Reste donc à examiner isolément, et sans esprit de système, le mérite réel des poésies publiées par M. Macpherson, et traduites ou imitées dans la plupart des langues européennes, par des hommes d'un talent distingué. On n'a pas fait le même honneur à tous les poëmes anciens qui portent le nom d'Ossian. Il y en a qui sont irlandais ou erses d'origine, et qui sont l'ouvrage de quelque moine du treizième siècle. Dans ceux-ci, Fingal est un géant qui ne fait qu'une enjambée d'Écosse en Irlande; et les héros vont en Terre-Sainte pour expier les crimes qu'ils ont commis. Rien ne ressemble moins, comme on voit, à *Carthon, Minona, Lorma, Lathmon, Témora* : on ne peut guère douter que ces noms, consacrés dans quelques vieilles romances, et transmis d'âge en âge, avec des traditions incertaines et confuses, n'aient inspiré plusieurs fois l'idée d'en composer un tissu d'aventures romanesques ou poétiques, et ces compositions conservent l'empreinte de l'époque où elles sont nées. Nous venons de reconnaître le dix-huitième siècle dans celles de Macpherson : avouons à présent que leur caractère particulier est une espèce de mélancolie pleine d'intérêt et de charme. Elles ont accrédité le système d'une mythologie nouvelle, qui, malgré l'opinion de M. Baour-Lormian, ne me paraît pas *la plus belle de toutes*

OCTOBRE 1809.

toutes les conceptions fabuleuses. Elle est certainement moins riante, moins variée, moins instructive que les belles fables de la Grèce; mais elle me paraît susceptible de quelques grands effets, si jamais elle est employée par des poëtes qui réunissent le goût au génie. On peut donc permettre aux jeunes littérateurs, après qu'ils auront étudié long-tems les chefs-d'œuvre des siècles d'Auguste, de Léon X et de Louis XIV, de chercher encore, dans les poésies galliques, de nouvelles couleurs pour peindre la nature. Elle ne se montre point sur les rochers sauvages de la Calédonie comme sur les bords du lac de Mantoue ou sur les rives pittoresques de la mer Egée : mais l'inspiration poétique habite aussi les forêts et le désert; elle s'enflamme à l'aspect d'un ciel orageux et d'une mer menaçante : alors elle produit des émotions d'autant plus profondes qu'elle peint des phénomènes plus terribles et qui s'offrent plus rarement à nos yeux : et c'est peut être une des causes secrètes de l'intérêt qu'inspire la lecture d'Ossian dans les doux climats de la France et de l'Italie.

Cependant il s'en faut de beaucoup que, dans ces deux pays, les traducteurs aient obtenu le même succès, quoique animés, sans doute, par les mêmes sentimens et séduits par les mêmes beautés. *Letourneur*, qui pouvait enrichir notre littérature s'il n'avait pas voulu la dénaturer et la corrompre; *Letourneur*, qui après avoir impudemment préféré le fumier de Shakespear à l'or de Corneille et de Racine, eut au moins la modération de ne pas mettre les poésies galliques à côté de l'Iliade et de l'Enéide, en a donné, le premier, une version en prose, sur la prétendue version de Macpherson. C'est la seule qui soit littérale, et souvent elle n'est pas inférieure à l'original anglais. Jusqu'à présent les traducteurs en vers ont été moins heureux. Je ne parle point ici de quelques-uns de nos meilleurs écrivains qui ont choisi dans ces poëmes un petit nombre de fragmens remarquables par des beautés neuves et hardies, et les ont embellis en les imitant : car aucun d'eux n'a cru devoir hasarder une traduction complète : M. Baour-Lormian est le seul qui n'ait pas craint de tenter cette difficile entreprise; encore ne s'est-il pas imposé l'exactitude et la fidélité rigoureuse du traducteur italien.

M. l'abbé *Césarotti*, célèbre par des ouvrages originaux, tels que son *Essai sur la Philosophie des Langues*, son *Cours de Littérature grecque*, et son poëme de la *Mort d'Hector*, a cru, comme M. Delille, que la traduction des grands écrivains appartenait de droit à leurs rivaux. Après avoir heureusement lutté contre l'orateur le plus éloquent de l'ancienne Grèce dans celle des *Harangues de Démosthène*, il a fait le même honneur au *Messie de Klopstock* et au *Recueil des Poésies galliques* de Macpherson. Il faut en convenir; personne n'a contribué plus que lui à la fortune d'*Ossian*: personne n'a donné un caractère plus fier, un style plus audacieux et plus figuré, une physionomie plus originale et plus ense au prétendu Barde calédonien. La langue harmonieuse et flexible de l'Italie a contribué sans doute au succès de ses efforts. Cette langue, si riche et si féconde, qui se plie à toutes les inversions, qui prend si facilement tous les tons et toutes les formes, a produit en effet les meilleures traductions qui nous soient connues. Nous n'avons rien à comparer à celle de Lucrèce par *Marchetti*, à celle de Tite-Live par *Nardi*, peut-être même à celle de Tacite par *Avanzati*, malgré le travail très-estimable et le succès très-mérité de M. Dureau de Lamalle. Mais celle d'Ossian, par M. l'abbé *Césarotti*, jouit encore d'une plus grande renommée. Elle a servi de guide à plusieurs littérateurs français qui ont exercé leurs jeunes talens sur le même sujet: mais, malgré la force et l'élévation soutenue de son style, il s'en faut de beaucoup qu'il ait vaincu la monotonie de l'original; et quoique cet ouvrage ait marqué la place de Césarotti parmi les premiers poëtes de son siècle, les bons critiques n'y ont vu qu'un monument singulier, un vaste dépôt de toutes les richesses de la poésie italienne, dont il a varié à l'infini le rhythme, l'harmonie et les mouvemens.

Le succès imparfait obtenu par un talent si supérieur semble avertir ceux qui n'ont pas les mêmes ressources, qu'Ossian ne doit pas être traduit en entier; et nos écrivains les plus capables de lutter avec le poëte italien ont fait un meilleur usage de leurs forces, en ne traduisant que des fragmens où respire un génie original, au lieu d'ambitionner le stérile honneur de mettre en rimes françaises toute la prose de Macpherson. Césarotti lui-même était bien près de reconnaître cette vérité, lorsqu'il écrivait ces lignes remarquables dans la préface de sa traduction : «On ne doit point chercher dans Ossian l'élégante » précision et le goût admirable de Virgile ; la noblesse, » l'élévation et la variété du Tasse, ni les vues supé- » rieures et d'un intérêt général que l'auteur de la *Hen- » riade* unit aux charmes de la poésie. — Ossian n'a que » le génie de la nature sauvage. » — Si cela est vrai, comment le traducteur n'a-t-il pas senti que le spectacle inattendu de cette nature brute frappe quelquefois d'étonnement et d'admiration, mais qu'il devient triste, pénible et presqu'insupportable dès qu'il est prolongé trop long-tems ?

M. Baour-Lormian paraît avoir voulu se dérober à ce danger par une imitation plus libre que fidèle, et par une versification plus élégante qu'originale. Il se justifie, dans sa préface, de n'avoir pas conservé, dans toute son intégrité, le recueil des poésies galliques, tel qu'il a été publié en Angleterre par Macpherson, et en France, par Letourneur. « Celui-ci, dit-il, traduisit, et j'imite : il » conserva tout, et je choisis ; il voulut faire connaître » Ossian, et je tâche d'atténuer ses défauts, sans modi- » fier en rien ses traits caractéristiques. » Assurément il ne pouvait travailler sur un plan plus raisonnable, et les gens de goût lui sauront gré de n'avoir pas outré l'admiration superstitieuse que chaque traducteur affecte ordinairement pour son original. M. Baour-Lormian pousse d'ailleurs fort loin cette admiration ; et sa confiance dans l'authenticité des poëmes d'Ossian paraît n'avoir été troublée par aucune des discussions qui se sont élevées, à cet égard, en France et en Angleterre : il n'en dit pas un seul mot dans la préface littéraire qu'il a placée à la tête de sa traduction ; le seul poëme de la *Mort d'Oscar, fils de Caruth*, lui inspire quelques doutes. « Il n'est » pas sûr, dit-il, que celui-ci soit d'Ossian ; » ce qui indique asssez son opinion à l'égard de tous les autres.

Au reste, le talent de M. Baour-Lormian est attesté par des ouvrages dont le succès a été plus général que celui de sa traduction des poésies galliques. Ce n'est pas que son style manque d'élégance, d'harmonie et de pureté : ce sont les qualités ordinaires de sa versification, et nous devons ajouter qu'il y joint ici fort souvent ce caractère sombre, cette couleur vaporeuse qui appartiennent au genre, et dont l'effet inévitable est d'appeler la rêverie, et de livrer l'ame aux impressions mélancoliques. Mais, vaincu comme tous ses prédécesseurs par l'invincible monotonie de l'original, il perd nécessairement une partie de ses avantages dans cette longue suite de tableaux d'une ordonnance incorrecte et d'un éclat uniforme. Il a prouvé, dans *Omasis*, qu'il savait prendre des formes plus régulières et plus variées, et que la harpe des prophètes a plus de cordes que celle du Barde écossais. Cependant, outre les défauts qui naissent du sujet même, son style n'est pas exempt de fautes particulières et de négligences qui devaient disparaître dans une troisième édition. On y trouve quelques vers qui enjambent d'une manière vicieuse, dont la césure et le rhythme sont rompus durement sans qu'il en résulte aucun effet, et dont l'expression est à la fois commune et forcée, comme ceux-ci :

> Leurs glaives renommés se croisent,.... *Mais la nuit*
> *Descend*..... Du choc affreux je n'entends que le bruit.
> Les vainqueurs, les vaincus, à pas lents se retirent;
> *On interrompt la mort, et les deux camps respirent.*

Ailleurs, dans un morceau d'une poésie élégante et noble, on est heurté en passant par un hémistiche d'opéra-comique,

> Sous son déguisement il *reconnait sa belle:*

Et dans une tirade pleine d'élévation et de force, par une épithète bourgeoise et triviale :

> Des héros *décédés* plaignant le triste sort,
> Furieux, j'appelai la vengeance ou la mort.

Les héros *décédés* sont du style des billets d'enterrement:

c'est une rencontre bien imprévue et bien malheureuse dans des vers brillans d'images et de figures poétiques.

Pour dédommager le lecteur de ces critiques minutieuses, sacrifices pénibles que j'ai dû faire à l'amour de l'art, je me hâte de citer un morceau d'une grâce et d'une douceur charmante, qui donne une idée juste de la manière ordinaire de l'auteur.

>   Ainsi qu'une jeune beauté
>   Silencieuse et solitaire,
>   Des flancs du nuage argenté
>   La lune sort avec mystère.
> Fille aimable du ciel, à pas lents et sans bruit,
> Tu glisses dans les airs où brille ta couronne ;
>   Et ton passage s'environne
> Du cortége pompeux des soleils de la nuit.
> Que fais-tu loin de nous quand l'aube blanchissante
>   Efface à nos yeux attristés
> Ton sourire charmant et tes molles clartés ?
> Vas-tu, comme Ossian, plaintive et gémissante,
>   Dans l'asyle de la douleur
>   Ensevelir ta beauté languissante ?
> Fille aimable du ciel, connais-tu le malheur ?
> Maintenant, revêtu de toute sa lumière,
> Ton char voluptueux roule au-dessus des monts :
> Prolonge, s'il se peut, le cours de ta carrière,
> Et verse sur les mers tes paisibles rayons.

Ces vers, pleins de grâce et de mélancolie, me paraissent dignes d'être comparés à ce fameux *Clair de lune*, qui soutint seul, dans sa disgrâce méritée, le poëme des *Fastes*, de Lemierre ; et l'ouvrage de M. Baour-Lormian renferme une foule d'autres morceaux qui portent l'empreinte du même talent. Aussi croyons-nous que si le plus grand nombre des lecteurs ne s'empresse point de chercher dans cette traduction le genre de mérite qui manque à l'original, elle n'en sera pas moins distinguée par tous ceux qui aiment les beaux vers ; il me semble qu'il en paraît trop rarement pour dédaigner un ouvrage qui en est rempli. ESMÉNARD.

POESIE SACRÉE.

J'ai cherché, dans un premier article, à donner une idée générale du caractère de la poésie sacrée, en établissant une comparaison entre la manière des historiens et celle des prophètes, et l'on a pu voir, qu'en suivant deux routes absolument différentes, ils arrivaient au même but, qui est le sublime de la pensée et de l'expression. Il ne serait pas difficile, mais il serait trop long de rapporter une foule de traits du même genre, que Racine et Jean-Baptiste Rousseau doivent à la lecture des poëtes sacrés. Cette simplicité sublime se fait aussi remarquer dans tous les auteurs du premier ordre qu'a produits l'antiquité, et c'est à cette qualité dominante qu'ils doivent la brûlante rapidité de leur style, qui néglige tous les ornemens inutiles, et ne se permet aucun détour dans la crainte de ne pas arriver assez vite à son but.

> Chaque vers, chaque mot, court à l'événement.

Mais comme le sublime ne peut dominer partout, et qu'il faut bien que l'ame se repose quelquefois de ses grandes agitations, le style orné, qui serait très-déplacé dans les grands effets de la poésie et de l'éloquence, peut se présenter avec avantage dans les momens plus calmes, où l'esprit a besoin de se détendre, et de se délasser agréablement. Le génie lui-même daigne admettre alors ces embellissemens, et il se plaît à s'en parer. C'est un héros qui, las de ses illustres faits d'armes, se repose dans son palais, où il s'entoure de toutes les richesses de la nature et de l'art : mais au milieu de son noble repos il s'anime encore quelquefois, il lance encore des traits pleins d'audace et d'inspiration, et, même dans ses délassemens, il se plaît à laisser entrevoir toute l'étendue de sa puissance.

Il me paraît donc bien établi que l'éclat des beaux ouvrages tient essentiellement à la sublimité des pensées exprimées avec une noble simplicité ; mais, quand la littérature dégénère, la pompe des mots remplace la grandeur des idées, dont la faiblesse et la maigreur, dissimulées par cette enveloppe infidèle, produisent encore un certain effet qui surprend l'admiration sans la mériter ; car cet éclat qui en impose au premier coup-d'œil, n'est, à proprement parler, que de l'emphase et de la bouffissure ; c'est un étalage de grands mots qui ne tendent qu'à donner beaucoup d'importance à ce qui n'a qu'une faible valeur ; le style de l'écrivain ressemble alors aux phrases pompeuses du charlatan qui s'efforce d'en imposer par un long verbiage, auquel le vulgaire se laisse prendre, mais dont les esprits sages ne sont point éblouis. Le style vraiment fort et nerveux ne s'annonce point avec cette ambition suspecte ; il n'éblouit point, mais il touche par degrés ; il attache de plus en plus, ne prodigue point d'abord toutes ses forces, les ménage, au contraire, avec le plus grand soin, et lorsqu'il a préparé l'ame aux grands coups qu'il veut lui porter, il déploie sa puissance avec une énergie qui triomphe de tous les obstacles ; mais ce n'est point assez pour lui de ce premier succès, et l'examen réfléchi de ses beautés lui est encore plus favorable que la première impression qu'il a produite. Le lecteur se plaît alors à considérer séparément toutes les parties du bel ouvrage dont l'ensemble a ravi son admiration ; il se rend compte de son plaisir, et sent une satisfaction secrète quand il reconnaît avec certitude que sa première impression ne l'a pas trompé ; et comme le caractère d'un style plein de force et d'idées n'est pas de tout dire, mais de donner beaucoup à penser, l'imagination mise en jeu fortifie encore, par son activité, les réflexions de l'écrivain ; elle conspire, pour ainsi dire, avec ses pensées, s'intéresse à leur succès, et fait à l'ouvrage qu'elle adopte ainsi, un rempart de son propre suffrage contre tous les traits qu'on voudrait lui décocher.

Tel est, ce me semble, l'effet que font éprouver tous les chefs-d'œuvre des auteurs du premier ordre, tels que Virgile, Horace, Homère, Démosthène, etc., etc. Or je ne crains point d'avancer que la poésie sacrée produit cet effet plus qu'aucune autre, parce qu'elle possède éminemment les qualités du style que je viens de caractériser. Qu'il me soit permis de citer à l'appui de mon opinion celle d'un juge parfait en littérature, de l'illustre M. Rollin ; il dit en parlant du Cantique de Moïse :

« Cette pièce, qui, selon le sentiment de quelques per-
» sonnes, a été composée par Moïse en vers hébreux, sur-
» passe tout ce que les profanes ont de plus beau dans ce
» genre. Virgile et Horace, les plus parfaits modèles de l'é-
» loquence poétique, n'ont rien qui en approche. Personne
» n'a plus d'estime que moi pour ces deux grands hommes,
» et je les ai étudiés avec une grande application et un grand
» plaisir pendant plusieurs années ; cependant, quand je lis

» ce que Virgile dit à la louange d'Auguste, au commence-
» ment du troisième livre des *Géorgiques*, et à la fin du hui-
» tième livre de l'*Enéide*, et ce qu'il fait chanter au prêtre
» d'Evandre, en l'honneur d'Hercule, dans le même livre,
» quoique ces endroits soient très-beaux, je les trouve ram-
» pans au prix de notre cantique. Virgile me paraît tout de
» glace, et Moïse tout de feu. Il en est de même d'Horace
» dans les odes 14 et 15 du quatrième livre, et dans la der-
» nière des épodes. Ce qui semble favoriser ces deux
» poëtes et les autres profanes, c'est qu'ils ont le nombre,
» l'harmonie et l'élégance du style, qu'on ne trouve point
» dans l'Ecriture-Sainte : mais aussi l'Ecriture-Sainte que
» nous avons n'est qu'une traduction, et l'on sait combien
» les meilleures traductions françaises de Cicéron, de Vir-
» gile et d'Horace défigurent ces auteurs. Or, il faut qu'il y
» ait bien de l'éloquence dans la langue originale de l'Ecri-
» ture, puisqu'il nous en reste encore plus dans ses copies
» que dans tout le latin de l'ancienne Rome et dans tout le
» grec d'Athènes. Elle est serrée, concise, dégagée des or-
» nemens étrangers, qui ne serviraient qu'à ralentir son im-
» pétuosité et son feu; ennemie des longs circuits, elle va à
» son but par le plus court chemin; elle aime à renfermer
» beaucoup de pensées en peu de mots, pour les faire entrer
» comme des traits, et à rendre sensibles les objets les plus
» éloignés des sens, par les images vives et naturelles qu'elle
» en fait. En un mot, elle a de la grandeur, de la force, de
» l'énergie, avec une majestueuse simplicité, qui la mettent
» au-dessus de toute l'éloquence païenne. » Tel est sur la
poésie sacrée le sentiment d'un homme dont le goût et
l'impartialité sont à l'abri de toute espèce de reproche.

Après l'élévation des pensées, ce qui caractérise le plus
la poésie sacrée, c'est le style figuré, parce que c'est celui
qui convient le plus à la passion. J'ai cité, dans mon premier article, des exemples de l'élévation des pensées; j'en
vais citer à présent qui prouveront à quel point les prophètes offrent des images vives, par l'emploi merveilleux
qu'ils font des figures les plus audacieuses.

La première de toutes et la plus poétique, c'est la métaphore, parce qu'elle enrichit le style d'une variété de couleurs, que la simple représentation des objets ne pourrait
jamais lui donner. C'est une espèce de greffe qui fait adopter à un arbre les fruits d'un autre arbre, et qui, par les
combinaisons de l'art, donne au calice d'une fleur un éclat
très-supérieur à celui qu'elle tient de la nature. Ainsi la

poésie augmente la valeur d'un objet, en lui attribuant les qualités d'un autre. Le poëte Vida dépeint avec un charme extrême la grâce de ces combinaisons poétiques. J'ai essayé de faire passer dans notre idiôme l'élégance de ses beaux vers.

(1) Voyez, s'enrichissant par d'utiles secours,
Les noms, d'autres objets emprunter les atours;
De ce butin par eux la richesse accueillie

---

(1) *Nonne vides, verbis ut veris sæpè relictis,*
Accersant simulata, aliundeque nomina porro
Transportent, aptentque aliis ea rebus, ut ipsa,
Exuviasque novas, res, insolitosque colores
Indutæ, sæpè externi mirentur amictus
Undè illi, lætæque alienâ luce fruantur,
Mutatoque habitu, nec jam sua nomina mallint ?
Sæpè ideò cùm bella canunt, incendia credis
Cernere, diluviumque ingens surgentibus undis,
Contra etiam Martis pugnas imitabitur ignis,
Cùm furit accensis acies Vulcania campis;
Nec turbato oritur quondam minor æquore pugna;
Confligunt animosi Euri certamine vasto
Inter se, pugnantque adversis molibus undæ;
Usque adeò passim sua res insignia lætæ
Permutantque, juvantque vicissim, et mutua sese
Altera in alterius transformat protinùs ora.
Tum specie capti gaudent spectare legentes;
Nam diversa simul datur è re cernere eadem
Multarum simulacra animos subeuntia rerum.
Ceu cùm fortè olim placidi liquidissima ponti
Æquora vicinâ spectat de rupe viator:
Tantùm illi subjecta oculis est mobilis unda.
Ille tamen sylvas, interque virentia prata
Inspiciens miratur, aquæ quæ purior humor
Cuncta refert, captosque eludit imagine visus.
Non aliter vates nunc huc traducere mentes,
Nunc illuc, animisque legentum apponere gaudet
Diversas rerum species, dum tædia vitat.
Res humiles ille interea non seciùs offert
Splendore illustrans alieno, et lumine vestit,
Verborumque simul vitat dispendia parcu.

Enveloppe l'idée heureuse enorgueillie,
Qui déploie, en s'ornant de ce larcin léger,
Et sa grâce nouvelle et son luxe étranger.
Elle se méconnaît, oubliant son nom même,
Et montre avec orgueil la parure qu'elle aime.
Le poëte offre-t-il les combats des héros,
C'est un torrent au loin faisant rouler ses flots,
C'est un feu dévorant dont les champs sont la proie;
L'incendie, à son tour, en torrent se déploie,
Ou, promenant au loin ses brûlans tourbillons,
Marche comme une armée à travers les sillons.
Le poëte dépeint, sur les plaines profondes,
Les combats des Autans, tyrannissant les ondes,
Et les flots qui, pressant les flots amoncelés,
Tombent avec fureur sur les flots accablés;
Tant les objets, offrant leurs diverses peintures,
Se plaisent à changer leurs formes, leurs parures,
Leurs signes, leur maintien, leur démarche, leurs traits,
Et redoublent ainsi de splendeur et d'attraits.
Le lecteur aime à voir en vos brillans ouvrages
Un seul mot se montrer sous diverses images;
Ainsi, quand il regarde un fleuve transparent,
Du haut de son rocher, le voyageur errant,
Voit, partout, au milieu de ces ondes mobiles,
Se renverser des bois, se balancer des îles,
Et des prés émailler le cristal enchanteur,
Qui double des objets le spectacle flatteur.
Ainsi de cent tableaux la diverse peinture,
Variant un poëme, attache à sa lecture;
D'un éclat étranger tel un heureux travail,
Avec art enrichit le plus simple détail,
Sur-tout, lorsque des mots craignant la redondance,
Il ne prodigue pas leur stérile abondance.

La principale qualité de la métaphore est, comme on le voit, d'enrichir les idées : mais à cette vertu elle en joint une autre non moins importante, c'est de les ennoblir. Tel mot, trop bas par lui-même, et qui ne peut être placé au sens propre dans la haute poésie, peut s'ennoblir au sens figuré, et se présenter avec avantage dans les plus beaux vers. C'est un roturier qui se hante sur une famille noble, et prend des manières conformes à son illustre alliance. Par exemple, l'auteur du *Poëme des Mois* dit, en parlant du soleil :

> Il se promène autour de ses douze maisons.

Il est évident que ce mot de *maison*, déjà trop vulgaire pour la poésie élevée, le paraît encore plus, étant uni à la rime, qui occupe la place la plus distinguée du vers; eh bien, le même mot, employé par Racine au sens figuré, et placé de même à la rime, est rempli de noblesse et d'élégance. La jeune Aricie dit, en parlant de ses frères immolés par les ordres de Thésée :

> J'ai perdu, dans la fleur de leur jeune saison,
> Six frères, quel espoir d'une illustre maison.

Prenons à présent dans la Bible quelques exemples de métaphore. Tout le monde sait que c'est la figure favorite des langues orientales; la poésie sacrée en est remplie, et ne m'offre que l'embarras du choix. Le saint Arabe dit en parlant de Dieu :

> (2) La colère de Dieu ressemble à la tempête;
> Lorsque j'ai vu ses flots s'amasser sur ma tête,
> L'épouvante a saisi tous mes sens à la fois,
> Et tremblant devant lui, j'ai fléchi sous son poids.

Le prophète Michée exprime la même pensée d'une manière encore plus laconique, et par la même figure :

> (3) Dieu pesera sur moi, je porterai sa haine.

Il est une autre figure appelée la répétition, dont la poésie hébraïque fait le plus grand usage. Elle sert à exprimer les passions vives et impétueuses, telles que la douleur et la colère, qui fortement occupées d'une même chose, ne voient jamais qu'un seul objet, et par cette raison répètent souvent les termes qui le représentent. C'est ainsi que Virgile peint la douleur d'Orphée après la mort d'Eurydice, en s'écriant :

> (4) Tendre épouse, c'est toi qu'appelait son amour,
> Toi qu'il pleurait la nuit, toi qu'il pleurait le jour.

---

(2) *Semper, quasi tumentes super me fluctus, timui eum, et pondus ejus ferre non potui.* Job. 31. 23.

(3) *Iram domini portabo.* MICH. 7. 9.

(4) *Te, dulcis conjux, te, solo in littore secum,*
Te veniente die, te decedente canebat. VIRG. Georg. 1. 4.

Le prophète Isaïe dit, en présageant la chute de Jérusalem :

> (5) Elle est tombée, au sein de ses prospérités ;
> Elle est tombée enfin la reine des cités,
> La cité qui fit boire aux nations parjures
> Le vin empoisonné des voluptés impures.

Cette répétition annonce que la chute de cette grande ville paraîtra incroyable, et que, pour y ajouter foi, on se fera répéter plusieurs fois cette étonnante nouvelle. Le même prophète fait dire ailleurs au Très-Haut, qui s'apprête à punir l'impie :

> (6) Maintenant pour frapper mon bras puissant s'élève ;
> Voilà mon bras armé, voilà, voilà mon glaive.

Le prophète Jérémie, employant la même figure, met ces paroles dans la bouche de Dieu, qui parle des Israélites :

> (7) J'ai su, les arrachant d'une main vengeresse,
> Les frapper, les briser, les écraser sans cesse ;
> Je saurai les planter, je saurai désormais
> A leurs tiges prêter l'appui de mes bienfaits.

Despréaux fait, dans l'une de ses satires, un excellent usage de la répétition :

> L'argent, l'argent, dit-on, sans lui tout est stérile ;
> La vertu sans l'argent n'est qu'un meuble inutile ;
> L'argent en honnête homme érige un scélérat ;
> L'argent seul au palais peut faire un magistrat.

Il est encore une figure très-énergique, et dont la poésie sacrée fait un fréquent usage ; c'est l'hypotypose, qui représente l'image des objets avec des couleurs si vives, qu'on croit les voir de ses propres yeux. Virgile en offre un bel exemple, lorsqu'il représente la mère d'Euriale

---

(5) *Cecidit, cecidit Babylon illa magna, quæ vino iræ fornicationis suæ potavit omnes gentes.* Isai. 21. 9.

(6) *Nunc consurgam, dicit Dominus, nunc exaltabor, nunc sublevabor.* Isai. 33. 10.

(7) *Sicut vigilavi super eos, ut evellerem, et demolirem, et dissiparem, et disperderem, et affligerem ; sic vigilabo super eos, ut ædificem, et plantem, ait Dominus.* Jerem. 31. 28.

apprenant la mort de son fils. Je me sers de la version de M. Delille :

> (8) Soudain sans mouvement, sans chaleur et sans voix,
> Elle tombe, l'aiguille échappe de ses doigts,
> Et le lin déroulé fuit de sa main tremblante.

Cette figure est encore plus sensible dans la peinture des deux serpens qui sont prêts à s'élancer sur Laocoon

> (9) Ils abordent ensemble, ils s'élancent des mers ;
> Leurs yeux rouges de sang lancent d'affreux éclairs,
> Et les rapides dards de leurs langues brûlantes
> S'agitent, en sifflant, dans leurs gueules béantes.

Virgile représente ailleurs par une belle hypotypose le fleuve Pénée dont les eaux s'ouvrent, à la voix de Cyrène, pour livrer passage à son fils. Cette nymphe s'écrie :

> (10) Fleuve, retire-toi : l'onde respectueuse,
> A ces mots, suspendant sa course impétueuse,
> S'ouvre, et se repliant en deux monts de cristal,
> Le porte mollement au fond de son canal.

Cette peinture est sans doute d'une beauté frappante : on croit voir le fleuve s'ouvrir à la voix de Cyrène, et les beaux vers du traducteur français semblent ajouter encore un nouveau prix à la beauté du texte. Cependant il me semble que Moïse, comparé à Virgile, lui est encore bien supérieur, lorsqu'il représente la mer Rouge qui s'ouvre au souffle de Dieu, pour livrer passage aux Israélites. Si le poëte hébreux l'emporte sur le poëte latin, malgré la faiblesse de ma version, comparée à celle de M. Delille, je crois que mon opinion atteindra le plus haut degré d'évidence. Moïse dit en parlant à Dieu :

> (11) Vous vous êtes levé comme un noble adversaire ;

---

(8) . . . . *Miseræ calor ossa reliquit,*
Excussi manibus radii revolutaque pensa. ÆNEID. liv. 9.
(9) . . . . *Jamque arva tenebant,*
Ardentes oculos suffecti sanguine et igni,
Sibila lambebant linguis vibrantibus ora. ÆNEID. liv. 2.
(10) . . . . *Simul alta jubet discedere late*
Flumina, quà juvenis gressus inferret, at illum
Curvata in montis faciem circumstetit unda,
Acceptique sinu vasto, misitque sub amnem. GEORG. liv. 4.
(11) *In multitudine gloriæ tuæ, deposuisti adversarios tuos ; misisti*

Aux nombreux bataillons contre vous conjurés
Vous avez envoyé votre ardente colère,
Et tous comme une paille ont été dévorés;
Vous soufflez, tout-à-coup l'eau qui fuit se rassemble,
Ses flots en s'arrêtant se dressent tous ensemble;
  Ils frissonnent d'horreur,
  Et, nous cédant leur place,
  En deux remparts de glace,
Se rangent effrayés devant votre fureur.

Il est à remarquer que cet exemple, et celui que j'ai pris dans Virgile, n'offrent point de prosopopée, quoique l'eau y soit animée comme un être vivant, parce qu'ils ne présentent qu'un récit qui est sensé véritable. Quant à la prosopopée, elle est, ainsi que l'apostrophe, la plus énergique de toutes les figures, sur-tout lorsqu'elles se réunissent ensemble pour produire un plus grand effet. Parlons d'abord de l'apostrophe. Énée remarque dans un récit que, si l'on avait été attentif à un certain événement, Troie n'aurait pas été prise, et il s'écrie à cette occasion :

  Et toi, chère Ilion, je te verrais encore.

M. Rollin remarque avec beaucoup de goût que l'apostrophe fait sentir en cette occasion toute la tendresse d'un bon citoyen pour sa patrie. Supprimez cette figure, et dites, je verrais encore Ilion, tout le sentiment disparaît. Opposons, à présent, aux regrets d'Énée envers sa patrie les regrets des Hébreux captifs à Babylone, lorsque, pressés de chanter leurs saints cantiques, ils répondent ainsi :

(12) Ah ! comment, exilés de nos toits domestiques,
Sur des bords étrangers chanter nos saints cantiques !
Sion, si je t'oublie, oh ! que puisse ma main
Oublier des accords le charme souverain !
T'oublier ! ah ! plutôt que ma langue séchée
A mon brûlant palais se roidisse attachée.

Quant à la prosopopée, qui consiste à supposer de la

---

iram, devoravit eos sicut stipulam, et in spiritu furoris tui congregatæ sunt aquæ; sicut acervus restitit unda fluens; coagulatæ sunt abyssi in medio maris.   Cantiq. de Moïse.

(12) *Quomodo cantabimus canticum Domini in terra aliena? Si oblitus fuero tui, Jerusalem, obliviscatur dextera mea. Adhærcat lingua mea faucibus meis, si non meminero tui.* Ps. 136. 4, 5.

vie aux êtres inanimés, ou elle se présente seule, ou elle se réunit à l'apostrophe ; dans le premier cas, elle est simple, comme dans ces vers de Virgile :

> Bientôt le tronc s'élève en arbre vigoureux,
> Et, se couvrant des fruits d'une race étrangère,
> Admire ces enfans dont il n'est pas le père.

Dans le second cas, la prosopopée devient composée, comme dans les exemples suivans. Le prophète Ézéchiel parle au glaive du Seigneur, et lui ordonne de s'armer pour sa cause :

> (13) Sors, glaive emprisonné, prépare ta fureur ;
> Il est tems de briller, de jeter la terreur,
> D'exterminer l'impie, et de punir ses crimes.
> Pars.... Ciel! il a déjà dévoré ses victimes,
> Il s'engraisse de meurtre, il s'enivre de sang.

Cette fureur d'un glaive sanguinaire qui massacre les Hébreux au nom du Dieu de paix, ne me paraît pas moins étonnante que l'audace de la figure ; mais que dirons-nous de cette autre prosopopée tirée des chants de Jérémie ? l'enthousiasme poétique peut-il jamais s'élever plus haut ?

> O glaive qui punis la noire trahison !
> Ministre du Très-Haut, rentre dans ta prison ;
> Assez, et trop long-tems régna ta violence ;
> Calme enfin ta fureur, refroidis-toi... silence...
> Eh! peut-il se calmer, lorsque Dieu qui l'attend
> Vers les champs d'Ascalon veut qu'il coure à l'instant.

Cet exemple incroyable d'audace dans la figure et dans l'expression, est loin d'être le seul qui se trouve dans l'Ecriture. Rien, au contraire, n'est plus ordinaire aux prophètes que de personnifier l'épée du Seigneur. Dieu lui commande, elle s'aiguise, elle se polit, elle se prépare à obéir. Elle part au moment marqué, elle dévore ses ennemis, et lorsqu'elle a exécuté les ordres de son maître elle revient à sa place.

J'entrerai par la suite dans d'autres développemens sur la poésie sacrée. PARSEVAL.

---

(13) *Mucro, mucro, evagina te ad occidendum, lima te ut interficias et fulgeas. Gladius Domini devoravit eos, repletus est sanguine, saginatus est adipe.* EZECH. 21, v. 28. 29. ISAI. 34. 6.

VARIÉTÉS.

SPECTACLES. — *Théâtre Français.* — On a reproché plus d'une fois aux Comédiens français d'employer trop souvent les *débuts* comme un moyen commode de satisfaire au goût du public pour les nouveautés, sans se donner la peine d'apprendre des pièces nouvelles ou d'en remettre d'anciennes. Il semblerait que depuis deux mois ils ont abusé plus que jamais de cette ressource : on a vu débuter chez eux, dans ce court intervalle, trois *soubrettes*, un *jeune premier* et un *valet*; mais ils pourraient opposer à ce reproche une réfutation qui n'est malheureusement que trop fondée. C'est vraiment la nécessité qui a motivé ces débuts. L'emploi des soubrettes avait besoin d'un soutien, qu'il a trouvé dans Mlle Dartaux; les deux autres étaient, pour ainsi dire, en vacance. Saint-Fal a renoncé à celui des jeunes premiers dans la tragédie; Michelot y chancèle, et il n'est véritablement tenu que par Damas. Quant aux valets, la mort toute récente de Dugazon, lorsqu'on n'a point encore remplacé Dazincourt, semblait, malgré les succès de Thénard, laisser cet emploi presque vide.

Nous avons rendu compte du premier début de M. Charlys dans le rôle d'Hippolyte; il y a reparu lundi, mais n'a point donné de nouvelles espérances. Les conseils cependant ne lui ont pas manqué. On a tâché de le mettre en garde contre la monotonie dans les momens où il veut mettre de la chaleur; contre les accens pleureurs dont il affaiblit et dénature le caractère un peu farouche du superbe Hippolyte. On n'a point laissé passer sans observations son goût pour les gestes et la pantomime; mais, soit qu'il ait dédaigné ces conseils, soit que son talent n'ait pas toute la flexibilité désirable, loin de corriger ses défauts, il en a rendu quelques-uns encore plus sensibles à la seconde représentation. Il a été plus larmoyant dans les endroits pathétiques; il avait dit la première fois avec trop d'emphase qu'il ne se souvenait *plus des leçons de Neptune*; cette fois il l'a répété d'un ton presque sépulcral. De même il s'était contenté d'abord de revenir se mettre aux genoux de son père à la fin de la scène où il vient d'être banni; il avait laissé du moins cette pantomime tout-à-fait muette : lundi il a voulu la rendre plus touchante encore par de longs

longs sanglots; il ne faudrait pas désespérer qu'à une troisième représentation, il n'en vînt jusqu'à suppléer les vers qu'il croit sans doute avoir été omis par Racine, si le public avait encouragé ce mouvement ingénieux. Mais M. Charlys a dû remarquer plutôt le contraire, et dans cet endroit, ainsi que dans tout le reste de la pièce, on lui a témoigné beaucoup moins d'indulgence qu'à son premier début. Des signes de mécontement ont été sur le point d'éclater d'une manière assez fâcheuse. Espérons qu'il les préviendra dans la suite, en étudiant mieux l'esprit de son rôle, en réformant dans sa manière ce que le public judicieux paraît y blâmer.

Cette représentation a d'ailleurs été très-brillante. On sait que la salle est toujours pleine lorsque Mlle Duchesnois joue le rôle de Phèdre. Jamais on n'a rendu mieux qu'elle le délire de la passion, les tourmens de la jalousie, les angoisses du remords. Nous voulions cependant lui présenter nos observations sur certains passages de ce rôle; mais le courage nous manque toujours pour la critiquer, lorsqu'au moment de prendre la plume, nous rappelons tous nos souvenirs. Qu'est-ce qu'un petit nombre de vers auxquels on pourrait donner un autre accent, dans un rôle aussi long, aussi tragique, et joué d'un bout à l'autre avec une telle supériorité?

Le rôle de Thésée, rempli ce même jour par Baptiste, ou plutôt la manière dont cet acteur termine la pièce, et dont Leclerc l'avait terminée au premier début de M. Charlys, nous a donné lieu à une autre observation qui peut être plus utile. Depuis long-tems les acteurs sont en possession d'écourter la fin de plusieurs tragédies, en retranchant presque tout ce qui doit se dire après la mort ou l'évanouissement du personnage principal. Ainsi, dans *Andromaque*, la toile tombe sans que Pylade en dise les quatre derniers vers; dans *Mithridate* et dans *Zaïre*, on supprime de même ce qu'ont encore à dire Xipharès et Nérestan. Cela tient au goût moderne, qui veut qu'on aille toujours de plus fort en plus fort, que le dernier couplet d'une chanson soit le plus piquant, et le dernier moment d'une tragédie le plus tragique. Nous ne fûmes donc point étonnés lorsque, Phèdre une fois morte, Leclerc, qui jouait Thésée, finit la pièce par ces vers :

.... D'une action si noire
Que ne peut avec elle expirer la mémoire !

Nous fûmes surpris, au contraire, assez agréablement lundi dernier, lorsque Baptiste continua le passage; et nous nous attendions que, selon l'intention de l'auteur, il allait nous rassurer sur le sort d'Aricie, que Théramène avait laissée en pleurs auprès du corps de son amant; mais notre attente a été trompée. Craignant apparemment de parler d'elle, Baptiste a mieux aimé intervertir l'ordre de deux vers. Après ceux-ci,

> Allons de ce cher fils embrasser ce qui reste,
> Expier la fureur d'un vœu que je déteste,

il a dit,

> Et pour mieux appaiser ses mânes irrités
> Rendons-lui les honneurs qu'il a trop mérités,

au lieu de :

> Rendons-lui les honneurs qu'il a trop mérités ;
> Et pour mieux apaiser ses mânes irrités,

parce qu'alors, sous peine de finir à une virgule, il aurait fallu ajouter, comme Racine :

> Que malgré les complots d'une injuste famille
> Son amante aujourd'hui me tienne lieu de fille.

Nous laissons juger à nos lecteurs laquelle de ces deux manières de tronquer l'auteur est la plus méritoire. Quant à nous, qui, malgré la sévérité de certaines critiques, prenons beaucoup d'intérêt à la pauvre Aricie, et qui sur-tout sommes persuadés qu'un poëte tel que Racine avait plus de goût et connaissait mieux son art que tous les comédiens du monde, nous voudrions qu'on jouât tout bonnement ses pièces sans les corriger.

.—Phèdre et Thésée nous ont presque fait oublier le début de M. Charlys dans la comédie; heureusement nous n'avons que peu de chose à en dire. Il avait choisi le rôle de Dormilly dans les *Fausses Infidélités*, rôle qui demande beaucoup de chaleur, de vivacité, et qui ne peut être bien rempli qu'avec une grande élégance de manières et une grande habitude du théâtre. Au défaut de ces qualités, M. Charlys y a mis de la décence et de l'intelligence. Il paraissait un peu embarrassé de son épée et de son chapeau sous le bras; mais il peut facilement acquérir ce qui lui manque de ce côté. Son défaut de prononciation est moins sensible dans la comédie que dans la tragédie; et c'est peut-être dans la première qu'il est appelé à réussir.

— Venons aux débuts de M. Salpêtre dans les rôles de valet. Il en a joué deux (et deux des plus importans) dans la même soirée; le Dubois des *Fausses Confidences* et le Figaro du *Barbier de Séville*. Nous croyons que la tâche était un peu forte. M. Salpêtre, élève du Conservatoire, où il a remporté le premier prix dans le genre comique, a sans doute des dispositions heureuses, fortifiées par de bonnes leçons; mais sa santé paraît délicate, et c'était beaucoup trop pour un début que sept actes, où il est toujours en mouvement. Aussi a-t-il rempli le rôle de Dubois, dans les trois premiers, d'une manière beaucoup plus brillante que celui de Figaro dans les quatre autres. Il porte à merveille la grande livrée; il a un masque très-expressif; son débit est franc, ses gestes naturels; il a bien rendu dans le personnage de Dubois cette rondeur, cette balourdise apparente, sans lesquelles ce rusé valet ne tromperait point Araminte par les *fausses confidences* dont il la repaît. Il a joué même avec beaucoup de vivacité la fin du second acte; mais, au troisième, il a paru fatigué. Il a repris un peu de vigueur pour sa première scène du *Barbier de Séville*; mais peu à peu cette vigueur s'est éteinte; il a joué toujours de bon sens, toujours avec beaucoup de naturel, mais non avec assez de verve et de gaieté. L'absence de ces deux qualités était d'autant plus fâcheuse qu'elles sont plus nécessaires que toutes les autres, et que le naturel même, dans le rôle de Figaro. Ce personnage, un peu de convention, comme notre Crispin et les masques de l'ancienne Comédie italienne, veut être joué de la manière la plus brillante; il faut que la vivacité de l'acteur, pétillante comme l'esprit de l'auteur, éblouisse le public au point qu'il ne puisse apercevoir tout ce qu'il présente d'inconvenant et d'invraisemblable. C'est ce que M. Salpêtre paraît n'avoir pas senti, ou ce que ses moyens affaiblis ne lui ont pas permis de rendre. Il a joué Figaro comme Dubois, et son bon sens, son naturel, ont paru froids dans un rôle qui n'est tout-à-fait, ni dans la raison, ni dans la nature.

Nous sommes loin de vouloir donner, par ces observations, une idée peu favorable du talent de M. Salpêtre. Il nous paraît, au contraire, que ce jeune acteur promet beaucoup. Nous n'avons d'autre intention que de contribuer, autant qu'il est en nous, à le diriger dans l'emploi de ses moyens naturels et de ses facultés acquises. Nous verrions avec peine que, possédant tout ce qu'il faut pour remplir avec succès la meilleure partie de son emploi, mais borné peut-être par la délicatesse de sa santé à ne jouer qu'un rôle dans la même soirée, il forçât son talent et ruinât sa santé en joignant aux rôles de grande livrée les Crispins et les Figaros, et en s'obstinant à occuper la scène pendant quatre heures de suite. V.

Théâtre du Vaudeville. — Première représentation de *Lavater*.

Qui l'aurait dit que Lavater dût jamais fournir le sujet d'un Vaudeville, et que ce théologien suisse, l'un des plus graves observateurs de son siècle, viendrait un soir fredonner aussi sur la petite scène de la rue de Chartres? Encore un peu de tems et la galerie des grands-hommes y sera complète; mais hélas! au lieu de portraits à la manière de Van-Dick, de Gérard ou de Robert Lefèvre, on n'y trouve le plus souvent que de petites miniatures ou des pastels à moitié effacés. Tous les grands-hommes ne sont pas également bien accueillis au Vaudeville; la réception qu'ils éprouvent dépend peut-être de la manière dont on les y présente. Pour expliquer l'accueil fait à Lavater, voyons comment l'auteur ou les auteurs ont traité ce sujet.

Lavater, tout occupé à Zurich de ses recherches sur la physionomie, fait élever à Glaris, Clara, orpheline confiée à ses soins; Valmont, jeune Français qui voyage pour son plaisir, n'en trouve pas de plus vif que de dire à l'innocente Clara combien il la trouve jolie : on sait que les demoiselles suisses sont très-crédules (au moins sur nos théâtres), Valmont promet d'épouser, et Clara lui accorde par anticipation tous les droits d'un mari; mais, lorsque sa faute devient *visible*, Valmont l'abandonne et part pour Zurich : il y rencontre un certain baron de Steinach, le plus outré partisan du système de Lavater; le baron n'a jamais vu Valmont, mais il trouve sur sa figure toutes les indications qui promettent la constance, et aussitôt il se hâte de lui offrir la main de sa nièce avec trente mille livres de rente; il n'y met qu'une condition, c'est qu'il se laissera aussi examiner par Lavater. Valmont, qui fait l'esprit fort, se prête de la meilleure grâce du monde au désir du baron; mais c'est ici que le lecteur va voir l'incrédulité confondue. A peine le docteur a-t-il fixé les yeux sur Valmont, qu'il lui découvre, non pas la bosse, mais la ligne de la séduction, et la science de Lavater est si complète, qu'il le reconnaît pour le séducteur de Clara.

J'espère qu'après une preuve aussi convaincante, les antagonistes de Lavater ne s'aviseront plus de nier l'infaillibilité de son système : par bonheur, cette intéressante Clara est venue se réfugier chez son protecteur; et cet incident est d'autant plus heureux, qu'il permet aux auteurs de finir par un bon mariage, que Lavater bénit lui-même, sans doute en sa qualité de pasteur.

Malgré toutes ces jolies scènes si naturelles, la pièce paraissait dévolue aux sifflets; déjà même plusieurs préludaient sur un ton qui, sans doute, devait déplaire à l'auteur, lorsque Mlle Desmares a demandé grâce pour lui; et s'adressant aux plus mutins, elle leur a chanté un couplet dont le sens était que l'indulgence est la preuve d'un bon esprit. Ce que c'est que de présenter à propos une louange conditionnelle! A ces paroles magiques, vous eussiez vu soudain s'appaiser la tempête; il ne s'est plus trouvé dans le parterre personne qui voulût passer pour un mauvais esprit, et le couplet de Mlle Desmares a obtenu les honneurs du *bis*.

L'effet du compliment n'a pas été cependant jusqu'à faire demander l'auteur; et par conséquent il n'est pas encore bien décidé si la pièce est ou n'est pas tombée. Mais nos lecteurs peuvent décider sans peine quel est le sort qu'elle a mérité.

Aux Rédacteurs du Mercure de France.

MESSIEURS, dans le dernier numéro du Mercure, au commencement de mon article sur la nouvelle édition des *Fastes* d'Ovide traduite par M. de Saintange, j'ai cité le tribunal civil de Versailles comme celui qui avait rendu un jugement entre cet homme de lettres et le sieur Tourneisen, son imprimeur. C'est une erreur qu'il m'est impossible d'expliquer, mais dont il faut que je fasse l'aveu. Le tribunal qui a jugé entre M. de Saintange et M. Tourneisen, n'est point celui de Versailles.

J'ai l'honneur, etc.   AUGER.

NÉCROLOGIE. — Jean-Baptiste-Henri Gourgault, plus connu sous le nom de *Dugazon*, comédien du Théâtre-Français, vient de mourir dans les environs d'Orléans, âgé de 63 ans. Il avait débuté à la comédie française le 29 avril 1771, par les rôles de *Crispin* dans le *Légataire* et de *lord Houzay* dans le *Français à Londres*. Il fut reçu en 1772 comme sociétaire. Lorsque les comédiens Français se divisèrent au commencement de la révolution, Dugazon, à la tête de quelques-uns de ses camarades, alla se mettre sous la direction de MM. Gaillard et Dorfeuille qui venaient d'élever un théâtre (rue de Richelieu). Cet établissement prit, quelque tems après, le nom de *Théâtre de la République*, et porte aujourd'hui celui de *Théâtre-Français*.

Dugazon, comme acteur, sera difficile à remplacer. Certaines gens, qui se disaient de bon ton, lui reprochaient d'être farceur, trivial et bas. On a déjà répondu plusieurs fois à ce reproche outré : « Dugazon » avait beaucoup de chaleur et de verve ; il ne savait pas toujours en » modérer les élans, mais il vaut encore mieux pécher par cet excès » que par l'excès contraire. »

Connu par quelques vers de société, Dugazon fut tenté pendant la révolution de se produire aussi comme auteur. Le 11 octobre 1792, on joua sur le théâtre de la rue de Richelieu l'*Avénement de Mustapha au trône*, ou *le Bonnet de Vérité*, comédie en un acte et en vers. Cette pièce oubliée aujourd'hui, et qui n'a pas été imprimée, était de MM. R** et Dugazon ; ce dernier en avait fait les couplets. Le 25 du même mois, on représenta sur le même théâtre l'*Emigrante* ou *le Père Jacobin*, comédie en trois actes et en vers ; l'auteur y jouait le principal rôle. Nous ne croyons pas que cette pièce ait été livrée à l'impression. Un an après, il fit jouer le *Modéré*, comédie en trois actes et en vers. C'était encore une pièce de circonstance. Elle a été imprimée chez Maradan, in-8°. Les curieux peuvent, sur ces ouvrages, consulter l'*Histoire du Théâtre-Français*, par Etienne et Martainville (tome III, page 13 à 20 et 125 à 128.)

Dugazon avait un talent singulier pour raconter des histoires plaisantes. Il prenait tous les tons, imitait toutes les physionomies avec une grande vérité. On croyait voir, entendre les personnages dont il racontait les aventures. Ce talent le faisait rechercher des sociétés où l'on aimait à rire.

Nous avons encore des éloges à lui donner sur son talent à former des acteurs, même tragiques. Il a été le maître de déclamation de Mlle Gros, actrice du Théâtre-Français, et de quelques autres.

A. J. Q. B.

POLITIQUE.

La cour de Pétersbourg a fait publier solennellement dans la capitale la nouvelle de la conclusion de la paix avec la Suède. Toutes les bases qui avaient été proposées par la Russie ont été acceptées; la réunion de la Finlande à l'Empire de Russie est confirmée; la ville de Tornea, et le fleuve qui porte ce nom, sont reconnus pour limites des deux monarchies. Les ports suédois sont fermés aux Anglais. Un *Te Deum* solennel a été chanté à cette occasion, et M. de Romanzow, négociateur et signataire du traité de paix, a été élevé à la dignité de *Chancelier de l'Empire*, première des dignités dans l'ordre civil.

L'empereur Alexandre, en ordonnant cette publication, paie un juste tribut de reconnaissance à la divine Providence qui a béni les armes de son peuple. Il signale la contrée nouvellement réunie à son Empire comme une acquisition précieuse : ses habitans sont actifs, laborieux, industrieux; le pays est fertile; ses ports, ses forteresses, ses arsenaux sont en bon état, et la gloire dont l'armée russe s'est couverte, dans la campagne difficile qu'elle a soutenue dans ces climats, ne le cède qu'à l'utilité et à l'importance de la conquête. Au surplus, après l'échange des ratifications, le traité de paix sera publié avec un manifeste particulier. Cette paix qui est proclamée avec éclat à Pétersbourg est nommée fatale à Stockholm, où ses funestes résultats sont justes comme ils doivent l'être. La faute de l'ancien gouvernement s'y dévoile à tous les regards, et l'alliance de l'Angleterre est enfin jugée : on calcule que cette alliance qui n'a jusqu'ici enfanté, pour ceux qui l'ont souscrite, que des dangers sans secours, et des pertes sans dédommagement, coûte à la Suède plus qu'elle n'avait perdu depuis Charles XII; et dans cet état de choses si affligeant pour la nation, on n'a d'espoir que dans les efforts soutenus que fera le nouveau gouvernement pour réparer les pertes éprouvées, du moins par le rétablissement de la paix avec les autres puissances voisines.

Ce vœu, qu'on peut à juste titre nommer national, ne tardera pas à être accompli. Le système du cabinet suédois est changé, et il en était tems. Le vœu de la nation a porté au trône le duc de Sudermanie au moment où une fausse politique avait conduit l'Etat au bord du précipice. Cette politique est abjurée ; celle qui lui succède peut rendre à la Suède son existence, son indépendance, sa prospérité. En effet, la paix avec la Russie n'est que le prélude heureux de celle qui va réunir les pavillons du nord comme un seul et unique faisceau contre celui qui prétend les tenir tous humiliés. Il est hors de doute que la Suède va traiter avec le Danemarck, négocier avec la Prusse, et obtenir de la France l'oubli du passé. On remarque que déjà un major suédois, envoyé pour un échange de prisonniers, est arrivé à Hambourg ; cet officier était autrefois au service de France. Le ci-devant roi est toujours dans sa retraite : il paraît qu'il ne quittera le royaume qu'après la conclusion de la paix de la Suède avec les puissances continentales. Le nouveau roi signale son avènement par des réformes, des économies, et des ordres pour la révision de certains actes administratifs ou judiciaires de l'ancien gouvernement. De leur côté, les Etats-Unis se rapprochent, autant qu'il leur est possible, des puissances du nord, en apportant, pour première garantie de leurs dispositions amicales, le ressentiment que doit leur inspirer la conduite des Anglais à leur égard. Leur ambassadeur en Russie, M. Adams, est arrivé à Copenhague. Les Américains font plus, ils repoussent le ministre anglais, M. Jakson.

Tout porte donc à croire qu'en soutenant noblement la lutte dans laquelle l'honneur et leur intérêt bien entendu les engagent, les Américains ne perdront pas de vue les paroles mémorables que leur a adressées S. M. l'Empereur des Français, par l'entremise de son ministre des relations extérieures, que les intentions et les motifs de ce monarque seront jugés, ainsi que les actes dont la lettre fait mention, et que, conformément aux sages avis et aux utiles encouragemens qu'elle renferme, les Anglais vont bientôt trouver dans le nord des deux hémisphères une longue chaîne tendue, où viendront s'arrêter leurs vaisseaux et échouer leur orgueil.

Qui les dédommagera des pertes immenses dont les menace cette prochaine coalition, ce concert de la raison, de la justice, du droit des gens contre une inexcusable violation de tous les droits, contre une prétention révoltante sur laquelle eux-mêmes ne peuvent être de l'avis de leur ministère, égaré par la haine et par la passion ?

Est-ce la gloire de l'expédition de l'Escaut qui rachètera pour leur commerce les sacrifices auxquels il faut s'attendre dans le nord? est-ce le succès de leurs troupes en Espagne qui compensera les désastres de Walcheren?

Ce nom de Walcheren ne peut plus être prononcé à Londres qu'avec un sentiment de terreur à la fois et de pitié; les lettres écrites de cette île, par les malheureux qui y attendent avec l'impatience du désespoir l'ordre de revoir leur patrie, éclairent moins encore sur les intentions du ministère que sur la situation des infortunés qui y ont été sacrifiés.

Quels sont les nouveaux ministres? L'administration est-elle totalement renouvelée? Les principes qu'elle a suivis seront-ils continués en tout ou en partie? On s'est adressé, pour former le ministère, à beaucoup de personnes. Amis ou ennemis, on a frappé à toutes les portes: personne n'a répondu. Le poste est périlleux, et la situation des affaires est telle qu'il faut une extrême témérité pour oser soutenir les premiers débats qui vont rendre les séances du parlement si importantes, et peut-être si décisives dans la grande lutte que soutient l'Angleterre. Quoi qu'il en soit, en conséquence du refus positif de lord Grenville et de lord Grey d'entrer au ministère, s'il n'était pas entièrement renouvelé, les membres restans de la dernière administration ont tenu conseil, et il a été résolu de mettre sous les yeux de S. M. l'arrangement qui suit: M. Perceval, premier lord de la trésorerie et chancelier de l'échiquier; lord Harwbi, secrétaire-d'état pour le département des affaires étrangères, à la place de M. Canning; M. Robert Dundas au département de la guerre, à la place de lord Castlereagh. Ainsi la dispute entre M. Perceval et M. Canning est terminée en faveur du premier.

Sur ces entrefaites, le corps municipal s'est assemblé le 26 septembre, pour entendre le rapport de son comité sur la manière de célébrer, le 25 octobre prochain, le jour où S. M. achèvera la cinquantième année de son règne. Les débats qui ont eu lieu à cet égard sont extrêmement piquans: les mœurs anglaises y sont empreintes; l'on n'est nullement surpris de voir les honorables aldermanns discuter longuement, et souvent assaisonner de traits singuliers et d'expressions fort originales la grave question de savoir, si l'on dînera aux frais de la corporation, ou si l'on dînera en payant chacun son écot, ou même si l'on dînera le jour de la cinquantaine célébrée; mais à cette discussion se mêlent, comme l'on peut bien s'y attendre, des considérations qui, dans la bouche des orateurs de la cité, ont une bien autre importance que la question principale. Il intéresse peu de savoir si l'on est gourmand à Londres, comme le soutient M. Hearn, ou si ce dernier ne va point à l'église, comme le lui fait observer M. Griffitsh, ou si un dîner est un témoignage de reconnaissance qui plaît à la Divinité, comme le soutient M. Dickson; il s'agit de savoir quelle impression font les circonstances sur les honnêtes marchands de Londres, et quelles idées on a de la politique du cabinet dans les comptoirs de la cité. Or les discours prononcés n'ont rien laissé à désirer à cet égard. M. Waithman, par exemple, s'est exprimé sous ce rapport avec une franchise toute particulière : il a successivement examiné l'état de l'Angleterre sous le rapport des taxes, des revenus, des possessions, des alliances, de l'agriculture et du commerce pendant le règne de S. M.; il s'est, à chaque partie de la discussion, demandé en quoi le gouvernement pouvait être félicité, sur quelle partie de ses actes il pouvait mériter des éloges, sous quel rapport la nation pouvait célébrer un jubilé dans les dispositions que ce mot annonce. La partie des impositions, sous le poids desquelles gémit l'Angleterre, a sur-tout été traitée par l'orateur en homme auquel la matière est familière, en contribuable que le trésor public presse et atteint sous mille formes différentes.

Beaucoup d'autres membres ont parlé dans ce sens avec plus ou moins d'énergie et d'originalité. M. Miller a sur-tout singulièrement égayé l'assemblée en rappelant un mot de l'arlequin auquel, un jour de fête, un Parisien dit que *l'illumination est pour tenir le peuple dans l'obscurité.* On conçoit que l'orateur n'a voté ni pour l'illumination, ni pour la réjouissance. Le tout a cependant été ordonné, ou plutôt consenti. Mais, puisqu'il s'agit d'illumination ou d'obscurité, pour suivre la figure de M. Miller et celle d'arlequin, il est sensible que les discours des membres du corps municipal contre les ministres, porteront plus de lumières dans toutes les classes du peuple de Londres, que l'illumination n'y répandra d'obscurité.

Pour connaître mieux encore l'état de ses affaires sur le continent, l'Angleterre attend le retour probablement momentané de lord Wellesley déjà arrivé à Badajoz, et salué par la junte de cette ville. On apprend que l'armée est dans l'impossibilité de réparer ses pertes, qu'elle est dans une inaction absolue; et que déjà la part prise par les Anglais dans les dernières affaires, le ton de leurs généraux et de leurs négociateurs avaient produit l'effet que nous en attendions et que nous avons fait pressentir il y a quelque tems. Les Anglais commencent à n'être plus jugés comme des auxiliaires impuissans, mais comme des hôtes intéressés et des amis dangereux. Voici ce qu'une correspondance authentique de Madrid fait connaître à cet égard.

« Il paraît que les Anglais, après s'être convaincus à diverses reprises de ce qu'ils avaient à espérer du courage et de l'expérience militaire des insurgés de ce pays, quand il s'agissait de les seconder, ont pensé qu'il valait beaucoup mieux avoir à les combattre, que de se faire battre pour eux. Suivant les bruits de Madrid, ils auraient déjà fait, dans cette nouvelle résolution, une tentative contre Cadix, et se seraient, dit-on, attiré Venegas sur les bras. Ce général de la junte ne peut trouver une plus belle occasion de venger la honte de sa défaite d'Almonacid. En attendant, les fidèles alliés contre lesquels il marche, seront probablement dédommagés de la perte des canons et des équipages que leur retraite précipitée de Talavera les a forcés d'abandonner. Dans ce cas, les plaintes amères de Wellesley ne seraient pas moins qu'un manifeste contre les meneurs de Séville; et ce général se serait empressé de donner un motif plausible aux pompeuses qualifications que son gouvernement s'est plu à lui prodiguer aux dépens de l'Espagne et de la vérité. On pouvait présager une pareille issue; et rien ne serait assurément plus extraordinaire que de voir la bonne intelligence subsister entre des pirates et des factieux. Nous aimons à croire qu'éclairés sur leurs intérêts et sur les suites funestes d'une confiance insensée, les Espagnols, ceux même qui sont égarés par les passions les plus furieuses, commencent à reconnaître quels sont leurs véritables ennemis. »

Si le gouvernement du roi Joseph est désormais tranquille sur les entreprises des Anglais et sur leur union avec les insurgés, il reçoit aussi du ministère les renseignemens les plus rassurans sur l'état des finances, et sur les ressources que peuvent produire les dispositions prudentes et énergiques à la fois de S. M. Il intéresse sous plusieurs rapports de faire connaître cette situation avec quelque détail.

« La dette de l'Espagne tant viagère que perpétuelle, en comprenant les arriérés qui ne portent point intérêt, s'élève à 7,194,266,889 de réaux. (Le réal vaut à peu près 5 sous de la livre de France.) Les rentes à payer annuellement montent, pour la dette constituée, à 155,682,743 ; et pour le viager, à 63,908,730.

» Or, d'après les bases arrêtées relativement à l'adjudication des biens nationaux, le produit de ceux qui restent à vendre, ne peut être moindre de 9,656,147,406 de réaux.

» Le ministre établit que, quand même on n'eût point eu recours à la suppression des couvens et aux confiscations commandées par la nécessité de réparer, aux dépens de leurs auteurs, les maux de l'État, ses ressources eussent été suffisantes pour acquitter la dette nationale. L'estimation des édifices et la réduction progressive du clergé régulier, ne sont même pas portées dans ses calculs : « Sire, Votre
» Majesté peut se flatter, ajoute le rapporteur, de voir, dans l'espace
» de deux ans, le crédit de la couronne entièrement rétabli, et ses
» créanciers satisfaits, soit qu'ils préfèrent des propriétés, soit qu'ils
» se bornent à la perception de leurs revenus ; elle verra disparaître
» cet engorgement occasionné par les vales-royaux dans la circula-
» tion, qui n'admet de papiers que ceux que légitime une entière
» confiance : cette confiance, elle la verra renaître avec l'activité des
» grandes associations, de la banque, des corporations d'artisans,
» victimes, jusqu'à ce jour, de l'influence qu'exerçait sur elles l'ancien
» gouvernement : enfin elle arrivera à cette époque si désirée, où il
» lui sera possible de supprimer, de modifier du moins des impôts
» onéreux, et de n'écouter que la libéralité de ses principes et la
» générosité de son cœur royal, pour rouvrir toutes les sources de la
» prospérité publique. »

PARIS.

Les décrets qui donnent à M. de Montalivet le ministère de l'intérieur, et les ponts et chaussées à M. Molé, ont été publiés officiellement. M. de Montalivet a prêté serment entre les mains du prince archi-chancelier, et a reçu le portefeuille du ministre de l'intérieur par intérim.

— En même tems, un sénatus-consulte, rendu le 5 de ce mois, et qui met à la disposition du Gouvernement 36,000 conscrits pris dans les classes de 1806, 1807, 1808, 1809 et 1810, a été promulgué dans les formes ordinaires ; ils pourront être mis de suite en activité. Cet appel fait, les classes désignées sont entièrement libérées.

— Un autre acte du Gouvernement a fixé l'attention au plus haut degré; il rappelle un événement malheureux dans les annales de notre marine, le combat naval à l'île d'Aix, livré le 22 juin, et consacre, par un mélange de justice, d'indulgence et de sévérité, un grand exemple donné aux marins français. Par décret de S. M., un conseil de guerre maritime a été convoqué à Rochefort pour prononcer sur la conduite de quatre capitaines prévenus de n'avoir pas fait leur devoir dans l'engagement dont il s'agit. Le conseil s'est réuni sous la présidence du contre-amiral Bedout, le contre-amiral l'Hermite faisant les fonctions de rapporteur et de procureur impérial. Jamais procédure de cette sorte n'a obtenu une publicité plus complète et plus absolue. Huit feuilles supplémentaires du Moniteur ont été employées à donner continuellement tous les actes de cette procédure, les interrogatoires des témoins, ceux des accusés, leurs défenses, les réquisitions du ministère public, les opinions motivées de chaque membre du conseil, enfin le jugement qui est intervenu. La marine française assiste ainsi toute entière au débat qui l'intéresse, et au jugement provoqué par ses chefs contre des officiers dont la conduite n'a pas répondu à l'attente du Souverain, et garanti l'honneur du pavillon. Les dernières paroles du contre-amiral rapporteur sont, à cet égard, très-remarquables. « Jamais, dit-il, la marine n'avait offert le déplorable spectacle de vaisseaux abandonnés dans le péril, et incendiés sous le pavillon de l'ennemi; mais il n'est personne de nous qui ne puisse assurer que de pareils événemens ne se renouvelleront pas.

» Non, messieurs, il n'est pas un marin qui ne soit prêt à sacrifier sa vie pour notre auguste Maître, le guide et l'exemple des braves, accoutumé à n'user du pouvoir souverain que pour offrir des encouragemens et distribuer des récompenses. L'Empereur attend qu'en intéressant sa munificence par des actions généreuses, nous consolions son grand cœur d'un acte de sévérité que commandait la justice. »

En exécution du jugement rendu, M. le capitaine Lefort, commandant le vaisseau de S. M. *le Calcutta*, a payé de sa tête le crime d'avoir abandonné ce bâtiment en présence de l'ennemi. Le capitaine Proteau, commandant l'*Indienne*, a été condamné à trois mois d'arrêts simples pour avoir mis le feu à son bâtiment avec trop de précipitation. Son épée lui a été rendue. Le capitaiue Lacaille, commandant *la Tourville*, pour avoir abandonné momentanément son vaisseau, a été rayé de la liste des officiers de la marine et de la légion d'honneur, et condamné à deux ans de détention.

Le capitaine Clément la Roncière a été honorablement acquitté de toute accusation.

—Un plus heureux sujet va nous occuper, et nous n'avons plus qu'à nous rendre les interprètes de l'allégresse et de la reconnaissance publique; tous les doutes sont levés, toutes les incertitudes ont cessé. La paix a été signée le 14 octobre, jour heureux à la France, troisième et glorieux anniversaire des journées où la Prusse et l'Autriche ont vu leurs armées anéanties et humiliées, de la bataille à jamais décisive d'Jéna, de la capitulation à jamais fameuse de trente-cinq mille hommes renfermés dans Ulm. L'anniversaire de ces journées terribles devait être un jour de bonheur. Le génie de Napoléon a ainsi réglé le sort des négociations comme celui des batailles. *Le Moniteur* a cependant gardé le silence sur cet événement; il ne donne, au moment où nous écrivons, que des nouvelles du 13. Mais la nouvelle était télégraphique, et elle a tous les caractères de l'authenticité. S. M. l'Empereur et Roi est désormais attendue à chaque instant. On présume qu'elle descendra au palais de Fontainebleau, et qu'elle ne viendra recevoir que dans quelques jours les acclamations de sa capitale.

ANNONCES.

La seizième et dix-septième livraison du magnifique ouvrage de M. Balthazar Solvyns sur les Hindous vient de paraitre. Les deux précédentes nous avaient représenté, entr'autres objets intéressans, les costumes des femmes de différente classe, et nous avaient donné une idée des ressources de la coquetterie d'une *Hindoue*. Celles-ci sont entièrement consacrées à peindre les faqhyrs dans leurs nombreuses variétés, dans leurs ridicules pratiques, dans leurs postures extraordinaires, enfin dans toutes les bizarreries qu'ont pu imaginer la plus sotte superstition et le fanatisme le plus outré. Nous ne pouvons mieux en

donner une idée au lecteur qu'en copiant ce que dit l'auteur, lorsqu'après avoir représenté un assez grand nombre de ces faqhyrs il dit de ceux qu'il appelle *Oudoubahous*. « Nous avons déjà dans la livrai-
» son précédente passé en revue quelques espèces de faqhyrs : mais
» ce sont encore des gens raisonnables, en comparaison de ceux dont
» les folies font le sujet de cette gravure. On en voit deux sur le pre-
» mier plan. L'un tient continuellement un bras en l'air ; l'autre a les
» mains jointes au-dessus de la tête sans les jamais séparer, en sorte
» que les ongles se sont tellement allongés qu'ils sont entrés dans la
» chair des bras : non content de ce supplice affreux, ce même faqhyr
» s'est aussi imposé le vœu de tenir pour jamais ses jambes croisées.
» Cette position est si gênante, et il la garde si rigoureusement, que
» pour manger il est obligé de se faire mettre sa nourriture dans la
» bouche. Il semble que les faqhyrs rivalisent entr'eux par de nouvelles
» inventions de tourmens et de supplices. En voici sur la même gravure
» un troisième qui se transporte d'un temple à un autre, éloigné quel-
» quefois de plusieurs centaines de lieues, non à pied, mais couché
» sur le dos, et en se retournant de tout son corps pour avancer un
» peu. Non moins fort que son camarade, celui qui est à sa droite, a
» fait le vœu de parcourir une distance semblable, mais en reculant
» constamment de deux pas, après en avoir fait trois. Plus loin est
» un faqhyr qui s'est laissé enchaîner à un arbre, afin de rester dans
» cette attitude jusqu'à sa mort. Auprès de celui-là en est un autre
» qui s'est fait un devoir de regarder fixement tous les jours de sa
» vie le soleil depuis son lever jusqu'à son coucher, et de suivre des
» yeux sa course journalière sans jamais les en détacher. A quelque
» distance de là on remarque deux autres dévots, dont l'un se cou-
» che toujours sur un lit hérissé de pointes de fer, et l'autre passe
» sa vie à réciter des prières sans discontinuer un moment, etc. »

Tous ces objets curieux sont représentés avec une vérité frappante ; on voit que l'auteur ne les peint pas seulement tels que l'imagination pourrait les lui offrir, ou même tels que la mémoire pourrait les lui rappeler après en avoir vu un grand nombre, mais étant sur les lieux et ayant les objets sous les yeux, de sorte, par exemple, que les représentations sont en général de véritables portraits, observation qui peut s'appliquer à presque toutes les nombreuses figures de cet ouvrage. L'auteur le continue toujours avec le même zèle et le même succès, et se rend de plus en plus digne de la protection que le gouvernement a daigné lui accorder, de l'accueil du public, et de l'éloge qu'en a fait, à la dernière séance publique de l'Institut, le secrétaire perpétuel de la classe des Beaux-Arts, dans son intéressant rapport sur les travaux de cette classe, et les principaux ouvrages qui ont illustré les arts dans le courant de cette année.

L'Ecossaise expatriée, nouvelle traduite de l'anglais, de Catherine Selden, auteur de *Séréna*, etc. Un vol. in-12. Prix, 1 fr. 80 c., et 2 fr. 55. c. franc de port. A Paris, chez Maugeret fils, imprimeur-libraire, rue Saint-Jacques, n° 38, et salle Dauphine, n° 1, palais de justice.

La morale des Poëtes, ou pensées extraites des plus célèbres poëtes latins et français; par M. Moustalon. Un vol. in-12, de plus de 500 pages, très-bien imprimé. Prix, 3 fr. 50 c., et 4 fr. 60 c. franc de port. A Paris, chez Lebel et Guitel, libraires, rue des Prêtres-Saint-Germain-l'Auxerrois, n° 27, en face de la place de l'église; Arthus-Bertrand, libraire, rue Hautefeuille, n° 23; et à Versailles, chez Angé, libraire, rue Satory, n° 88.

Suite de la collection des auteurs classiques, latins et grecs, du fonds de MM. Treuttel et Würtz, libraires à Paris et à Strasbourg.

AUTEURS GRECS.

fr. c.

ΑΡΙΣΤΟΤΕΛΗΣ, Aristotelis Opera omnia, Græce, ad optimorum exemplarium fidem recensuit, annotationem criticam, librorum augmenta, et novam versionem Latinam adjecit. Jo. Theoph. Buhle. vol. 1 à 5. pap. collé, ... 42 »

—— Papier fin .... 60 »

ΑΘΗΝΑΙΟΣ, Athenæi Deipnosophistarum libri quindecim. Ex optimis Codicibus Manuscriptis bibliothecæ Imperialis Parisinæ nunc primum collatis emendavit, et nova versionne Latina, Animadversionibus Is. Casauboni aliorumque doctorum vivorum et suis, commodisque Indicibus illustravit Joh. Schweighæuser, 14 vol. pap. collé ,............. 192 »

— (Dudit auteur une traduction française, *voyés plus bas*.)

ΔΙΟΔΩΡΟΣ, Diodori Siculi Bibliothecæ historica libri qui supersunt, e recensione Petri Wesselingii, cum interpretatione Latina Laur. Rhodomani atque annotationibus variorum integris Indicibusque locupletissimis. Nova editio, cum commentationibus Ill. Chr. Gottl. Heynii et cum argumentis disputationibus Jer. Nic. Eyringii. vol. 1 à 10. pap. collé,.................................. 85 »

—— Papier fin, ... 122 »

(*La suite au N° prochain.*)

MERCURE DE FRANCE.

N° CCCCXXXII.—*Samedi 28 Octobre 1809*

POÉSIE.

MA FUITE DU COLLÉGE.

Au fond d'un noir collége à neuf ans relégué,
De maîtres poursuivi, de leçons fatigué,
Tous les jours, de l'ennui buvant la coupe amère,
Je regrettais les soins, les baisers de ma mère ;
Je regrettais l'asyle où, du matin au soir,
Jouer, manger, dormir, était mon seul devoir.

« De quel droit, me disais-je, un pédant en soutane
» Vient-il flétrir mon front de ses *oreilles-d'âne* ?
» De quel droit, sous les coups de la verge ou du fouet,
» Se fait-il de mes pleurs un barbare jouet ?
» Un enfant, d'un Caton doit-il avoir l'air grave ?
» Parce qu'il est tyran, me prend-il pour esclave ?
» Est-ce ma faute à moi si je ne comprends pas
» L'esprit des *substantifs* et la grâce des *cas*,
» Si je confonds l'*adverbe* avec la *particule*,
» Enfin, si *conjuguer* me parait ridicule ?

» Qui pourrait y tenir ? Pourtant je ne dis mot
» Des éternels *pensums*, du ténébreux cachot ;
» Je passe le supplice où la verge attentive
» Suit et cherche à frapper une main qui s'esquive ;
» Je ne prends point au grave, en censeur assez doux,
» Le châtiment impie où l'élève à genoux,
» Par un indigne culte, au milieu de l'école,
» D'un maître redouté semble implorer l'idole.
» Je me tais ; mais je veux quitter l'antre proscrit
» Où l'on vend la sottise, en promettant l'esprit ;
» Je le veux, c'en est fait : dès que la nuit obscure,

K k

» A son tour, au cachot aura mis la nature,
» Moi, je brise mes fers et fuis l'affreux séjour,
» Maman, où l'on ne peut vous montrer son amour. »

Conspirer est aisé, réussir difficile ;
Pour un pas qu'on avance, on en recule mille ;
Il faut du front, du cœur ; mais que peut un enfant
Qui s'attaque en aveugle au fort qui se défend ?

Or, aux portes campé, veillait, d'un œil sévère,
Un dogue à face humaine, implacable Cerbère,
Furieux de sa chaine et de l'obscur séjour
Que jamais d'un rayon ne visita le jour ;
Furieux, dans sa faim, de sa mince pitance,
Furieux, dans sa soif, de sa froide *abondance*.
Pour tromper ses regards, dans l'ombre de la nuit,
Je me glisse en rampant aux pieds de son réduit :
Me voilà libre enfin !... Mais où trouver asyle ?
D'un enfant inconnu qui voudra dans la ville ?
Ou, si quelqu'un m'accueille, aisément deviné,
Je crains d'être au collége à l'instant ramené.

Qu'eussiez-vous fait, lecteur ? Pour moi, dans la campagne,
Je vais chercher mon gite au pied d'une montagne.
Là s'étendait un bois dont la profonde horreur
Convient au fugitif et charme le voleur ;
Bois vaste, où, vers le centre, un chêne au vert feuillage
Offrait de ses rameaux l'hospitalier ombrage.
Je me couche à ses pieds, invoquant le sommeil.
Mais en vain : tout-à-coup, de son éclat vermeil,
Comme une étoile au ciel, une faible lumière,
En rayons inégaux, vient frapper ma paupière.
Inquiet, je l'observe : ô prodige glaçant !
Cette lumière marche et croit en s'avançant !
Alors je n'y tiens plus : au chêne je m'accroche ;
Des pieds, des mains, je grimpe ; enfin, de proche en proche,
Sanglant, j'arrive au haut. Là, comme d'une tour,
Promenant mes regards sur les bois d'alentour,
Je revois ma lueur de sinistre présage,
Que suit de vingt brigands l'effrayant assemblage.

L'un trainait un baril ; l'autre, au bout d'un bâton,
Sur son dos abaissé, transportait un mouton ;

Tous marchaient, à grands pas, vers l'arbre remarquable
Qui prêtait à ma peur un abri secourable.
Ciel, protége un enfant ! préféré parmi tous,
Cet arbre, ce même arbre était leur *rendez-vous !*

Ils arrivent : je vois, je vois leur troupe infâme !
D'un bois sec qui pétille ils excitent la flamme,
Et bientôt une main qui tourne avec lenteur,
Sur deux appuis fourchus d'une égale hauteur,
Du mouton en travers exposé sur la broche,
Rôtit le corps fumant qui fuit et qui s'approche.

Cependant sur mon arbre assez mal affourché,
De l'aspect des brigands sur-tout effarouché,
Tremblant au moindre bruit, retenant mon haleine,
Je n'osais remuer et respirais à peine.
Mais qui peut résister aux arrêts du destin ?
Alors qu'un feu plus vif avance leur festin,
Le vent mal dirigé, de l'ardente ramée
Vers mon nez trop sensible élève la fumée :
J'éternue à grand bruit ! ! ! Tous les yeux sont en l'air ;
Moins prompt est le clin-d'œil, moins rapide est l'éclair ;
On se lève, on s'approche, on voit, sous le feuillage,
L'oiseau nouvellement échappé de sa cage.

« Par la mort, dit le chef, nous sommes observés :
» Qui va là ? qui se cache en ces lieux élevés ?
» Répondez, descendez ; ou bien je vais moi-même... »
Hélas ! j'étais muet en ce péril extrême.
Le voilà donc sur l'arbre, en un saut, élancé ;
Il arrive au sommet par son poids balancé,
Et, d'un bras vigoureux, m'attirant en arrière,
Me force de rouler, non de descendre à terre.

Muse, raconte ici le rire triomphant
Qui partit en éclats, à l'aspect d'un enfant
Dont l'âge encor si tendre et l'air plein d'innocence
Écartait du péril la frivole apparence.
Pourtant on m'interroge, et moi, pâle, interdit,
Je réponds qu'échappé du collège maudit,
Je cherche, dans ces bois, une retraite sûre.
Le fait paraît plaisant et chacun me rassure.

Le rôt, en ce moment, pénétré de chaleur,

Par l'odeur de ses sucs, par l'or de sa couleur,
Annonce à l'appétit la joyeuse nouvelle
Que Vulcain a dompté sa crudité rebelle.
On s'assied à l'entour, on mange, et du tonneau
On tire une liqueur qui trouble le cerveau.
Je laisse à deviner les propos détestables,
Les juremens affreux, les projets exécrables,
Qui, du vin et du lieu, tirant un libre cours,
Partaient, se confondaient, échauffaient leurs discours.
Tels, soumis aux brigands que *Rollando* gouverne,
Les entendait Gil-Blas, dans sa noire caverne;
Comme lui, dans mon cœur, en secret frémissant,
Par air, j'étais complice et par goût innocent.

Enfin tous sont repus, la barique est vidée;
A partir, de ce pas, la troupe est décidée;
Un seul point la retient : que fera-t-on de moi ?

« Le salut général est la suprême loi, »
Dit un drôle aux yeux noirs, « consultons la prudence;
» Il vaut mieux assurer qu'espérer le silence;
» Point de fausse pitié : l'on ne peut avoir tort,
» Lorsque, pour l'éviter, on sait donner la mort.
» Vous m'entendez, j'espère : ainsi, malgré son âge
» Et l'air intéressant de son heureux visage,
» Si j'en suis cru par vous, cet enfant périra,
» Et de nous chez les morts seulement parlera. »

Il dit : à son avis qui paraissait fort sage
Chacun applaudissait et joignait son suffrage,
Quand le chef (qui l'eût cru ?) prenant un ton plus doux
Dit : « Voyez, mes amis, un enfant à genoux;
» Il implore sa grâce, ah ! nous pouvons la faire;
» J'en conçois un moyen qui ne peut vous déplaire;
» Car enfin que craint-on ? qu'il n'observe nos pas ?
» Eh bien ! pourquoi fermer ses yeux par le trépas ?
» Voyez-vous ce baril ? Le traîner embarrasse;
» De ses flancs arrondis qu'il occupe l'espace,
» Qu'on l'y scelle, et qu'ainsi dûment emprisonné
» A sa bonne fortune il soit abandonné.
» Que verra-t-il alors, et qu'importe qu'il vive ? »

Le conseil est goûté de la troupe attentive.

OCTOBRE 1809.

A l'ouvrage aussitôt tous appliquent leurs bras.
Le fonds sollicité saute sans embarras ;
Un abîme est ouvert, on m'y plonge, on m'y scelle,
Et je crains, pour mes yeux, une nuit éternelle.

Alors succède aux voix un murmure incertain,
Au murmure, un bruit sourd qui meurt dans le lointain ;
Tout se tait, je suis seul ; mais non moindre est ma peine,
Non moins triste mon sort et ma vie incertaine.
Hélas ! pour respirer, je n'avais, comme on voit,
De mon obscur baril que l'orifice étroit ;
Ma bouche s'y collait et cherchait avec peine
Un peu d'air qu'au passage aspirait mon haleine ;
Je me désespérais.... lorsque, tout près de moi
J'entends venir, flairer, roder, je ne sais quoi,
Qui, flairant et rodant, promène sur ma bouche
Comme un léger duvet qui la flatte et la touche.
A ce tact inconnu, je recule soudain,
Et, portant en avant une inquiète main,
Je saisis par hasard, sans dessein, sans adresse,
Une queue à longs poils de la plus belle espèce,
Souple et noble ornement, avec grâce attaché,
D'un renard, en ces lieux, par l'odeur alléché.
L'animal d'opérer sa retraite brillante ;
Il entraîne avec lui ma prison sautillante,
Qui, tantôt contre un arbre et tantôt contre un roc,
Dans ses flancs résonnans recevant quelque choc,
Devait, en se brisant, selon toute apparence,
Opérer du captif l'heureuse délivrance.
Cet espoir me plaisait ; puis, à ne rien celer,
Je goûtais, en enfant, cette façon d'aller.

Bref, au premier matin, en ce tems où l'aurore,
Sans refuser le jour, en est avare encore,
Un craquement subit éparpille en débris
Les cercles du baril et ses frêles lambris ;
Tout tombe, je respire et revois la lumière.
J'adresse alors au ciel ma fervente prière,
Et, sauvé du péril, par un juste retour,
En lâchant le renard, je le sauve à mon tour.

Mais voici le plus beau : dans la vaste étendue
Du tableau qui d'abord vient s'offrir à ma vue,

Quel objet, croyez-vous, blanchi d'un faible jour,
Me frappe, me surprend ?... C'était le doux séjour
Où demeurait maman, auquel tendait ma course,
Enfin de mes malheurs le terme et la ressource ;
Lieu charmant où j'allais, dans un heureux loisir,
Réparer les momens dérobés au plaisir.
J'y cours d'un pied léger, savourant par avance
Le bonheur qu'à coup sûr va causer ma présence.
Hélas ! je m'abusais ; lentement introduit
Au chevet de maman d'abord on me conduit,
Qui, malgré l'intérêt de ma touchante histoire,
Malgré tous mes périls, et malgré ma victoire,
Malgré baril, renard, jette sur moi des yeux
Où je lis, en tremblant, son courroux furieux,
Elle ne goûte point le précoce héroïsme
D'un *Brutus* de neuf ans qui fuit le despotisme,
Prétend qu'on obéisse et qu'on ne dise rien,
Que tout ce qu'on m'a fait n'était que pour mon bien ;
Et, pour mieux le prouver, selon nos mœurs premières,
Me fait par sa Marthon donner les étrivières.

C'est peu : vers mes tyrans, sur un grand palefroi,
En croupe, un vieux laquais m'entraîne plein d'effroi.
Je revois le séjour des pleurs, de l'esclavage,
Mon dogue furieux de sa faim, de sa cage ;
Je revois la férule attentive à ma main ;
Les maîtres, les leçons, vont reprendre leur train ;
Et la porte sur moi, pour un durable terme,
Sans pitié, sur ses gonds, tourne, crie et se ferme.

Ainsi finit, lecteur, le funeste roman
De mes projets fameux sur l'amour de maman ;
Ainsi fouetté, repris, contents comme on suppose,
Des épines meurtri, sans avoir vu la rose,
Suis-je un sanglant avis aux enfans à venir
Qu'enfermés au collége, ils doivent s'y tenir ?

L. DE B....

ENIGME.

Dans des lieux consacrés à chanter le Très-Haut,
Un homme décoré d'un rouge ou blanc manteau,
M'annonce à demi-voix, et comme en confidence,
    Au président de la séance,
  Qui me répète, haussant un peu le ton;
Puis tout-à-coup rompant la conversation,
    A l'honorable assistance
  L'homme au manteau, qu'accompagne un second,
    Entonne, en forme de romance,
Un autre air que chacun continue en cadence;
    En observant pourtant, lecteur,
    Que l'assistance chante en chœur.
    Dès que la chanson est finie,
On entend aussitôt toute la compagnie,
    Qui me reprenant en refrain,
Sans mystère conduit moi, mot d'ordre, à sa fin.
        S........

LOGOGRIPHE.

A peine aux yeux des gens j'ose me présenter,
Que je mets l'assemblée en humeur de chanter.
On voit en moi, lecteur, le rat, l'oie et la pie;
On voit l'âne, l'ânier, le héron, la harpie.
    On voit hier, nier,
    Antre, trape, panier;
  Tien, toi, rien, trop, notre, hôte,
  An, pan, taon, paon, ré, note;
    Point, pointe, pont, Piron,
    On, ton, pion, raton;
    Pré, partie, oint, roi, trône,
    Porte, port, Pô, Rhin, Rhône.
    Prote, aîné, prône, thé,
    Pâtir, pater, pâté:
    Art, pin, train, ni, pain, pâte,
    Parenté, parent, hâte,
    Tapir, tape, taper,

Apre, rape, raper,
Piano, part, pair, pire,
Aire, poi., rot, air, ire,
Honte, ponte, pot, rot,
Pente, rente, trio.
Taie, aie, ah! né, nain, tripe,
Paire, parité, nipe;
Port, porc, haine, hanter,
Nitre, rite, hâter;
Papire, prêt, rêt, ratine,
Tare, taré, rapine;
Oh! hé! rate, rapin,
Poire, pari, patin.

Par le même.

CHARADE.

Celui qui n'a pas mon premier,
Ami lecteur, ne se sent guère
En disposition de faire mon dernier.
Parfois pour se moquer la maligne Glicère
Sait assez bien employer mon entier;
Mais plus souvent encore elle s'en sert pour plaire.

NAR....

Mots de l'Enigme, du Logogriphe et de la Charade insérés dans le dernier Numéro.

Le mot de l'Enigme du dernier Numéro est *Chimère*.

Celui du Logogriphe est *Chicane*, dans lequel on trouve, Chère, haine, chien, cane, âne, hi, chaîne, Ain, Nice, Caïn, niche, chien, an, etc.

Celui de la Charade est *Porte-feuille*.

SCIENCES ET ARTS.

QU'EST-CE QUE LA MÉDECINE?

J'ENTENDIS l'autre jour un médecin qui disputait avec chaleur sur son art, et qui en faisait l'apologie à peu près dans ces termes:

« Je vous accorde que la science la plus vraie et la plus fausse, la plus réelle et la plus chimérique, la plus utile et la plus dangereuse, celle à qui l'on prodigue le plus le mépris et la vénération, c'est sans contredit la médecine, de laquelle tant de gens parlent, et que si peu d'esprits sont en état de bien comprendre. Je m'exécute sans difficulté sur les défectuosités de mon art, persuadé que j'aurais mauvaise grâce à défendre ce qu'on a raison d'attaquer. Qui ne connaît point les imperfections de la médecine, en revanche n'en connaît point l'excellence, et n'a pas le droit d'en publier les avantages. Mais d'où viennent les défauts qu'on lui reproche? À mon gré, de deux sources principales. La première, c'est le genre particulier d'expériences sur lequel cette science est fondée. La seconde, c'est l'inhabileté des observateurs. Prenez garde d'abord que l'homme, qui est le sujet de la médecine, est l'être le plus compliqué de la nature. Je ne vous parle point de la multitude et de la variété de ses organes, dont nous ne connaissons malheureusement que la partie la plus grossière et la moins utile : mais les propriétés intimes et cachées de ces parties si diverses, ces propriétés sur lesquelles l'art doit diriger toute son action, on n'en connaît ni l'essence ni le principe. Résident-elles dans un être distinct et indépendant? Sont-elles dans la matière animée le produit d'une certaine disposition de parties, d'un certain arrangement de molécules? Mystère impénétrable des deux parts. Ce qu'on croit seulement savoir, c'est que ces propriétés merveilleuses sont singulièrement modifiées par l'état matériel des organes. Le volume, la situation, la figure, et sur-tout certain mode de composition dans les molécules constituantes de chacun d'eux, toutes ces variétés si fines, si délicates, qu'on ne peut ni constater ni décrire, mais qui peuvent s'associer deux à deux, trois à trois, et ainsi de suite à l'infini, pour constituer autant d'êtres distincts ; toutes ces circonstances, quelles qu'elles soient, prises une à une ou dans leur ensemble, peuvent avoir la plus grande influence sur la vie, laquelle n'est pour nous que le produit total et apparent de l'organisation. Comment tout cela se fait-il ? Quel est le lien de cette secrète dépendance ? On n'en sait rien, mais la chose est ainsi, et cela doit nous suffire. Je ne parle ici que des ressorts intérieurs de l'homme. Que dirais-je de l'action qu'exercent sur lui tous les corps au milieu desquels il est placé, et contre lesquels il lutte comme un athlète qui ne se repose jamais ? Quelle source intarissable de nouvelles modifications ! Ce que dit Rousseau des fluctuations et des orages d'une sensibilité trop vive, doit s'entendre à la lettre de l'homme pris dans les conditions les plus ordinaires de son organisation. Son existence est liée à celle de tous les êtres ; et Platon a raison de dire qu'il se fait le centre et la mesure de tout. Ai-je besoin de puiser des preuves dans l'histoire de l'espèce humaine, et de vous rappeler ce que la font le climat, la température, les qualités de l'air, les alimens qu'elle choisit, les vêtemens dont elle se couvre, et l'emploi qu'elle fait de ses forces ? Il n'y a pas jusqu'aux désordres les plus légers dans les fonctions les plus simples de l'économie animale, qui n'y laissent des empreintes quelquefois ineffaçables. Bien plus, l'homme est changé par ses propres ouvrages ; et pareil au statuaire qui se prosterne aux pieds de la vaine image qui sort de ses mains, il est subjugué par les institutions qu'il a fondées ; il est vaincu par ses propres créations.

» De ce peu de paroles, ne suis-je pas autorisé à conclure qu'il faut avoir perdu jusqu'à la dernière lueur de raison pour mettre en doute la réalité de la médecine, ou plutôt la réalité du fonds qu'elle exploite ? L'existence de l'homme, avec ses modifications infinies, n'est-elle pas pour l'homme, par ces modifications mêmes, la première et la plus incontestable des vérités ? Or, quel est le but que se propose la médecine ? N'est-ce pas de connaître ces différens états de l'homme, de découvrir les circonstances qui les déterminent, et de déduire de cette découverte des principes propres à les régulariser ? Que penser donc d'un écrivain qui veut assimiler la médecine aux sciences les plus vaines, et la confondre avec les plus frivoles et les plus viles superstitions ? Qu'on me cite un seul fait en faveur de l'astrologie, et de l'art de la divination. Ces prétendues sciences n'ont pas même pour excuse la probabilité la moins plausible. Elles reposent en entier sur la supposition la plus fantastique. Un tel art, si c'en est un, n'a de pouvoir que par la folie de l'homme qui se dégrade jusqu'à le consulter. La médecine au contraire est entourée de mille et mille phénomènes ; les faits les plus variés courent sans cesse au-devant d'elle ; et c'est en quelque sorte parce qu'elle a trop de choses à connaître, qu'elle en connaît encore proportionnellement si peu.

» Voilà le premier principe de sa faiblesse, la surabondance de matériaux. Que va-t-il arriver maintenant, si aux difficultés nécessaires des choses se joignent les erreurs gratuites de l'homme ? L'art d'observer et de conclure est peut-être le plus difficile et le moins avancé de tous les arts : ce qui est d'autant plus déplorable, que, dépendant d'une manière absolue de certaines facultés personnelles, cet art est intransmissible, et ne peut être suppléé par des règles. Par quel artifice donner des sens à qui n'en a point ? ou seulement redresser des sens mal faits, ce qui est pire encore ? Et dans la supposition que ce soit en effet le cerveau qui voie, ou qui apprenne à voir, qui vous garantit qu'il conduit l'action de l'œil avec justesse, et qu'il en reçoit les perceptions dans toute leur pureté, pour les combiner avec celles des autres sens, et en tirer des résultats ? Il faut l'avouer : sur ce point essentiel, il nous manque un critérium, un régulateur, un terme de comparaison fixe et immuable. Où le prendre, en effet, hors de nous ? et faute d'assurer ces premières opérations de l'esprit, comment répondre de ses opérations ultérieures ? comment le mettre en garde contre la négligence et la précipitation, contre les insinuations des partis, l'empire des sectes, les séductions de l'amour-propre et des préjugés ? En un mot, le malade et le médecin étant hommes tous les deux, lorsque l'un observe l'autre, il s'ensuit que ce sont les deux instrumens les plus mobiles de toute la nature qui s'appliquent à se mesurer mutuellement, au moment même où leurs variations réciproques leur en ôtent presque la liberté.

» A travers tant d'obscurités d'une part, et d'obstacles de l'autre, il n'est point d'esprit assez téméraire pour se flatter de saisir toujours la vérité, et de rattacher exactement chaque effet à sa cause propre. L'infaillibilité, qui n'appartient à personne, n'est donc point non plus le partage de la médecine; et c'est une prétention tout-à-fait ridicule que d'y vouloir tout réduire à des quantités, et plier tout à la rigueur des mathématiques. La médecine est vraiment un art tout conjectural. Elle ne procède que sur de simples probabilités; probabilités qu'elle accumule, qu'elle estime par approximation, et dont elle compare les valeurs réciproques pour les balancer l'une par l'autre, et en tirer les lumières dont elle a besoin pour agir. Sous ce rapport donc, la médecine se rapproche de la législation, de la politique, de l'art de la guerre, etc., en un mot, de toutes les sciences en vertu desquelles on aspire à maîtriser ce qu'il y a dans la nature de plus indocile et de plus fugitif, je veux dire, les caprices des passions, et l'instabilité de la fortune.

» Mais, quelles que soient les imperfections de toutes ces sciences, dites-moi, je vous prie, s'il est en Europe une société assez heureuse ou assez avancée pour s'en passer absolument? N'est-il pas évident, au contraire, que les sciences y sont, en quelque sorte, de première nécessité, comme l'air et les alimens? Il est, en effet, pour l'homme, une nourriture plus substantielle encore: c'est la sagesse; ce sont les leçons du tems et de l'expérience. Je n'exclus de ces considérations aucune des sciences connues, parce qu'elles s'éclairent et se fortifient l'une par l'autre. Mais je veux parler plus spécialement de celles qui ont pour objet le bien public, la conservation de la partie et du tout, de l'homme et de la société. Plus on sait sur ce point important, plus le bien public a de garanties; plus la société est florissante. Cherchez les causes secrètes de cette grandeur qu'ont déployée les plus illustres nations, et vous découvrirez que le principe de tout ce qu'elles ont eu de merveilleux, tenait à quelques inventions d'un petit nombre de têtes pensantes, qui ont tout fait sans se montrer. La seule apparence a frappé les yeux de son éclat, et le principe moteur est resté dans l'ombre; mais ce principe caché n'en est pas moins réel, et son obscurité le rend encore plus respectable. Or, si tel est, comme je le pense, l'inévitable effet des sciences sur le bon état des sociétés; en d'autres termes, si l'homme n'est supérieur aux animaux et à lui-même que par l'esprit, il est clair que tout peuple qui méprise les sciences, néglige sa propre grandeur, et compromet sa prospérité. Cela posé, il faut nécessairement reconnaître que les sciences sont un élément social presqu'indispensable ; et si cette conséquence est absolue, il n'est plus possible de faire une exception pour la médecine, sans tomber dans la contradiction la plus choquante, et j'ose dire la plus absurde.

» Remarquez, en effet, que cette science est doublement inhérente à la nature de l'homme, puisqu'elle repose à la fois sur nos sentimens et sur nos besoins. Aussi, à quelque degré de civilisation que vous preniez le genre humain, vous la retrouvez partout avec lui, sous la hutte du sauvage, et dans les palais de nos brillantes académies. Or, de ce qu'elle a toujours été, j'en infère qu'elle a dû toujours être; car c'est une des lois de notre esprit de convertir en droit un fait qui ne se dément jamais. De sorte qu'il ne faudrait plus mettre en question si la médecine existe, mais s'il serait possible qu'elle n'existât point. Pour justifier cette dernière conclusion, je vais un moment jeter les yeux avec vous sur les utilités de la médecine, en examinant en premier lieu ses connexions avec les autres sciences.

» L'homme étant, comme je l'ai dit, le sujet que la médecine étudie, et l'homme étant un composé de matière et d'esprit, deux principes qui réagissent perpétuellement l'un sur l'autre, il est visible que la médecine, pour ne rien ignorer de ce qu'elle peut savoir, doit considérer l'homme dans les deux moitiés de lui-même, et dans les rapports qu'elles ont entr'elles. Or, telle est la nature de ces rapports, telle est la dépendance incompréhensible mais incontestable qui attache l'un à l'autre les deux élémens dont l'homme est constitué, qu'ils se transmettent sans cesse leurs altérations réciproques ; et que tel état dans celui-ci correspondant à tel état dans celui-là, c'est une conséquence nécessaire que l'on ne peut les gouverner que l'un par l'autre ; avec cette circonstance de plus, que placé entre l'être moral et l'être physique, l'art n'ayant point de prise directe sur le premier, ne peut pénétrer jusqu'à lui que par le second : en sorte que, sans outrer la conséquence que je tirais tout à l'heure, peut-être serait-il permis d'établir que la raison et la santé, l'erreur et la maladie, sont des choses parfaitement identiques. Du moins imagine-t-on difficilement comment on pourrait les séparer. De ce principe avoué de tout le monde, et confirmé par l'expérience de chaque jour, on peut conclure, ce me semble, que l'art de conserver la santé, ou ce que nous appelons hygiène, d'une part; et de l'autre, la logique qui règle les opérations de l'intelligence; et la morale, qui règle celles de la volonté; que ces trois choses rentrent l'une dans l'autre, et sont, l'une comme l'autre, des instrumens nécessaires à la vertu. Prouvez-moi que ces trois sciences sont indépendantes; faites qu'elles n'émanent pas de la même source; et j'aurai tort de soutenir qu'elles ne sont qu'une extension de la médecine. Je n'ose en dire autant de la législation et de la politique, bien qu'elles soient elles-mêmes des conséquences et comme un complément de la morale; la première réglant nos actions particulières; la seconde, nos actions publiques: parce que ce serait avancer une proposition vraie dans un sens, mais exagérée et même fausse dans un autre. On ne peut nier toutefois que la législation et la politique n'aient avec la médecine un but commun, qui est la conservation; et qu'ayant à statuer sur une foule de points qui intéressent le physique de l'homme, il faut de toute nécessité qu'elles empruntent des lumières à la science que je défends. L'art de former les hommes, par exemple, tient de bien près à celui de les gouverner; et dans la solution de ce grand problème qui consiste à façonner les générations les unes pour les autres, en les rendant néanmoins toujours meilleures et plus éclairées, qui oserait faire la part de la médecine, borner ses efforts, et lui marquer ses limites? Mais je m'arrête sur cette question délicate, pour ne pas nuire à ma propre cause, et de peur que me voyant trop demander en faveur de la médecine, on me refuse même ce qu'il serait juste de m'accorder. A peine ferai-je remarquer qu'elle va jusqu'à se mêler aux arts d'imitation; et que dans les poëmes d'Homère et dans les plus belles statues qui soient sorties des écoles grecques, partout se montre l'anatomie la plus correcte, et la physiologie la plus sublime.»

Ici le Docteur fit une pause. Un des assistans prit la parole, et lui dit : « De ce que nous venons d'entendre, il résulte que la médecine se rattache à presque toutes les branches de la philosophie, et qu'elle est très-utile à cultiver, au moins comme science spéculative. Sur ce point, vous avez pour vous l'autorité de Socrate, de Bacon et de Bolingbroke. Mais si nous la considérons comme science d'application, j'ai bien peur que vos propres argumens ne tournent contre elle; car, si elle n'est ni aussi vraie, ni aussi fausse que l'ont prétendu ses partisans et ses détracteurs, qu'en conclure? sinon qu'il ne faut la rejeter ni l'admettre, jusqu'à ce qu'après avoir comparé le bien qu'elle fait avec le mal qu'elle peut faire, on ait déterminé pour elle, comme pour les autres jeux, quelle est la proportion de l'un à l'autre. Ce n'est que le nombre des chances favorables ou contraires qui peut nous apprendre en définitif si la médecine est ou utile, ou dangereuse, ou indifférente. A-t-on jamais tenté ce genre de salcul? Sera-t-il jamais praticable?

″ Peut-être, reprit le docteur. Mais nous voilà conduits à l'examen d'une question, très-épineuse, dans laquelle il serait imprudent de nous engager sans préparation. Toutefois, si vous y mettez quelqu'intérêt, j'oserai un jour vous exposer mes idées sur ce point, et peut-être n'en serez-vous pas tout-à-fait mécontens. ″

E. PARISET.

LITTÉRATURE ET BEAUX-ARTS.

TRADUCTIONS NOUVELLES DE SALLUSTE.

(TROISIÈME ET DERNIER ARTICLE.)

L'HISTOIRE de la conjuration de Catilina réunit tous les caractères d'une véritable tragédie. Les personnages en sont célèbres, le sujet dramatique, l'exposition noble et rapide, le nœud bien formé, l'action vive et forte, les caractères tracés avec hardiesse, le style éloquent et passionné, les incidens heureux et imprévus, l'intérêt croissant de scène en scène, la catastrophe terrible pour le crime, consolante pour la vertu. Entre Catilina et Cicéron, entre une foule de parricides et Rome, la maîtresse du monde, le lecteur, inquiet, agité tour à tour d'indignation, d'espérance et d'effroi, doute, jusqu'au dénouement, du succès de la bonne cause; et même quand elle a triomphé, la grandeur du péril passé, l'aspect du champ de bataille, le sang qu'a coûté une victoire long-tems douteuse, laissent encore dans l'ame une profonde impression de terreur et de tristesse. Sans doute Salluste a dû beaucoup au choix de son sujet; cependant, malgré la richesse de ce sujet, on ne saurait nier qu'il fallut beaucoup de talent pour le disposer d'une manière aussi dramatique : c'est en quoi Salluste excelle, comme on le reconnaîtra peut-être par cette analyse rapide de l'histoire de Jugurtha.

Carthage n'est plus; Scipion, son vainqueur, fait le siége de Numance; Micipsa, fils de Masinissa, l'ami des Romains, envoie à la guerre d'Espagne, ou plutôt à la mort, son neveu Jugurtha, dont les grandes qualités lui ont inspiré des craintes pour ses propres fils, encore en bas-âge. Jugurtha trouva dans cette guerre l'occasion d'acquérir de la gloire, de développer son génie et d'obtenir l'estime et l'amitié du grand Scipion. Par malheur, il rencontra aussi dans le camp du général romain des

hommes

hommes factieux et corrompus qui enflammèrent son ambition, déjà trop ardente, en lui montrant le royaume de Numidie comme un prix dû à sa valeur, et qu'il obtiendrait sans peine de la vénalité de Rome.

Après la destruction de Numance, Jugurtha, précédé de sa renommée, revient auprès de Micipsa, qui, touché de ses exploits, de sa conduite et de la recommandation de Scipion, adopte celui dont il avait souhaité la perte, et l'institue l'un de ses héritiers. Quelques années après, sentant sa fin prochaine, ce père malheureux, en présence de ses parens et de ses amis, fait venir Hiempsal, Adherbal et Jugurtha, et recommande de la manière la plus touchante ses fils à son neveu. A peine a-t-il fermé les yeux, que la discorde éclate entre les trois prétendans. Un mot, dicté par l'imprudence et l'orgueil à Hiempsal, allume la colère dans l'âme implacable de Jugurtha. Il respire le meurtre de son frère adoptif, il le médite, il le prépare; la fortune fournit un ministre au crime : Hiempsal est égorgé, et sa tête apportée à Jugurtha.

Depuis ce premier attentat, plus de repos pour le prince numide; malgré le peuple-roi, malgré le sénat et ses députés, il fait la guerre, il poursuit, il dépouille Adherbal et l'égorge à son tour.

Maintenant la scène change et se passe à Rome. Le gouvernement de la maîtresse du monde est joué, bravé ou acheté par un roi numide. Son or lui a fait pardonner un premier crime, il espère l'absolution du second par les mêmes moyens. Il l'obtiendra peut-être de la profonde corruption des patriciens; mais les tribuns éclatent, dévoilent toute la perversité des lâches qui veulent arracher ou surprendre au sénat l'impunité de Jugurtha; et cette assemblée, à qui la conscience de sa prévarication faisait craindre la colère du peuple, déclare enfin la guerre au meurtrier de deux rois amis et alliés de la république.

Jugurtha ouvre ses trésors, et achète encore les deux patriciens chargés de le poursuivre à toute outrance. Nouvelle plainte du tribun Memmius dans un discours de la plus haute éloquence. Ce discours aurait dû rappeler le sénat au sentiment de sa dignité, de ses devoirs; mais

L l

il se tait; et le peuple, excité par le tribun Memmius, envoie le préteur Cassius à Jugurtha. Le Numide, effrayé des suites de son crime, mais rassuré par la parole du vertueux préteur, obéit au décret qui l'appelle à Rome.

Dans cette circonstance difficile, son génie, ses ressources, son audace ne l'abandonnent point. Il répand l'or à pleines mains, encourage ses nombreux affidés, brave le peuple et Memmius, fait tuer jusque dans la ville un petit-fils de Masinissa; et libre encore, après ce nouveau forfait, qui réduit cependant ses partisans au silence de la terreur, il sort de Rome en prononçant contre elle cette exclamation si connue : *Urbem venalem et maturè perituram si emptorem invenerit!*

La guerre est inévitable. Jugurtha, qui connaît bien ses ennemis, a d'abord recours à la ruse, arme favorite des Numides. Il exalte par ses craintes simulées la folle présomption du lieutenant Aulus, tente son avarice, l'attire dans des chemins couverts de bois, tombe à l'improviste sur l'armée romaine, trahie par des cohortes gagnées en secret, et la force à passer sous le joug.

Dans la suite de la guerre, Jugurtha, tantôt victorieux, tantôt vaincu, toujours plein de courage et de génie, ayant en tête le grave Métellus, le terrible Marius, et Sylla, digne élève de ces grands capitaines, développe toutes les ressources d'un prince également habile à conduire une armée, à manier les affaires du gouvernement et les esprits des hommes.

Quel que soit le talent de l'historien, tous ces détails d'exploits militaires pourraient fatiguer la patience du lecteur; mais Salluste le ramène sur la place publique. On y voit Marius solliciter et obtenir le consulat. On l'entend, plus fier et plus irrité que jamais par la violente opposition des patriciens; on l'entend, dis-je, exhaler dans une harangue immortelle ses justes accusations, ses profonds ressentimens contre une noblesse avilie et corrompue. L'implacable Marius respire tout entier dans cette harangue qui fait pressentir d'affreuses et prochaines dissensions entre le peuple, orgueilleux de sa victoire, et le sénat, ulcéré de sa défaite.

Bientôt le nouveau consul vole en Afrique avec

une armée presque toute créée par sa popularité. Plus entreprenant et plus actif que Métellus, il déploie tout ce qu'il a d'audace et d'expérience, remporte des victoires signalées, met plusieurs fois Jugurtha à deux doigts de sa perte, et cependant le génie fécond et varié du prince numide le relève sans cesse au moment où ses affaires paraissent désespérées. Malgré la vigueur de Marius, on ne peut prévoir quelle aurait été la durée de cette guerre, si la trahison n'eût livré Jugurtha à l'heureux Sylla, qui le remit entre les mains de son général. Rome, qui, dans le tems même de son austère vertu, appela souvent la perfidie au secours de ses armes, ne rougit pas d'accorder les plus grands honneurs au consul, déshonoré par cette infamie (1). Jugurtha, chargé de chaînes, traîné en triomphe, fut jeté dans la prison des malfaiteurs, où il mourut de rage et de faim.

On ne peut refuser des éloges à la conception et à l'ordonnance de l'ouvrage de Salluste; il ne brille pas moins par le mérite de l'exécution. Les admirateurs mêmes de l'histoire de Catilina ont reproché à son auteur des défauts que je n'ai pas dissimulés dans mon premier article.

Presque tous ses défauts ont disparu dans le récit de la guerre de Jugurtha. Sans rien perdre de son énergie et de sa rapidité, le style de Salluste est devenu plus coulant, plus pur, plus digne enfin de la majesté de l'histoire ; il y règne un merveilleux accord entre la pensée et l'expression. L'une est aussi précise que l'autre est claire et bien choisie. Les harangues, déjà si belles dans le premier de ces deux morceaux, ont peut-être un mérite plus éminent encore dans le second. Sénèque trouve ces harangues également superflues dans l'un et l'autre ouvrage, mais je ne saurais partager son opinion. Elles me semblent si bien placées, si conformes au caractère, au talent, à la situation de chaque personnage, que je les regarde au contraire comme d'admirables monumens de l'éloquence

---

(1) Sylla fit représenter sur une pierre, qu'il portait toujours à son doigt, l'événement de Jugurtha trahi et remis entre ses mains par le roi Bocchus. Cet indigne trophée fut la première cause qui excita la colère et la jalousie de Marius.

et du goût de Salluste. Mais il est tems de le mettre encore une fois aux prises avec son dernier interprète, et de prouver ce que j'ai avancé sur chacun d'eux. J'avais d'abord résolu d'opposer au portrait de Catilina celui du jeune Jugurtha faisant ses premières armes sous Scipion. On y aurait vu clairement que notre auteur a pris d'autres formes de style, qu'il a voulu être plus abondant et plus nombreux : mais forcé d'abréger cet article déjà trop long, je me contente d'indiquer cette comparaison au lecteur.

J'aurais eu encore un grand plaisir à rapporter le discours de Micipsa mourant à ses fils et à Jugurtha, et à faire connaître au lecteur la touchante éloquence de Salluste dans ce morceau, où il a su parler avec tant de vérité le langage du cœur et de la raison. Je ne crois pas que Cicéron lui-même eût mieux écrit ce discours. Malheureusement pour M. Mollevaut, je suis forcé de restreindre mes citations ; d'ailleurs les lecteurs seront peut-être plus contens de voir comment Salluste et lui racontent une bataille. Marius, surpris, malgré toute sa vigilance, se trouve tout à coup assailli par les armées réunies de Bocchus et de Jugurtha. Il s'engage entre les deux partis un combat terrible dont voici le récit :

A l'instant qu'une foule de rapports instruisent Marius de l'approche de l'ennemi, l'ennemi lui-même se présente ; et, avant que l'armée puisse se ranger en bataille, rassembler ses bagages, recevoir aucun signal, aucun commandement, la cavalerie maure et gétule, sans accord, sans discipline, mais rassemblée au hasard, fond sur les nôtres.

Les Romains, troublés d'une attaque aussi brusque, rappellent cependant leur courage, prennent leurs armes ou défendent ceux qui les prennent. Une partie monte à cheval et marche à l'ennemi. L'action ressemble plutôt à l'attaque de brigands qu'à une bataille. Sans étendards, *sans ordre*, les cavaliers, les fantassins sont confondus. On tue, on massacre, on enveloppe par derrière ceux qui de front combattent vaillamment. *Ni le courage*, ni les armes ne *protégent assez* contre un ennemi plus nombreux *et répandu de tous côtés*. Enfin, nos anciens soldats et les nouveaux, instruits par l'exemple quand le terrain ou le hasard les réunit, se forment en cercle; ainsi, partout couverts et défendus, ils soutiennent l'effort de l'ennemi.

Dans ce pressant danger, Marius, loin de s'effrayer, *conserve tout son phlegme*. Avec son escadron composé plutôt de ses braves que de ses amis, il parcourt le champ de bataille, tantôt protége ceux qui plient, tantôt s'élance au fort de la mêlée, et sert de son bras l'armée qu'il ne peut commander dans cette confusion générale. »

Sur la fin de cette première action, Marius, aussi grand général qu'intrépide soldat, rétablit les affaires, se retire pendant la nuit sur deux hauteurs voisines, rallie peu à peu son armée et la précipite au lever du jour sur les barbares qu'il surprend et taille en pièces. Nous venons de le voir à la tête des légions : revenons sur nos pas, et écoutons-le maintenant dans le Forum. Sans doute il était plus fait pour la guerre que pour la tribune; mais les violentes passions dont il était agité, l'ambition, un orgueil légitime et irrité par l'injuste mépris d'un ordre odieux, la colère, la vengeance et la force de la vérité sont des sources fécondes d'éloquence. Après un exorde de la plus grande véhémence contre l'insolence, l'impéritie, la corruption de ces nobles si peu semblables à leurs ancêtres, le consul s'écrie :

« Romains, comparez maintenant à ces patriciens superbes Marius cet obscur plébéien : ce qu'ils entendent ou lisent, je l'ai vu ou pratiqué; ce qu'ils ont appris dans les livres, je l'ai appris dans les combats. Voyez maintenant si les actions valent mieux que les discours. Ils méprisent ma naissance, moi leur lâcheté; ils m'objectent ma *condition*, moi leur opprobre. *Oui, la nature* rend les hommes égaux; le plus noble, c'est le plus brave; et si vous pouviez demander aux ancêtres d'Albinus et de Bestia à qui d'*eux* ou de moi ils préféreraient avoir donné le jour, que pensez-vous qu'ils répondissent, si ce n'est qu'ils voudraient pour fils le plus digne ? S'ils ont droit de me mépriser, qu'ils méprisent donc aussi leurs ancêtres que leurs vertus ont anoblis comme moi. Ils envient ma place, qu'ils envient donc aussi mes travaux, mon intégrité, mes dangers, source de mon élévation. Mais ces hommes que l'orgueil a corrompus, passent leur vie comme s'ils méprisaient vos dignités, et ils les recherchent comme s'ils vivaient avec honneur. Quel étrange abus de convoiter des choses si opposées, les voluptés de la mollesse et les récompenses de la vertu ! Lorsqu'ils parlent devant vous ou devant le sénat, ils exaltent sans cesse leurs aïeux, et pensent se rendre plus illustres en rappelant *tant de faits mémorables* ; mais c'est le contraire. Plus la vie des uns fut éclatante, plus l'indolence des autres est infâme : et certes, *je puis le dire*, la gloire des ancêtres est un flambeau qui ne permet point que ni les vices ni les vertus de leurs descendans restent dans les ténèbres.

» Romains, je suis pauvre de leurs titres ; mais ce qui m'honore davantage, j'ai mes actions et je puis en parler. Maintenant voyez leur injustice : ils s'arrogent les droits des vertus qui ne leur *appartiennent pas*, et me refusent les droits de celles qui *m'appartiennent*, sans doute parce que je n'ai point d'aïeux renommés, parce que ma noblesse est nouvelle ; mais il vaut mieux en être l'auteur que d'avilir celle que l'on a *reçue*, etc. Je ne puis, pour assurer votre confiance, étaler les images, les triomphes, les consulats de mes ancêtres ; mais, s'il le faut, je puis montrer mes lances, mon étendard, mes caparaçons, mes autres *dons* militaires, et sur-tout cette poitrine couverte de cicatrices : voilà mes images, voilà ma noblesse, je l'ai achetée au prix de mes sueurs et de mon sang. »

Je n'ai pas cru devoir citer l'original ; mais si quelques lecteurs veulent le comparer à la version de M. Mollevaut, je crois qu'ils y trouveront beaucoup de fidélité, de mouvement, de force et d'élégance, et peu de fautes. Je pense encore qu'après avoir opposé le travail de ce dernier traducteur à celui de MM. Dureau-de-la-Malle et Lebrun, on accordera la préférence à leur émule qui marche réellement de progrès en progrès dans le cours de son ouvrage. Toutefois il ne faut pas que le vainqueur s'endorme sur ses lauriers. Si l'on en juge par le soin qu'il prend de retoucher une troisième fois sa traduction de Tibulle pour la rendre encore plus digne du suffrage des connaisseurs, M. Mollevaut a choisi pour sa divise la maxime de César :

Nil actum reputans dum quid superesset agendum.

Au nom de l'intérêt qu'inspirent son talent et sa constance, je l'invite à de nouveaux efforts, et je me plais à croire qu'il sera le plus digne interprète de Salluste, même aux yeux des juges les plus prévenus en faveur du mérite et de la traduction de M. Lebrun.

P. F. TISSOT.

NOUVELLES OBSERVATIONS SUR BOILEAU, à l'usage des jeunes étudians en littérature, et des étrangers qui veulent apprendre la langue française; par M. MERMET, censeur des études au Lycée de Moulins. — A Paris, chez *Genets* jeune, libraire, rue Thionville, n° 14.

(SECOND ET DERNIER EXTRAIT.)

BAYLE, dans une des notes de son *Dictionnaire historique et critique*, suppose un instant que la langue française éprouve un jour le destin de la langue latine, qu'elle devienne une langue morte, et que parmi les chefs-d'œuvre qui l'ont immortalisée, les poésies de Boileau échappent aux ravages des tems et passent à la postérité. Il se représente dans cette supposition le travail des commentateurs occupés à éclaircir un texte devenu obscur, leurs singulières conjectures, et leurs plaisantes erreurs : entr'autres exemples il choisit ce vers :

Que chacun prenne en main *le moelleux Abély*.

La *Moelle Théologique* d'Abély pourra bien être alors entièrement oubliée et perdue; tous les livres qui en auront parlé auront peut-être subi le même sort. Comment donc les commentateurs parviendront-ils à expliquer le sens de cette épithète *moelleux*, et quelles tortures ne se donneront-ils pas pour l'interpréter ? Bayle va plus loin : il tâche de deviner lui-même les extravagances où pourront tomber à cette occasion quelques-uns de ces futurs annotateurs ; et, quelle que soit la bizarrerie des imaginations qu'il leur prête, le tableau n'en paraîtra chargé qu'à ceux qui ne connaissent pas les prodigieux écarts et les singulières aberrations où la manie de tout commenter, de tout expliquer, a fait tomber dans tous les âges ces pesans et érudits scholiastes. « Je m'imagine, dit l'auteur du *Dictionnaire historique et critique*, que quelqu'un mal satisfait des conjectures de tous ses prédécesseurs, dirait enfin que l'écrivain Abély avait été favorisé de cette épithète, à cause qu'on avait voulu faire allusion aux offrandes d'Abel qui ne furent point sèches, comme celles de Caïn, mais un véritable sacrifice de bêtes. Il citerait sur cela le *sacrum pingue dabo, nec macrum sacrificabo*. Il dirait que les parties des victimes n'étaient pas toutes également considérables, et que la graisse, sous laquelle il faut comprendre aussi la moelle, était d'un usage singulier. Plus il serait docte, plus le verrait-on courir d'extravagance en extravagance, et accumuler de chimères. En cet endroit, comme en plusieurs autres, verrait-on vérifiée l'espérance dont il est parlé dans la IXe satire de M. Boileau. »

<blockquote>
Et déjà vous croyez dans vos rimes obscures
Aux Saumaises futurs préparer des tortures.
</blockquote>

Le Père Bouhours fait à peu près les mêmes remarques sur ce vers :

<blockquote>
Et qui s'en dit profès dans l'ordre des coteaux.
</blockquote>

Et on pourrait en faire de pareilles sur cent autres. Il est certain que de tous les écrits, il n'en est point que la révolution des tems rende plus obscurs, plus difficiles à entendre, que ceux qui ont pour objet des mœurs inconstantes, des usages passagers, des ridicules du moment ; tels sont les ouvrages des poëtes satiriques. Comment la postérité jugera-t-elle de la ressemblance des portraits, lorsqu'elle n'aura pu connaître les originaux ? Comment saisira-t-elle la finesse d'une raillerie qui consiste dans une allusion à un fait, à un usage, à un caractère dont la mémoire est entièrement abolie? Avec elle a dû s'évanouir le sel d'une foule de plaisanteries, de critiques ou d'invectives extrêmement goûtées des contemporains. Il n'est pas douteux que ce ne soit là une des raisons de l'obscurité de Perse, et parmi les poëtes satiriques plus faciles à entendre, combien de traits dont, par les mêmes causes, l'agrément, la grâce ou la causticité nous échappent! Combien de passages d'Horace que nous croyons entendre, et que nous entendons même matériellement, s'il est permis de s'exprimer ainsi, mais dont l'éloignement des tems et l'ignorance d'une foule de circonstances nous dérobent le sens délicat et l'agréable enjouement! Combien de déclamations de Juvenal dont nous ne sentons pas toute la mordante âcreté! Avec quel empressement et quel fruit ne lirions-nous pas des commentaires que nous auraient laissés les contemporains de l'ami de Mécène, du courageux critique de Néron, de l'âpre censeur du siècle de Domitien, sur les ouvrages de ces poëtes satiriques! Il n'est pas douteux qu'un bon commentaire de Boileau, fait dans un siècle aussi voisin de celui où il a vécu, et dans un tems où les traditions les plus récentes et les plus sûres empêchent que rien ne nous échappe de sa pensée, ne fût très-utile dans les âges suivans; et pour en sentir l'utilité, il n'est pas nécessaire de recourir à l'hypothèse de Bayle, et de supposer avec lui que la langue française ne fût plus une langue vivante.

Mais ce n'est point un commentaire de cette nature que nous offre M. Mermet; ce sont des observations littéraires et sur-tout critiques sur les poésies de Boileau en général, et sur ses vers en particulier, et un pareil ouvrage pourrait aussi avoir son utilité. Il n'aurait même pas besoin d'attendre la postérité pour qu'on en sentît tout le prix, et l'auteur verrait ses contemporains eux-mêmes applaudir à son ouvrage, s'il était bien fait, et recueillir le fruit de ses études et de ses observations sur un aussi grand poëte que Boileau; sur ce législateur célèbre que les plus beaux génies ont reconnu pour leur maître; fléau des méchans poëtes et modèle des bons ; qui donna en même tems de si sages leçons et de si beaux exemples, et contribua plus que tout autre à établir en France le bon goût et à y enseigner l'art des bons vers. Approfondir le savant mécanisme des siens, remarquer la variété et quelquefois la hardiesse de ses tours, l'élégance et l'heureux choix de ses expressions, le sens exquis de ses pensées et la parfaite raison qui domine dans tous ses ouvrages, telle est la matière d'excellentes observations sur Boileau; et si elle était bien disposée, bien développée, on ne peut douter que l'ouvrage ne fût utile. Mais il faudrait pour cela avoir le goût plus sûr que M. Mermet, connaître mieux que lui les limites qui séparent la langue poétique du langage commun, enfin sentir mieux tout le mérite de Boileau, et ne pas se borner à dire, lorsqu'on lui accorde le plus, et qu'on se montre le plus libéral en sa faveur, qu'il est *quelquefois poëte*, et ajouter, comme si l'on faisait une découverte, *et même bon poëte*.

D'ailleurs, si de bonnes observations sur Boileau sont utiles, il est vrai de dire aussi qu'elles ont été faites depuis long-tems par de bons esprits et d'excellens critiques, et M. Mermet vient un peu tard pour nous en donner de nouvelles : il l'a senti lui-même, car le plus souvent il ne fait que copier mot à mot ses prédécesseurs. Il copie Laharpe dans presque tout ce qu'il dit de bien, et comme je ne demande pas mieux que de lui ôter tout ce qu'il dit de mal, je suis bien tenté de croire qu'il l'a pris à d'autres; car on sait que Boileau n'a pas manqué de détracteurs parmi nous, tels que MM. Mercier, Dorat Cubières Palmezeau, de Villette, un auteur anonyme que Laharpe réfute un peu longuement, et Marmontel bien supérieur à ceux que je viens de nommer. M. Mermet avoue qu'il doit quelques-unes de ses observations à ce dernier; il avoue aussi qu'il en doit *quelques autres* à Laharpe. On croirait, d'après un aveu ainsi énoncé, que l'auteur des *Nouvelles Observations* ne s'est tout au plus permis que de profiter sobrement d'un très-petit nombre de celles de Laharpe, qu'il a rarement, et même en changeant le tour et les expressions, fait usage de quelques aperçus, de quelques vues littéraires de ce critique célèbre. Mais ce n'est point ainsi que l'entend M. Mermet : il se croit autorisé, par un petit avis jeté ainsi dans un petit coin de son livre et qui doit y rester inaperçu, à copier dans le *Cours de Littérature*, tantôt deux pages, tantôt quatre, tantôt six, tantôt huit, sans façon, sans plus nommer l'auteur, ni la source où il puise, sans guillemets, sans indication quelconque. On ouvre donc l'ouvrage de M. Mermet, et on trouve dès le commencement quelques pages fort bien pensées, fort bien écrites ; cela préviendrait en sa faveur si l'on n'avait point de mémoire et qu'on ne se rappelât pas où il les a prises. Il est vrai qu'on serait un peu étonné de la disparate des pensées et du style, lorsque M. Mermet parlant de lui-même, mêle ses propres réflexions à celles de Laharpe. Ainsi, par exemple, lorsqu'après avoir lu quelques bonnes pages extraites du *Cours de Littérature*, on lit que Boileau est *quelquefois* poëte, on s'aperçoit bien que ce n'est plus Laharpe qui parle : lorsqu'après avoir lu un autre morceau fort bien fait, puisé dans la même source, on lit cette phrase : « *Un tems qui associait* Corneille à Boisrobert, et Voiture à Pascal, n'était pas celui du bon goût ; » on voit bien qu'on passe d'un auteur à un autre, et d'un style à un autre, et que Laharpe n'aurait pas dit : *un tems qui associe*. Mais il est vrai de dire que M. Mermet ne prend pas souvent la parole, du moins dans les observations générales ; il s'est réservé pour les critiques particulières des vers de Boileau. Ces critiques-là sont bien de l'auteur des *Nouvelles Observations*, ou du moins elles ne sont pas de Laharpe ; car M. Mermet pourrait bien les avoir trouvées dans quelques-uns des auteurs que j'ai nommés plus haut, et les leur avoir empruntées, tant paraît grande son inclination à copier !

Il est certain du moins qu'il ne se borne pas à copier Marmontel et Laharpe, auxquels il avoue en passant, dans son avertissement, qu'il a emprunté *quelques observations*. Par exemple, on lit p. 71 : « Il faut distinguer » soigneusement dans les vers de Boileau ce qui est » devenu proverbe, d'avec ce qui mérite de devenir » maxime. Les maximes sont nobles, sages et utiles. » Elles sont faites pour les hommes d'esprit et de goût.

» Les proverbes ne sont que pour le vulgaire, et l'on sait
» que le vulgaire est de tous les états :

> Pour paraître honnête homme, en effet il faut l'être.
> On me verra dormir au branle de sa roue.
> Chaque âge a son esprit, ses plaisirs et ses mœurs.
> L'esprit n'est point ému de ce qu'il ne croit pas.
> Le vrai peut quelquefois n'être pas vraisemblable.

» Voilà ce qu'on peut appeler des maximes dignes des
» honnêtes gens ; mais pour des vers tels que ceux-ci :

> J'appelle un chat un chat, et Rollet un fripon.
> S'en va chercher son pain de cuisine en cuisine.
> Quand je veux dire blanc, la quinteuse dit noir.
> Aimez-vous la muscade ? on en a mis partout.
> La raison dit Virgile, et la rime Quinaut.

» Ce sont-là plutôt des proverbes du peuple que des vers
» dignes d'être retenus par les connaisseurs. » Tout ce morceau est copié mot à mot dans Voltaire, et M. Mermet n'en avertit point, ne dit rien qui l'indique ; ce sont de véritables plagiats. Je ne me suis pas donné la peine de rechercher dans quel ouvrage Voltaire s'exprime ainsi, je crois que c'est dans les *Questions sur l'Encyclopédie*, mais bien certainement le morceau est textuellement de lui. On voit au reste qu'il est échappé à la plume chagrine de sa vieillesse, et dans un de ces accès d'humeur et de jalousie qui le rendaient injuste envers les grands écrivains du siècle de Louis XIV, auxquels, dans de plus heureuses inspirations, il rendit plus d'une fois de si éclatans hommages. Parmi les vers devenus proverbes que Voltaire semble ne juger dignes que de la canaille, le premier est d'une tournure piquante, c'est un vers de satire très-heureux ; le tour satirique du dernier est aussi fort ingénieux. Les autres, ainsi isolés, détachés, perdent leur prix, mais ils en ont à la place que leur a assignée Boileau. Je ne vois pas pourquoi Voltaire regarde comme un proverbe ce vers :

> S'en va chercher son pain de cuisine en cuisine.

C'est un fait que Boileau a voulu énoncer, et non un proverbe. Il a eu tort, sans doute ; le vers est blamable sous d'autres rapports, mais je le répète, ce n'est point un proverbe. Je ne vois pas non plus une maxime dans celui-ci :

> On me verra dormir au branle de sa roue.

C'est un beau vers, et voilà tout; il n'y a point là de tour sentencieux.

Mais voyons ce que dit M. Mermet, lorsque c'est lui qui parle, ou du moins lorsque cela est probable : il me semble qu'alors il est presque toujours malheureux, non seulement dans ses critiques, mais même dans ses éloges. Il loue, ce me semble, avec exagération, la satire du *Repas*; il paraît la préférer à toutes les autres : « Si l'on » en excepte celle du mauvais repas, dit-il, les satires » de Boileau offrent peu de gaîté..... L'art du badinage, » dit-il ailleurs, n'est pas *non plus le plus* bel attribut de » Boileau. » Et après ces belles décisions aussi justes que bien exprimées, M. Mermet passe en revue toutes les satires les unes après les autres; il trouve que dans la première, Boileau *décèle fortement son penchant à la satire;* observation judicieuse et profonde. M. Mermet voudrait-il que l'auteur d'une satire décélât un vif penchant à faire des madrigaux? Enfin il trouve de bien mauvais vers dans toutes ; pour les rendre meilleurs, quelquefois il se donne la peine de les refaire ; ainsi Boileau avait dit :

> Mais sans examiner si vers les antres sourds
> L'ours a peur du passant ou le passant de l'ours.

M. Mermet, mécontent de ces deux vers, propose de leur substituer ceux-ci :

> Mais sans examiner par un trop long discours
> *Si l'ours craint le passant, si le passant craint l'ours.*

L'oreille sensible de Boileau aurait sans doute été blessée par les sons à la fois durs et sifflans de ce dernier vers; mais M. Mermet, moins délicat, va toujours proposant des substitutions aussi heureuses. Dans son épître à Racine, Boileau peignant l'homme de génie en butte aux traits de l'envie, disait harmonieusement :

> Et son trop de lumière importunant les yeux
> De ses propres amis lui fait des envieux.

M. Mermet lui propose de dire durement :

> Et l'éclat qu'il répand importunant les yeux, etc.

En décrivant les embarras de Paris, le poëte satirique avait dit :

> Quand un autre à l'instant s'efforçant de passer
> Dans le même embarras se vient embarrasser.

Il est clair que Boileau a accumulé dans ce dernier vers, pour mieux peindre, les mots *embarras* et *embarrasser*; mais M. Mermet s'imaginant que c'est parce qu'au lieu d'*embarras* le poëte n'a pas su trouver *chemin*, le lui indique et propose de changer ainsi le vers :

> Et dans le même chemin se vient embarrasser.

Il serait encore plus exact de dire, *et dans la même rue*; malheureusement cela ne s'accorde pas avec la mesure.

Mais le plus souvent M. Mermet nous laisse nous-mêmes dans un cruel embarras, car il blâme les vers sans les refaire. Il trouve qu'il était difficile à Boileau d'avoir un *style élevé*, parce qu'il était passablement ignorant, et qu'il ne savait pas ce que c'est qu'un *astrolabe*. J'ai d'abord cru que dans M. Mermet, c'était le bon caractère qui nuisait au bon goût, et que son aversion pour le genre satirique, pour la critique amère, le rendait injuste envers les ouvrages où Boileau s'abandonnait à ce *penchant à la satire* qu'il lui reproche d'avoir montré dès sa première satire : mais il ne traite pas plus favorablement ses épîtres, et il n'en condamne pas moins *amèrement* le poëte donnant noblement de justes éloges, que le poëte distribuant avec esprit de justes censures. S'il faut l'en croire, Boileau ne savait point louer; il lui applique sans restriction ce vers :

> Mais sur le ton flatteur Pinchêne est votre égal.

« Boileau, dit M. Mermet, qui se fait adresser ce re-
» proche par un autre, *a raison* ». Dans une de ses épîtres au Roi, Boileau ne dit rien *que de fade;* dans une autre, il le loue outre mesure, et *quelquefois sans esprit*. M. Mermet préfère de beaucoup les épîtres d'Horace à Auguste, et ici non seulement il ne copie pas Laharpe,

mais il le contredit formellement. « Auguste, dans les
» épîtres d'Horace, dit Laharpe, n'a jamais été loué avec
» autant de finesse, et chanté avec un ton si noble, si
» élevé, si poétique que Louis XIV l'a été dans celles de
» Despréaux. Enfin, celles d'Horace n'ont pas un mor-
» ceau comparable au passage du Rhin..... Tout ce que
» la prose éloquente de Voltaire a consacré dans le siècle
» de Louis XIV, est exprimé par le poëte en beaux vers.
» On y voit non seulement l'homme d'esprit qui sait
» plaire, le poëte qui sait écrire, mais l'homme judi-
» cieux qui choisit les objets de ses louanges, et ne veut
» pas être démenti par la postérité. »

Là, ce sont des pensées fausses que prétend reprendre M. Mermet, ici des vers durs, plus loin des expressions basses, celle-ci, par exemple :

>Non que tu sois pourtant de ces rudes esprits
>Qui *regimbent* toujours, quelque main qui les flatte.

Mais M. Mermet ne sait pas que l'épître comme la satire admet tous les tons, depuis le ton noble et élevé jusqu'au ton simple et familier. Horace qu'il oppose souvent à Boileau, ne dit-il pas lui-même que ses vers se rapprochent du langage commun et familier ? *Sermoni propiora.* N'est-ce pas le poëte latin qui a donné au poëte français l'idée du vers et de l'expression qui choquent M. Mermet ?

>*Cui malè si palpere*, recalcitrat *undique tutus.*

Mais de toutes les épîtres celle que l'auteur des Observations traite avec le plus de mépris, c'est l'épître sur le passage du Rhin. Nous avons déjà dit qu'il reprochait à Boileau de n'y dire *que des pauvretés et des misères*. Il ne s'en tient pas là ; il assure que le Rhin *essuyant sa barbe limoneuse* est une image, une expression qui *choque la décence*. Il y a, ce me semble, un peu de pruderie dans ce scrupule et cette décision. Dans ce vers :

>Sous les fougueux coursiers l'onde écume et se plaint,

le censeur veut bien passer *l'onde écume*. « A la
» bonne heure, dit-il, mais *se plaint* n'est évidemment
» là que pour la rime. » Il se trompe, *se plaint* est ici
pour le complément de l'idée et l'expression poétique

qui donne à tout *un corps*, *une âme*, *un esprit*, *un visage*, et prête des sentimens aux choses inanimées. Enfin, entr'autres censures, tout aussi ingénieuses, il prononce durement que tout le commencement de cette belle épître n'offre *qu'une suite de bouts rimés*. On sait que dans le commencement de cette épître le poëte peint la difficulté de rimer et de faire des vers harmonieux avec les noms durs et barbares des villes et des forts de la Hollande, et qu'en montrant cette difficulté il la surmonte heureusement. Ovide semble lui avoir fourni cette idée dans ces deux vers de l'Héroïde de Laodamie à Protésilas :

Ilion et Tenedos, Simoïsque et Xanthus et Ide,
Nomine sunt ipso pené timenda sono.

quoique ce soit pour des raisons bien différentes que les noms harmonieux de l'Asie mineure effraient Laodamie, et que les noms durs de la Hollande effraient le poëte.

M. Mermet n'épargne pas davantage le *Lutrin*, il paraît sur-tout indigné de ce vers :

La cruche au large ventre est vide en un instant.

Cette cruche au large ventre lui déplaît fort : « Le » trésorier, dit-il, est un homme qui a de l'aisance : ce » n'est pas un homme de ce caractère qui se sert de » cruche, il fallait lui donner des flacons, etc. » Je suis persuadé que le sacristain Boirude n'aurait pas été de l'avis de M. Mermet. A l'occasion de ces vers :

L'air qui gémit du cri de l'horrible déesse,
Va jusque dans Citeaux réveiller la Mollesse,

le censeur prouve mathématiquement qu'il n'est pas possible qu'un cri que la Discorde pousse à Paris réveille la Mollesse à Citeaux ; je crois que Boileau lui-même en serait convenu. Après avoir beaucoup blâmé, quelquefois M. Mermet excuse aussi ; par exemple, dans ces deux vers :

Partons, lui dit Brontin : déjà le jour plus sombre
Dans les eaux s'éteignant va faire place à l'ombre ;

M. Mermet trouve qu'il eût été plus poétique, plus noble

noble de dire *dans l'onde s'éteignant;* « mais, ajoute-t-il
» alors il y aurait eu six *o* dans ces deux vers, c'était
» bien assez qu'il y en eût cinq. » Réflexion profonde.
Tel est le goût du censeur, qu'après avoir préféré une
épître du roi de Prusse à une épître de Boileau, il préfère à de beaux vers du *Lutrin* où le poëte personnifiant
les plaisirs, les peint entourant la Mollesse, pétrissant
l'embonpoint des chanoines, ou broyant le vermillon
des moines ; il préfère, dis-je, à ces vers charmans qu'il
trouve *froids* de mauvais vers de l'*Ouvroir*, poëme qu'on
attribue à Gresset, mais qu'il n'avait point publié, et où
il peint ainsi les occupations des religieuses :

> L'une découpe un agnus en losange,
> Ou met du rouge à quelques bienheureux.
> L'autre bichonne une vierge aux yeux bleus,
> Ou passe au fer le toupet d'un archange.

Quel goût ! Je ne suivrai point M. Mermet dans une
foule d'autres critiques. J'avais eu dessein aussi d'examiner quelques observations du métaphysicien Condillac
contre des vers de Boileau, mais la longueur de cet
article m'en empêche. Il est, au reste, d'une justice impartiale de dire que parmi les réflexions de M. Mermet,
il y en a un petit nombre de fort sensées. On voit que
c'est un homme instruit, qui tourne ses études vers des
objets solides ; et quoique le résultat n'en soit pas toujours heureux, on doit en conclure néanmoins que s'il
n'est pas un bon auteur, il peut être un bon professeur, un bon censeur des études. Ce sont deux choses
fort distinctes. Je dois dire de plus qu'il a mis à la fin
de son ouvrage et à la suite de l'éloge de Scaliger un
petit traité sur le mécanisme des vers de Boileau. Là,
M. Mermet a déposé la férule du censeur, il n'est plus
qu'admirateur et panégyriste ; il pousse même le sentiment de l'admiration jusqu'à se contredire lui-même de
la manière la plus formelle : par exemple, il s'était écrié
dans son Commentaire, «quels mauvais vers que ceux-
» ci !

> Grand roi ! poursuis toujours, assure leur repos :
> Sans elles un héros n'est pas long-tems héros.

M m

» Le dernier hémistiche du premier vers, ajoute-t-il, » rime avec le premier du vers suivant, et le premier » hémistiche de celui-ci avec le dernier. » Mais dans le traité sur le mécanisme de la versification de Boileau, il pense que les rimes à l'hémistiche sont bien loin d'être un défaut, *lorsque le même mot n'est répété que pour faire image ou une plus forte impression*, et il donne pour exemple les deux vers cités et critiqués plus haut. D'où vient ce changement subit? Serait-ce que M. Mermet suivrait de meilleurs guides, ou les suivrait plus aveuglément? Ou serait-ce enfin, qu'il est tout-à-fait converti sur le compte de Boileau? Je le souhaite. F.

ENGUÉRAND DE BALCO,

ou GAIETÉ SŒUR DE COURAGE.

Anecdote du treizième siècle.

ENGUÉRAND DE BALCO avait éprouvé de bonne heure le noble désir d'unir aux vertus du chevalier les talens du troubadour. A peine au sortir de l'enfance, il maniait avec une égale adresse et l'épée et la harpe, et possédait une étendue de connaissances que maint *clerc* plus âgé que lui aurait pu envier. Pour l'augmenter encore, il passa une année entière dans un cloître, où un chevalier de ses parens, après avoir acquis un grand renom dans les cours et dans les combats, s'était retiré pour jouir en paix de son honorable vieillesse. Il fallait du courage pour vaincre à dix-neuf ans et l'ennui de la solitude, et l'humeur des moines qui souffraient impatiemment qu'on voulût apprendre d'eux à en savoir plus qu'eux, et la fatigue de chercher la science dans un chaos de manuscrits où le bon était sans cesse étouffé sous le poids de l'inutile. Mais Enguérand avait reçu de la nature une gaieté inaltérable ; grâce à ce don précieux, il ne s'ennuya pas, ne se fatigua pas, ne s'embrouilla pas; il plut à tous les habitans du cloître ; il se fit adorer de son parent, qui ne put résister au désir de consulter, sur le sort d'un être aussi intéressant, un vieux moine doué, disait-on, du talent de lire dans l'avenir.

Ce vénérable personnage se contenta de demander au jeune homme quelle devise il choisirait lorsqu'il serait armé chevalier. C'est à quoi Enguérand n'avait pas pensé: mais, comme par inspiration, il s'écria: *Gaieté sœur de Courage!* Oui, dit le moine, ce sera ta devise; ne l'oublie jamais; elle te tirera de grands dangers.

Rentré dans le monde, Enguérand y apportait le ridicule, plus grave encore à cette époque qu'aujourd'hui, d'une instruction au-dessus du vulgaire; mais il était généreux comme un chevalier, franc comme un buveur, espiègle comme un page; en faveur de cette dernière qualité, on lui pardonna et son séjour au cloître, et même l'habitude qu'il avait contractée de ne négliger aucune occasion d'apprendre, et d'interroger, aussi soigneusement que l'eût pu faire un pilote ou un marchand, tous les voyageurs, sur la nature de leurs pays et sur les événemens qui s'y passaient.

De brillans avantages rassuraient Enguérand dans la double carrière qu'il se proposait de parcourir. Une figure agréable, une voix douce, et pourtant sonore, qui faisait entendre au loin ses chants harmonieux; un esprit toujours présent, une gaieté toujours aimable et jamais satirique: voilà les moyens de succès du troubadour. Ceux du chevalier (et Enguérand ne tarda pas à obtenir ce titre auquel l'appelait sa naissance) étaient un courage à l'épreuve, une adresse qui cachait toujours la vigueur sous les dehors de la grâce, une loyauté que n'aurait fait fléchir aucun danger comme aucune tentation.

Avide de renommée, il parcourait les châteaux, trouvait partout des applaudissemens, et partout laissait des regrets. Le hasard l'avait conduit un jour chez un baron de Bretagne; rien de meilleur que ce baron et sa famille, mais rien de moins amusant, car il n'y avait rien de moins *amusable*. On applaudissait les chansons de sire Enguérand, parce que l'on connaissait son nom; on riait peu de ses plaisanteries, parce qu'on ne les comprenait pas; on ne lui adressait point la parole, parce que l'on ne trouvait rien à lui dire. Le troubadour qui, au fond de l'ame, nommait ce séjour *le Château de l'Ennui*, résolut d'en sortir avant la fin de la journée.

Le baron fit quelques efforts pour le retenir. Enguérand n'avait point d'écuyer; il n'en voulait plus depuis qu'il en avait rencontré un très-ennuyeux, l'ennui étant la seule chose que craignît Enguérand. — Vous ne voyagerez pas deux heures, lui dit le baron, sans tomber dans les mains de Marcouf. — Quel est cet homme ? — Le chef d'une bande de brigands qui désole la contrée ; c'est, dit-on, le cadet d'une maison noble qui, las d'éprouver de sa famille des injustices sans nombre, et de servir notre prince sans en être payé autrement que par des dédains, a pris l'état infâme qu'il exerce maintenant. Nos principaux seigneurs le réduiraient peut-être, s'ils se réunissaient contre lui ; mais jusqu'à présent toutes leurs tentatives n'ont servi qu'à lui donner plus de renommée et de pouvoir. — Son âge, dit Enguérand ? — Cinquante ans. — Son caractère ? — Brave et inflexible ; assez habile d'ailleurs pour maintenir dans sa troupe une discipline sévère que nous ne pourrons jamais faire observer à nos gens d'armes. Ajoutez à cela que c'est l'homme le plus religieux de la contrée ; aucune considération ne le ferait manquer à un serment : il ne souffre point, à la suite de sa troupe, de femmes non mariées ; toutes celles qu'on enlève reçoivent d'abord le sacrement des mains d'un prêtre que Marcouf a ravi avec autant de sollicitude que s'il se fût agi de la plus belle dame de la Bretagne. Ce prêtre est devenu son conseil, et exerce, par son ordre, les fonctions d'aumônier avec tant de zèle, qu'il n'est pas un de ces brigands qui, tombant les armes à la main, ne puisse aller aussi sûrement au ciel que vous et moi.

Voilà un singulier homme, disait en lui-même sire Enguérand, je ne serais pas fâché de le connaître. Et puis un chevalier peut-il rebrousser chemin dans la crainte d'une troupe de brigands ! Enfin, quel plus grand malheur que celui de rester au *Château de l'Ennui !*

Enguérand part donc sans écouter de remontrances. On lui indique un sentier détourné où il peut courir moins de risques ; il le prend par complaisance ; mais plongé bientôt dans ses rêveries poétiques et joyeuses, il laisse, comme de coutume, la bride sur le cou de son cheval, et celui-ci préfère la route la plus fréquentée.

Tout-à-coup il est arrêté par un paysan qui se jette à genoux. — Sire chevalier, de grâce, n'avancez pas plus loin, vous rencontreriez le sire Marcouf. — Tu l'as vu ? — Ses gens m'ont dépouillé à quatre pas d'ici de ce que je portais au marché ; ils en ont fait autant à tous les autres paysans, afin de célébrer avec pompe les noces de leur chef. — Il se marie ? — A midi, il a enlevé la fille d'un laboureur. Minuit est l'heure fixée pour la bénédiction nuptiale que doit précéder un grand festin. — Et où vas-tu te réfugier ? — L'endroit le plus sûr est le château d'où vous venez, sans doute, et où ce chemin conduit. Retournez-y, seigneur, et hâtons-nous... — Va, mon enfant, que le ciel te protége, dit le troubadour, jetant au paysan quelques pièces de monnaie, et poussant en avant son cheval.

Retourner au *Château de l'Ennui*, disait Enguérand, que peut-il m'arriver de plus honteux et de plus funeste ? Des gens qui se marient, qui préparent un festin, qui songent à se divertir, ne sont point dans une disposition malfaisante ; on peut toujours en tirer parti ; enfin nous verrons.

Il ne tarda pas à voir. En poursuivant sa route il eut bientôt dépassé les sentinelles avancées que tenait Marcouf dans les taillis voisins. S'en apercevoir et prendre son parti fut l'affaire d'un instant. Au lieu de chercher son salut dans la vitesse de son coursier, il continue sa route paisiblement, et demande aux gens qu'il rencontre de le conduire vers le sire Marcouf. Les brigands cèdent à cette demande qu'ils entendaient sans doute pour la première fois. — Sire Marcouf, dit Enguérand au chef que surprenaient son sang froid et sa figure ouverte, j'ai appris que vous vous mariez ; en qualité de troubadour, je vous offre d'égayer par mes chants la fête de votre hyménée. — Soit que Marcouf fût surpris d'une proposition si peu attendue, soit que l'air noble et franc de celui qui la faisait l'eût intéressé, soit enfin qu'il regardât le chevalier comme une proie qui ne pouvait lui échapper, il accepta son offre et le convia au banquet nuptial. Enguérand donne sur-le-champ ses ordres pour que l'on soigne son cheval, comme s'il eût été dans le plus paisible des châteaux ; et ses ordres sont exécutés par les brigands, qui ne doutent pas que le cheval n'appartienne déjà à leur maître.

On se met à table. Marcouf se place le premier ; à sa droite est Nicette, l'héroïne ou plutôt la victime de la fête, dont les yeux baissés laissent sans cesse échapper des larmes ; à sa gauche Enguérand, sur qui tous les regards sont fixés. On commence, et c'est beaucoup, à croire qu'il soutiendra la gageure.

Le vin coule à grands flots ; le troubadour a pris son luth ; et les refreins brillans que sa voix embellit, sont détonnés en chœur par les brigands. Cessant de chanter, il raconte ; et ses narrations, toujours plus joyeuses, accroissent sans cesse la gaieté générale ; il converse, il plaisante, on n'écoute que lui, il est vraiment le roi du festin. Cependant il verse à boire sans relâche; il ordonne qu'on l'imite à la ronde, et il est obéi. L'ivresse du vin et de la folie circule autour de la table, la nuit a remplacé le jour, elle a dépassé la moitié de sa carrière; tous les yeux s'appesantissent, le sommeil ravit à chaque instant des auditeurs à Enguérand enchanté; Marcouf lui-même a oublié la fête qu'il se préparait, et ferme involontairement ses paupières assoupies; l'aumônier, assis auprès d'Enguérand, résistait encore; un refrein plus que libre, suivi de deux ou trois rasades, acheva sa défaite; et au milieu d'une troupe si nombreuse, le gai troubadour se trouva seul avec la belle affligée.

« Ne sais comme se fit, disait Enguérand, contant cette
» aventure; la bachelette n'avait rien à me dire, lorsqu'en-
» levée à ses parens et honnie par cette violence, désirait
» être conduite en lieu de sûreté, d'où pût se retirer en un
» saint moustier. Devisâmes trois heures, et ne nous las-
» sions pas; tant que Nicette m'advisa qu'allions être sur-
» pris par le jour qui à poindre commençait. »

Enguérand avait soigneusement remarqué la place où était attaché son cheval; Nicette monte dessus; et lui, le conduit à la main, au travers des brigands. Tous dormaient. Le chevalier avait, et non sans fruit, convié la troupe entière, et les sentinelles même, à prendre part à la joie de leur chef. Un soldat, un seul venait de s'éveiller; il voit Enguérand, et à l'instant même sent sur sa poitrine l'épée du chevalier prête à punir un cri ou un mouvement indiscret. Enguérand, du ton le plus gai, lui propose de le suivre, promettant de le faire entrer au service d'un grand seigneur. L'autre accepte, et montant à cheval se hâte de guider vers le château de Penmarck sire Enguérand qui, sur son destrier, cheminait tenant dans ses bras la tremblante Nicette.

Le sire de Penmarck était assez puissant pour que son château offrît un sûr asyle aux fugitifs. Alain (c'était le nom du brigand) se trouva le fils d'un des vassaux de ce baron: le malheur et la violence, plus que l'inconduite, l'avaient jeté dans la troupe de Marcouf; sûr de son repentir, le sire de Penmarck l'admit au nombre de ses domestiques, et dégagea ainsi la parole d'Enguérand.

Nicette plut au sénéchal du baron; il la prit en mariage. Les médisans assuraient que le premier enfant de Nicette aurait beaucoup de gaieté et la voix belle. « Ce qui fut en

» effet, mais ne prouve rien, dit naïvement le troubadour;
» et ne faut croire les médisans à l'endroit des dames. »

Hors d'inquiétude sur le sort de ses compagnons de voyage, Enguérand aurait pu s'occuper du sien. Le sire de Penmarck, qui l'appréciait déjà comme il méritait de l'être, avait une fille unique, très-jeune, très-jolie, et qui témoignait au chevalier la plus grande considération. La dame de Penmarck lui en témoignait peut-être encore davantage, par le soin extrême qu'elle prenait de surveiller sa fille. Ce soin contrariait bien un peu Enguérand, et lui fit enfin faire quelques réflexions : pour penser au mariage, il était trop jeune, et sur-tout trop amoureux d'aventures; d'ailleurs son luth, son coursier, ses armes et ses chansons composaient à peu près tout son bien, et la demoiselle de Penmarck était une des plus riches héritières de la Bretagne. Elle n'est pas pour moi, se dit-il avec un sentiment de tristesse, le premier peut-être qu'il eût éprouvé de sa vie; et il résolut de s'en éloigner, avant qu'un sentiment trop tendre rendît la fuite plus nécessaire et plus difficile. Un autre motif contribuait à presser son départ. A mesure que son séjour se prolongeait, les propos des médisans frappaient davantage le sénéchal et pouvaient nuire au bonheur de Nicette. Il ne devait donc pas demeurer davantage; car le troubadour ne voulait point gâter son bienfait.

Après de vaines tentatives pour retenir son hôte, le sire de Penmarck voulut du moins s'assurer qu'il pourrait voyager en sûreté. Tous les rapports des personnes qu'il interrogea s'accordèrent à confirmer l'éloignement de Marcouf qui, sans doute, était allé porter dans une autre province ses armes et la désolation. Enguérand, en conséquence, refusa une escorte, que, dans tous les cas, il n'eût accepté qu'avec répugnance. Alain voulait l'accompagner; il n'y consentit pas; il avait juré de n'avoir point d'écuyer, et se représentait d'ailleurs les dangers qui menaçaient Alain, s'il rencontrait sire Marcouf. Enguérand oubliait que lui-même n'en aurait pas de moindres à courir.

Deux jours se passèrent sans aventures. Au troisième jour, il aperçut à l'entrée d'un pont un chevalier armé de toutes pièces. Cette rencontre, moins commune dans la réalité que dans les romans, n'était pourtant pas rare à une époque où les nobles prenaient souvent ce moyen expéditif pour lever des péages sur les marchands et les cultivateurs. Enguérand n'en fut pas surpris et s'approcha du pont. Le chevalier, en lui cédant le passage, d'une façon courtoise, le pria de vouloir bien dire son nom et sa devise. — Enguérand de Balco, *Gaieté sœur de Courage!* — Puisse votre devise, sire chevalier, vous prospérer tout ce jour ! dit l'inconnu, sans relever sa visière. En même tems, il invite Enguérand à se reposer et à prendre un repas frugal dans une petite maison située à l'autre extrémité du pont. Là se trouvait un pauvre écuyer malade à qui le troubadour, dont tout le monde connaît la science, est prié de donner quelques simples qui le puissent soulager. Pendant qu'il s'occupe de cette pieuse fonction, plusieurs guerriers sont entrés; ils se jettent sur lui à l'improviste, le saisissent, le désarment, l'entraînent au pied d'un grand chêne auquel ils l'attachent fortement. La forêt, qui semblait déserte, s'est peuplée comme par enchantement; Enguérand est au milieu de la troupe de Marcouf; d'affreuses clameurs lui révèlent que le chef des brigands, avec un de ces sermens qu'il ne viole jamais, a juré la mort du ravisseur de Nicette; qu'il n'a cessé d'épier les pas du troubadour, et de cacher ses propres démarches avec autant de soin qu'il en eût mis à la conquête d'une province. Enguérand entend à quelques pas de lui délibérer sur le genre de son supplice, et le bon aumônier affirmer avec force que sire Marcouf ne peut être dégagé de son serment qu'en livrant aux flammes sa victime.

« En si piteux cas, dit le chevalier, recommandai mon
» ame à Dieu dévotement; puis me revint en mémoire ma
» bonne devise, qui alors semblait peu à propos; mais
» fidèle à *Gaieté sœur de Courage*, ainsi que se prolongeait
» le débat sur ma mort, demandai mon luth pour chanter
» encore une fois, au pied du grand chêne de la forêt. »

Les brigands, qui se rappelaient tous la bienveillance que leur avait inspirée Enguérand, ne crurent pas devoir refuser sa demande. On coupa les nœuds qui attachaient ses mains, on lui donna son luth; et, au milieu d'un cercle d'auditeurs surpris, il chanta quelques couplets où étaient peints sous des couleurs badines tous les sujets que l'homme peut avoir de haïr la vie et de se consoler de la mort. Les brigands répétaient son refrein, et à chaque instant sentaient moins d'envie de faire périr un troubadour aussi aimable et aussi brave. Quelques-uns des principaux s'élevèrent enfin, et jurèrent qu'ils ne consentiraient pas à son supplice. L'aumônier leur opposait le serment de sire Marcouf, et Marcouf rappelait le droit qu'il avait de se venger.

Pour mettre tout le monde d'accord, voici ce que le chevalier proposa : à pied, n'ayant que son épée, il offrit de combattre sire Marcouf à cheval et armé de toutes pièces. Ses partisans voulurent en vain empêcher ce combat inégal; il insista; on le délia par ordre de Marcouf, qui s'empressa de revêtir aussitôt son armure.

Au milieu des écuyers qui l'aidaient, quel est celui que remarqua sire Marcouf? Enguérand lui-même qui, fredonnant un refrein, se livrait à cette besogne le plus gaiement du monde, et demandait à son adversaire s'il ne voudrait pas prendre une double cuirasse. Marcouf goûta peu la plaisanterie; et ceux qui l'entendaient se cachèrent pour sourire.

La carrière est ouverte. Marcouf a crié : *Vengeance;* Enguérand : *Gaieté sœur de Courage!* Le chevalier s'avance à pied au-devant du terrible guerrier qui pousse au galop son cheval. La lance de Marcouf est prête à atteindre Enguérand; par un mouvement leste, il l'a évitée; le cheval passe comme l'éclair : Enguérand aussitôt se sert de son épée; mais, c'est avec la malice d'un page, pour piquer vivement le coursier de Marcouf. L'animal se sentant atteint où jamais éperon ne l'avait touché, bondit avec une telle violence, qu'un cavalier ordinaire eût été désarçonné. Marcouf veut reprendre carrière, mais l'instant où il va détourner son cheval, il est encore déconcerté par l'espièglerie d'Enguérand. Furieux, il saute à terre, laisse sa lance, et s'avance l'épée à la main. Son ennemi qui l'attend de pied ferme, au lieu de frapper inutilement sur une armure de fer, se borne à parer les coups qu'on lui destine. Marcouf se consume en efforts impuissans; surchargé du poids de ses armes il sent diminuer sa vigueur, et pour comble de rage, il entend Enguérand chanter à demi-voix : *Le premier il s'en lassera!*

Marcouf jette son bouclier; et son sang, qui coule aussitôt sous l'épée d'Enguérand, lui fait regretter cette arme défensive. Impatient de terminer le combat, et trop courroucé pour mesurer ses mouvemens, il rassemble toutes ses forces, s'élance; et ses coups portant à faux, il va de son corps mesurer la terre aux pieds d'Enguérand. Celui-ci le retient dans cette position où il est maître de sa vie.

« Relevez-vous, sire Marcouf, lui dit-il gaiement, et, si

» m'en croyez; dépouillez vos armes; car, de par le vrai
» Dieu, ai trop d'avantage sur vous. »

Marcouf hésite ; mais la honte de sa chute, la soif de la vengeance, les exhortations de l'aumônier qui lui rappelle son serment, l'ont emporté dans son ame ; il jette ses armes, ne garde que son épée ; une coupe pleine de vin généreux ranime la vigueur des deux champions, et le combat recommence.

Marcouf semble s'être défait de sa lassitude, ainsi que de son armure. Enguérand a besoin de toute sa présence d'esprit et de toute son adresse pour lui résister ; déjà il a reçu une légère blessure. Impatient à son tour de mettre un terme à cette lutte dangereuse, il saisit Marcouf dans ses bras et tente de le renverser. Malgré la différence de l'âge, et l'avantage assuré à Enguérand qui avait réservé toutes ses forces pour ce dernier moment, son succès aurait été douteux, si la blessure qu'avait reçue Marcouf au bras gauche n'eût affaibli ce guerrier et embarrassé ses mouvemens. Pour la seconde fois, Marcouf est renversé ; pressé sous le genou nerveux d'Enguérand, il voit la terrible épée de son adversaire dirigée vers son cœur. «Relevez-vous, » sire Marcouf, lui dit en souriant le chevalier, et si m'en » croyez, reprenez vos armes ; car, de cette façon-ci, ai-je » encore trop d'avantage sur vous. »

Des applaudissemens universels se font entendre. Vaincu par la générosité plus encore que par l'adresse de son ennemi, Marcouf ordonne à l'aumônier de le relever en forme de son serment. Puis il embrasse le chevalier, lui fait rendre son cheval et ses armes, et le prie d'assister à un festin somptueux ; il observe même en plaisantant, ce qui ne lui arrivait pas tous les jours, que cette fois l'invitation serait sans danger, puisqu'il n'y avait pas de femme à enlever. Avant de s'asseoir au banquet, le troubadour, que l'on invite à laisser panser sa blessure, applique des simples puissans sur la blessure qu'a reçue sire Marcouf. Ce n'est qu'après s'être acquitté de ce devoir qu'il consent à porter ses soins sur lui-même, et qu'ensuite il prend place au repas.

Au milieu de la gaieté générale, Enguérand révèle à sire Marcouf qu'il a sur lui de grands projets. Je veux, disait-il en montrant l'aumônier, souffler à cet homme de bien l'honneur de votre conversion et de celle de tous les braves gens qui vous entourent. De grands éclats de rire accueillirent cette nouvelle saillie. Enguérand n'en développe pas moins un projet très-sérieux. Sur la côte la plus occidentale de la Bretagne était un point souvent désolé par les incursions des pirates anglais. Le château qui les devait défendre tombait en ruines depuis que le baron qui l'habitait était mort sans héritiers, et que son vaste domaine avait été réuni à celui du prince. Les laboureurs, les trafiquans s'éloignaient d'un lieu où ils ne trouvaient aucune protection ; la côte devenait un désert qui chaque jour s'étendait davantage. Le prince, dit Enguérand, vous accordera sans peine la jouissance d'un héritage que vous seul pouvez défendre ; vous repousserez les pirates, vous attirerez sous votre protection des gens laborieux ; vous serez riche, puissant, honoré, heureux enfin en faisant des heureux et en servant votre pays.

Ce projet plut à Marcouf. Enguérand envoya un exprès au sire de Penmarck pour l'en instruire. Le baron frémit à l'idée des dangers auxquels avait été exposé son ami ; ce fut le titre qu'il donna dès-lors à sire Enguérand. Frappé de la justesse de son idée, il se chargea de la faire réussir auprès du prince. En effet, il obtint bientôt de la cour de Bretagne l'ordre qui conférait à Marcouf un don que tout autre que lui eût craint d'accepter.

Dès que Marcouf fut parti pour sa nouvelle destination, Enguérand se rendit au château de Penmarck, dont le sire devait le présenter au prince ; leur départ eut lieu deux jours après : mais dans ces deux jours, la demoiselle de Penmarck trouva le moyen d'apprendre par cœur tous les chants d'Enguérand, et sur-tout les couplets qu'il composa lorsqu'il était attaché au pied du grand chêne de la forêt.

Enguérand réussit auprès de son prince, qui, charmé d'être délivré des brigandages de Marcouf et de pouvoir opposer une digue redoutable aux invasions des pirates, promit de récompenser par le don d'un beau fief l'auteur d'un tel service. Cette promesse demeura sans effet : le ministre du prince ne l'avait pas ratifiée. Il s'était, mais en vain, attendu que Marcouf, suivant l'usage qui prévalait alors en Bretagne, et qui sûrement ne s'est point renouvelé en d'autres pays, lui payerait par un riche présent la permission de jouir du don qui lui était conféré ; il haïssait d'ailleurs sire Enguérand, qui, loin d'avoir pour sa personne plus de respect que pour le prince, lui témoignait, au contraire, moins de déférence qu'à celui-ci. Il trouva donc, ce qui n'est jamais bien difficile, le moyen d'empêcher qu'un important service ne fût récompensé.

Enguérand n'était point fait pour s'abaisser à de vaines sollicitations ; il ne songeait plus qu'à quitter un séjour où son mérite lui avait fait beaucoup d'envieux et pas un ami, et où l'ennui lui semblait avoir choisi son domicile habituel. Mais l'arrivée du sire de Lesneven et de sa parente, la belle châtelaine de Pospoder, devint à la cour le signal de fêtes où ne pouvait se dispenser de paraître un chevalier et un troubadour.

Le sire de Lesneven n'était renommé pour aucune des vertus qui pouvaient rendre sa personne estimable et faire le bonheur de ses vassaux : mais il était d'une haute naissance, très-riche et très-puissant ; aussi n'y aurait-il eu rien à dire contre lui, s'il ne se fût mis en tête de devenir le rival des troubadours. Cette fantaisie, d'abord très-ridicule par les mauvais vers qu'elle lui faisait débiter, le devint bien davantage quand ses vers furent meilleurs ; car personne n'ignora à qui il les empruntait. Il avait pris à son service un ménestrel, nommé Crennon. Cet homme, né en Bretagne d'un père napolitain que des crimes graves forcèrent à s'expatrier, n'avait pas échangé contre la franchise de sa patrie adoptive les qualités propres à ses anciens compatriotes ; mais les personnes qui le connaissaient le mieux et le méprisaient le plus, convenaient unanimement de la supériorité de son talent poétique ; cette supériorité n'en faisait que mieux sentir la sottise du sire de Lesneven, quand il s'appropriait publiquement de beaux vers qu'il avait payés cher et qu'il ne comprenait pas.

Jaloux de la réputation d'Enguérand, et craignant néanmoins de se compromettre dans des combats poétiques où l'on était souvent obligé d'improviser, il crut pouvoir avec succès lui opposer son ménestrel. Doutant moins encore de la victoire, Crennon se présenta dans la lice. Ses chants étaient beaux, mais froids ; on y trouvait une sensibilité étudiée, une gaieté pénible, peu d'invention, rien qui partît du cœur, et jamais sur-tout cette teinte que l'on reconnaît d'abord sans pouvoir bien la définir, et qui émane de la noblesse de l'ame et de la fierté de la vertu. Tous ces avantages étaient ceux d'Enguérand, et rachetaient un défaut de correction et d'art que la rigoureuse perfection de son rival faisait un peu ressortir ; ce qui ne le servait pas moins bien, c'était sa gaieté affable et son instruction toujours vaste et solide et jamais orgueilleuse, mises en contraste avec la présomption et l'ignorance de Crennon. Enguérand emporta la palme, et Crennon jura au fond du cœur une haine éternelle au rival qu'il félicitait hautement. Le sire de Lesneven partagea le même sentiment et ne le dissimula pas si bien ; mais le reste de la cour couvrit Enguérand d'applaudissemens mérités.

La châtelaine de Pospoder partagea l'enthousiasme général ; son suffrage avait un grand prix. Veuve et libre de son choix, cette dame joignait à un esprit vif, étendu, singuliérement cultivé, une beauté que son orgueil seul pouvait égaler. On l'appelait *la Belle dédaigneuse*; et quand on la vit pour la première fois aussi sensible au mérite, on se hâta de prédire qu'Enguérand vengerait toutes les victimes de ses superbes refus.

Il avait beaucoup à venger. Nul chevalier n'avait rencontré les regards de cette dangereuse enchanteresse sans en être vivement épris ; elle mettait son bonheur à inspirer le plus ardent amour et à en punir l'aveu par les dédains les plus humilians. Instruit de son caractère, Enguérand avait juré qu'il ne l'aimerait pas ; la dame, de son côté, fit un serment tout contraire.

Ce que femme veut, Dieu le veut. Si ce proverbe n'eût pas existé alors, Enguérand eût pu l'inventer. La *Belle dédaigneuse* vantait son talent, distinguait avec précision les beautés les plus frappantes de ses chants, et sur les endroits faibles l'éclairait par des avis judicieux. Quel auteur résisterait à tant de séduction de la part d'une femme belle, qui semble toute prête à devenir tendre ?

Entraîné, aveuglé, jeté hors de lui-même, il risque un aveu ; c'était-là qu'on l'attendait. Jamais la châtelaine de Pospoder n'avait signalé ses dédains d'une façon plus mortifiante. Enguérand accablé se voit d'avance l'objet des railleries de toute la cour, de la dérision de ses envieux ; il est au désespoir, il veut fuir les hommes, il déteste le jour. Au milieu de ce transport, il se rappelle sa devise, et rougit de sa faiblesse ; sa gaieté le ranime ; il n'a jamais fait de chansons satiriques, il en va faire une.... contre lui-même. Dans des couplets joyeux, il badine avec grâce sur la séduction dont il a été le jouet, sur l'espoir insensé qu'il avait conçu, l'aveu téméraire qu'il a hasardé, la sévère punition qui en a été le prix. La chanson circule à la cour ; mais la première personne à qui il la chante est la *Belle dédaigneuse*; elle ne peut s'offenser d'une déclaration si singulière, ni défendre sérieusement qu'on la reproduise sous des formes variées. Enguérand a compris que ce n'est point par la timidité que l'on peut subjuguer cette humeur altière ; il puise son courage dans sa gaieté, et affaiblissant sans cesse la résistance par la plaisanterie, augmente sans cesse de hardiesse : il touche au but ; il a plu ; et la *Belle dédaigneuse*, qu'il a trop amusée pour lui laisser le tems de réfléchir, a cessé enfin de mériter ce nom.

On peut juger si un tel succès accrut le nombre des envieux d'Enguérand. Il avait autant de rivaux que l'on comptait de chevaliers à la cour. Le plus affligé de tous fut le sire de Lesneven : amoureux de sa belle parente, il s'était flatté, en l'amenant à la cour, d'employer l'autorité du prince pour la déterminer au mariage. Sa tendresse et plus encore son orgueil souffraient de la préférence accordée à sire Enguérand.

Le troubadour ne s'occupait ni de ses jaloux, ni de ses ennemis : il aimait, il se croyait aimé ; ce sentiment remplissait toute son ame. Mais les grandes passions ne sont point gaies, même au sein du bonheur ; et Enguérand perdait ainsi le charme qui lui avait mérité sa conquête. La *Belle dédaigneuse* s'en aperçut bientôt, et bientôt Enguérand put s'en douter. Tous les jours moins bien traité par sa maîtresse, ses peines augmentaient encore à mesure qu'il connaissait mieux celle que d'abord il avait crue parfaite. L'orgueil superbe de la *Belle dédaigneuse* l'avait conduite à la plus froide insensibilité ; elle ignorait la pitié et méprisait la justice. Son penchant tendre n'était qu'une illusion passagère, et déjà elle semblait haïr celui qui la lui avait inspirée. Aussi cruellement désenchanté, Enguérand voulut rompre sa chaîne ; mais aimant trop encore pour s'éloigner le premier, il se promit du moins d'accepter son congé dès qu'on le lui donnerait ; cela arrivait souvent, il n'eut pas long-tems à attendre.

Elle ne m'aime plus, disait-il ; elle ne me regrettera pas. Le chevalier oubliait qu'à défaut d'amour, les femmes ont de l'amour-propre. Furieuse d'avoir été prise au mot, la *Belle dédaigneuse* éclate en imprécations contre celui qu'elle appelle un perfide. On dirait qu'il s'est dérobé à la passion de la maîtresse la plus sincère, et non pas soustrait à un joug que rendaient chaque jour plus insupportable l'indifférence et le mépris.

(*La suite au Numéro prochain.*)

VARIÉTÉS.

CHRONIQUE DE PARIS.

On a beaucoup ri de l'importance que certains auteurs ont voulu donner à la *Gastronomie*, soit dans leurs couplets, soit dans des volumes in-12 et in-8°; nous allons, cependant, commencer à croire que cet art n'est pas seulement précieux pour quelques épicuriens, mais qu'il sera bientôt utile à l'humanité entière. Nos lecteurs doivent se rappeler que le prodigieux succès de l'*Almanach des Gourmands* irrita l'estomac et enflamma l'imagination d'un écrivain, qui avait beaucoup d'appétit et très-peu d'argent. Il prétendit hardiment élever autel contre autel, et bientôt l'*Almanach des pauvres Diables*, dédié au sentimental M. d'Arnaud-Baculard, jouit de l'honneur d'être étalé côte-à-côte de son orgueilleux rival. Il enseignait le secret de faire bonne chère à peu de frais; il fut étudié, commenté, approfondi, et c'est à ces doctes recherches que les *pauvres diables*, dont le nombre surpasse malheureusement de quelques centaines de mille celui des habitués du Rocher de Cancale, doivent ces affiches de toute forme et de toute couleur qui couvrent les murs de Paris. — Lisez-moi, dit l'une en gros caractères; pour 26 sous chère *délicate et copieuse*. — A 22 sous! dit l'autre en encre rouge, à 22 sous! cinq plats au choix, linge blanc, argenterie, vin vieux! — *Etablissement unique et incomparable*, lit-on sur une troisième; pour 20 sous, vous serez servi avec abondance et profusion; on rendra l'argent à ceux qui ne seront pas contens. Cette noble émulation des restaurateurs, pour nourrir les passans au rabais, conduira peut-être un jour les *pauvres diables* à dîner *gratis*.

Ces affiches rappellent des écriteaux qui, vers le milieu du siècle dernier, étaient suspendus à toutes les portes, dans un pays où l'on se pique beaucoup plus de boire outre mesure que de faire bonne chère: c'était à Londres, sous le règne de Georges II. Chaque taverne, à l'envi l'une de l'autre, mettait le *gin* (eau-de-vie de genièvre) au plus bas prix possible, pour attirer les chalands. Enfin un cabaretier s'avisa d'écrire au bas de son enseigne: « On » promet à tous les messieurs et autres (*gentlemen and*

« *others*) qui entreront ici, de les rendre *morts-ivres*
» (*dead-drunk*) pour 2 pences (4 sous de France). Ils sont
» prévenus qu'il y a de la paille fraîche dans les caves. »
Malheureusement pour les amateurs qu'alléchait cette douce
promesse, le parlement prit la chose au grave, et considérant que le *gin*, qui était probablement préparé, hébéterait, démoraliserait, et tuerait enfin successivement tous les sujets du roi, il rendit un bill qui portait peine de mort contre les débitans de cette attrayante et funeste liqueur.
—Il faut au moins rendre justice à nos bons restaurateurs à 20 et 22 sous : ils ne tueront sûrement personne.

—Un jeune homme, entiché de la plus folle anglomanie, a failli dernièrement payer un peu cher ce goût exclusif pour tout ce qui se fait au-delà du Pas-de-Calais. Il avait entendu dire que, lorsque les Anglais avaient besoin d'une saignée, ils choisissaient pour cette opération le moment où ils sortaient de table. Le jeune Parisien fait une chute assez grave ; tous ses amis l'invitent à se faire saigner. Sans leur répondre, il les réunit autour d'un ample déjeûner dont il prend largement sa part ; puis il envoie aussitôt chercher un chirurgien. Il le reçoit dans une pièce écartée, ne lui dit pas un mot de l'état actuel de son estomac, et lui présente son bras. L'organisation physique de l'anglomane n'était pas apparemment en harmonie avec sa tête : pendant trois jours on a désespéré de sa vie.

— M. Maelzel, auteur du *Panharmonicon*, vient d'inventer, à Vienne, des jambes et des pieds artificiels, à l'aide desquels des militaires estropiés sont parvenus à monter et à descendre des escaliers, et même à s'élancer sur leur cheval. On ne saurait, assurément, trop vanter ce chef-d'œuvre de l'art, qui est un service éminent rendu à l'humanité ; mais un journaliste, ne trouvant pas d'assez belles phrases pour peindre son admiration, s'est écrié :
« Enfin ces jambes mécaniques sont *au moins* aussi commodes que des jambes naturelles. »

—Un M. Everat, qui ne publie pas une ligne sans prendre la qualité d'*homme de lettres*, s'est avisé, un beau jour, de prétendre que Gluck avait pillé dans le petit opéra du *Sorcier*, de Philidor, la célèbre romance d'Orphée : *Objet de mon amour*. L'opinion toute contraire régnait depuis long-tems parmi les musiciens français ; mais M. Everat n'en soutenait pas son dire avec moins d'acharnement. Le point essentiel était d'établir la priorité. - Le

» *Sorcier*

» *Sorcier* est le plus ancien, criait M. Everat ; c'est *Orphée*, » répondaient ses adversaires. » Enfin ceux-ci découvrent, dans les Mémoires de Favart, des lettres qui attestent que Philidor avait la partition d'*Orphée* entre les mains, dans le tems même qu'il composait celle du *Sorcier*. Qui n'aurait cru le combat terminé ? point du tout : M. Everat imagine, après un long silence, d'arguer contre les dates des lettres de Favart. Ses efforts, cette fois, n'ont ébranlé personne. Mais laissons cette première querelle ; taisons même la réputation qu'avait Philidor, fort honnête-homme d'ailleurs, de piller indistinctement, dans le besoin, amis, ennemis et soi-même. Disons seulement un mot de son *Ernelinde*, dont la première représentation eut lieu en 1767, c'est-à-dire, trois ans après que la partition d'*Orphée* eut été gravée et mise au jour, à Paris, par les soins de ce même Philidor. Or, en feuilletant cet opéra d'*Ernelinde*, on trouve que le duo : *Quoi ! vous m'abandonnez*, est entiérement calqué sur l'air de l'*Orfeo* : *che fiero momento, che barbara sorte !* Dans l'ouvrage français : *Fortune ennemie*, etc. c'est le même chant, la même basse, le même ton (*ut* mineur). Jamais, en un mot, plagiat ne fut mieux constaté. Le premier ne l'est pas moins pour ceux qui ont recouru à la preuve écrite : et M. Everat ne cesse de répéter qu'il était l'ami de Philidor ! Il faut convenir que Philidor a de grandes obligations à ce bon ami qui vient, après 40 et 45 ans, mettre le public sur la voie de ses larcins. Que de vérité dans ces deux vers fameux de La Fontaine :

> Rien n'est si dangereux qu'un ignorant ami,
> Mieux vaudrait un sage ennemi !

L. S.

Aux Rédacteurs du Mercure de France.

Argenteuil, le 4 octobre 1809.

MESSIEURS, la courte analyse, que l'on pourrait aussi bien appeler la courte diatribe, que M. de Lasteyrie a faite dans le n°. 428 du *Mercure*, page 270, au sujet du *Cours complet d'Agriculture pratique d'Economie rurale et domestique, et de Médecine vétérinaire* (à Paris, Buisson) ouvrage auquel j'ai coopéré, m'a étrangement surpris. Comment, me suis-je dit, l'auteur de cet article s'est-il décidé à refuser à des hommes d'un mérite reconnu, (je ne parle ici que de mes collaborateurs,) *toute clarté et toute précision dans l'exposition de leurs idées, tout loisir pour méditer et approfondir leur sujet, tout soin dans la rédaction ?* Comment improuve-t-il chez nous ce qu'il admire et élève jusqu'aux nues chez les autres ? (Voyez la *Gazette de France*, du 1er de ce mois.) Comment nous accuse-t-il seuls de précipitation, nous qui, au nombre de dix-huit, avons employé treize mois à la publication de six volumes ? Comment a-t-il passé son tems à compter scrupuleusement les lignes de nos articles, au lieu d'en discuter le fond ? Comment s'est-il plu à nous dénigrer dans le *Mercure* en même tems qu'il prodigue dans la *Gazette de France* la louange à d'autres auteurs qui s'occupent à-peu-près des mêmes sujets ? Je ne serais point embarrassé de répondre à toutes ces questions, et l'explication d'une critique amère d'une part, et d'une extrême condescendance de l'autre, ne me paraît nullement difficile, mais je dois me dispenser de la développer ici.

Adonné depuis quarante ans à la culture des champs et des vignes que mes pères m'ont laissés, je n'ai ni le tems, ni les talens nécessaires pour entrer en lice avec un savant et un littérateur aussi renommé que M. de Lasteyrie ; je laisse à mes collaborateurs le soin de répondre à sa critique, ou plutôt à ses allégations ; je n'aurais pas même pris la plume s'il ne m'avait attribué des propositions que je n'ai point avancées. En effet, je n'ai point dit que le vin d'Argenteuil fût le meilleur des vins possible, ni qu'il surpassât en qualité les vins de Bourgogne, de Champagne, de Bordeaux, etc. Cette absurdité que M. de Lasteyrie me prête est un effort de son imagination, qui lui donne occasion de me lancer des épigrammes du meilleur goût.

Il vous sera facile de vous convaincre, messieurs, de l'erreur commise par M. de Lasteyrie, en vous donnant la peine de parcourir dans le *Cours d'Agriculture* mon article *Vigne*; vous n'y trouverez pas un mot de la sottise qu'il m'impute. J'ai dit, et je maintiens, que la culture de la vigne ne se fait nulle part avec plus d'intelligence et de soins qu'à Argenteuil ; c'est un fait que les connaisseurs peuvent vérifier à chaque instant : il est vrai que les vignerons n'y sont point exposés à se briser bras et jambes *en se fesant attacher avec des cordes, et en se laissant glisser à travers des rochers escarpés pour y chercher les crevasses dans lesquelles les vignerons de la Catalogne plantent la vigne;* ce qui est aux yeux de M. de Lasteyrie le comble de la perfection de la culture, et ce qui nous paraît, à nous autres bonnes gens, l'enfance de l'art.

Il ne fallait pas moins que la fausse et ridicule imputation que me fait M. de Lasteyrie, pour m'engager à la détruire et à détromper les cultivateurs dont le suffrage est le seul dont je puisse être flatté lorsqu'il s'agit d'agriculture. J'attends de votre juste impartialité, messieurs, l'insertion de ma justification dans le n° le plus prochain du *Mercure*.

Recevez, messieurs, l'expression de la haute considération de votre serviteur.   CHEVALIER.

POLITIQUE.

Les États de Suède, réunis dans un *plenum plenorum*, ont entendu la lecture du traité de paix conclu avec la Russie. Cette lecture était douloureuse, elle a produit l'effet qu'on devait en attendre ; elle a pénétré tous les esprits de la nécessité de se rallier autour du nouveau gouvernement pour réparer les fautes de l'ancien, si cruellement empreintes dans les pages mêmes du traité conclu après la folle guerre que l'aveuglement de son roi faisait soutenir à la Suède : c'est par le tableau du passé, c'est par celui des suites de cette guerre si elle n'eût pas été terminée, que S. M. a justifié le traité ; les concessions qui y sont stipulées sont le fruit amer d'une faute grave et de la nécessité. Le discours prononcé dans cette occasion par S. M., offre un caractère très-remarquable : il y règne un sentiment pénible exprimé avec une juste mesure, et qui heureusement laisse quelque place à l'espérance au moment où le nom de l'Empereur Napoléon s'y trouve prononcé. Voici un des fragmens de ce discours, qui en contient à-peu-près la substance :

« Vous avez entendu ces conditions dont tous les efforts de mes ambassadeurs n'ont pu engager la cour de Russie à se désister. C'est à vos sentimens pour l'honneur et l'indépendance de la patrie, que je laisse à juger combien mon cœur a dû souffrir, lorsque l'espoir d'une paix plus avantageuse dut céder au besoin pressant qu'avait le royaume d'un prompt repos. Je n'ai pas besoin de vous répéter tout ce que je vous ai fait connaître relativement au dénuement total où se trouvait l'état au moment où j'ai pris les rênes du gouvernement. En faisant violence à mes sentimens, je suis obligé d'ajouter que les malheureuses erreurs de mon prédécesseur, et sa résolution de n'entrer en aucune négociation avec nos deux ennemis les plus puissans, avaient conduit les affaires au point que tout espoir de salut semblait disparaître. Sans la révolution par laquelle fut anéantie une volonté qui ne calculait jamais les obstacles, cet antique royaume, si long-tems victorieux des siècles et des destins, aurait peut-être vu arriver le terme de son existence.... Je pense que personne ne pourra m'attribuer ces pertes irréparables. Il y a treize ans que je livrai à mon neveu un royaume paisible, tel que je l'avais reçu des mains d'un frère mourant. J'espérais voir, sous un gouvernement paternel, la Suède gagner en force et en prospérité.... Dans des circonstances aussi fâcheuses, je me trouve chargé, non pas de maintenir un Etat florissant, mais de conduire un royaume qui porte dans son sein tous les germes de la destruction, vers un état de tranquillité et de bonheur. Ayant voulu employer tous les moyens pour obtenir des conditions moins contraires aux intérêts du royaume, j'ai dû mettre quelque retard dans les négociations, et j'ai en effet dû à cette lenteur quelqu'adoucissement dans les demandes auxquelles on eût pu me reprocher de souscrire trop promptement.... J'ai consulté votre comité secret, et tous les membres ont été d'avis que tous les moyens de défense étant épuisés, et l'armée ne pouvant être augmentée sans ravir à l'agriculture tous les bras, la paix devenait nécessaire...... Après avoir maintenant pris l'avis de tout mon conseil-d'Etat, je vous annonce que j'ai résolu de donner ma ratification au traité dont vous venez d'entendre la lecture, dans l'espoir que cette paix avec la Russie amènera un prompt arrangement avec S. M. l'Empereur des Français et avec S. M. le roi de Danemarck. »

Les relations commerciales que permet la paix conclue, sont déjà rétablies. Les ministres suédois à Copenhague, à Kœnigsberg et à Paris, vont sans doute achever l'ouvrage de leur auguste maître. A Pétersbourg et en Suède, les effets publics ont haussé, et les troupes reviennent de l'armée. Des transports anglais circulent encore dans la Baltique. Sous peu de jours, sans doute, la clôture de tous les ports les en aura bannis.

Les Anglais se fortifient à Flessingue ; mais il leur est difficile de dire ce que Bayard, assiégé dans Bresse, dit à l'envoyé des ennemis en lui montrant ses guerriers :

Voici d'autres remparts dont vous ne parlez pas....

Ces autres remparts, c'est-à-dire ces soldats destinés à les défendre en cas d'attaque, sont eux-mêmes hors de combat ; la maladie les enlève ou les désarme. L'état des malades de la garnison, au mois de septembre, donnait 184 officiers, 500 sous-officiers et près de 9,000 soldats. Le 23° régiment a été tellement réduit par les maladies qu'on a jugé à propos de le dissoudre. Le 81° régiment l'a été également ; les individus qui ont survécu en petit nombre ont été renvoyés en Angleterre. Le 6° est aussi hors de service. On a perdu depuis l'expédition à peu près 2,000 hommes par mois. En cas d'attaque, écrit le commandant sir Cooze, nous ne pourrions pas faire marcher le quart de la garnison.

Aussi, disent d'autres lettres de Flessingue, relatées dans les papiers anglais, si, dans notre état de faiblesse, nous travaillons aux fortifications de Flessingue, c'est pour l'ennemi bien plus que pour nous ; nous quitterons cette place en bien meilleur état que nous ne l'avons trouvée : cette île *abominable* vaut-elle le sacrifice de notre armée?

A la date du 29, les Anglais croyaient que nous avions abandonné Sud-Bévéland, et ils étaient si bien informés à cet égard, que long-tems après, le maréchal duc d'Istrie a visité toutes les positions de cette île importante : on croyait aussi à Walcheren que les braves rassemblés pour la défense d'Anvers allaient être appelés par l'Empereur à la défense du Danube. Ainsi s'abusaient les Anglais, et sur notre situation, et sur les vrais motifs de l'inaction des Français.

S'ils ne sont point attaqués dans Walcheren, ce n'est pas que l'armée d'Anvers ait quitté l'Escaut pour marcher sur le Rhin ou sur l'Ebre, ce n'est pas que l'attaque soit jugée impossible ou même difficile, mais il est permis à la guerre de profiter de toutes les circonstances défavorables à son ennemi. Ici la maladie le tue ; que serait-il besoin d'ajouter à de tels désastres? L'armée anglaise a été sacrifiée dans un climat insalubre et meurtrier; les généraux français ont dû l'y laisser dépérir, tandis qu'ils plaçaient eux leurs troupes, bien vêtues et bien nourries, dans des lieux sains, de bonnes villes et d'excellens cantonnemens.

Toutefois, en entendant le canon de la Hollande proclamer prématurément la paix, et celui d'Anvers annoncer cet heureux événement sur un renseignement plus sûr et à une date plus exacte, les Anglais auront sans doute reconnu d'abord que l'armée du Nord ne s'était pas éloignée, et qu'ensuite sa marche sur le Danube n'entrait nullement dans les élémens des calculs de S. M. pour assurer le fruit de ses victoires par le traité qu'il signait au jour mémorable de la capitulation d'Ulm et de la victoire d'Jéna.

Un hasard heureux nous donne de nouveaux renseignemens sur la situation des Anglais en Espagne : ces renseignemens confirment tous ceux reçus par la voie ordinaire ; les papiers qui les renferment sont parvenus à Naples : le bâtiment qui les portait a été pris par un corsaire napolitain au moment de sa sortie de Gibraltar. On y voit quels étranges avantages les Espagnols ont retirés de l'alliance anglaise ; ils n'ont pas été utilement défendus, et ils sont cruellement divisés; loin d'ajouter à leurs forces, on les a neutralisées. Ce qui reste d'insurgés et de provinces soumises aux diverses juntes insurrectionnelles établies est livré à la plus profonde anarchie. Chaque jour est marqué par une révolte, une émeute et quelque catastrophe. La junte elle-même est divisée; on sait ce que peuvent des corps délibérans nés du sein des factions, où l'ambition de chacun n'est modérée par l'expérience de personne. Aussi le cri public a été unanime, et la junte a été contrainte de céder. Le 1er septembre, les cortès se sont réunis dans les provinces sur lesquelles la junte exerçait son empire, et un régent doit être élu. Les prétendans étaient nombreux, comme si le poste était sans danger, comme s'il y était possible de commander aux événemens et de soustraire l'Espagne à l'état qui l'attend, et qui lui a été fixé par la volonté immuable et ferme de l'arbitre de ses destinées. Au surplus, le général anglais qui a pris le parti, après Talaveyra, d'accuser tous les généraux espagnols qu'il n'a pu sauver de leurs défaites successives, s'est retiré, en les abandonnant dans le moment le plus critique; il est en Portugal, laissant les Espagnols seuls contre les Français réunis, qui, au premier moment, peuvent les attaquer dans les asyles que le sort des armes leur a fait chercher. Tel était l'état des choses vers la fin de septembre, époque à laquelle on paraissait s'attendre à de nouveaux et prochains événemens, dont probablement ne seront pas témoins les renforts nombreux qui, déjà dirigés sur l'Espagne, sont aux pieds des Pyrénées ou à la veille d'y arriver.

A cet égard, le *Morning-Chronicle* fait au *Mercure de France* l'honneur d'être complétement de son avis, et celui plus grand encore de publier les considérations politiques que nous avons souvent émises sur l'ensemble malheureux de ces trois expéditions entreprises à la fois, entreprises trop tard, et toutes trois marquées par les échecs les plus déplorables. Celle de Naples n'a été que ridicule, celle de l'Escaut est une tache pour les armes anglaises et une époque de deuil pour la nation, et le *Morning* évite, pour ainsi dire, d'en parler; mais la marche de lord Wélesley au centre de l'Espagne, sans plan combiné, sans ressources préparées, lui donne l'occasion d'un rapprochement qui serait en effet curieux, s'il y avait entre les deux chefs dont on pèse la conduite militaire quelque moyen de comparaison, quelque prétexte de parallèle. Notre brave général, dit le journaliste anglais, a voulu, à ce qu'il paraît, imiter l'exemple du grand capitaine du siècle. Il avait remarqué sans doute que, dans plusieurs circonstances, Napoléon avait vaincu par la rapidité de ses mouvemens, et il s'est imaginé qu'en adoptant la même tactique, il pourrait faire aisément la conquête de l'Espagne. Mais lord Wellington ne s'est pas donné le tems de considérer la différence des circonstances dans lesquelles Bonaparte a été prompt ou lent dans ses opérations. Avec un peu de réflexion, il eût vu que les circonstances seules ont toujours déterminé son plan de conduite. A-t-il eu affaire à un ennemi, tel que les Autrichiens, bien disposé à le recevoir, et qui avait, sur ses derrières, des magasins bien remplis? Alors, dédaignant la marche ordinaire de la guerre, on l'a vu s'avancer avec la rapidité de l'éclair, se précipiter sur son ennemi avec une violence qu'on eût prise pour l'audace du désespoir, enfoncer ses bataillons pour pénétrer dans un pays où il était sûr de trouver les magasins de l'ennemi pour fournir à la subsistance de son armée. Mais quand Napoléon est entré en Espagne, sa conduite a été bien différente; il savait qu'il ne trouverait ni magasins, ni munitions, ni provisions, dans un pays qui avait été si long-tems sous un gouvernement faible et imprévoyant. Il met neuf mois à préparer les subsistances et les munitions nécessaires à son armée, et à se pourvoir des moyens de les transporter. Est-ce là ce qu'a fait lord Wellington? Uniquement préoccupé de cette idée, que c'était par la rapidité de sa marche qu'il devait surprendre et vaincre l'ennemi, il oublie les subsistances, laisse derrière lui, à une grande distance, ses magasins et ses vivres, et se met dans une telle position, qu'il ne lui reste d'autre parti à prendre qu'à livrer bataille, au risque de sacrifier le quart de son armée pour un peu de gloire, etc. etc. etc.

Contre de tels faits, contre des résultats aussi évidens, il n'est pas de faux bruits, de fausses nouvelles, d'inventions et de déclamations qui puissent long-tems aveugler le peuple espagnol: en vain un courier de Gibraltar apporte-t-il à Cadix la nouvelle authentique de l'évacuation de Vienne par les Français, à la suite d'une action décisive: en vain la Gazette de Séville compte-t-elle 40 mille Français détruits une fois, et 45 mille l'autre: en vain met-elle hors de combat 40 de leurs généraux. Il faut cependant, après avoir embouché la trompette pour de si brillans avantages, reprendre une voix plus humble, pour annoncer et la signature et les conditions de l'armistice. Il est vrai qu'ici l'indignation donne du mouvement et même de l'éloquence au style des écrivains de la junte. Ils s'étonnent que l'Autriche ait signé l'armistice ; ils dénoncent à l'histoire et à la postérité cette puissance qui a consenti à ne pas laisser écraser les derniers restes de son armée, à ne pas laisser envahir ses provinces les plus reculées ; le sacrifice des *bons* et *fidèles* Tyroliens leur paraît sur-tout un crime irrémissible, comme si la cause de ces montagnards obstinés était la même que celle des Espagnols rebelles, et l'archiduc généralissime est en butte à tous les traits de leur haine, pour avoir mis, disent-ils, de l'*empressement* à exécuter les conditions de l'armistice. Leur péroraison est chaude et vigoureuse, c'est un appel à l'honneur, à la dignité du chef de la Maison d'Autriche ; on le somme de reprendre ses armes, de s'ensevelir sous les ruines de sa monarchie. On frémit de l'idée d'une paix qui probablement ne serait pas plus avantageuse que ne le fait espérer l'armistice..... Mais au moment où toutes ces vaines déclamations nous arrivent, ce traité est conclu, signé, échangé, et la Gazette de Séville va le livrer bientôt à ses commentateurs ingénieux, qui seront embarrassés probablement d'y trouver un moyen d'encouragement pour les rebelles, et la perspective d'une plus longue résistance. Si quelque doute, à cet égard, pouvait encore être conservé, les pièces importantes qui vont nous occuper devraient achever de le détruire, et c'est dans cette idée consolante que nous allons en donner la substance à nos lecteurs.

Ces pièces forment l'ensemble de la communication faite au sénat dans sa séance du 3 octobre par le prince archi-chancelier de l'Empire, en vertu des ordres de S. M. ; elles sont relatives à la levée de 36 mille conscrits ; elles consistent en un discours du prince archi-chancelier qui expose avec la noblesse, la clarté et la précision qui caractérisent son style, les motifs généraux du sénatus consulte ; en un rapport du ministre de la guerre à S. M. ; en un discours adressé au sénat par le ministre d'État directeur de la conscription. La dernière pièce est le rapport de la commission du sénat sur l'objet de la communication, rapport fait par M. le comte de Lacépède.

Ces différentes pièces ont un caractère d'exactitude et de précision très-remarquable : elles sont un exposé de

sion très-curieux, et à l'époque où elles ont paru quelques jours avant la nouvelle de la paix, elles étaient une sorte de compte rendu de notre état politique et militaire bien digne de fixer l'intérêt : les rapports des deux ministres présentent peu de mouvemens oratoires, peu de développemens appartenans à l'art des rhéteurs ; il ne s'agissait ici ni de persuader, ni d'entraîner, ni de convaincre, mais d'exposer avec simplicité des faits et des calculs dont le rapprochement doit être une leçon puissante, et une lecture utile aux ministres, quels qu'ils soient, qui vont prendre en Angleterre le timon des affaires publiques.

Il résulte du rapport du ministre de la guerre à S. M., qu'au moment où il l'écrit, 300 bataillons et 150 escadrons français sont au-delà des Pyrénées : les champs de bataille où s'illustrent les armes de l'Empereur sont trop éloignés entr'eux pour qu'on puisse, sans exposer le soldat, faire marcher une armée de l'un de ces champs de bataille à l'autre ; et satisfait de la valeur de ses troupes sur le Danube, S. M. veut leur éviter les fatigues de la guerre d'Espagne. Il ne faut donc pas y envoyer de nouveaux corps, mais y compléter tous ceux qui s'y trouvent. Trente mille hommes déjà rassemblés à Bayonne ont cette destination. Il suffit donc de limiter aujourd'hui le recrutement du contingent indispensable pour remplacer dans les cadres de l'intérieur ce que le mouvement journalier en fait sortir. Sur les états de 1806, 1807, 1808, 1809 et 1810, il reste encore un million d'hommes qui ont concouru au tirage, et n'ont point été appelés. Cet immense recrutement eût pu servir si le danger de l'Etat l'eût exigé ; mais l'état des choses n'en demande que 36,000, et après cet appel, il est possible de déclarer que les cinq classes sont absolument libérées à l'avenir. Cette levée laisse à la disposition de S. M. la classe de 1811, qui présente 250,000 hommes sur ses états ; le ministre déclare qu'il ne serait question d'un appel à cette classe l'année prochaine, que dans le cas où les évènemens tromperaient les vœux et les espérances pacifiques de S. M.

Les raisonnemens de M. le comte de Cessac sont appuyés de calculs encore plus détaillés. La modération de l'Empereur avait dissimulé les forces de la France ; il est bon de dissiper une erreur fatale à nos ennemis même. Voilà, dit le ministre, l'état au vrai de la force conscriptionnelle de l'Empire.

La classe de 1806 a fait entrer dans les cadres de la conscription 423,000 hommes.

Cette classe se composait de 15 mois, ci, ...	423,000
Celle de 1807 a fourni, ...	359,000
Celle de 1808, ...	361,000
Celle de 1809, ...	362,000
Celle de 1810, ...	360,000
Total	1,867,000

Sur ces classes on a levé jusqu'à ce jour 520,000 hommes ;

Savoir :

Sur 1806	102,500
Sur 1807	102,500
Sur 1808	102,500
Sur 1809	102,500
Sur celle de 1810	110,000
	520,000

Sur ces cinq classes il reste donc dans leurs foyers 1,347,000 hommes.

« S. M., dit M. de Cessac, demande aujourd'hui que ces mêmes classes fournissent un contingent de 36,000 hommes; ainsi, après cette levée, qui doit être et sera la dernière, il restera encore à ces cinq classes 1,300,000 hommes environ ; sur ce nombre, je dois le dire, il en est à qui la nature a refusé la taille ou la force nécessaires pour la guerre. Sur ce nombre, il en est que des règlemens d'administration publique ont pour l'intérêt des sciences, de l'agriculture, des arts, du culte, du commerce et des manufactures, exemptés du service ; il en est que des sénatus-consultes ont libérés : tels sont tous ceux qui s'étaient mariés avant la promulgation du décret qui les appelait. Mais, toutes défalcations faites, nos registres sont encore chargés de 466,000 noms de conscrits qui doivent concourir à former le contingent que S. M. demande.

» Des considérations d'un ordre différent contribueront aussi à rendre cette levée prompte et facile. On croira avec raison qui si cette levée ne dispense pas les classes de 1811 et 1812 de fournir des contingens, ces contingens seront probablement affaiblis, et ne seront requis qu'à des époques éloignées. La libération absolue des classes antérieures frappera d'autres esprits......; d'autres seront touchés de la bonté paternelle avec laquelle S. M. confirme les réformes légalement faites, et resserre, s'il est possible, les nœuds qui unissent de jeunes époux. »

Ce sont de tels rapports, ce sont des calculs aussi positifs qu'un état tel que la France doit se plaire à présenter à ses amis et à ses ennemis ; c'est sur de tels actes que le sénat français s'est empressé de voter le sénatus-consulte dont nous avons publié le texte au dernier numéro.

Les conjectures pacifiques que permettaient les discours du prince archi-chancelier, et des ministres de S. M. n'ont pas tardé à se réaliser: au moment où ils établissaient sur ces conjectures la modération de la levée qui va s'opérer, la paix était donnée à la France par le génie qui lui a tant de fois donné la victoire.

S. M. est partie de Schœnbrunn, le 16 à midi. La veille la ville de Vienne avait entendu proclamer la signature de la paix au bruit des décharges d'une artillerie immense. Le duc de Bassano, ministre secrétaire-d'Etat, le duc de Rovigo, et le duc de Frioul, ont suivi de très-près S. M. qui est arrivée à Passaw le 18. Là elle a donné l'attention la plus entière aux immenses fortifications que dans sa prévoyance, et dans son affection pour la maison de Bavière, elle a fait élever avec la célérité qui caractérise l'exécution de tous ses ordres, pour rendre cette place la clef du Danube, et pour mettre désormais la Bavière à l'abri des suites d'une invasion ennemie. Cette place était importante, même dans l'état où elle se trouvait au moment de la dernière invasion des Autrichiens ; elle est actuellement inexpugnable ; les forts dont elle se hérisse ont reçu des noms consacrés par la victoire, et qui ajoutent à leur force réelle par le prestige de l'imagination ; ce sont les noms de Napoléon, de Maximilien, d'Eugène, d'Alexandre, de Rivoli, de Wagram, d'Eckmull. Douze mille ouvriers sont encore occupés à ces travaux.

Le 20, la cour de Munich a reçu son glorieux libérateur, le prince qui, à la tête des Bavarois, a défendu et reconquis la Bavière, et qui a consacré une des plus mémorables pages de l'histoire de France à une victoire pour laquelle il est le seul Français qui ait combattu. Le 21, une grande partie de chasse a succédé aux réjouissances de la veille ; et le 22, à cinq heures du matin, S. M. est partie pour visiter sur sa route les autres Etats qu'elle a si heureusement protégés. Son départ de Munich a eu lieu sous les auspices les plus heureux ; elle venait de recevoir la nouvelle que les ratifications avaient été échangées à Vienne entre M. le comte de Champagny, et M. le grand chambellan, comte de Wrbna.

Le même jour elle est arrivée à Augsbourg ; c'était encore des Bavarois qu'elle entendait les acclamations et le témoignage de reconnaissance. Elle est descendue chez l'ancien électeur de Trèves. Elle a revu le soir cette ville d'Ulm, qui l'avait contemplé lui-même dans une situation inouie dans l'histoire, recevant avec ses clefs les armes de trente-cinq mille combattans. S. M. a voyagé toute la nuit, et le 23 au matin elle était à Stuttgard au sein de la famille royale de Wurtemberg. En continuant sa route, elle a reçu à Rastadt les hommages de la famille du grand-duc de Bade, qui y était réunie. Le 24 au matin elle était à Strasbourg, et le 26, à neuf heures du matin, à Fontainebleau.

S. M. jouit de la meilleure santé, et il faut s'empresser d'ajouter qu'elle en a toujours joui. Les Anglais ont feint de croire le contraire : ils ont répandu le bruit qu'une indisposition sérieuse avait nécessité le voyage à Vienne du premier medecin de S. M., le célèbre docteur Corvisart ; et en effet, à Paris, en apprenant le voyage du docteur, on a pu croire que la santé de S. M. y était intéressée ; il n'en était absolument rien. L'Empereur, dans cette campagne, n'a point été malade, il n'a pas eu la plus légère indisposition. On devait en être sûr à Vienne, à Schœnbrunn, en Hongrie, en Moravie, en Styrie même, où l'on avait successivement et comme par enchantement vu paraître notre infatigable Monarque, se délassant des fatigues du cabinet par des courses de cinquante lieues par jour. Le voyage du docteur Corvisart au quartier-général n'avait rien de relatif à la personne de S. M. Des symptômes de dyssenterie s'étaient manifestés dans l'armée. On a désiré avoir l'avis d'un homme consommé dans l'art, et le docteur Corvisart a été mandé. Ces symptômes se sont heureusement et promptement dissipés. Voilà tout ce qu'il y a de vrai relativement aux bruits qui ont été répandus et que les journaux anglais ont colportés dans toutes les parties du monde ; ils auront sans doute l'impartialité d'y publier aussi, et le retour de S. M. au sein de ses Etats, et les témoignages de l'allégresse publique, au moment où tout Paris apprend qu'il suffit de voir S. M. pour reconnaître que sa santé n'a reçu de ses extraordinaires fatigues que son effet heureux et accoutumé, un accroissement réel de force et d'énergie.

ANNONCES.

Suite et fin de la collection des auteurs classiques, latins et grecs, du fonds de MM. Treuttel et Würtz, libraires à Paris et à Strasbourg.

AUTEURS GRECS.

	fr.	c.
ΛΟΥΚΙΑΝΟΣ, Luciani Opera, quæ exstant, omnia, Gr. et Lat. ad editionem Tib. Hemsterhusii et Jo. Fred. Reitzii accurate expressi, cum varietate lectionis et annotat. 10 vol. papier collé,	72	»
——— Papier fin,	100	»

ΠΛΑΤΩΝ, Platonis Philosophi Opera. 12 vol.

ΚΟΙΝΤΟΥ ΤΑ ΜΕΘ ΟΜΗΡΟΝ. Quinti Smyrnæi Posthomericorum libri 14. Nunc primum ad librorum mss. fidem recensuit, restituit et supplevit Th. Christ. Tychsen. Accesserunt observationes Chr. Gottl. Heynii. pap. collé,	12	»
——— Papier vélin,	20	»
Scriptores erotici Græci : Achilles Tatius, Heliodorus, Longus, et Xenophon Ephesius. Textum recognovit, selectamque lectionis varietatem adjecit Chr. Guil. Mitscherlich. 3 vol. IV Part. pap. collé,	25	»
ΘΟΥΚΥΔΙΔΗΣ, Thucydidis de Bello Peloponnesiaco libri octo, Græce et Latine, ad editionem Jos. Wasse et Car. Andr. Dukeri accurate expressi, cum varietate lectionis et annotationibus. 6 vol. pap. collé,	51	»
——— Papier fin,	70	»

Sous presse.

L. Annæi Senecæ Epistolæ morales, ad fidem veterum librorum, in his trium Mss. Argentoratensium, recognovit, emendavit, notisque criticis illustravit Joh. Schweighæuser. 2 vol.

Les prix marqués à la suite de chaque article sont ceux de Paris; les frais de port et d'emballage sont à la charge des commettans. On s'adresse à la librairie Treuttel et Würtz. A Paris, rue de Lille, n° 17; et à Strasbourg, rue des Serruriers. On peut aussi s'adresser à toutes les bonnes librairies de la France et des pays étrangers.

TABLE

DU TOME TRENTE-HUITIÈME.

POESIE.

Epitre à M. Framery sur la Grammaire; par M. *François de Neufchâteau*.	3
Imitation de la XIIe Ode d'Horace; par M. *Demore*.	65
Dieu, l'Honneur et l'Amour; Romance par M. *Lorrando*.	67
Réflexion sur la Vie; imitation de Métastase, par *Aug. Labouisse*.	68
A Mme B. P. B.; par M. *A*.	*Ibid.*
Elégie.	129
L'Eau; par M. *Vial*.	130
Imitation de Martial; par M. de *Kérivalant*.	131
Ossian *ou* la Harpe éolique; Romance par M. *Eusèbe Salverte*.	193
Catulle à lui-même; par M. *Kérivalant*.	194
Epitre à Melle Mars; par M. *Pallard*, fils.	257
Le Calme; Ode par M. *Chaussard*.	259
Le Refus; Romance par M. *Eusèbe Salverte*.	260
L'Ane et les Roses; par M. *Ogier de Nevers*.	321
Elégie sur la Mort de la jeune Désirée B.; par M. *D. Séjourné*.	322
Vers écrits au bord de la Mer; par M. *Eusèbe Salverte*.	323
Agar dans le Désert; Scène lyrique par M. *Jouy*.	385
A Pétrarque; par M. *César-Auguste*.	388
Epitaphe sur le Tombeau de Stéphanie Zoé J.; par M. *A. J. P.*	389
L'Estime publique, Discours en vers aux Elèves de Sorèze; par M. *R. D. Ferlus*.	449
Ma Fuite du Collége; par M. *L. de P.*	513
Enigmes,	11, 69, 131, 195, 261, 324, 389, 454, 519
Logogriphes.	11, 69, 131, 195, 261, 325, 390, 455, 519
Charades.	12, 70, 132, 196, 262, 326, 390, 456, 520

TABLE DES MATIÈRES,

SCIENCES ET ARTS.

Sur quelques Expériences physiologiques, Pages	13
Essai sur la Géographie minéralogique des environs de Paris, par MM. *Cuvier* et *Broigniard*. (Extrait.)	71
Géographie élémentaire; par *J. H. Hassenfratz*. (Extrait.)	76
Richard converti, *ou* Entretiens de quelques Cultivateurs, etc.	84
Scènes pittoresques et Animaux d'Afrique. (Extrait.)	133
Curtii Sprengel, *historia rei herbariæ*. (Extrait.)	197
Chasses de l'Orient, d'après les dessins et les manuscrits du capitaine *Thomas Williamson*. (Extrait.)	263
Cours complet d'Agriculture; par l'abbé *Rozier*, etc. (Extrait.)	279
Du Calorique rayonnant; par *Pierre Prevost*. (Extrait.)	327
Voyages d'un Naturaliste; par M. *T. Descourtilz*. (Extrait.)	457
Qu'est-ce que la Médecine; par M. *E. Pariset*.	521

LITTÉRATURE ET BEAUX-ARTS.

Harangues de Cicéron contre Verrès; traduction par M. *Truffer*. (Extrait.)	19
Les Métamorphoses d'Ovide; Traduction nouvelle par M. *Villenave*.	28
Clémence et Isidore; par Mme ***. (Extrait.)	40
Exposé de la Méthode de Pestalozzi. (Extraits.)	88, 137
Voyage en Espagne du chevalier de St.-Gervais. (Extrait.)	97
Traductions nouvelles de Salluste. (Extraits.)	148, 211, 528
Le Chevalier d'industrie, comédie en 5 actes et en vers, par M. *Duval*. (Extrait.)	155
La Revanche, comédie en 3 actes et en prose; par M. ***.	160
Poésie sacrée; par M. *Parseval*.	162, 486
Mémoire historique sur la Bibliothèque publique de Bruxelles; par M. de la *Serna Santander*. (Extrait.)	208
Lettre sur la Grammaire et la Logique; par M. *P. Serre*.	232, 275
Poésie épique; par M. *Parseval*.	281
Sur les Lettres et Mémoires particuliers, publiés depuis quelques années; par M. *Esménard*.	291
Revue de quelques Romans nouveaux.	298
Les Commentaires de César; traduits par M. le *Déist de Botidoux*. (Extrait.)	339
Nouvelles Observations sur Boileau; par M. *Mermet*. (Extraits.)	349, 535

Bévues littéraires ; par M. *Jouy*. Pages 357

Les Fastes d'Ovide ; par *F. de Saint-Ange*. (Extrait.) 391

Sur les Romans français, depuis le règne de Louis VII, jusqu'au règne de François Ier ; par M. *M. J. C.* 401

Annales philosophiques, politiques et littéraires ; par un habitant de la Louisiane. (Extrait.) 465

Ossian, Barde du troisième siècle, *ou* Poésies galliques, en vers français ; par M. *Baour-Lormian*. (Extrait.) 473

Enguérand de Balco, *ou* Gaieté sœur de Courage, Anecdote du treizième siècle ; par M. *Eusèbe Salverte*. 546

LITTÉRATURE ÉTRANGÈRE.

Traits caractéristiques pour servir à l'Histoire des Égaremens de l'esprit humain. 45

Variétés extraites des journaux anglais. 44

Notice sur la personne et les ouvrages de sir *Williams Jones*. 225

Barneck et Saldorf ; par *Auguste Lafontaine*. (Extrait.) 421

VARIÉTÉS.

Chronique de Paris. 49, 103, 172, 240, 559

Institut de France. 426

Conservatoire de Musique. 105

Spectacles. 109, 176, 243, 304, 367, 430, 496

Nouvelles littéraires. 376

Lettres aux Rédacteurs. 113, 501, 561

Des Proverbes. 246, 307

Les Malheurs de la Vie humaine. 363

Nécrologie. 183, 436, 501

POLITIQUE.

Événemens historiques. 56, 117, 185, 249, 311, 378, 438, 503, 563

Paris. 384, 510

ANNONCES.

Livres nouveaux. 64, 127, 256, 446, 512, 573

Fin de la Table du tome trente-huitième.

CPSIA information can be obtained at www.ICGtesting.com
Printed in the USA
LVOW111024140312

273041LV00003B/16/P